浙江省哲学社会科学一般项目"浙江知识分子与中国近代教育决策的民主化探索"（17NDJC118YB）研究成果

宁波市教育局重点委托项目"近现代甬籍教育家研究"研究成果

近现代甬籍教育家研究丛书

于潇 著

在自由与规训之间：蒋梦麟高等教育思想

Zai Ziyou Yu Guixun Zhijian: Jiang Menglin Gaodeng Jiaoyu Sixiang

ZHEJIANG UNIVERSITY PRESS
浙江大学出版社
·杭州·

图书在版编目(CIP)数据

在自由与规训之间:蒋梦麟高等教育思想 /
于潇著. —杭州:浙江大学出版社,2022.1
ISBN 978-7-308-22565-6

Ⅰ.①在… Ⅱ.①于… Ⅲ.①蒋梦麟—高等
教育—教育思想—研究 Ⅳ.①G40-092.7

中国版本图书馆 CIP 数据核字(2022)第 069150 号

在自由与规训之间:蒋梦麟高等教育思想

ZAI ZIYOU YU GUIXUN ZHIJIAN JIANGMENGLIN GAODENG JIAOYU SIXIANG

于潇 著

策划编辑	吴伟伟
责任编辑	陈 翩
责任校对	丁沛岚
责任印制	范洪法
封面设计	春天书装
出版发行	浙江大学出版社
	(杭州市天目山路 148 号 邮政编码 310007)
	(网址:http://www.zjupress.com)
排　版	浙江时代出版服务有限公司
印　刷	杭州宏雅印刷有限公司
开　本	710mm×1000mm 1/16
印　张	33.75
字　数	610 千
版 印 次	2022 年 1 月第 1 版 2022 年 1 月第 1 次印刷
书　号	ISBN 978-7-308-22565-6
定　价	98.00 元

目　　录

图目录

表目录

绪　论

一、研究缘起与意义

中国现代意义上的高等教育发端于晚清,与西方数百年历史相比,尽管起步较晚,但发展颇快,尤其是民国时期高等教育办学成绩令人称道,涌现出北京大学、中央大学、清华大学、浙江大学、武汉大学、南开大学与西南联合大学等一批享有盛誉的现代大学,孕育出众多大师与先进的原创性成果,在高等教育现代化进程中迈出了坚实的一步。在此期间做出卓越贡献者不乏其人,蔡元培是杰出代表,其高等教育思想与实践具有奠基性意义且影响深远。提到蔡元培,人们很容易想到北京大学,他在北大取得的成就有目共睹,将一所旧式学府改造成现代大学,成为近代中国新文化、新思想的发源地与传播中心。然而,这位"北大之父"回忆称:"居北京大学校长之名义,十年有半;而实际在校办事,不过五年有半。"①那么,蔡元培不在校的数年中是否有其他人主持校务? 若有,其表现如何? 仔细观之,北大乃至中国近代高等教育发展史上的另一位重要人物映入眼帘。

这个人是蒋梦麟(1886—1964),浙江余姚人,原名梦熊,字兆贤、少贤,号孟邻,笔名唯心。他是晚清秀才,美国哥伦比亚大学哲学博士,师从杜威,主修教育。学成回国后,蒋梦麟长期致力于发展文教事业,其主要精力聚焦于高等教育领域,北京大学是他工作与生活的中心场域之一,前后二十余载。北洋政府时期,蔡元培数次离校,蒋梦麟代理主持北大校务多年。国民

---

① 蔡元培:《我在北京大学的经历》,《东方杂志》1934 年第 1 期,第 13 页。

政府时期，正式掌校十余年，成为北大校史上任职时间最长的校长，带领北大在艰苦岁月里实现中兴。全面抗战时期，作为三大常委之一，他为西南联大取得办学奇迹发挥了重要作用。他还是创办杭州大学的发起人之一，后来成为浙江大学首任校长，为该校发展奠定了良好基础。不仅如此，他曾任国民政府首任教育部部长，组织制定了全国教育发展规划与诸多政策，主持开启了教育整顿运动，尤其对高等教育特别关注，为随后高等教育发展步入"黄金期"打下了坚实基础。另外，他曾任国民政府行政院秘书长，官居要职，不辞辛劳，晚年出任中国农业复兴委员会主任委员，在农业改革方面成绩突出。蒋梦麟的经历着实不凡，尤其在教育领域，时人认为他的地位"仅次于蔡元培"[1]。具体而论，蒋梦麟教育思想主要集中在高等教育领域，他既有观点又有实践，在理念、职能、管理等诸多方面均有系统而深刻的思考，他带领的北京大学与西南联大办学成就斐然，同时也引领了国民政府高等教育由数量扩张转为质量提升的发展趋势，他对于大学如何办学以及怎样培养大师与研发原创成果等许多重大问题给出了解答。不过，与研究同时代的蔡元培、胡适、竺可桢与张伯苓等人高等教育思想相关成果颇丰相比，学界对于蒋梦麟的相关和研究并不多见，虽然最近几年有所增加，但依然明显不足，实为一种缺憾。

可以说，近代中国高等教育思想领域人才济济，但蒋梦麟的相关主张及其实践特色鲜明，即便他深受蔡元培思想影响主持北京大学，其具体观点及举措也有较大区别。因此，探究蒋梦麟高等教育思想可以呈现出一套卓有特点的大学办学体系，进而能推动中国高等教育近代化的研究进程。同时，改革开放以来，我国高等教育进行了多轮改革，成效显著，但问题也不少，"钱学森之问"等诸多难题有待解决，处于发展关键期的当代大学何去何从，在关注当下与展望未来之际，有必要回眸一下并不十分遥远的近代中国大学发展之路，因为这些历史经验与教训有助于我们更好地把握现在与将来，而蒋梦麟的高等教育思想即是其中那份原来关注不够但仍具重要价值的宝贵资源。

---

[1] 吴相湘：《蒋梦麟振兴北大复兴农村》，见吴相湘：《民国百人传》（第1册），传记文学出版社1982年版，第51页。

二、研究立足点与新意

(一)已有成果回顾

中国近代高等教育是学界关注的焦点问题之一,若以高校论之,北京大学、西南联大等研究很多,若以人物观之,蔡元培尤多,但与蔡氏关系密切、对北大与西南联大贡献突出的蒋梦麟的相关成果较少看见。这些成果主要集中在教育学、历史学等领域。截至 2021 年 12 月 31 日,就论文而言,以主题"蒋梦麟"在中国知网中搜索,共有 184 篇,最早者在 1994 年,此后逐年增长,但有所波动,其中报刊文章及会议论文 165 篇,硕士学位论文 19 篇,教育主题的论文有 126 篇,而有关高等教育的成果为 63 篇。仔细来看,这些直接相关论文多是探讨蒋梦麟高等教育思想的某部分内容。

我国台湾的相关研究也不多,在《TWS 台湾学术期刊在线数据库》与《台湾博硕士论文知识加值系统》中检索,尽管找到蒋梦麟相关论文百余篇,但大多数并非教育主题,而是涉及土地改革、人口政策等内容,有关教育主题者颇少(明显少于大陆)。这些成果主要有《蒋梦麟早年心理上的价值冲突与平衡》(期刊论文,1977)、《蒋梦麟与抗战前之中国教育》(硕士学位论文,1980)、《蒋梦麟与北京大学(1930—1937)》(期刊论文,1988)、《蒋梦麟教育思想之研究》(硕士学位论文,1999)、《蒋梦麟先生年谱初编》(硕士学位论文,2018)、《新旧时代的过渡:杜威(John Dewey)与蒋梦麟的个人主义和个体性观点》(期刊论文,2019)与《国立西南联合大学办学研究》(博士学位论文,2020)等。

学界也有蒋梦麟相关著作,比如《蒋梦麟传》《蒋梦麟的教育思想与实践》《蒋梦麟与北京大学》等,还有其他论著会涉及本主题,但总体数量依然不多,而且暂未发现本主题的专著问世。接下来,我们从整体性成果(涉及高等教育思想多方面内容)与专题性成果(聚焦某方面内容)两种类型予以呈现。

1. 整体性成果

其一,年表(谱)类成果以时间为序,展现蒋梦麟一生经历,台湾学者对此着墨较多。例如,关国煊的《蒋梦麟先生年表》呈现了蒋的生平及其主要活动,其中不少篇幅涉及高等教育,但总体上内容薄弱。[①] 蔡三福的《蒋梦麟

---

① 关国煊:《蒋梦麟先生年表》(上),《传记文学》1982 年第 6 期,第 63—70 页;关国煊:《蒋梦麟先生年表》(下),《传记文学》1982 年第 7 期,第 145—154 页。

先生年谱初编》不仅具有年表特点,而且有较多评价,内容更为丰富,其中多处谈到蒋的高等教育思想。[1] 不过该文把蒋的一生分为求学时期(1891—1917)、教育行政时期(1918—1931)、参与党政工作时期(1927—1964)三个阶段,此分法欠妥。第一阶段并无多大异议,但1917年回国后,蒋梦麟从教治学、任职校长与担任政府职务等交织在一起,而第二与第三阶段的"主题"显然割裂地看待这些活动。同时,该年谱对于蒋梦麟成年后从事主要活动的叙述颇为简单,如1944年缺失,1936年、1938年、1942年等不少年份内容仅一句话,也时常看到其他多个年份仅两三句话的情况。总之,此类成果对我们了解蒋梦麟生平有较大帮助,也在内容与史料方面有所助益,但限于文体,表述非常单薄,同时诸如所列1942年出席加拿大太平洋学会会议等不少事实有误,而且对本论题有关内容多是罗列,未及展开论述。

其二,传记类成果兼顾时间顺序与主题阐释,述评结合。大陆学者方面,马勇的《蒋梦麟传》[2]较为全面地展示出蒋氏在政治、文化、教育与农业等多领域的表现。孙善根的《走出象牙塔——蒋梦麟传》[3]也颇有特色,尤其是最后阐述了蒋氏"不中不西、亦中亦西"的文化观及其践行样态。此外,仲玉英、陈桃兰等所写《蒋梦麟画传》总体上展现了蒋梦麟的生平活动,其一大特点是配有较多图片。[4] 台湾学者相关研究多是单篇文章或短文,作者多与蒋梦麟熟识、共事过,这些作品同时具有史料价值。另外,国外学者也有一些成果。[5] 与年表(谱)侧重客观事件呈现相比,传记既注重客观史实,也有许多主观想法,其思考角度与深度有所拓展。然而,高等教育不是其研究主题,只是在蒋梦麟人生经历中加以描述,这导致不少内容没有涉及,即便是谈及的内容,也有待深入解读。

其三,教育思想类成果与本论题尤其相关,陈宪民的《蒋梦麟教育思想之研究》[6]与马勇的《蒋梦麟的教育思想研究与实践》[7]属于此类著述,但两者风格迥异。陈氏论文分成若干教育主题论述,正文六章:"生平及其思想

① 蔡三福:《蒋梦麟先生年谱初编》,东海大学2018年硕士学位论文。
② 马勇:《蒋梦麟传》,红旗出版社2009年版。
③ 孙善根:《走出象牙塔——蒋梦麟传》,杭州出版社2004年版。
④ 仲玉英、陈桃兰、艾乐、夏雪源:《蒋梦麟画传》,四川教育出版社2017年版。
⑤ Columbia University:*Chiang Meng-lin*,见朱传誉:《蒋梦麟传记资料》,天一出版社1979年版,第1—2页。
⑥ 陈宪民:《蒋梦麟的教育思想之研究》,台湾师范大学1999年硕士学位论文。
⑦ 马勇:《蒋梦麟的教育思想与实践》,山西人民出版社2019年版。

背景""以'文化—社会'为主轴的中心思想""教育与社会进化""达成社会进化的教育(一):个性主义的教育""达成社会进化的教育(二):平民主义的教育""评估及其启示"。其在文化观与教育观等方面对本研究启发较大,但涉及高等教育内容较少。而马氏著作基本以时间为序,有点像以教育为主线的传记,其中较为清晰地呈现出蒋梦麟高等教育相关情况,只是未能以若干主题统领,相关阐述比较分散,且不够充分。

其四,尽管未发现本论题的专著,但直接成果有之。例如,杨翠华的《蒋梦麟与北京大学(1930—1937)》①详细分析了全面抗战前蒋任北大校长期间的改革举措,包括理念、学术、教学与管理等诸多内容,引证史料较多,是一篇颇为扎实的文献。不过,该文较多关注北大的"现时"状态,对其缘何产生、如何发展以及效果何在等问题的考察不够深入,并且未划分具体主题论之,而是"混在一起"阐释。另外,由于时段所限,该文对蒋代理北大校务、担任教育部部长与西南联大常委等时期的教育活动几乎均未探究。再如,陈永忠的《蒋梦麟与北京大学》②关注了蒋在北大、国民政府教育部与西南联大期间的"故事",其以时间为序,框架是:早年岁月;新教育的鼓吹者;与北大结缘;代理北大校长;主持全国学政;重振北大;联大岁月。该论著重在考察顺时性的"行踪",突出实践措施,弱于思想阐释。另如,朱宗顺所写两篇论文均围绕蒋梦麟高等教育思想与实践展开,一为专论蒋梦麟,一为对比分析蒋梦麟与蔡元培,其中不少观点对本研究启发较大,只是划分的某些主题有待进一步厘清,而且限于篇幅,许多论述未能深入铺开。③ 有一篇硕士论文《蒋梦麟高等教育思想研究》④,其总体上围绕该主题撰写,内容分为生平与思想背景、办学思想、学生管理思想、文化交流思想与评价等部分,有自己的想法。不过,其论述有许多可商榷之处。比如"办学思想"分为"校长治校、教授治学、学生求学",且不论"办学"一词用得欠妥(因为办学覆盖学校诸多方面),仅论其下属内容便缺少"职员治事"部分,其与前三者为一个整体。再如,蒋梦麟管理思想不限于学生管理,还有教师与各种校务等方面的管

① 杨翠华:《蒋梦麟与北京大学(1930—1937)》,《"中央研究院"近代史研究所集刊》1988 年第 17 期(下),第 261—305 页。

② 陈永忠:《蒋梦麟与北京大学》,时报文化出版企业股份有限公司 2016 年版。

③ 朱宗顺:《蒋梦麟的高等教育思想与实践》,《高等教育研究》1996 年第 4 期,第 91—96 页;朱宗顺:《蔡元培与蒋梦麟高等教育思想和实践之比较》,《高等教育研究》2006 年第 4 期,第 96—104 页。

④ 赵会龙:《蒋梦麟高等教育思想研究》,山东师范大学 2015 年硕士学位论文。

理。另如，深究文化交流思想并非高等教育思想本身，而是其背景及思想基础，并且看其分法——"继承中国传统文化与吸收西洋文化相结合、研习人文社会与注重自然科学结合与注重高等教育硬件条件建设"，不难发现也有逻辑性问题，这些都需要进一步解决。此外，另有一篇硕士学位论文与本研究题目相似，即《蒋梦麟高等教育思想及现代意蕴》①。该论文主体内容包括高等教育思想的思想渊源（生平及教育实践活动、时代与传统文化影响）、主要内容（"学术至上"办学思想、"校长治校"管理思想、"学生自治"学生管理思想、对高等教育思想的认识）、现代意蕴等三部分，具体来看，思想渊源并未交代清楚，主要内容部分的前三项之间有逻辑问题，而且缺少对蒋氏理念、职能以及许多管理思想的系统性论述。

此外，近代中国高等教育史②、大学校史③与大学校长④等方面的研究成果也涉及本论题内容，但或是在宏观主题下论及，或是在学校发展史中谈到，抑或仅以数页篇幅统而论之，这些为从整体上专论蒋梦麟高等教育思想留下了较大空间。

2. 专题性成果

我们主要分为文化观、教育价值观、理念、职能、管理等方面来展现专题性成果。就文化观而言，孙善根、余子道认为，蒋梦麟秉承"不中不西，亦中亦西"的中西文化观，其实践样态为"以儒立身""以道处世""以西处事"。⑤

---

① 华丹：《蒋梦麟高等教育思想及现代意蕴》，哈尔滨师范大学 2018 年硕士学位论文。

② 近代中国高等教育史相关成果主要有：陈能治：《战前十年中国的大学教育（1927—1937）》，台湾商务印书馆 1990 年版；（加）许美德著，许洁英译：《中国大学 1895—1995：一个文化冲突的世纪》，教育科学出版社 2000 年版；金以林：《近代中国大学研究（1895—1949）》，中央文献出版社 2000 年版。

③ 近代中国大学校史相关成果主要有：萧超然、沙健录、周承恩、梁柱：《北京大学校史 1898—1949》，上海教育出版社 1981 年版；西南联合大学北京校友会编：《国立西南联合大学校史——一九三七至一九四六年的北大、清华、南开》，北京大学出版社 1996 年版；（美）魏定熙著，张蒙译：《权力源自地位：北京大学、知识分子与中国政治文化，1898—1929》，江苏人民出版社 2015 年版。

④ 近代中国大学校长相关成果主要有：智效民：《八位大学校长：蒋梦麟 胡适 梅贻琦 张伯苓 竺可桢 罗家伦 任鸿隽 胡先骕》，长江文艺出版社 2006 年版；程斯辉：《中国近代大学校长研究》，人民教育出版社 2010 年版；张意忠：《民国大学校长风范》，北京师范大学出版社 2012 年版。

⑤ 孙善根、余子道：《"不中不西，亦中亦西"——蒋梦麟中西文化观述评》，《安徽史学》2004 年第 3 期，第 49—51、73 页。

宋雪指出蒋梦麟注重中西文化复合、关注"经世知行"和持有"取镜日本"的文化态度。[①] 已有成果多注意蒋梦麟提倡中西文化观,对其新旧文化调和有所阐述,但对此未上升到"观"的层面,因此新旧文化、中西文化融为一体的文化统整观及其如何体现于高等教育思想之中等问题有待进一步考察。

在教育价值观上,付八军、冯晓玲认为蒋梦麟持有个人本位与教育救国观,并且归结出个人本位、素质中心、文化中心以及经济中心的高等教育价值取向。[②] 韩立云强调蒋取法美国个性主义思想,构建了以培养"健全个人"为目标、以"尊重个人"为前提、以"自动自治"为方法的个性主义教育体系,以此达到"增进个人价值,促进社会文明"的目的。[③] 张爱梅阐述了蒋的平民主义价值观,并探究其平民主义教育思想及其对成人教育的启示。[④] 这些成果尽管注意到蒋梦麟的社会本位取向,但多是在认可个人本位的基础上论述,而蒋的教育价值观并非单一论者,其仍需深入阐述。

理念方面成果不少,学者普遍认为蒋梦麟是蔡元培"思想自由,兼容并包"理念的坚守者与实施者,也注意到蒋加强群治纪律的一面。[⑤] 不过,有些学者表示蔡、蒋二人"治校理念存在根本差异",蔡元培重自由包容、赋予教授权力,而蒋梦麟强调控制、收权于校长。[⑥] 蔡、蒋二人理念一脉相承,但随

① 宋雪:《事功背后的学问:蒋梦麟的学术思想与文化关注》,《云梦学刊》2015年第6期,第25—32页。

② 付八军、冯晓玲:《评析蒋梦麟个人本位的教育价值观——蒋梦麟的高等教育价值观研究之一》,《浙江教育学院学报》2007年第2期,第14—17、29页;付八军、冯晓玲:《评析蒋梦麟的教育救国观——蒋梦麟的高等教育价值观研究之二》,《浙江教育学院学报》2008年第2期,第41—45页;付八军、冯晓玲:《评析蒋梦麟的高等教育价值观——蒋梦麟的高等教育价值观研究之三》,《浙江教育学院学报》2009年第3期,第6—11页。

③ 韩立云:《蒋梦麟个性主义教育思想及其实践》,《江苏高教》2014年第4期,第141—143页。

④ 张爱梅:《蒋梦麟平民主义教育思想及对成人教育的启示》,《成人教育》2009年第6期,第6—9页。

⑤ 这类相关成果主要有:金林祥:《思想自由 兼容并包——北京大学校长蔡元培》,山东教育出版社2004年版;周川、黄旭:《百年之功——中国近代大学校长的教育家精神》,福建教育出版社2005年版;张雁:《西方大学理念在近代中国的传入与影响》,浙江大学出版社2009年版;刘雪平:《蔡元培、蒋梦麟掌北大理念之共性及原因探讨》,《文教资料》2008年第6期,第158—160页;赵映林:《蔡元培、蒋梦麟与北大》,《文史杂志》2009年第3期,第62—66页;田晶:《蒋梦麟高等教育思想新探》,《兰台世界》2013年第16期,第130—131页。

⑥ 蔡磊砢:《"萧规曹随"?——蔡元培与蒋梦麟治校理念之比较》,《北京大学教育评论》2008年第3期,第12—21、187—188页。

着社会的变迁，新旧冲突、派系纷争、学府与政府纠葛不断，蒋对蔡的理念有较大修正，其内在发展逻辑有待深入挖掘。

职能问题也受到学界较多关注，以科研职能为最多。就人才培养职能而言，首推韩立云的《创立与传承：民国时期北京大学人才培养模式的形成》，该书归结出北大不同时期人才培养的异同，其中有蒋梦麟的专门章节，从其人才培养观、培养体系与特点等方面论述，对本研究启发较大，但也有不少需要改进之处。比如，论著回答了蒋梦麟的人才培养观，却未明确其培养目标，即培养什么样的人，抑或认为是蔡元培的"硕学宏材"，但蒋秉承的培养"领袖"目标与蔡氏观点有联系更有不同。再如，其把人才培养体系与教职员管理、学生管理并列放置，且不论学生管理是否属于人才培养体系尚待商榷，而且现有内容对招生、奖助学金、毕业与就业及学生后来的发展情况等着墨较少。另如，北大有本科生与研究生，但其主要针对前者，涉及两者时多混合论之，留下了分开专论的空间。此外，该书聚焦蒋梦麟正式任校长期间的人才培养言行，并未深入探究其思想的生成过程以及与蔡元培的对比。[①] 就科研职能来讲，学者多关注蒋梦麟20世纪30年代执掌北大实现"中兴"的主张与措施，疏于对蒋代理校务期间的研究以及与蔡元培的比较研究，而且在聘请师资、组建研究院所与提倡学术交流活动等统整性研究方面也仍需加强。[②] 在社会服务职能方面，此类专题成果很少，诸如《近代社会服务在北京大学兴起的动因分析》《近代中国高等教育与社会的嬗变》《我国

[①] 韩立云：《创立与传承：民国时期北京大学人才培养模式的形成》，南京大学出版社2015年版。

[②] 这类相关成果主要有：田正平、王恒：《民国时期北京大学学术休假制度考述——基于高等教育国际化的视角》，《教育研究》2017年第5期，第137—143页；应星：《新教育场域的兴起1895—1926》，生活·读书·新知三联书店2017年版，第93—180页；湛中乐、康骁：《通过"校内法"保障学术自由——以1912—1937年的北京大学为研究对象》，《首都师范大学学报》（社会科学版）2018年第3期，第155—164页；邢欢：《从分科之学到科学之学——蔡元培学术观的转变与北京大学改革（1917—1923）》，《清华大学教育研究》2021年第1期，第139—148页。

近代大学社会服务职能的演变、实践及形式》等均是有关成果①,但没有对蒋梦麟进行专论。

就管理主题来讲,较多学者曾有相关论述,主要集中在蒋梦麟任国民政府教育部部长、北京大学校长与西南联大常委三大主题。其一,在蒋梦麟主政教育部整改高等教育方面,成果主要涉及蒋主持制定《大学组织法》《大学规程》等政策、确立从严办学条件与具体实施举措,在史料与内容等多方面贡献颇大,但也有探索余地。比如,崔恒秀的《民国教育部与高校关系之研究(1912—1937)》②、陈玉玲的《国民政府初期对高等教育的整顿》③等均属此类成果,其分析了当时政派、学派等各方力量争斗的场面,尤其是陈氏著作列出蒋梦麟的专门章节,这些有益于本研究的开展,只是其对蒋梦麟遵奉蒋介石命令停办劳动大学与查办中央大学致其辞任校长的分析不够深入。再如,中央大学与劳动大学等相关成果对蒋介石力量的介入多有阐述,但囿于围绕某一所学校论之,留下了放置于全国高校整改大背景下予以探究的空间。④ 另外,从北洋时期代理北大校务到任教育部部长再到执掌北大,蒋梦麟长期陷于派系纷争,其在改革中的应对之道也有待深入考察。其二,学界对"校长有为"之"校长治校、教授治学、职员治事、学生求学"多有探讨,在许多观点上达成共识。比如,蔡元培"教授治校"是"学者团队式管理",而蒋

---

① 这类相关成果主要有:郭晨虹:《近代社会服务在北京大学兴起的动因分析》,《江苏高教》2010 年第 4 期,第 145—148 页;王言法:《近代中国高等教育与社会的嬗变》,山东大学 2011 年硕士学位论文;李松丽:《我国近代大学社会服务职能的演变、实践及形式》,《学术探索》2012 年第 6 期,第 122—124 页;许衍琛:《近代中国大学社会服务研究》,南开大学 2014 年硕士学位论文;刘海涛:《运行机制与边界:我国近代大学社会服务的理念、实践与反思》,《现代教育管理》2015 年第 6 期,第 41—45 页;王晓璇:《民国时期大学参与社会教育研究》,东北师范大学 2015 年硕士学位论文;马静仪:《民国时期大学教师社会服务活动研究》,河北师范大学 2020 年硕士学位论文。

② 崔恒秀:《民国教育部与高校关系之研究(1912—1937)》,福建教育出版社 2011 年版。

③ 陈玉玲:《国民政府初期对高等教育的整顿》,中国社会科学出版社 2018 年版。

④ 许小青:《政局与学府:从东南大学到中央大学(1919—1937)》,中国社会科学出版社 2009 年版;蔡兴彤:《国立劳动大学研究(1927 年—1932 年)》,华中师范大学 2011 年硕士学位论文;蒋宝麟:《"党国元老"、学界派系与校园政治——中央大学首任校长张乃燕辞职事件述论(1928—1930)》,《社会科学研究》2013 年第 3 期,第 165—175 页;严海建:《蒋介石、党国元老与国立劳动大学的存废之争》,《史学月刊》2018 年第 11 期,第 61—71 页。

梦麟"校长治校"属于"科层式管理"，两者"迥异"。① 再如，蔡元培推行"教授治校"意在"防止因校长变更而导致学校不稳定"，而蒋梦麟将其改为"校长治校"的原因是：《大学组织法》等政策出台、评议会存在问题、其（教授）个人威望不足以及评议会无法解决教师兼课和经费欠缺等问题。② 另有研究指出："蔡元培更强调学术共同体的集体作用，蒋梦麟倾向于强化管理效能，突出院长个人领导作用。"③这些观点有其道理，但"教授治校"与"校长治校"关联密切，不能分开看待，这不仅由于"教授治校"存有问题（如派系操控评议会），还因为时局变化大，导致"校长治校"带有某种顺势而为的用意，而且以往多关注两者区别，甚至认为截然对立，其实两者内在相通，对此论证有待深化。其三，蒋梦麟在西南联大的"常委无为"相关研究较多④，其看法有许多相同之处，即"不管者所以管也"是蒋追求的，以至于认为蒋从开始便心甘情愿地"辅佐"，蒋什么都不管，蒋是因为忙于校外其他事务而没时间管，等等。实际上，这些理解有些偏颇。因为蒋梦麟的"不管"是逐步生成的，开始时管的并不少，后来因他审时度势而退隐，也有证据表明其忙于校外其他事

---

① 蔡磊砢：《"萧规曹随"？——蔡元培与蒋梦麟治校理念之比较》，《北京大学教育评论》2008 年第 3 期，第 12—21、187—188 页。

② 黄启兵：《民国时期北京大学的管理变革：从"教授治校"到"校长治校"》，《高等教育研究》2015 年第 10 期，第 87—95 页。

③ 李良立、陈廷柱：《民国时期北京大学院系设置调整及其治理变革——兼论蔡元培与蒋梦麟院系治理思想的异同》，《大学教育科学》2021 年第 5 期，第 110—118 页。

④ 这类相关成果主要有：杨绍军：《蒋梦麟先生在西南联大》，《学术探索》2011 年第 4 期，第 145、147 页；（美）易社强著，饶佳荣译：《战争与革命中的西南联大》，九州出版社 2012 年版；刘京京：《西南联大矛盾论析》，曲阜师范大学 2012 年硕士学位论文；陈平原：《抗战烽火中的中国大学》，北京大学出版社 2015 年版；岳南：《南渡北归》（增订本），湖南文艺出版社 2015 年版；史晓宇：《西南联合大学内部治理中的"委员会治理模式"》，《高等教育研究》2017 年第 1 期，第 81—89 页；田正平、潘文鸯：《教育史研究中的"神话"现象——以蔡元培和国立西南联合大学为个案的考察》，《高等教育研究》2017 年第 4 期，第 76—82 页；胡天银、封海清、吴春宣：《抗战时期中央大学和西南联大内迁决策的程序与机制》，《学术探索》2018 年第 11 期，第 105—112 页；张睦楚：《西南联大师生历史记忆的别样书写——基于心态史视角的考察》，《教育史研究》2019 年第 1 期，第 109—121 页；崔卓琳：《西南联大内部校际关系研究》南京师范大学 2020 年硕士学位论文；汪求俊：《国立西南联合大学办学研究》，台湾师范大学 2020 年博士学位论文；严海建：《抗战时期西南联大内部校际分合的界限与争论》，《高等教育研究》2020 年第 3 期，第 100—109 页；梁严冰：《西北联大与西南联大比较研究》，《广东社会科学》2020 年第 3 期，第 123—133 页；熊贤君：《联合与独立并行：国立西南联合大学的办学体制》，《国家教育行政学院学报》2020 年第 5 期，第 9—17 页。

务而无暇管联大的观点有待商榷。可见,厘清这些内容这些有助于我们重新理解西南联大的治理体系。

(二)已有成果省思

总体而言,在数量上,已有相关成果不少,其中多散见于著作某章节或论文某标题对应内容中,但以蒋梦麟高等教育思想为篇名或中心主题的成果并不多见。在研究人员方面,国内以大陆学者为主(多集中于 21 世纪后)、台湾学者为辅(开始时间早);国外学者成果很少。史料的广度与深度逐渐拓展,蒋梦麟著述、相关档案、近代报刊、人物日记与回忆录及文集等材料被陆续挖掘运用。研究方法趋于多元,除文献法外,比较法、统计法等也常被使用。内容趋于广泛,从蒋梦麟生平及其事功到学问思想,从其教育观点到文化主张再到政治与农业等领域的言行,这些均有涉猎。可以说,已有成果在研究视域、史料、框架、方法与内容等多方面对本论题启发较大。不过,相对于蒋梦麟高等教育思想的重要性而言,现有成果仍存在较多有待改进之处。

在研究视域方面,多数研究聚焦蒋梦麟高等教育思想的某些方面,尽管包括若干主要方面的相关成果有之,但其多是偏离本论题的年表(谱)、传记、著述某章节,即便有相关论文,大多并不深入,尚未发现专著的出版。

在研究内容方面,已有成果多重视蒋梦麟在 20 世纪 30 年代的高等教育言行,对其 20 年代的思想的研究尚需加强,同时对蒋各种观点的承转启合的内在逻辑性演变关注不够。再者,已有不少观点有待澄清或完善,主要包括:"不中不西、亦中亦西"文化观与个体本位教育价值观的说法;蔡元培理念与蒋梦麟理念的关系;人才培养职能(特别是目标、体系与成效)、科学研究职能(尤其是各主张与举措之整合)与社会服务职能(甚为薄弱);管理之"部长有为"的复杂原因及其背后的"秘密"、"校长有为"的必要性与合理性、"常委无为"之"不管者所以管也"的"隐情";等等。此外,蒋梦麟年表有待进一步细化。

在史料方面,随着各种新资料与新数据库的陆续问世和更新,我们可以获取更多曾被忽视的史料。同时,原来许多史料分散用于某个或某些主题,其缺乏内在连通与统整性,并且以往年表与资料汇编中有些信息需要矫正,因此史料在广度与深度方面需要拓展。

(三)本研究新意

其一,扩大研究视域,弥补没有专著的缺憾。目前暂未发现"蒋梦麟高等教育思想"的专著出版,本研究专注于该主题的整体性研究,将蒋氏学问与事功贯通起来构建出系统而完整的思想体系。

其二,修正已有观点及史实,丰富研究内容。本研究将论题放置于近代中国社会变迁大背景下,注重蒋梦麟全时段的高等教育言行,既注重分别探究思想各方面的逻辑发展过程,又考察思想各方面之间的内在关联。提出文化统整观,将"新中有旧、旧中有新"与"不中不西、亦中亦西"融会贯通;阐明个体本位与社会本位统一的教育价值观;阐释蔡元培理念与蒋梦麟理念的关联及其异同,展示不同时期自由与规训关系的演进轨迹,尤为注重校方与学生、派系、学府与政府等关系的梳理;明确养成"领袖"的人才培养目标,本科生与研究生分论之,以此构建起完整的人才培养体系,并选取典型代表考察毕业生就业及其后续发展情况,以展现其成效;深入整合分析科学研究的主张与举措;全面剖析社会服务观点及其措施;详论"部长有为"的表现与实践困境;解析"教授治校"与"校长治校"的联系与区别,探查"校长治校"的必要性与合理性;解释"常委无为"并非"不管"的原因,呈现"不管者所以管也"逐步生成的轨迹,揭示这是其"无奈"之举的缘由;分析高等教育思想的影响因素、基本特征、贡献与待解难题;丰富与完善蒋梦麟年表,修正留学启程时间 1908 年 8 月底(其实是阴历)、1942 年出席太平洋学会会议(实际未参加)等较多史实。

其三,拓展、纠偏与统整已有史料。在掌握蒋梦麟已出版著述的基础上,通过现场查访或充分利用网络资源等途径,从相关档案、纷繁复杂的近代报刊及著述与现代出版物中收集了众多资料,同时发现了以往汇编资料中的瑕疵,比如蒋梦麟的《建设新国家之教育观念》在相关资料集中标注的出处和时间是《教育与职业》(1918 年 4 月),其实该文早在他留学期间已经发表,即《留美学生季报》(1915 年 3 月),这一时间节点很重要,因为能够从一个侧面探查其回国从事教育活动前后思想脉络的变化。本研究将原来较多引证的资料与新收集的资料整合起来使用,以此增强论证的科学性与合理性。

三、概念释义

(一)高等教育

高等教育是"中等教育以上层次的教育",在教育体系中处于最高位阶。谈到高等教育,经常会想到大学教育,两者关系是:"高等教育包括大学教育,也强调非大学教育。"大学教育原本强调学术性、反对功利主义,而 19 世纪末,"致力于发展社会经济发展急需的科学技术教育"的非大学教育蓬勃发展,为了将两者统筹,高等教育概念应运而生,"此后科学技术教育的学术水平迅速提高并得到认可,被大学教育接纳,两者渐趋融合,原有的非大学高等教育机构基本上升格为大学,导致高等教育常常意味着大学教育",其实两者有所区别。①

本研究的"高等教育"是指中国近代中等以上层次的教育,就蒋梦麟而言,其思想主要集中于大学教育,兼及学院与专科等其他高等性质学校教育,行文中的"高校"用词为上述提及的高等性质学校。

(二)思想

《大辞海》将思想解释为"思维活动的结果,属于理性认识",而思维是"理性认识,或指理性认识的过程。是人脑对客观事物能动的、间接的和概括的反映",理性认识则是"属于概念、判断和推理阶段的认识。认识的高级阶段。反映事物的本质和内部联系"。②《中国大百科全书》认为,思想是理性认识的成果,理性认识则是"认识过程的高级阶段和高级形式,是人们凭借抽象思维把握到的关于事物的本质、内部联系的认识",而感性认识是基础和前提,"理性认识对感性认识的依赖关系,是认识对实践的依赖关系在认识发展过程中的继续和体现"。③

因此,思想一般被认为是基于感性认识对客观事物抽象的、概括的理性认识的结果,实践是感性认识的基础,感性认识是理性认识的基础,理性认识的成果(思想)回到实践中检验,然后再经过认识加工,如此循环往复达成真理。可见思想与实践密不可分。

(三)高等教育思想

高等教育思想是指"对高等教育这一社会活动及其现象的认识"④。聚焦蒋梦麟来说,其思想是对高等教育相关问题抽象的、概括的理性认识的结果,是经过思考将丰富的感性材料去伪存真、由表及里的认识成果。由于蒋梦麟想得多但写得少,留下的纸质成果不多,特别是专题系统性论著有限,

---

① 顾明远主编:《中国教育大百科全书》(第 1 卷),上海教育出版社 2012 年版,第 354 页。

② 夏征农、陈至立主编:《大辞海》(第 2 卷:哲学卷),上海辞书出版社 2015 年版,第108—110 页。

③ 中国大百科全书出版社编辑部编:《中国大百科全书》(简明版),中国大百科全书出版社 1998 年版,第 2898 页。

④ 顾明远主编:《中国教育大百科全书》(第 1 卷),上海教育出版社 2012 年版,第 354 页。

但其做得多，并且随着社会变迁，相关主张与时俱进，其思想与实践相伴相生，两者联系尤为密切。因此，本研究在考察蒋梦麟高等教育思想时，将其实践活动纳入其中，通过全面呈现两者融会贯通情况来更为深刻地阐释思想这一主旨论题。

四、研究方法

（一）文献法

对于史学研究而言，资料的搜集、整理与分析是重要前提。因此，文献法是本研究使用的基本方法。所谓文献法，即通过挖掘、梳理和分析相关资料，科学而合理地运用资料研究某个问题的方法。

研读与审思蒋梦麟高等教育思想已有成果的重要性不言自明，我们可以从中找到立足点，也可以获得史料、方法与观点等多方面的启示。同时，原始资料的获取与使用对史学研究非常关键。一方面，蒋梦麟有关高等教育的直接资料应予注意。其一，个人系统性著述主要包括《西潮与新潮》（回忆录）、《中国教育原理之研究》（"A study in Chinese principles of education"，博士学位论文）与文集之《过渡时代之思想与教育》《孟邻文存》《谈学问》《文化的交流与思想的演进》等，以及由上述及其他材料汇编而成的《蒋梦麟教育论著选》与《蒋梦麟学术文化随笔》等；其二，由于他曾任北京大学校长、西南联大常委、浙江大学校长与国民政府教育部部长等职务，因此相关档案与《北京大学日刊》《北大日刊》《北京大学周刊》《北京大学史料》《国立西南联合大学史料》《浙大史料选编》《清华大学史料选编》《南开大学校史资料选》，以及国民政府教育部政策、高校整改举措等资料需要重视；其三，其他散见于中国近代各类报刊中的蒋梦麟相关言行不容忽视，这些资料主要有《教育部公报》《第二次全国教育会议始末》《申报》《民国日报》《北平晨报》《新教育》《教育杂志》《中华教育界》《东方杂志》，以及《益世报》（天津）、《益世报》（北京）、《大公报》（天津）、《京报》（北京）等。以上述史料为主，但不限于此，我们尽可能从多渠道、多种类型文献中寻找爬摸蒋梦麟的言行，使得这类史料更为丰富与翔实。

另一方面，与蒋梦麟高等教育思想相关的资料也非常重要。其一，相关人士的日记、书信、回忆录、著述和演说等资料，比如蔡元培、杜威、胡适、孙中山、傅斯年、冯友兰、钱穆、罗家伦、梅贻琦、陶希圣、何兆武、叶公超、陈雪屏、郑天挺与蒋复璁等人，这些资料或已出版，或散见于纪念文集、地方文史资料及近现代各类刊物中，例如《我与北大："老北大"话北大》《我的父辈与北京大学》《笳吹弦诵情弥切——国立西南联合大学五十周年纪念文集》《云南文史资料选辑》等,台湾《传记文学》等刊物曾专载了多篇纪念蒋梦麟的文章,作者多是与他熟识的人,而《蒋梦麟传记资料》汇总收录了其中的大部分文稿;其二,民国高等教育状况也需关注,除前述北京大学、西南联大、浙江大学与国民政府教育部政策等资料外,还需注重中央大学、劳动大学、清华大学、南开大学与武汉大学等同期众多高校以及近代中国高等教育发展等方面史料,同时,教育年鉴与高等教育统计类资料也需注意;其三,近代中国政治、经济、文化与教育相关资料也不可或缺,这些主要可以从近代各类出版物中获取。

研究不仅要掌握资料,更需关注其使用问题。本研究注重各种资料与论题的内在关联,史论结合、论从史出,在科学而合理地分析与运用史料基础上考察得出本论题的要旨,以此达到本研究的目的。

(二)比较法

比较法是遵循一定标准就某类现象通过对比分析找出异同的方法。蒋梦麟高等教育思想在不同历史时期既有联系也有差异,其与蔡元培、梅贻琦等同期其他人的思想既有相似处也有区别。找出这些异同对深入把握本论题很重要,而使用比较法有助于达成此目的。

总体上,蒋梦麟高等教育思想的具体观点前后衔接、密切关联,但随着时局变化,依据特定历史条件,他也有所矫正,因此其思想在不同时期既内在相通又各有特点。同时,蒋梦麟高等教育思想特色鲜明,这是与其他人思想对比得来的。例如,自由包容是他的大学理念一贯坚守的内容,其受到蔡元培"思想自由,兼容并包"理念影响,但后来他对蔡氏理念进行了部分调整,加入规训元素,注重群治纪律内容,进而提出"大度包容,思想自由"理念,并随着外部环境改变,其把握尺度有所不同。可见,比较法能够帮助我们更深刻地理解蒋梦麟的高等教育思想。

(三)统计法

统计法是指将信息按照特定标准进行定量处理获得数据并加以科学使用的方法。本研究使用该方法论证了许多问题:在分析不同时期北大师资队伍与评议会成员结构时,主要涉及年龄、籍贯、教育经历等;在阐述北大人才培养质量时,主要涉及毕业生系别、籍贯、就业及后来经历等;在探讨西南联大三大常委参加常务委员会情况时,主要涉及参会次数、频率与比例等。在较大程度上,我们运用一系列统计数据和图表,能够形象地阐释许多枯燥的史料,进而鲜活且清晰地展现理论观点。

五、研究思路与内容

本研究将蒋梦麟高等教育思想放置于当时历史情境中予以剖析,关注其思想在不同历史时期的内在关联性与独特性,既探讨社会变迁导致其思想的更新情况,也考察蒋氏在国外留学、回国代理北京大学校务以及任浙江大学校长与教育部部长、北京大学校长、西南联大常委等时期思想的演变样态,其中尤为关注他主持校务二十余年的北大时期。同时,重视蒋梦麟与蔡元培等其他相关人士的比较,并且针对蒋梦麟想得多、书写少、行动力强等特点,本研究特别强调思想与实践的会通,力求历史与逻辑的统一、过去与现实的连接。

本研究内容总体分为五大部分与附录,包括绪论、蒋梦麟生平、高等教育思想的思想基础、高等教育思想三大主题(理念、职能、管理)与高等教育思想综论,附录为蒋梦麟年表。具体而言,除绪论与附录外,共分为六章。

第一章为蒋梦麟的生平,主要以时间为序,展现其人生经历全貌,注重文化教育这一主线,结合特定的社会历史条件,勾画出蒋梦麟高等教育思想生成的基本轨迹。

第二章阐释蒋梦麟高等教育思想的思想基础,文化观与教育价值观对其高等教育思想体系的生成影响重大。在文化观方面,针对以往未能系统阐释蒋梦麟有关文化的认识问题,我们提出文化统整观,一是旧新文化之新陈代谢,即"旧中有新、新中有旧";二是中西文化之融会贯通,即"不中不西、亦中亦西"。由此归结出蒋梦麟文化观的践行样态为"以儒立身,以道处世,以墨治学,以西办事"。蒋梦麟的文化统整观,有别于文化革命派、顽固守旧派、全盘西化派与机械调和派,其并非没有立场,而是中国立场、国际视野,这深深地影响着他的高等教育思想。就教育价值观而言,以往研究多从个体或社会某个方面加以探讨,其实蒋梦麟对两者均看重,秉承个体本位与社会本位统一的教育价值观。他认为高等教育担负促进个体成长与社会进化的使命,只是在内忧外患的近代中国,其教育救国、推动社会进化的倾向表现得较为明显。

第三章至第五章全面解读蒋梦麟高等教育思想本体内容,具体选取理念、职能、管理三大主题进行分析,其中理念与职能基本围绕北京大学展开,而管理主题之"部长有为"以主政国民政府教育部为考察中心,"校长有为"主要着眼于正式执掌北大时期,"常委无为"聚焦带领西南联大阶段。

第三章是"'大度包容,思想自由':高等教育理念论"。蒋梦麟理念与蔡元培理念一脉相承,蔡具开拓性,是基础,蒋具传承性与革新性,是发展。在近代中国,高校内外部环境纷繁复杂,自由与规训的关系极难把握,但蒋梦麟在充分保留自由包容的基础上,随着时局发展调节规训的尺度,在理念上走出了一条收放有度的道路。

第四章是"养成'领袖'、'学校之唯一生命在学术事业'与'为社会求进化':高等教育职能论"。蒋梦麟坚持学术至上,同时强调人才培养与社会服务的重要地位,即以科研为体,以教学与社会服务为翼,形成了"一体两翼"的职能关系,对于当时北大与其他大学都有着较为深远的影响。

第五章是"'部长有为''校长有为'与'常委无为':高等教育管理论"。"部长有为"是一种高校外部管理策略,主要指蒋梦麟任教育部部长强力推动高等教育整改工作,以达到"稳量增质"的目的,为随后高等教育长足发展奠定了坚实基础。不过,高等教育整顿是各方力量的角逐场,国民党四大元老分成的"法日派"与"英美派"争斗不止,蒋介石抓住时机介入掌握了文教界。由于审时度势的选择,蔡元培、蒋梦麟等北大派的实力在很大程度上得以存续。而"校长有为"与"常委无为"是一种高校内部的管理智慧。前者并非威权主义,后者也不是放任自流,两者都提倡职权分明、管其该管、管其能管。这些为当时高校内外部管理指明了方向、提供了范本。

第六章为蒋梦麟高等教育思想综论,具体包括影响因素[含社会变局、蒋梦麟人际资源与人格特质(志向、性格、能力)等]、基本特征、贡献、待解难题与结语等内容。

蒋梦麟对于高等教育有着深刻思考,其既有理论,又有实践,在社会变革的不同关键时期,竭力调整个性解放与群性纪律之间的张力,在自由与规训之间寻求恰当的尺度,推动两者达到动态的平衡,为中国高等教育的现代化转型做出了重要贡献。

第一章　不凡的经历：蒋梦麟的生平

一、从懵懂孩童到有志青年：中国乡村走出的世界名校博士

综观 19 世纪初的国际格局，以英法为代表的西方诸国完成了工业革命，在经济、科技、文教与军事等多方面发展迅猛，综合实力急剧增强。而此时晚清政府闭关自守，国力日渐衰落。时至 1840 年，英国凭借着坚船利炮发动了侵华战争，1842 年迫使清政府签订了屈辱的《南京条约》，此后贪婪的帝国主义相继而来，中外战事不断，但多以清廷失败而签署不平等条约为结局。同期，太平军等国内各地起事连绵不绝，使得原本问题丛生的社会状况雪上加霜。因此，清政府推行了洋务运动等一系列改革举措，虽然呈现出一些新气象，但是总体上成效并不明显。

在全国各地动荡不安的局势下，浙江余姚的情况有些不同，开化程度相对有限。这块地处长江三角洲南翼、宁绍平原中心的行政区域，历史悠久，享有"东南最名邑"与"文献名邦"的美誉。在洋务运动后期，公元 1886 年 1 月 20 日，旧历为 1885 年 12 月 16 日，蒋梦麟出生于山清水秀、土地肥沃的余姚蒋村，原名蒋梦熊，据说因蒋父在其出生前夕梦到熊而得名，他是家中最小子女（共四男一女）。尽管由于外敌入侵战火烧至各地，但当时乡村变化并不明显，基本延续着原有的"保守、原始、宁静"。不过，居民并非无事可做，"农人忙着耕耘、播种、收获；渔人得在运河里撒网捕鱼；女人得纺织缝补；商人忙着买卖；工匠忙着制作精巧的成品；读书人则高声诵读，默记四书

五经,然后参加科举"①。童年的蒋梦麟在这样一个悠闲但又忙碌的村落中生活。随着时局的演变,外来人与事物逐渐进入蒋村,比如太平军的足迹及其故事、传教士的布道及西方器物等,这些在他幼小心灵中留下了深刻印象。蒋父是上海数间钱庄的股东,蒋家条件不错,设有家塾,讲授四书五经,蒋梦麟虽然不喜欢死记硬背的教育方法与陈旧的古书内容,但总体上仍在坚持,并利用课余时间通过听故事、观察及动手操作等方式获得知识。他童年期的知识主要有三个来源:"第一是在私塾里念的古书,来自古书的知识,一方面是立身处世的指针,另一方面也成为后来研究现代社会科学的基础。第二个知识来源是听故事……在欣赏现代文学方面奠立了基础。第三个知识来源是对自然的粗浅研究。不过这种粗浅研究的根基却可以移接现代科学的幼苗。"②

　　1894年中日甲午战争爆发,少年蒋梦麟从一些画册中得知此事,但其呈现的是中国取胜。当时读书人学习的主要目的是应试科举,以获取功名,蒋梦麟也不例外,但家塾无法满足此要求。1897年,他前往离村约四十里的绍兴中西学堂读书,认识了后来对他影响巨大的蔡元培。该学堂不仅传授中国旧学,也讲西学,蒋梦麟收获颇丰。例如,学习了英文与日文;原来以为地球是平的,但在此学到了"地圆学说";也知道了闪电不是电神之举,而是"阴电与阳电撞击的结果",雷的成因类似;甲午战争是日本胜利,其主要原因是学习西方;等等。这些都颠覆了他原来的认知。由于"盗警频仍",两年后蒋家移居到西风渐浓的上海,蒋梦麟在教会学校读书,有更多机会接触外来器物与思想,也得以近距离与外国人交流,但不久后返回余姚求学。然而,志在读书出人头地的蒋梦麟不安于现状,后来他到省城杭州觅得一所教会学校,但因校长拒不开除打学生的教员,"全体学生都跑光了"。因学潮闹事,原名蒋梦熊改为蒋梦麟,以此名考取浙江高等学堂。伴随清末新政的推行,他边学边感受,收获良多:"从课本里,从课外阅读,以及师友的谈话中……对中国以及整个世界的知识日渐增长。"③其间,蒋梦麟中得秀才,但在当时社会,传统功名的吸引力已在急剧弱化,改良与革命的主张纷至沓来,他对西学的渴望显著浓厚。经过一番思想斗争后,1904年,他考入上海南洋公学,为出国做准备。蒋梦麟的预见性很强,1905年,清廷废除了千余年的科

①　蒋梦麟:《西潮与新潮》,人民出版社2011年版,第17页。
②　蒋梦麟:《西潮与新潮》,人民出版社2011年版,第36页。
③　蒋梦麟:《西潮与新潮》,人民出版社2011年版,第56页。

举制度，如果说原来还对举人、进士抱有些许向往的话，那么此时蒋梦麟已放开了手脚，决意留学。1907 年，他赴日考察，深刻感受到中国与之差距甚大。1908 年夏，尽管未能通过浙江省官费留学考试，但依然挡不住他赴国外的脚步。蒋父筹集了四千两银子①，9 月下旬②，蒋梦麟自费赴美求学。其求知于异域的态度很是坚决，据其回忆："上船前，找了一家理发店剪去辫子。理发匠举起利剪，抓住我的辫子时，我简直有上断头台的感觉，全身汗毛直竖。咔嚓两声，辫子剪断了，我的脑袋也像是随着剪声落了地。理发匠用纸把辫子包好还给我。上船后，我把这包辫子丢入大海，让它随波逐浪而去。"③

初到美国，首先要过语言关，由于就读的加州大学秋季班已开学，需等到春季班报到，因此蒋梦麟通过聘请家教、阅读报刊与日常交流等多种途径学习英文。经过数月准备，1909 年 2 月正式入学，蒋梦麟选了农学专业，其意在报效以农立国的祖国。他自幼生长于乡村，对花草鱼虫等自然界的动植物颇为熟悉，从小养成的善于观察与勤于动手等习惯也较为适合研习农学。半年后，朋友劝说蒋梦麟，农业固然重要，其他学科更重要，因为我们需要首先参照西方经验解决国内政治与社会问题，这使得他开始重新思考今后要走的道路。某天清早，蒋梦麟准备到农场观察挤牛奶，此时有一群小孩去上学，他恍然大悟："在这里研究如何培育动物和植物，为什么不研究研究如何培育人材呢？"随后，他决定转入社会科学学院，主修教育。从 1909 年

---

① 蒋仁渊、蒋燕华、吴小燕：《蒋梦麟后嗣缅怀蒋梦麟》，见钱理群、严瑞芳主编：《我的父辈与北京大学》，北京大学出版社 2006 年版，第 109 页。

② 蒋梦麟回忆称，留学启程时间为 1908 年 8 月底，经过 24 天航行到达美国旧金山，参见蒋梦麟：《西潮与新潮》，人民出版社 2011 年版，第 75 页。目前所见相关研究基本都是以此为准，其实回忆录所载时间为阴历日期，据《申报》《时报》等资料，确切日期是阴历八月二十八日，对应阳历为 9 月 23 日。据 1908 年 9 月 24 日《申报》第 19 版题为《浙江欧美留学生第一批赴美》的新闻报道："昨日（此为阴历八月二十八日，笔者注），西伯利亚船放洋，浙江欧美留学生赴美者共十人，内私费一人，蒋梦麟，官费九人，张善扬、沈慕曾、蔡光勤、徐名材、胡衡青、章祖纯、韦以黻、严鹤龄、葛燮生。由浙江旅沪学会职员姚慕连等，送至吴淞三夹水上船。"另见《浙江欧美留学生第一批赴美》，《时报》1908 年 9 月 24 日，第 4 版。而抵达美国旧金山时间为阴历九月二十五日，对应阳历为 10 月 19 日，据 1908 年 10 月 20 日《申报》第 19 版题为《游学生抵美电音》的新闻报道："浙江旅沪学会于二十五日（此为阴历九月二十五日，笔者注）接到派赴美国留学官费生蔡光勤等及私费生蒋梦麟君来电，知同伴十人已安抵旧金山，业由学会函，转知各该生家族矣。"

③ 蒋梦麟：《西潮与新潮》，人民出版社 2011 年版，第 75 页。

秋季开始,他选修了逻辑学、伦理学、心理学、政治学、哲学史、英国史、上古史等课程。蒋梦麟原本对中国传统学问颇有研究,如今又耳濡目染于西学之中,他便将中西文化联系起来对比研究,逐步思考两者的异同及其贯通之法等问题。同时,蒋梦麟担任《大同日报》主笔,历时约四年,其间经辛亥革命元老之一刘成禺介绍,他拜访了这份革命机关报的创办者孙中山并建立了友谊,也得知了国内辛亥革命的相关消息。① 自此,他与革命运动以及后来的国民党产生了密切关联。

　　1912 年 1 月 1 日,民国成立,国内开启了发展的新纪元。是年,蒋梦麟从加州大学本科毕业旋入哥伦比亚大学深造,主修教育,导师杜威的实用主义哲学思想深深影响了其后来的言行。学习之余,生活在纽约的蒋梦麟感受到了很大震撼:"法律范围之内的自由,理智领域之内的思想自由和言论自由在纽约发挥得淋漓尽致",工商业、银行业务、发明、机械和资源等都能得到"极度利用"。② 1915 年 4 月,黄炎培等人赴美考察实业;6 月,在华盛顿访问美国教育部部长,被邀参加 8 月在加利福尼亚举行的万国教育联合会,因其 7 月回国,请蒋梦麟代为参加并注意职业教育和体育。③ 此次与黄结识,为蒋后来回国就业、从事教育奠定了基础。同年,袁世凯签订了日本提出的"二十一条",在举国上下声讨袁氏卖国求荣行径的同时,蒋梦麟对日本的野心与中日关系有了新的认识。同期,《新青年》创办,国内新文化运动开启并声势浩大。

　　1917 年,蒋梦麟顺利获得哲学博士学位,毕业论文题目是《中国教育原理之研究》("A study in Chinese principles of education")。临别之际,他甚为感伤,站在哥伦比亚大学赫特莱楼窗前,眼望外面"五年来朝夕相伴的景物,不禁热泪盈眶",但中国有难,他表示"学成回国是我的责任",便放弃了留美的特权,毅然决然地返回了祖国。④

　　在清末民初社会大变革时期,蒋梦麟的蜕变非常明显,从无忧无虑的孩童到胸怀天下的青年,从追寻传统功名的科举应试者到接受新式教育与异域求知的有志学子,他既感受了祖国的社会失序、衰败落后,也体察了西方列强的有序发展、繁荣奋进,历经九载的充实,蒋梦麟带着救国的宏愿回到了阔别已久的故土,开启了一段新的人生之旅。

---

　　① 蒋梦麟:《西潮与新潮》,人民出版社 2011 年版,第 75—90 页。
　　② 蒋梦麟:《西潮与新潮》,人民出版社 2011 年版,第 96 页。
　　③ 许汉三编:《黄炎培年谱》,文史资料出版社 1985 年版,第 27 页。
　　④ 蒋梦麟:《西潮与新潮》,人民出版社 2011 年版,第 103 页。

1916 年蒋梦麟（后排左二）和哥伦比亚大学师范学院教授与同学合影

图片来源：易竹贤、陈国恩：《图本胡适传》，长春出版社 2015 年版，第 30 页。

二、惊涛骇浪之"弄潮儿"：学成归国军阀乱局中的革新派

回国后，蒋梦麟抵达上海，惊讶地发现已今非昔比：街道宽了，新路多了，百货商店、电影院、娱乐地方、旅馆等场所数量增加了好几倍，人们着装变了，辫子剪了，妇女穿上了高跟鞋，从天足中得以解放。再到故乡余姚，建有新式学堂，蒋父与许多祖辈剪了辫子。在省亲后，赴杭州，许多地方也焕然一新，他认为"现代文明的前锋已经到达，学校里已经采用现代课本"，并会代代相传下去。[①] 不久，经过黄炎培介绍，蒋梦麟到上海担任商务印书馆编辑兼任江苏省教育会理事，一年多后去职。1918 年，他担任中华职业教育社总书记，陪同黄炎培到东北考察教育。1919 年 2 月，在北京大学与江苏省教育会赞助下，蒋梦麟、黄炎培等主办的《新教育》杂志创刊，提倡"养成健全之个人……创造进化的社会"[②]。5 月，杜威访华讲学期间，他与胡适、陶行

---

① 蒋梦麟：《西潮与新潮》，人民出版社 2011 年版，第 108—115 页。

② 《本月刊倡设之用意》，《新教育》1919 年第 1 期，第 1 页。

知等人陪同并宣传其思想。7月,蒋梦麟答应蔡元培到北大代理校务①,从此进入了高等教育思想生成的关键时期。9月,蔡元培回到北大,蒋被聘为教授兼任总务长。从1919年到1926年,蒋梦麟始终任北大教授并多次长时段代理校务。当时经费奇缺、学潮不断,校长极为难当,他曾慨叹:"政府只有偶然发点经费,往往一欠就是一两年。学生要求更多的行动自由,政府则要求维持秩序,严守纪律,出了事时,不论在校内校外,校长都得负责。"②因此,他既坚持蔡元培的理念,又适时加以改造,带领北大在艰苦条件下前行。在此期间,蒋梦麟发表《个性主义与个人主义》《社会运动的教育》《改变人生的态度》《学生自治》《学潮后青年心理的态度及利导方法》《新旧与调和》《什么是教育的出产品?》《这是菌的生长呢还是笋的生长?》等数篇文章,一方面支持新文化运动与五四运动,另一方面希望学生保持克制、安心求学。

1920年3月,蒋梦麟南下调停浙江第一师范学校学潮。5月4日,与胡适联名发表《我们对于学生的希望》,全面阐述对学生运动的看法,告诫青年人理性看待时事,切勿荒废学业。8月,与胡适、蔡元培、李大钊等发布《争自由的宣言》,详细探讨了军阀政权的专制腐败与混乱时局中社会发展的应对策略。10月,蔡元培赴国外办事,蒋梦麟代理校务。1921年3月,参与发起筹办东南大学并任校董。8月,出任国立八校太平洋会议研究会副会长。9月,到广州拜谒孙中山,询问其对太平洋会议(又称"华盛顿会议")的看法。是年11月至1922年2月,他与余日章作为国民代表赴美参加太平洋会议为中国争取权益。③ 1923年1月,因教育总长彭允彝干涉司法、污蔑罗文干,蔡元培辞去北大校长,随后数月蒋梦麟与北大师生发起"驱彭挽蔡"运动,蔡一直未返回掌校,蒋主持校务至1926年离校。1923年3月,他与蔡元培等

① 检索《北京大学史料》《北京大学纪事(1898—1997)》《蔡元培年谱长编》《蔡元培全集》等众多资料发现,蔡元培多次辞职或离校,由蒋梦麟代理主持北大校务,时间相对较长的主要有三次:1919年7月23日—1919年9月20日(蔡元培因五四运动辞职);1920年10月18日—1921年9月20日(蔡元培出国办事);1923年8月4日—1926年4月26日[因"罗文干案",蔡元培1923年1月17日辞职,后经蔡提议、评议会议决从该年8月4日起,蒋代理校务,直到1926年4月26日,蒋由于抨击军阀政府暴行而上了当局暗杀的黑名单,他先避难于外国使馆区的六国饭店,后来离开北京南下。其实,12月27日,教育部才下令正式委派蒋代理北大校务。参见高平叔:《蔡元培年谱长编》(第2卷),人民教育出版社1999年版,第616页。不过,鉴于北京大学从8月4日起认可蒋梦麟为代理校长,加上蒋已经实质上主持校务,因此选取8月4日为这次代理校务的起点时间]。

② 蒋梦麟:《西潮与新潮》,人民出版社2011年版,第143页。

③ 《华盛顿通信》,《申报》1922年1月17日,第6版。

人联名发表《杭州大学意旨书》《杭州大学章程》，从理念、目的、校舍设备、经费、师资、学生与课程等多方面提出了系统的高等教育思想。① 12月，他发表《北大之精神》，对蔡氏理念进行改进，确立了"大度包容，思想自由"的理念，在提倡自由包容的同时，强调纪律与群治。② 1924年9月，他出任中华教育文化基金董事会董事。1925年3月12日，孙中山病逝，随后蒋梦麟在北大主持追悼会；8月至9月，主持处理北大脱离教育部事件。1926年因抨击当局制造的"三一八"惨案，他上了暗杀名单，4月到东交民巷六国饭店躲避3个月后南下。1927年3月，任浙江临时政治会议委员。

蒋梦麟学成回国后，目睹了国内在器物、制度、文教与思想等多方面发生的重大变化，痛心于军阀政权的伪共和面具。他一方面积极支持新文化运动，以所学知识力推思想启蒙与教育革新，旨在为国家振兴培养所需人才；另一方面声讨北洋当局，参政议政，探索社会变革的良方，并逐步进入国民党中枢组织。同时，他以北京大学为中心，力推学校的现代化转型，提出了大学办学的众多相关主张。这一阶段，蒋梦麟完成了从传统士子到现代知识分子的转型，其社会影响力逐渐增强，高等教育思想渐成体系。

三、亦学亦官：国民政府的教育引路人与行政要员

1927年4月，南京国民政府成立，随后蒋梦麟任浙江省教育厅厅长。不久，蔡元培、李石曾等人倡议的大学院成立，推行大学区制，蒋梦麟任第三中山大学校长，主持该大学区。1928年，第三中山大学改为浙江大学，他担当首任校长。10月，蔡元培辞去大学院院长，蒋梦麟继任，后大学院改为教育部，蒋任部长，全国教育整改运动开启，为随后教育的蓬勃发展做出了奠基性贡献，其高等教育思想体系不断丰富。11月，任中央政治会议委员。12月29日，张学良宣布"东北易帜"，国民政府统一全国的局面基本形成，国民党推行以党治国。1929年1月，蒋梦麟被选为中华教育文化基金董事会副董事长（董事长蔡元培），7月至8月，其主导制定的《大学组织法》与《大学规程》颁布。不久，教育部决定举办第二次全国教育会议，商讨全国教育发展大计。10月，组织召开教育方案编制委员会会议。1930年4月，蒋梦麟主持第二次全国教育会议，会议讨论通过的《改进全国教育方案》成为国民政府教育改革的纲领性文件，以此为蓝本的相关法令陆续公布。

---

① 《杭州大学意旨书》《杭州大学章程》，《北京大学日刊》1923年3月27日，第1—3版。
② 蒋梦麟：《北大之精神》，见北大总务部日刊课、二十五周年纪念册编辑处编：《北京大学二十五周年纪念刊》，北大出版部印刷课1923年版，第1—2页。

正当蒋梦麟带领教育部大展宏图之际,在高等教育整改中,他奉蒋介石命令查办劳动大学、中央大学,两校校长易培基、张乃燕先后去职,两人背后有李石曾、吴稚晖与张静江等人支持,蒋梦麟陷入派系纷争漩涡。11月,他辞去教育部部长。12月,被任命为北京大学校长,回到了阔别多年的北方教育界。蒋梦麟就任北大校长后,提出"校长治校、教授治学、职员治事、学生求学"的"校长有为"思想,强调学术与行政分离,教授从事学术,行政工作由专职人员负责,校长统领全局,学生以求学为志趣,大家各司其职,提高效能,同时,他为筹集经费、网罗人才、平衡各派纷争与劝阻平息学潮等事务到处奔忙,学校在科学研究、人才培养与社会服务等多方面成绩斐然,北大走上了"中兴"道路。

除北大校务外,蒋梦麟也有众多其他工作。1932年1月,他受聘为国民政府国难会议委员。4月,在洛阳出席国难会议。1933年4月,斡旋中日停战事宜;5月,出任驻北平政务整理委员会委员。1934年4月,被推选为故宫博物院理事会常务理事;12月,到菲律宾出席东亚高等教育会议,介绍中国文化教育[1]。1935年11月,与北平各大学校长、教授拜访冀察绥靖主任宋哲元,痛斥冀东伪组织,强调不可脱离中央。1936年6月,担任国民经济建设委员会委员;8月,中国科学社、数学会、物理学会、化学会、动物学会、植物学会与地理学会联合年会举行,蒋梦麟出席并致开会辞,强调科学之重要性与方法,指出中国尤需加强科学事业。[2] 1937年2月,宴请来访哈佛大学法学院院长庞德夫妇;5月,招待孟禄并安排参加考察活动;6月,应邀出席中法教育基金会会议。

1937年7月7日,卢沟桥事变爆发,蒋梦麟出席由蒋介石召集的庐山谈话会,不久与胡适、梅贻琦等致电北平当局,力主进攻日军;8月,教育部决定,北京大学、清华大学与南开大学联合组建长沙临时大学,蒋梦麟、梅贻琦、张伯苓为常务委员。1938年4月,三校迁往昆明,改名为西南联合大学。蒋梦麟推行"不管者所以管也"的"无为而治"理念,由于其疏于关心北大并且后期任行政院秘书长等多种原因,北大师生发起"倒蒋"风潮,他无奈去职校长,后来得到许多人的理解,西南联大得以保全并成就卓著。另外,蒋梦麟也忙于其他事务。1938年5月,与梅贻琦为滇军第60军在鲁南、台儿庄

---

① 《蒋梦麟刘湛恩出席东亚高等教育会议报告》,《申报》1935年1月27日,第15版。
② 蒋梦麟:《开幕词 七科学团体联合年会特刊》,《益世报》(天津)1936年8月17日,第11版。

战场屡败日军致函云南省政府主席龙云表示祝贺。7月，与梅贻琦、张伯苓等全国大学校长联名通电全世界，呼吁制止日本帝国主义侵略。1939年9月18日，与梅贻琦主持朝会，宣传勿忘国耻。1940年3月，蔡元培病逝于香港，蒋梦麟发表《蔡先生不朽》《试为蔡先生写一篇简照》以表哀思。1941年8月28日，率领中国访缅团飞赴仰光参观考察，于9月8日归国。1942年，出任滇缅局顾问。是年，原本他被派到国外参加太平洋学术会议，但力辞未往。① 1943年12月23日，致信在美国的胡适，请其帮忙校正回忆录（*Tides from the West*），即后来命名《西潮》的英文稿。1944年，发表《战后我们的教育往那里走》，前瞻性地分析了战后教育的改进方案②；同期，《中国科学何以不发达》问世，指出了中国科学发展不力的原因及其对策③。

1945年6月，出任行政院秘书长。9月4日，国民政府批准蒋梦麟辞去北大校长，任命时任驻美大使胡适为继任者，胡回国前由傅斯年代理，标志着蒋正式离开了奉献二十余年的北大。12月，兼任行政院赔偿调查委员会主任。此间，他的行政事务颇多，例如筹备迁回南京、处理战后重建等。1946年4月，蒋梦麟曾表示"近来殊苦"，友人劝其离职。④ 5月5日，国民政府还都南京；6月，任国民政府最高经济委员会委员。他职务颇多，可谓分身

---

① 学界较多研究指出蒋梦麟1942年12月5日到加拿大参加太平洋学会会议[关国煊：《蒋梦麟先生年表》（下），《传记文学》1982年第7期，第145—154页；马勇：《蒋梦麟的教育思想与实践》，山西人民出版社2019年版，第219页；等等]，但此观点有待商榷，蒋梦麟未去的可能性很大。首先，郑天挺1942年11月24日在日记中写到蒋梦麟亲口告诉他辞掉太平洋学会会议代表事情的原委："至才盛巷办公，并与孟邻作长密谈，辞参政会秘书长之经过，不赴美之原因，太平洋国际学会代表之产生，某秘书之派遣，委曲宛转，固非易也。师言适之师之去职，原动力尚不明，惟魏伯聪之继任则出之委座，盖老年人之用人，必求素知者，魏熟而施之，故用魏而舍施。此次太平洋代表之用施，则宋子文先言之于委座，而孔庸之赞成之。或先言之于孔，而孔言之于委座，亦未可知。而孔之赞施，则以不愿蒋廷黻之作代表而离政务处耳。"[见郑天挺：《郑天挺西南联大日记》，中华书局2018年版，第638页]再者，相关资料显示，1942年12月，蒋梦麟出席了多场国内活动。比如12月10日，英国议会代表团来访（8日抵），与梅贻琦招待并商讨时局，当天到机场送行；12月17日，出席北京大学44周年纪念会并致辞；12月30日，主持西南联合大学第245次常务委员会会议[见梅贻琦：《梅贻琦西南联大日记》，中华书局2018年版，第130—132页；北京大学、清华大学、南开大学、云南师范大学编：《国立西南联合大学史料》（第2册：会议记录卷），云南教育出版社1998年版，第261—266页]。可见，1942年12月，蒋梦麟赴国外参会的可能性很小。

② 蒋梦麟：《战后我们的教育往那里走》，《华声》1944年第3期，第1—3页。

③ 蒋梦麟：《中国科学何以不发达》，《中原》1944年第1—2期，第70—71页。

④ 郑天挺：《郑天挺西南联大日记》（上），中华书局2018年版，第1176页。

乏术,清点接收被侵占土地、钱物财产,甄别留驻人员是否变节等,诸多工作应接不暇。12月,任国际文化合作学会名誉理事。1947年3月1日,行政院长宋子文辞职核准,蒋梦麟随之辞去秘书长。回忆这段过往,他表示:"这个政府要僵掉了,什么事情也办不通,我们要做一件事,真吃力啊!简直推不动。在行政院两年的经验,我真够苦了。"[1]可见,蒋梦麟不仅表达了卸任似乎是一种解脱,还暴露出国民政府的严重问题。1949年,国民党败退台湾,蒋梦麟同期抵达。

国民党掌权后实施专政,蒋梦麟渐进收起了此前的锋芒,变得更为"稳健"。一方面,他先后担任浙江大学校长、教育部部长、北京大学校长与西南联大常委等职务,是国民政府教育发展的奠基人之一,并且以北大为阵地推动大学的现代化改革,硕果累累。另一方面,他历任国民党中央政治会议委员、"国难会议"委员、国民经济建设委员会委员、国民政府行政院秘书长等职务,支持国民党领导,同时敢于谏言,涉及北大、西南联大等学校事务时,着力寻求教育与政治之间的平衡。从主政全国学务到带领北大、西南联大前进,从兼任国民政府众多职务到专任行政院秘书长,他亦学亦官,高等教育思想体系不断丰富与完善。在卸任行政院秘书长后,不甘寂寞的蒋梦麟致力于解决民生问题,书写出人生新篇章。

四、由教转农开拓新天地:致力改善民生的建设家

中国以农立国,蒋梦麟生长于乡村,深知当时农村落后,其留美专业遂首选农学(后改为教育),结识孙中山,推崇三民主义(其中民生为国家发展根本问题之一)。因此,在1947年辞任行政院秘书长后,他余生主要以中国农村复兴联合委员会为依托,在土地改革、水库建设与人口节制等民生方面贡献颇大。

在抗战胜利之初,国民政府农林部启动相关工作,认为首要事项是"农业复兴及渔民紧急救济"[2]。1946年3月,长期致力于农村建设的晏阳初在华盛顿与美国总统杜鲁门会见,商讨支持中国农村发展。经过多次商谈,1948年8月5日,国民政府与美国政府正式换文,设立"中国农村复兴联合委员会"(简称农复会),实行中国农村复兴计划,该委员会中方代表蒋梦麟、晏阳初、沈宗瀚,美方代表穆懿尔(R. T. Moyer)、贝克(J. E. Baker),其中蒋为主任委员,晏为执行长。[3] 对此,蒋梦麟有过这样一段回忆:蒋介石找其面

---

[1] 蒋梦麟:《西潮与新潮》,人民出版社2011年版,第299页。

[2] 《要闻简报》,《申报》1946年12月17日,第1版。

[3] 《农村复兴委员会成立》,《乡村教会》1948年第1期,第20—21页。

谈主持农复会,他称正忙于行政院善后事业保管委员会事务,但蒋介石请其身兼两职,他表示同意并强调"农村建设如果不从改革土地着手,只是维持现状,是不会成功的",希望划出无锡做试验区,蒋介石赞成,然后批示他"全权去办"。[①] 10 月 1 日,农复会在南京正式成立。不过,未及全面开展工作,因 1949 年国民党败走台湾,蒋梦麟及农复会也随之前往。

蒋梦麟领衔农复会人员视察农村

图片来源:黄俊杰:《农复会与台湾经验(1949—1979)》,

三民书局 1991 年版,卷首插图。

农复会的工作方针有两方面,"一面用之于社会,以推行公平的分配;一面则运用近代的科学方法来增产",其中关键问题之一是土地,它"永远是中国祸乱循环的原因"。因此,公平分配最要紧的是进行土地改革,即"耕者有其田"。[②] 而实现目标的一个重要政策是"三七五"减租,另一个是"耕者有其田"条例,其中关键的第二十八条是蒋梦麟综合各方意见、力排众议确立的:"耕地承领人以本条例承领之耕地,在地价未缴清前,不得移转。地价缴清以后,如有转移,其承领者人以能自耕或供工业用,或供建筑者用为限。违反前述规定者,其耕地所有权之移转无效。"这被时人称为"蒋梦麟条款"。在蒋梦麟及其团队的领导与积极落实下,台湾历经八年完成了土地改革,黄季陆给予了高度评价:"台湾的三七五减租和耕者有其田政策的推行,孟邻先生是坚强、深入、贡献很大的一个。"[③]

土地必须有水方能生产,因此水利建设极为重要,石门水库是解决此问题的重点项目。1958 年,蒋梦麟出任石门水库建设委员会主任委员,在工程

① 蒋梦麟:《西潮与新潮》,人民出版社 2011 年版,第 297—298 页。
② 蒋梦麟:《西潮与新潮》,人民出版社 2011 年版,第 291—292、303 页。
③ 黄季陆:《敬悼一个土地改革者——蒋孟邻先生》,《传记文学》1964 年第 7 期,第 16 页。

建设期间,他不辞辛劳,每周末都在那里度过,最后水库如期放水,受益地区15000公顷,农业连年丰收,造福了农民。[1] 可惜的是,石门水库竣工典礼原本由蒋梦麟主持,但他已卧病不起,直到临终前几日,还喃喃地说出"石门水库"[2]四个字,可见蒋对该水库的感情至深。

同时,蒋梦麟发现了另一个突出问题,即农民疾苦太多,越穷生育越多,人多就越穷,婴儿死亡率高,形成恶性循环。据此,他提出节育人口,并发表《土地问题与人口》等文章,但遭到许多人反对。1959 年 4 月 13 日,蒋梦麟接受采访时义正词严:"我现在要积极地提倡节育运动,我已要求政府不要干涉我。如果一旦因我提倡节育而闯下乱子,我宁愿政府来杀我的头;那样太多的人口中,至少可以减少我这一个人。"在他的倡议下,当局意识到推行节育的重要性,从 20 世纪 50 年代中期起经过大约十年的努力,台湾人口增长率从 3.5% 下降至 2.9%。[3]

此外,蒋梦麟及其领导的农复会在提高农民素质、防治牲畜病虫灾害、改良作物品种与发展渔业等诸多方面发挥了重要作用。1958 年 8 月,蒋梦麟荣获麦格赛赛奖。此奖是菲律宾政府用于纪念其伟大的总统拉蒙·麦格赛赛(Ramon Magsaysay)而设立的,由美国石油大亨洛克菲勒(John D. Rockefeller)资助,每年遴选亚洲做出特别贡献的人士,蒋梦麟是第一届获得者,获奖理由是:"农村复兴委员会对于农业生产的增加和改善显然已发生媒介作用,很容易看得出来。同样重要的是农村复兴委员会,一方面推行有效的土地改革,一方面组织农会来实行农产品的加工与推销,设立卫生诊疗所,开凿灌溉沟渠,和使用其他方法增进农村生活之丰足。这些工作使得社会公平正义得到了保障。……你为你的同僚,在政府服务上,树立了一个崇高的标准。你的服务是以谋致大众福利,而不是取得个人报酬为尺度的。"[4]这份厚重的荣誉体现出对蒋梦麟在改善民生方面贡献的肯定。

五、别具一格的婚史:情感生活的特立独行者

在为国家富强、人民幸福奋斗的同时,蒋梦麟的三段婚姻经历一波三折。首次属于传统婚姻,即父母之命、媒妁之言。蒋夫人是孙玉书,两人在

① 蒋仁渊、蒋燕华、吴小燕:《蒋梦麟后嗣缅怀蒋梦麟》,见钱理群、严瑞芳主编:《我的父辈与北京大学》,北京大学出版社 2006 年版,第 113 页。

② 黄季陆:《敬悼一个土地改革者——蒋孟邻先生》,《传记文学》1964 年第 7 期,第 10 页。

③ 张研田:《蒋梦麟先生倡导节育运动的经过》,《传记文学》1965 年第 7 期,第 12—15 页。

④ 陈之远:《蒋梦麟与麦赛赛奖金续记》,《传记文学》1964 年第 8 期,第 41 页。

1908 年蒋出国前结婚，生一子仁宇，一女夭折，蒋回国后生次子仁渊、一女燕华、幼子仁浩。然而，由于两人背景、经历均不同，又非主动结缘，随着蒋梦麟留学归来后社会地位不断提高，双方共同语言更少，并且孙在老家，而蒋在外地，使得维持这段姻缘的难度极大，后来两人离婚，此举或许可以理解。然而，当时读小学的蒋梦麟次子蒋仁渊在《姚江日报》上看到父亲结婚新闻，"即匆匆回家告知母亲，母亲只喃喃地说：'你爹变心了。'"①这句"变心了"道出了蒋梦麟一段惊世骇俗的再婚。

蒋梦麟续弦本属平常之举，但对象是他故去好友高仁山之妻——陶曾谷，这掀起了轩然大波。高仁山与蒋梦麟是哥伦比亚大学校友，两人均研习教育，高回国后任教于北大、北师大等校，与蒋志同道合，后因宣传进步思想，被军阀杀害。蒋梦麟对其遗孀照顾有加，任教育部部长期间，将陶曾谷聘为科员②，两人日久生情，甚至已同居，"人言啧啧"③。为了堵住众人之口，蒋梦麟请多年密友胡适作证婚人，但遭到强势的胡夫人江冬秀的极力反对。胡也是包办婚姻，与江常有争执，因此胡颇为理解奉命成婚的蒋。据说胡夫人锁住房门，胡从窗户跳出前去证婚。面对外界的责难，蒋梦麟在婚礼上表示："我一生最敬爱高仁山兄，所以我愿意继续他的志愿去从事教育。因为爱高兄，所以我更爱他爱过的人，且更加倍地爱她，这样才对得起亡友。"④并宣称："从爱情的义务中奋斗出来的一条生路。"证婚人胡适致词："极佩其勇敢……可代表一个时代变迁的象征。"⑤蒋、胡两人不满旧式包办婚姻的意思显露无遗。值得注意的是，蒋梦麟再婚时间有三种普遍存在的不同观点：一是 1932 年，如《民国名人传》⑥；二是 1933 年，如《蒋梦麟传》⑦；三是 1936 年，如《南渡北归》⑧。关于 1932 年说法，有多份资料证实，如《申报》曾发文称 1932 年 6 月 18 日已经离婚的蒋梦麟与陶曾谷在德国饭店喜结

---

① 蒋仁渊、蒋燕华、吴小燕：《蒋梦麟后嗣缅怀蒋梦麟》，见钱理群、严瑞芳主编：《我的父辈与北京大学》，北京大学出版社 2006 年版，第 109 页。

② 《教育部之全部职员》，《申报》1929 年 1 月 8 日，第 11 版。

③ 韬奋基金会、上海韬奋纪念馆编：《韬奋全集》（增补本 5），上海人民出版社 2015 年版，第 366—367 页。

④ 李安安：《胡适和他的朋友们》，成都时代出版社 2016 年版，第 52 页。

⑤ 《自由谈》，《申报》1932 年 7 月 2 日，第 15 版。

⑥ 贾逸君：《民国名人传》（下），民主与建设出版社 2012 年版，第 399 页。

⑦ 马勇：《蒋梦麟传》，红旗出版社 2009 年版，第 372 页。

⑧ 岳南：《南渡北归》（增订本），湖南文艺出版社 2015 年版，第 180 页。

连理①。再如，时人王先进回忆，1932 年夏，遇到蒋与陶在医院看病，那时两人已结婚，其子女很是不满。② 同时还有各种蒋、陶已结婚的评论刊发于 1932 年，另有结婚现场照片公布于该年③。凡此种种，1932 年结婚当属可信。不过，缘何会有 1933 年一说，查找相关成果所引资料发现，据蒋梦麟子女回忆称："1933 年依法与孙夫人协议离婚……父亲离异后，当年即与陶曾谷夫人结婚。"④如此重大事情，估计其家人不会记错。那么 1932 年与 1933 年同为真的解释或许是，续弦前蒋梦麟与孙玉书已谈过离婚，但未履行手续，1933 年离婚证与结婚证才得以办理。如果上述两种说法正确的话，1936 年的说法则有误，同时另有较多其他例证，如胡适曾在日记中记载 1934 年陶曾谷以蒋梦麟夫人身份与之谈事。⑤

蒋梦麟、陶曾谷结婚时与友人合影
（中间为蒋梦麟与陶曾谷）
图片来源：《蒋梦麟先生与陶曾谷女士新婚俪影》，
《上海画报》1932 年第 813 期，第 2 页。

---

① 《蒋梦麟昨在平结婚》，《申报》1932 年 6 月 19 日，第 4 版。

② 王先进：《我所认识的蒋梦麟》，见姚以恩、刘华庭编：《新笔记大观》，上海书店出版社 1996 年版，第 315—316 页。

③ 寄意：《勇敢乎？》，《生活》1932 年第 26 期，第 439—442 页；《前教育部长蒋梦麟与孀居之陶曾谷女士在北平德国饭店结婚由胡适博士（长衣者）证婚》，《良友》1932 年第 68 期，第 11 页。

④ 蒋仁渊、蒋燕华、吴小燕：《蒋梦麟后嗣缅怀蒋梦麟》，见钱理群、严瑞芳主编：《我的父辈与北京大学》，北京大学出版社 2006 年版，第 109 页。

⑤ 胡适著，曹伯言整理：《胡适日记全集》（第 7 册），联经出版事业股份有限公司 2004 年版，第 76 页。

离婚与再婚牵涉太广，后来蒋梦麟采取离婚不离家方式，前妻在余姚老家侍奉蒋父、照顾子女，费用由蒋梦麟支给。全面抗战爆发后，子女投奔蒋梦麟，陶曾谷悉心照料，蒋与陶未再生育后代，蒋对陶的一对子女也关心有加，"两家异姓子女和睦相处，无异一家之人"。原本有所意见的蒋氏子女后来给予了理解："父亲采用'离婚不离家'的方式，为母亲妥善安排了离异后的生活。蒋家宗族内保持母亲的地位及一切人际关系，仍以儿媳身份孝养祖父终老；凡父亲当时已经分得的及将来可能继承的祖父产业，悉归母亲所有；三子一女的教育费用由父亲继续承担。条件合理，且母亲生性憨厚老实，故离婚协议顺利签订了。父母离异，自是家庭之不幸，但父亲与母亲在生活和文化上相差悬殊，父亲的社会地位逐年上升，母亲实难与之相适应，离异终至不免，我们子女同情母亲而谅解父亲。"[1]总体上，蒋梦麟的后续安排比较周全，如果不论陶曾谷因张扬、好事，且与北大教授关系紧张，给蒋增添了不少麻烦，那么基本上蒋与陶的生活较为顺心。

世事难料，1958年，陶曾谷去世，临别之际，她对一位表亲说："梦麟的身体很好。他太重感情了，我死后他一定承受不住，我不忍心他受长期的寂寞，所以，希望你能够帮他找一个合适的对象。"[2]因此，蒋梦麟的"相亲"之旅开启，但是未遇到有缘人。1959年，在一次宴会上，七旬的蒋梦麟对五旬的徐贤乐一见钟情。徐贤乐出身名门，其祖父是晚清著名科学家、创办造船工业的先驱徐寿，其父徐献庭是著名军火制造专家。徐贤乐是家中最小子女（9人），相貌出众，大学毕业后到外事部门上班，追求者众多，后与陆军中将杨杰结婚，但仅7个月便因为经济纷争而分开，之后未再嫁。在蒋梦麟的热烈追求下，徐贤乐同意交往。正值两人准备结婚之际，蒋梦麟友人对此意见不一，总体上反对居多。例如，他的部下、农复会水利专家章元羲建议："一、续弦的目的是要找个老伴，对方不能太年轻；二、未来的蒋太太不能太奢侈……因为你的积蓄有限；三、他要爱护整个农复会，如果只爱你一人，同事们一定感到失望而渐渐地离开你。"[3]胡适原来支持蒋梦麟再娶，但听闻徐贤乐情况后说："他第二次和高仁山的寡妇结婚是我证婚的。我希望他这次不

---

① 蒋仁渊、蒋燕华、吴小燕：《蒋梦麟后嗣缅怀蒋梦麟》，见钱理群、严瑞芳主编：《我的父辈与北京大学》，北京大学出版社2006年版，第109页。

② 蒋仁渊、蒋燕华、吴小燕：《蒋梦麟后嗣缅怀蒋梦麟》，钱理群、严瑞芳主编：《我的父辈与北京大学》，北京大学出版社2006年版，第113页。

③ 章元羲：《蒋梦麟先生与我》（续完），《传记文学》1979年第7期，第111页。

要请我，最好是公证。"①1961年6月18日，胡适写了一封长信，列举徐贤乐诸多不好，劝其三思而行，但热恋"昏了头"的蒋梦麟十分不悦地说："我替国家做了多少事。结婚是我个人的私事，我有我个人的自由，任何人不能管我。我知道外面有一个组织来反对我。这个组织是以北大为中心的。适之先生的信，一定要谈这件事，我不要看。"6月19日，蒋介石副手陈诚面谈蒋梦麟，转告蒋介石夫人宋美龄与其夫妇均反对娶徐贤乐："我的太太接到蒋夫人——第一夫人的电话，她坚决反对你跟这位徐小姐结婚，我的太太也反对，都要我转告于你。如果你一定要和她结婚，那么我们以后不能见面了，至少，你的夫人我们是不能见面了。"如此一说，蒋梦麟压力倍增，思来想去后决定取消婚约。胡适得知后，备感欣慰，并表示蒋梦麟不看他的信，"乃是一时的反感，不能怪他的"。② 然而，未及一月，情况突变，蒋梦麟宣布与徐贤乐结婚，在向陈诚解释后举行了婚礼。事后，蒋氏夫妇专程探望胡适，胡表祝贺。原本以为能够安度晚年的蒋梦麟万没想到，再婚生活一年多便发生了变故。1962年12月，蒋梦麟不慎骨折，入台北荣民总医院治疗。1963年1月19日，徐贤乐托信回家做年宵，将其户口迁出蒋家，并搬出行李，蒋出院后，徐不知踪迹。③ 蒋梦麟深受打击，在经过与徐贤乐数次争论无果后，1963年4月10日，向法院提起离婚诉讼，并发表谈话："（从结婚）到现在一年多，我失望了，我受到人生所不能忍的痛苦；家是我痛苦的深渊，我深深的后悔没有接受故友胡适之先生的忠告，才犯下错误。我愧对故友，也应该有向故友认错的勇气，更要拿出勇气来纠正错误。在经过亲友调处不谐之后，才毅然向法院起诉请求离婚，以求法律的保障。"④曾有人劝告名望显赫的蒋梦麟不要将此事"闹大"，但他坚持认为："这一事件得有了断，我才可以恢复从前的宁静，而以余年再从事未完的工作和写作。"⑤最终，1964年2月，蒋、徐两人协议离婚。

1937年，蒋梦麟曾发表有关结婚方式的看法："结婚方式，可分三种：（一）狗皮膏药，谓贴时不易，撕开也难，旧式结婚如此。（二）象皮膏药，谓贴

① 胡颂平：《胡适之先生晚年谈话录》，新星出版社2006年版，第163页。

② 胡颂平：《胡适之先生晚年谈话录》，新星出版社2006年版，第179—180页。

③ 蒋仁渊、蒋燕华、吴小燕：《蒋梦麟后嗣缅怀蒋梦麟》，见钱理群、严瑞芳主编：《我的父辈与北京大学》，北京大学出版社2006年版，第110页。

④ 胡颂平：《胡适之先生晚年谈话录》，新星出版社2006年版，第186页。

⑤ 陈雪屏：《"和光同尘"与"择善固执"》，《传记文学》1964年第7期，第12页。

时容易,撕开不难,普通结婚如此。(三)轻气球,谓摩登男女,合既无凭,虽亦无据,稍一不慎,便尔飞去,露水结婚如此。"[1]学生曾问蒋是何种,他"笑而不语"。[2] 蒋梦麟的三段婚姻,从传统包办到自由选择各有不同,究竟属于他说的哪种,局外人难以弄清,因为他极具个性的选择太令人称奇,特别是后两段婚姻,对其生活、治学与从政等都产生了很大影响,辞任北大校长、晚年身心"垮掉"均与之有较大关联。

六、难言告别:逝去的非常时代掌舵人

在第三段婚姻结束后,蒋梦麟本想静下心来"从事未完的工作和写作",但是备受折腾的他身心俱疲,数十年操劳的身体已然吃不消了,正如共事多年的陈雪屏所言:"一年有余的心理上的紧张与压迫终于孕育了一种他所最畏惧的绝症,而损害了他立功与立言的伟业。"[3]1964 年 6 月 10 日,蒋梦麟住进台北荣民总医院,被确诊为肝癌。随后,蒋介石夫妇、蒋经国、张群与陈诚等众人探望,他的病情持续恶化。18 日午夜 12 点 28 分,"呼出最后一口气,与世长辞,脸上好像睡着似的异常宁静"[4]。蒋梦麟逝世后与前妻陶曾谷合葬,各种悼念活动纷至沓来,世人对其荣光一生给予了诸多赞赏。

与蒋梦麟有四十余年交情的罗家伦曾言:"蒋先生这个人,是极有修养的学术界领导者,外柔内刚,他是最使人感觉平易柔和而可以敬爱的人。他可以说服不同的人,达成他的主张。"与蒋交往甚密、共事近三十年的陈雪屏盛赞他在文教与农业等多方面的突出贡献,并强调:"梦麟先生治学的认真与做事的恒心与毅力,值得我们每个人效法。"[5]与蒋结识四十余年的王世杰指出:"梦邻先生是近代最伟大的教育家之一,故旧凋零……是国家的巨大损失。"[6]与蒋有过深谈的蒋复璁称颂其在北大与主持农复会的成就,认为其"功业彪炳千秋"。[7] 与蒋共事多年的严家淦认为:"他办学与治事,都能执简

---

[1] 《蒋梦麟谈婚姻》,《申报》1937 年 5 月 11 日,第 17 版。

[2] 《蒋梦麟道婚姻》,《精忠导报》1943 年第 4 期,第 25 页。

[3] 陈雪屏:《"和光同尘"与"择善固执"》,《传记文学》1964 年第 7 期,第 12 页。

[4] 张刘清于:《梦麟先生病逝前的经过》,《传记文学》1964 年第 7 期,25—26 页。

[5] 《学术思想界的领导者:罗家伦等追述蒋梦麟生平》,《"中央"日报》1964 年 6 月 20 日,第 2 版。

[6] 刘寿椿:《访王世杰谈蒋梦麟》,见朱传誉:《蒋梦麟传记资料》,天一出版社 1979 年版,第 116 页。

[7] 蒋复璁:《追念梦邻先生》,《传记文学》1964 年第 8 期,第 46—48 页。

驭繁,从善服义,他对人和善的态度,对事明敏的精神,更是使人怀念难忘。"①与蒋共同推进农业改革多年的黄季陆坦言:"孟邻先生的逝世,是中国文化教育上一个极大的损失……是艰危的国家一项极大的损失!"②

同期,《新生报》发表社论:"梦邻先生去世了,他留给我们的,不仅是哀思,更是一个典范,一个中国知识分子的典范,一个现代中国人的典范。"③另有媒体刊发社论:"他是一位教育家,又是一位建设家。梦邻先生的成就,主要在于教育与建设两方面……他的逝世,真是国家的无比损失。我们相信,人们必将长时间追怀梦邻先生的风范与遗泽。"④十余年后的1977年,台湾《仙人球》杂志以蒋梦麟为封面人物推出长篇文稿,介绍了其生平、主要活动及影响,并表示:

> 非常的时代,需要非常的人物来掌舵,蒋梦麟就是这种人物。……蒋梦麟生在一个左中右都不是的时代,但他却慎重地选择自己的路,向时代提出了他的贡献,对后代献出了他宝贵的经验,他应死而无憾了。十三年后的今年,我们仍处身于过渡的时代,仍是旧的忘不了,新的学不会,也许我们需要多一些像蒋梦麟这样的人,眼望星星脚踏草根地以实践代替争辩,才能早点结束这个已经拉得太长的过渡时代。⑤

蒋梦麟主要贡献表现在教育与农业两方面,两者是他的初心所在,留学时原本专业为农学,后改为教育,从事数十年文教工作后,又转成发展农业。纵观其一生,比较而言,蒋梦麟最主要的精力与志趣在于教育,1964年4月在石门水库即将竣工之际,他声称再过"二十二个月",即到八十岁时可以退休了,届时再从农转教过完余生,"我本从文化教育界来,自然应当回到文化教育工作中去。不过,教书太吃力了,我打算专事写",并打趣道:"有笔万事足,无钱一身轻。"⑥然而,计划没有变化快,身体已支撑不住了,余年夙愿无法完成,两个月后,蒋梦麟离世。他留下了一些著述,例如《中国教育原理之研究》《过渡时代之思想与教育》《西潮》《谈学问》《孟邻文存》与《书法探源》等,也留下了不少未完的工作——半成品《新潮》与撰写《中国近代思想史》

---

① 《严"院长"伤悼蒋博士之逝》,《"中央"日报》1964年6月20日,第2版。
② 黄季陆:《敬悼一个土地改革者——蒋孟邻先生》,《传记文学》1964年第1期,第16页。
③ 《悼蒋梦麟先生》,《新生报》1964年6月20日,第2版。
④ 《社论:悼蒋梦麟博士》,《"中央"日报》1964年6月20日,第2版。
⑤ 《平易近人的改革者蒋梦麟》,《仙人球》1977年第5期,第11—19页。
⑥ 黄季陆:《敬悼一个土地改革者——蒋孟邻先生》,《传记文学》1964年第7期,第15页。

的想法以及重回文教界的计划等，这对思想界与教育界而言是莫大的缺憾。不过，他已经建成的文教思想体系及其改革实践影响深远，尤其是毕生多数时光进行高等教育现代化转型的探索与尝试，成果丰厚，在理念、职能与管理等多方面均提出了许多真知灼见，其丰富而系统的高等教育思想体系值得大书特书一番。

第二章 文化观与教育价值观：蒋梦麟高等教育思想的思想基础

蒋梦麟自幼接受中国传统教育，后来留学美国多年，赴国外考察数次，对于古今中外文化相当熟识，其一生伴随着新旧与中西文化在祖国大地上的激荡，历经教育的大变革，逐步形成了卓有特点的文化观与教育价值观。这些是蒋梦麟在深刻体悟与思考新旧文化、中西文化与教育革新基础上建立起来的，深深地影响其高等教育思想的构建与推行。

一、"旧中有新、新中有旧"与"不中不西、亦中亦西"：文化统整观

（一）"旧中有新、新中有旧"：旧新文化之新陈代谢

蒋梦麟认为，新旧不能以时代来区分。例如，何为新思想，"若说西洋输入的新思想就是新，那古代希腊的美术，人生观；罗马的法意，建筑；在我国都可算是新的。所以新思想不能用时代来定，也不能以西洋输入的来做标准"。新旧的好坏是相对的，"现在我们中国的新派，并不是说凡我国固有的都不好。他们说，我们固有的思想有碍进化，所以要改造。旧派并不是说新派都不好，他们是恶新派要推倒他们所据为安乐窝的固有观念"。新旧之争的冲突在于破旧立新过程中，旧与新本来不争，但是"实在新的活动太利害，打破了旧的安乐窝，若要免去争端，非新的停止活动不可"，而新的停止活动则中国社会将终止进化。①

---

① 蒋梦麟：《新旧与调和》，《解放与改造》1919年第5期，第76—77页。

　　进言之，新旧本身并非截然对立，两者互有好感，"新"是一种"态度"，"求丰富的生活，充分愉快的知识……不是一个方法，也不是一个目的"，"旧"是反对"新"这种"态度"，并不是拒绝其方法与目的。因为原来西洋"离奇"思想进来或新观念萌生，旧派不是不欢迎，而是深刻触及其利益时才加以痛斥，其并非否定"新"本身。若要社会进化，需循序渐进，比如几年前大家不以为然的"个性主义""自动主义"，现在人们也接受了。因此，对于新旧不可简单地加以调和，应使双方明确其异同与各自优劣，更需让两者明晰共同追求的目的。与此同时，"新"的逐步行动，"抱新思想的人，渐渐把他的思想扩充起来了。抱旧思想的人，自然不知不觉的受他的影响，受他的感化。旧生活渐渐自然被新生活征服，旧思想渐渐被新思想感化。新陈代谢是进化的道理，自然的趋势，不是机械的调和"①。若是按照此法开展，社会进化会在顺其自然中完成，"旧时综合的文化，吸收新来的文化就会进一步的发展。能被吸收的，经过相当时期，就会成为固有的，不能吸收的就会被弃置或排除"②。

　　新旧文化"有异"但"无争"，只是社会性的人介入而触动了固有的利益场域，进而引发了冲突。蒋梦麟从新旧文化自身立场出发，强调双方本体相通，跳出了两者既定范畴，站在更高的"文化大同"层面予以"鸟瞰"，其观点非文化革命之义，而是一种含有改良意味的文化发展"过程论"学说。他认为新旧并非两派，只是发展阶段不同而已。例如，"张之洞'中学为体，西学为用'的主张，我们只认他是历史过程中某阶段的一个现象。在当时的环境里，想解决当时发生的思想问题"③。他曾言："好多现存问题，源远流长。不知源，难识流；不知古，难识今。我们现在的思想和制度，根本上是由先秦沿革而来。同样的，西洋的思想和制度是由希腊罗马而来。"④所有的知识，"都由历史演进，累世点滴积聚而成"⑤。在新文化运动与五四运动叠加掀起了文化革命后，蒋梦麟的这些主张无疑为当时文化发展指明了一种新的路向。

----

① 蒋梦麟：《新旧与调和》，《解放与改造》1919 年第 5 期，第 76—77 页。

② 《文化多元论》，见蒋梦麟：《孟邻文存》（第 2 版），正中书局股份有限公司 2003 年版，第 46 页。

③ 《文化多元论》，见蒋梦麟：《孟邻文存》（第 2 版），正中书局股份有限公司 2003 年版，第 42 页。

④ 《引言》，见《孟邻文存》（第 2 版），正中书局股份有限公司 2003 年版，第 8 页。

⑤ 《中西文化之演进与近代思想之形成》，见蒋梦麟：《文化的交流与思想的演进》，世界书局 1962 年版，第 1 页。

新旧文化观及其内涵是蒋梦麟高等教育思想的思想基础之一。蒋初入北大时,正值新文化浪潮的高峰期,他曾指出:凡是大潮到来,脱不了两大原因——"学术的影响"与"时代的要求",换言之,"思想的变迁"与"环境的变迁","这二十年中,环境的变迁,速度也大极了。这样看来,要求学术的趋势自然大得很。若环境变迁,没有新学术去供给他的要求,社会的病,就会一天重一天,必至无可救药"。① 而学术的发达有赖于大学。因此,蒋梦麟代理与正式主政北大时,延续并发展了蔡元培自由包容的理念与做法,从最初给予旧派较大发展空间到随着社会进化而过渡到新派主导,其间曾有"硬"举措"除旧",但与革新派彻底弃旧的主张有所不同,其是在时局与文化格局行至相当程度时的应势之举。这种对新旧文化的态度与处理方式可以显见于蒋梦麟高等教育思想的诸多方面,例如提倡大度包容之新旧并存、力推学术上整理国学与研习新文学、落实教学兼顾古今内容以及管理中体现的忠恕之道与科学之法等,总体上均反映出在旧新文化流转中顺势而为的要义。

(二)"不中不西、亦中亦西":中西文化之融会贯通

蒋梦麟对中西文化有着异于常人的见解。少年时期,他亲历了社会环境的巨变,西学东渐的势头正盛,其逐渐了解了西方器物、制度与思想观念。清政府在甲午海战中失败,蒋梦麟在得知日本取胜的原因是学习西方并有机会亲往游历后感触至深,遂产生了"西化"的想法。不过,与清政府取法日本不同,蒋梦麟给出的答案是"直接向西方学习"。在留美时,他喜欢用中国的尺度来衡量,而回国后,他愿意从西方的角度来判断,久而久之便形成了特色鲜明的中西文化观,正如他所言:"在美国时,我喜欢用中国的尺度来衡量美国的东西。现在回国以后,我把办法刚刚颠倒过来,喜欢用美国的尺度来衡量中国的东西,有时更可能用一种混合的尺度,一种不中不西,亦中亦西的尺度,或者游移于两者之间。"②后来,他进言之:"吾人目前讲学问,无论本国的或西方的,在有意或无意中,都在做一番中西比较功夫。前者以本国为主,把西方的拿来做比较。后者以西方为主,把本国的拿来做比较。讲中而不讲西,终觉孤立。讲西而不讲中,终觉扞格。能学兼中西,方知吾道不孤。"③

这种文化观是蒋梦麟在深刻体察与研究中西文化基础上总结而来的,

---

① 蒋梦麟:《新文化的怒潮》,《新教育》1919 年第 1 期,第 20 页。
② 蒋梦麟:《西潮与新潮》,人民出版社 2011 年版,第 65、105 页。
③ 《结论》,见蒋梦麟:《谈学问》,致良出版社 1991 年版,第 110—111 页。

可以从两方面来理解。一方面,中西文化有别。两者均涉及三对基本关系,即天与人、人与人、人与物。就天与人关系而言,中国相信上天赋予了万物共同遵循的理则,其称为"道","人的理知与德性"亦来源于此;西方认为自然之理则从上帝处得来。以理则论之,中西相似,但中国讲理则偏重于行,"人伦为行之常轨",西方讲理则偏重于知,"逻辑即求知之方"。在人与人的关系上,中国文化的典型代表儒家讲求从修身开始,然后齐家、治国、平天下,"是以人与己之平衡为基础,不偏重己(个体),亦不偏重人(集体)";而西方文化的重要发源地希腊以个体为重,"以个人之智力美感与体力积极的发展为人生最高目的"。就人与物关系来讲,人生在世应知晓万物之理,习得需格物致知,"用视听去考察事物所具之理,知道了这个理,就是知识"。中国格物是"求物之用",即兴趣在于达到某种目的,尤为关注"人道"与"格事";西方格物是"识物之性",其意在于"物的本身",重视获其本质,特别关注"物理",这是西方近代自然科学发达的原因。①

另一方面,中西文化存同。其一,在道德准则、求知态度等方面,中西相通。例如,中西忠恕之道的意蕴"神似",各国君子莫不如此;"知之为知之,不知为不知,是知也""子绝曰,毋意,毋必,毋固,毋我""博学之,审问之,慎思之,明辨之,笃行之",各国的真正学者莫不如此。其二,在治国方略上中西方相近。例如,"因材施教"、性善说与近世的教育原则相似;"民为贵,天视如民视,天听如民听"与近世的民治主义原则相像;"道并行而不相悖,万物并育而不相害"和宗教自由、言论自由、学术自由相仿;"衣食足而知荣辱,仓廪实而知礼节"与近世西方社会政策近似。②

人类文化本质相通但又各有特色,这为中西文化融会贯通提供了可能性与必要性,其实"我们现在所有的思想,无论大道细节,都有来源,不是由自己聪明才智独自凭空创造出来的,更不是从娘肚子里带了来的"③。中西文化有着悠久的交流史,互相有着深刻的影响。例如,中国向西方输出者众多,"先期为丝绸,后来为瓷器、火药、纸、指南针、印刷术等,均经中亚而达欧

---

① 《中西文化之演进与近代思想之形成》,见蒋梦麟:《文化的交流与思想的演进》,世界书局 1962 年版,第 1—25 页。

② 《本国文化与外来文化的接龙》,见蒋梦麟:《孟邻文存》(第 2 版),正中书局股份有限公司 2003 年版,第 49 页。

③ 《中西文化之演进与近代思想之形成》,见蒋梦麟:《文化的交流与思想的演进》,世界书局 1962 年版,第 1 页。

洲。西洋人因火药之爆炸力而联想到蒸汽的膨胀力。蒸汽机之发明,实基于此",西方亦然,"中国由陶器而进至瓷器,可能受西洋玻璃之影响而发明。玻璃也是从中亚输入中国的"。① 若要进化必须知道他人之长与自己之短。中西方在社会发展面临的两大问题上有很多能够对接的地方,两者分别为"世道人心"与"国计民生"。中国之缺憾在于"有心无力,有学无术"。西方在十五世纪前情况相近,但此后"有心有力,有学有术了"。"力"来自"能驭天",依赖于"思想的组织"与"科学的发达","术"来自"要驭天",可找出"天然律","以天之道,还诸于天之身",这需要发展社会科学与自然科学。西学,侧重心中观念与观念之关系(思想的组织),即论理(逻辑之学),兼及物质内部分子与分子之关系,即自然科学,思想内部组织与物质内部组织,两者实为同源,故"论理学与自然科学合一"成为西方学术的主源,由此其飞速发展。而中学侧重于人与人的关系,讲人伦之学,兼及人与物的关系,即"利用厚生"。即便是学来西方之"术",但仅为一时成效。若着眼于长远,必须习得"术"之本源,即"思想"。而"思想"的对接,则是最高学府大学的责任。②

　　蒋梦麟表示中西文化有着极为密切的内在联系,"凡愈懂中国文化者,愈能懂西洋文化。愈懂西洋文化者,也愈能懂中国文化"③。他基于中国立场,着眼于国际视野,以此找出一条祖国复兴之路。蒋梦麟曾批评中国旧式教育枯燥,但在异国时切身感受到其为自己打下了中国传统思想的基础,这对于更好把握西学有着积极作用。④ 因此,他赞成保存国粹,"若不懂自己的道德和知识的原则,是不能懂西洋的"⑤,这是他在北大提倡"整理国学"、发展国文系的主因之一。同时,由于中国格物偏人道不重物理,而西学聚焦于物之本身,所以自然科学成果出众,蒋梦麟由此强调大学重视科学、注重外语,加强理学院与外文系建设,这些是其主持全国学务与北大时所贯彻的。此外,中国基于人性向善而重内省,主张礼治,"以内在德性为基础,养成良

　　① 《民族的接触与文化的交流》,见蒋梦麟:《谈学问》,致良出版社1991年版,第68—69页。
　　② 《本国文化与外来文化的接龙》,见蒋梦麟:《孟邻文存》(第2版),正中书局股份有限公司2003年版,第51页。
　　③ 《从日常生活经验谈读经问题》,见蒋梦麟:《孟邻文存》(第2版),正中书局股份有限公司2003年版,第82页。
　　④ 蒋梦麟:《西潮与新潮》,人民出版社2011年版,第84页。
　　⑤ 《本国文化与外来文化的接龙》,见蒋梦麟:《孟邻文存》(第2版),正中书局股份有限公司2003年版,第49页。

好的习俗"，但疏于法治；西方则基于宗教轮回说，从性恶立场出发，推行法治。尤其是到了民国，旧新思想的变革处于过渡阶段，礼治与法治均问题丛生，他大声疾呼："因鼎革而废弃，礼无教，礼遂无效。法无教，怎能使人民知其意而自动守法呢！"由此，他大力发展法学院，并指出应改变法学人才培养的目的与内容："大学法学院之注重点在养成法律家，这是不够的。我们如要法律与时代并进，应兼养成法学家。法学家之学问，应有广阔之基础，对中西历史、哲学、社会学及普通科学等，都应该有相当的素养。"①可见，大学设立并发展文、理、法三学院，以及由此涉及的办学理念、职能与管理等一系列问题均与中西文化会通极为相关。

蒋梦麟对于新旧文化与中西文化是从整体上来看待的，他的文化观着眼于"文化大同"，属于文化统整派，这有别于文化革命派、顽固守旧派、全盘西化派与机械调和派。文化具有时代性与民族性，但他认为需注意消除时代之影响与不同民族之间的隔阂。从本体上看，它们不是对立的，而是互通的，可以基于相同的内在逻辑在融会贯通中完成文化的革新。蒋梦麟的高等教育思想即是在此基础上逐步完善的，例如，1920年，他在演讲时谈到北大应输入西洋的文化（学习外语与科学等）、整理国学与注重自然科学②；1943年，指出北大在战后应成为文史与自然科学中心，以社会科学与应用科学辅之③。他所引领的高等教育现代化转型是在古今中外文化会通思想的指导下得以渐进实现的。

（三）"以儒立身，以道处世，以墨治学，以西办事"：文化观的践行样态

蒋梦麟饱读中国传统诗书，又数载留学国外研习西学，在治学与治事方面均有建树，这些有赖于综合古今中外文化归结出的生存之道，他称之为以孔子做人，以老子处世，以鬼子（西洋科学）办事。④ 与蒋有过深谈的蒋复璁总结为"以儒立身，以道处世，以墨治学，以西办事"⑤，此种说法更为全面，曾得到蒋的认可。

"以儒立身"，即用儒家文化指导人生，安身立命。蒋梦麟提倡忠孝、仁

① 《法律与人权》，见蒋梦麟：《谈学问》，致良出版社1991年版，第91页。
② 《蒋梦麟先生演说辞》，《北京大学日刊》1920年12月20日，第2—3版。
③ 《蒋梦麟致胡适》，见中国社会科学院近代史研究所中华民国史研究室编：《胡适来往书信选》（中），中华书局1979年版，第550页。
④ 蒋梦麟：《西潮与新潮》，人民出版社2011年版，第253页。
⑤ 蒋复璁：《追念孟邻先生》，《传记文学》1964年第8期，第46页。

爱、信义等观点，尽忠国家，孝顺父母，严于律己，宽以待人，恪守信义。个体需心怀国家，坚守忠恕之道，"忠恕"经常并提，忠容易理解，但难得恕之真义，平常我们经常看到"愈忠"之人"愈缺乏恕"，"责己过严的人，责人也往往过严"，却忘了"人群与同舟共济的要紧"，因此不仅要忠，还要有恕。这些道理如何获得？从学而来。[①] 习得后应学以致用，"用"之两大原则是有益于精神层面的"世道人心"与有补于物质层面的"国计民生"，此外均为"旁枝末叶"。[②] 蒋梦麟立身之本在于儒学，生活中"对父母的孝，对兄弟姐妹的悌，对朋友的友爱，接人待物，一本忠恕"，并且他抨击军阀、抗击侵略者，"有补于世道人心"，而领导农复会进行土地改革、修建水利与节制人口等，"有补于国计民生"。[③]

"以道处世"，即以"出世"态度"入世"，循道而生，顺其自然。老子云："我有三宝，持而保之。一曰慈；二曰俭；三曰不敢为天下先。慈，故能勇；俭，故能广；不敢为天下先，故能成器长。""慈"为慈爱、宽容，"爱心加同情感"，故能勇敢无畏；"俭"为俭啬，"不肆为，不奢靡"，故可"厚广"；"不敢为天下先"，为"谦让""不争"，故能成为首领。[④] 蒋梦麟秉承此道处世。于"慈"，他关心普通民众的教育与生活。15岁时在家乡创办女子学校，为女性普及文化智识[⑤]，后来支持大学办平民夜校、暑期补习学校与公开讲演，推行普及教育，扩大教育对象，提高民众文化智识水平，扫除文盲。同时，他经常提醒子女："不要和小贩斤斤计较，我们多付一两块钱的不足介意，但小贩积攒锱铢要回去养家糊口，干系到数人的温饱。"[⑥]大爱无疆而不惧困难，他于危急之际赶赴北大代表蔡元培掌管校务，在面对日军逮捕时大义凛然。于"俭"，他生活简朴节约。例如，他平日衣着不挑剔，"有三套衣服轮换着穿就足够了。亲友们见他的衣衫太旧了……捎来新装相赠，但他却长期储于衣柜里不穿"。家人把新衬衫和领带准备好，"诱他更换"，他却说："不要把那些新衬衫摆出来，我感谢亲友们的善意，存放着作个纪念吧。新衣服硬板板的穿

---

① 沈宗翰：《悼念蒋孟邻先生》，《传记文学》1964年第7期，第8页。

② 《从日常生活经验谈读经问题》，见蒋梦麟：《孟邻文存》（第2版），正中书局股份有限公司2003年版，第84页。

③ 蒋复璁：《追念孟邻先生》，《传记文学》1964年第8期，第46页。

④ 陈鼓应：《老子注译及评介》，中华书局2017年版，第306—308页。

⑤ 蒋梦麟：《西潮与新潮》，人民出版社2011年版，第109页。

⑥ 蒋仁渊、蒋燕华、吴小燕：《蒋梦麟后嗣缅怀蒋梦麟》，见钱理群、严瑞芳主编：《我的父辈与北京大学》，北京大学出版社2006年版，第113页。

上很不舒服。"①着衣无所谓却得到更多衣物，无欲无求而收获丰厚。于"不敢为天下先"，他谦逊承让。例如西南联大时期的"退隐"，尽管北大人有些不理解，但最终他得到了众人的认可。再如，农复会办公，"在个人所主管的范围内皆可展其所长"，他"绝不干涉"，"尊重专业"，无为而治，因此大家愿意追随。②

"以墨治学"，即墨家人士主要来自底层，"多以裘褐为衣，以跂蹻为服，日夜不休，以自苦为极"，治学需肯于吃苦方能成功，蒋梦麟即是如此。例如，面对枯燥的童年家塾教育，他称坚持的原因是："所有的学者名流、达官贵人不都是经过寒窗苦读的煎熬吗？'吃得苦中苦，方为人上人。'……否则，我恐怕早已丢下书本跑到上海去做生意去了。"③再如，他在西南联大期间，事务繁多，生活艰窘，但笔耕不辍，两年多早起"读英文用苦功"，用英文写成了回忆录《西潮》。④ 此外，晚年研究中国思想史，研习佛教与道教，因需书写日本内容，于是购买、阅读日本相关书籍，以求丰富精深。⑤

"以西办事"，即以科学的精神与方法行事。近代中国之所以被坚船利炮打开国门陷于战火之中，重要原因之一是科学不发达，留学与研究西方多年的蒋梦麟对此感触尤深，因此他推崇学习西方先进的科学技术、精神、方法与经验，以复兴中国。在科学范式方面，他主要受到杜威与孟禄注重实验、讲求证据等主张的影响。同时，他认为在解决问题上需注重科学性，要有思想、有逻辑，"我们谈思想问题，就会谈到逻辑，盖逻辑之于思想，犹文法之于文字。……文法是从文字里抽出来的通则，文字产生文法，文法不能产生文字。逻辑是从思想里抽出来的通则……这通则于思想有帮助的"⑥。他如此说，也如此去做。例如，生活中讲求井井有条，叶公超称：蒋先生爱吃鱼虾蚌蟹，吃鲫鱼时，"吃法不但干净利落，而且大刺小刺和骨头都放置得秩然不紊，虾蟹的壳子上也从不留下一丝的肉"。有一次吃饭，叶问蒋："鱼眼应

---

① 蒋仁渊、蒋燕华、吴小燕：《蒋梦麟后嗣缅怀蒋梦麟》，见钱理群、严瑞芳主编：《我的父辈与北京大学》，北京大学出版社 2006 年版，第 112 页。

② 沈宗翰：《悼念蒋孟邻先生》，《传记文学》1964 年第 7 期，第 8 页。

③ 蒋梦麟：《西潮与新潮》，人民出版社 2011 年版，第 31—32 页。

④ 《蒋梦麟致胡适》，见中国社会科学院近代史研究所中华民国史研究室编：《胡适来往书信选》（中），中华书局 1979 年版，第 564 页。

⑤ 蒋复璁：《追念孟邻先生》，《传记文学》1964 年第 8 期，第 47 页。

⑥ 《思想与科学》，见蒋梦麟：《谈学问》，致良出版社 1991 年版，第 102—104 页。

该放在哪一类"，其答眼肉吃掉，眼珠子与骨头放一起。[1] 再如，他在治学上求真务实，沈宗翰指出："他提倡科学数十年，毕生办事治学，无不根据科学精神。他尤重知识上的诚实（intellectual honesty），即'知之为知之，不知为不知'。任何同仁都可和他在问题上反复辩论。理之所在，无不从善如流。这是他求真的精神，也是科学的精神。"[2]

蒋梦麟把各种文化统整起来智慧性地总结出一套系统的生存之道。"以儒立身"强调儒学为世人安身立命的根本，需恪守忠恕之道，以积极态度面对世界，努力在"世道人心"与"国计民生"方面取得成绩。不过，"入世"艰难，须以道家"出世"态度与方法相助，可采用老子的"慈""俭""不敢为天下先"三大法宝，以"出世"态度来顺其自然地达成"入世"，即所谓"以道处世"。同时，人若成长必有赖于学习，而墨家的勤勉与吃苦有助于治学，利于获取真知，所以言"以墨治学"。此外，中学注重天道人伦，疏于自然之理，西学则聚焦物之本性，长于科学精神与方法，以此做事，可事半功倍，即"以西办事"。

蒋梦麟把古今中外文化去伪存真、融会贯通，将安身、处世、治学与办事统整，发挥不同文化之优势来完成人生之道的现代性构建。从价值取向与理念到具体的举措，他的高等教育思想均受到古今中西合璧生存之道的影响，这些可以从理念的自由与控制、科研与教学中的安心治学与求学、社会服务中的救国与救民、管理中的有为与无为等诸多方面得以体现。

二、个体本位与社会本位的统一：教育价值观

教育价值观在此主要是指教育目的价值取向，其焦点在于个体与社会孰轻孰重，蒋梦麟对此有着深刻的思考。一方面，他主张教育应尊重个人价值。个人价值"存于尔、我、他天赋秉性之中"，然个体有别，遂教育当"因个人之特性而发展之，且进而至其极"。例如，能思，发展其"思力"；体健，发展其"体力"；好美术，发展其"美感"；等等。个人天性越发展，则其价值越高。社会中每个人价值愈高，则文明进步愈速，"吾人若视教育为增进文明之方法，则当自尊重个人始"。教育尊重个人价值具体表现在"自由""平等""民权""共和""言论自由""选举权"与"代议机关"等多方面，教育因尊重个人，故能"自动""自治"与"个性"。[3] 同时，他进一步阐明教育之于个体的要旨："教育的真义，从心理方面讲，贵在教育儿童的本能；从社会方面讲，贵在以

① 叶公超：《孟邻先生的性格》，《传记文学》1964 年第 8 期，第 54 页。
② 沈宗翰：《悼念蒋孟邻先生》，《传记文学》1964 年第 7 期，第 8 页。
③ 蒋梦麟：《个人之价值与教育之关系》，《教育杂志》1918 年第 4 期，第 60—68 页。

社会已有的文明，灌输给儿童，使他将来在社会上可得正当的生活。"①教育须依据个体特点发展其个性②，"做一个活泼泼的个人"③，应该"教人人做一个好平民，使个个平民做堂堂底一个人"④。个性教育、平民教育、自由教育等均是其所提倡的。尊重个体、促其完善体现出蒋梦麟教育价值观的个体本位意味。

另一方面，他主张教育应服务于社会发展与国家富强，曾言："个人与国家相比，则个人轻若鸿毛，而国家重若泰山。个人为国而生，为国而死。于国有利者，则尽心而为之。国家有难，则舍生以赴之。此种观念贯注于青年脑部，而养成一种充实不可以已之爱国心。"⑤他认为个体生存于社会中，其成长是为了实现社会进化，面对问题丛生的发展局面，若要转变，不是少数知识阶级的人士所能做到的，要靠老百姓共同进步方能实现。⑥ 同时，他指出教育目的之实现需依赖于教育机关，即小学、中学与大学，尽管它们各自目标有别，如小学为普及常识，中学为增进智识，大学为研究高深学问，但三者之"最后目的唯一"是"养成国家的人民"。⑦ 着眼于社会与国家需要反映出蒋梦麟教育价值观的社会本位倾向。

可见，蒋梦麟并非单纯的个体本位论者或社会本位论者，而是两者的统一论者。在国外留学期间，1914 年 9 月，他强调教育有两大要素，即个人与社会，"二者同时并进，缺其一则不可"。⑧ 1915 年 3 月，其提出："教育为发展个人能力，增进社会幸福之具。讲教育者，当时时将个人与社会两方面记住在心。"⑨回国后，他继续宣扬类似观点。1918 年 10 月，其认为要建设"进化的社会"，应进行"人格教育"，这需要发展个人固有特性与独立不移的精神。⑩ 1919 年 2 月，由他领衔主办的《新教育》正式刊行，包括蒋在内的创办者及工作者在《本月刊倡设之用意》中认为：新教育是"养成健全之个人，使

① 《蒋梦麟教授教育讲演（第一次）》，《北京大学日刊》1920 年 3 月 3 日，第 2 版。
② 蒋梦麟：《个性主义与个人主义》，《教育杂志》1919 年第 2 期，第 28 页。
③ 蒋梦麟：《什么是教育的出产品？》，《新教育》1919 年第 3 期，第 269 页。
④ 蒋梦麟：《教育究竟做什么》，《新教育》1919 年第 1 期，第 8 页。
⑤ 蒋梦麟：《建设新国家之教育观念》，《留美学生季报》1915 年第 1 期，第 6—7 页。
⑥ 蒋梦麟：《社会运动的教育》，《新教育》1920 年第 4 期，第 401—402 页。
⑦ 蒋梦麟：《建设新国家之教育观念》，《留美学生季报》1915 年第 1 期，第 4 页。
⑧ 蒋梦麟：《教育真谛》，《留美学生季报》1914 年第 3 期，第 7 页。
⑨ 蒋梦麟：《建设新国家之教育观念》，《留美学生季报》1915 年第 1 期，第 1 页。
⑩ 蒋梦麟：《进化社会的人格教育》，《教育杂志》1918 年第 6 期，第 79 页。

国人能思、能言、能行,能担重大之责任,创造进化的社会"①。他主张教育要满足个体与社会的双重需要,应促进个体的健全人格与能思、能言、能行等多种能力,并且推动政治、经济与文化等多方面发展,以达成社会进化。

　　进言之,蒋梦麟高等教育思想蕴含着个体与社会发展并重的教育价值观之要义。一方面,他主张高校是促进个体完善的场所,例如当时北大环境相对宽松,创办各种刊物与社团,于校内外组织多类活动,以此养成学生的综合素质与提升其能力水平。另一方面,蒋梦麟强调高校应关注时事,推行社会服务,倡导教育救国,"救国当谋文化之增进,而负此增进文化之责者,唯有青年学生"②。高校既注重个性又强调群性,既提倡自由又加强纪律,这些都是蒋梦麟独特教育价值观的具体表现。不过,在救亡图存的近代中国,其教育救国、推动社会进化的倾向表现得较为明显。

　　近代中国社会不仅伴随着坚船利炮的冲击,也有新学与旧学、中学与西学的激荡,蒋梦麟逐步形成了会通古今中外的文化统整观,并构建出中西合璧的生存之道,同时其个体本位与社会本位相统一的教育价值观对发展个性与群性起到了引领作用,这份厚重的思想基础对其高等教育思想的生成有着极为重要的影响。

---

① 《本月刊倡设之用意》,《新教育》1919 年第 1 期,第 1 页。
② 《蒋梦麟在北大欢迎会之演说》,《申报》1919 年 7 月 28 日,第 6 版。

第三章 "大度包容，思想自由"：高等教育理念论

理念的生成不是一蹴而就的，而是在长期教育实践中不断探索、逐渐形成的。蒋梦麟的高等教育理念主要是在北京大学的教育管理与教学过程中孕育而成。仔细来看，蔡元培的"思想自由，兼容并包"理念对蒋梦麟影响很大，蒋氏在蔡氏理念基础上结合大学发展实际提出了"大度包容，思想自由"理念。因此，若想解读蒋氏理念，有必要率先明晰蔡氏理念。

一、蔡元培"思想自由，兼容并包"的内涵、限度与困局

（一）"自由发展""网罗众家"：理念的内涵

1. 从中学至上、遵旨到兼顾中西、言论相对自由：理念的"前奏"

"思想自由，兼容并包"理念被确立前，北京大学的理念几经变换。北大的前身是京师大学堂①，它的创办并非一帆风顺。晚清时期，帝国主义列强的入侵严重扰乱了我国社会的发展进程，《南京条约》《天津条约》与《北京条约》等一系列不平等条约的被迫签订加重了国人精神层面与物质层面的双重负担。时至 1894 年，中日甲午战争爆发，清廷战败。此役让人们痛定思痛，缘何经过明治维新改革的日本发展得如此迅速，而几乎同时启动洋务运动的晚清当局却惨遭失败？ 政府与民间人士开启了新一轮改革筹划。1895

---

① 有些学者指出北京大学前身可以追溯到我国古代的太学、国子监，详见季羡林：《巍巍上庠 百年星辰——〈名人与北大〉序》，《北京大学学报》（哲学社会科学版）1997 年第 6 期，第 74—76 页；萧超然：《北京大学与近现代中国》，中国社会科学出版社 2005 年版，第 24 页；《三松堂自序》，见冯友兰：《冯友兰文集》（第 1 卷），长春出版社 2008 年版，第 199 页；《北京大学五十周年》，见胡适著，季羡林主编：《胡适全集》（第 20 卷），安徽教育出版社 2003 年版，第 262 页。

年,《马关条约》的签订消息传入国内,千余名举人撰文向光绪帝请愿,反对《马关条约》,提出变法维新,史称"公车上书"。8月,康有为在北京创办《万国公报》,由梁启超主管。11月,康有为与一些举人及当局要员创办的强学会①正式成立。1896年6月12日,由梁启超代为起草的奏折由刑部左侍郎李端棻呈递,其中提出了设立"京师大学"的想法:"京师大学,选举贡监生年三十以下者入学,其京官愿学者听之。学中课程,一如省学,唯益加专精,各执一门,不迁其业,以三年为期。其省学大学所课,门目繁多,可仿宋胡瑗经义、治事之例,分斋讲习,等其荣途,一归科第,予以出身,一如常官。如此,则人争濯磨,士知向往,风气自开,技能自成,才不可胜用矣。"②对此,总理衙门回复称:"至该侍郎所请于京师建设大学堂,系为扩充官书局起见,应请旨饬下管理书局大臣察度情形,妥筹办理。"③光绪非常重视创立京师大学堂事宜,命令管理官书局大臣孙家鼐筹办。此后,姚文栋、熊亦奇、狄考文等众人呈请开设京师大学堂。

1898年6月11日,光绪颁布"明定国事"诏书,戊戌变法正式开始,其中一项内容是设立京师大学堂。不久,该学堂正式落成,孙家鼐为第一任管学大臣。孙氏的办学理念在其1896年的一份奏折中有所呈现,"今中国京师设立大学堂,自应以中学为主,西学为辅;中学为体,西学为用;中学有未备者,以西学补之;中学有失传者,以西学还之。以中学包罗西学,不能以西学凌驾中学"。此外,孙氏在论述科目设置、师资聘请等方面给予了"西学"足够的重视,如既注重"西文"也设"政学科"讲"西国政治及律例",并且"中西教习,一律从同,此燕昭筑黄金台,以待天下贤士之意也"。④ 总体而言,囿于

---

① 有学者认为京师大学堂的前身可以追溯到强学会。详见郝平:《北京大学创办史实考源》(修订版),北京大学出版社2008年版,第86—111页。

② 《刑部左侍郎李端棻奏请推广学校折》,见北京大学、中国第一历史档案馆编:《京师大学堂档案选编》,北京大学出版社2001年版,第2—3页。

③ 《总理衙门议复李侍郎推广学校折》,见北京大学、中国第一历史档案馆编:《京师大学堂档案选编》,北京大学出版社2001年版,第7页。

④ 《孙家鼐议复开办京师大学堂折》,见陈元晖主编:《中国近代教育史资料汇编·戊戌时期教育》,上海教育出版社2007年版,第225—227页。

当时特定的历史条件,孙氏理念的开放度相对有限①。

此后京师大学堂的理念有所变化,这与当时的三份大学堂章程有密切关联。其一是光绪认可由梁启超代拟的《总理衙门奏拟京师大学堂章程》(1898 年 7 月),其指出:"中国学人之大弊,治中学者则绝口不言西学,治西学者亦绝口不言中学。此两学所以终不能合,徒互相诟病,若水火不相入也。夫中学,体也,西学,用也。二者相需,缺一不可,体用不备,安能成才。……今力矫流弊,标举两义:一曰中西并重,观其会通,无得偏废;二曰以西文为学堂之一门,不以西文为学堂之全体,以西文为西学发凡,不以西文为西学究竟。"②一方面,这份章程碍于慈禧为首的顽固派势力,提出了"中体西用"立场;另一方面,其指出了中学与西学不能割裂对待,两者应"会通",并强调西学的学习不能仅限于西文。可见,这份章程在顾及顽固派立场的同时,表现出较大的包容性。

另一份京师大学堂章程是管学大臣张百熙遵照慈禧指示于 1902 年制定的,即《钦定京师大学堂章程》,其宗旨与上份章程区别比较明显。该章程指出:"京师大学堂之设,所以激发忠爱,开通智慧,振兴实业;谨遵此次谕旨,端正趋向,造就通才,为全学之纲领。……欧美日本所以立国,国各不同,中国政教风俗亦自有异;所有学堂人等,自教习、总办、提调、学生诸人,有明倡异说,干犯国宪,及与名教纲常相违背者,查有实据,轻则斥退,重则究办。"③这份章程显然带有明显的守旧性,大学堂的自由空间被大大挤压。不过值得注意的是,张百熙在实际办学时体现出较大的开放性。例如,张在聘请师资时曾言:"大学堂开办在即,经理一切需员","此次奉旨切实举办,

---

① 有学者认为,孙家鼐的"中学为体,西学为用"是挡箭牌,"免得那些保守派攻击他质疑中学的优越性"[(美)魏定熙著,张蒙译:《权力源自地位:北京大学、知识分子与中国政治文化,1898—1929》,江苏人民出版社 2015 年版,第 29—33 页]。不过,康有为指出孙家鼐不太开明,本请其为总教习,但看到梁启超代拟的大学堂章程后,孙认为总教习职权太大,可能导致管学大臣无权,并担心康是李鸿章一派,康得知后表示"誓不沾大学一差,以白其志"[康有为:《康南海自编年谱(外二种)》,中华书局 1992 年版,第 48 页]。有学者认为,"孙家鼐可以说是帝党的代表之一。但他又和翁同龢不一样。翁同龢偏左,与维新党人关系密切,而孙家鼐在帝党中则是比较偏右的"[详见郝平:《北京大学创办史实考源》(修订版),北京大学出版社 2008 年版,第 129 页]。

② 《总理衙门奏拟京师大学堂章程》,见王学珍、郭建荣主编:《北京大学史料》(第 1 卷),北京大学出版社 2000 年版,第 82 页。

③ 《京师大学堂章程》,见北京大学、中国第一历史档案馆编:《京师大学堂档案选编》,北京大学出版社 2001 年版,第 148—149 页。

自应破除积习,不拘成例用人",选人标准是"才具优长,通达时务……明练安详,学有根柢"。① 鉴于此,吴汝伦被聘为总教习,汤莘生为副总教习;严复为译书局总办,林纾为副总办;蔡元培、孙诒让为教习,另聘丁韪良等多位外籍教习。对此,冯友兰钦佩张百熙"礼贤下士,为学校聘请名师的精神"②。学生俞同奎也称赞张的开明:"当年风气闭塞,学校程度幼稚。不过张百熙先生思想甚新,他又能延揽许多头脑较新的人物,参合中外成规,编定学制,虽号称大学,是希望将来成为高等学府。"③其实,张百熙处境甚难,既要遵照慈禧等旧派主张,又想在践行时有所突破,而这种突破招致了顽固派的强烈反对,要求弹劾张。先前任命张百熙的慈禧不好直接将其罢免,顺势召集颇为信任的张之洞、荣庆等与张一起商讨修改京师大学堂章程。

1904 年,《奏定大学堂章程》问世,这是前述三人商定、慈禧赞同的版本。该章程强调大学堂"以谨遵谕旨,端正趋向,造就通才为宗旨"④。这份章程删掉了《钦定大学堂章程》的"开通智慧,振兴实业"等职能规定,更加强调"遵旨",进一步收紧大学堂的发展空间。

随着时间的流转,1905 年科举制被废止、学部成立,全国各地要求改革的声音此起彼伏,晚清政府日渐失去人心。京师大学堂在这种动荡的社会条件下行进,其理念大体上守旧固化,但日渐趋新开放。直到辛亥革命的爆发,为大学堂提供了新的发展机遇。

1912 年 1 月 1 日,中华民国成立。随后,学部改为教育部,首任教育总长为蔡元培。5 月,教育部呈请京师大学堂改为北京大学校,经政府批准,任命维新变法运动先驱严复为校长。自此,北大开启了新的征程,其理念也与清末时期有别。

作为北京大学首任校长的严复与信守"中学为体、西学为用"的传统士子有着明显不同,他积极推动变法,翻译《天演论》《原富》等众多西方论著,将西方政治学、社会学与哲学等导入国内。严复主持北大,曾有这样的论断:"大学故以造就专门矣,而宗旨兼保存一切高尚之学术以崇国家之文

---

① 萧超然:《北京大学与近现代中国》,中国社会科学出版社 2005 年版,第 13 页。

② 《三松堂自序》,见冯友兰:《冯友兰文集》(第 1 卷),长春出版社 2008 年版,第 200 页。

③ 俞同奎:《我考进母校的经历》,见王世儒、闻笛编:《我与北大——"老北大"话北大》,北京大学出版社 1998 年版,第 8 页。

④ 《官学大臣张百熙等奏报遵旨重订学堂章程折》,见北京大学、中国第一历史档案馆编:《京师大学堂档案选编》,北京大学出版社 2001 年版,第 210 页。

化。……今日革新方亟,旧学既处于劣败之地,势难取途人而加以强聒,顾于省都大学,似不妨略备各重要主科,以示保存之意。全国之大,必有好古敏求之士,从而为之者。即是响往无人,亦宜留此一线不绝之传,以符合各国大学设科之意。"①严复给予了北大很高的定位,尽管他主张"兼容中西",一方面保存"旧学",将经学并入文科,但另一方面则主推西学。他掌校时,强调大量引进西学,尤为注重外语,无论教学还是日常管理等都需使用,沈尹默曾反对:"当时教英文后来当预科学长的徐敬侯。他一开口就是'我们西国'如何如何。他在教务会议上都讲英语,大家都跟着讲。有一次,我说:'我固然不懂英语,但此时此地,到底是伦敦还是纽约?'我并且说:'以后你们如再讲英语,我就不出席了。'我放了这一炮,他们略为收敛了一点。但这种情况由来已久,相习成风,一直到蔡元培先生任校长后,才有所改变。"②蔡元培也指出其中的不妥:"民元时,始将经科并入文科。当时署理校长的是严又陵(严复,笔者注)先生,自兼文科学长,其他学长也都是西洋留学生。当国体初更,百事务新,大有完全弃旧之概。……那时候中学退在装饰品的地位了。但当时的提倡西学,也还是贩卖的状况,没有注意到研究。"③尽管严复后来进入袁世凯一系,并为袁称帝服务,被世人诟病,但是其主持下的北大能够在一定程度上兼容中西与新旧,只是崇外与趋新的倾向相对明显,这与清末京师大学堂的理念有较大差异。

严复任北京大学校长不到一年,由于各种主客观原因,最终被迫辞职。④随后一年多时间里,章士钊(未到任)、马相伯(代理)、何燏时等相继被任命为北大校长,直到1913年11月,工科学长胡仁源被命令暂管校务,1914年

---

① 严复:《论北京大学不可停办说帖》,见王学珍、郭建荣主编:《北京大学史料》(第2卷),北京大学出版社2000年版,第29页。

② 沈尹默:《我和北大》,见全国政协文史资料委员会编:《中华文史资料文库》(第17卷:文化教育编),中国文史出版社1996年版,第376页。

③ 《本校第二十五年成立纪念会的演说:蔡校长的开会词》,《北京大学日刊》1922年12月23日,第1版。

④ 学者尚小明对严复去职的原因有详细论述:"民元北大校长严复被迫去职,主要由两股力量促成。一为教育部的反严者,特别是次长董鸿祎、参事蒋维乔等;一为北大学生中的少数激进革命分子,以理科化学门的彭佛公为代表。严复在处理北大事务过程中与教育部之间产生的尖锐矛盾和冲突,是后者决心将其更换的主要原因;同时他吸食鸦片、作风散漫的毛病,也为新派人物所不能容忍;而他公然违背国务院通令和教育部照会、接受总统府顾问官兼职,则使其落柄于教育部,成为后者发难的契机。"尚小明:《民元北大校长严复去职内幕》,《北京大学教育评论》2013年第2期,第108—131页。

1月8日,胡出任校长,直到1916年12月蔡元培接任为止。胡仁源在治校期间,表现出较大的包容度。他制定的《北京大学计划书》指出,"数十年来,世界学术发达日新月异,我国僻处东方,新知识之输入稍觉迟缓,故研究学问之士,居本国日久,往往情形隔阂,学问日退",遂提出"于各科教员中,每年轮流派遣数人,分赴欧美各国……在外时仍支原薪,而所有功课,由本科各教员代为分别担任,则于经费毫无出入,而校内人士得与世界最新智识常相接触,不至有望尘莫及之虞"。① 此外,有一件事情也可以看出胡比较开明。据冯友兰回忆,1915年9月初,胡仁源主持北大开学典礼,辜鸿铭言辞激烈:"骂当时的政府和一些社会上的新事物……现在做官的人,都是为了保持他们的饭碗。……他们的饭碗,可跟咱们的饭碗不同,他们的饭碗大得很,里面可以装汽车、姨太太。"② 辜如此言语,最终并未被辞退,依然在北大从教,当时的自由度可见一斑。然而,这些都难以撼动当时北大根深蒂固的封建思想与官僚气息,非通盘且深入革新不可。

京师大学堂最初以"中学为体、西学为用"为导向,谨遵"旨意",后来随着改良、革命等力量的生成与发展,腐化的清末政治结构逐渐松散,"新学""西学"在京师大学堂的地位与师生的话语空间日趋扩展。直到辛亥革命后,京师大学堂的旧式遗风仍在,并伴有袁世凯专制统治的影响。不过,由于政体的更迭、人们观念的更新,加上有识之士推陈出新的改革设想及其践行,民初北京大学的包容度有所提升,但总体上依然堪忧,直到蔡元培掌校后确立新的理念,北大才迈入了新的发展阶段。

2. "思想自由,兼容并包"理念的确立及其内涵

1916年12月26日,蔡元培被任命为北京大学校长。1917年1月4日,蔡正式到校。其实,在蔡同意掌校前,吴稚晖、马君武等数位友人劝其不要赴任,理由是当时北大腐化不堪,若去则有损名誉。不过,孙中山等人予以支持,因为这是一个改良北方风气、"教育救国"的机会。最终,蔡选择了就职。

民国以来,尽管经过严复、胡仁源等人努力,北京大学有了较大发展,然而,当时北京社会环境复杂,旧派势力强大,加上京师大学堂的固化观念、官僚气息依然浓厚,导致学校总体上守旧,教风与学风不佳,师生无心向学。因此,蔡元培初次到北大时提醒师生专心治学,并提出大学旨在研究高深学

---

① 胡仁源:《北京大学计划书》,见王学珍、张万仓编:《北京高等教育文献资料选编(1861—1948)》,首都师范大学出版社2004年版,第342页。

② 《三松堂自序》,见冯友兰:《冯友兰文集》(第1卷),长春出版社2008年版,第200页。

问，应"囊括大典，网罗众家"①，进而确立了"思想自由，兼容并包"的理念。

(1)课程内容：融汇古今中外、人文社科与自然科学并重

进士出身又有留学经历的蔡元培通古今、晓中西。他提出北京大学治学应融汇中西、贯通古今："研究也者，非徒输入欧化，而必于欧化之中为更进之发明；非徒保存国粹，而必以科学方法，揭国粹之真相。"②

早在京师大学堂时期，学校教育总体上偏重人文社科，自然科学比重较小，同时不注重两者互通，而且只顾自身、不知他人，蔡元培批评这一现象："治文学者，恒蔑视科学，而不知近世文学，全以科学为基础；治一国文学者，恒不肯兼涉他国，不知文学之进步，亦有资于比较；治自然科学者，局守一门，而不肯稍涉哲学，而不知哲学即科学之归宿。其中如自然哲学一部，尤为科学家所需要；治哲学者，以能读古书为足用，不耐烦于科学之实验，而不知哲学之基础不外科学，即最超然之玄学，亦不能与科学全无关系。"因此，当时北大课程③融汇古今中外，既有我国古代经史言论，也有"新文化"，以"文言文"为特点的旧文学与推崇"白话文"的新文学并存；西学亦是如此，文艺复兴、启蒙运动与工业革命等不同时期的西方社会变革情况同在。此外，人文社科与自然科学并重，沟通文理，"习文科者不可不兼习理科，习理科者不可不兼习文科。……分十四系，废止文理法等科别"④。这些举措基本上破除了此前北大课程内容方面的封闭与狭隘安排。

(2)师资队伍："学诣为主"，不论学历、年龄、国籍、性情、学术观点与政治主张等

蔡元培主张"广延积学与热心的教员"⑤，"以学诣为主"⑥，打造高水平的教师队伍。这一选聘教师的标准不论其学历、年龄、国籍、性情、学术观点与政治主张等，强调教师的学识才干。

---

① 蔡元培：《〈北京大学月刊〉发刊词》，《北京大学月刊》1919年第1期，第1页。

② 蔡元培：《〈北京大学月刊〉发刊词》，《北京大学月刊》1919年第1期，第1页。

③ 我们可以从北京大学1919—1920年的课程总表中窥探一二。《国立北京大学学科课程一览：八年度至九年度》，见王学珍、郭建荣主编：《北京大学史料》(第2卷)，北京大学出版社2000年版，第1078—1099页。

④ 《我在教育界的经验》，见中国蔡元培研究会编：《蔡元培全集》(第8卷)，浙江教育出版社1997年版，第509页。

⑤ 《我在教育界的经验》，见中国蔡元培研究会编：《蔡元培全集》(第8卷)，浙江教育出版社1997年版，第510页。

⑥ 蔡元培：《蔡校长致公言报函并附答林琴南君函》，《新潮》1917年第4期，第720页。

其一,不看学历选聘教师。蔡元培聘请没有大学文凭的梁漱溟与陈独秀到北大任教。1917年,蔡盛情邀请中学毕业的梁漱溟,据梁回忆:蔡看到其于1916年在《东方杂志》上连载发表《究元决疑论》,"文中妄以近世西洋学说阐扬印度佛家理论,今日看来实无足取,而当时却曾见赏于许多人。……我说:我只不过初涉佛典,于此外的印度哲学实无所知。而据闻在欧洲在日本一般所谓印度哲学,皆指'六派哲学'而言,其中恰没有佛家。蔡先生反问:'你说你教不了印度哲学,那么,你知有谁能教印度哲学呢?'我说不知道。蔡先生说:'我们亦没有寻到真能教印度哲学的人。横竖彼此都差不多,还是你来吧!你不是爱好哲学吗?我此番到北大,定要把许多爱好哲学的朋友都聚拢来,共同研究,互相切磋;你怎可不来呢?你不要当是老师来教人,你当是来合作研究,来学习好了。'他这几句话打动了我,只有应承下来"①。另者,蔡元培为聘陈独秀任北大文科学长这个与文学院院长还有些区别,向当时教育部提交了一份陈的履历:"陈独秀,安徽怀宁县人,日本东京日本大学毕业,曾任芜湖安徽公学教务长、安徽高等学校校长。"②不过,根据学者庄森考证,这份履历不足信:陈独秀没有日本东京日本大学文凭,也没有担任过安徽公学教务长、安徽高等学校校长。③另据陈独秀邻居岳相如后人说,陈承认"从来没有在大学教过书,也没有什么学术头衔,能否胜任,不得而知,我试干三个月,如能胜任即继续干下去,如不胜任即回沪"④。那么,蔡缘何伪造履历?主要是担心当时官僚化的教育部不批准聘任陈的缘故可能性较大。梁漱溟与陈独秀没有大学文凭,却被聘为北大教师,足见蔡元培以学识才干选人、用人的理念。

其二,不论年龄选聘教师,尤以年轻人居多。据1917年资料⑤,北京大

---

① 梁漱溟:《忆往谈旧录》,上海人民出版社2016年版,第45页。

② 《函致教育部请派文科学长》,见王学珍、郭建荣主编:《北京大学史料》(第2卷),北京大学出版社2000年版,第326页。

③ 庄森:《一份特别的履历书——陈独秀出任北大文科学长的前前后后》,《社会科学战线》2006年第1期,第134—141页。

④ 石原皋:《陈独秀生平点滴》,见中国人民政治协商会议安徽省委员会文史资料研究委员会编:《安徽文史资料选辑》(第2辑),安徽人民出版社1983年版,第170页。

⑤ 此处依据资料是《国立北京大学二十周年纪念册》中刊载的《现任职员录》,职员一般包括专任教师、行政与教辅人员等。此处教员主要指当时资料中标明校长、各科学长、教授、讲师、助教的教师,教授包括校长、各科学长与标明教授的教师,年龄采用当时资料中标注的岁数。《职员一览》,见北京大学编:《国立北京大学二十周年纪念册》,出版社不详,1917年版,第61—83页。

学教员共计 225 人,资料中标注年龄者为 170 人,平均年龄 34 岁,总体上非常年轻,详见表 3-1。其中,教授平均年龄 36 岁,以 31—40 岁段(56 人)为最多,21—30 岁段(21 人)次之,最小年龄者为 25 岁的国内首位在大学开设新闻学课程的徐宝璜,最大年龄者为 62 岁的精通多国语言、学贯中西的辜鸿铭。可见,当时北大不论其年龄大小,只要有真才实学,均可来任教,并且优秀者可聘为教授,尤以年轻人居多,如胡适 28 岁(文)、钱玄同 32 岁(文)、黄侃 33 岁(文)、夏元瑮 34 岁(理)、秦汾 35 岁(理)与何育杰 37 岁(理)等。亲历者郑天挺这样评价道:"一九一七年以后的几年里,北大三十岁左右的青年教授相当多,其中不少人和蔡先生并不相识,而是从科学论文中发现请来的。"①这足以看出,只要有真才实学,在蔡看来,年龄不是问题,均可到北大任教。

表 3-1　1917 年北京大学教员年龄结构

单位:人

职称	21—30 岁	31—40 岁	41—50 岁	51 岁及以上
教授	21	56	12	5
讲师	27	32	6	3
助教	6	2	0	0

　　注:此处年龄采用来源资料中标注的年龄,由于资料中有些人未标注年龄,因此表中呈现的人数小于总人数。

　　资料来源:《职员一览》,见北京大学编:《国立北京大学二十周年纪念册》,出版社不详,1917 年版,第 61—83 页。

　　其三,不论性格、脾气禀性选聘教师。当时北大有一些"怪人",但他们都在各自领域造诣颇深。例如,章太炎门下大弟子黄侃,国学功底深厚,只是性情不同常人。据时人回忆:"黄先生走起路来不是仰首窥天就是俯首察地,绝少平视,实足以表现其傲慢态度。但是有一次袁世凯为笼络文人起见,赠他嘉禾勋章,他却拒绝接受。"②又如刘师培,精通经学,主讲中国文学史相关课程。周作人指出,刘写文章"下笔千言","头头是道",然而"字写得实在可怕……例如'永'字……'点,横,竖,勾,挑,劈,剔,撩',他却是全不管

---

　　①　郑天挺:《及时学人谈丛》,中华书局 2002 年版,第 550 页。
　　②　杨亮功:《五年大学生活》,见王世儒、闻笛编:《我与北大——"老北大"话北大》,北京大学出版社 1998 年版,第 274 页。

这些个，只看方便有可以连写之处，就一直连起来，所以简直不成字样"。①
再如许之衡，主攻中国古典词曲音律，周作人曾描述：许对人异常客气，平常
在公众场所，一般只点头即可，发现特别熟的人，再行打招呼，许则不然，"进
得门来，他就一个一个找人鞠躬，有时那边不看见，还要重新鞠过"。② 此外，
还有大家熟知的穿着大褂、梳着长辫子上课，自认"疯子"③的辜鸿铭等。就
是这些"怪人"，对蔡元培却较为拥护。例如，面对五四运动后蔡元培的辞
职，辜鸿铭挽留蔡："校长是我们学校的皇帝，所以非得挽留不可。"④黄侃也
说："余与蔡孑民志不同，道不合（黄为章太炎弟子）。然蔡去，余亦决不愿
留。因环顾中国，除蔡孑民外，亦无能用余之人。"⑤

其四，选聘之人学术观点与政治主张"不合时宜"，甚至相互对立，依然
可以任教。例如，倡导新学的陈独秀、胡适、鲁迅与推崇旧学的黄侃、刘师
培、崔适同在，主张尊王保皇的辜鸿铭、助推复辟帝制的刘师培、支持民主共
和的蔡元培、赞成马克思主义的李大钊等并存，持有不同观点的人在当时北
大都有一席之地。时人评价："蔡先生实行'兼容并包'的办学方针，旧学旧
人不废，而新学新人大兴。他聘请陈独秀任文科学长（即文学院长），章行严
（士钊）、刘半农、钱玄同、周作人、陶孟和等任教授，后又聘任马寅初、陈豹隐
等。……当时在校的教员既有宣讲马克思主义的李大钊，也有拥护袁世凯
做皇帝的筹安会人物刘师培，另外还有前清大学士李鸿藻的儿子李石曾教
生物学，年仅二十三四岁的梁漱溟先生讲印度哲学等。"⑥

北大这种"学诣为主"的选人标准，使其集结了一批精力充沛、思维活
跃、学术造诣深厚的人才，在师资方面为学校蓬勃发展奠定了坚实基础。

（3）学生方面：正式生与非正式生同在，男女同校

当时，北京大学门户开放，学生类型分为三种：一是正式生，通过考试入

---

① 《北大感旧录（二）》，见周作人著，张明高、范桥编：《周作人散文》（第3集），中国广播
电视出版社1992年版，第464页。

② 《北大感旧录（四）》，见周作人著，张明高、范桥编：《周作人散文》（第3集），中国广播
电视出版社1992年版，第471页。

③ 《记辜鸿铭》，见胡适著，季羡林主编：《胡适全集》（第22卷），安徽教育出版社2003
年版，第356页。

④ 《北大感旧录（一）》，见周作人著，张明高、范桥编：《周作人散文》（第3集），中国广播
电视出版社1992年版，第461页。

⑤ 《北京教育界之要闻 黄侃亦有去志》，《时报》1919年5月16日，第5版。

⑥ 张申府：《所忆·张申府回忆录》，中国文史出版社2012年版，第60—61页。

校分科分班上课；二是旁听生①，本科各系学生有缺额时，依据其意愿与能力等招选；三是校外生（非正式生），可以自由听讲。教师对这些学生同等对待，"只要你愿意来学就不拒。不只是本校学生要照顾，连外校或没考上学校的来学习某一教授的某门课也给他找椅子。教室小了，往大教室挪，有的教授在大礼堂上课"。上课时，教师一视同仁。有一次，某教授提问，学生不会，便说："我是校外来的听讲的，不是正式学生。"这位教授说："我不管你是校内校外，只要来听课，就应当学习好。"此外，还有正式生因事未来，向听课的老校工借笔记照抄的事情。② 可见，当年的北大不问出身、不问有无学籍，只要你想求知，即可来学。

此外，蔡元培主持北大推行了另一项壮举：招收女生。近代以来，只有岭南大学等私立大学招收女生，公立大学一直未打破女禁，直到1920年得以实现。1919年5月，女生邓春兰致信蔡元培，希望男女平等，女子可以入大学："贵校评议会议决，附设中学有取单级教授之规定，每班人数，不拘多少。……于此中学添设女生班，俟升至大学预科，即实行男女同班。"③因五四运动，蔡辞职未及时回复，邓此后一直呼吁。不久，蔡同意开女禁并表示："我是素来主张男女平等的。……有人问我：'兼收女学生是新法，为什么不先请教育部核准？'我说：'教育部的大学令，并没有专收男生的规定；从前女生不来要求，所以没有女生；现在女生来要求，而且程度又够得上，大学就没有拒绝的理。'"④胡适在看过邓春兰致信后，曾于1919年9月撰文赞成女子入大学，并强调要注重提高女子教育程度，使其有进入大学的资格："有一位邓女士在报上发表他给大学蔡校长请求开女禁的信，我初见了这信，以为这是可喜的消息。不料我读下去，原来邓女士是要求大学准女子进补习班的！一个破天荒请求大学开女禁的女子，连大学预科都不敢希望，岂不令人大失望吗？这个虽不能怪邓女士，但是我们主张开女禁的人，应该注意这一点，赶紧把现在的女子学校彻底研究一番，应改革的，赶紧改革，方才可以使中国女子有进入大学的资格。有进大学资格的女子多了，大学还能闭门不纳

---

① 北京大学旁听生相关规定参见《修正选科生及旁听生章程》《修正旁听生章程》，见王学珍、郭建荣主编：《北京大学史料》（第2卷），北京大学出版社2000年版，第924—925页。

② 陶钝：《一个知识分子的自述》，山东人民出版社1987年版，第130—131页。

③ 《邓春兰给蔡元培的信》，见朱有瓛主编：《中国近代学制史料》（第3辑下），华东师范大学出版社1992年版，第81—82页。

④ 蔡元培：《我在北京大学的经历》，《东方杂志》1934年第1期，第12页。

女子吗?"①此后,类似主张影响渐大。1920年,女生王兰去北大找时任代理教务长陶孟和,于2月被允许入校成为首位女子旁听生。②据《北京大学日刊》记载,截至3月11日,共有9名女生旁听,详见表3-2。缘何是旁听呢?蔡元培曾给出解释:"九年,有女学生要求进校,以考期已过,姑录为旁听生。及暑假招考,就正式招收女生。……这是男女同校的开始,后来各大学都兼收女生了。"③此外,北大招收女生有一种说法:"动于蔡子民先生,讨论于胡适之先生,而促成于陶孟和先生。"④这说明了以蔡元培为首的众多北大教师认可大学开女禁的做法,遂开创了公立大学招收女生的先河,进而推动了近代中国教育平等的发展进程。

表3-2 北京大学招收9名女子旁听生信息(1920年3月11日)

姓名	年龄	籍贯	经过学校	年级门类
王兰	20	江苏无锡	北京女子师范	哲学系第一学年
邓春兰	22	甘肃循化	北京女子师范	哲学系第一学年
杨寿璧	19	贵州贵阳	北京女子师范	哲学系第一学年
赵懋芸	28	四川南溪	北洋女师范	哲学系第一学年
赵懋华	23	四川南溪	北洋女师范	哲学系第一学年
韩恂华	21	直隶天津	直隶第一女子师范	哲学系第一学年
奚浈	22	江苏南汇	协和女子大学	英文系第一学年
查晓圆	21	浙江海宁	协和女子大学	英文系第一学年
程勤若	26	安徽歙县	不详	国文系第一学年

资料来源:《本校女生消息》,《北京大学日刊》1920年3月11日,第2版。

① 《大学开女禁的问题》,见胡适著,季羡林主编:《胡适全集》,安徽教育出版社2003年版,第62页。
② 《北京大学实行男女同校 第一个女学生江苏人王兰》,《晨报》1920年2月18日,第2版。
③ 蔡元培:《我在北京大学的经历》,《东方杂志》1934年第1期,第12页。
④ 徐彦之:《北京大学男女共校记》,《少年世界》1920年第7期,第41页。

（4）言论自由，百家争鸣

蔡元培曾言，"我素来不赞成董仲舒罢黜百家独尊孔氏的主张"①，当时北大即是如此，各种思想观点均有展示机会，尤其以文科为典型代表。例如，蔡就任校长不久，北大文风已经从以古文为主转变成大约三派："一派竭力提倡骈文，以黄季刚、刘师培为代表。黄季刚名侃……为文必效法郦道元、杨衒之，做诗必取法颜延年、谢灵运。……刘师培字申叔……完全是一个复古主义者，为文好用古字，也写骈文。第二派竭力提倡古文，以姚仲实、陈石遗为代表。姚氏是安徽桐城人，自以为文章正宗，更提倡桐城派的古文。第三派则主张骈散不分，以为文章本来面目是纯乎自然，只要说理畅通，描写生动，可以用散文，也不妨参用一些骈句。持这一派主张的人较多……"②再如，旧文学与新文学之争。"北大的教员们，如胡适之、钱玄同、沈尹默等，常发表白话文、白话诗，提倡'国语的文学，文学的国语'，主张以科学的方法，整理我固有的各家遗著，返还古哲人们学说的本来面目。校内外的反对者们，乃以为他们'离经叛道''覆孔孟，铲伦常'。"③此外，各种社会思潮并行，如无政府主义、共产主义等，"李煜瀛（石曾）则是最早介绍互助论者，他与吴稚晖是中国最早介绍无政府主义的。蔡先生本人也是提倡克鲁泡特金（Kropotkin）互助论的。又如李大钊（守常）则是最早介绍共产主义的"④。

北大营造了言论自由的氛围，师生们可以在课堂上、课余时间以及刊物上表达自己的主张。例如，推崇旧文学的黄侃曾在课上大骂正在对面教室上课的倡导新文学的钱玄同，钱听到后"满不在乎，照样上课"⑤。胡适与梁漱溟也时常争论。一个是留美博士讲中国哲学史，一个是本土学者讲东西方文化，这种安排表面来看的确有点让人捉摸不透。据称有一次两人争论，胡说梁电影院都没去过，"怎么可以讲东西文化"，梁说胡根

① 蔡元培：《我在北京大学的经历》，《东方杂志》1934年第1期，第12页。

② 朱镍：《五四运动前后的北大》，见全国政协文史资料委员会编：《中华文史资料文库》（第17卷：文化教育编），中国文史出版社1996年版，第387—388页。

③ 田炯锦：《北大六年琐忆》，见陈平原、夏晓虹编：《北大旧事》，生活·读书·新知三联书店1998年版，第230页。

④ 李书华：《七年北大》，见陈平原、夏晓虹编：《北大旧事》，生活·读书·新知三联书店1998年版，第98页。

⑤ 王昆仑：《蔡元培先生二三事》，见陈平原、郑勇编：《追忆蔡元培》（增订本），生活·读书·新知三联书店2009年版，第162页。

本不懂哲学,有悖"学而不思则罔,思而不学则殆"的古语道理。① 再如,学生可以质疑教师的观点。据梁漱溟回忆:有两名学生不同意他的观点,来上课是为了听听"荒谬到了什么程度"。梁对此大度地表示:"这种态度并不可厚非,这正见出当时学术气氛的浓厚。"②另如,北大有《新青年》等多种刊物,师生均可在上面表达观点。据冯友兰称:这些刊物大体分为三种,"左派的刊物叫《新潮》,中派的刊物叫《国民》,右派的刊物叫《国故》"③。《新潮》(1919 年 1 月)主要由傅斯年、罗家伦与顾颉刚等人创办,提倡白话文等新思想,支持的教师有陈独秀、胡适、钱玄同等;《国民》(1919 年 1 月)主要由许德珩、邓康与黄日葵等人创办,该刊主要有两个特点,"一是反帝,一是写文言文",李大钊、黄侃、刘师培等教师予以帮扶④;《国故》(1919 年 3 月)主要由薛祥绥、罗常培与张煊等人创办,倡导旧文学。这些刊物站在各自立场上发文,许多师生以此为平台能够相对自由地展示各自主张,形成了百家争鸣的局面。

此外,"思想自由,兼容并包"还体现在北京大学的校旗上。1920 年 10 月,蔡元培就校旗有过论述:"我们现在所定的校旗,右边是横列的红、蓝、黄三色,左边是纵列的白色,又于白色中间缀黑色的北大两篆文,并环一黑圈。这是借作科学、哲学、玄学的符号。我们都知道,各种色彩,都可用日光七色中几色化成的。我们又都知道,日光中七色,又可用三种主要色化成的。"同时,蔡进一步解释了各种颜色及其面积分别代表科学、哲学与玄学的含义,并强调:"大学是包容各种学问的机关,我们固然要研究各种科学;但不能就此满足,所以又研究融贯科学的哲学;但也不能就此满足,所以又研究根据科学而又超越科学的玄学。"⑤众所周知,校旗是学校理念的重要外在表现形式之一,由此可以从另一侧面反映出北大的包容性很强。

① 莪公:《红楼一角》,见王世儒、闻笛编:《我与北大——"老北大"话北大》,北京大学出版社 1998 年版,第 460 页。

② 梁漱溟:《忆往谈旧录》,上海人民出版社 2016 年版,第 47 页。

③ 《三松堂自序》,见冯友兰:《冯友兰文集》(第 1 卷),长春出版社 2008 年版,第 201 页。

④ 许德珩:《回忆国民杂志社》,见王世儒、闻笛编:《我与北大——"老北大"话北大》,北京大学出版社 1998 年版,第 289—292 页。

⑤ 蔡元培:《北京大学校旗图说》,见王学珍、郭建荣主编:《北京大学史料》(第 2 卷),北京大学出版社 2000 年版,第 235—237 页。

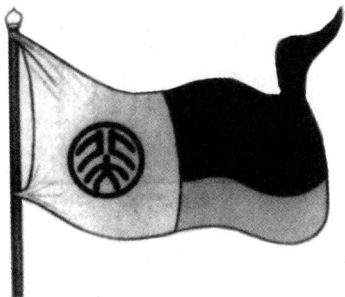

北京大学校旗

图片来源：王学珍、郭建荣主编：《北京大学史料》（第 2 卷），

北京大学出版社 2000 年版，卷首插图。

在蔡元培任校长后，北京大学确立了"思想自由，兼容并包"的理念，面貌焕然一新。那么，缘何这一理念能够确立并推行？究其原委，与蔡元培个人及其周围人、时局等均有关联。

其一，蔡元培学贯中西，阅历丰富，心胸豁达。任北大校长时，蔡已经取得进士这一传统功名的最高等级，同时，蔡于 1907 年留学德国，发表《伦理学原理》《中国伦理学史》《中学修身教科书》等一系列论著，其对中西文化有较深研究。蔡阅历丰富，在学界、政界影响力大，曾任绍兴中西学堂总理、上海南洋公学特班总教习、京师大学堂教习、同盟会上海分会负责人、民国首任教育总长等职务。蔡为人豁达，心胸宽广。例如，有一次在公开场合，钱玄同当众指出蔡写字不好："蔡先生，前清考翰林，都要字写得很好的才能考中；先生的字写得这样蹩脚，怎样能够考得翰林？"此举确实让人颇为难堪，但是蔡笑答："我也不知道，大概因为那时正风行黄山谷（黄庭坚，笔者注）字体的缘故吧。"[1]蔡的容人之量可见一斑。

其二，蔡元培并非"独自为伍"，而是有众多相助。例如，陈独秀来北大，是由马叙伦、沈尹默与汤尔和等人向蔡引荐，而胡适来到北大与陈独秀的赏识有较大关联。[2] 再如，招收女生入校的有关举措，胡适、陶孟和等均有推

① 毛子水：《对于蔡先生的一些回忆》，见陈平原、郑勇编：《追忆蔡元培》（增订本），生活·读书·新知三联书店 2009 年版，第 37 页。

② 马叙伦：《我在六十岁以前》，生活·读书·新知三联书店 1983 年版，第 58 页；沈尹默：《我和北大》，见全国政协文史资料委员会编：《中华文史资料文库》（第 17 卷：文化教育编），中国文史出版社 1996 年版，第 378—379 页。

动。此外,各种刊物的设想与筹办离不开众多师生的努力。总之,对于"思想自由,兼容并包"的理念,众多师生表示认同。

其三,该理念的确立与时局密不可分。民国以来,由南京临时政府到北洋政府,又经历了袁世凯复辟称帝,直到 1917 年蔡元培掌校,混乱的时局依然未平。正是在军阀各自为政的复杂局势下,北洋政府在较大程度上无暇顾及教育,这为北大提供了一定的自由发展空间。当然,这并不是说当时北洋军阀时期有多好,因为"那些军阀根本没有任何长治久安的打算,他们关心的只是争地盘、划地皮,整天你打我、我打你,有的纯粹就是土匪"①。其实,北洋政府也时常干预教育,特别是五四运动之后,北京大学成为众矢之的,"北京政府嫉视所有的思想流派,因为从五四运动起,无论哪一种思想,哪一个流派,都是挖掘北洋军阀根基的锄与犁"②。后来,大学与政府的冲突持续升级,导致众人开始对自由包容理念加以矫正。

(二)为学"向新"、排斥宗教、才外有德与不问政治:理念的限度

北京大学师生在自由与包容的氛围中研究、教学与生活,学校成为当时众多人士任教或求学所向往的地方。那么,"思想自由"是绝对自由吗?"兼容并包"是无所不包吗?答案显然是否定的,我们从如下四个方面加以阐明。

1. 为学"向新",并非简单的"自然淘汰之运命"

蔡元培表示:"无论为何种学派,苟其言之成理,持之有故,尚不达自然淘汰之运命者,虽彼此相反,而悉听其自由发展。"③这里的"自然淘汰之运命者"即为包容的限度,也就是说某种学说到了自然被淘汰的时候,那么它就不在北大的包容范围了,这是蔡在答复桐城派代表人物林纾的信中阐明的。1919 年 3 月,林纾致信蔡元培,称北大存在"覆孔孟,铲伦常""尽废古书,行用土语为文字"④等问题,暗含北大不容桐城派之意,蔡针对这些问题逐一反

① 何兆武:《上学记》(增订版),人民文学出版社 2016 年版,第 12 页。
② 陶希圣:《潮流与点滴:陶希圣回忆录》,中国大百科全书出版社 2016 年版,第 50 页。
③ 蔡元培:《蔡校长致公言报函并附答林琴南君函》,《新潮》1917 年第 4 期,第 717—722 页。
④ 林琴南:《林琴南致蔡元培函》,见中国蔡元培研究会编:《蔡元培全集》(第 3 卷),浙江教育出版社 1997 年版,第 577—580 页。

驳，这在当时甚为轰动。那么，北大确实不容桐城派吗？其中缘由，较为复杂①。

桐城派是我国文学发展史上持续时间最长、作家人数最多、影响最大的散文流派。它的先驱者戴名世、创立者方苞、集大成者姚鼐等众多成员都是安徽桐城人，故而获此名，但是桐城派并非桐城一隅。桐城派的主张不是偏于"性灵""格调""肌理"等某一方面，也不是只学"秦汉"或"唐宋"，而是全面继承，众美兼收，集我国全部古代散文和文论之大成。因此，它在整个清代文学中，占据了非常突出的正宗地位。② 时至清末民初，以吴汝纶、林纾、严复、姚永概与姚永朴等为代表的桐城派影响依然较大，并在京师大学堂与民初北大文科中占有重要地位。1902 年，张百熙聘请吴汝纶为京师大学堂总教习，后吴病故，桐城派另一成员张筱浦继任，严复与林纾分别任译书局总办与副总办。1912 年，严复掌北大，林纾、马其昶、吴汝纶弟子姚永概与其兄姚永朴等均为教师，此时桐城派地位突出，"最初北京大学文科国学教授以桐城文学家最占势力"③。不过，随着严复的去职，何燏时掌校、胡仁源为预科学长，北大开始聘请章太炎弟子沈兼士、马裕藻、钱玄同、朱希祖、黄侃等来校任教，他们开始挤占桐城派的地位。据沈尹默回忆："太炎先生门下大批涌进北大以后，对严复手下的旧人则采取一致立场，认为那些老朽应当让位，大学堂的阵地应当由我们来占领。"④不久，林纾、马其昶与姚永概相继离开，直到 1917 年蔡元培掌校，姚永朴也辞职离去，桐城派在北大的兴盛时代就此宣告结束。其实，民初批判桐城派的还有胡适、陈独秀等一批提倡新文化运动的人士。在被迫离开北大后，林纾看到各种批评接踵而至，意识到桐城派的处境十分危险，遂发表《荆生》和《妖梦》等文章予以反驳，并向蔡元培写了前述那封信，自此林纾与章门弟子、新文化论者进行了激烈的正面交

---

① 相关研究主要有张旭等：《林纾年谱长编(1852—1924)》，福建教育出版社 2014 年版，第 197—360 页；卢毅：《民国初年章门弟子与桐城派的北大之争》，见朱修春主编：《桐城派学术档案》，武汉大学出版社 2016 年版，第 377—391 页。

② 周中明：《桐城派研究》，辽宁大学出版社 1999 年版，第 1 页。

③ 杨亮功：《五年大学生活》，见王世儒、闻笛编：《我与北大——"老北大"话北大》，北京大学出版社 1998 年版，第 271 页。

④ 沈尹默是章门弟子沈兼士的哥哥，但他不是章门弟子，被何燏时误认为是章门弟子聘到北大。据沈尹默回忆，当时章门弟子排挤北大的桐城派教师。沈尹默：《我和北大》，见全国政协文史资料委员会编：《中华文史资料文库》(第 17 卷：文化教育编)，中国文史出版社 1996 年版，第 374—376 页。

锋,依据学界普遍观点,最终林以败局收场。①

　　接下来,我们来分析桐城派是否符合"自然淘汰之运命者"这一标准。此处以桐城派、章门与新文化论者三方观点为考察中心。民初桐城派是"'学行程朱、文章韩欧'……在西学东渐、新学纷纭的文化动荡中,他们更习惯于以道统、文统传人自居,以传统文化继承者、捍卫者立言"②。章门"崇魏、晋"③,倡朴学考据,推六朝骈文,反对桐城派力主的唐宋散文,如钱玄同等新文化运动时期提倡白话文。新文化论者反对旧思想,提倡"民主"与"科学",推行白话文,反对古文。相比而言,由"旧"到"新",从整个思想史发展结果而言,林纾以及马其昶等所属的桐城派退出历史舞台在较大程度上符合"自然淘汰之运命者"这条标准。

　　然而,我们还应注意一个问题,除了看到思想史发展结果,还应关注思想史的演变过程,即思想观点的流转是通过竞相争鸣还是人为限制所促成。就民初桐城派而言,有研究表明,何燏时与胡仁源由于学缘、乡缘等聘请章门弟子,似乎有人为刻意的迹象:"何燏时与胡仁源等人之所以积极引入章门弟子,大致有以下三方面原因。其一,留日背景。何、胡二人均曾于清末留学日本,这使他们与多是科举出身的桐城派文人不免有些隔阂,而较倾向于有着留日经历的章门弟子。其二,故交旧拾。胡仁源在上海时曾受教于章太炎,留日期间又与鲁迅等人来往。其三,浙籍乡谊。何、胡二人于章太炎及多数弟子还有同乡之谊(都是浙江籍),其中胡仁源是吴兴人,与钱玄同、沈兼士等同籍。"④曾有时人指出,严复、林纾等是福建人,势力大,"自辛

---

① 学者罗志田认为,林纾完全失败的观点有待商榷:"1919年林纾与蔡元培的笔战,是民国初年新旧之争的一次象征性事件。一般人均认为此事是以蔡胜林败为结局的,当然也就是新战胜了旧。这个看法,最多只对一半。从思想观念的视角看,应该说是林胜了蔡。这并不是要标新立异。只要细看蔡元培对林纾的驳论,便可见蔡无非是一一力驳北京大学并不存在林所指控的'错误',却甚少指出林氏的观念本身有何不妥。实际上蔡在驳林时,处处皆本林纾所提的观点。此虽是论战中常用的即以其人之道还治其人之身的方法,但争论的一方若基本全用对方的观点,而无自己的立论,就等于承认对方的观点基本是正确的。"详见罗志田:《林纾的认同危机与民初的新旧之争》,《历史研究》1995年第5期,第117—132页。

② 关爱和:《二十世纪初文学变革中的新旧之争——以后期桐城派与"五四"新文学的冲突与交锋为例》,《文学评论》2004年第4期,第64—73页。

③ 钱基博:《现代中国文学史》,世界书局1935年版,第152页。

④ 卢毅:《民国初年章门弟子与桐城派的北大之争》,见朱修春主编:《桐城派学术档案》,武汉大学出版社2016年版,第385页。

亥以后,闽派渐衰,浙江派代兴"①。直到蔡元培掌校,章门弟子已经完全在北大文科中占有强势地位,并且"蔡是浙江人,曾与章太炎同创光复会;他在北大的一个重要根基其实就是后来为英美留学生所攻击的'某籍某系',也就是浙江籍的国文系教授;这些人大多留日,是太炎的弟子,未入章门者也多与太炎派有瓜葛。……故蔡在北大所聘的旧派教授虽不少,却并不返聘桐城派之人,虽可认为是已将其视为'达自然淘汰之运命'了,其中也有更复杂的内外因素"②。此外,林纾无奈辞去北大教职后,被段祺瑞部下安福系的徐树铮聘为所办学校教员,而北大未再请林可能与此有关,林纾的确有意借助徐对抗新派,但是时人认为:"会徐树铮又以段祺瑞为奉直联军所败,纾气益索。"③总之,多年后,一些人回忆林纾时,颇有为其"正名"之意。北大毕业生、留美博士、曾任北大教授的胡先骕回忆称林纾"素精技击",是其求学京师大学堂期间"最令人怀念者","先生在预科所授之课为人伦道德,此学科在表面看来必定枯燥无味……而先生之授此课则不然,先生之语言妙天下,虽所讲授者为宋明学案,而以其丰富之人生经验以相印证;又繁征博引古今之故事以为譬解,使人时发深省,而能体认昔贤之明训,于是聆斯课之学生,成心情奋发,不能自已。所谓循循善诱,惟先生能蓄之也"。同时,他指出:"蔡子民先生出长北大后,胡适之陈独秀提倡白话文,先生乃攘臂起与相抗,惜不通西文,未能以子之矛攻子之盾,终不能居上风,遂在一时代之风尚下,首作牺牲矣。实则林先生岂真能代表封建者,胡陈辈所攻,殆亦最弱之一环耳。"④可见,胡先骕对林纾十分推崇,并认为其并非一味"守旧",而是时常推陈出新。再者,作为当时批判派的重要代表人物胡适在林纾去世后,也给予林充分肯定:"我们晚一辈的少年人只认得守旧的林琴南而不知道当日的维新党林琴南;只听见林琴南老年反对白话文学,而不知林琴南壮年时曾做很通俗的白话诗,——这算不得公平的舆论。"⑤不难看出,胡适为林纾"正名"的意思已经十分明显。

此外,在上述纷争期间,辜鸿铭等旧派人士、批判桐城派的刘师培等章

① 因明:《对北京大学的愤言》,《每周评论》1919 年 4 月 27 日,第 4 版。

② 罗志田:《林纾的认同危机与民初的新旧之争》,《历史研究》1995 年第 5 期,第 121 页。

③ 钱基博:《现代中国文学史》,世界书局 1935 年版,第 152 页。

④ 胡先骕:《京师大学堂师友记》,见黄萍荪编:《四十年来之北京》(第 1、2 辑合刊),大东图书公司 1949 年版,第 103—104 页。

⑤ 胡适:《胡适四十自述》,吉林大学出版社 2015 年版,第 238 页。

门弟子也离开了北大,这似乎也是"自然淘汰"。不过,实际情况也较为复杂。例如,有学者指出辜鸿铭任职北大是在蔡掌校北大之前,而且引人深思的是,"就在蔡氏致林纾信发表的第二年,辜鸿铭终于还是被解聘,理由是教学极不认真。蔡氏不曾因政见相左而排斥异己,这点没有说错;至于作为蔡氏'大家风范'注脚的'辜鸿铭的故事',却不该如此截头去尾"①。此外,也有研究表明,辜鸿铭的离开有"人为运作"之嫌。②

至此,我们可以明了,以林纾为代表的桐城派确有不少可取之处,但林本人并非单纯守旧,而是有提醒新派勿忘传统之意。同时,桐城派、辜鸿铭等旧派人士退出北大的过程有人为操作之嫌,并非通过相对公平的竞争而自然淘汰。因此,"思想自由,兼容并包"是有限度的,但该限度不是简单地以"自然淘汰之运命者"为标准。

统而观之,蔡元培主持北大包容的标准是"向新",若是妨碍此点,即突破了限度。他曾指出:"北大的整顿,自文科起。旧教员中如沈尹默、沈兼士、钱玄同诸君,本已启革新的端绪;自陈独秀君来任学长,胡适之、刘半农、周豫才、周岂明诸君来任教员,而文学革命、思想自由的风气,遂大流行。"③另有1917年8月,蔡元培致函给法国的华法教育会人士留意为北大聘请法国教员,其中有两条标准:"新党""热心教授中国人而不与守旧派接近者"。④从这些表述以及聘请"新派"教员居多的实际情况可知,蔡明显"向新"。许多亲历者也都表达了这种观点。例如,梁漱溟强调:"人人皆知蔡先生长北大,于新旧各派人物兼收并蓄,盛极一时,然其内心倾向坚持在新的一面。"⑤杨亮功指出:"蔡先生虽主张新旧并存,但是倾向于新的方面。"⑥许德珩回忆称:蔡元培"所谓兼容并包并不是新旧一揽子全包,而主要是罗致具有先进

① 陈平原:《老北大的故事(代序)》,见陈平原、夏晓虹编:《北大旧事》(第3版),生活·读书·新知三联书店2018年版,第23页。

② 相关研究主要有:邱志红:《从辜鸿铭在北大任教始末看北大"英文门"的师生状况》,见北京档案馆编:《北京档案史料》,新华出版社2010年版,第218—244页;张耀杰:《民国底色:政学两界人和事》,江苏文艺出版社2012年版,第243—250页。

③ 《我在教育界的经验》,见中国蔡元培研究会编:《蔡元培全集》(第8卷),浙江教育出版社1997年版,第510—511页。

④ 《致在法同人函》,见中国蔡元培研究会编:《蔡元培全集》(第10卷),浙江教育出版社1997年版,第324页。

⑤ 梁漱溟:《忆往谈旧录》,上海人民出版社2016年版,第48页。

⑥ 杨亮功:《五年大学生活》,见王世儒、闻笛编:《我与北大——"老北大"话北大》,北京大学出版社1998年版,第271页。

思想的新派人物,对那些腐败守旧人物则尽量排除"①。此外,有意思的是,在"向新"过程中兼顾旧学的蔡元培曾受到一些新派人士的抱怨。例如,罗家伦说:"蔡之取兼容并包主义,有时候也有太过度的地方。"②还有人曾言:"蔡老先生兼收并蓄,宗旨错了。"③不过总体上,新派人士非常支持蔡。

蔡元培主持的北大是在"向新"过程中兼顾旧学,也可以有另一层意思:"所谓'兼容并包',在一个过渡时期,可能是为旧的东西保留地盘,也可能是为新的东西开辟道路。蔡元培的'兼容并包'在当时是为新的东西开辟道路的。"④

2. 排斥宗教,"以美育代宗教"

宗教是"思想自由,兼容并包"的北大所限制的,这是蔡元培力推的结果,与其"以美育代宗教"主张密切相关。1912年,时任教育总长蔡元培发表《对于新教育之意见》,文章指出教育有两种,一为"隶属于政治",一为"超轶乎政治"。专制时代,教育纯粹隶属政治,共和时代,应有超轶政治的教育。随后,他提出"五育并举"教育方针,即军国民教育、实利主义教育、公民道德教育、世界观教育与美感教育(美育)。前三者隶属于政治,后两者超轶于政治。蔡元培从康德心物二元论观点出发,将世界分为"现象世界"(隶属于政治)与"实体世界"(超轶于政治),并批评某些宗教派别排斥"现象世界"、割裂"现象世界"与"实体世界"的关系,因为"现象实体,仅一世界之两方面,非截然为互相冲突之两世界",而五育中的美育可以沟通"两世界"。⑤ 此后,蔡元培多次表达美育的重要性以及对宗教的批评。

1917年4月,就任北大校长不久的蔡元培在北京神州学会演讲,明确提出"以美育代宗教说"⑥。他指出,宗教是由于人的三种"精神"作用而成,三

---

① 许德珩:《"五四"运动六十周年》,见中国人民政治协商会议全国委员会文史和学习委员会编:《文史资料选编》(合订本)(第21卷第61辑),中国文史出版社2011年版,第4页。

② 罗家伦:《北京大学与五四运动》,见王世儒、闻笛编:《我与北大——"老北大"话北大》,北京大学出版社1998年版,第302页。

③ 周天度:《关于陈独秀的一封信》,《近代史研究》1986年第3期,第313—315页。

④ 《三松堂自序》,见冯友兰:《冯友兰文集》(第1卷),长春出版社2008年版,第206页。

⑤ 《教育总长蔡元培对于新教育之意见》,《申报》1912年2月8日,第2版;《教育总长蔡元培对于新教育之意见》(续),《申报》1912年2月9日,第2版;《教育总长蔡元培对于新教育之意见》(续),《申报》1912年2月10日,第2版。

⑥ 蔡元培:《以美育代宗教说——在北京神州学会演讲》,《新青年》1917年第6期,第1—5页。除单独标注外,以下所引内容均来源于此资料。

者为"知识""意志"和"感情"。人类祖先是"一种极小之动物",并非"上帝所创造";据生物学、心理学与社会学研究,"人群之规则"有其自身规律,并非"神之所定"。由此,"知识"与"意志"皆可脱离宗教。另者,与宗教联系密切的是"情感作用","即所谓美感"。然而,由于宗教"有扩张己教、攻击异教"之举,导致"激刺感情"。若想消除此弊端,则需"舍宗教而易以纯粹之美育。纯粹之美育,所以陶养吾人之感情,使有高尚纯洁之习惯,而使人我之见、利己损人之思念,以渐消沮者也"。

此观点在当时影响很大,支持者众多,不过也有反对者,其从美与宗教的本质及其范围等方面反驳"以美育代宗教"①,也有不少人提出可以用科学的态度与方法研究宗教,指责这是剥夺人们的"信教自由"。因此,以蔡元培、李石曾与李大钊等为首组成了非宗教大同盟②,而北大的周作人、钱玄同、沈兼士、沈士远与马裕藻等联名反对非宗教大同盟,"我们认为人们的信仰,应当有绝对的自由,不受任何人的干涉,除去法律的制裁以外,信教自由,载在约法,知识阶级的人应首先遵守,至少也不应首先破坏"③。对此,蔡元培予以反驳:"有人疑惑以为这种非宗教同盟的运动,是妨害'信仰自由'的,我不以为然。信教是自由,不信教也是自由,若是非宗教同盟的运动,是妨碍'信仰自由',他们宗教同盟的运动,倒不妨碍'信仰自由'么?"④同时,非宗教同盟发表宣言阐明并非干涉信教自由,而是让大家知道宗教有束缚人心等弊端,"我们反对宗教的运动,不是想靠一种强有力者的势力压迫或摧残信仰一种宗教的人们,乃是想立在自由的真理上阐明宗教束缚心灵的弊害,欲人们都能依自由的判断,脱出他的束缚与蒙蔽"⑤。此后,双方依然交锋不断。

"以美育代宗教"有其合理性,也有可商榷之处。需要特别说明的是,我们应弄清蔡元培提出该观点的原因,这在《以美育代宗教说——在北京神州

---

① 当时反对"以美育代宗教"观点者参见如下文章:万修源:《我的二十世纪的宗教观》,《生命》1921年第4期,第1—4页;刘伯明:《宗教哲学》,《少年中国》1921年第11期,第1—5页;杨鸿烈:《驳"以美育代宗教说"》,《哲学》1923年第8期,第1—5页。

② 主要相关资料可参见唐晓峰、王帅编:《民国时期非基督教运动重要文献汇编》,社会科学文献出版社2015年版。

③ 周作人著,陈子善、张铁荣编:《周作人集外文》(上),海南国际新闻出版中心1995年版,第395页。

④ 《非宗教大同盟第一次会纪:蔡孑民之演说稿》,《申报》1922年4月12日,第7版。

⑤ 王星拱等:《非宗教宣言》,《民国日报》1922年4月7日,第6版。

学会演讲》中有交代："由于留学外国之学生，见彼国社会之进化，而误听教士之言，一切归功于宗教，遂欲以基督教劝导国人，而一部分之研习旧思想者，则承前说而稍变之，以孔子为我国之基督，遂欲组建孔教，奔走呼号，视为今日重要问题。"在内忧外患的近代中国，帝国主义列强在大肆掠夺物资的同时，宗教势力已然渗透到国人的生活。一方面，在外留学生受传教士诱导、信基督，认为社会进化归功于宗教；另一方面，众多传教士的熏染导致不少人欲组建孔教。可见，宗教对于国人观念的影响日深，蔡元培认为很危险，这就是提出"以美育代宗教"的初衷。因此，蒋梦麟驳斥蔡的反对者："有谓反对宗教者，误也，不过蔡先生于宗教之误谬处，不肯赞同耳。"①就此而论，"以美育代宗教"具有较大的进步意义。

总体上，"以美育代宗教"的提出及其在北京大学的倡导得到了较多支持，宗教在北大的活动空间很小，特别是宗教性组织被排除在外，"当时基督教青年会和孔教会一类的宗教组织，在大中学校不是不存在的，但是在北大完全没有，而且始终没有过，所以老北大的课外社团林立，正是蔡先生以美育代宗教的一种体现"②。

3. 德才兼备，"德"为选人另一标准

尽管北京大学选人以"学诣为主"，聘请师资不论其学历、年龄、性情、学术观点与政治主张等，但是"才"并非唯一标准，还要认真负责、有德性。蔡元培上任伊始便辞退了一些不负责、常去烟花柳巷之地的教员，如中国教员徐佩铣，此人号称流氓分子、"猎艳团"团长。③ 特别是辞退了不少外国教员的举措引起了轩然大波，他们多是才学不足、靠外国公使的面子介绍而来，并且多不负责且合同到期。例如，英国人克德来"凶暴无礼，轻视中国人"：一次，校役在擦黑板，被克德来踢倒；还有一次，校役来送信被踢，头部负伤。蔡元培将其辞退，克德来不服，告到英国领事馆，外交部出面干涉，蔡不为所动，复函据理力争。以至于英国公使朱尔典说，"蔡元培是不要再做校长的了"，蔡"一笑置之"，最终克德来离开北大。一位法国教员被辞退后闹到法

---

① 《蒋梦麟在北大欢迎会之演说》，《申报》1919 年 7 月 28 日，第 6 版。

② 郑天挺：《及时学人谈丛》，中华书局 2002 年版，第 550—551 页。

③ 许德珩："五四"运动六十周年》，见中国人民政治协商会议全国委员会文史和学习委员会编：《文史资料选辑》（合订本）（第 21 卷第 61 辑），中国文史出版社 2011 年版，第 7 页。

院,北大聘请王宠惠作辩护,其败诉后去职。①

在此期间,陈独秀被免职事件甚为轰动,新旧之争、北洋政府施压言论自由、乡党派系以及个人生活问题等多重复杂原因所促成,其中"生活不检点"是一个直接原因。蔡元培掌校前,北大师生多有"不正当的消遣",时常去"猎艳"。蔡任校长后,组建"进德会",以养成师生高尚之生活,会员分为三种:甲种为"不嫖、不赌、不娶妾",乙种为"于前三戒外,加不作官吏、不作议员二戒",丙种为"于前五戒外,加不吸烟、不饮酒、不食肉三戒"。②"不嫖"位列该会会员标准的首位,其重要性不言而喻。而身为文科学长、进德会评议员的陈独秀存在找妓女之实,周作人曾指出:"仲甫的行为不大检点,有时涉足于花柳场中,这在旧派的教员中是常有的,人家认为是当然的事,可是在新派便不同了,报上时常揭发,载陈老二抓伤妓女等事,这在高调进德会的蔡子民,实在是很伤脑筋的事。"③汤尔和、胡适等人也都承认此乃事实。此事则被多方力量针对:旧派人士在与新文学争论时,以此作为理由发难陈独秀,批判北大;北洋政府欲控制五四后的学生运动、言论自由,施压北大管控陈独秀,其中也有此理由;而同为浙江籍的蔡元培、汤尔和、马叙伦与沈尹默等人曾专门开会商定,同样以此理由免职陈独秀(安徽籍),而胡适(安徽

① 陈嘉蔼:《我在北大的读书生活》,见中国人民政治协商会议全国委员会文史资料委员会编:《文史资料存稿选编·教育》,中国文史出版社 2002 年版,第 9 页;蔡元培:《我在北京大学的经历》,《东方杂志》1934 年第 1 期,第 6—7 页。一些被辞退的外国教员主要有:克德来(Cartwright),英国人,原任北京大学外国史教员;燕瑞博(Swallw),英国人,生于中国宁波,毕业于英伦大学后,曾到中国,在山西大学任教,1917 年在北京大学为伊文斯代课;伊文斯(Evans),英国人,时任北京大学英文教员,1917 年因事请假,课程由燕瑞博代理;纽伦(Newland),英国人,时任北京大学物理化学教员。详见《辞退外国教员克莱德理由复教育部呈》《北京大学复外交总长函》《北京大学复外交部函》,见中国蔡元培研究会编:《蔡元培全集》(第 18 卷),浙江教育出版社 1997 年版,第 215—217 页;《北京大学内部组织纪》,《申报》1917 年 5 月 3 日,第 6 版。

② 蔡元培:《北京大学之进德会》,《北京大学日刊》1918 年 1 月 19 日,第 2—4 版。

③ 《北大感旧录(十一)》,见周作人著,张明高、范桥编:《周作人散文》(第 3 集),中国广播电视出版社 1992 年版,第 505 页。

籍)予以反对,似有乡党派系纷争。① 最终,北大"废科设系",学长职务自动消失,改设教务长,以这一较为隐蔽的方式使得陈辞任文科学长,不久后,陈离开北大。其实蔡元培本不想去陈,但迫于各方压力,恐怕也只能如此了。

4."不问政治",潜心治学

"思想自由,兼容并包"的另一限制是不问政治。蔡元培来北大时就秉承这点,他在致汪精卫的信中说:救中国要办教育,不应搞政治。为了消除北方势力的疑虑,来自南方阵营的蔡在到北京后明确表示"不问政治",比如"受各政团招待时,竟老实揭出不涉政界之决心"②。同时,他告诫北大师生不要涉政,安心向学。对于教师,"例如复辟主义,民国所排斥也,本校教员中,有拖长辫而持复辟论者,以其所授为英国文学,与政治无涉,则听之。筹安会之发起人,清议所指为罪人者也,本校教员中有其人;以其所授为古代文学,与政治无涉,则听之"③。对于学生,"……在学校里面,应以求学为最大目的,不应有何等的政治组织。其有年在二十岁以上,对于政治有特殊兴趣者,可以个人资格参加政治团体,不必牵涉学校"④。

据罗家伦回忆,"复辟论者"辜鸿铭与"筹安会之发起人"刘师培上课时确实未曾宣讲政治:"经学教授中有新帝制派的刘师培先生,为一代大师,而刘教的是三礼、尚书和训诂,绝未讲过一句帝制。英文教授中有名震海外的辜鸿铭先生,是老复辟派,他教的是英诗(他把英诗分为'外国大雅''外国小雅''外国国风''洋离骚'等类,我在教室里想笑而不敢笑,却是十分欣赏),也从来不曾讲过一声复辟。"⑤同时,对于北大学生涉足政治的举动,"复辟论者"辜鸿铭曾有严厉批评:"都要好像北京大学学生那样去干预政治,那还成

---

① 蔡元培:《蔡校长致公言报函并附答林琴南君函》,《新潮》1917 年第 4 期,第 717—722 页;林琴南:《林琴南致蔡元培函》,见中国蔡元培研究会编:《蔡元培全集》(第 3 卷),浙江教育出版社 1997 年版,第 577—580 页;《北京大学新旧之暗潮》,《申报》1919 年 5 月 6 日,第 6 版;《陈独秀竟去职矣》,《民国日报》1919 年 4 月 5 日,第 2 版;《大学校长问题之过去现在未来》,《申报》1919 年 5 月 13 日,第 6 版;《致汤尔和》(3 封),见胡适著,季羡林主编:《胡适全集》,安徽教育出版社 2003 年版,第 249—251、262—263、265—266 页。

② 《致汪精卫函》,见高平叔、王世儒编注:《蔡元培书信集》(上),浙江教育出版社 2000 年版,第 296 页。

③ 蔡元培:《蔡校长致公言报函并附答林琴南君函》,《新潮》1917 年第 4 期,第 722 页。

④ 蔡元培:《我在北京大学的经历》,《东方杂志》1934 年第 1 期,第 11 页。

⑤ 罗家伦:《蔡元培与北京大学(节录)》,见陈平原、郑勇编:《追忆蔡元培》(增订本),生活·读书·新知三联书店 2009 年版,第 169 页。

个什么世界?"①不过事实上,教育与政治的关系非常密切,北大许多教授与学生涉足政治,特别是在五四运动后,蔡元培的"不问政治"陷入了困局。

"思想自由,兼容并包"有一定限度,但是这种限度未偏离自由包容的基本导向,在此理念的指引下,北京大学学术风气日渐浓厚,呈现出欣欣向荣的发展态势。

(三)散漫学风、派系争斗与深度涉政:理念的困局

尽管蔡元培为"思想自由,兼容并包"理念划定了限度,但是在发展过程中,自由散漫气息渐浓,出现了不少问题,北大在一些方面陷入了困局。

1. 宽松管理中的散漫学风

北京大学支持学生自由向学,包容多种求学方式,但是后来不少学生难以安心向学,甚至以"暴行"对抗学校。当时北大课程对上课与考试的要求相对较宽松,一些学生缺课现象严重,而且考试容易通过。例如,某学生回忆:由于家事多,"未好好用功……缺课很多",但是依然可以参加考试,并且"都及格","连我自己都感到莫名其妙"。② 再如,时人指出:"学校规定凡学年考试国文、英文或数学,有一课不及格的学生,不得升级",学生因此认真对待,然考试不合格者仍有之,便只得留级,但是"可惜此项规定以后未克继续实行"。③ 五四运动后,学生更加活跃,许多人不惜罢课而牺牲学业。因此,北大加强整顿,如教务处明令:"本学期各班学生多有无故旷课者,致教员到校,以学生缺席者过多不能上堂授课,徒劳往返。似此情形既属违犯校章,复有妨同学求学之初志,对于旷课情形不得不谋整顿。自今日起除有充足理由请假者外,凡继续旷课至一星期以上者,即令退学,概不宽贷。"④即便如此,学生无心求学的状况未有明显改观,反倒有甚者公然对抗学校,严重影响了正常的教学秩序,比如 1922 年北大爆发了轰动一时的"讲义费"风波。

北京大学有免费发放讲义的传统,但是由于多种主客观因素,校方决定收取讲义费,学生表示反对且采取了激进做法。北大评议会记录显示,1922年 10 月 18 日上午,"一部分学生借口讲义费事,捣毁会计室门,继群集校长

① 《随感录·辜鸿铭》,《每周评论》1919 年 8 月 24 日,第 4 版。

② 杨钟健《杨钟健回忆录》,地质出版社 1983 年版,第 24 页。

③ 田炯锦《北大六年琐忆》,见陈平原、夏晓虹编《北大旧事》,生活·读书·新知三联书店 1998 年版,第 235 页。

④ 《教务长布告》,《北京大学日刊》1920 年 3 月 6 日,第 1 版。

室胁迫暴动，肆口谩骂，不服理喻，内有学生冯省三并唆使在场外学生入室殴打"①。蒋梦麟回忆称：蔡元培面对一群学生说，"有胆的就请站出来与我决斗。如果你们那一个敢碰一碰教员，我就揍他"。学生围着他，"蔡校长向他们逼进几步，他们就往后退几步，始终保持着相当的距离"。②《民国日报》《申报》等各大报刊发布了类似报道③。随即，北大教务会开会议决三条内容：其一，开除带头闹事者冯省三；其二，校长已辞职，职员随同辞职，查暴动者为少数，不能牺牲多数人学业，"暂行继续授课"；其三，全体学生可于二十四小时内，书面报告暴动者姓名，知情不报者"照章惩戒"。19 日，北大评议会支持上述决定，并致函教育部，请其挽留蔡元培。教育部复函支持北大评议会的做法，请该会维持校务、整顿风气，并退回蔡的辞呈。④ 学生见事态严重，集会商讨挽留蔡，但并未达成一致意见。主张挽留者认为学生要对"暴烈举动"负责；不挽留者则认为，蔡辞呈中说是"数十学生"的举动，学校皆可处置这些"仅占全数之四十分之一之极少数暴烈分子"，其完全没有必要辞职。此外，另有第三方意见，挽留需有条件，即"取消讲义费，实行财政公开"。最终，挽留蔡与有条件挽留蔡占多数，学生代表与职员一起请蔡回校。不久，学生发表宣言：我们多数人赞成废止讲义费，但"激烈行为"不可取，希望蔡校长回校，"如有再行捣乱者，誓当全体一致驱逐败类"。此后，学校与学生又有交锋。⑤

这次事件波及范围甚广，影响极深，双方的理由较为复杂。就校方而言，历来讲义免费，缘何要收费？首先，由于北洋时期战乱不断，教育经费经常被严重拖欠，"一九二一年春，政府积欠的教育经费竟达七八十万元之多。大中小学的教职员经常发起索薪运动"⑥。以北大为首的北京八校联合向政

---

① 《临时评议会 十月十九日》，《北京大学档案》（电子版），档案号：BD1921001-3-168。

② 蒋梦麟：《西潮与新潮》，人民出版社 2011 年版，第 137—138 页。

③ 《北大讲义费风波扩大》，《民国日报》1922 年 10 月 22 日，第 3 版；《北京大学之轩然大波：讲义费风潮详纪》，《申报》1922 年 10 月 23 日，第 6 版。

④ 《临时评议会 十月十九日》，《北京大学档案》（电子版），档案号：BD1921001-3-168—173。

⑤ 《十一、十二、二十一 临时评议会》《教务长先生转评议会诸位先生台鉴》《评议会 北京大学全体学生同启》，《北京大学档案》（电子版），档案号：BD1921001-3-176—194；胡适著，曹伯言整理：《胡适日记全集》（第 3 册），联经出版事业股份有限公司 2004 年版，第 888—890 页。

⑥ 马燕：《马叙伦和"六·三"索薪运动》，见中国人民政治协商会议北京市委员会文史资料研究委员会编：《文史资料选编》（第 23 辑），北京出版社 1985 年版，第 111 页。

府索薪,多次无果。① 经历过讲义费风波的魏建功回忆:大学经费几乎自筹,"北大为了印刷讲义,特别办起出版部,开支很大"。② 可见,北大经费非常紧张。其次,发放讲义之举有弊端,而征收的讲义费可购买图书,并且有购买自由,"此次征收讲义费,一方面为学生恃有讲义,往往有听讲时全不注意,及平时竟不用功,但于考试时急读讲义等流弊,故特令费由己出,以示限制。一方面则因购书无费,于讲义未废以前,即以所收讲义费为补助购书之款。至所以印成小券,不照他校之规定每学期讲义费若干者,取其有购否自由之方便。彼等若能笔记,尽可舍讲义而不购也"③。这是蔡元培回复周鲠生等人的信中提到的,此信于1922年10月17日刊发于《北京大学日刊》。再者,北大征收讲义费有避免浪费之苦心。如冯友兰曾指出这样的现象:"学校四门大开,上课铃一响,谁愿意来听课都可以到教室门口要一份讲义,进去坐下就听。发讲义的人,也不管你是谁,只要向他要,发就发,发完为止。有时应该上这门课的人,讲义没有拿到手,不应该上这门课的人倒先把讲义拿完了。"④鉴于上述情况,北大校方征收讲义费的举措确有其合理性。

就学生方面而言,反对原因如下:收费太贵,学生不能负担;待遇不平等,各种讲义不分类,取费一律,领取纸质差的讲义者需多负担;学校的预算中列有讲义费,现在征费,是否有人企图中饱私囊;收讲义费是与贫苦同学为难。⑤ 这些理由看似亦有道理。

"讲义费"风潮除双方原因外,似乎有校外势力参与。如《申报》报道:"某政客及国立八校中之某某两校,皆有破坏北大之意。"⑥另据钱玄同在日记中所写:"此次风潮的去向于政局有关,什么曹锐、边守靖、温其霖、杨度都

① 《京教职员赴部索薪之一幕仍无结果》,《申报》1921年4月30日,第6版;《京教育界之索薪会议》,《申报》1921年12月24日,第7版;《八校长辞职之呈文》,《申报》1922年8月23日,第7版;《京教育界与王宠惠谈教育费》,《申报》1922年8月15日,第7版。
② 魏建功:《讲义费风潮》,见湖南人民出版社编:《鲁迅研究文丛》(第1辑),湖南人民出版社1980年版,第60页。
③ 《复周鲠生等函》,见高平叔、王世儒编注:《蔡元培书信集》(上),浙江教育出版社2000年版,第627—628页。
④ 《三松堂自序》,见冯友兰:《冯友兰文集》(第1卷),长春出版社2008年版,第207页。
⑤ 高兴亚:《北大拾零》,见中国人民政治协商会议全国委员会文史资料委员会编:《文史资料存稿选编·教育》,中国文史出版社2002年版,第61页。
⑥ 《北京通信:空前之北大风潮》,《申报》1922年10月21日,第7版。

是黑幕中人。"①不过，胡适并不赞成这种说法。②

不难理解，由多种原因导致的这次事件一旦处理不当，将会有极不好之影响，蔡元培就强调："废止讲义费之事甚小，而破坏学校纪律之事实大，涓涓之水，将成江河，风气所至，将使全国学校共受其祸。"③社会各界也在关注此事，引发了不少人对北大的看法，如胡适在日记中记载：黄炎培希望北大"转祸为福"，并说"我们信仰一个学校的表示，是要看我们肯把我们的子弟送进去。现在我有子弟，决不向北大送"。胡适答："老实说，我自己有子弟，也不往北大送，都叫他们上南开去了。"④此番对话反映出这次风潮给北大带来了较大的负面影响。

尽管原因较为复杂，但当事双方的沟通最为关键。北大校方高度重视此事，学生也逐渐意识到问题的严重性，予以积极配合。最终，学生承认行为不当，北大开除一名学生冯省三，暂缓收取讲义费，"征收讲义费事，于未经评议会议决之前，暂照上学年办法办理"⑤。蔡元培回校后专门召开会议，并有多位教职员演讲，希望学生"引以为戒"，安心学业。⑥

面对这一严重事件，校方的做法相对温和，开除学生宣告今后不可任意妄为，暂缓讲义费则避免事态进一步扩大。多数学生也冷静许多，表示理解并接受，这可从如下表述中窥探一二。据当事学生称：后来了解到详情，政府拖欠北大经费数额巨大，预算对内对外有所不同（对外预算列有讲义费，实则没有），学校不好明说缘由是怕政府知道后更加克扣经费。评议会原本想开除十名学生，但开会时有争论。学生得知后，悔恨不已，去找蔡校长解释。同时，冯省三自己出来担责，以开除一人结束此事。⑦

虽然学生意识到了行为的失当，但是自由散漫的状态由来已久，并非一

---

① 钱玄同著，杨天石主编：《钱玄同日记（整理本）》（上），北京大学出版社 2014 年版，第 466 页。

② 胡适著，曹伯言整理：《胡适日记全集》（第 3 册），联经出版事业股份有限公司 2004 年版，第 898—899 页。

③ 《蔡校长辞职呈文》，《北京大学日刊》1922 年 10 月 19 日，第 1 版。

④ 胡适著，曹伯言整理：《胡适日记全集》（第 3 册），联经出版事业股份有限公司 2004 年版，第 881 页。

⑤ 《出版部公告》，《北京大学档案》（电子版），档案号：BD1923008-024。

⑥ 《北京通信：北大学潮平定后之师生大会》，《申报》1922 年 10 月 28 日，第 6 版；《北京通信：北大学潮平定后之师生大会》（续），《申报》1922 年 10 月 29 日，第 6 版。

⑦ 高兴亚：《北大拾零》，见中国人民政治协商会议全国委员会政协文史资料委员会编：《文史资料存稿选编·教育》，中国文史出版社 2002 年版，第 60—61 页。

时一刻所能改变,加上社会动荡不安,学生难以向学,这一局面引起了蔡元培、蒋梦麟等人的高度重视,并严加整改。

2. 百家争鸣中的派系纷争

北京大学主张各抒己见,但需秉承客观立场,不过实际上存在意气用事、未懂盲从、人身攻击的论断,伴随着派别之间的明争暗斗。首先,新派与旧派并立,两者争论渐成常态,但其中有不少挤对他人之举。例如,"赌气而争"有之。《新潮》杂志主张白话文、推"思想革新",《国民》杂志提倡文言文、推"政治革新",双方争论激烈。然而,后来《国民》杂志的主要创办人许德珩回忆称:"'五四'以前我们与傅斯年不对头,他们干的事我们就不干。傅反对我们抗日,也不加入学生会。……'五四'后《国民》二卷一期开始用白话文,其实'五四'前我们在校外也是写白话文的。我在上海办《全国学联日刊》,一篇文言文都未写,但一回北大就只写文言,这里面也有些意气用事。"①其次,不懂装懂者有之。时人毛子水指出,"当时在北京大学师生中,文言文写得不通或不好而先赞成新文学的很多,文言文写得很通很好而赞成新文学的很少",只有后一类"才可以说真正能够懂得用白话文的意义和道理"。② 另者,漫骂、人身攻击者亦有之。如钱玄同主张白话文,抨击旧文学,以"文选妖孽,桐城谬种"为口号。北大聘请当时反孔影响较大的吴虞为教授,由于其女儿与有夫之妇恋爱结婚,旧派攻击吴,"吴君竟至不能出门"。③

同时,派别钩心斗角的现象较为严重。据顾颉刚回忆,当时北大有法日派与英美派。法日派的后台是由蔡元培引进的李石曾,蔡、李两人曾一起组织留法勤工俭学会、进德会,可能由于五四运动后蔡的威望极高,李有所嫉妒,故而"蓄意打倒"蔡。法日派主要成员有"三沈"(沈士远、沈兼士、沈尹默)、"二马"(马裕藻、马衡)。英美派以胡适、陈独秀等为代表。两派"老是相对地骂。有许多事,只有北大里知道,外边人看着也莫名其妙;但这种骂人的轻薄口吻却传播出去,成为写文章的技术了"。顾颉刚称其没有留法、日、英与美的背景,本属"超然",但也受到牵连。顾由胡适介绍入北大,在图

---

① 许德珩:《回忆国民杂志社》,见王世儒、闻笛编:《我与北大——"老北大"话北大》,北京大学出版社1998年版,第291页。

② 毛子水:《师友记》(第2版),传记文学出版社1978年版,第92—93页。

③ 胡适著,曹伯言整理:《胡适日记全集》(第3册),联经出版事业股份有限公司2004年版,第32页。

书馆工作,后又经沈兼士聘到国学研究所。然而,顾在该所刊物上编辑发表了胡适(研究所委员、导师)的文章,遭到沈的批评。另有一次,开办印刷厂的沈尹默女婿想扩大影响,邀请北大教授编印教科书,但沈没有邀请该会委员胡适,胡问询,沈说是顾忘记通知了,弄得顾非常尴尬。① 胡适也承认确有以李石曾为首"结党把持"的事实,并加以怒斥。②

此外,前述被北大聘任的吴虞到岗前被告诫:"北大党派复杂,初到此间,若不悉其内容,恐动辄得咎。"③吴就职后倍加小心。

凡此种种可以表明,当时北大存在不少与百家争鸣、容纳异己不相符的现象,反映出在面对复杂个体与局势时,自由包容理念的践行很不简单,需要一定的前提条件与制度作为保障。

3. 动荡时局中的"府""学"纠葛

民国初期北京局势混乱不堪,当时蔡元培属南方势力阵营,来执掌北大在很大程度上会引发北方势力的警觉,因此蔡力主师生"不问政治",尽量远离外界纷扰,以免学校陷入政局的漩涡。在他任校长初期,师生向学的积极性增强,风气焕然一新。然而,时局风云变幻,许多人开始讨论国内外政局,并且参加有关活动,北大师生也不例外。特别是五四运动前后,北大师生言行日渐激进,"府""学"关系越发紧张。一方面,师生创办刊物和发表文章多与时政关联。例如,《新青年》主要宣传新文学、推行白话文,但是随着各种主义的传播,刊发的涉政文章明显增加,从以翻译引进为主发展到直接谈论者颇多。《国民》杂志的主要目的是"反帝、爱国",其成员多主张"革命救国",赞成"推翻亲日派的统治",发表了大量涉政论文。④ 1918 年 12 月,陈独秀、李大钊创办政论性刊物《每周评论》,宗旨是"主张公理,反对强权"⑤。

另一方面,北大师生支持或参加政治相关活动者不断增多。例如,为了从日本获得借款补充军备,对抗以孙中山为首的南方势力与其他势力,1918年 5 月,段祺瑞政府与日本签订了《中日共同防敌军事协定》。该协定允许日军派兵进入中国境内,这预示着日军能够控制东北。因此,留日学生掀起

---

① 顾颉刚:《顾颉刚自传》,北京大学出版社 2012 年版,第 99—102 页。
② 胡适著,曹伯言整理:《胡适日记全集》(第 4 册),联经出版事业股份有限公司 2004年版,第 298 页。
③ 吴虞:《吴虞日记》,四川人民出版社 1986 年版,第 585 页。
④ 罗家伦:《北京大学与五四运动》,见王世儒、闻笛编:《我与北大——"老北大"话北大》,北京大学出版社 1998 年版,第 325—327 页。
⑤ 《发刊词》,《每周评论》1918 年 12 月 22 日,第 1 版。

了声势浩大的反对运动。北大学生受其影响,不听蔡元培劝阻,发动了大规模抗议,参与者 2000 余人。随即,蔡元培与各科学长一同辞职以表反对。后来,在学生挽留下,蔡等人留任。① 是年 10 月,第一次世界大战结束,在中央公园举行了盛大的演讲,蔡元培、李大钊、陈独秀、胡适与陶孟和等北大教授出席了该活动。蔡元培发表《劳工神圣》的演讲,宣称:"此后的世界,全是劳工的世界呵!"②李大钊以《庶民的胜利》为题,强调战争爆发的真因是资本主义扩张,想以"自己的国家做中心······为自己国内资本家一阶级谋利益"③。

再如,1919 年 1 月,各国在巴黎举行和平谈判,列强不同意取消其在华的特权,肆意践踏我国主权,北洋政府应允,国人得知后愤慨至极。5 月4 日,以北大学生为首、以"外争主权、内惩国贼"为口号的学生群体举行大规模游行,其间殴打了驻日公使章宗祥、火烧交通总长曹汝霖的住宅,军警镇压并逮捕了多名学生。此后,包括北大师生在内的社会各界声讨当局,要求释放学生。蔡元培出面力保学生,政府最终予以释放。5 月 8 日,蔡递交辞呈。不料,北大学生掀起挽蔡运动,并继续抨击政府无能,社会各界也陆续加入其中。最后,蔡应允留任,请蒋梦麟暂时代理校务,9 月蔡返回北大。五四运动后,尽管蔡元培等人多次表达师生应安心向学的意愿,但是北大师生涉政的热情更加高涨。

1922 年底至 1923 年初,北洋政府闹出"罗文干案"。罗留英学习法律,回国后曾任北洋政府总监察厅厅长,兼任北大教授等职,后又任"好人政府"王宠惠内阁的财政总长。由于王倾向于吴佩孚,招致直系军阀曹锟的不满,曹联合众议院议长吴景濂等诬告罗文干受贿,黎元洪将其逮捕入狱,后经调查,罗被释放。不过,时任教育总长彭允彝为讨好军阀、换取入内阁的机会,力推重审"罗文干案"。1923 年 1 月 17 日,蔡元培反对彭干预司法独立、践踏人权,呈请辞职,众多北大师生声援。不久,蔡发表了著名的《不合作宣言》:

> 我是一个比较的还可以研究学问的人,我的兴趣也完全在这一方面。自从任了半官式的国立大学校长以后,不知道一天要见多少不愿

① 《本校校长及各科学长决意辞职》,《北京大学日刊》1918 年 5 月 23 日,第 2 版。

② 蔡元培:《劳工神圣》,《新青年》1918 年第 5 期,第 438 页。

③ 《庶民的胜利:李大钊主任在中央公园之演说》,《北京大学日刊》1918 年 12 月 6 日,第 4 版。

意的人，说多少不愿意说的话，看多少不愿意的信。想每天腾出一两点钟读读书，竟做不到，实在苦痛极了。而这个职务，又适在北京，是最高立法机关行政机关所在的地方。止见他们一天一天的堕落：议员的投票，看津贴有无；阁员的位置，禀军阀旨意；法律是舞文的工具；选举是金钱的决赛；不计是非，止计利害；不要人格，止要权利。这种恶浊的空气，一天一天的浓厚起来，我实在不能再受了。我们的责任在指导青年，在这种恶浊气里面，要替这几千青年保险，叫他们不致受外界的传染，我自忖实在没有这种能力。所以早早脱离关系，让别个能力较大的人来担任这个保险的任务。①

在蔡元培主持北京大学期间，师生从"不问政治"的初衷到后来"涉足政治"的言行，特别是面对腐化无能的北洋政府与帝国主义列强的侵扰，蔡也逐渐开始同情并支持师生，并且其自身同样陷入了政治的漩涡。在多次处于复杂的、令人叹惋憎恶的政局中而"束手无策"时，蔡元培有些"心灰意冷"。既然难以改变，那么只有离开。1923 年 1 月递交辞呈，政府不允，但蔡实际上未再回校，由蒋梦麟主持校务至 1926 年。时人对蔡的辞职各有看法，胡适赞成此举："对于'政治界所有最卑污之罪恶，最无耻之行为'，作悲愤的抗议。……我们可以断定，他决不愿青年学子因此废学辍业的。所以他毅然决然地一个人奉身而退，不愿意牵动学校，更不愿意牵动学生。但他这一次的抗议，确然可以促进全国国民的反省，确然可以电化我们久已麻木不仁的感觉力。"②陈独秀则认为此举不妥："我们敢正告蔡校长及一般国民：革命的事业必须建设在大民众积极运动的力量上面，依赖少数人消极的拆台政策来打倒恶浊政治，未免太滑稽了，太幼稚了，而且太空想了。"③其实，蔡元培的进退问题难以定论，不过有一点可以看出，在理想与现实之间，面对大学与政治的关系问题，蔡颇为无奈与矛盾。

蔡元培提出的"思想自由，兼容并包"理念为北京大学的发展开启了新纪元，宽松的管理与治学氛围为师生们提供了广阔的成长空间，使得北大成为当时全国的学术文化重镇。同时，该理念并非倡导绝对自由与无所不包，其限度主要有：为学"向新"、排斥宗教、才外有德、"不问政治"等。在蔡元培离开北大后，这些都为继任者蒋梦麟提供了宝贵的思想养料，当然也留下了

---

① 《蔡元培宣布辞职真相》，《申报》1923 年 1 月 25 日，第 7 版。
② 适：《蔡元培以辞职为抗议》，《努力周报》1923 年 1 月 21 日，第 1—2 版。
③ 陈独秀：《评蔡校长宣言》，《向导周报》1923 年第 17 期，第 135 页。

许多有待厘清与解决的问题。

二、蒋梦麟"大度包容，思想自由"理念的确立

（一）"各派别均能互相容受""各种思想能自由发展"：理念之"能容"

大学秉承自由包容的理念，这是蒋梦麟始终坚守的。1915 年，他在《建设新国家之教育观念》一文中指出："大学者，为研究高等学科而设……当以思想自由为标准。"[①]1919 年，他再次强调："吾国高等教育，近方萌芽，欲求将来学问之发达，亦非保其学问自由不可"，不受外界干扰。[②] 7 月 23 日，他正式进入北大，曾担任代校长、总务长与评议员等职，多次重申了自由包容对大学发展的重要性。目睹时局的风云变化，亲历北大发展过程中的几经周折，历时 4 年多，即 1923 年 12 月 17 日，蒋梦麟作为代理校长提出了"大度包容，思想自由"的理念。

"大度包容"主要指："凡一个机关只能容一派的人，或一种的思想的，到底必因环境变迁而死。……本校内各派别均能互相容受。平时于讲堂之内，会议席之上，作剧烈的辩驳和争论，一到患难的时候，便共力合作。""思想自由"强调："各种思想能自由发展，不受一种统一思想所压迫，故各种思想虽平时互相歧异，到了有某种思想受外部压迫时，就共同来御外侮。引外力以排除异己，是本校所不为的。故本校虽处恶劣政治环境之内，尚能安然无恙。"[③]审视这一理念，总体上继承了蔡元培"思想自由，兼容并包"理念的基本内涵。"思想自由"是"大度包容"的前提，而"大度包容"是实现"思想自由"的保证。两者关联极为密切，故合而论之。

1. 内容涵盖古今中外，人文社科与自然科学并重

蒋梦麟认为新旧不能简单地以时间为标准划定，也不能以某种文化（中学或西学）当作唯一标准，此点是他的文化统整观秉承的要旨。面对新旧思想针锋相对、东西方文化激烈碰撞的局势，他能够相对客观地分析思想文化的内在发展规律，其包容性很强，这些对其执掌北大产生了深远影响。

在代理校务和正式掌校时，蒋梦麟都尽量为新旧思想、中外文化留有发展空间，注重古今贯通、中西同进、文理交融。例如，检视 1919—1920 年度、

---

① 蒋梦麟：《建设新国家之教育观念》，《留美学生季报》1915 年第 1 期，第 4 页。

② 《教育评论》，见蒋梦麟：《过渡时代之思想与教育》，商务印书馆 1933 年版，第 446 页。

③ 蒋梦麟：《北大之精神》，见北大总务部日刊课、二十五周年纪念册编辑处编：《北京大学二十五周年纪念刊》，北大出版部印刷课 1923 年版，第 1—2 页。

1925—1926 年度和 1935 年度的课程设置情况,总体上西学内容与外语的比重增加,中国传统文化与自然科学的课程门类更加细化且专门化①,课程详情将在第四章"高等教育职能论"之"人才培养"专题处详述。

2."取人才主义"聘请师资

蒋梦麟非常重视打造高水平的师资队伍,不论年龄、学历、经历、性情与思想立场等选人,在选聘教师时"取人才主义"②。

其一,在不论年龄方面,从 1936 年北京大学教职员名单中可以发现,文、理、法三个学院专任教师标注年龄者共有 190 人,其中 35 岁及以下者 88 人,比重很大(占比 46.3%)。特别是教授队伍中年轻人较多,可查年龄者 58 人,其中 35 岁及以下者 13 人(占比 22.4%),40 岁及以下者 30 人(占比 51.7%),各学院最年轻教授分别是:理学院为化学系孙承谔(25 岁),美国威斯康星大学博士,中国早期从事化学动力学研究的先驱之一;文学院为哲学系主任汤用彤(44 岁),哈佛大学硕士,近现代著名哲学家、佛教史学家;法学院为政治学系主任张忠绂(35 岁),美国约翰霍布金斯大学博士,近现代著名政治学家、外交家。北大各系最年轻教授详见表 3-3。

表 3-3　1936 年北京大学各系最年轻教授

学院	系别	姓名	年龄
文学院	哲学系	汤用彤	44
	教育学系	尚仲衣	34
	中国文学系	罗　庸	37
	外国语文学系	梁实秋	35
	史学系	陈受颐	37
法学院	法律学系	周炳林	43
	政治学系	张忠绂	35
	经济学系	赵迺抟 秦　瓒	40

---

① 《国立北京大学学科课程一览》(民国八年至九年)、《国立北京大学数学系课程指导书》(民国十四年至十五年度)等、《各系课程》(民国二十四年度),见王学珍、郭建荣主编:《北京大学史料》(第 2 卷),北京大学出版社 2000 年版,第 1078—1100、1106—1149、1151—1178 页。

② 《蒋梦麟将赴欧洲参观教育》,《申报》1934 年 7 月 13 日,第 14 版。

学院	系别	姓名	年龄
理学院	数学系	程毓淮	27
	物理学系	周同庆	28
	化学系	孙承谔	25
	地质学系	斯行健	36
	生物学系	沈嘉瑞	33

资料来源：《国立北京大学职教员录》，见王学珍、郭建荣主编：《北京大学史料》（第 2 卷），北京大学出版社 2000 年版，第 401—411 页。

其二，就不论学历、经历背景而言，1931 年，中学肄业、在燕京大学（教会大学）任教的讲师钱穆，因才学过人加上顾颉刚的推荐，受聘于北大历史系，开设中国上古史、秦汉史和中国近三百年学术史等课程[①]。再者，北大毕业刚 3 年、未满 26 岁的千家驹受邀到北大给经济系高年级学生上课，曾遭到系主任的反对，但由于胡适和蒋梦麟的支持，千得以授课。[②] 另如，教师籍贯分布趋于多元化，特别是比重很大的浙江籍到后来明显下降。我们选取 1917 年（蒋未入校）、1923 年（蔡实际已不掌校，由蒋代之）、1933 年与 1936 年（蒋正式掌校）这 4 个有代表性的年份加以展现。

1917 年，北大教员 225 人，其中浙江 65 人、江苏 39 人（含今上海，下同）、广东 34 人、直隶和京兆 16 人（今河北、北京、天津等，下同）、安徽 15 人、福建 11 人、湖北 8 人、湖南 7 人、江西 2 人、陕西 2 人、广西 2 人、山东 1 人、四川 1 人、山西 1 人、甘肃 1 人、云南 1 人，共分布约 17 个省区，另者外籍 15 人（其中美 5 人、英 4 人、德 4 人、法 1 人、丹麦 1 人），4 人籍贯不详。[③]

1923 年，北大教员 319 人，其中浙江 64 人、直隶与京兆 55 人、江苏 51 人、广东 27 人、安徽 23 人、湖北 21 人、湖南 11 人、江西 11 人、福建 10 人、四川 5 人、山东 5 人、河南 4 人、广西 2 人、山西 2 人、贵州 1 人、奉天 1 人、甘肃

---

① 钱穆：《八十忆双亲・师友杂忆》，生活・读书・新知三联书店 2005 年版，第 155—156 页。

② 千家驹：《海纳百川・有容乃大——学习胡适先生的"容忍"精神》，见罗尔纲：《师门五年记・胡适琐记》，生活・读书・新知三联书店 2006 年版，第 301—302 页。

③ 根据《国立北京大学二十周年纪念册》刊载的北京大学教职员名录（《现任职员录》）整理得出。见北京大学编：《国立北京大学二十周年纪念册》，出版社不详，1917 年版，第 61—83 页。

1 人、陕西 1 人、河南 1 人,共分布约 20 个省区,另有外籍 17 人(其中美 4 人、俄 4 人、法 3 人、英 3 人、德 2 人、瑞士 1 人),5 人籍贯不详。①

1933 年,北大教员 217 人,其中河北 35 人、江苏 32 人、浙江 30 人、安徽 15 人、湖北 15 人、四川 13 人、广东 13 人、湖南 10 人、河南 10 人、江西 9 人、福建 7 人、山东 4 人、陕西 3 人、贵州 2 人、黑龙江 2 人、辽宁 1 人、吉林 1 人,共分布约 17 个省区,外籍 8 人(国别不详),7 人籍贯不详。②

1936 年,北大教员 208 人,其中河北 34 人、江苏 31 人、浙江 28 人、湖北 14 人、安徽 12 人、四川 12 人、江西 10 人、湖南 10 人、山东 8 人、广东 9 人、河南 7 人、福建 7 人、北平 6 人、陕西 3 人、山西 3 人、广西 2 人、吉林 2 人、辽宁 1 人、贵州 1 人,分布约 19 个省区,外籍 8 人(德 4 人、美 2 人、俄 1 人、法 1 人)。③

民国前期,北京大学的浙江籍教师比重很大,时人曾指出学校由浙江派把持,甚至有人说:"欲办好北大,非尽去浙人不可。"④蒋梦麟注意到此事并逐步进行了调整,浙江籍教师比重从 1917 年的 29%(蔡掌校)下降到 1923 年的 20%(蒋辅佐蔡),再到 1933 年的 14%与 1936 年的 13%(蒋正式掌校)。可见,蒋梦麟正式掌校后,浙江籍教师比例下调明显。再者,浙江籍人数从 1917 年和 1923 年的排名第一下降到 1933 年和 1936 年的第三,师资队伍的区域分布更加多元化,各省区的人数较之 1917 年更为均衡。

其三,以不论性情来讲,例如中国近现代著名哲学家熊十力,1922 年到北大任教,1924 年离开,1925 年返回北大任教(蒋代理校长),其治学认真,个性独特。张中行回忆称:"他是治学之外一切都不顾的人,所以住所求安静,常常是一个院子只他一个人住。三十年代初期,他住在沙滩银闸路西一个小院子里,门总是关着,门上贴一张大白纸,上写,近来常常有人来此找某某人,某某人以前确是在此院住,现在确是不在此院住。我确是不知道某某人在何处住,请不要再敲此门。看到的人都不禁失笑。……不注意日常外表,在我认识的前辈里,熊先生是第一位。衣服像是定做的,样子在僧与俗

---

① 根据《北京大学史料》刊载的北京大学教师履历表整理得出。见王学珍、郭建荣主编:《北京大学史料》(第 2 卷),北京大学出版社 2000 年版,第 386—401 页。

② 根据《北京大学史料》刊载的北京大学教员统计情况整理得出。见王学珍、郭建荣主编:《北京大学史料》(第 2 卷),北京大学出版社 2000 年版,第 435 页。

③ 根据《北京大学史料》刊载的北京大学教职员名录整理得出。见王学珍、郭建荣主编:《北京大学史料》(第 2 卷),北京大学出版社 2000 年版,第 401—411 页。

④ 杨树达:《积微翁回忆录·积微居诗文抄》,上海古籍出版社 2013 年版,第 70 页。

之间。袜子是白布的,高筒,十足的僧式。"①再如,美国麻省理工学院博士曾昭抡,曾国藩之弟的曾孙,中国近现代著名化学家,其回国后任中央大学化学系主任、教授。他平时比较随意,"非常本色","旧话叫做'不修边幅',或者'名士派头'"。时人称,当年去北大(蒋任校长)有一件"趣事":"朱家骅做中央大学校长的时候,有一次召集各系主任开会,曾昭抡也来了。朱家骅不认得他,问是哪一系的,曾昭抡答是化学系的。朱家骅看他破破烂烂的,就说:'去把你们系主任找来开会。'曾昭抡没有答话,扭头走了出来,回宿舍后,卷起铺盖就离开了。随后他去了北大化学系,照样做系主任。"②

其四,从不论思想立场来看,1917年蔡元培掌校后,各种社会思潮并存,共产主义是其中一种,李大钊是重要发起者与推行者,蒋梦麟对李很是支持。1918年,李大钊任北大图书馆主任,次年蒋梦麟入北大并组建总务委员会,蒋为委员长,作为委员的李协助蒋处理事务。③ 1920年,北大社会主义研究会成立,1921年末,"马克思学说研究会"正式宣布成立,这些都是由李大钊等人组织发起的。④ 1922年12月,李改任教授兼校长室秘书,1923年1月蔡元培辞职离校,蒋任代校长,两人接触频繁。可见,蒋不仅容纳李并交予重任,且极力维护李,如1924年政府曾发出通缉令:"李大钊充北京大学教员,范围所关,宜乎束身自爱,乃竟提倡共产主义,意图紊乱,殊属胆玩不法……查明转令严速缉拿。"⑤蒋梦麟等人以北大评议会名义致函教育部:"查李教授大钊从事本校颇称稳健,就令平时于言论或著作上有所主张,然大学为讲学之地,研究各种学说,实为大学教授应尽之责任,不能因此遽令通缉。事关国家学术前途,为此函请校长转函教育部,咨行内务部。请将通缉李大钊明令,迅予取消,以维学术。"⑥时至1926年,蒋梦麟与李大钊因反对"三一八"惨案被列入军阀通缉名单,两人避险离开北大,蒋去往浙江,李留在北京继续活动,不幸于1927年4月28日被当局逮捕杀害,但灵柩始终

① 张中行:《负暄絮语》,江苏凤凰文艺出版社2016年版,第51页。
② 何兆武:《上学记》(增订版),人民文学出版社2016年版,第172页。
③ 《本校布告》,《北京大学日刊》1919年12月8日,第1版。
④ 《马克思学说研究》,见王学珍、郭建荣主编:《北京大学史料》(第2卷),北京大学出版社2000年版,第1573—1579页。
⑤ 《张国焘案之余波:内务部通缉李大钊等》,《申报》1924年6月30日,第9版。
⑥ 《1919年—1926年李大钊被监视通缉的资料》,见李继华、常进军、李权兴编著:《李大钊被捕牺牲安葬资料选编》,线装书局2011年版,第30页。

无法出殡安葬。直到 1933 年 4 月,由蒋梦麟等人竭力促成予以公葬。① 再如,1931 年,留法博士吴俊升回国任北大教育系教授,曾因发表《国家主义的发展及其评论》一文被国民党北平市党部致函蒋梦麟加以注意。据吴回忆:"蒋校长将信给我看,他说只是使我知道有此事,大学用人,并不受外方干涉。"②

总之,蒋梦麟在组建师资队伍方面表现出大度开明的态度,曾任北大政治系教授的张忠绂回忆称:"蒋梦麟以教育部部长出任北京大学校长,旧地重游,对学校力图整顿。他延聘了许多与他个人或北大毫无关系的知名学人,分担教授或系主任。"③

3. 招收多种身份学生

北京大学向来广开门户,正式生与非正式生同在,蒋梦麟时期的北大也是如此。无论是哪个学院、哪个专业的学生,抑或哪个学校的学生,甚至不是学生,都可以到北大上课求知。一名当年的正式生表示:"北大的学术之门是开给任何一个愿意进来的人的。在这一点上,我觉得全国只有北大无忝于'国立'两个字。只要你愿意,你可以去听任何一位先生的课,决不会有人来查问你是不是北大的学生,更不会市侩也似的来向你要几块钱一个学分的旁听费,最妙的是所有北大的教授都有着同样博大的风度,决不小家气的盘查你的来历,以防拆他的台。"④另有一名非正式生评价道:"北大是有名的开放学校,我看旁听(即所谓偷听)的人比正式学生还多,教授越有名气,听的人越多,教室里挤得满满的。旁听生也好,正式生也好,只要有座位照坐不误,谁也不来点名,谁也不来查问,到底谁是正式生谁是旁听生,谁也不知道。……我倒觉得这种开放式的教学真好,好多人材就是从这里出来的。"⑤当时北大的非正式生不胜枚举,不少人在各自领域颇有建树,诸如作

---

① 《李大钊卜葬香山 昨晨殡仪生纷扰 男女学生四十余人被捕》,《大公报》(天津)1933 年 4 月 24 日,第 4 版。

② 吴俊升:《北大任教与著述生涯》,见王世儒、闻笛编:《我与北大——"老北大"话北大》,北京大学出版社 1998 年版,第 199—200 页。

③ 张忠绂:《迷惘集·作者自传》,香港田风印刷厂 1968 年版,第 97 页。

④ 朱海涛:《北大与北大人——"拉丁区"与"偷听生"》,《东方杂志》1944 年第 15 期,第 58 页。

⑤ 范小梵:《风雨流亡路:一位知识女性的抗战经历》,山东画报出版社 2008 年版,第 2 页。

家丁玲、诗人与文艺理论家冯雪峰[1]、散文家及梵语研究学者金克木与小说家许钦文[2]等代表性较强。

蒋梦麟提倡男女平等,呼吁解决妇女问题。五四运动期间,美国著名哲学家、教育家杜威来华,作为弟子的蒋梦麟、胡适和陶行知等是促成此行的重要人物并相伴左右,杜威及其夫人发表了众多演讲,其中多次涉及男女平等问题,强调男女都应享有受教育权,"男女同校,养成男女共同生活的习惯,打破男女的界限"[3],这有助于社会的进化。1919年7月,蒋梦麟进入北大代理校务,9月蔡回校,邓春兰致信事件正值此阶段,1920年初学校正式招收女生,曾代理校务、任总务长与评议会成员的蒋梦麟亲历并助推了开女禁的整个过程。自1920年开始直到30年代蒋任校长,北大招收女生成为常态,并且在录取方面女生越加受到尊重。例如,1931年,共录取新生109名,男生100名,女生9名,表面上看似乎女生数量很少,这主要是由于女生报考人数远少于男生,其实两者录取率相近,男生10.5%(报考951名,录取100名),女生8.9%(报考101名,录取9名)。[4] 再如,1936年,女生人数已经明显提升,新生共430名,其中男生336名,女生94名,并且籍贯分布广泛(17个省区)。[5] 若说蔡元培是开女禁的首倡者,那么蒋梦麟则是这一举措的后续贯彻者与大力推动者。

北京大学是当时国内较早招收华侨学生的大学。[6] 1920年,旅京华侨学会会长向教育部呈递国立大学招收侨生并附设国文补习科等内容的意见书,随即教育部训令北大"妥筹办法"并予以推行。此时蔡元培正在欧洲考

---

① 在1923年至1926年蒋梦麟代理北大校长期间,丁玲与冯雪峰等曾在北大旁听,参见袁良骏编:《丁玲研究资料》,知识产权出版社2011年版,第2页;刘绍唐编:《民国人物小传》(第7册),上海三联书店2015年版,第329页。

② 在20世纪30年代初,蒋梦麟正式任北大校长期间,金克木与许钦文等曾在北大旁听。参见陈平原:《尊重个性,强调独立》,见吴丕、刘镇杰编著:《北大精神》,现代出版社2015年版,第55页。

③ 适记:《杜威讲演录·美国之民治的发展(三)》,《每周评论》1919年6月15日,第4版。

④ 《国立北京大学二十年度招考新生统计》,见王学珍、郭建荣主编:《北京大学史料》(第2卷),北京大学出版社2000年版,第599—601页。

⑤ 这份资料显示北大当年新生433人,不过呈现出的详细数据相加为430人,故本书选取430人。《北大本年度 新生统计已调查蒇事 人数以冀省最多黑热甘三省最少 由私立高中毕业考入者占大多数》,《京报》(北京)1936年9月24日,第7版。

⑥ 《华侨评议会开评议会》,《申报》1918年4月10日,第10版;《各学校消息并纪》,《申报》1919年8月12日,第11版。

察,代理校长蒋梦麟负责此事,经北大教务会议议决制定了实施办法并加以落实。① 随后,北大开设侨生班,后来多次修正招收侨生办法②,这些多是在蒋梦麟代理校务时进行的。1929 年 11 月,华侨教育会议举行,教育部部长蒋梦麟强调华侨教育工作甚为重要。③ 同年,《教育部组织法》修正,近代以来首次设立了华侨教育设计委员会。1930 年 4 月,蒋梦麟主持召开了第二次全国教育会议,《改进并发展华侨教育计划》经审议通过,会后形成了多项大学招收侨生的相关规定。④ 1930 年底,蒋任北大校长,以上述规定为依据继续推进学校招收培养侨生工作。可见,侨生能够进入北京大学等众多高校求学离不开蒋梦麟的支持。

招收蒙藏生亦是北京大学的一种包容之举,这与蒋梦麟的努力密不可分。时任教育部部长蒋梦麟主持制定并修正了《教育部组织法》,其中规定设立蒙藏教育司,这是民国中央教育行政史上专管蒙藏教育的初创机构。同时,他多次强调蒙藏教育的重要性并促成相关方案的出台与实施。1930 年 4 月,第二次全国教育会议召开,蒙藏教育是专门组别之一,"实施蒙藏教育计划"议决通过,1931 年 3 月,教育部公布《蒙藏教育计划》,这份计划与前述会议议决案基本相同,其中一项重要内容是"限令中央、北平两大学(含北京大学,笔者注),务于本年秋季分别成立蒙藏班"⑤。可见,北大设立蒙藏班正是由蒋梦麟促成。30 年代,蒋在掌较期间推动学校相关规定的出台与实施,众多蒙藏生得以进入北大学习。⑥

此外,蒋梦麟力推北京大学等多所高校招收因战乱失学的东北学生。

---

① 《北大与华侨教育》,《申报》1921 年 2 月 21 日,第 7 版。

② 《华侨学生入学通融办法》,《北京大学日刊》1920 年 12 月 17 日,第 8 版;《校长布告:修正国立北京大学华侨学生入学特别办法》,《北京大学日刊》1922 年 3 月 28 日,第 2 版;《国立北京大学华侨学生入学特别办法》(1923 年修订),《北京大学日刊》1923 年 5 月 16 日,第 2 版。

③ 《华侨教育会议闭幕》,《申报》1929 年 11 月 11 日,第 9 版。

④ 20 世纪 30 年代初华侨教育相关政策详见黄季陆编:《革命文献》(第 54 辑:抗战前教育政策与改革),兴台印刷厂 1971 年版,第 209—227 页;《华侨中小学规程》,《广东省政府公报》1931 年第 145 期,第 117—124 页;《修正华侨子弟回国就学办法》,《教育部公报》1931 年第 27 期,第 37—60 页;《保送及介绍侨生升学规程》,《华侨周报》1932 年第 7 期,第 7 页。

⑤ 20 世纪 30 年代初蒙藏教育相关规定详见中国第二历史档案馆编:《中华民国史档案资料汇编》(第 5 辑第 1 编:教育),江苏古籍出版社 1994 年版,第 815—840 页。

⑥ 《两大学设立蒙藏班》等,见王学珍、郭建荣主编:《北京大学史料》(第 2 卷),北京大学出版社 2000 年版,第 892—896 页。

1931 年,因"九一八"事变爆发,蒋梦麟接到燕京大学吴雷川校长询问救济东北学生办法的信函,当时北大尚未制定具体办法,蒋于 9 月 25 日将信函"送请平津学术团体对日联合会常务会议讨论"。同期,东北大学某主任到北大亦有此请求。不久,救济事宜获得平津学术团体对日联合会议决通过,该组织主席是蒋梦麟,其办法有:"(一)名称用寄读生;(二)期间以东北地方秩序恢复,学校正式上课后为限;(三)入学手续,请由贵校驻平办事处将在平全体同学姓名科系年级开单函送联合会分转各校,以免纷歧;(四)学费本学期不再收。"10 月 17 日,北大经由第四次教务会议讨论商定九条具体办法;19日,收到教育部训令,内容与第四次教务会议议决内容相仿;20 日,北大第五次教务会议商定了接收名额、具体科系年级的人数等内容;22 日,分别函至东北大学和冯庸大学驻平办事处。11 月 8 日,组织寄读生考试;13 日,经由第八次教务会议审定名单。① 最终,北大在该年接收了东北大学和冯庸大学合计 82 名学生。②

4.言论相对自由,百家争鸣

"大度包容,思想自由"理念还表现在多种不同观点并存、竞相争鸣方面。北大教师之间经常就某些议题展开讨论。例如,1931 年,钱穆到北大任教,在入北大前,曾发表《关于老子成书时代之一种考察》一文,占用 25 页篇幅,得出结论:老子在孔子后,亦在庄周后。③ 胡适不认同钱的观点,其主张"老子早于孔子",并发表专文与钱商榷。④ 两人在课堂上讲各自观点,引得众人来聆听与问询。双方也曾当面辩驳多次,但互相多有尊重。胡曾言:"有关先秦诸子事",可问钱,"莫再问彼"。而学生告诉钱,胡的主张与他"大相背驰",并劝钱继续发文驳胡时,钱告诫学生:"学问贵在自有所求,不应分心与他人争是非。若多在与他人争是非上分其精力,则妨碍了自己学问之进步。"⑤对此,时人指出:两人辩论时都有理有据,甚至交锋中伴有轻松的笑声,"钱先生说,老子的年代晚,已无疑义,胡先生你还是把旧说放弃了吧。

① 《本校收容东北寄读生经过》,《北京大学日刊》1931 年 11 月 23 日,第 2 版。

② 1931 年北京大学接收东北大学、冯庸大学共计 82 名学生名单,详见《国立北京大学布告》,《北京大学日刊》1931 年 11 月 17 日,第 1 版。

③ 钱穆:《关于老子成书时代之一种考察》,《燕京学报》1930 年第 8 期,第 1577—1601 页。

④ 胡适:《与钱穆先生论老子问题书》,《清华周刊》1932 年第 9—10 期,第 102—104页。这篇文章落款日期为 1931 年 3 月 17 日。

⑤ 钱穆:《八十忆双亲·师友杂忆》,生活·读书·新知三联书店 2005 年版,第 157—160 页。

胡先生答,我觉得证据还不够,如果证据充分,我就连我的老子(父也)也不要了。听者都为之破颜。争论,能维持开口笑,在北大红楼是家常便饭"①。

再如,1931年后,受聘担任北大哲学系教授的钱穆、蒙文通、熊十力、梁漱溟等交往甚密,聚会时常有辩论。据汤用彤之子汤一介回忆:"汤先生(汤用彤,笔者注)到北大任教后,常相往来者有熊十力、梁漱溟、蒙文通、钱穆、林宰平等人。当时熊十力对乃师欧阳竟无之学心存异议,尝撰文驳斥。每聚首,蒙文通必于此与熊氏启争端,喋喋辩不休。两人又从佛学牵涉到宋明理学。遇其发挥已尽,钱穆或偶加一二调和之语。论学问,汤先生对佛学应最为专家,于理学亦深有所得,但每次争论中,他总是沉默不发一语。绝不可因此谓其无学问、无思想,性喜不争使然也。其人性至和,既不傲岸骄世,玩世不恭,亦非擅交际能应世者。一切均率性而为,听任自然,而又从心所欲不逾矩。"汤用彤"为人和气一团",但是"在学术与思想原则问题上,他从来都是不激不随,既不妥协,亦不以此而与人激争,只是在默默中坚执,此种无言的力量常常令人莫测其高深。他与胡适的交往就是一例,他们二人虽交谊甚笃,且曾合作共理北大,但汤先生作为一名文化守成主义者从未附随胡适的全盘西化论,在去留问题上亦未随从胡适南下。此种交往堪称和而不同之典范"②。

同时,各种主义同在。"北大真可以说是中国政治舞台的缩影,中国国民党、共产党、国家主义、小研究系……都有半公开的秘密的组织。"③特别是1931年蒋梦麟担任校长期间,许多演讲涉及社会主义思潮、国家主义思潮,甚至有人公开抨击已经掌控实权的国民党。有人指出:"蒋梦麟当校长时,北大自由讲学之风较盛,每当星期日或星期六下午,经常有人在二院大礼堂演讲,北大教授许德珩,北平大学法学院教授陈豹隐、马哲民,三人在一处演讲,从头到尾一直骂国民党。后来国民党特务将三人逮捕并解往南京。"④幸而,经过北大等各方力量的努力,三人性命无碍。

另者,北大师生经常在刊物发表文章进行论辩,而且其中多种刊物为北

---

① 张中行:《流年碎影》,北方文艺出版社2012年版,第90页。
② 汤一介、赵建永:《汤用彤学记》,生活·读书·新知三联书店2011年版,第115页。
③ 千家驹:《我在北大》,见中国人民政治协商会议全国委员会文史资料研究委员会编:《文史资料选辑》(第95辑),文史资料出版社1984年版,第43—44页。
④ 王先进:《我所认识的蒋梦麟》,见萧乾主编:《新笔记大观——〈新编文史笔记丛书〉精选本》,上海书店出版社1996年版,第316页。

大创办。在蒋梦麟代理校务期间，《语丝》和《现代评论》是颇具影响力的两份刊物。1924 年 11 月 17 日，《语丝》创刊，其主要发起者是鲁迅的学生孙伏园，周作人、鲁迅、林语堂、钱玄同等为主要撰稿人，地点在北大一院。该刊宗旨是："我们只是觉得现在中国的生活太是枯燥，思想界太是沉闷，感到一种不愉快，想说几句话，所以创刊这张小报，作自由发表的地方。……我们这个周刊的主张是提倡自由思想，独立判断，和美的生活。"①12 月 13 日，由胡适等人主办的《现代评论》发刊，胡适、王世杰、高一涵、周鲠生、陈西滢等为主笔，其宗旨是："本刊的精神是独立的，不主附和；本刊的态度是研究的，不尚攻讦；本刊的言论趋重实际问题，不尚空谈。"②总体上，两刊都主张自由包容的精神，不过比较而言，《语丝》"定位为五四反传统精神的捍卫者，而《现代评论》则在措辞上更加谨慎，坚持以渐进的方式解决中国的问题"③。在蒋梦麟任校长时期，多种由北大人创办或担任主笔的刊物问世，其中一个重要特点是时政类刊物较多，其成为师生发表观点的重要平台。1932 年 5月 22 日，蒋廷黻、丁文江、胡适等创办《独立评论》并任主要撰稿人，其目的在于："用公平的态度，来研究中国当前的问题。……永远保持一点独立的精神。不倚傍任何党派，不迷信任何成见，用负责任的言论来发表我们各人思考的结果……"④另者，以北大学生为主体创办或撰稿的刊物主要有《政治学论丛》(1931 年 12 月 20 日创刊)、《青年大众》(1932 年 4 月 1 日创刊)、《学生动向》(1936 年 12 月 1 日创刊)等，这些刊物都是讨论国难与国际局势等问题，借助于文章发出各种声音。⑤

此外，北大支持学生自由地表达主张，这可以从学生演讲会活动中窥见一二。例如，1934 年，北大演讲辩论会举办演说大赛，从题目(见表 3-4)来看，内容涉及时政、大学精神、人性等多方面，评委阵容相当"豪华"，由校长蒋梦麟、文学院院长胡适与法学院政治学系主任张忠绂组成，足见校方的高度重视。

---

① 《发刊辞》，《语丝》1924 年第 1 期，第 1 页。

② 《本刊启事》，《现代评论》1924 年第 1 期，第 2 页。

③ (美)魏定熙著，张蒙译：《权力源自地位：北京大学、知识分子与中国政治文化，1898—1929》，江苏人民出版社 2015 年版，第 244 页。

④ 《引言》，《独立评论》1932 年第 1 期，第 2 页。

⑤ 《〈青年大众〉半月刊发刊辞》等，见王学珍、郭建荣主编：《北京大学史料》(第 2 卷)，北京大学出版社 2000 年版，第 2751—2758 页。

表 3-4　1934 年北京大学学生国语演说比赛参赛者及其题目

参赛者	题目	参赛者	题目
白宝瑾	北大精神何在	汪　瑄	九一八以后之回顾并勉中国青年
范希天	拿破仑之评判	宋成凯	如何复兴中华民族
刘壮武	赶快挽救殖民地化的中国	邓公先	怎样才能由自私里解脱
曹延亭	计算年龄的新方法	廖世雄	骆驼主义

资料来源:《北大今晚举行国语演说预赛 决赛二十八日举行》,《北平晨报》1934 年 5 月
25 日,第 9 版。

蒋梦麟执掌的北京大学继承了蔡元培时期的自由包容精神,蒋氏"大度
包容,思想自由"理念是蔡氏理念的延续,并在不少方面有所深化,如治学内
容更注重外语与自然科学、师资队伍结构更加合理、招收学生身份更为多元
化等,这些都展现出蒋氏理念的独特之处。

(二)"整饬纪律,发展群治":理念之"难容"

"大度包容,思想自由"理念在较多方面继承了蔡元培"思想自由,兼容
并包"理念,但其并非单纯、机械的"拿来主义",而是在传承中有创新,是对
蔡氏理念陷入困局的积极应对。因此,"大度包容,思想自由"理念在强调自
由包容的同时,提出了其限度,即应强化纪律、加强群治:"能容则择宽而纪
律弛,思想自由则个性发达而群治弛。故此后本校当于相当范围以内,整饬
纪律,发展群治,以补本校之不足。"[①]在内忧外患的民国,自由包容理念的践
行非常艰难,其中充满着各种力量的博弈,"大度包容,思想自由"理念在应
用于学生与教师管理、派系纷争调解、"府""学"关系处理等方面时也曾陷入
困境,但蒋梦麟主持北大采取了多种举措,总体上力推了该理念的落实。

1. 学生散漫之从严整顿

当时北京大学诸多管理举措较为宽松、富有弹性,以此支持学生在自由
包容的环境中潜心向学。然而,宽松的管理导致了自由散漫之风渐浓,不少
学生无心读书。就上课而言,学生缺课现象较多,时人称:"北大上课,从前
采取绝对自由主义,爱上就上,不爱上就不上,因此上课与不上课的人士,也

[①] 蒋梦麟:《北大之精神》,见北大总务部日刊课、二十五周年纪念册编辑处编:《北京
大学二十五周年纪念刊》,北大出版部印刷课 1923 年版,第 2 页。

就无法统计。"①特别是五四运动后，情况更为严重。同时，学生言行活跃，经常"过了头"，便出现了学生运动不断以及学生公然对抗学校（如前述1922年讲义费风潮）等不良事件的发生。

缘何学生散漫之风日渐浓厚呢？主要有学生自身、学校管理与时局等多方面原因。其一，学生作为青年精力充沛、思维活跃，但思想尚不成熟。章太炎认为，当时青年有四个弱点："把事情太看容易""妄想凭借已成势力""虚慕文明""好高骛远"。② 不难看出，青年的综合评判能力不足，容易眼高手低。其二，学校管理方面确有一些问题。如冯友兰指出，当时管理松散，学生很自由，"他可以上本系的课，也可以上别系的课，你上什么课，不上什么课，没人管；你上课不上课也没人管。只到考试的时候你去参加就行。如果你不打算要毕业证书，就不去参加考试，也没人管"③。其三，纷乱的时局、各方力量的言行等对学生造成了重要影响。关心国家、讨论时事可以理解，但是牺牲学业的方式实为不妥。蒋梦麟曾直言这种运动"是很不经济的不幸事，故这种运动是暂时不得已的救急的办法，却不可长期存在的"④。在当时特定的历史条件下，学生自身有弱点，倾向于走捷径、自制力不足，再加上外部环境的影响，易于养成自由散漫之习气。

1919年5月24日，尚未进入北大的蒋梦麟在致信胡适时曾说："我们教育失败，今日现出短处来了。学生天天受读书的教训，到真事体出来，在书册里找不到，他们就不知什么办才好。此后教育要大大儿改方针呢。学生自治的训练，要好好儿讲究讲究。"⑤7月23日，他首次到北大演说时强调：五四运动所彰显的精神"感动全国，感动世界"，但这种精神是从学问中得来，希望学生养成"自治之能力"，追求真理甚好，但采取罢课方式影响治学

---

① 李祖荫：《北京大学点滴回忆》，见中国人民政治协商会议全国委员会文史资料委员会编：《文史资料存稿选编·教育》，中国文史出版社2002年版，第44页。

② 章太炎：《今日青年之弱点》，见马勇编：《章太炎讲演集》，河北人民出版社2004年版，第69—71页。

③ 《三松堂自序》，见冯友兰：《冯友兰文集》（第1卷），长春出版社2008年版，第207页。

④ 蒋梦麟、胡适：《我们对于学生的希望》，《新教育》1920年第5期，第593页。

⑤ 《蒋梦麟致胡适》，见中国社会科学院近代史研究所中华民国史研究室编：《胡适来往书信选》（上），中华书局1979年版，第50页。

是不可取的。① 1920 年 5 月,五四运动爆发一周年之际,他与胡适联名发表《我们对于学生的希望》,明确反对学生醉心于风潮:"罢课于敌人无损,于自己却有大损失",希望学生安心向学。② 后来,胡适指出:"学校的自由风气不能结晶于自治能力的发展,是一大危机。"③总之,蒋梦麟入北大后,目睹了众多学生运动以及旷课、代考等现象,深刻感受到过分自由包容的弊病。

因此,蒋梦麟主持北京大学时加强了学生管理,并且在处理具体问题过程中表现得颇为强势。对于缺课、旷课现象,北大严格推行点名制度。针对教师点名不力的情况,1924 年,他代理校长期间,规定由学校注册部职员到教室点名。④ 1931 年 9 月,已正式执掌北大的他主持召开第一次教务会议,其中一项重要决议是"自本月二十八日起,各院一律点名,凡未到校注册,或已注册而不上课者,一律作缺席论"⑤。就考试而论,由于"凡学生所有功课有缺席逾受课时间三分之一者不得与试"的规定一直未能很好执行,1925 年,北大决定从严考试,正式"榜示缺课学生,其中或全部功课不得与试者,或仅一部分者,合计本科一、二、三年级及预科一、二年级共一百三十余人,该生等须于次年度对缺席功课重新补习,然后得与于考试。此制实行,则不按时上课之学生不能专凭领讲义得毕业证书矣"。⑥ 类似规定也在蒋 30 年代掌校时多有推行。另者,大批休学逾期违反规定者被勒令退学。例如,1935 年,北大对 1929 年 9 月至 1935 年 1 月注册后休学但未请求复学或不准复学的学生进行了集中处理,共 222 名学生被清退。⑦ 蒋梦麟对学生散漫言行、违纪现象等态度较为强硬、举措甚为严格,下面我们通过 1920 年"废止考试"风波(蒋任学校要职与代理校务)和 1932 年"免除学费"风波(蒋任校长)等两个实例进一步阐明。

---

① 《本校纪事》,《北京大学日刊》1919 年 9 月 22 日,第 2 版;《蔡校长演说词》,《北京大学日刊》1921 年 9 月 22 日,第 2 版;《与蔡元培书信往来》,见罗久芳编著《文墨风华:罗家伦珍藏师友书简》,北方文艺出版社 2014 年版,第 64 页。

② 蒋梦麟、胡适:《我们对于学生的希望》,《新教育》1920 年第 5 期,第 593 页。

③ 胡适:《回顾与反省》,《北京大学日刊》1922 年 12 月 17 日,第 2 版。

④ 《教务处布告》,见王学珍、郭建荣主编:《北京大学史料》(第 2 卷),北京大学出版社 2000 年版,第 987 页。

⑤ 《北大第一次教务会议》,《北平晨报》1931 年 9 月 20 日,第 7 版。

⑥ 《北京大学严格考试:三章约法颁布 一榜学生落第》,《申报》1925 年 9 月 19 日,第 9 版。

⑦ 《北大昨公布勒令退学学生 各系共二百二十二名》,《北平晨报》1935 年 5 月 29 日,第 9 版。

(1)1920年"废止考试"风波（蒋梦麟任要职与代理校务）

1920年前后，除因时局动荡而引发的运动外，北京高校学生将注意力聚焦到了学校制度，特别是发起了一场"废止考试"运动，主导力量是北大学生。1920年1月，北京高师学生颜保良发表《我们对于"废止现在学校考试制度"的意见》一文，其连载于《北京大学日刊》（第522—529号），该文详细分析了考试的类型、目的、内容、不足以及补救办法等诸多方面。① 同时，由于受到无政府主义思潮的影响，以北大学生为主要成员的学生群体要求学校废除考试，多篇文章刊登在《北京大学学生周刊》上，目标直指北大。此类观点主要有：欧美一些教育家说考试无用；考试无法全面评判学生表现；学习本是自觉的且自己的事情，考试则是外在强加的，压力很大；经常强行记忆的知识会很快遗忘，等等。补救办法主要是注重平时学习过程考察，围绕专题内容通过课堂讨论、布置作业等方式，也可以是组建学术团体、举行演讲会等活动。② 当然，反对废除考试者亦有之，基本主张是："（一）考试足以养成学生一种学识上的竞争；（二）没有压迫学生，便不去求学；（三）考试可以把所学得的材料组织成系统；（四）教师借考试可以查看学生之程度，而教授才有把握；（五）废除考试仍不能消除智愚。"③总体上，在学生群体中"废止考试"呼声很高，这在当时北京教育界引起了巨大轰动，北京大学、北京高等师范学校等处于漩涡之中。

以蔡元培、蒋梦麟为首的北大校方表示不能取消考试，蒋在处理这一事

① 颜保良：《我们对于"废止现在学校考试制度"的意见》，《北京大学日刊》1920年1月23日，第3—4版；颜保良：《我们对于"废止现在学校考试制度"的意见》（一续），《北京大学日刊》1920年1月24日，第3—4版；颜保良：《我们对于"废止现在学校考试制度"的意见》（二续），《北京大学日刊》1920年1月26日，第4版；颜保良：《我们对于"废止现在学校考试制度"的意见》（三续），《北京大学日刊》1920年1月27日，第4版；颜保良：《我们对于"废止现在学校考试制度"的意见》（四续），《北京大学日刊》1920年1月28日，第3—4版；颜保良：《我们对于"废止现在学校考试制度"的意见》（五续），《北京大学日刊》1920年1月29日，第3—4版；颜保良：《我们对于"废止现在学校考试制度"的意见》（六续），《北京大学日刊》1920年1月30日，第3—4版；颜保良：《我们对于"废止现在学校考试制度"的意见》（七续），《北京大学日刊》1920年1月31日，第3—4版。

② 遅明：《废止学校的考试制度》，《北京大学学生周刊》1920年1月25日，第1—2版；大白《学校的生活当如何改革》、傅声《大学废考问题》、刘崇年《废除考试后之办法》、建功《考试废止后，我们怎办？》、黄琛《我对于废止考试之教员问题》，《北京大学学生周刊》1920年5月9日，第6—12版。

③ 《学生解放问题的商榷之商榷》，《北京大学学生周刊》1920年5月16日，第9版。

件中发挥了突出作用。主张废除考试的代表人物之一、哲学系学生朱谦之曾专门写了一篇《反抗考试的宣言》，称考试是检验"填鸭式"教学究竟灌进去多少的一种方法，"我想诸君都是觉悟了，都不愿受那非人的待遇了！那末就请诸君同声反抗！请诸君把考试的笔'抛'去！"[①]如果说前述北高师颜保良关于"废止考试"的意见书还带有商量余地的话，那么朱的宣言显得非常强硬。不久，朱又专门致信哲学系主任蒋梦麟[②]，蒋回信反对"废止考试"，两人来往信函内容如下：

> 梦麟先生：
>
> 　　我很对不住学校，因为在学校未实行废止考试以前，竟敢大胆宣言自决，这总算与学校的章程不合了。但我想先生一定有把握，假使先生以为应该的，就请实行；要是不应该的，就请先生处置我。
>
> 哲学系一年级学生朱谦之

> 谦之先生：
>
> 　　你的信收到了，我对于考试问题，有两个办法：(一)没文凭、没考试。(二)要文凭就要考试。德国的大学，没有考试，听人修业自由。但要卒业文凭的人，卒业前须经过一度严重的考试。先生一定视文凭作一张废纸，不考试也没有什么。至于处置你，我没有权。这是教务会议的权，我个人的主张与学校没关系的。
>
> 梦麟

---

① 朱谦之：《反抗考试的宣言》，《北京大学学生周刊》1920 年 5 月 28 日，第 5—6 版。

② 朱谦之专门致信蒋梦麟的原因很大可能是蒋时任哲学系主任，参见《北京通信》，《申报》1920 年 2 月 23 日，第 7 版。再者，或许还有一个原因，即当时蒋梦麟为代理教务长。此点不确认，但有此可能性。因为 1919 年 10 月，马寅初因病发表声明称不再担任教务长，请找人代理。1920 年 1 月，陶孟和被选为教务长，但其表示暂代马寅初至本年 4 月(刚好马任期结束)，查朱谦之致函蒋梦麟时间为 3 月下旬，此时陶为教务长可能性大，但前有陶不想担任(曾表示暂代)之意，后有再被选为教务长(4 月末)却由蒋梦麟代理(5 月)的举动，凡此种种可见，3 月下旬朱写信之际陶未任教务长而由蒋代理的可能性有之。参见《马教务致校长函》，《北京大学日刊》1919 年 10 月 25 日，第 1 版；《陶履恭启事》，《北京大学日刊》1920 年 1 月 20 日，第 1 版；《教务长选举会纪事》，《北京大学日刊》1920 年 4 月 30 日，第 1 版；《学生要求废考》，《益世报》(北京)1920 年 5 月 30 日，第 3 版。此外，蒋梦麟还身兼总务长、评议会成员等北大要职，朱谦之致信蒋似乎也有将废考事件"闹大"之意。

梦麟先生：

　　来示已经拜读了。我是绝对不要卒业文凭，而且很讥笑那些一面要毕业的藏物，一面又主张废止考试底人。我你意思，以为废止考试应该和废止毕业制度同时并行，像高等师范颜保良的意见书（见本刊五二二号—五二九号），真好笑！因为他还抛不了文凭。

朱谦之①

　　这些信函公开发布在《北京大学日刊》，尽管蒋梦麟的语气很平和，称朱谦之为"先生"，而且说自己无权"处置你"，"这是教务会议的权，我个人的主张与学校没关系的"，但是仔细品读后发现并非那么简单。因为蒋起初是以"代理校务"身份入北大，此后身居评议会议员、总务长以及多个委员会委员长等要职，是北大的核心领导者之一，地位"举足轻重"，面对如此征询，绝不会贸然公开回复，应该是代表学校以一种相对温和的方式进行的坚决回应。这些都能够从信的字里行间看出，即回信主旨是"要文凭就要考试"，针对"废考者"的一个重要理由是一些欧美教育家说考试无用的主张，蒋梦麟以德国大学为例证予以反驳。而朱谦之也非常决绝：我完成学业，但是不考试，不要文凭。

　　"废止考试"运动愈演愈烈，甚至不少学生以爱国游行导致停课很多为理由，要求本学期立即废除考试，以借用考试时间来补课。据《益世报》《民国日报》报道，不久蒋梦麟以代理教务长身份明示不赞成废除考试，声称"坚持在职一日，必大行考试"②。蔡元培、蒋梦麟、胡适、顾孟余等多次专门商量对策，教务会议也曾数次会商，结论是反对废考。1920 年 6 月 1 日，评议员与各班班长组织联席会议，商定不废考试。随后两天，学生代表以当时部分班长到会但不能代表全体学生为由，继续要求废考。然而，校方予以驳回，其理由是："（一）有碍部章；（二）恐下期援例；（三）恐影响全国；（四）以补课为废止本年考试之理由不充分，……可于考试过后再行延长四星期放假实行补习。"4 日，北大召开班长会议，蔡元培、蒋梦麟、胡适、顾孟余等出席，在确认班长到齐后，蔡元再次阐明上述四个理由，并在回答学生众多问题后

---

①　《哲学系学生朱谦之君与蒋梦麟教授来往函札》，《北京大学日刊》1920 年 3 月 30 日，第 2 版。

②　《学生要求废考》，《益世报》（北京）1920 年 5 月 30 日，第 3 版；《京学生要求废考：蒋梦麟不赞成》，《民国日报》1920 年 6 月 1 日，第 7 版。

说："考试尽可记忆一句写一句,在学校亦可考出教授之得法不得法,作为将来改良之标准。诸位以临时用功为不好,此不能怪,但有此数日之废考运动不无耗去精神,何妨留此精神读一点书。至考试时,如记不得,即写出'我不知'三字亦常不可,因为能写出此三字之学生,功课虽记不得,而其高深之人格在学校不能不认他是一个好学生。"会后,各同学基本无异议。① 次日,北大发布校长特别布告:经教务会议议决,因"本学年屡遭意外事故,辍课甚多",在本学年考试后,"自六月二十八日起至八月七日止",实行补课。②

1920 年 10 月,蔡元培赴国外考察,蒋梦麟代理校务期间基本解决了这件事,他与顾孟余共同起草了一份考试办法,其加强了考试管理,如明确不及格者最多可补考两次,要学位就必须考试等。该办法由评议会议决通过,北大继续实行考试。③ 针对朱谦之、缪金源等 17 名不参加考试的学生,1923年,北大不颁发学位,时人戏称他们为"自绝生",而这份文件是蒋梦麟代校长签署的。④ 大概由于这次事件的影响很大,加上北大考试管理的确存在问题,蒋梦麟正式任校长后,极力加强考试管理。

诚然,当时考试制度存在不少问题,这是主张废考者所批判的,亦是蔡元培、蒋梦麟等人承认并予以整改的,但是彻底废掉考试显然过于激烈。查看引领废考运动的北大学生多主张无政府主义,提倡个人绝对自由,反对组织与纪律,不少言论比较激进,例如朱谦之的《无政府革命的意义》、缪金源的《无政府共产派与集产派之歧点》等具有较大的代表性。⑤ 毛泽东曾对朱谦之有过一段回忆:"我常常和一个北大的学生,名叫朱谦之的,讨论无政府主义和它在中国的可能性。"⑥当年的学生陈顾远称:"那时北大已有一部分学生开始在闹事,这些人许多后来是左派的分子。他们要求废除考试,闹得

---

① 《北京通信:北大废考运动之顿挫》,《申报》1920 年 6 月 8 日,第 6 版;《校长特别布告》,《北京大学日刊》1920 年 6 月 4 日,第 2 版。

② 《校长特别布告》,《北京大学日刊》1920 年 6 月 5 日,第 2 版。

③ 《北京通信:北大议定变更考试制度》,《申报》1920 年 12 月 13 日,第 6 版;《校长布告》,《北京大学日刊》1920 年 12 月 9 日,第 1—2 版。

④ 杨虎、严敏杰编著:《微说北大》,现代出版社 2016 年版,第 87—88 页。

⑤ 朱谦之:《无政府革命的意义》,《北京大学学生周刊》1920 年 5 月 23 日,第 2—3 版;缪金源:《无政府共产派与集产派之歧点》,见葛懋春等编:《无政府主义思想资料选》,北京大学出版社 1984 年版,第 565 页。

⑥ (美)爱特伽·斯诺著,胡仲持、冯宾符等译:《西行漫记》(上),生活·读书·新知三联书店 2012 年版,第 233 页。

很厉害。"①就此可知,废考运动大概是这些学生的无政府主义主张在教育领域的一次尝试,这在一定程度上使得北大学风不良的程度更为严重。因此,校方以坚决态度与举措维持考试制度。而整个过程中,蒋梦麟的作用十分明显,从公开回复朱谦之的信函到代理教务长时的坚决表态,再到与学生代表谈心,并作为核心成员制定新的考试办法与签署不发学位给未考试学生的文件,都充分表现出蒋面对过激学生所展现出的"难容"。不过,废考运动代表人物之一缪金源于1924年毕业,虽然未考试没有文凭,胡适却欣赏其才华聘他为北大讲师,而当时代理校长是蒋梦麟②,这从一个侧面也可以看出蒋与胡的"能容",展现了他们"对事不对人"的态度。

(2)1932年"免费"风波(蒋梦麟任校长)

蒋梦麟正式掌校期间,学生多次请愿,其中以1932年"免除学费"风波影响甚大,以至于蒋辞职离去。实际上,在他任校长前的1930年,动荡的时局已使得人们生活困苦,许多学生求学费用堪忧,北大学生会便发起了"免费运动"。不过,北大经费拮据,经9月教务会议议决,"正式开学延期",原因是"经费未到"。③ 加上有关规定的限制等多方因素,学生的"免费"诉求未得到满足。12月,蒋梦麟任校长后,学生多次提出类似要求,蒋回复称:"免费为关系全国国立学校之事,此种要求教育部决不允许。北大单独要求,更不成功。此路不通,不妨另走他道,他道即系减费,是则比较妥当。"④后来,学生主张"学宿各5元"(共10元),而校方主张"学费10元,宿费全免"⑤,可见双方就"减费"数额达成一致。1931年8月,北大布告:"征收学费每学期为10元,宿费全免,体育费每学期1元。"⑥另有资料显示,学生"学宿各费迄

① 陈顾远:《蔡校长对北大的改革与影响》,见陈平原、郑勇编:《追忆蔡元培》,中国广播电视出版社1997年版,第216页。

② 赵捷民:《北大教授剪影》,见中国人民政治协商会议全国委员会文史和学习委员会编:《文史资料选辑》(合订本)(第37卷第107—109辑),中国文史出版社2011年版,第277页。此外,另一名主张废考代表人物朱谦之毕业后,经蔡元培批准,以中央研究院社会科学研究所特约研究员名义获得该院资助留日。可见,蔡元培、蒋梦麟、胡适等人度量很大。参见刘绍唐主编:《民国人物小传》(第11册),上海三联书店2016年版,第45页。

③ 王学珍等:《北京大学纪事(1898—1997)》(上),北京大学出版社1998年版,第174页。

④ 《北大学生会向蒋梦麟建议结果》,《京报》(北京)1931年4月3日,第7版。

⑤ 《北大学生:减费运动成功》,《益世报》(天津)1931年5月27日,第4版。

⑥ 王学珍等:《北京大学纪事(1898—1997)》(上),北京大学出版社1998年版,第181页。

未交纳"，最终以减少数额而告终。① 其实，综观当时前几年的北大招生通告、入学考试规则（或简章）发现，学生每人每年分两次交学费30元②，而如今减少数额颇多，且宿费全免，这些足见蒋梦麟充分尊重与满足了学生的要求。

　　然而，距离此事不过一年有余，1932年9月开学后，北大学生再次"以经济困难为理由，请求免缴学费或先行注册，缓缴学费"。蒋梦麟不同意："严格限令缴费，一方系经济的理由，一方亦系执行学校纪律。今学生要求全体一律免费，或缓缴学费，显与学校纪律冲突，碍难容纳。"在临近交费截止日期（9月30日）之际，9月28日上午9时，全体学生在北大二院开会，680余人参加，议决推选代表请校长接见答复免费问题。当时蒋梦麟正在清华大学办事，闻讯后马上回校，却被全体学生包围。蒋言："诸君以如此形式要求，学校当局碍难考虑，请即退出，推派代表前来谈话。如在五分钟内不退去，则本人惟有退出学校，另请高明。"限时过后，学生不退，蒋出门，学生阻拦，蒋明示："诸君不欲依本人办法行事，所有问题，请留待新校长解决。"此时有学生高呼"欢迎"，并有人请蒋当即签字辞职，他恼怒地说："你们无权要我签字。"随后，学生重新开会，议决全体罢课，并发表宣言。学生退出后，蒋拟辞呈给教育部："本日一部分学生借口缓交学费，聚众滋扰，甚至关锁校门，肆意诋毁，梦麟整饬有心，训导寡效，谨电请撤职，静候交代。"当天下午6时，蒋在其寓所召集临时校务会议，众人挽留他，并议决："对为首滋事学生九人，予以开除。"③同时，北大发出布告："有特别困难之学生，可通融至10月15日前缴费。"④时隔多年，蒋梦麟回忆称：

　　……发生了一次反对我自己的风潮，因为我拒绝考虑他们的要求。一群学生关起学校大门，把我关在办公室。胡适之先生打电话给我，问我愿不愿意找警察来解围，但是我谢绝了。大门关闭了近两小时。那些下课后要回家的人在里面吵着要出去，在门外准备来上课的人则吵

　　① 章超等：《章超关于北京大学各种团体组织活动情况的报告》，见中国第二历史档案馆编：《中华民国史档案资料汇编》（第5辑第1编：政治〈四〉），江苏古籍出版社1994年版，第78页。

　　② 《国立北京大学入学考试规则》，《申报》1927年6月6日，第2版；《国立北京大学入学考试规则》，《申报》1930年5月30日，第2版；《国立北京大学招生》，《申报》1931年6月30日，第5版。

　　③ 《北大学生因要求免费关闭校门决行罢课 紧急校务会议开除滋事学生九人 校长蒋梦麟电教部辞职》，《华北日报》1932年9月29日，第7版。

　　④ 王学珍等：《北京大学纪事（1898—1997）》（上），北京大学出版社1998年版，第196页。

着要进来。群众领袖无法应付他们自己同学的抗议,最后只好打开大门。我走出办公室时,后面跟着一二十人,随跟随骂着。我回过头来时,发现有几个学生紧钉在我背后。北大评议会决定开除我所能记得的以及后来查出的闹事学生。①

9月29日,教育部部长朱家骅致电蒋梦麟:"主张对首事学生从严惩处,毋稍姑息。"②9月30日,学生驰援被开除者,称"此次三百七十余同学之缓交学费运动,亦迫不得已之举",限期一日请学校收回开除决定,并继续罢课。当晚八时北大召开校务会议,经多方挽留的蒋梦麟出席,会议表示200余名学生已经注册缴费,议决不能恢复闹事者学籍。③ 10月1日,学生声援会决定于3日复课,"缓交学费问题,暂时保留",该风波基本平息。在各方挽留下,蒋于15日回校复职。④

分析双方冲突的原委,就北大校方而言,当时经费确实困难。1932年上半年,蒋梦麟曾南下与财政部部长宋子文、教育部部长朱家骅等商谈,结果计划5月、6月按五成拨发,7月起全额发放⑤,但直到10月底,依然未能有效落实。⑥ 370余名学生的学费总数甚多,缓交或不交会对学校运行造成不小影响。同时,学校已明确限期交费,逾期不交有悖校规。再者,一年多前,曾发生"免费"运动,校方已经做出让步,1932年的学费每人每年已减至20元⑦,如果这次不严格处理,势必会影响校方的权威。此外,北大若开免费先河,不仅与教育部规定不符,而且会引发他校模仿,将导致更大风潮。可见,蒋梦麟的强硬处理颇有道理。

对于学生而言亦是无奈为之。时局动荡,普通家庭的经济情况艰难,只能申请缓交或免交学费。

至此可以基本明了双方坚持己见的缘由,不过学生关闭校门、"包围校

---

① 蒋梦麟:《西潮与新潮》,人民出版社2011年版,第138页。

② 王学珍等:《北京大学纪事(1898—1997)》(上),北京大学出版社1998年版,第196页。

③ 《蒋梦麟坚持整顿学风》,《北平晨报》1932年10月1日,第7版。

④ 王学珍等:《北京大学纪事(1898—1997)》(上),北京大学出版社1998年版,第196页;《北大校长蒋梦麟复职》,《申报》1932年10月16日,第8版。

⑤ 《蒋梦麟离京返平》,《申报》1932年5月18日,第6版。

⑥ 《平津院校教职员复工后 蒋梦麟请财宋保障经费 教联会已选定保管委员》,《大公报》(天津)1932年5月5日,第5版;《蒋梦麟入京交涉北大经费》,《大公报》(天津)1932年10月29日,第3版。

⑦ 《国立北京大学入学考试简章》,《北京大学日刊》1932年5月25日,第2版。

长"等过激行为确有问题,《益世报》刊发的一篇社论阐明了其中的道理:

> 我们认定学生方面操之过急,为之太过。官立学校学生须缴纳学费,载在学校章程。这种章程,当非校长一人可以随时任意更改。注册缴费延期,这种通融办法,或有商量余地。这种事件,关系学校全校行政,亦非校长立时片言可决。校长的职责,执行校章;学生的责任,遵守校章。章程外的通融办法,这是从权,不是守经。这种事故,在学生方面,只能请求,不应要挟。北大学生要求免缴学费,这是向学校当局在校章上通融办理的请求。蒋校长既允接见代表,学生方面,即应推派代表,呈诉理由。全体学生包围校长,迫令承认,未免近于以群众势力要挟恐吓。校长愤怒,声言辞职,学生即请校长签字辞职,更属逾越范围,失却检点。这种行为,对所求目的,定不能达;对学生声望,大有损失……①

因此,蒋梦麟拒绝学生免交或缓交学费的请求在情理之中,会商议决开除主要责任人可彰显校规校纪之威严。此外,该社论也对北大校方以"照章办理"为由提出了"异议",称可因实际情况处之:

> 我们以为中国目前的高等教育,日见贵族化,长此推演,高等教育,必成为贵族子弟的特殊权利,这绝非国家作育人才的本意,亦非社会提高文化的正当途径。中国社会,日趋穷困。在经济方面,有供给子弟读书能力的家庭,日见减少。……贫穷的子弟,尽管有学问,有智识,进不了学校,就领不到文凭,领不到文凭,就找不到出路。这不只是遗弃人才,这是造成乱象的一个重大原因。我们认定北大请求免缴学费这种运动,教育家不能以"照章办理"四字,即可解决一切。此中定有实际情形上的确不能缴纳学费的许多穷子弟在内。这些子弟中,又不能断定绝无真才。他们的处境值得我们的体点与怜恤。在政府财政困难的今日,一切官立大学,一律免费,事实上或又有困难。这种办法,官立大学,应实行这两点:(一)多多添设免费学额;(二)设法多筹奖学金。

此番针对校方的评述可谓有理有据,只是当时面对围困校长、关闭校门的危急局面,蒋梦麟代表的校方一时间难以具体问题具体分析,只能统一处

---

① 《益世报》(天津)社:《大学学生学费问题》,《益世报》(天津)1932年9月30日,第2版。本主题所引内容不再单独标注(除特别注明外)。

理。而关于设立"免费学额"与奖学金等建议,北大有此方面的举措,本书第四章"人才培养"专题将对此予以详述。

实际上,事后被开除的9名学生,分别收到一封匿名信,里面均有300元,据北大毕业生千家驹分析,送钱人乃是蒋梦麟:

> 蒋梦麟以"不交学费"为由,开除了靳瀛等九位同学。这时我早已毕业,吴廷谬也东渡日本,非常学生会群龙无首,陷于瘫痪状态。九位被开除的同学,每人都接到一封匿名信,内附支票300元,信中说:他对被开除的同学非常同情,谨送大洋300元作为用资云云。我至今不明白这钱是谁送的。三九二十七,这2700元大洋(尚未实行"法币"),决不是一个小数目。当时地下党很穷,不可能,也无必要送此巨款,社会上也不会有此急公好义的人士,况且他们也不可能知道被开除同学的姓名住址。这真是一个谜。经我们多方分析研究,我判断这是蒋梦麟校长耍的两面派手法。蒋一面开除学生,一面又怕他们继续留在北京,铤而走险,对他采取不利行动,干脆花一笔钱叫他们早早离开。果然,九位同学得了钱后,有的东渡日本,有的去了德国,各奔前程去了。[1]

学者谢泳曾言:"千家驹对他当年在北大读书时的这位校长是有看法的,当否,我们姑且不论,但从这件事中可以看出一个大学校长对学生的良苦用心。"[2]对于蒋梦麟而言,2700元的确是一笔不小的开支[3](大体等于

① 千家驹:《我在北大》,见中国人民政治协商会议全国委员会文史资料研究委员会编:《文史资料选辑》(第95辑),文史资料出版社1984年版,第71—72页。

② 谢泳:《大学旧踪》,江西教育出版社1999年版,第82页。

③ 暂未发现明确标注1932年蒋梦麟月薪的资料,但是据相关资料可以推算约为600元。这些资料主要包括:1927年9月20日公布的《国立京师大学校职员薪俸规程》规定国立大学校长每月600元[详见《国立京师大学校职员薪俸规程》,见王学珍、张万仓编:《北京高等教育文献资料选编(1861—1948)》,首都师范大学出版社2004年版,第579页];1929年,《文官俸给暂行条例》规定特任文官(部长、委员会委员长等)月薪800元,简任文官分为六级,月薪区间为400~600元,其中简任一级文官(大体为副部级)月薪为600元,国立大学校长与此相仿[详见《文官俸给暂行条例》,见彭勃、徐颂陶主编:《中华人员行政法律大典》,中国人事出版社1995年版,第1389—1390页];1931年,北大与中华教育文化基金会合作拨出专款,设立研究教授,其月薪400~600元,以蒋梦麟的能力与校长职务,其月薪至少与600元大体相等(详见中华教育文化基金董事会:《中华教育文化基金董事会第六次报告》,出版社不详,1931年版,第52页);1935年2月,北京大学教师薪酬表显示,蒋梦麟月薪600元[详见北京大学会计组主任:《国立北京大学核发薪金清册》,见王学珍、郭建荣主编:《北京大学史料》(第2卷),北京大学出版社2000年版,第502页]。

4.5个月薪酬总额），其实蒋没有必要兜很大圈子来"示弱、讨好"这些学生，关心爱护他们的因素或许更大一些。多年后，蒋梦麟遇到一位当年被开除的学生，该生表现非常优异，他表露出由衷的赞赏：

> 好几年以后，我偶然经过昆明中央航空学校的校园。航空学校原来在杭州，战时迁到昆明。忽然一位漂亮的青年军官走到我面前，他向我行过军礼后告诉我，他就是被北京大学开除的一位学生。我马上认出他那诚实的面孔和健美的体格。闹学潮时紧迫在我背后所表现的那副丑恶的样子已经完全转变了，他的眼睛闪耀着快乐的光辉，唇边荡漾着笑意。这次邂逅使我们彼此都很高兴。航空学校的校长来告诉我，这位青年军官是他们最优秀的飞行员和教官之一。

> 这些例子足以说明学生运动中包含各式各样的分子。那些能对奋斗的目标深信不疑，不论这些目标事实上是否正确，而且愿意对他们的行为负责的人，结果总证明是好公民，而那些鬼头鬼脑的家伙，却多半成为社会的不良分子。①

可见，蒋梦麟并未把被开除学生认定为"不可救药"之人，就一定意义而言，开除学生反映出蒋的就事论事而非针对某些人之意。

总之，当时北大学生难以安心向学的局面令人担忧，以蒋梦麟为代表的校方既要提供宽松的氛围与制度，又要保障正常的教育秩序，面对复杂的时局与旧新流转中的北大，其尺度着实不好把握。

2. 派系纷争之艰难处理——以法日派与英美派交锋为考察中心

民初北大各派人士并存，多种观点争锋，尤其以文科为典型代表。例如，除了我们熟知的旧文学与新文学争鸣，还有多种学派同在，"经学有今、古文学派的不同，蔡先生同时聘请了今文学派的崔适……也聘请了古文学派的刘师培。在文字训诂方面，既有章炳麟的弟子朱希祖、黄侃、马裕藻，还有其他学派的陈黻宸、陈汉章、马叙伦。在旧诗方面，同时有主唐诗的沈尹默，尚宋诗的黄节，还有宗汉魏的黄侃。在政法方面，同时有英美法系的王宠惠，也有大陆法系的张耀曾"②。师生们在自由包容的氛围中研究、教学与

---

① 蒋梦麟：《西潮与新潮》，人民出版社2011年版，第138—139页。

② 郑天挺：《蔡先生在北大的二三事》，见中国人民政治协商会议全国委员会文史和学习委员会编：《文史资料选辑》（合订本）（第28卷第81辑），中国文史出版社2011年版，第324页。

生活,北大成为当时人们任教或求学所向往的学府。冯友兰指出当时北大"派别是有的,但是只有文斗,没有武斗"①。不过,随着时间的推移,进入北大的蒋梦麟面对的不仅是各派的"文斗",还有刻意排除异己的现象,比如前述赌气之争、盲目跟从以及谩骂侮辱等,同时也有蔡元培与林纾的正面交锋以及法日派与英美派的明争暗斗等。这些多是蒋梦麟全程或部分经历的,也是他代理校务、执掌学校不得不长期继续面对的棘手问题。复杂的是,蒋本人即是派系中人。以新旧论之,蒋为新派;以乡籍论之,蒋为浙江派;以学缘论之,蒋为英美派,等等。不难理解,这些都在很大程度上直接影响着蒋梦麟的态度与言行,在面对派系问题时,拥有多重身份的蒋实难处理,此处我们以法日派与英美派的纷争为例进行深入分析。

在法日派与英美派问题上,综观当时北大教师的国外经历,1923年,各国人数分别为:日本36人,法国18人,共54人;美国42人,英国23人,共64人(其中1人留英、留美,故总数减1人)。② 1933年,日本31人,法国14人,共45人;美国54人,英国10人,共64人。③ 经过约十年的发展,两派力量有了小幅变化,英美派人数比重有所提升。究其原委,与民国文化教育取法国外的大趋势密切相关:清末民初主要取法日本,五四运动前后留法勤工俭学运动声势较大,同时伴有美国与其他欧洲国家影响力的快速扩大,直到民国中后期美欧力量趋于主导。在20世纪40年代初,法日派对文化教育的影响式微,不过在北大,拥有赴两国经历者比例依然不小,这或许缘于以蒋梦麟、胡适等为代表的英美派的包容之举,或是法日派的力量被挤占,抑或是以才学来聘请教师的自然结果。这些只是数量上的表面展示,可以说明一定问题,实际的运作则非常复杂,其过程波澜壮阔。

由于评议会、校务会议分别是蒋梦麟代理校务与正式校长两个阶段最有权力的两个组织,接下来我们就结合实例来分析当时的法日派与英美派纷争问题。

1923—1926年是蔡元培辞职离校而蒋梦麟代理校务时间最长的一段时

---

① 《三松堂自序》,见冯友兰:《冯友兰文集》(第1卷),长春出版社2008年版,第208页。
② 1923年数据根据《北京大学史料》刊载的北大教师履历整理得出。参见王学珍、郭建荣主编:《北京大学史料》(第2卷),北京大学出版社2000年版,第386—401页。
③ 1933年数据根据《北京大学史料》刊载的《北大二十二年度教员总统计(一)》整理得出。参见王学珍、郭建荣主编:《北京大学史料》(第2卷),北京大学出版社2000年版,第435页。

期，我们从乡籍、学缘等角度来分析评议会的成员结构。①

1923 年，评议会成员共 16 人，其中浙江籍最多（10 人），包括沈尹默、沈兼士、沈士远、马裕藻、朱希祖等众多章门弟子或与章门关系密切者。同时，赴法国、日本经历者最多（10 人），其中以李石曾为首，章门弟子多为主要成员；而以胡适为代表的具有赴美国、英国经历者仅为 4 人。

1924 年，评议会成员共 17 人，其中浙江籍最多（8 人），"三沈一马一朱"依然在列。再者，赴法国、日本经历者最多（12 人，含兼有英法者 2 人、英日者 1 人），主要成员与 1923 年基本相同；而具有赴美国、英国经历者为 7 人（含兼有英法者 2 人、英日者 1 人）。

1925 年，评议会成员共 17 人，其中浙江籍最多（8 人），沈尹默、沈兼士、马裕藻、朱希祖等继续当选。同时，赴法国、日本经历者为最多（13 人，含兼有英法者 1 人），主要成员与前述两年相仿；而具有赴美国、英国经历者为 3 人（含兼有英法者 1 人）。

1926 年，评议会成员共 12 人，其中浙江籍最多（6 人），主要成员与 1925 年类似。再者，赴法国、日本经历者为最多（10 人），李石曾的侄子李宗侗入选，主要成员与前述相近；而具有赴美国、英国经历者为 2 人。

由上可知，尽管前述 1917—1923 年浙江籍教师在师资队伍中的占比有较大降幅（9%），但其在评议会这一核心领导团队中的人数占比始终保持绝对优势。同时，有法日经历者呈现出明显的上升态势，直到 1926 年时占据极大比重，而有英美经历者越来越少。可见，在蒋梦麟代理校务期间，浙江

---

① 1923—1926 年北京大学评议会评议员情况如下：1923 年共 16 人，顾孟余（56 票）、王星拱（46 票）、李煜瀛（41 票）、马叙伦（40 票）、李大钊（39 票）、陈大齐（36 票）、谭熙鸿（36 票）、马裕藻（35 票）、沈士远（34 票）、朱希祖（32 票）、冯祖荀（30 票）、胡适（28 票）、罗惠侨（28 票）、余文灿（27 票）、沈兼士（27 票）、沈尹默（26 票）；1924 年共 17 人，胡适（48 票）、顾孟余（47 票）、王星拱（42 票）、李煜瀛（36 票）、丁燮林（36 票）、陈大齐（36 票）、马裕藻（32 票）、马叙伦（29 票）、谭熙鸿（28 票）、王世杰（28 票）、沈尹默（27 票）、沈兼士（26 票）、石英（25 票）、罗惠侨（25 票）、周鲠生（24 票）、李四光（24 票）、朱希祖（24 票）；1925 年共 17 人，顾孟余（48 票）、陈大齐（47 票）、谭熙鸿（42 票）、朱希祖（42 票）、胡适（42 票）、李煜瀛（41 票）、朱家骅（38 票）、沈尹默（37 票）、马裕藻（37 票）、冯祖荀（37 票）、沈兼士（37 票）、丁燮林（34 票）、高一涵（32 票）、徐炳昶（32 票）、李书华（32 票）、周鲠生（31 票）、王世杰（31 票）；1926 年共 12 人，徐炳昶（30 票）、陈大齐（26 票）、谭熙鸿（25 票）、沈兼士（24 票）、李书华（24 票）、朱希祖（23 票）、樊际昌（22 票）、马裕藻（20 票）、周鲠生（19 票）、李宗侗（19 票）、沈尹默（16 票）、王星拱（16 票）。详见《校长布告》等，见王学珍、郭建荣主编：《北京大学史料》（第 2 卷），北京大学出版社 2000 年版，第 144—148 页。

派力量在引导北大发展方面拥有非常大的权力。同时，法日派势力不断加大，直到 1926 年时居于统治地位。这两股力量中有一批人，即章门弟子（或与其相关者），他们无论在哪股力量中（乡籍或留学经历）都具有相当大的话语权。而与章门、法日派都有分歧的蒋梦麟、胡适等人在治理北大过程中步履艰难，这在很大程度上影响着蒋此后的许多举措，我们主要围绕 1925 年北京大学脱离教育部事件加以呈现。

（1）北京女师大学生驱逐校长风潮——法日派风头强劲

1925 年 8 月，北京大学要求脱离教育部。究其原委，派系纷争是重要因素之一。探究该事件，先得从北京女师大学生驱逐校长杨荫榆风潮说起。1925 年 1 月，北京女师大学生自治会上书教育部，呈请罢免校长杨荫榆，并致函杨，要求其离校。据亲历学生许广平称，此事导火索是杨荫榆违规开除学生且伴有区别对待之举：

> 风潮最初发动，是因为去年江浙战后回南的同学受战事影响，迟来的同学，后来杨氏整顿校规，把特别迟到的从严处治，按章是改为特别旁听的，而杨氏连坐位也不给她们设立，自然更不给她们补考，按法律，规则成立在事情之先，自然不能约束以前发生的事。而况同是迟回的人，而对于她的同乡，她同乡的好友，就一点也不妨碍，别人就严格对待，这如何能服众？于是风潮勃起，这是年假时事。[1]

面对学生的驱逐，杨荫榆表示不辞职，并以评议会名义质询此举是否为学生公意，要求代表到"本校主任办公室借释群疑"[2]。学生称自治会可代表学生，不去签字。[3] 教育部未回复学生要求，持中立态度的部分师生出面调停。[4] 双方依然僵持不下，杨荫榆难以在校办公，学校发展受阻。4 月，章士钊接替王九龄，以司法总长兼任教育总长，支持杨，告诫学生安心求学，并发布整顿学风令："（一）为限制学生在校集会，谓开会须得校长允许及职员督

① 许广平著，海婴编：《许广平文集》（第 1 卷），江苏文艺出版社 1998 年版，第 101—102 页。
② 《北京女子师大学生驱逐校长》，《申报》1925 年 1 月 31 日，第 11 版。
③ 《京女师大学生驱长风潮未息》，《申报》1925 年 2 月 7 日，第 12 版。
④ 《京女师大驱长风潮可望平息》，《申报》1925 年 2 月 10 日，第 11 版。

率，否则一律禁止……（二）禁止非学生在校借地开会。"①该风潮的重要转折发生在 5 月 7 日，女师大学生自治会举行纪念"五七"国耻大会，杨荫榆欲参加遭到阻止。杨召集评议会开会，议决以整顿学风为由开除自治会六名干事，同时致函全体学生及其家长与教职员，并呈文教育总长。② 学生自治会则发布了驱逐杨的第五次宣言：

> 我校自杨荫榆于"五九"挂出开除自治会职员六人牌示后，群情益为愤愤，誓必立即驱除之而后已……最后议决全体往封校长办公室及杨之寝室，并分组轮流守门，拒杨来校，内部秩序，暂请职员负责，职员方面则请各部主任及全校教员共同维持，亦由同人分途接洽。……杨怙恶不悛，益肆暴戾，竟敢非法开除群众寄托之同学，蔑视同人之人格已达极点，从此女界前途，将终为一人所摧残。同人为女界最高学府计，为个人前途计，反覆思维，不得已而出此次之运动也。同人与杨荫榆早已势不两立，誓必牺牲一切，努力奋斗，痛心流涕之余，特敬陈于邦人君子之前，尚希主持公道，予以援助，幸甚幸甚。③

对此，5 月 20 日，杨荫榆在《晨报》上发表《教育之前途棘矣！》，斥责学生武力驱逐、言语侮辱校长的极端言行：

> 自去年忝长国立女师大校，益本主义勤求，以为今日女子教育，道德与知识并重，即修养与解放俱难。既以铸师成范为标题，即不能不以敦品学力为归宿。早作夜思，苦求一当。……竟有号称最高学府之女生，甘出化外自同之行径，如本校此次闹潮之异者。夫都门观听所昭，教部近在咫尺，女生以武力驱逐校长，闻者骇矣。校门狂贴布告，拳大字形，所言何物，则校中内状自可不谈，当下之披猖极矣。数日来比屋封锁，前门后门，交通阻塞，尚复大队把手，握拳透爪，所为何事。则若辈之居心斗狠，益复奚言。其他口舌叫嚣，文字谩骂，似乎呲血能喷，含沙能射。问所开罪，不过一片空词。……即如前向教部列举呈控，早经

---

① 《章士钊到教部就兼长职》，《申报》1925 年 4 月 20 日，第 11 版；《章士钊就兼教长职后之设施》，《申报》1925 年 4 月 22 日，第 11 版；《本校校长致开除学生家长函》《杨校长致全体学生公启》《杨荫榆为开除学生致教职员函》《杨荫榆呈教育总长文》，见薛绥之主编：《鲁迅生平史料汇编》（第 3 辑），天津人民出版社 1983 年版，第 353—356 页。

② 《女师大驱校长》，《顺天时报》1925 年 5 月 10 日，第 7 版。

③ 《国立北京女子师范大学驱逐杨荫榆第五次宣言》，见北京师范大学中文系编：《文学论文集及鲁迅珍藏有关北师大史料》，北京师范大学出版社 1981 年版，第 313—314 页。

王总长派员详加按查。结果无只字证明,公案已一重了却。荫榆以事实既明,既往不咎,历次委曲求全,总冀无形感悟。迫至前昨礼堂滋扰,方始陈明各当事者,仅予开除首要,并即劝告同堂,种种苦心,言之伤痛。乃被黜既不离校,在校益鼓狂潮。竟不恤以少数流毒多数。星火燎原,炎炎日长。致循谨者怵于威势,饮恨难言;凶悍者利用压迫,胁从寝众。递演递进,乃成此嚣张横暴不可究诘之一日。⋯⋯梦中多曹社之谋,心上有杞天之虑。然而人纪一日犹存,公理百年自在。①

就此,双方纷争持续升级,北京大学部分教师开始高调介入,鲁迅、马裕藻、沈尹默等声援学生,指责杨荫榆专制,而陈西滢、李四光等支持杨改进学风。不久,五卅惨案爆发,工商界、学界等掀起声势浩大的示威运动。在此期间,章士钊因"五七"学潮办理不当,遭到教育界反对,辞职离京,直到 7 月 31日,章回京专任教育总长,继续整顿学风。② 杨荫榆报请章士钊改组女师大计划获准,8 月 1 日,据一些报刊报道,杨带领保安警察与侦缉队稽查到校,宣布解散涉事四个班与学生自治会,以修缮校舍为由请学生迁入"报子街补习科暂住",并张贴布告请予遵行,学生称本校已无校长,拒不离校,杨令断水断电,双方争执不下。③ 8 月 2 日,警察等撤出"大部分",教职员欲退出学校,"以免加入漩涡",受到学生阻拦。北京教育界开始抨击杨荫榆、章士钊以武力迫使学生离校的举动。④ 此次事件是这场风潮的关键之一,当时校内具体情况如何,各执立场的双方说法不同。学生发表告全国同胞驱逐杨、章宣言,称两人"结欢军阀权要,献媚帝国主义",并对当时情况有较为详细的说明:

> 八月一日早七时,校内突来武装警察百余人,各门口要隘皆派人看守;大门则只准出,不准入;电线亦被割断,不能通话,厨房则遣散厨役,立令停闭;⋯⋯各教室及学生休息之处,全行封锁。同学相顾惊惶,莫知所以。有问警察何故如此者,即以厉声恶言相报。及其诸事布置妥

① 《教育之前途棘!杨荫榆之宣言》,《晨报》1925 年 5 月 20 日,第 6 版。鲁迅称该文是"北京女子师范大学校长杨荫榆对于本校暴烈学生之感言"。详见《国立北京女子师范大学校长杨荫榆对于本校暴烈学生之感言》,见薛绥之主编:《鲁迅生平史料汇编》(第 3 辑),天津人民出版社 1983 年版,第 359—361 页。

② 《北京通信:章士钊出京之真因 遗缺人选之预测》,《申报》1925 年 5 月 26 日,第 5版;《教长章士钊将整顿学风》,《申报》1925 年 8 月 2 日,第 9 版。

③ 《轩然大波之女师大风潮》,《顺天时报》1925 年 8 月 2 日,第 7 版。

④ 《京女师大解散四班风潮夸大》,《申报》1925 年 8 月 5 日,第 11 版。

贴,有顷,杨氏率领打手及其私党廿余人,分乘汽车数辆而来,由其短衣打手左右环护,一拥而入校长室,学生之近前看视者,皆被呵斥,立令退避;其立路侧栏杆上者,退避不及,该打手等即拳挥脚蹴,受伤者至有四人。杨氏到校后,校长室左右皆密布打手及武装警察。散校时当开沪案后援会之际,同学即当场推举代表数人前去质问,杨氏推而不见,反唆使打手毒打代表,至十一时许杨氏贴出布告,解散大学预科甲乙两部,教育预科一年,高师国文三年等四班(仅体育音乐两专修科未解散),勒令该四班同学即日迁出校外,其对未被解散两班同学,则伪称因需修理房屋,已择定女师大附设补习科暂作宿舍勒令立刻移出。该两班同学迁移至补习科,该处闭门不纳,以至进退俱难。杨氏之无赖如此,尚得谓有人心乎?尤有惨者:住校内疗养院者,有同学数人,皆在病中,杨氏亦勒令其立即迁出,将疗养院封闭。其被解散之四班同学相约,誓与杨贼奋斗到底,宁死不为威屈,至下午四时,大雨如注,杨氏唆使警察打手,非叫学生迁出不可,该打手等欲强行入寝室内将同学行李抛置门外,同学力与之抗,被其挤跌或推倒于泥水之中者,十有余人。[①]

比较而言,杨荫榆的描述则大不相同,《申报》刊载杨的声明如下:

> 荫榆于八月一日到校执行职务,住校暴劣学生肆行滋扰,叫嚣谩骂,不堪言状,且有男生擅自入校并在各处任意照相,故不得不请求警署拨派警察保护。至于学生迁移问题,原以校中修缮校舍早经通知住校各生并租定报子街六十九号及太平湖饭店为暂住地点,饮食茶水及一切应用器具,该处均有准备。乃布告揭示以后,学生先后迁出者虽有二十余人,而开除各生及少数暴劣分子依然不遵校令,盘踞校内,坚不肯出,且昌言学校停供伙食云云,以乱听闻。在本校原望该生等及早觉悟自动出校,并不愿其在校感受生活上种种之不便,也诚恐外闻未明真相,为此郑重声明。[②]

章士钊在《停办北京女子师范大学呈文》中也谈到杨对当时情况的说明:

---

① 《国立北京女子师范大学学生自治会全体学生为杨荫榆勾结章士钊武装封锁女师大摧残教育蹂躏女权事泣告全国同胞姊妹兄弟驱逐教育界蟊贼杨荫榆章士钊宣言》,见薛绥之等编:《鲁迅生平史料汇编》(第3辑),天津人民出版社1983年版,第293—298页。
② 《女师大被解散学生与杨校长相持》,《申报》1925年8月6日,第9版。

顷据该校长呈报,八月一日到校,顽劣学生,手持木棍砖石,志存殴辱,叫骂追逐,无所不至,又复撕毁布告,易以学生救援宣言,并派人驻守校门,禁阻校员出入,其余则乘坐汽车,四处求助,旋有男生多人,来校恫吓,并携带快镜,各处摄影,种种怪状,见者骇然等情。学生暴乱如此,迥出情理之外。①

综上可以看出,双方对警察到校并无异议,但是学生说杨荫榆指示警察打人,而杨称学生"手持木棍砖石""叫骂追逐",警察来校是自保。此中详情似乎难以完全明晰。不过,杨带警察入校确有不妥,北京大学学生会、全国各界妇女联合会、民治主义同志会妇女部和全国学生总会等均发表宣言声讨杨荫榆与章士钊。不久,章向内阁递交《停办北京女子师范大学呈文》并获准,遂开始接收女师大并改组为女子大学。② 8 月 8 日,任校长仅 1 年多的杨荫榆辞职获批,于 9 月协助完成北京女子大学筹备工作后逐渐淡出人们的视线。③ 至此,女师大驱逐校长风潮大体结束,而反对章士钊运动仍在继续。

目前,学界较多研究强调杨荫榆与章士钊勾结、献媚军阀、武力对付学生,不过近些年也有研究阐明杨治校理念与管理方式等有些强硬,但她并非臣服军阀、指使人殴打学生,其是爱学生的,反对她的仅是少数学生。此处将该风潮各阶段双方表现逐一呈现,意在尽可能地客观展现该风潮的样貌,也想说明女师大风潮的来龙去脉难以简单下定论,其从一件校内事务逐步发展成为轰动全国的事件并非偶然,乃是多种因素所致。而与本研究关系密切的重要因素是派系问题。④

审视女师大整个事件,北京大学教师鲁迅、马裕藻、沈尹默、沈兼士、钱

---

① 章士钊:《停办北京女子师范大学呈文》,《甲寅周刊》1925 年第 2 期,第 1—3 页。

② 《京女师大生与教部对抗》,《申报》1925 年 8 月 11 日,第 7 版;《女师大改组女子大学通过阁议》,《申报》1925 年 8 月 21 日,第 9 版。

③ 《北京电》,《申报》1925 年 8 月 9 日,第 9 版;《筹备中之北京女子大学》,《益世报》(天津)1925 年 9 月 1 日,第 7 版;《北京女子大学筹备就绪》,《益世报》(天津)1925 年 9 月 7 日,第 7 版。

④ 有关女师大风潮中派系问题的代表性成果有娄岙菲:《允文允武:1920 年代学生群体意识的形成与变化——以女师大风潮为例》,华东师范大学 2011 年博士后报告;刘润涛:《女师大风潮前夜的"某籍某系"》,《鲁迅研究月刊》2017 年第 1 期,第 51、77—87 页。这些成果对本研究启发较大。

玄同、周作人等（在女师大兼课）以及陈西滢、李四光①等都参与了这场风潮，而这些人大体上分为"语丝派"与"现代评论派"，前者以留学法日为主（掌控《语丝》《京报副刊》等），而后者以留学英美为主（掌控《现代评论》《晨报副刊》等），同时法日派的后台李石曾在该风潮中甚为活跃，虽未见到英美派重要代表人物胡适的身影，但他是"现代评论派"的领导人物，与陈西滢等同为《现代评论》的主笔。可见，该风潮涉及的北大教师基本可以分成法日派与英美派。

实际上，在学生驱逐校长风潮发生前，女师大部分教师（含兼课的北大教师）与杨荫榆早有矛盾。其一，杨荫榆掌校不久，加强了专任教师队伍建设，力推提高待遇，严禁其校外兼课，并支持教师留学欧美（杨为留美），主持出台了《教职员待遇简章》《津贴教员留学欧美规程》等文件。② 这些举措割断了校内专任教师去校外兼课获取收入的途径，也使得在女师大兼课者（不少为北大人）利益受损。因此，在酝酿、商讨这些文件的过程中，女师大校内外教师开始谋划反杨。钱玄同 1924 年 4 月 24 日的日记称："郑介石来柬，约至钱粮胡同之聚寿堂晚餐。初不知何事，比往，始知客人止有四人：玄同、尹默、兼士、幼渔是也。为商量保全女高师之饭碗问题，因拟先发制人，与杨为难，真是无聊之极。"③郑介石为女师大评议会成员，而另外四人是在女师大兼课的北大教师（法日派成员）。其二，杨荫榆曾因未将俄国庚子赔款尽数发给全体教职员而受到指责，大家称该款"由教职员呼号奔走而得"，大概由于教育经费拖欠严重，杨想以此款用作学校经常费，双方争执不下，但杨召开了特别会议决定执行己见。④ 其三，教育部决定在大学设立董事会，其成员需由教育总长审批且必须有部派代表，女师大教职员认为此举属专制行为且董事会与评议会无法并存，因此提出异议。反对者中有北大马裕藻、沈尹默、沈兼士、钱玄同、周作人、冯祖荀等多人，但杨荫榆未与教育部交涉此

---

① 李四光早年留学日本，后在英国留学多年，鉴于他在英美派掌控的《现代评论》杂志上发表文章声援杨荫榆，在女师风潮中将其视为英美派。

② 《教职员待遇简章》《津贴教员留学欧美规程》，《北京女子师范大学周镌》1924 年 6 月 1 日，第 2 版；《教职员通则》，《北京女子师范大学周镌》1924 年 6 月 29 日，第 2—3 版。

③ 钱玄同著，杨天石主编：《钱玄同日记（整理本）》（中），北京大学出版社 2014 年版，第 582 页。

④ 晚愚：《女师大风潮纪事》，《妇女周刊》1925 年第 36 期，第 84 页；《京教育界将大举索欠》，《申报》1924 年 4 月 1 日，第 10 版；《各省教育界杂讯：北京女高师已准改大学》，《申报》1924 年 5 月 10 日，第 10 版。

事。15 名教员遂联名声讨杨且辞职,"学校功课遂半归停顿",马裕藻、李大钊与学生自治会等居中调解,杨一面请新教员,"一面对于已辞职教员分别挽留或闪准其辞退"。① 这些事情陆续叠加在一起,纠葛不清,并贯穿于1924 年下半年,1925 年 1 月,驱逐校长风潮爆发。此后,鲁迅、马裕藻、沈尹默、沈兼士等对杨有意见的北大法日派部分重要成员与女师大部分师生形成合流,全力发难杨,而北大英美派的陈西滢、李四光等则声援杨,双方争论非常激烈。

对于驱杨风潮,两派都在关注。1925 年 2 月 7 日,英美派的北大教授陈西滢在《现代评论》上发表《北京的学潮》,该文绝大部分内容在阐述北京美术专科学校由于学生驱逐旧校长、拒绝新校长而被解散之事,但最后话锋一转谈到女师大驱逐校长风潮,其认为学生对杨校长的种种指责"大都不值一笑",诸如"欲饱私囊"等都是"莫须有"的罪名。② 该文篇幅虽短,言辞也并不特别激烈,但是声援杨荫榆的立场鲜明。

3 月 11 日,作为学生代表之一的许广平给鲁迅写信指责杨荫榆:"做女校长的,如确有才干,有卓见,有成绩,原不妨公开的布告的,然而是'昏夜乞怜,丑态百出,啧啧在人耳口'。"同日,鲁迅回复称学风问题与政治及社会情况相关。15 日,许复信谓:不能贬低个性而迁就环境等。③ 18 日,许广平以"持平"为名发表《北京女界一部的问题》,虽然公开批评时使用"某女校校长"称谓,但所列种种情形均把矛头指向杨荫榆。④

几天后,3 月 21 日,英美派掌控的《现代评论》刊登了署名"一个女读者"的来信支持杨荫榆,指出风潮是有人指使:

> 凡是见过北京女子师范大学学生自治会迭次驱杨荫榆校长的宣言的人,没有不十分讶怪的:第一可讶怪的是,为什么这个杨校长在八九个月前被女师大学生欢迎得非常热烈,现在陡然地被她们骂得体无完肤。第二可讶怪的是,那些宣言书中所列举杨氏的罪名,既大都不能成立罪名(连"不谙礼节"以及给学生介绍职业都成了罪名!),为什么这些将来要为全国女子所师范的女子偏要口口声声用"寡廉鲜耻""败类"这

---

① 《女高师风潮难解决》,《申报》1924 年 5 月 20 日,第 7 版。

② 滢:《北京的学潮》,《现代评论》1925 年第 9 期,第 4 页。

③ 许广平与鲁迅相关往来书信参见鲁迅、景宋:《两地书全编》,浙江文艺出版社 1998 年版,第 3—12 页。

④ 持平:《北京女界一部的问题》,《京报》(北京)1925 年 3 月 18 日,第 Z4 版。

样的词语,骂她们的校长比骂世界上什么人还要厉害?听说女师大中攻击杨氏的学生,不过是极少数的学生;而这回风潮的产生和发展,校内校外尚别有人在那里主使。事实是否如此,局外人自不能确知,她现在有两件事却要质询贵刊的男女读者:第一,女师大的纪律与教务,在它过去的一切男校长任内,是否较优于这个女校长就任以后?第二,女师大是中国唯一的女子大学;杨氏也是充任大学校长的唯一一个中国女子;如果她的教育训练,不在女师大历来的官僚校长之下,而她的校务行政,又无重大的过失,我们应否任她受教育当局或其他任何方面的排挤攻击?我们女子应否自己还去帮助摧残她?(写于1925年3月15日)①

仅过三天,3月24日,法日派掌控的《京报副刊》刊载许广平(以"正言"为名)《评现代评论"女师大的学潮"》一文,对前述"一个女读者"来信观点逐一驳斥:首先,原来欢迎是因为觉得杨合适,但是其后来表现不好,如若留她则是只顾面子不顾大体,若反对她则是"善于处理事务的人"。其次,"寡廉鲜耻""败类"等用语评判男人可用,女人亦可用,以前人用过,现在也可用,无论男女若其有错便可用之评价。再次,"听说"是少数学生的言论,许广平称"听说"无凭无据,而教育部来校调查时,校内贴满反杨标语乃是大多数人的意见,"我"作为局内人比局外人更清楚,背后有人主使是无凭证的猜想。另者,现在校长与原校长管理的比较没什么意义,因为只要管理不好,都可以反之。最后,不能因是唯一的大学女校长,其存在过失便要容她。② 这篇回复"一个女读者"来信的文章针对性很强,特别是以局内人的身份夯实所说内容及其证据的真实性颇具说服力。

不难发现,上述两篇文章的措辞很激烈,针锋相对。随着风潮的持续发酵,时至"五七"国耻纪念大会举行,杨荫榆被学生驱离活动现场,而后学校开除学生自治会六名干事,两派的矛盾彻底激化,并不断加剧。

5月27日,北京大学马裕藻、沈尹默、周树人、钱玄同、沈兼士、周作人与女师大李泰棻等七人联名发表宣言支持学生:被开除六名学生品行无问题且又是学生公举代表,"不满于校长者倘非公意,则开除之后,全校何至哗然。所罚果当其罪,则本系之两主任何至事前并不与闻,继遂相率引退。可知公论

---

① 一个女读者:《女师大的学潮》,《现代评论》1925年第15期,第18—19页。

② 正言:《评现代评论"女师大的学潮"》,《京报副刊》1925年3月24日,第4—6版。

尚在人心,曲直早经显见,偏私谬戾之举,究非空言曲说所能掩饰也"①。

5月30日,《现代评论》上刊出陈西滢的《闲话》,该文前半部分内容比较公允:

> 以前学校闹风潮,学生几乎没有对的,现在学校闹风潮,学生几乎没有错的。这可以说是今昔言论界的一种信条。在我这种喜欢怀疑的人看来,这两种观念都无非是迷信。女师大的风潮,究竟学生是对的还是错的,反对校长的是少数还是多数,我们没有调查详细的事实,无从知道。我们只觉得这次闹得太不像样了。……我们以为教育当局应当切实的调查这次风潮的内容,如果过在校长,自应立即更换,如果过在学生,也少不得加以相当的惩罚,万不可再敷衍姑息下去,以至将来要整顿也没有了办法。

不过,如该文中所言,正值交印之际,陈西滢看到了前述七人联名的宣言后,又写了下面的内容:

> 以前我们常常听说女师大的风潮,有在北京教育界占最大势力的某籍某系的人在暗中鼓励,可是我们总不敢相信。这个宣言语气措辞,我们看来,未免过于偏袒一方,不大平允……我们自然还是不信我们平素所尊敬的人会暗中挑剔风潮,但是这篇宣言一出,免不了流言更加传布得厉害了。②

陈西滢指"某籍某系"是风潮幕后推动者,这乃是对前述七人宣言的直接反驳。对此,鲁迅回应迅速,6月1日,《京报副刊》刊载了他的《并非闲话》,在逐一反驳陈氏观点后,因陈与杨荫榆同是江苏无锡人,该文对"某籍某派"进行了巧妙地回击:

> 《闲话》里的和这事实的颠倒,从神经过敏的看起来,或者也可以认为"偏袒"的表现:但我在这里并非举证,不过聊作插话而已。其实,"偏袒"两字,因我适值选得不大堂皇,所以使人厌观,倘用别的字,便会大大的两样。况且,即使是自以为公平的批评家,"偏袒"也在所不免的,譬如和校长同籍贯,或是好朋友,或是换帖兄弟,或是叨过酒饭,每不免

① 《鲁迅亲拟的〈对于北京女子师范大学风潮宣言〉》,见北京师范大学中文系编:《文学论文集及鲁迅珍藏有关北师大史料》,北京师范大学出版社1981年版,第286—287页。
② 西滢:《闲话》,《现代评论》1925年第25期,第9—10页。

于不知不觉间有所"偏袒"。这也算人情之常，不足深怪；但当侃侃而谈之际，那自然也许流露出来：然而也没有什么要紧，局外人那里会知道这许多底细呢，无伤大体的。①

在以同乡为由将陈西滢与杨荫榆"合流"后，6月2日，鲁迅撰文《我的"籍"和系》再次反驳："我确有一个'籍'，也是各人各有一个的籍，不足为奇。但我是什么'系'呢？自己想想，即非'研究系'，也非'交通系'，真不知怎么一回事。"随后，他介绍自己祖籍浙江绍兴，"兼做北京大学，师范大学，女子师范大学的国文系讲师"是他的"系"。② 可见，字里行间带有讽刺的意味。

由此，两派已然公开对抗，各有说辞，但在8月1日杨荫榆带警察入校后，杨被认定与军阀勾结等"罪名"，局势明显偏向了学生一方，法日派已基本占据主导地位。直到杨荫榆辞职获批后，《现代评论》刊载了李四光（杨请李到现场观看）的文章，李以目击者身份还原8月1日的现场，强调学生蛮横无理，杨则克制且命令不得对学生动手：

> 我跑到女师大前门的时候，只见了若干名卸除武装的巡警，或坐或站，挤在廊下。门役领我到一个灰尘满地的客厅，待了四五十分钟，忽然听着门外的汽车声，嘈杂声，骂声，叫声，"杨荫榆来了……杨荫榆来了……"这是我听见的第一幕。
>
> 经了几种手续（如传递名片，学生的检查等等）他们放我进去了。在一间热极的小房子里，会见杨先生。那时我只见有几位学校的教职员，并无所谓参观的人士。吓底像狗样的听差不断的向杨先生报告。一会儿说某某门已经被学生把守了，一会儿又说外间的情形不好，恐怕有人来捣毁学校。谣言蜂起，议论风生。校长，职员，听差连开了几次联席会议，好容易才办了一件大事。那就是把大门关上。他们纷忙的时候，我坐在一旁，只看见那些"保护"的巡警，站在门前。你一声，我一

---

① 《并非闲话》，见鲁迅著，傅光明主编：《论战中的鲁迅》，北京联合出版公司2012年版，第3—6页。

② 《我的"籍"和系》，见鲁迅著，傅光明主编：《论战中的鲁迅》，北京联合出版公司2012年版，第6—8页。有研究指出"即非'研究系'，也非'交通系'"的观点是鲁迅对陈西滢的暗讽："鲁迅这句话又说得非常巧妙，暗嘲陈源（陈西滢，笔者注）代表的'现代评论派'与梁启超、汤化龙为首的'研究系'及梁士诒为首的'交通系'有所勾结。"参见张守涛：《凡人鲁迅：那些年，鲁迅经历的笔墨官司》，江苏凤凰文艺出版社2016年版，第41页。

声,在那儿张开大口换班打呵欠。看守巡警的女学生,三五成群,你一句,我一句,唱出许多不甚雅听的口号。如是的一点钟,两点钟,三点钟过去了。他们在那里做戏做不出来,仿佛并不十分着急,可是把那一个看戏的人急死了。

我再三向杨先生兴辞,终不得允许。待到下午三点多钟,我实在忍耐不了,就红着脸皮说了几句对不住主人的话,杨先生连声回答说:"我现在要办了,请你再待一会儿。"

确实不虚,那时杨先生仿佛拿出全副的精神,一面吩咐巡警,无论如何不准动手,一面硬跑出门外,前后左右用巡警包围,向西院走去。一时汹涌唾骂的音乐大作,详细的情形我不便述,恐怕为官僚及一班反动者所利用。可怜我们平时最敬爱的青年淑女,为什么要做到那步田地。假若我是一个基督教徒,我只好跪下求皇天皇天……声音稍稍平息,我才逢人打听,那是怎样一回事。原来是杨先生申明要由杂务课升到校长室办公!这可算是我所见的第二幕。

这种戏我再不要看了。所以无论如何,要求了杨先生放我出去。杨先生道了歉,准了我的要求。阿弥陀佛!我竟逃脱了苦海。可怕的是那无限风波,无量劫数,要到何时才可了结。

朋友们说,有人以我为"杨荫榆的死党"。无论就私交,就职务说,这个头衔,真不配。我并不是票友,本行的笨事都做不完,哪有闲工夫去干些玩意。假若我在女师大有了职务,或者是一个"教育家"、或者是社会上负重望的人,就那一天的情形看来,即令替杨先生做了死党,我还不失为一个人。可是杨校长已经死了,问题已经变更了,我不过为那位校长先生念一句南无阿弥陀佛就完了,还有什么话说?[1]

李四光的描述与法日派及学生观点截然相反。那么,两派在该风潮中的纷争意欲何为,只是为赌气而争?事实没有那么简单。杨荫榆辞职时以其亲历的体验发出感叹:"风潮非仅学校及教育问题,乃学阀中之政治问题。自审个人手腕,不适于今日之潮流。"[2]此番言论中的"学阀"是谁,时人顾颉刚的答案是法日派的后台李石曾,鲁迅、周作人等则是被利用之人:

蔡先生组织教授会,定出教授治校的办法,因此教授就有了权。权

---

① 仲揆:《在北京女师大观剧的经验》,《现代评论》1925年第37期,第11—12页。
② 《京女师大杨校长有辞职说》,《申报》1925年8月7日,第9版。

之所在成了争夺的目标，于是马上分成英美派和法日派两大系，用团体的力量做斗争的工作。……李氏是法国留学的前辈，他在北大里当然成了"法日派"的领袖，但他不大出面，而专是利用别人来替他干。他当时办有中法大学，又办有孔德学校，适值北京政府积欠学校薪水，北大同人无法存活的时候，凡是接近他的人都要插在他的学校里，所以他的势力就逐渐大起来。他不抢北大，因为知道英美派人多，他抢到手也是麻烦；他专抢北京的各专科学校，抢的办法就是把原来的校长骂倒，或利用学生要求"改大"，而后他介绍新校长给政府，这个学校就成他的了。最明显的一个例，就是他利用鲁迅、周作人在报上攻击女师大校长杨荫榆，而后他介绍易培基（李石曾侄子的岳父，笔者注）为该校校长。现在《鲁迅全集》俱在，请大家看看，杨荫榆果有何种不可恕的劣迹，李石曾这人会拨弄人家，使得人家在不知不觉间给他用了。如鲁迅、周作人，我相信他们决不会甘心情愿帮李氏抢地盘的，只因他们会写文章，李氏就叫人激动他们，使他们自己觉得发于正义感而攻击杨荫榆了。①

检视女师大驱逐校长风潮的全程，我们发现李石曾确实参与其中，特别是在风潮的中后期，李异常活跃。8月1日，杨荫榆带警察到校事件发生后，次日北京各界代表开会商讨对策，李石曾、易培基等作为市民代表与中法大学及燕京大学等校代表共同参会。在女师大代表介绍基本情况后，法大代表（李派势力）发言强调杨带警察入校不再是学校问题，其后台为压迫学生运动的章士钊。燕大代表对女师大"解散学生会之学生各事语极沉痛"，未谈及对杨的看法。接着，李石曾说参会不是以教育界身份，而是以国民资格身份，因为杨的做法不再是教育界的事情。最后议决由李泰棻、李石曾、易培基、王世杰等为代表向政府交涉援助女师大学生。② 可见，以李石曾为首的一派明确反对杨，并将这次事件定义为超越了教育界而关乎国民生活的重大事件。

然而，8月3日，在招待欧美同学会午宴中，章士钊说出了一个关键信息：他问李石曾是否亲眼看到"八一"事件中女师大学生被打伤数人，李答女师大风潮是"外交问题"，因为杨带警察来校时，学生正在开"沪案后援会"，"故不得不疑及英日盾诸其后"。章士钊谓如果不是亲耳听见，真不敢相信

① 顾颉刚：《顾颉刚自传》，北京大学出版社 2012 年版，第 100 页。
② 《京女师大解散四班风潮扩大》，《申报》1925 年 8 月 5 日，第 11 版。

这是李所说,"所谓英日盾诸其后者,大之为卖国,小之为得贿。……此种大事,一无凭证,遽于大庭广众之中,公然责难政府。愚诚深服石曾之无政府主义,十分贯彻"①。这段对话内容较详尽,未发现李石曾的反驳,其中意思与前述李将女师大风潮上升到关乎民众人格高度的观点相通,甚至把"卖国"的罪名强压给了杨荫榆。越几日,北大毕业生、拥有留英背景的向绍轩评论称:"尝闻人言李石曾君子人也,纯洁能事其事者也。此次见其干涉女师大事,且强指为外交问题,以图风潮扩发,遂扫除异己之谋,始觉名下无虚士一语,为不可信。"②可见,章士钊与向绍轩将学潮背后主谋直指为意在争夺地盘的李石曾。

不久,女师大学生开会,议决由易培基、吴稚晖、熊希龄等为校务维持会会员。8月8日开会,沈尹默、沈兼士、周作人等到场,商定维持会职员为:校务行政主任马叙伦;校务总务主任周树人(鲁迅)、李泰棻;教务主任沈尹默、文范村等。③可见,法日派成员掌控了女师大校务维持会。另一个值得注意的是,在杨荫榆辞职后,学生"急盼易培基出面长校"④。教育部决定解散女师大改组成女子大学去接收时,李石曾夫人与顾孟余夫人以调停人的身份出现在现场。⑤此后,教育部在女师大原址改组创办国立女子大学,校长是胡敦复。⑥女师大则另择新址办学,继续声讨章士钊。

段祺瑞政府对外政策的软弱以及严整学风的行为,导致包括教育界在内的各界人士反对声音高涨。1925年11月30日,在顾孟余、马裕藻、鲁迅等人支持下,女师大学生返回原址,拆毁女子大学牌匾,要求复校。12月3日,女师大校务维持会开会,李石曾、易培基、顾孟余、马裕藻、许寿裳等到会商议复校工作,推举校务各部门负责人。⑦而陈西滢、王世杰、高一涵、燕树棠等组织"教育公理维持会"声援章士钊与杨荫榆,《现代评论》于12月19日刊发陈西滢文章称:"女大有三百五十学生,女师大有四十余学生,无论分

---

① 孤桐:《与李君石曾谈话记》,《甲寅周刊》1925年第4期,第8—10页。《甲寅周刊》为章士钊所创办,孤桐即章士钊。

② 向绍轩:《李石曾》,《甲寅周刊》1925年第7期,第21页。

③ 《教章表示对女师大已有办法》,《申报》1925年8月8日,第9版;《京女师大与教部对抗》,《申报》1925年8月11日,第7版。

④ 《京女师大杨校长有辞职说》,《申报》1925年8月7日,第9版。

⑤ 《教育部尚难接收女师大》,《申报》1925年8月24日,第9版。

⑥ 《胡敦复任女子大学校长》,《申报》1925年9月1日,第9版。

⑦ 《京女师大学生要求复校之大运动》,《申报》1925年12月12日,第10版。

立或合并,学生人数过八倍多的女大断没有把较大的校舍让给女师大的道理。"①该文至少有两层意思:一是女师大 40 余人返回旧址,实际上这些是反对杨荫榆之人,足见数量较少;二是女师大学生在别人鼓动下以武力夺校。然而,此时由于章士钊已引发公愤而辞去教育总长,由易培基代之②,女师大复校成为定局。1926 年 1 月 11 日,教育部指令易培基以教育总长兼任女师大校长,13 日到校就职,随后聘任教员,马裕藻、鲁迅、沈兼士、朱希祖、沈尹默、沈士远、周作人等赫然在列。③ 多年后,当时全力支持法日派的学生重要代表人物许广平说出了易培基掌校后的种种恶劣表现:

> (女师大,笔者注)复校后,由易培基当校长。他当时也算左派,是李石曾的关系。但易培基一进来,就大批任用私人,他先介绍向培良进来,后来,教职员,管财政的,都用同乡湖南人。接着,他将家里开支都报销在学校里,连他家里用的女佣人也算学校的帐,很不像话。④

凡此种种可知,两派在这场风潮中的目的(或者说主要目的之一)是抢夺教育界的权力,这段时期以李石曾与易培基"胜出"暂告结束。然而,易培基代表的法日派在女师大复校后的做法着实让人失望。

(2)1925 年北京大学脱离教育部风潮——法日派掌控局面

女师大风潮中充满着法日派与英美派之间的纷争,法日派逐渐占据上风,两派主要人物多是北大教师。在杨荫榆辞职后,反章士钊运动渐入高潮,同期北京大学法日派与英美派的冲突逐渐加剧,原本未直接参与的胡适等人加入其中,两派围绕着北大是否脱离教育部这一问题展开激烈论辩,蒋梦麟深陷其中。

1925 年 8 月 18 日,北京大学评议会开会,因蒋梦麟回家省亲不在北大,会议由代理校务的教务长顾孟余主持,到会 15 人。首先,李石曾提议"章士钊摧残女师大,实为教育界罪人",北大应支持女师大学生,"宜与教育部宣告脱离关系,一致驱章"。反对者言:"评议会无此权利……教育不应卷入政

---

① 陈西滢:《闲话》,见傅光明主编:《论战中的鲁迅》,京华出版社 2010 年版,第 80 页;晶清:《招牌换了》,《京报副刊》1925 年 12 月 19 日,第 7 版。

② 《法长马君武、教长易培基、农长寇遐遐今日就职》,《申报》1926 年 1 月 8 日,第 4 版。

③ 《易培基兼充女师大校长》,《顺天时报》1926 年 1 月 12 日,第 7 版;《易培基已就女师校长》,《益世报》(天津)1926 年 1 月 14 日,第 7 版;《复校后各学科主任教员聘定情况》,见薛绥之主编:《鲁迅生平史料汇编》(第 3 辑),天津人民出版社 1983 年版,第 336 页。

④ 许广平:《鲁迅回忆录》(手稿本),长江文艺出版社 2010 年版,第 210 页。

潮漩涡。"双方讨论激烈,历时约 3 小时。投票之际,罗惠侨、余文灿已退席,留有 13 人。顾孟余为主席,按规定第一轮不表决,结果为"赞、反各六票",赞成者为李石曾、马裕藻、朱希祖、沈尹默、谭仲逵、冯祖荀,反对者为皮宗石、周鲠生、王世杰、王星拱、丁燮林、高一涵。随后,顾孟余支持脱部,最终赞成方以 7:6 胜出。由名单可知,赞成者基本为法日派,而反对者多为英美派。[1]

不久,蒋梦麟返校,双方围绕该问题针锋相对,对抗彻底公开化。英美派颜任光、胡适、陶孟和、燕树棠、陈西滢等 5 人联名致函评议会,提出抗议:贵会有越权、漠视全体教职员之嫌;脱部会导致学校陷入无休止的学潮与政潮之中。李四光声援胡适、陶孟和等人主张。法日派由周作人、李宗侗、李麟玉、徐炳昶等 8 人致信代理校长蒋梦麟,称章士钊"媚外无耻,摧残教育",请尽快执行评议会议决的脱部决议。[2] 英美派聚集 7 人联名致函全校教职员,呼吁大家反对脱部,理由主要有三:学校应潜心治学,远离学潮与政潮;我们反对章士钊的守旧主张,但需以个人名义,"不要牵动学校";请评议会用大部分精力谋划学校内部改革,不要轻易干涉职权外的事情。8 月 26 日,蒋梦麟主持召开评议会与教务会议联席会,两方支持者数量相同。是日,法日派联合 17 人致书全体教职员争取支持,称胡适等与他们同样都反对章,且作为"大学最高机关"的评议会已议决,当场反对者没有异议。同时,法日派集结 41 人联名发表《反对章士钊的宣言》,抨击章武力解散女师大、摧残教育的行径,号召大家反对章。[3] 最终,蒋梦麟以评议会议决结果为准,宣布

---

① 《北京大学宣告独立 评议会以七票对六票通过 但大多数教授反对已提抗议》,《晨报》1925 年 8 月 2 日,第 3 版。

② 颜任光、胡适、陶孟和、燕树棠、陈源:《致评议会书》;周作人、李宗侗、李麟玉、徐炳昶、李书华、张凤举、江绍原、王尚济:《致校长书》;李四光:《李四光教授致陶孟和教授等书》,《北京大学日刊》1925 年 8 月 22 日,第 1 版。

③ 颜任光、李四光、丁燮林、王世杰、燕树棠、高一涵、陶孟和、皮宗石、胡适、王星拱、周览、胡濬济、陈源、张歆海、陈翰笙、邓以蛰、高仁山:《为北大脱离教部关系事至本校同事的公函》;王尚济、朱希祖、李煜瀛、李书华、李麟玉、李宗侗、沈士远、沈兼士、沈尹默、周作人、马裕藻、马衡、徐炳昶、冯祖荀、杨震文、谭熙鸿、顾孟余:《为反对章士钊事致本校同事的公函》;王尚济、王仁辅、朱家骅、朱希祖、朱洪、李书华、李宗侗、李麟玉、李辛白、李煜瀛、吴文潞、沈士远、沈尹默、沈兼士、周树人、周作人、林损、马裕藻、马衡、徐炳昶、徐宝璜、翁之龙、陈大齐、陈君哲、陈倬、张凤举、张颐、屠孝寔、冯祖荀、贺之才、叶瀚、杨芳、杨震文、赵承易、刘文典、黎世蘅、钱玄同、戴夏、关应麟、谭熙鸿、顾孟余:《反对章士钊的宣言》,《北京大学日刊》1925 年 8 月 29 日,第 1—3 版。

北大脱离教育部。

由上不难发现,两派的对垒十分激烈。那么,缘何英美派的代理校长蒋梦麟关键时刻却支持法日派呢？我们可以从如下方面一探究竟。

其一,就两派理由而言,双方都有各自道理,无论哪一方都难以占据绝对优势。法日派认为章士钊反对且压制学生运动,武力解决女师大风潮,这些大体属实,是英美派没反驳或不好反驳的,况且英美派对章的不少守旧做法也持反对态度。接着,法日派以学校名义声讨章,以曾有校方反对教育总长彭允彝与王九龄等事件为依据,而英美派一直强调学校应避免陷入学潮与政潮,主张以个人名义为妥。再者,法日派强调评议会为学校"最高机关",议决结果不可更改,英美派则称评议会越权审议"脱部",但法日派马裕藻说有"建议教育部之权"①。查北大评议会章程,确实有一项职权方面的规定——"凡关于高等教育事项,将建议于教育总长者"②,只是没有详细解释。可见,是否越权不好定论,这或许也是英美派评议会开会时参与表决的原因。

其二,在程序方面,法日派似有些问题,但也有解释的空间。《申报》曾报道评议会开会,一些议员事先不知道是讨论北大独立事件,原本会议时间为8月19日,但李石曾等人恐蒋梦麟回校后"发生障碍",遂临时动议提前于蒋返校前的18日,而且当天李石曾先开私会"秘密协商",导致会议由9时推迟到12时才举行。③ 由此可知,法日派早有准备,利用了蒋梦麟将代理校务权交给顾孟余这一机会,而北大评议会章程规定"本会每月开场常会一次,由议长召集,于三日前通知……遇有特别事件,得由校长或过半数之评议员召集临时会议"④。就此,顾召集评议会开会基本说得通,当天延后开会的事情也就难以深究了。而英美派援引此前惯例,遇大事可召集评议会与教务会议联席会议,意在推翻脱部结论。蒋梦麟主持了联席会,两派开始争论该会议是否有推翻评议会议决结果的权力,法日派的无推翻权、有建议权的主张占据上风,不过巧合的是,投票结果双方持平(12：12)。这使蒋梦麟陷入了两难境遇。

其三,尽管英美派的主张有道理,但在理由与程序等方面,英美派基本

---

① 《这回为本校脱离教育部事抗议的始末》,《北京大学日刊》1925年9月21日,第2版。
② 《评议会规则修正案》,《北京大学日刊》1920年4月15日,第2版。
③ 《北大宣布独立事件尚难解决》,《申报》1925年8月26日,第9版。
④ 《评议会规则修正案》,《北京大学日刊》1920年4月15日,第2版。

未找到法日派的关键缺陷,反观法日派持有爱护学生、反对专制的理由与经评议会投票得出的结果,这些都有较大的说服力。实际上,这背后是双方绝对实力的较量,当时法日派显然更为强大。就前述实名表达立场的人数而言,法日派有 41 人,英美派仅为 17 人。再者,我们从朱经农致胡适、陶孟和等人的信函内容也可看出两派的实力差距:"这一次北大脱离教部关系,实在没有道理。李石曾的政治行动,令吾人失望。女师大风潮久延不决,愈闹笑话愈多。杨荫榆脑筋固然太旧,女学生的举动也未免太新奇了。现在北京教育界太没有主持公论的人。……你们这一次出来反对评议会,我极以为然,所以写一封信向你们表同情。北京教育界如果象这样下去,中国学术界要永远沉沦了。有胆识的人应该出来自树旗帜。"①此信既表达了朱经农对胡适等人的支持,也不无对难以改变总体局势的无奈,因为李石曾代表的法日派对北京教育界的影响极大。而决定着两派实力的关键之一是各自的代表人物,国民党元老级人物李石曾的势力强于胡适与蒋梦麟,即便是国民党另一元老蔡元培掌校时也对李礼让几分,更何况当时蔡已不在校。凡此种种,想必看到蒋梦麟做出支持法日派的举动就不足为奇了。

1925 年 9 月 1 日,《北京大学日刊》发表《蒋梦麟启事》,宣布北大脱离教育部。② 此事定论后,英美派担心的一些事情相继发生,如章士钊主持教育部向内阁会议提出不再拨付经费给北大,将其经费分拨给北京其他学校,并通告各银行"不向北大通融"。③ 随后,内阁会议决定停拨北大经费。此前李石曾等强调北大可直接向财政部领款,但蒋梦麟几经沟通,办理存在困难。④ 再如,章士钊联名合肥提议解散北大,在国务会议商讨时遭到司法总长杨氏反对。⑤ 北大陷入危险境地,在蒋梦麟等人努力下艰难维持⑥,直到 1925 年 12 月 31 日章士钊辞去教育总长后才有所缓解。⑦

对于脱部结果,英美派很不甘心,但已无力挽回,20 人联名发表一篇长文《这回为本校脱离教育部事抗议的始末》。该文详述了脱部事件的来龙去

① 《朱经农致胡适、陶孟和等》,见中国社会科学院近代史研究所中华民国史研究室编:《胡适来往书信选》(上),中华书局 1979 年版,第 343—344 页。

② 《蒋梦麟启事》,《北京大学日刊》1925 年 9 月 1 日,第 1 版。

③ 《章士钊竟与北大经济绝交》,《京报》(北京)1925 年 9 月 6 日,第 3 版。

④ 《阁议停给北大经费之前后》,《京报》(北京)1925 年 9 月 7 日,第 2 版。

⑤ 《章士钊力谋解散北大》,《申报》1925 年 9 月 6 日,第 9 版。

⑥ 《北京大学脱离教部之索隐》,《申报》1925 年 9 月 12 日,第 9 版。

⑦ 《任免令》,《外交公报》1926 年第 57 期,第 1 页。

脉（大体与前述相仿），并再次号召学校尽快脱离学潮与政潮，多注重校内改革：

> 我们这一回为了一个主张出来抗争，起初即声明完全以学校为前提，毫无固执个人成见之意。我们对于这回本校脱离教部的事件竟不能挽救，我们很惭愧。现在本校对于这一类的事件既议决了一层保障，以后本校同人若能严格的尊重该项议决的精神，充分运用这点点保障，使本校早日脱离一般的政潮与学潮，回向内部改革上多做一番努力，那末，我们这回所受的种种诬蔑与毁谤，也就很值得了。①

此外，英美派代表人物胡适于 1925 年 11 月致函蒋梦麟提出辞职，信中首先说是由于困扰已久的痔漏之病需离京治疗，接着有如下表述：

> 我想这样长假，是不应该的。昨天我思想一天，决计请你准许我辞职，辞去教授之职，这是我慎重考虑的结果，请你不要疑虑，请你务必准我。我这回决定脱离北大，于上回争独立事件绝无关系，全不是闹意气，实在是我的自动的决心。这个决心的来源，虽不起于今日，而这回的南游确与此事大有关系。……我这回走了几省，见了不少的青年，得着一个教训：国中的青年确有求知的欲望，只可惜我们不能供给他们的需求。……前不多日，我从南京回来，车中我忽得一个感想：我想不教书了，专作著作的事……我的书至少有两万人读，这个影响么么大？倘使我能于十年之中介绍二十部世界名著给中国青年，这点成绩，不胜于每日在讲堂上给一百五十个学生制造文凭吗？所以我决定脱离教书生活了。这一次请你务必准我辞职，并请你把此信发表在日刊上，免得引起误会的揣测。②

胡适说明了几个辞职理由，如治病、写书比教书影响学生多且深等，并言明与脱部事件无关。这些理由看似平和，但是背后难掩胡对当时北京教育界、对派系纷争的失望与无奈。暂未看到蒋梦麟同意胡适辞职的决定，但

---

① 胡适等：《这回为本校脱离教育部事抗议的始末》，见胡适著，季羡林主编：《胡适全集》（第 20 卷），安徽教育出版社 2003 年版，第 126 页。该文 20 名作者分别是：颜任光、胡濬济、余文灿、高仁山、王星拱、罗惠侨、李四光、陶孟和、高一涵、张祖训、周览、燕树棠、陈翰笙、王世杰、皮宗石、张歆海、胡适、丁燮林、陈源、邓以蛰。

② 《致蒋梦麟》，见胡适著，季羡林主编：《胡适全集》（第 23 卷），安徽教育出版社 2003 年版，第 413—414 页。

是胡此后与北大的距离渐远,直到南京国民政府成立后才再续前缘。

　　其实不难从胡适辞职信中发现,他对脱部事件一时间难以释怀,而蒋梦麟由于无奈地支持了脱部,在很大程度上将他置于法日派依然不容、英美派对其不无生疑的两难境地,与其关系紧密且提供很大帮助的胡的离去,则进一步加大了蒋代理校务的难度。1925 年底到 1926 年初,蒋梦麟一直忙于北大经费的筹集、校内事务的处理以及对外关系的维护,也正值此时,由于蒋抨击军阀势力、爱生护校,上了被暗杀名单,被迫离开北大前往南方。随着蒋梦麟与胡适的离开,北大基本上被法日派把持,这从前述 1926 年 11 月的评议会成员名单(共 12 人,其中有法日经历者 10 人)中便可得知大概。

　　目前,暂未见到蒋梦麟对胡适等人解释脱部事件的难言之隐,大概是私下谈过,但此事并未动摇两人的深厚关系。直到 1929 年,蒋梦麟致信胡适在谈及其他事时也连带说出了代理校务期间的态度与做法:"我的用意,是把大事化小事,小事化无事。只要大事能化为小事,小事不至于变为大事,我虽受责备,也当欣然承受。至于为人'掮末梢',我在北大九年,几乎年年有几桩的,也惯了。事到其间,也无可如何了。"[1]可见,蒋梦麟在面对复杂问题时想尽量将其简单化,且由其个人承担,以避免局势的扩大,再加上法日派当时势力强大,也就促成了他在万般无奈之下同意脱部的做法。

　　(3)20 世纪 20 年代末与 30 年代高等教育整改——英美派地位凸显

　　风云莫测,随着北伐战争的胜利,南京国民政府成立,曾在北方争斗的法日派与英美派在南方遭遇,时任教育部部长的蒋梦麟整改高等教育,其间发生关停劳动大学(校长为易培基)与中央大学易长(更换校长张乃燕)等风潮,这导致当时实力雄厚的政治力量——国民党四大元老李石曾、吴稚晖、张静江、蔡元培等参与其中。易培基是李石曾侄子的岳父,张乃燕是张静江的侄子,李石曾与张静江一派(法日派),关停劳动大学与中央大学易长自然引发了法日派的激烈反对,加上吴稚晖支持李与张,这样国民党三大元老形成合力声讨蒋梦麟,最终蒋无奈辞去教育部部长。实际上,这次风潮背后有着极深的政治考量,四大元老之间的纷争,使得双方实力受损,意在收权的蒋介石及 CC 派在其中发挥了关键作用,此点将在第五章"高等教育管理论"之"部长有为"专题中详加阐释。世事难料,蒋梦麟随后就任北京大学校长,回到了熟悉的北方教育界,英美派逐渐主导了北大的发展。我们具体来看

---

① 《蒋梦麟致胡适》,见中国社会科学院近代史研究所中华民国史研究室编:《胡适来往书信选》(上),中华书局 1979 年版,第 552 页。

1931—1936 年取代评议会的校务会议成员情况。《国立北京大学组织大纲》规定："本大学设校务会议，以校长、秘书长、课业长、图书馆长、各院院长、各系主任以及全校教授、副教授所选出的若干人组织之，校长为主席。"[①]此处我们以代表性较强的当然委员[②]（校长、秘书长、课业长、图书馆长、各院院长、各系主任）来一探究竟。

1931 年，校务会议当然委员 13 人，具有英美背景者最多（10 人，含兼有法日者 3 人），日法背景次之（6 人，含兼有英美者 3 人），可见英美派居于主导。具体来看，即便是兼具英、美、法、日者，也基本上是以英美经历为主。同时，与蒋梦麟经历相同者（留美且就读哥伦比亚大学）最多，另外，浙江人居首（5 人）。

1932 年，校务会议当然委员 19 人，具有英美背景者最多（14 人，含兼有法日者 3 人），日法背景次之（6 人，含兼有英美者 3 人），可见英美派占比仍然很大，其他具体情况与上一年相似。

1933—1936 年，校务会议当然委员分别为 18 人、17 人、17 人、16 人，人员基本上只有微调，总体上英美派比重始终非常大。

此外，对照校务会议票选的教授、副教授委员[③]来看，其主要是由上述具有英美背景的校长、各院院长及系主任聘请而来，因此依然是英美经历者最多。

[①] 《国立北京大学布告》，《北京大学日刊》1932 年 6 月 17 日，第 1—2 版。

[②] 1931—1936 年北京大学校务会议当然委员情况如下：1931 年 13 人，蒋梦麟、周炳琳、刘树杞、马裕藻、温源宁、张颐、曾昭抡、王守竞、冯祖荀、李四光、许骧、樊际昌、戴修瓒；1932 年 19 人，蒋梦麟、王烈、樊际昌、毛子水、刘树杞、胡适、周炳琳、冯祖荀、王守竞、曾昭抡、李四光、张景钺、张颐、马裕藻、温源宁、陈受颐、戴修瓒、邱昌渭、赵洒抟；1933 年 18 人，蒋梦麟、王烈、樊际昌、毛子水、刘树杞、胡适、周炳琳、冯祖荀、姚毓泰、曾昭抡、李四光、张景钺、张颐、马裕藻、陈受颐、戴修瓒、张忠绂、赵洒抟；1934 年 17 人，蒋梦麟、郑天挺、樊际昌、毛子水、刘树杞、胡适、冯祖荀、姚毓泰、曾昭抡、李四光、张景钺、张颐、吴俊升、陈受颐、戴修瓒、张忠绂、赵洒抟；1935 年 17 人，蒋梦麟、郑天挺、樊际昌、胡适、周炳琳、江泽涵、姚毓泰、曾昭抡、李四光、张景钺、汤用彤、吴俊升、梁实秋、陈受颐、戴修瓒、张忠绂、赵洒抟；1936 年 16 人，蒋梦麟、樊际昌、胡适、周炳琳、冯祖荀（代）、姚毓泰、曾昭抡、谢家荣、张景钺、汤用彤（代）、吴俊升、梁实秋、姚从吾（代）、戴修瓒、陶希圣（代）、赵洒抟。详见《国立北京大学布告》等，见王学珍、郭建荣主编：《北京大学史料》（第 2 卷），北京大学出版社 2000 年版，第 202—212 页。

[③] 1931—1936 年北京大学校务会议票选教授、副教授委员情况详见《国立北京大学布告》等。见王学珍、郭建荣主编：《北京大学史料》（第 2 卷），北京大学出版社 2000 年版，第 202—212 页。

由上可知,蒋梦麟执掌北京大学后,学校中英美派居于主导,同时北方文化教育界也由其领衔,加上南方有中央研究院院长蔡元培,原来落于下风的英美派势力渐大,后来在全国文化教育界扮演了举足轻重的角色,而法日派失去了往日的光芒。此点将在第五章"高等教育管理论"之"校长有为"专题中详加分析。

派系之间并非简单的两方,许多时候是多方交锋、矛盾重生的纷争,并且随着时间的流逝与时局的变换,失势与得势的各方时常发生易位。引人注意的是,1931年,时人指出:蒋梦麟在某次宴会上说以北大为班底打造一个"北大派",国内各主要大学校长、教育部、中央研究院、图书馆、博物院、中美及中法庚款委员会等等,都有北大人担任主职或要职,以其操控当时的文化教育界;为此,曾有人抨击蒋为"一派专教"。[①] 蒋梦麟是否真说了此番话暂不清楚,目前未见到蒋对此事的回应。其实,1922年,胡适对称北大为"学阀"有过一段阐述:

> 我对于大学的希望,仍是提高。人家骂我们是学阀,其实"学阀"有何妨?人家称我们为"最高学府",我们便得意;称"学阀",我们便不高兴。这真是"名实未亏而喜怒为用"了! 我们应该努力做学阀!
>
> ……学生宜有决心,以后不可再罢课了。今年事变无穷,失望之事即在目前,我们应该决心求学;天塌下来,我们还是要求学。如果实在忍不住,尽可个人行动;手枪、炸弹,秘密组织,公开运动,都可以。但不可再罢课。
>
> ……这两年的学界,纪律全无;两年无一人落第,无一人降班,真是大可耻的。空谈提高是无用的;提高须有提高的预备与训练。今后,大学应该注重严格的考试与严格的管理,以养成这种训练。
>
> ……有了这种训练,方才可作提高的事业。我希望大学之中办一个自修的大学,学阀之中还要有一个最高的学阀![②]

上述是胡适在北大开学时的讲话,直言要做"学阀",但是不难发现其有做学界表率之意。

简言之,"一派专教"的指责过重,因为20世纪二三十年代,北大在引领

---

① 孟定一:《蒋梦麟之〈教育统一论〉》,《白河周刊》1931年第2期,第17—20页。

② 胡适著,曹伯言整理:《胡适日记全集》(第3册),联经出版事业股份有限公司2004年版,第374—375页。

文化教育界方面着实贡献颇大。然而,北大人在当时文化教育界多任要职的情况大体属实,其中一些人为之举的确有之。

综上所述,各派势力的此消彼长,是自然流转还是人为使然,抑或两者都有,实难一言概之。派系纷争的复杂性超乎想象,时局、观念、体制、文化等诸多因素交织在一起。从代理北大校务到任教育部部长再到正式掌校,蒋梦麟始终处于派系纷争的漩涡中,面对如此复杂的局面,具有特定阵营的蒋一直秉承客观立场的难度很大,甚至有人直指他为"专制"。其实,蒋梦麟在每个阶段的包容程度不尽相同,有时包容多些,有时在某些问题上展现出强力手腕,但总体上蒋能够展现出相当的包容性,"专制"的论断并不妥当。

3."府""学"纠葛之竭力调解

蔡元培的"思想自由,兼容并包"理念主张师生远离外界纷扰,以免学校陷入政局漩涡。然而,北洋政府昏庸腐败,对外政策软弱,激起了包括北大在内的社会各界的不满,师生不仅在刊物上发表涉政言论,而且发起了五四运动等数次风潮,蔡元培也因为难以忍受军阀政府的"伪共和"而于1923年初辞职离开北大。后来,蒋梦麟在经费匮乏、军阀持续混战、列强入侵加剧以及后来国民党推行以党治国等动荡环境下,继续带领北大办学,在与当时政府的博弈中艰难地守护着"大度包容,思想自由"理念。

(1)远离政潮之举动

蒋梦麟初入北大之际,正是五四学潮爆发后、蔡元培辞职离校期间,他多次就学生运动发表讲话与文章,主要观点是远离政潮、避免学潮。例如,1920年,蒋梦麟联名胡适发表《我们对于学生的希望》,指出学生用罢课做武器是"最不经济的方法,是下下策,屡用不已,是学生运动破产的表现! 罢课于敌人无损,于自己却有大损失,这是人人共知的,但我们看来,用罢课作武器,还有精神上的很大损失。……如果要保存五四和六三的荣誉,只有一个法子,就是改变活动的方向,把五四和六三的精神用到学校内外有益有用的学生活动上去"[①]。再如,1922年,蒋梦麟在《学风与提高学术》一文中强调:"学生借群众的势力,去干涉政治——如烧房子,围省议会,开国民大会等等——教员批评政治,或发通电对于政治有所主张。此种举动,于实际政治问题,不无小小的影响,但对于政治基本问题,还搔不着痒。若以学校本身

---

① 蒋梦麟、胡适:《我们对于学生的希望》,《新教育》1920年第5期,第593、597页。

而论,因此反惹起外患和内乱。我们办教育的人,更觉苦于应付。"①另者,回忆入北大最初的四年时光,蒋梦麟在 1925 年毕业同学录序言中感慨良多:"学生罢课,教师罢教,闹了没一日安宁,诸君牺牲的光阴和学业真是不少。"②这些都表明蒋梦麟希望师生不要花费大量精力去罢课、罢教以反抗政府,这种荒废学业的举动不可取,于改善时局帮助甚小,又会导致学校与政府关系紧张、办学中断等诸多严重问题。

1930 年底,蒋梦麟任北大校长后,国内局势仍然经常处于危急之中,他继续强调师生应安心治学。例如,"九一八"事变爆发后,1931 年 9 月 20 日,北大学生会致电当局,揭露日军侵略我国东北的卑劣罪行,希望停止内战,一致抗日:"事机迫切,国亡无日,是而可忍,孰不可忍,为今之计,唯有速息内战,一致抗日。"③9 月 22 日,北大学生会召开第一次抗日运动委员会会议;24 日,北大停课一天,全体教职员开会,"会场空气颇严重"。④ 随后,北大学生组织了多场反日活动,已然无心学业。当时各界人士掀起了到南京游行的浪潮,11 月 30 日,北大学生会决定从 12 月 1 日起罢课,并组织示威团到南京请愿。闻讯后,蒋梦麟于 12 月 1 日开会规劝学生不要南下,部分学生"为之感动"未去,但另有百余人决意前往。教育部明令蒋梦麟加以阻止,但学生规模大且决心足,蒋难以将所有人全部劝下。⑤ 据蒋回忆,北平学生(北大学生甚多)离开的情景颇为壮烈:"一大群学生聚集东火车站,准备搭乘南下的火车。军警当局不准他们上车,这班男女青年就日夜躺卧在铁轨上,不让火车出站。最后当局只好让几百名学生南下,与他们在南京的同志会师。"⑥后来,在南京示威的北大学生被拘捕。12 月 6 日,蒋梦麟以对学

---

① 《学风与提高学术》,见蒋梦麟:《过渡时代之思想与教育》,商务印书馆 1933 年版,第 184—185 页。

② 《临别赠言》(民国十四年北大毕业同学录序),见蒋梦麟:《过渡时代之思想与教育》,商务印书馆 1933 年版,第 424 页。

③ 《北大学生通电反日誓作政府后盾》,《北平晨报》1931 年 9 月 21 日,第 7 版。

④ 《北大学生会第一次抗日运动委员会会议记录》,《北京大学日刊》1931 年 9 月 23 日,第 4 版;《全市各校学生热烈抗日救国》,《京报》(北京)1931 年 9 月 25 日,第 6 版。

⑤ 王学珍等:《北京大学纪事(1898—1997)》(上),北京大学出版社 1998 年版,第 186—187 页;《北大学生请愿 百余人昨南下 一部分学生听蒋劝中止》,《京报》(北京)1931 年 12 月 2 日,第 7 版。

⑥ 蒋梦麟:《西潮与新潮》,人民出版社 2011 年版,第 212 页。

生"劝阻无效"、学生行为"已越常轨"等缘由引咎辞职，但教育部驳回该辞呈。① 其间，他派人赶赴南京解救学生，并"召集在校学生谈话，希望本爱校之心，不使学校行政停顿"②。不久，被捕学生得以释放，面对近一个月的罢课，蒋梦麟及校方呼吁大家复课，同时，200 余名学生联名宣言，阐述罢课牺牲太大，应尽快返校上课：

> 我们学校罢课，现在快到一个月了，像这样"群居终日，无所事事"的无限期罢课，究竟到什么时候为止呢？究竟有什么意义呢？我们原来积极主张罢课，为的是大家南下示威，并援助因示威而被捕的同学。现在威既示了，被捕的同学也都放回来了，可是我们的课依然还在罢着。在这继续罢课的当儿，如果大家这能作点抗日救国的工作，真有点抗日救国的工作做，也许还可以最大的牺牲得到少许的代价，可是事实告诉我们，近日以来，所谓抗日救国的工作，似乎看不见半点成绩，而我们千余同学的学业就算白白的牺牲了。事实又告诉我们，在这罢课期内，同学中借此机会而回家去的也有好些了。如果再罢下去，星散的更多，这是必然的趋势。更有些浪漫一点的同学，亦借此机会大玩一下，更不管救国不救国了。所以以这样的罢课来做救国工作，一定只有牺牲而没有代价。这样无代价的牺牲，换句话说，就是自杀。……所以我们主张复课，并不是一上了课，大家就不能再做救国的工作了，而是想以团结的精神做分工合作的行动，以少量的牺牲，得多量的代价。③

不久，北大复课，蒋梦麟在教育部与北大师生一致劝勉下留任。④ 这次事件发生在蒋任校长不足一年之际，他非常反对学生罢课涉政的言行，辞职之举是其非常失望的一种表现，这在蒋给胡适与傅斯年的信中可以显见：

> 一个学校要办好，至少要有四五年的计划。第一年的计划，不到三个月就破坏。现在简直今天计划不了明天，还有什么希望呢！学生的

---

① 《中大北大两校长呈请免职查办》，《申报》1931 年 12 月 7 日，第 4 版；《北大示威团一部遣送回平》，《申报》1931 年 12 月 8 日，第 6 版。

② 《北大留京示威团 电请蒋梦麟南下 蒋酌派四人赴京》，《京报》(北京)1931 年 12 月 8 日，第 3 版。

③ 王耕田等：《复课宣言》，《北京大学日刊》1931 年 12 月 22 日，第 1 版。

④ 《蒋梦麟未辞职》，《京报》(北京)1932 年 2 月 10 日，第 7 版。

跋扈——背了爱国招牌更利害了——真使人难受。好好的一个人，为什么要听群众无理的命令呢！……我校长也当厌了。我十数年来没有休息，现在也应该休息一年半载，才对得自己住。①

心意已决的蒋梦麟缘何会允留？这与其对北大的深厚感情、实现教育救国的愿望等因素有关。经历此事的蒋梦麟更加希望学生能安心求学，不要再做无谓的牺牲，并坚决推行停课需补课、缺考需补考等众多举措。1933年2月5日，蒋梦麟接受《北平晨报》采访时曾言：

> 北大方面，学期试验业已举行，并未提前放假。至因事请假离平之学生为数甚少，即年前未参与学期试验之学生亦已定期补考。在暑假期内，该生等须补授上学期功课一星期，以补缺席之功课。……有人谓读书不忘救国，而我之主张，则为"读书可以救国"，因为个人所想到的，像日人坦克车、科学战器等，均从读书及研究科学得来，研究时间不知费尽几许年月，方可发明一种武器。假若我国科学发达，工业发达，所有应用东西，国人都能自造，无须以金钱向外人购买，国家当然能够强盛，外人何敢轻侮。②

时至1935年，发生了"一二九"运动，北大学生以罢课方式参与其中，反抗日本帝国主义，反对华北自治。12月12日，蒋梦麟"劝令学生安心照常上课，勿参与外事"③。12月16日，"冀察政务委员会"计划成立之日，北平学界与群众万余人举行反抗游行，包括北大在内的多所高校的学生罢课示威，政府武力制止并逮捕数人。④ 在多方努力下，被捕学生得救，北京大学、清华大学、北平大学等高校校长开会商讨"劝导学生办法"，蒋梦麟指出："对学生游行示威事，刻由各校负责人尽全力劝导学生，使各生安心上课，勿荒学业。"⑤不过，罢课依然在继续，复课并非易事。1936年初，他强调：北大原本决定于1月4日复课，但是因学生会纠察队的阻止未果，校务会给予相关人员警告处分，并不同意学生免除处分的要求，"无论其他学校复课情形如何，

---

① 中国社会科学院近代史研究所中华民国史研究室编：《胡适来往书信选》（中），中华书局1979年版，第97页。

② 《蒋梦麟提倡读书救国 北大开课后蒋即赴京》，《北平晨报》1933年2月6日，第7版。

③ 《北大平大当局 劝令学生安心上课》，《申报》1935年12月12日，第3版。

④ 《北平全市学生大举示威游行》，《申报》1935年12月19日，第7—8版。

⑤ 《平被捕学生已释放》，《申报》1935年12月20日，第3版。

本校仍继续上课"。① 1月16日,蒋介石决定在南京会见全国高校负责人与学生代表,以当场解释政府用意,进而劝停学生运动。然而,北大学生会决定不派代表(应派3人)参会,蒋梦麟无奈指定了人选。没料到,此3人返校后,学生把他们的"行李书籍从东斋一起掷到马路上,连爱人像片都撒了一地。并且继续着罢课"。蒋梦麟随即召集全体学生大会,沉痛地说:

> 我是中华民族国立大学的校长,我不能不服从国家的命令! 这三位同学是我要他们去的,一切的责任当然我负。……从前海上有一只船遭难了,船主镇静地指挥着让妇孺老弱们坐了救生船逃生,剩下的人和他自己无路可走,他却命船上的乐队奏着"近乎我主!"(Nearer My God to Thee)的赞美诗,随着这船慢慢的沉下去。现在如果我们所乘的这只船(中国)要沉了,那我们也应当如这位船主一样,在尽了自己的责任以后,站在岗位上从容就义。马上复课吧,先尽我们的责任!②

尽管如此,学生们还是拒绝了蒋梦麟言辞恳切的复课建议。1936年2月,政府搜捕了数百名学生,其中一名来自河北省的高中生郭清在监狱内患病,加重后送医救治无效死亡。③ 此事引起轰动,北平学联与北大学生会决定在北大三院举行追悼会,并抬棺游行,蒋梦麟代表校方劝阻无效,50余名学生被捕。在把郭清棺材抬入北大三院后,蒋当晚召集校务会议,决定停止学生会活动,开除涉事4人,随后学生撤销开除的要求被驳回。④ 由上可知,蒋梦麟反对学生运动,特别是面对罢课示威游行的举动,蒋可谓软硬兼施、费尽心思。

此外,蒋梦麟不主张北大教师过多涉足政局,对许德珩、马叙伦等支持学生运动的教授有所不满。马叙伦与许德珩等人支持1935年"一二·九"

---

① 《北平各大学提前放假后 蒋梦麟谈复课》,《申报》1936年1月9日,第13版。

② 朱海涛:《北大与北大人——蒋梦麟先生》,《东方杂志》1943年第32期,第51—52页。

③ 据郭清父亲陈述:郭清没有参加学生运动,因为就读的河北省立北平高中校内厕所没区分男女,曾去贴男女标识,被当作张贴"标语"误抓。在狱中生病感冒后,多次期望赴外就医,未被允许,当被送去医院时,已经极为严重,不治去世。《关于郭清之死 郭自励来函叙述真相》,《益世报》(天津)1936年4月7日,第6版;《关于郭清之死(续昨) 郭自励来函叙述真相》,《益世报》(天津)1936年4月8日,第6版。

④ 《前日游行被捕学生昨解□□□□ 秦德纯由津电询事件经过 蒋梦麟不保释破坏北大生 昨日各校情形尚平静》,《京报》(北京)1936年4月2日,第7版。

运动,反对华北自治,开会时与胡适(主张学校远离政局)等人争执不下。马叙伦被推选为北平文化界抗日救国会主席,组织各学校演讲会、座谈会等活动,后因劳累过度住院,其间收到了准许他请假一年的通知。据马说,这是委婉促他请辞的方式:

> 在病榻上,有人来告诉我:"评议会议决,许你请假一年。"我说:"我援评议会议决教授请假规程,教授满五年可以休息半年,得支全薪,休息一年,得支半薪,我到暑假,已满五年,我为生活关系,请假半年,怎样会给我一年呢?优待我?怕你听错了。"他又打听了一下,再来告诉我:"没有错,问过出席会议的某系主任,他说:胡适之先生拿出一张字条,说'马先生请假一年',就通过了。"我再请人打听一下,果然不错,我就提出了质问。蒋校长没法答复,只说"仍送一年的薪水好了"。我说:"不行,决没有我请半年假,反而给我一年的,除非有理由。"这样一来,自然逼得我提出辞职书了。原来,他们给我一年的意思,是想叫我离开北大,因为北大的教授,还是每年送一次聘书的,如果我请假半年,假满仍就回校,因我和北大的历史关系,不容易不继续聘我的。

因此,马叙伦提交了辞呈,蒋梦麟不同意并出面挽留,但是马去意已决,最终离开北大。[①]

蒋梦麟认为学校应远离政局纷扰,反对北大师生干预政治,对于一些涉事师生的处理办法十分严格,例如给予学生处分甚至开除,提醒教师甚至使之被迫辞职。可见蒋梦麟的态度与做法之坚决,有时让人感觉到"无情"。不过审视当时的实际情形,其并非"冷漠",实际上,他严厉的背后,还有另外一面:支持师生涉政且身陷其中。

(2)议政、参政之言行

蒋梦麟入北大之际学潮不断,"府""学"关系紧张,此后这种态势时而有所改观、时而更加激烈,但是始终没有彻底停息过,身在其中的他疲于应对,甚至曾有辞职"一走了之"的举动。不难理解,学府与政府、学术与政治、大学与社会等显然无法完全分离,而蒋梦麟也给予了师生很大帮助,同时自身在不知不觉中陷入了政局的漩涡难以自拔。

1920 年 5 月,蒋梦麟与胡适在《我们对于学生的希望》一文中告诫学生罢课得不偿失的同时,也对学生运动有不少肯定:

---

① 马叙伦:《我在六十岁以前》,生活·读书·新知三联书店 1983 年版,第 66—68 页。

从这里面发生出来的好效果，自然也不少：引起学生的自动精神，是一件；引起学生对于社会国家的兴趣，是二件；引出学生的作文演说的能力、组织的能力、办事的能力，是三件；使学生增加团体生活的经验，是四件；引起许多学生求知识的欲望，是五件。这都是旧日的课堂生活所不能产生的，我们不能不认为学生运动的重要贡献。

再者，该文指出了学生运动的发生也属无奈：

如果社会国家的行为没有受学生干涉纠正的必要，如果学生能享安心求学的幸福而不受外界的强烈刺激和良心上的督责，他们又何必甘心抛了宝贵的光阴，冒着生命的危险来做这种学生运动呢？简单一句话：在变态的社会国家里面，政府太卑劣腐败了，国民又没有正式的纠正机关（如代表民意的国会之类），那时候干预政治的运动，一定是从青年的学生界发生的。

随后，蒋梦麟与胡适提醒学生，尽管事出有因，但这种事情确实不应出学生来做，否则牺牲太大了：

但是我们不要忘记：这种运动是非常的事，是变态的社会里不得已的事，但是他又是很不经济的不幸事。因为是不得已，故他的发生是可以原谅的。因为是很不经济的不幸事，故这种运动是暂时不得已的救急的办法，却不可长期存在的。①

可见，蒋梦麟在劝告学生远离政局时，也展现出人们置身于纷乱局势下"不能自拔"与"情非得已"的苦衷。

1920 年 8 月，针对当局严控人们言行自由的种种举动，胡适、蒋梦麟等7 人联名发表《争自由的宣言》，批判"假共和"，公开争取自由权。该宣言开宗明义地指出谈论政治是被迫的："我们本不愿意谈实际的政治，但是实际的政治却没有一时一刻不来妨害我们。自辛亥革命直到现在，已经有九个年头，这九年在假共和政治之下，经验了种种不自由的痛苦。"诸如集会、出版、言论、通信与人身等自由权被肆意侵害，因此这些规定需被废止或修正，并要求"言论自由""出版自由""集会结社自由"与"书信秘密自由"4 项自由

---

① 蒋梦麟、胡适：《我们对于学生的希望》，《新教育》1920 年第 5 期，第 592—593 页。

"不得在宪法外更设立制限的法律"。①

1921 年 8 月,美国邀请中国参加"太平洋会议",这次会议是帝国主义国家对第一次世界大战后远东和太平洋势力范围进行分割的会议,中国主权与利益受到严重损害。② 其间,蒋梦麟与余日章以"国民外交代表"身份参会为中国发声,"他们及时向国内传递华会信息,联络各省区国民代表、华侨、留学生以一致行动,监督北京政府代表,拜访美国社会名流,反驳不利国际舆论,反对直接交涉与借款赎路,种种努力虽未改变外交败局,但仍然一定程度博得了国际舆论的同情与支持"③。另有研究表明,蒋与余能够参会是多种政治力量博弈的结果:"北京政府希望借助余、蒋为其外交政策辩护,以获得公众舆论的支持。在华盛顿会议后期,蒋梦麟等人发回国内的电报演变成鲁案在京直接交涉的'谣传',而广州政府和直系军阀吴佩孚则利用'谣传'攻击梁士诒内阁,将外交危机的祸水引向政敌,体现了政治利益高于外交利益的民国政治原则。"④同时,蒋、余两人参会也有政治象征意义:"中国城市资产阶级利用五四运动以后民族主义日益高涨的时代环境,趁华盛顿会议召开之机,以'国民外交'的名义进行一次广泛的政治动员,从而把中国的'国民运动'推向高潮,给陈腐的中国政治带来新气象。"⑤这是蒋梦麟参与政治活动的一个力证。

---

① 胡适、蒋梦麟、陶履恭、王徵、张祖训、李大钊、高一涵:《争自由的宣言》,《民国日报》1920 年 8 月 6 日,第 2—3 版。

② "太平洋会议"又称"华盛顿会议":"第一次世界大战后,帝国主义国家为了对战后远东和太平洋的殖民地和势力范围进行再分割而召开的会议。1921 年 11 月 12 日至 1922 年 2 月 6 日在华盛顿举行。有美国、英国、法国、意大利、日本、葡萄牙、比利时、荷兰、中国等九国参加。会上主要签订了三个条约:(1)美、英、法、日互相保证各自占有太平洋岛屿权利的《太平洋条约》;(2)按一定比例规定美、英、日、法、意五国海军力量的《五国公约》;(3)掠夺中国的《九国公约》。会议无视中国提出的收回关税自主、取消领事裁判权、撤退外国驻军和收回租界的正当要求,并强迫中日双方在会外谈判,签订所谓《中日解决山东悬案条约》及《附约》,逼使中国将胶州湾地区辟为商埠,使胶州湾由日本独占变为列强共管,损害中国的主权和利益。这些条约总称为"华盛顿体系",实质上是凡尔赛体系的补充。这次会议上获得最大好处的是美国,它拆散了英日同盟,并使其海军实力得以达到与英国相同的规模。"夏征农、陈至立主编:《大辞海·中国近现代史卷》,上海辞书出版社 2013 年版,第 412 页。

③ 熊斌:《蒋梦麟、余日章与华盛顿会议》,《重庆师范大学学报》(哲学社会科学版)2010 年第 5 期,第 66 页。

④ 马建标:《多方的博弈:余日章、蒋梦麟与华盛顿会议》,《史林》2011 年第 6 期,第 128 页。

⑤ 马建标:《多方的博弈:余日章、蒋梦麟与华盛顿会议》,《史林》2011 年第 6 期,第 128 页。

1921 年蒋梦麟与余日章前往美国参加太平洋会议

图片来源：《昨日首途之国民代表（左）余日章君（右）蒋梦麟君》，

《申报》1921 年 10 月 16 日，第 14 版。

　　再者，袁世凯"帝制"闹剧结束后，国内军阀争斗越加频繁与激烈，大量军费开支严重影响社会各项事业的发展，因此"废督裁兵"主张日渐高涨，于20 年代初在全国范围内蔓延开来。1922 年末至 1923 年 1 月，全国商会联合会大会在汉口举行，会议商定成立"裁兵委员会"，蒋梦麟、黄炎培、余日章、聂云台等为劝告员。① 蒋专门就此事向孙中山寻求解决办法："麟等被全国商会推举为裁兵劝告员，定新年元旦发一通电，其中要点，以先生所倡之兵工政策为根据。可否请先生赐以答复，引起国人注意。"② 孙中山复函称："接奉元旦所发快邮代电，劝告裁兵，所陈理由，即深切著明，所订方法亦切实可行，浏览之余，至深快慰。"③ 总体上，"废督裁兵"工作困难重重，最后结果是："督军的称号为'督办'之类名目取代。但是军阀割据、武人干政、军队冗沉

---

　　① 《商联会要讯三则》，《社会日报》（北京）1922 年 11 月 26 日，第 3 版；《聂余蒋黄劝告裁兵》，《益世报》（北京）1923 年 1 月 5 日，第 6 版。

　　② 蒋梦麟：《蒋梦麟致孙中山函》，见桑兵主编、谷小水编：《各方致孙中山函电汇编》（第 6 卷），社会科学文献出版社 2012 年版，第 499 页。

　　③ 《复聂其述等函》，见中山大学历史系孙中山研究室、广东省社会科学院历史研究所等编：《孙中山全集》（第 7 卷），中华书局 1985 年版，第 12 页。

的问题仍未因督军名义的改换而解决,裁兵的口号也难落到实处。"①

第一次直奉战争后,奉军退守关外,直系势力增强,但其内部吴佩孚排挤冯玉祥。1924 年 9 月,第二次直奉战争爆发,饱受打压的冯玉祥率部秘密返回北京,于 10 月 23 日发动了政变,迫使政府宣布停战、解除吴佩孚职务,幽禁了总统曹锟,将溥仪及其清室小朝廷逐出紫禁城,并邀请孙中山北上商讨善后事宜。不久,多次直接参与政治活动的蒋梦麟于 1924 年 11 月发表了《知识阶级的责任问题》,其阐释了知识分子多年来参政的概况,表达了对教育与政治关系的主张。该文首先强调知识阶级主要是"投身教育事业者",也包括"出版界的著作者和编辑者""其他操必以高等学术为基础的职业者"与"散于各界中之对于学术有兴味者"等。进言之,前两者以"知识为终身事业,故为知识阶级之本位",余者为接近知识阶级者,前两者人数很少,但责任重大。知识界在社会上有一定势力,也有"比较薄弱的团结",但形成的组织较松散,因此真正的"知识阶级者"就更少了。接着,该文指出,知识界的责任,"不能自助者,除灌输常识给他们为自助之资料外,不必助他,也无从助他。反言之,知识界不能自助,也不必求人助。知识界的责任,在于有相当能力者之互助"。此外,"对于政治问题,他界视之过于近;知识界视之过于远"。例如,他界看纷乱政局,以为赶走贪官、废止或修正制度就可以了,知识界则认为"要改良政治,先要改良社会。……要改良社会,先要提倡科学、学术、思想,等等"。那么,知识界需要谈论、研究政治问题吗?蒋梦麟的答案是肯定的,但告诫人们敷衍地谈会"养成万恶的政治",不谈会"产生一班不切世务的迂儒"。尽管蒋主张"研究实际政治的责任,知识界是不能逃避的",但是他提醒知识界:维持政治现状不需介入,当出现问题时,"才有参与的价值",不过"决不可忘了自身的本职;发展学术、科学、思想,等等。于本身上站不住脚,哪里配谈改良政治。也不可利用自身的本职,作避世的桃源,或忘了那学术、科学、思想等等和世务不可隔离的"。② 从这些论断可以看出,蒋梦麟不反对知识分子研讨政治问题,但认为首先要专心于治学的本职,也只有做好本职才能更好地献计献策。

此后,在实际政治活动中蒋梦麟身影频现。1926 年"三一八"惨案发生,北洋军警打伤游行者 200 余人,致死数十人,其中包括 3 名北大学生。蒋梦

---

① 魏宏运:《民国史纪事本末》(第 2 册),辽宁人民出版社 1999 年版,第 38 页。

② 蒋梦麟:《知识阶级的责任问题》,见晨报社编辑处:《晨报六周纪念增刊》,晨报社出版部 1924 年版,第 9—13 页。

麟得知后，强烈谴责段祺瑞政府的暴烈行径，在北大师生大会上发言："处此人权旁落，豺狼当道之时，民众与政府相搏，不啻与虎狼相斗，终必为虎狼所噬。古人谓苛政猛于虎，有慨乎其言矣！"话未说完，他"不禁放声大哭，台下致祭者亦有相当痛哭者，一时哭声震动屋瓦，全场顿成惨淡悲哀景象"①。由于公开抨击当局，蒋被列入黑名单，被迫于1926年4月离开北大。

1930年底重返北大后，国内外局势依然混乱，蒋梦麟对教育与政治之关系的基本判断未变，他继续多次参与其中，践行着其所说的知识分子的职责。1931年9月18日，日本在东北蓄意炸毁柳条湖附近南满铁路，嫁祸给中国，发动了侵略战争，占领东北，遭到国人的声讨与反抗。一方面，北大学生南下游行示威，蒋梦麟规劝无效后辞职，经挽留后复职。另一方面，他为国家尽早摆脱危难奔走努力，据他回忆称："九一八"事变后，"我们头上的乌云愈来愈密，此后几年中我们为了争取时间，只好小心翼翼地在浅水里缓缓前进，不敢闯进急流，以免正面撞上日本侵华的浪潮"。不过，北大师生对日本帝国主义的立场是坚决反对的，蒋梦麟强调：

> 每当日本的第五纵队伪装的学者来这"文化中心"（实际上他们却把北大看成反日运动的中心）"拜访"时，我们总是毫无保留地表示我们的态度。记得有一位日本学者曾经对北大教授们滔滔不绝地大谈中日文化关系，结果我们告诉他，除了日本的军事野心之外，我们可看不出中日之间有什么文化关系存在。"只要你们肯放弃武力侵略的野心，中日两国自然就能携手合作的。"
>
> 这些学者，包括地质学家、经济学家、生物学家等等，不时来拜访我们，希望争取北大的"友谊"。他们一致埋怨我们的反日运动。我们告诉他们，我们不一定是反日，不过我们反对日本军国主义却是真的。②

同时，国民政府向国际联盟求援，希望其制止日本的侵略行径。经过多番努力，国际联盟同意于1931年12月选派以英国、美国、法国、德国等为成员组成的调查团来华了解情况，但他们到达沈阳时已是"九一八"事变后数月，日军早已清理了侵略现场的证据，并建立了伪满洲国。再者，为了转移国际上对侵占我国东北的注意力与迫使国民政府屈服，进而扩大在华利益，

---

① 《昨日三大学之追悼会 北大中大师大三校 均有惨淡悲哀景象》，《社会日报》（北京）1926年3月25日，第4版。

② 蒋梦麟：《西潮与新潮》，人民出版社2011年版，第212页。

1932 年 1 月 28 日,日本帝国主义袭击了上海。随即,蔡元培、蒋梦麟、梅贻琦等人联名致电国际联盟,抨击日本恶行,请出面主持正义。① 此外,为了进一步商讨救国大计,国民政府决定召开"国难会议"。1932 年 1 月,蒋梦麟受聘为委员;4 月,出席在洛阳举行的会议,不过时人指出这次会议收效甚微:"国难会议无拘束政府力量,无法实行。此次会议集合如许所谓知识阶级于一堂,不能寻出一解决国难切实办法,可见解决国难,决非此百余人聚坐空谈所能解决,全国民对此,应深切认识。"② 尽管最终国际联盟议决不承认伪满洲国,但是日本愤然退出国际联盟,致使决议束之高阁,并且日本加紧了对我国的侵占行动。

1933 年 3 月,长城抗战爆发,国内局势更加危急,伤亡惨重,北大师生组织设立医院,由蒋梦麟太太陶曾谷负责。国民政府推行对日妥协政策,胡适、丁文江、蒋廷黻等许多人表示理解,蒋梦麟也赞同:"希望能达成停战以换取时间。"③ 因此,他开始参与到推动停战的具体事务中,曾拜谒张学良、蒋介石、何应钦与英国驻华大使蓝浦生等人,并担任北平政务整理委员会委员等职。1933 年 5 月 31 日,丧权辱国的《塘沽协定》被迫签定。不久,蒋出任华北战区救济委员会委员,料理停战善后事宜。④

然而,"缓兵之计"使得日本帝国主义变本加厉。1935 年,日本逼迫国民政府签定《何梅协定》,推动华北自治,意在占领华北,这引发了国人的强烈反对。11 月 24 日,蒋梦麟、梅贻琦、徐诵明等联名代表北平教育界发表宣言:"我们坚决的反对一切脱离中央和组织特殊政治机构的阴谋的举动,我们要求政府用全国力量,维持国家的领土及行政的完整。"⑤ 由于蒋梦麟与北大师生反日言行影响力很大,日军将矛头对准了蒋,将其列入逮捕名单。不久,日本宪兵来到北大请蒋梦麟到宪兵司令部"谈话",这一细节在蒋的回忆录中有记载:

---

① 蔡元培等:《请国际联盟制止日军侵沪暴行电》,见蔡元培著,高叔平编:《蔡元培政治论著》,河北人民出版社 1985 年版,第 383 页。

② 《国内要电:国难会员蒋梦麟等返平》,《申报》1932 年 4 月 16 日,第 8 版。

③ 蒋梦麟:《西潮与新潮》,人民出版社 2011 年版,第 212 页。

④ 《张学良答保护平津各大学》,《申报》1933 年 1 月 17 日,第 11 版;《行政院设立华北战区救济委会》,《申报》1933 年 6 月 14 日,第 1 版;蒋梦麟:《西潮与新潮》,人民出版社 2011 年版,第 212—213 页。

⑤ 《北平教育界同人宣言》,见南开大学马列主义教研室中共党史教研组编:《华北事变资料选编》,河南人民出版社 1983 年版,第 381 页。

……一个下午，一个日本宪兵到北大来找我。"日本在东交民巷的驻防军请你去一趟，谈谈他们希望了解并且需要你加以解释的事情。"他这样告诉我。我答应在一小时之内就去，这位日本宪兵也就告辞回去了。

我把这件事通知家里的几位朋友之后，在天黑以前单独往东交民巷日本兵营。我走进河边将军的办公室以后，听到门锁咔嚓一声，显然门已下了锁。一位日本大佐站起来对我说："请坐。"我坐下时，用眼角扫了旁边一眼，发现一位士官拔出手枪站在门口。

"我们司令请你到这里来，希望知道你为什么要进行大规模的反日宣传。"他一边说，一边递过一支香烟来。

"你说什么？我进行反日宣传？绝无其事！"我回答说，同时接过他的烟。

"那么，你有没有在那个反对自治运动的宣言上签字？"

"是的，我签了名的。那是我们的内政问题，与反日运动毫无关系。"

"你写过一本攻击日本的书。"

"拿这本书出来给我看看！"

"那么你是日本的朋友吗？"

"这话不一定对。我是日本人民的朋友，但是也是日本军国主义的敌人，正像我是中国军国主义的敌人一样。"

"呃，你知道，关东军对这件事有点小误会。你愿不愿意到大连去与坂垣将军谈谈？"这时电话铃响了，大佐接了电话以后转身对我说："已经给你准备好专车。你愿意今晚去大连吗？"

"我不去。"

"不要怕，日本宪兵要陪你去的，他们可以保护你。"

"我不是怕，如果我真的怕，我也不会单独到这里来了。如果你们要强迫我去，那就请便吧——我已经在你们掌握之中了。不过我劝你们不要强迫我。如果全世界人士，包括东京在内，知道日本军队绑架了北京大学的校长，那你们可就要成为笑柄了。"

他的脸色变了，好像我忽然成了一个棘手的问题。"你不要怕呀！"他心不在焉地说。

"怕吗？不，不。中国圣人说过，要我们临难毋苟免，我相信你也一定知道这句话。你是相信武士道的，武士道绝不会损害一个毫无能力的人。"我抽着烟,很平静地对他说。

电话又响了,他再度转身对我说:"好了,蒋校长,司令要我谢谢你这次的光临。你或许愿意改天再去大连——你愿意什么时候去都行。谢谢你。再见!"门锁又是咔嚓一响。大佐帮着我穿好大衣,陪我到汽车旁边,还替我打开汽车门。这时夜色已经四合了。我独自到日本兵营,也有朋友说我不应该去的,听日本人来捕好了。他们敢么?

第二天下午,宋哲元将军派了一位少将来劝我离开北平,因为他怕自己无力保护我。我向他的代表致谢,不过告诉他,我将继续留在北平负起我的责任。

不久以后,蒋委员长因陈辞修将军北上之便,亦来代表慰问。①

此后,蒋梦麟并未离开北大,而日本人开始改变策略。北平日军特别代表松室孝良及其继任者今井武夫经常到蒋处做客,蒋不卑不亢,坦诚应对,这些交往在一定程度上缓解了北大与日军的紧张关系。然而,日本却巧妙利用此事,声称蒋同意中日合作,这令蒋对于与日本人的交往加倍小心。在与日本人的接触中,蒋梦麟总结了其办事的卑劣手段:"程序大概是:先来一套甜言蜜语,继之挑拨阴谋,然后威胁恫吓,接着又是甜言蜜语,最后施行闪电攻击。先后次序可能有所改变,但是从来不离征服中国的基本方针。日本人在珍珠港事变以前对付美国的,也是这一套。"②

蒋梦麟的总结很到位,日本帝国主义的侵略步步紧逼。1937 年 7 月 7 日,日本蓄意谋划的卢沟桥事变爆发,激起了中国军民的奋力还击,标志着全面抗日战争的打响。不久,北平失守,北大被日军占领,身在南方无法返回的蒋梦麟与众多人士参与到反日活动中。据蒋梦麟回忆,起初他对战局的判断有些失准:"以我对当地日军司令官的印象以及他们的保守见解来判断,这次事变似乎仍旧是地方性事件。日本的计划似乎还是蚕食中国,一时恐怕尚无鲸吞的准备。"③这或是一种较为乐观的预估,或是全局式的推断,或是日本人狡诈言行的蒙骗所致,也可能是兼而有之,但实际局面超乎意料。8 月 1 日,蒋梦麟与蔡元培等人联名致电国际联盟,请制裁日本暴行。12 月初,他与蔡元培、张伯苓等共计百余人联名发表声明,请世界知名人士

---

① 蒋梦麟:《西潮与新潮》,人民出版社 2011 年版,第 214—215 页。
② 蒋梦麟:《西潮与新潮》,人民出版社 2011 年版,第 216 页。
③ 蒋梦麟:《西潮与新潮》,人民出版社 2011 年版,第 217 页。

声讨日本侵略行径。① 随着上海、南京相继被轰炸变为战场，中国军民伤亡惨重，社会发展遭受重创，文化教育界损失巨大，大学内迁被提上议事日程，其中北京大学、清华大学、南开大学最终在云南组建成西南联合大学。

蒋梦麟与张伯苓、梅贻琦是西南联大的三大常委，除了处理校务外，蒋在政界依然比较活跃。1938 年 7 月，他与罗家伦、邹鲁、竺可桢等众多大学校长和教授联名致电欧美文化教育界，请阻止军火商供给日军军火。② 1939 年 2 月，他集结十余名大学校长致函美国国会议员："诸公夙具政治家的风度，必能予罗斯福总统远见的政策，以坚强之赞助，尽此项政策，当能制裁日本之野心，而造成一勇敢的新世界也。"③1940 年 4 月，蒋梦麟出席中华教育文化基金会董事会会议。④ 1941 年 8—9 月，担任中缅访问团团长，此行目的"在促进中缅间之更友好关系，向全缅人民解释中国之实况，使更了解吾国人民在反侵略之战中之精神，同时并谋获得关于缅甸最近及最翔实之知识"⑤。1942 年，蒋梦麟出任滇缅局顾问。⑥

1943 年 2 月，蒋梦麟出任新一届中国红十字会会长。1944 年，蒋梦麟以中国红十字会会长身份率队到云南、贵州、四川与湖南等实地考察，发现军队医院设备不标准，医护人员不专业，兵役壮丁遭受虐待而主管人员听之任之。据估计，1937—1945 年，"未入军队而死亡的壮丁，其数不下 1400 万人"⑦*。7 月，他把见闻写成报告上交最高当局，却音信全无，最后由陈布雷过问，逮捕枪毙了主持兵役事务的某大员。陈雪屏评价："这对于稳定抗战的局势有极大的贡献。然而，他竟因此得罪了一部分高级的军事将领。"⑧

---

① 《蔡元培等致电国联智识合作委会，报告日军侵略华北暴行请转各国采有效制裁》，《申报》1937 年 8 月 2 日，第 4 版；《日本破坏我教育机关经过，蔡元培等发表事实声明吁请世界人士加以制裁》，《申报》1937 年 12 月 6 日，第 4 版。

② 《各大学校长电欧美文化界，请阻止供给敌军火》，《申报》1938 年 7 月 13 日，第 2 版。

③ 《美国会全体议员，因其力持九国公约高贵原则》，《申报》1939 年 2 月 24 日，第 13 版。

④ 《中华教育文化基金董事会议决案》，《申报》1940 年 4 月 26 日，第 7 版。

⑤ 《中国访缅团飞抵仰光》，《申报》1941 年 8 月 30 日，第 6 版。

⑥ 郑天挺：《郑天挺西南联大日记》（上），中华书局 2018 年版，第 543 页。

⑦ 这段引文出自一份报告，题目为《民国三十年 7 月作者任中国红十字会会长时一篇有关兵役状况的原视察报告》。该报告是蒋梦麟去世后，后人据其所写《新潮》散稿整理而成。详见蒋梦麟：《西潮与新潮》，人民出版社 2011 年版，第 308—311 页。不过，需要特别注意的是，这份报告里涉蒋梦麟任中国红十字会会长与考察兵役时间等相关问题有待澄清，详见章末"附注"。

⑧ 陈雪屏：《"和光同尘"与"择善固执"》，《传记文学》1964 年第 7 期，第 12 页。

1947 年蒋梦麟主持中国红十字会理事会会议现场

图片来源:《本会第二次理事会摄影:蒋会长梦麟休息时与开会致词时一片祥和之姿态》,《红十字月刊》1947 年第 14 期,第 1 页。

1943 年 12 月,蒋梦麟作为中方首席代表出席太平洋学会会议,被选为该会中国分会会长,联合张伯苓等 20 余人发表宣言:"要求盟国修改战略,立刻采取有效军事行动,在中国战场打击敌人。"[①]1945 年 6 月,他出任行政院秘书长,被迫离任北大校长。尽管辞职是多种因素所致,但这次政界任职是其中的一种重要促成因素,也在很大程度上反映出他对待政学问题时的矛盾心态。

蒋梦麟的活动主要在学界,但是参政也是其另一项重要活动。他主张大学师生应以治学为旨趣,远离政局的纷扰。不过,这并非说对国家危亡漠不关心,他特别强调"读书救国",作为大学人应该向政府献计献策,其众多言行便是明证——他甚至深陷政治斗争漩涡,难以跳脱。这些都反映出面对纷繁复杂的环境,蒋梦麟在践行"大度包容,思想自由"理念的过程中,协调好政府与大学的关系困难重重。

实际上,当时北京大学与政府关系紧张的主要原因涉及学术与政治、大学与社会需求等矛盾。作为纯粹的学术活动,从学理上探讨政治问题本无争议,这也是北大不反对的,如课程有不少古今中外的政治思想等内容,师生在自创刊物上多有发表类似文章。然而,对政治进行学术研讨时无法回避社会现实,这乃是大学对社会需求的一种应答。特别是在内忧外患的民

---

① 左右:《蒋梦麟在西南联大》,见中国人民政治协商会议云南省昆明市委员会编:《昆明文史资料集萃》(第 7 卷),云南科技出版社 2009 年版,第 5458 页。

国时期,大学不可避免地与政局联系在一起。那么,政府与学府的关系问题自然凸显出来,尤其是由于当时政府媚外内斗、拖欠教育经费、严控师生言行自由与干预校政等做法,导致北大与当局的关系极为紧张。凡此种种可见,教育与政治无法隔绝,甚至可以说两者存在"天然"的联系。其实,以蒋梦麟为代表的北大深谙其中道理,远离政局的纷扰主要是希望师生以"研究学术"为指向。然而,社会局势的复杂性与危机程度超乎意料,北大师生作为知识分子无法成为当时中国的"局外人","因为在'中华民族到了最危险的时候'那种精神紧张和生存危机中,人们无法不心向往一个光明的未来和富强的国家……把国家整体的富强当作永恒的理想,这是超越专业技术人员,成为'中国'知识分子的基础"。① 因此,在当时特定历史条件下,如果仅是狭义理解治学、求学与参政问题,那么必然会失之偏颇。在国家危亡、学校被破坏、师生安全受到威胁的境遇中,已然无法正常治学、求学,声讨、反抗腐败的当局与暴行累累的侵略者是一件再正常不过的事情,当然同时也不能忘记自身求知的职责。

综上而论,蒋梦麟的"大度包容,思想自由"理念是在继承与发展蔡元培"思想自由,兼容并包"理念基础上得出的,两者有共同点。一方面,都主张文理同在、互通,不论年龄、经历、性情与思想立场等,而以学识选任师资,招收多种身份学生,学派并立,观点争鸣,等等;另一方面,都强调自由包容是有限度的,过度会导致严重后果。然而,两者也有不少区别。

一方面,两者发挥的作用有所不同。蔡氏理念是在封建专制政体被推翻、民主共和政体初建、封建帝制回潮被平定等历史环境下孕育而成的。当时北大旧势力、旧思想居于主导,官僚气息浓重,蔡氏理念是在挑战旧观念、旧秩序的条件下提出并推行的,具有破旧立新的开创性意义,它的产生在很大程度上象征着现代大学在理念上的一次重要突破。而蒋氏理念是在解决蔡氏理念践行中出现问题的过程中生成的。面对外敌入侵、内斗不止、文化思想革新等社会大变革的环境,蒋氏理念是对新形势的应答,并在此后发展中不断调整,因而富有承转创新的建设性意义,它的出现是大学理念审时度势地回应实践问题的一个典型代表。

另一方面,两者的具体内容有所差异。这里分阶段加以阐释。起初,蔡氏理念主要强调自由包容,尽可能为其实施提供各种保障,但在五四运动前

---

① 葛兆光:《序言:那一代中国知识分子的幸福和自由》,见何兆武:《上学记》(增订版),人民文学出版社2016年版,第14页。

后,蔡氏理念逐渐收紧了自由包容的程度。特别是在蒋梦麟入主北大后,面对师生的激烈言行,蔡氏理念进一步强调管理,而此间亦有蒋氏理念思想元素的影响。直到蔡实际上不再主持北大的1923年,蒋氏理念正式提出,在认同自由包容的同时,明确"整饬纪律,发展群治",尽管该理念在北洋政府时期与国民政府时期的具体含义有所区别,但是其导向基本未变。进言之,蔡氏理念原初主要是针对专制而推崇自由包容,顺势渐变为在一定程度上限制自由包容,而此时正是蒋氏理念酝酿阶段,即主要是保留较大限度的自由包容并防范与应对其过度实施产生的不良后果。概言之,蔡氏理念重在提倡、推行自由包容,当陷入某些困局时才迫切关注其过度的后果,也正是有此经验,蒋氏理念则关注自由包容的适度性,在调适过程中,面对复杂的时局,在某些特定阶段非常强调纪律与群治。那么,缘何会出现这种现象呢? 这主要是时代条件与提倡者个体特点所致。

就时代条件而言,蔡氏理念是在封建专制思想影响依然浓重的背景下提出的,自由包容是一个从无到有的过程。取而代之的蒋氏理念则是在人们推崇"科学"与"民主"精神的肇始与发展初期、内部争斗与外部入侵的动荡环境下产生的,并且历经北洋政府中后期、国民政府时期等较为漫长的时段,这注定是一个理念面对新形势不断矫正、完善的过程。

就提倡者个体特点来说,我们可以从蔡元培与蒋梦麟两人的人格魅力、知识结构与社会地位等方面予以考察。首先,在人格魅力方面,人们对蔡元培的评价非常高。例如,毛泽东评价蔡元培:"学界泰斗,人世楷模。"再如,傅斯年指出:"蔡先生实在代表两种伟大的文化,一是中国传统圣贤之修养,一是法兰西革命中标揭的自由、平等、博爱之理想。此两种伟大文化,具其一已难,兼备尤不可觏。"又如,蒋梦麟曾言:"先生做人之道,出于孔孟之教,一本于忠恕两丰。知忠,不与世苟同;知恕,能容人而养成宽宏大度。……大德垂后世,中国一完人。"①尽管时人对蒋梦麟多有赞赏,但蔡元培的人格魅力更大,尤其是海纳百川的容人之量为很多人所不及,包括蒋梦麟在内的众多人士对他始终心怀敬佩。其次,两人的知识结构有所不同。总体上他们都注重知行合一,对比而言,蔡元培深受宋儒、德国传统哲学的影响,较为关注对本原性问题的理论阐释,而蒋梦麟受到阳明心学、美国实用主义的影

---

① 毛泽东《毛泽东致蔡元培先生家属唁电》、傅斯年《我所景仰的蔡先生之风格》、蒋梦麟《试为蔡先生写一笔简照》,见中国蔡元培研究会编:《蔡元培纪念集》,浙江教育出版社1998年版,第2、190、96—97页。

响很大，比较侧重对具体实践问题的解决。最后，两人的社会地位有差异。任北大校长前，蔡元培为进士、曾任同盟会上海分会会长与民初首任教育总长、民初南方势力核心成员之一，在政界、学界等众多领域影响巨大，而入北大前的蒋梦麟为秀才、哥伦比亚大学博士、《新教育》杂志主编等，即使后来蒋的各方面资源也十分丰富，但其影响力无法与国民党四大元老之一的蔡相比拟。可见，蔡元培能够开创性地提出并推行新理念有着多方面的有利条件，而外界帮助（如蔡元培等）与内在"争气"（如蒋梦麟能力出众等）等诸多主客观因素有助于蒋梦麟更好地在理论与实践中完善理念。

蔡元培的"思想自由，兼容并包"与蒋梦麟的"大度包容，思想自由"是密切关联的，不能将两者分开而孤立地看待。就一定意义而言，前者是后者的前提与基础，后者是前者的延展与丰富。在蒋氏理念的指引下，北京大学逐步达成了现代化的转型，并实现了"中兴"，也树立了收放有度大学理念的"标杆"。

附注

*《民国三十年7月作者任中国红十字会会长时一篇有关兵役状况的原视察报告》完成时间及蒋梦麟职务有待商榷，即1941年7月递交报告，并且其身份已经是中国红十字会会长（很多研究以此为准）。据报告中所说，蒋梦麟当时去过贵阳、独山、镇远等地，但是在1941年1月1日—7月31日，他外出办理红十字会事务的可能性非常小。因为根据《梅贻琦西南联合大学日记》《郑天挺西南联合大学日记》以及《国立西南联合大学史料》（第2册：会议记录卷）等资料，蒋梦麟那段时间主要忙于西南联合大学办学经费筹集、计划迁校等事务，在重庆、四川和昆明等地活动，特别是在5—7月，他频繁出席联大常委会与校务会议，达9次（共10次），这些会议基本上每隔一两周开会，其余时间他的行踪大体可以在梅贻琦等人的日记中找到，可以推算出蒋极难有时间去贵阳等很远的地方考察。详见梅贻琦：《梅贻琦西南联大日记》，中华书局2018年版，第1—113页；郑天挺：《郑天挺西南联大日记》（上），中华书局2018年版，第423—507页；北京大学、清华大学、南开大学、云南师范大学：《国立西南联合大学史料》（第2册：会议记录卷），云南教育出版社1998年版，第163—186、473—475页。

同时，这份报告显示1941年7月蒋梦麟已担任中国红十字会会长，但是有资料表明，他任会长的时间为1943年2月。他曾在1943年上任会长后发表《告全体同仁书》："梦麟这次奉命就任本会会长，已于二月八日与胡秘书长兰生，同时正式视事。本人一向办理教育事业的。这次奉命主持会务，明知职责重大，恐不胜任。但我对于红十字会，向来表示十分同情；觉得红十字会的事业，是服务人群的一种光荣事业。我因有此概念，就毅然接受命令，与诸位同仁，竭诚为本会服务。"详见《蒋会长梦麟告全体同仁书》，《中国红十字会会务通讯》1943年第15期，第1页；另见《立法院制定红会组织条例 受卫生署主管 总会正式改组 蒋梦麟任会长 胡兰生任救护总队长》，《西南医学杂志》1943年第2期，第37页。再者，蒋梦麟是接任,前会长为王正廷,而王在 1941 年与 1942 年还在担任会长,并未卸任,这也证明蒋在 1941 年 7 月任会长的可能性极小。详见《中国红会长王正廷返港 日前赴菲公干》,《大公报》(香港)1941 年 9 月 25 日,第 6 版;池子华主编:《中国红十字运动通史(1904—2014)》(第 6 卷:中国红十字运动大事编年),合肥工业大学出版社 2018 年版,第 111—118 页。

此外,上述相关材料在 1941 年 1—7 月也没有记载蒋梦麟率领红十字会队伍关于上面报告的内容。

综上可知,这份报告内容与蒋梦麟《新潮》中回忆的景象很相近,该事件与他任会长应该是事实,但时间有待确认。据详细查找资料发现,蒋梦麟以中国红十字会会长身份到贵阳、桂林、衡阳、镇远与云南等地考察时间极有可能是 1944 年 7 月,包括考察地点、时间、内容等,我们在《郑天挺西南联大日记》《梅贻琦西南联大日记》以及西南联合大学教授会会议记录、中国红十字运动大事编年等资料中基本可以找到相应信息。详见郑天挺:《郑天挺西南联大日记》(上),中华书局 2018 年版,第 783—928 页;梅贻琦:《梅贻琦西南联大日记》,中华书局 2018 年版,第 167—192 页;北京大学、清华大学、南开大学、云南师范大学:《国立西南联合大学史料》(第 2 册:会议记录卷),云南教育出版社 1998 年版,第 543—544 页;池子华主编:《中国红十字运动通史(1904—2014)》(第 6 卷:中国红十字运动大事编年),合肥工业大学出版社 2018 年版,第 125—128 页。

第四章　养成"领袖"、"学校之唯一生命在学术事业"与"改良社会"：高等教育职能论

纵观世界高等教育的发展历程，因时代不同、各国情况有别等因素，高等教育职能时有变化，并且呈现出多元化的态势。西班牙教育家加塞特(José O. Gasset)曾言："没有只有一种大学只有一个使命这样的事情。过去从来没有，现在没有，将来也决不会有。"[①]尽管如此，我们还是能够达成基本共识，即高等教育具有人才培养、科学研究、社会服务三大职能，而蒋梦麟的高等教育职能思想与此相同。

一、经费、建筑、设备与人才：职能实现之基础保障

高等教育职能的实现有赖于诸多条件的保障，前文已经阐释的理念可以说是"软件"，而接下来探讨的经费、建筑、设备与人才等可称为"硬件"。蒋梦麟曾指出大学办学"硬件"是："第一要工具，第二要人材。人材就是专门学术上之导师，工具就是学校的设备——如图书、仪器等——学校无适当的设备，先生口授，学生耳听，限学术于口耳之间，哪里配说是学术。设备要有经费去办。学术上的导师要有经费去养他。没经费怎么办得动。设备不完，人材不够，哪里配讲学术。"[②]虽然该文把这些条件看作为了学术，但其意思是学术至上，实际上并不限于学术。1923 年，在创办杭州大学时，他与蔡

---

① 引自(美)克拉克·克尔著，王承绪译：《高等教育不能回避历史：21 世纪的问题》，浙江教育出版社 2001 年版，第 199—200 页。

② 《学风与提高学术》，见蒋梦麟：《过渡时代之思想与教育》，商务印书馆 1933 年版，第 184—185 页。

元培、胡适等人强调经费、设备、场馆、校舍与人才的重要性。[①] 执掌教育部期间，1929 年 8 月，蒋梦麟主持制定的《大学规程》规定："大学或独立学院须有相当校地、校舍、运动场、图书馆、实验室、实习室及图书、仪器、标本、模型等设备"，而每年扩充设备费"至少应占经常费百分之十五"。[②] 他不是停留在口头上，而是在办学实践中尤为注重落实这些条件。

(一)"没经费怎么办得动"：经费紧缺之艰难应对

随着在北京大学办学时长的累积，特别是数次代理校务与多年任校长，再加上主政全国学务的经历，使蒋梦麟深谙财力的重要性，将经费视为办学的前提。在动荡不安的近代社会局势下，政府经常拖欠或不足额拨款，严重阻碍了高校办学，经费保障显得极为关键。

1919 年 9 月，蔡元培返回北大，蒋梦麟改任总务长、评议会成员等。总务处负责庶务，为行政中枢机构，学校硬件改进是其中心工作，而解决经费问题是重中之重。北洋政府经常拖欠教育经费，导致北大等众多学校难以为继。12 月，由北大教授马叙伦等领衔北京各校讨薪代表团向教育部请愿：缘何独发教育部部员工资而不发各校经费。得到答复是资金不足，只能解决部员薪水。[③] 此举遭到北京各校的联合抵制，罢教、罢课运动开启，但教育部态度消极，各校更为愤慨，在提出发薪经济目的之外，还要求罢免时任代理教育总长傅岳棻、保持教育独立的政治主张。[④] 不久，傅岳棻表示：确定教育专款是解决经费的根本办法，教育部已经向大总统呈请令财政部于关盐余款项下划拨专科以上各校经费，崇文门税款项下发放学务局所辖中小学校经费。[⑤] 此方案确实是较好的解决办法，但是短期无法实现，并且此前傅岳棻数次失言，因此，各校并不"买账"。1920 年 1 月 20 日，政府议决：从1920 年 1 月起，每月 26 日发放现金，教育部所辖各校每月共计薪俸现洋十二万余元。[⑥] 自此，讨薪运动告一段落。然而，好景不长，由于战乱不断，军费耗资巨大，原本困难的财政雪上加霜，教育经费依然无法保障。

当时北大经济上非常困难，1920 年 8 月，蔡元培致电教育部："时局多

① 《杭州大学意旨书》《杭州大学章程》，《北京大学日刊》1923 年 3 月 27 日，第 1—3 版。
② 《大学规程》，《教育部公报》1929 年第 9 期，第 87 页。
③ 《教员薪金问问面面观》，《申报》1919 年 12 月 20 日，第 6 版。
④ 《京校小学以上学生之通电》，《申报》1919 年 12 月 24 日，第 7 版。
⑤ 《京校罢教事件仍在相持中》，《申报》1920 年 1 月 9 日，第 6 版。
⑥ 《京华短讯》，《申报》1920 年 1 月 24 日，第 7 版。

故，百事维艰，本校辍发薪资已经三月之久，我校长洞悉在校诸同人困苦，已于七月十六日联合北京专门以上各校校长，函请教育部给发薪资，以维现状。"①9月16日，在北大全体会议上，负责全校庶务的总务长蒋梦麟无奈地指出：

> 本校最困难之一问题，为校款不能按期领到。因经费不按时来，实行预算，甚为困难。移甲补乙，移乙补丙，把预算破坏了。譬如去年校中决定，拨图书、仪器费各二万元。仪器之费，颜先生把它先从会计科领来，所以今年我们学校里办了不少仪器，这是使我们满意的一件事。当时图书馆未曾即刻把款领来，以为存在校中，是万妥万当的。不料后来只领了几百元。这笔钱用到别的地方去了。诸位要知道，凡一个机关里四五个月领不到钱，有一文钱到手，就用了去。譬如电灯、电话、自来水，不能欠钱太多，欠了太多，电和水就不来了，电话也要叫不通了。还有其余的赊账，长久不付钱，下次就赊不动。这种钱，看着不多，在一个大机关里各部分拼拢来，就可观呢。本来购图书的钱，迫不得已时，就把它送到电灯、自来水公司，和木厂子、纸铺子里去了。去年有一个建筑公司，我们欠它一笔巨款，屡次问我们来讨，我们因为没钱，只好搪塞过去。将到中秋节的时候，他们到我的家里来讨，每天来一次。到了中秋节，我就逃到西山去，不敢见他们。同学最感痛苦的，就是寄宿舍不够。住在公寓里吃寓东的苦。这事我们早想到。但请拨公地请不到，购地一时无款，造房更没钱，所以迁延过去。现在我们还要极力想法。②

会后不久，在此等困苦条件下，校长蔡元培到欧美考察，历时一年才回国。其间，蒋梦麟代理校务，艰难地带领北大前行，并组织北京教育界谋求解决经费欠缺问题。然而，没有钱款的教育部甚是为难，1921年1月，其发给北大等校的指令显得很无奈："教职员联合会函请尽一月八日以前将九年十二月积欠迅发由，据呈已悉，昨因岁秒发给各校一个月经费，并酌补旧欠为数甚巨，本部办理此事经过万分为难，情形已为各该校校长详悉言之。此

① 《国立北京大学呈稿呈字》（第五十九号，九年八月四日发），见王学珍、郭建荣主编：《北京大学史料》（第2卷），北京大学出版社2000年版，第2843页。

② 《北京大学全体大会演说辞》，见蒋梦麟：《过渡时代之思想与教育》，商务印书馆1933年版，第404—405页。

时实已百法俱穷,无可为计,尚望我学校同人鉴此苦心,共事维持,实教育前途之至幸也。"①据时人回忆:"一九二一年春,政府积欠的教育经费竟达七八十万元之多。大中小学的教职员经常发起索薪运动。"②教育部经费拮据确属事实,因此各校一面与其沟通,一面向财政较为富足的交通部请款,但未能如愿。北大等各校开始停课,蒋梦麟领衔辞职,之后政府曾有解决方案,但因改组而搁浅。③

1921年6月3日,北京国立八校④教职员以及其他人士合计数千人游行示威,遭到大批警察武力镇压,北大马叙伦、李大钊等众多师生被打伤,蒋梦麟领衔各校校长辞职并公开声讨,但效果不佳。其间,身心俱疲的蒋梦麟与胡适等到西山散心畅谈,蒋言:"北京的教育界像一个好女子,那些反对我们的,是要强奸我们;那些帮助我们的,是要和奸我们。"胡答:"梦麟错了,北京教育界是一个妓女,有钱就好说话,无钱免开尊口。"⑤这番对话极具讽刺意味。后来,蒋梦麟前往看望受伤师生,并找前教育总长范源廉从中调停,又与胡适、王星拱、李大钊、顾孟余等多人数次前去争取,但政府的许诺最终还是成了空头支票。⑥ 因此,6月28日,丁燮林、李四光、王世杰、胡适、顾孟余、陶孟和等多人聚会详谈:大家都觉得厌倦了,丁、李、王等提出离开北大,建议恢复西南大学。⑦ 正当大家骑虎难下甚至萌生去意之际,1921年7月24日,政府派王芝祥慰问教育界,到会者有国立八校校长、教职员与学生代

---

① 《教育部指令》(第八号),见王学珍、郭建荣主编:《北京大学史料》(第2卷),北京大学出版社2000年版,第1873页。

② 马燕:《马叙伦和"六·三"索薪运动》,见中国人民政治协商会议北京市委员会文史资料研究委员会编:《文史资料选编》(第23辑),北京出版社1985年版,第111页。

③ 《教育界全体辞职后之风潮》,《晨报》1921年4月17日,第2版。

④ 北京国立八校是指:北京大学、北京高等师范学校、北京女子高等师范学校、北京法政专门学校、北京医学专门学校、北京农业专门学校、北京工业专门学校和北京美术学校。

⑤ 胡适著,曹伯言整理:《胡适日记全集》(第3册),联经出版事业股份有限公司2004年版,第106页。

⑥ 《无法解决之京学潮》,《申报》1921年6月23日,第7版。

⑦ 胡适著,曹伯言整理:《胡适日记全集》(第3册),联经出版事业股份有限公司2004年版,第141—142页。

表等数十人,政府允诺拨付经费,索薪风潮暂告平息。① 然而 8 月初,政府所给支票到银行取不出钱,蒋梦麟心灰意冷,曾对胡适讲:"北京的事一败涂地了! 我费了九牛二虎之力,弄到这样结果,我道可怜不可怜!(我真拼命奋斗)"②8 月 24 日,国立八校教职员代表会商对策,并继续向政府请愿施压。③时至 9 月,蔡元培回国返校。

在战乱不断、军阀政府腐败的北洋时期,教育经费难以保障已成为常态。1922 年 2 月,蔡元培领衔北京国立八校校长向政府呈请经费,表示可用法国退还赔款之半数充作八校教育基金。④4 月 29 日,教育部训令北京大学:"现值近畿战事发生,京师国立各学校经费益形竭蹶……本部为暂时权宜起见,国立各校所有本学年应办事宜,暂准提前结束,以免窒碍。一俟军事解决,经费稍可维持,仍应恢复原状,至于从前积欠及将来经费,仍由本部切实筹画,积极进行。"⑤可见,此时教育部对拨付经费已无能为力,在表示尽力解决亏欠款项的同时,提出暂缓办学的办法。北大接到此令后,教职员不愿罢课,但生计"又不能不虑及,特主张互相扶助,筹款五千元。司月薪在百元上者,得借二十元,百元下者得借十元。如家中有急学生,无论月薪如何,皆将借二十元或四十元"⑥。自筹互助是不得已之举,并非长久之计。9 月 21 日,北大领衔发布国立八校校务讨论会启事:"前因教育经费积欠五个月以上,迭经呼吁,未有效果。除呈请辞职外,曾宣言不负责任。兹已由政府拨给两个月费,并允于本月三十号以前再发半个月。敝会同人为尊重学生学业起见,不得不勉力维持,亟图开学,自本月二十一日起,已照常到校供职。曾蒙各界援助,深用感谢,敬谨声明,并希鉴谅。"⑦11 月,在北大二十五周年纪念会上,身为总务长的蒋梦麟指出,学校想充实设备、修缮校舍等,但

---

① 《政府对教育界已践约慰问 王芝祥代政府表示对不住 尚治学会各方面大发言 愿政府勿再有摧残教育之事》,《晨报》1921 年 7 月 25 日,第 3 版;《教潮至昨日已完全结束 鉴于担保办法已知照各校 临时费按月摊拨 教职员发出复职宣言 八校长通告恢复原状》,《晨报》1921 年 7 月 29 日,第 3 版。

② 胡适著,曹伯言整理:《胡适日记全集》(第 3 册),联经出版事业股份有限公司 2004 年版,第 272—273 页。

③ 《京教育费又有转机》,《申报》1921 年 8 月 31 日,第 11 版。

④ 《八校教育金之新运动 八校校长上呈政府 请将法国退还赔款 一半拨充教育基金》,《晨报》1922 年 2 月 8 日,第 3 版。

⑤ 《教育部训令第一〇二号》,《北京大学日刊》1922 年 5 月 4 日,第 1 版。

⑥ 《北大教职员互助》,《京报》(北京)1922 年 5 月 6 日,第 3 版。

⑦ 《北京国立专门以上八校校务讨论会启事》,《北京大学日刊》1922 年 9 月 23 日,第 1 版。

因经济困难,无法实现,并无奈表示:"总务长天天跑来跑去,还是跑不出钱来……实在觉得没有法子。"①雪上加霜的是,1923年1月,蔡元培因罗文干案被迫辞职,此后再未返回掌校。

蒋梦麟在极为窘迫的情况下代理校务,四处奔走筹措经费,维持北大避免中辍。1923年4月,北大教职员前往教育部"索取积欠经费"。② 11月,蒋会同其他国立专科以上学校校长向国务总理与教育总长呈文:"请指定俄国庚子赔款,拨充教育基金,以立教育基础事。"③12月,教育部发布训令,核准"财政部提出民国十三年二月份起,正金银行所扣盐余项下每月尚余十五万元,拟即专指为京师国立八校及公立各校教育基金一案"④。然而,经费仍然拖欠或缺额发放,1924年5月,国立八校教职员呈请使用各国退还庚子赔款办理文化事业。⑤ 6月,教职员代表向教育部索薪但毫无结果,蒋梦麟遂设法向银行借得四成五之款额,"凑足一月之数,并规定此款由本月份俄款库券拨还"。⑥ 1925年,蒋在致毕业生临别赠言中强调:"这两年中,政府欠发校款,竟积至十二个月以上,物质上的痛苦,真一言难尽。"⑦同年,如前所述北大发生了脱部事件,导致教育部停止拨款,经蒋梦麟多方筹集勉强维持,12月章士钊去职后局面稍有改观。

1926年1月,北大教职员召开联席会议,蒋梦麟谓:"经费无着,一切俱难维持,应请大家筹议应付办法。"⑧不久,他与北京其他国立大学校长共商对策,最后议定蒋起草致函俄款委员会交涉,拨借赔款。⑨ 然而世事难料,

① 《北京大学第二十五年成立纪念日演说词》,见蒋梦麟:《过渡时代之思想与教育》,商务印书馆1933年版,第419—420页。

② 《本校教职员诸君公鉴》,《北京大学日刊》1923年4月13日,第1版。

③ 《八校请拨俄国庚子赔款充教育基金呈文》,《北京大学日刊》1923年11月27日,第2版。

④ 《训令第二百一十五号(十二年十二月六日):令各校、京师学务局:国务会议议决由十三年二月份起每月拨盐余十五万元为国立八校及公立各中校基金》,《教育公报》1924年第6期,第10—11页。

⑤ 《国立八校教职员对各国退还庚子赔款宣言》,《晨报》1924年6月5日,第2版。

⑥ 《八校经费筹得 财政部发给五成五 校长团借得四成五》,《京报》(北京)1924年6月6日,第3版。

⑦ 《临别赠言:民国十四年北大毕业同学录序》,见蒋梦麟:《过渡时代之思想与教育》,商务印书馆1933年版,第424—425页。

⑧ 《前晚北大联席会议 讨论停课索薪问题》,《京报》(北京)1926年1月14日,第7版。

⑨ 《京国立大学之索薪情形》,《申报》1926年1月15日,第10版。

"三一八"惨案爆发,抨击当局的他为躲避通缉被迫离开北大而南下。

20 世纪 20 年代,蒋梦麟亲历了多年的艰难办学,深刻体会到经费的重要性。也正是因此,在任教育部部长期间,其在《大学规程》《大学组织法》《专科学校规程》《专科学校组织法》等文件中明确了经费的重要性及数额等主要事项。后来他卸任教育部部长,对接任北大校长有所迟疑,因为当时北大经济状况已经到了很坏的程度,经费无着,教师为生活奔波,兼课兼职现象严重。作为多年的老友,胡适深知其心思:"他不肯回北大,是因为那个时候北平的高等教育已差不多到了山穷水尽的时候,他回去也无法整顿北京大学。……那时候,北京改成了北平,已不是向来人才集中的文化中心了,各方面的学人都纷纷南去了,一个大学教授的最高俸给还是每月三百元,还比不上政府各部的一个科长,北平的国立各校无法向外延揽人才,只好请那一班留在北平的教员尽量的兼课,几位最好的教员兼课就最多。……在这种情形下,孟邻迟疑不肯北来做北大校长,是我们一班朋友都能谅解的。"[1]因此,身为中华教育文化基金会董事的胡适与中央研究院的傅斯年等人拟定了一个方案:由中华教育文化基金会与北大合作,双方每年分别出资办学,而作为该会董事的蒋梦麟看后较为满意,遂于 1930 年底重返北大掌校。不久,经过中华教育文化基金董事会同意,该会与北大签订合作意向:1931年到 1935 年,双方各出资 20 万元,用于设立研究教授、购置图书仪器及其他设备与设立学生奖助学金。[2] 此举使得蒋梦麟在选聘人才、提高教师待遇以杜绝兼课等现象方面发挥了重要作用。

然而,中华教育文化基金会的资金只能满足办学的部分需求,无法完全解决经费短缺问题。1931 年 11 月 3 日,北大蒋梦麟与北师大徐炳昶两位校长赴南京拜访教育当局,陈述经费困难,"有断炊之虞,请迅拨款接济"。[3] 15日,蒋与政府商定划拨 35 万元:"闻财部奇窘,军政各费,大部几无所出。此次北平各国立大学之经费,系由铁道部收入项下,拨出现款二十五万元,其中十三万元,系中央银行支票,由蒋带来。尚有十二万元,则由蒋托某行汇来,大约二三日内,亦可寄到。其余十万元,财宋允于本月内汇来。"北京教

---

① 《丁文江的传记》,见胡适著,耿云志、李国彤编:《胡适传记作品全编》(第 3 卷),东方出版中心 1999 年版,第 166 页。

② 中华教育文化基金董事会:《中华教育文化基金董事会第六次报告》,出版社不详,1931 年版,第 51 页。

③ 《蒋梦麟等抵京,请拨款接济平校经费》,《益世报》(天津)1931 年 11 月 4 日,第 4 版。

1930 年中华教育文化基金会相关人员合影

注:前排左起赵元任、孙科、蔡元培、蒋梦麟、徐谟,

后排左起翁文灏、任鸿隽、胡适、孙书文。

图片来源:齐家莹编著:《清华人物》,作家出版社 2001 年版,第 64 页。

育界闻蒋携款归来,异常兴奋,"宛如迎接财神也"。① 但后来汇款出现状况,"平津院校经费十二万元汇票,随济南号飞机焚毁,中央银行不允付款",蒋电请教育部设法解决。② 12 月,国库司长余梅荪复电称:"现在财政艰窘万分,容即赶为筹汇,知关垂注,特先奉复。"③

1932 年上半年,蒋梦麟为筹集资金非常忙碌,曾多次南下与财政部部长宋子文、教育部部长朱家骅等商谈经费问题,结果计划 5 月、6 月按五成拨发,7 月起全额发放。④ 但直到 10 月底,依然未能有效落实。⑤ 同年,为了更好地解决教费问题,平津高等教育经费保管委员会成立,由教育部、财政部、银行、大学等代表组成,蒋梦麟位列其中。⑥ 面对入不敷出的局面,校长蒋梦麟、文学院院长胡适、理学院院长刘树杞、法学院院长周炳琳与数十位教师

---

① 《蒋梦麟携带现款二十五万返平》,《北平晨报》1931 年 11 月 20 日,第 7 版。

② 《平津教费汇票焚毁》,《申报》1931 年 11 月 24 日,第 9 版。

③ 《财政部国库司长来电》,《北京大学日刊》1931 年 12 月 10 日,第 1 版。

④ 《蒋梦麟离京返平》,《申报》1932 年 5 月 18 日,第 7 版。

⑤ 《平津院校教职员复工后蒋梦麟请财宋保障经费 教联会已选定保管委员》,《大公报》(天津)1932 年 5 月 5 日,第 5 版;《蒋梦麟入京交涉北大经费》,《大公报》(天津)1932 年 10 月 29 日,第 3 版。

⑥ 《高等教育经费保委会将成立 聘任蒋梦麟等为委员 朱家骅昨日之来电》,《华北日报》1932 年 7 月 9 日,第 7 版。

会面后,发布学校裁员公告,以此节省开支。① 9月23日,北大师生千余人聚会,蒋报告了学校的财政状况:"前学年从财政部领到经费仅六个月,以之作全年度之用,其不敷也甚明。教职员薪水虽可按照领到成数发给(余可暂欠),然行政费不能拖欠及折扣。不得已另想办法:(一)临时向银行作信用借款……(二)向基金暂借第五年之补助费……(三)合款二十万元,只付五万元。有上列三项办法,前学年本校财政上之困难,始能勉强渡过。本年度本校财政更加困难,因有下列两种关系:(甲)归还借款,向银行团及基金会所借之两个月经费,须设法归还。……(乙)预算超出……"胡适接着补充道:"自本年二月十五就职后,即以病入医院若干时。且以经费支绌,致一切无甚发展。"②可见,解决经济穷困问题刻不容缓。10月,蒋梦麟表达了再次亲往向教育部索薪的想法:"北大经费,迄今每月仍为七万五千元,校务发展开支增多,不敷甚巨,加以积欠过多,本年经费现只发至三月份。同时本学期更动教授甚多,去职教授,既须按月照发欠薪,新聘教授,亦须设法筹发当月薪金,故在学校本身现状言之,不啻增加二重担负。此种担负,每月现亏八千元,上月由本人添筹一万三千元,勉强将三月份积欠发放,似此情形,倘再延长,实觉危险,故本人已决定日内即赴南京一行,亲到教部,商解决办法。"③

1933年初,北大会同北师大、北平大学三校联合电请教育部、财政部催拨教费:"寒假在即,尚欠催付甚急。请将本月份经费,于二十日以前汇平。"不久教育部回复已办。④ 3月,蒋梦麟前往南京,接洽教育部部长朱家骅与财政部部长宋子文,同时拜访蔡元培求援,力保经费到位。⑤ 此后,教费只是部分拨付,为摆脱经济困境,1934年1月,他离平赴京,与时任教育部部长王世杰商议补发拖欠钱款,并决定发行学校公债,其为一种中央领券,待国库充裕后偿还。⑥ 不过"屋漏偏逢连夜雨",是年6月,政府拟取消"平津院校积欠八百余万",其中拖欠北京大学260万3837元2角4分,蒋梦麟领衔交涉,

---

① 《北京大学大裁员》,《北平晨报》1932年9月10日,第7版。

② 《北京大学开学蒋报告经费状况》,《北平晨报》1932年9月24日,第7版。

③ 《蒋梦麟将赴京》,《京报》(北京)1932年10月25日,第7版。

④ 《本月份平津教费教部允速汇 昨日电复国立三大学》,《益世报》(北京)1933年1月18日,第6版。

⑤ 《北大校长蒋梦麟晋京》,《申报》1933年3月4日,第15版。

⑥ 《理财之道层出不穷 北大将发行公债 国库盈余时再清债》,《新天津》1934年1月13日,第3版。

教育部、财政部等表示需要核算待定。① 经考察后,欠款得到部分解决,每月经费拨付的延缓期有所缩短。② 1935 年,鉴于平沪地区汇款手续费较贵,在各校极力争取下,财政部准予减免该项费用。③ 1936 年,由于经费紧缺,北大决定从减聘教师与不加薪、暂停特殊购置与修缮等方面核减开支。④ 1937 年,他向教育部部长王世杰报告校情,获得允诺增加预算,暑假前可实现。⑤ 不料 7 月卢沟桥事变爆发,北京大学与清华大学、南开大学开启迁校工作。

蒋梦麟担任校长后,虽有中华教育文化基金会专款支持,但数额有限,政府拨款是经费的最大份额,然而由于军事战乱、政局不稳、经济不振等众多因素,教费经常不能按时足额发放,其想方设法来加以应对。一方面,他单独或联合其他高校向政府催款,多年数次以致电或亲身前往等方式筹款;另一方面,他在校内实施裁员、降薪,力推开源节流,停掉非紧急必要的开销。

历任北大代理校长、教育部部长与北大校长的蒋梦麟是国内高校办学的引领者,其与教育部、财政部等政府部门以及银行、工商界等相关人士颇为熟识,凭借着经费理应拨付的道理与丰富的人际资源,他四处奔波筹集经费,带领着北大坚定地向前迈进。

(二)安身之所与"有米之炊":建筑与设备之完善

蒋梦麟非常重视学校建筑与设备的改善,直言这些若不良,学术必然不佳。他代理北大校务多年,曾长期任总务长,对庶务工作极为熟悉,后来任校长,完善硬件条件是其尤为看重的工作。尽管经费难以保障,在较大程度上导致建筑与设备改进工作经常暂停、中断或被迫放弃,但是蒋梦麟尽力排除万难,在修建校舍场馆、添置仪器设备等方面举措颇多且效果较好,为师生专心教学、科研与服务社会提供了有力保障。

---

① 《平津院校积欠八百余万拟取销》,《申报》1934 年 6 月 22 日,第 15 版。

② 《北平各大学七月份经费 教部汇三十六万》,《申报》1934 年 8 月 27 日,第 16 版;《平津国立院校经费 九月份三十六万元汇平》,《申报》1934 年 10 月 4 日,第 14 版。

③ 《平津高教经费汇水 财部准予免扣》,《京报》(北京)1935 年 2 月 26 日,第 7 版。

④ 《本校致校内各机关函》,《北京大学周刊》1936 年 7 月 25 日,第 1 版。

⑤ 《北大增加预算暑假前可实现 蒋梦麟向教部接洽极圆满》,《京报》(北京)1937 年 3 月 17 日,第 7 版。

1. 校舍场馆之修建

（1）校园环境与基建

初入北大时，蒋梦麟颇感校园环境不理想，他认为"从教育的眼光看来，教训青年的地方，是在山林花草鸟鸣虫嘶的天然景内，不在臭虫跳蚤的囹圄内"，因此他以代理校长身份面托时任教育总长在西山多找些地，以备将来北大迁去，同时希望政府最好把自然风景与文化氛围俱佳的圆明园"送给北大"。[①] 后来，西山土地请求得到一定程度的满足，但将圆明园"送给北大"未能如愿，不过蒋梦麟在其中付出了很大努力。再者，北大着力修整校园环境与基础设施。例如，1920 年，蒋主持总务会议，决定改国史馆为宿舍，西山地亩种植树木、做好绿化，庶务会议议决玉泉山以西地亩不得出租，用于每年植树。[②] 再如，1931 年，由于宿舍床位不够，北大计划筹建新宿舍。因经费困难，有所延迟。恰逢 1933 年 11 月，浴室因年久失修坍塌，致学生死伤，学校立即加以整改重建。鉴于此类惨案，学校果断转移居住在老旧三斋的学生，加紧推动新宿舍的建设，最终于 1935 年竣工得以使用。[③] 当时学生称赞道：

> 蒋校长为新宿舍费了不少的心血。而这楼完成之后，北大宿舍乃压倒了燕大清华。这是四层楼立体式的钢骨水泥建筑，在一院空场的最北头，远远看来像一座兵营，里面的格局也很特别，口字形缺了一面半，当中圈住一个空场，楼内自上而下纵切隔成各不相通的八部分，每一部分有一座精致得很的楼梯，里面每层七八间形式各别、妙处不同的房，十分适合北大爱好个别发展的胃口。更妙的是一人一屋，偿了几十年来北大同学求隔离的宿愿。每间屋附着一小间放箱子挂衣服的暗室。热水汀、弹簧锁，配合而调和的特制家具，摩登舒适，使你完全忘了这是老北大。[④]

① 《北京大学的近状致张东荪的信》，见蒋梦麟：《过渡时代之思想与教育》，商务印书馆 1933 年版，第 98 页。

② 《三月二十九日午后四时第八次总务会议纪事》，《北京大学日刊》1920 年 4 月 9 日，第 2 版；《庶务委员会报告书》，《北京大学日刊》1920 年 7 月 17 日，第 3 版。

③ 《国立北京大学布告（三）：本校学生众多宿舍床位不敷分配，现正计划建筑新宿舍》，《北大日刊》1931 年 8 月 15 日，第 1 版；《北大新宿舍定十一日迁入》，《益世报》（天津）1935 年 11 月 6 日，第 4 版。

④ 朱海涛：《北大与北大人——住》，《东方杂志》1944 年第 21 期，第 50—51 页。

此外,1932年,北大前沙滩及景山东街两马路稍狭,经与市政府沟通后核准"展宽"。① 1934年,鉴于北大新图书馆投入使用,"其大门拟向西辟,正对景山东大街,惟大门前之横街",其出行不便,开辟一条新路,命名为"北大路"。② 1935年初,原有多条马路重新规划、修整。③ 同年,新图书馆建成,其旧址闲置,学校将其改造成新礼堂,可为公共集会之使用。④

（2）图书馆、地质馆、体育场地等各类场馆

图书馆是师生治学的重要场所之一,其整修与新建工作备受关注。北大图书馆可追溯到清末京师大学堂藏书楼,1913年改为图书馆,原址在景山东街第二院后院,1918年第一院落成,迁入该院第一层,该馆行政组织上为"图书部"。1920年,蔡元培、蒋梦麟等召集会议商定新馆建设事宜,如筹款成功暑假后可以动工。⑤ 然而,政府拖欠经费严重,筹款困难。是年10月,蔡元培赴欧考察1年。时至1922年,图书馆依然未动工,蒋梦麟在二十五周年校庆上表示:"现在我们预备无论如何困难,自今年起至明年止,必定将图书馆造成。离此不远的地方,有一所房子,中央八十尺宽,六十尺长,将他盖成图书馆后,可容四百人同时在里边看书。"⑥然而事与愿违,在随后数年,北大经济拮据始终未有改观,甚至师生生活开销都难以维持,图书馆计划只得一再推迟。直到1931年,蒋梦麟任校长后,原图书部改为图书馆,迁入北大在原松公府购置的大院。其分为前后两院,两旁是跨院。图书馆把主房后院作为书库,前院用于报刊、中文书籍、外文书籍等阅览室,但这并非专门为图书馆而设,布局不合理,条件简陋。就读一年级的邓广铭曾致信蒋梦麟:"应当尽快向教育部申请专款,建一座类似或稍小于北平图书馆的新馆,

<hr>

① 《北京大学前马路将展宽》,《京报》(北京)1932年7月14日,第6版。

② 《北京大学三十七周年纪念 举行庆祝之程序今日可公布 "北大路"即将开始动工修筑》,《华北日报》1934年12月14日,第9版。

③ 《西单转角处工程业已开始 大学路修筑已呈市府核示》,《京报》(北京)1935年3月21日,第6版;《北大傍草场大院将辟为大学路 本年度修路计划 八月间即可动工》,《京报》(北京)1935年6月10日,第6版。

④ 《北大一院增加建礼堂 就原有书库正殿从新改建 土木工程已竣现正油饰中》,《华北日报》1935年11月1日,第9版。

⑤ 《北大之现在与将来》,《申报》1920年6月20日,第7版;《北大筹备图书馆之计划》,《申报》1920年7月5日,第6版。

⑥ 《北京大学第二十五年成立纪念日演说词》,见蒋梦麟:《过渡时代之思想与教育》,商务印书馆1933年版,第420页。

如果教育部不肯拨款,向国内富豪与海外华侨募捐也未为不可。"① 实际上,在邓致信前,蒋梦麟早已在推进建设新馆。据修建图书馆负责人之一沈肃文回忆,"蒋校长回长北大,即筹备必要的建筑。先以七万四千元购入前清松公府遗址,拟为建筑图书馆、各科科学馆、体育馆、大礼堂及学生宿舍等基址",后因经费不足、外患不断等因素有所延迟但并未中断,特别是图书馆,为求圆满,设计图几经讨论议定,"全馆的结构,图样的修改,均经蒋校长几费斟酌而始确定"。② 时至 1935 年 5 月,原馆长为毛子水,蒋梦麟觉得应聘请更为专业的严文郁担任,严时任北平图书馆阅览部及编目部主任,曾留美肄业于哥伦比亚图书馆学校,后来胡适出面斡旋,最终严任馆长。③ 9 月 20日,新馆正式开放,开幕典礼隆重,蒋梦麟与各学院院长及师生、各界来宾等800 余人出席。④ 据蒋介绍:新图书馆建筑式样为山字形,全部用铁筋洋灰避火建造,设有大阅览室 4 间,可同时容 448 人,研究室 24 间,供学术探究之用。书库位于正中,内设钢铁书架东西各 10 行,约可容中文书 80 万册,或西文书 20 万册。自 1934 年 4 月开工,1935 年 8 月竣工,共花费 22.35 万余元,经费来源于北大、中华教育文化基金会、外界、北大教职员及历届毕业生捐助等。⑤ 可见,该馆是汇集各方力量、历经数年建成,其设计布局较为现代,材料较优质,座位颇多,满足了师生多种用途需求。

地质学系在北大各系中占有重要地位,其贡献了多项开创性学术成果,人才培养质量高,多位毕业生成为院士,这与蒋梦麟的有力支持密不可分,尤其是在场馆方面。例如,1921 年 10 月,地质研究会成立大会召开,代理校务兼总务长蒋梦麟出席并指出地质研究的重要性,强调组织研究会"好得很",希望地质研究"既关注应用,也重视学理。现在可惜设备、实验室等不足,今后我们努力设法解决"。⑥ 此后,地质学系场地有所扩展,但该研究所

---

① 邓广铭:《邓广铭学述》,浙江人民出版社 2000 年版,第 20—21 页。

② 沈肃文:《本馆建筑概况》,见王学珍、郭建荣主编:《北京大学史料》(第 2 卷),北京大学出版社 2000 年版,第 1968 页。

③ 《致毛子水》,见胡适著,季羡林主编:《胡适全集》(第 24 卷),安徽教育出版社 2003年版,第 206—207 页;《北大图书馆馆长毛准辞职由严文郁继任》,《益世报》(天津)1935 年 5月 27 日,第 8 版。

④ 《新建图书馆昨日开幕》,《京报》(北京)1935 年 9 月 21 日,第 7 版。

⑤ 《图书馆建筑概况》,见王学珍、郭建荣主编:《北京大学史料》(第 2 卷),北京大学出版社 2000 年版,第 2134—2135 页。

⑥ 《蒋梦麟总务长演说词》,《地质研究会年刊》1921 年第 1 期,第 118—119 页。

需物品众多,陈列室、实验室等数量有限,直到蒋梦麟任校长后才有明显改观。在新建图书馆的同时,北大决定新建地质馆,地质学系的教室、标本室、办公室、实验室将迁入,原来地质陈列室改为生物楼,"另外划一'数学楼'及化学物理两系用区"。① 地质馆从 1934 年 5 月动工,1935 年 7 月完成,由梁思成工程师设计,共花费 6.6 万余元,由北大、中华教育文化基金会、地质学系李四光及丁文江捐薪资助。该馆建筑式样为 L 形,占地 791 平方公尺,南部为三层,北部除地窖外为二层。"地窖层用为磨片室、储藏室、锅炉室等;第一层用为教室、古物陈列室、地史陈列室、暗室、阅览室、学生研究室、教员室、职员工作室等;第二层为教室、大讲堂、化验室、显微照像室、矿床实习室、矿物岩石陈列室、教员室等;第三层为教室、地质陈列室、教员室等。"②

此外,蒋梦麟曾多次强调体育的重要性,"以养成健全之个人"③,因此体育场地建设不容忽视。1920 年 12 月,在蒋代理校务期间,北大溜冰场竣工对外开放。④ 鉴于原有球类场地不足,1931 年,刚上任校长的蒋梦麟便召集会议,决定在原松公府旧址,建足球场、网球场、篮球场等运动场所,不久工程便启动。⑤ 后来,虽受到经费短缺等因素影响,但大多得到落实,师生的运动空间得以拓展。同时,早在 20 年代,北大就有建设一座大型综合运动体育馆的想法,蒋梦麟掌校后着力推动此工作。1931 年 7 月,据《京报》报道:"自蒋梦麟长校以来,各部整顿均见起色……体育方面,亦已聘定王耀东为主任。现正计划开辟松公府,以为扩大体育场之用。"⑥1934 年,北大拟订体育发展计划,其中强调亟须建设体育馆,"应照原定计划,速谋实现"。⑦ 1937年初,体育馆图样设计已由体育主任李仲三会同设计专家拟就,打拳场、篮球场、游泳池、径赛跑道及其他设备应有尽有,但需建筑费 12 万元,蒋梦麟遂设法筹集。⑧ 体育馆筹建时间较早,但是经济困难,图书馆、地质馆、学生

① 《北大新建地质楼定今明日交工 该学系定后日迁入》,《京报》(北京)1935 年 7 月 30日,第 7 版。

② 《地质馆建筑概况》,见王学珍、郭建荣主编:《北京大学史料》(第 2 卷),北京大学出版社 2000 年版,第 2135 页。

③ 蒋梦麟:《世界大战后吾国教育之注重点》,《教育杂志》1918 年第 10 期,第 136 页。

④ 《北大创设溜冰场》,《民国日报》1920 年 12 月 27 日,第 5 版。

⑤ 《体育组通启》,《北京大学日刊》1931 年 9 月 11 日,第 3 版。

⑥ 《北大扩充体育场 王耀东任体育主任》,《京报》(北京)1931 年 7 月 27 日,第 7 版。

⑦ 《体育新闻:(甲)北平》,《申报》1934 年 8 月 22 日,第 16 版。

⑧ 《国立北京大学筹建大规模体育馆》,《申报》1937 年 1 月 17 日,第 8 版。

宿舍等均在同期建设,因此其一拖再拖,直到卢沟桥事变发生而暂时中止。

2.图书设备之充实

蒋梦麟对大学"工具"推崇有加。1923年,蒋梦麟、蔡元培等共同制定《杭州大学意旨书》《杭州大学章程》时指出筹办大学有"三要",其中首要是丰富图书仪器,"仪器不完,不可以言发明新理;图书不备,不可以言深求知识。故图书仪器之设备,须求丰富",并且图书仪器设备费至少占全校经费百分之四十,薪水及行政费不超过百分之六十。[①] 9月,他在北京大学开学仪式上讲道:如果经费有着落,要用一部分来充实学术,购买图书要注意专门,请各系制订计划。[②]

在图书方面,北大每年都有购书专款,1930年后,购书经费大约每月9000元(有时6000元),这种水平在国内图书馆中位列一流。[③] 具体而言,各系商讨报送专业类书目,图书馆负责确定通识类与部分专业类书目,两者注重沟通。[④] 购书不仅包括常规成果类书籍,而且紧跟学术前沿,既关注国内文献,亦设法获取国外资料。例如,1934年,时任图书馆馆长毛子水介绍:

> 本校图书馆购书费,每月共六千元,由中华教育文化基金会补助一半……关于购书计划,特别注意杂志。本校图书馆有英德法三种文法之定期杂志三百余种,合中日文杂志在内,共计四百余种,计每年杂志定购费约在一万元以上,本年度对定购杂志尚拟增添种数。又本年度起,每年拟采购富有价值欧美杂志全份合订本,即自创刊号起至最近期止,一期不缺。欧美著名全份杂志,采购最不易为,定价亦甚昂贵,每种非数千元不可。故图书馆每年衡量经费情形,只可购二三种,根据各系需要情形,及购求上方便,分年购求各种专门杂志全份。[⑤]

---

① 《杭州大学意旨书》《杭州大学章程》,《北京大学日刊》1923年3月27日,第1—3版。

② 《蒋梦麟先生开学词》,《北京大学日刊》1923年9月12日,第2版。

③ 吴晞:《北京大学图书馆九十年记略》,北京大学出版社1992年版,第67页。

④ 《北大图书馆主任严文郁谈下年改进计划》,见王学珍、郭建荣主编:《北京大学史料》(第2卷),北京大学出版社2000年版,第1991页。

⑤ 《北大图书馆图样已审定 定于春季开工 至晚年底完成》,《华北日报》1934年2月23日,第6版。

除购买所得外,亦有相关人士捐赠书报资料。① 经过多年发展,1935年,北大图书馆藏书共 25 万余册,其中中文书 17 万余册,日西文书近 8 万册,中西文杂志 400 余种、日报 300 余种,善本甚多,至为名贵,如《神器图》、《明实录》(大部分)等。② 1936 年,北大图书馆藏书较上年稍有减少,总计藏书 233098 册,但在全国大学中处于领先阵营(第三名),前两名分别为清华大学(310928 册)与中山大学(243320 册)。③

设备耗资巨大,尤其是理科。在资金极为缺乏的情况下,北大设法充实教学与研究所需设备。例如,1922 年,北大二院理科仪器向来不足,特购到上海慎昌洋行大小电动机数种,又在电器公司买得一台发电机,稍有缓解。④ 1926 年,化学系与物理系因实习需要,从英国买来一架煤气机,相关费用共计 2 万余元。⑤ 再如,1933 年,理学院委托代购国外各种仪器药品共 13 大箱,花费 3000 余元。在各学院中,理学院需要仪器颇多,经费也较多,每年预算约 5 万元。⑥ 截至 1935 年,物理、化学、生物、地质与心理等系实验室相继建成与次第完善。另有一个煤气厂,各实验室皆用煤气,除煤气厂与实验室创建费、运行费外,"仪器标本药品等项约值银五十八万二千五百六十九元五角五分"⑦。

硬件是大学职能实现的重要保障,尽管经费紧张,但蒋梦麟竭尽所能,学校环境、建筑、图书与仪器设备等方面得到不断改善,为北大发展奠定了坚实基础。时人曾评价:

> 新宿舍在北大住的方面是划时代的一块界碑。……每一层有一间盥洗室,冷热水管,应有尽有。大小便抽水设备不必说,还分成了坐桶

---

① 《张凤举先生带来日本各机关所赠书报》,《北京大学日刊》1926 年 1 月 21 日,第 1 版;《国立北京大学便函》,见王学珍、郭建荣主编:《北京大学史料》(第 2 卷),北京大学出版社 2000 年版,第 2010 页。

② 《介绍北大图书馆过去与现在》,《北平晨报》1934 年 9 月 30 日,第 9 版;北京大学图书馆:《国立北京大学图书馆概况》,出版社不详,1936 年版,第 9 页。

③ 国民政府教育部:《全国各大学民国二十五年度图书册数分类统计表》,见中国第二历史档案馆编:《中华民国史档案资料汇编》(第 5 辑第 1 编:教育),江苏古籍出版社 1994 年版,第 324—329 页。

④ 《北京大学近事两则》,《京报》(北京)1922 年 5 月 10 日,第 3 版。

⑤ 《北大煤气厂落成 统置二万余元》,《社会日报》(北京)1926 年 6 月 29 日,第 4 版。

⑥ 《北大理学院大批仪器到平》,《北平晨报》1933 年 11 月 25 日,第 7 版。

⑦ 北京大学:《民国二十四年度北京大学一览》,出版社不详,1935 年版,第 5—7 页。

和蹲坑两式。于是"南北咸宜"，光线、空气、清洁，一切卫生条件都具备了。①

沙滩往北面走是东斋和松公府，这里藏着我们智慧的源泉。从二十四年以后，这里耸起了三座立体型的洋楼，中间那座图书馆，更是分外的窗明几净。每当我坐在这现代化的大阅览室中读古书时，总涌起了一种极端的愉快。我感谢自蒋校长以次的各位先生赐给我这种幸福，这是过去在北大的老大哥们所梦寐祈求而不得的。

松公府往西拐的一条街通到二院，西斋和五斋，二院是我们的科学家们的活动中心，别人除了上大班课是不常去的。但这古式的清代四公主府，却给人以幽静的好感。红柱的大礼堂前砖砌的庭院异常平洁，当中一个小荷池，四面几张长坐椅，左右亭亭对立着两棵罗汉松，"花气袭人知昼暖"，课余小息于此，也不亚神仙。转到堂后，又是一番景象，静寂寂的院子，悄悄的不见人影，花池里几棵怒放的玉兰花招来成群蜂蝶，点缀了寂寞中惟一的热闹。我最爱饭后一个人踱到这院里来，席地坐在阴凉的花下拆读刚才收到的情书。花香，清冷，悠远的沉思，浑然自忘。……北大人是在这种环境中陶冶出来的。②

（三）"人材不够，哪里配讲学术"：高水平师资的遴选

1. 蒋梦麟代理北京大学校务时期（1923—1926）

1923年初，蔡元培辞职离校后，蒋梦麟代理校务，当时经费被严重拖欠、教师兼职现象严重，北大办学极为不易，师资队伍建设艰难，有人指出："近来北大的教员坏极了！哲学系所好来了一位切实而有见界的陈大齐先生，其余简直是听不下去了！教员'怠工'的习气，是最大耻辱。"③这番论断出自缪金源写给胡适的信函，缪是主张废止考试且未参加考试的北大学生，写信时刚离校没有文凭，或许表达有些绝对，但是可以从一个侧面反映出师资队伍存在某些问题。不过，在蒋梦麟带领下，直到1926年其被迫离校前后，北大教师队伍的整体水平尚佳，这从北大档案记载的1926年6月任教的外国

---

① 朱海涛：《北大与北大人——住》，《东方杂志》1944年第21期，第50—51页。

② 朱海涛：《北大与北大人——沙滩》，《东方杂志》1944年第14期，第60—61页。

③ 《缪金源致胡适》，见中国社会科学院近代史研究所中华民国史研究室编：《胡适来往书信选》（上），中华书局1979年版，第196页。

教员名单①与李书华回忆文章中记载的名单②中可见一斑,代表性教师如表4-1所示。特别是缪金源提到的"坏极了"的哲学系教员已经变成陈大齐、胡适、马叙伦、徐炳旭、樊际昌与张竞生等,不难发现这些人都是非常著名的学者。

表 4-1　1926 年前后北京大学各系主任情况

学系	系主任	年龄	籍贯	学习经历	工作经历
国文系	马裕藻	48	浙江	留日(早稻田大学);章太炎弟子	曾任商务印书馆编译所主任;任北大教授与评议员多年
哲学系	陈大齐	40	浙江	浙江求是学堂;留日;留德(柏林大学)	曾任浙江高等学校校长,任北大教授多年
英文系	胡适	35	安徽	中国公学;留美(哥伦比亚大学)	任北大教授多年
法文系	李景忠				任北大教授多年
德文系	杨震文	36	河南	北京大学;留德(柏林大学硕士)	任北大教授多年
俄文系	顾孟余(兼任)	38	浙江	京师大学堂;留德(柏林大学)	任北大教授多年
东方语文系	周作人	41	浙江	江南水师学堂;留日;章太炎弟子	曾任中学教员;任北大教授多年
教育系	高仁山	32	江苏	南开学校;留日;留美(哥伦比亚大学)	创办北平艺文中学;任北大教授多年
数学系	冯祖荀	46	浙江	留日(京都帝国大学)	曾任教于浙江两级师范学堂;任北大教授多年
物理系	颜任光	38	广东	留美(芝加哥大学博士)	任北大教授多年
化学系	王星拱	38	安徽	安徽高等学堂;留英(伦敦大学硕士)	任北大教授多年

① 《民国十五年六月分(份)外国教员调查表》,见王学珍、郭建荣主编:《北京大学史料》(第 2 卷),北京大学出版社 2000 年版,第 448—450 页。

② 李书华:《七年北大》,见陈平原、夏晓虹编:《北大旧事》,生活·读书·新知三联书店 1998 年版,第 112—115 页。暂未发现记载 1926 年北大教师名单的资料,李书华文章中所列教师名单时间为 1926 年前后,理由是该名单上有胡适,胡曾于 1925 年 11 月辞职(暂未见蒋梦麟同意),据李书华回忆,生物学系 1926 年成立,而这份名单已有生物学系教师)。

续　表

学系	系主任	年龄	籍贯	学习经历	工作经历
生物系	谭熙鸿	35	江苏	留法（生物学硕士）	任北大教授多年
地质系	何杰	38	广东	唐山路矿学堂；留美	任北大教授多年
法律系	黄石昌	41	湖南	留日（早稻田大学）	曾任湖南公立第二法政学校校长；任教北大多年
政治系	陈启修	41	四川	广州丕崇书院；留日（东京帝国大学）	在东京发起丙辰学社；任北大教授多年
经济系	顾孟余	（参见俄文系处）			
文预科主任	关应鳞	51	广东	留日	任北大教授多年
理预科主任	丁燮林	33	江苏	江苏省立中学；留英（伯明翰大学硕士）	任北大教授多年

资料来源：本表教师名单参见李书华：《七年北大》，见陈平原、夏晓虹编：《北大旧事》生活·读书·新知三联书店1998年版，第112—115页。教师简介参见刘绍唐主编：《民国人物小传》（第1—20册），上海三联书店2014—2017年版；顾明远总主编：《中国教育大系·历代教育名人志》，湖北教育出版社2015年版；等等。

2. 蒋梦麟任浙江大学校长时期（1927—1930）

1927年，蔡元培、蒋梦麟等人创办浙江大学研究院的提案获得浙江省政府批准，时任浙江省教育厅厅长蒋梦麟派人在求是书院原址筹建，同时国民政府批准组建"国立第三中山大学"，1928年5月25日，正式更名为"国立浙江大学"，蒋作为首任校长，竭力为浙大聘请优秀师资。例如，1927年下半年，蒋梦麟专门就聘请教师事情致信胡适：我已聘定邵裴子为文理学院院长，"他现在正在物色教员，如你有下列诸科的人材请再介绍一下子：（一）中国史；（二）西洋史；（三）英语学及语音学（English language and phonetics）。你前介绍通伯，因为此间英语重mechanism（机构学）方面，尤其是一年生，故尚未需要，请介绍一位合于（三）项之资格者。鲁迅的需要，只须在一二年后，割鸡尚用不着牛刀也"①。这些内容至少可以看出三层意思：其一是"再

———————————

① 《蒋梦麟致胡适》，见中国社会科学院近代史研究所中华民国史研究室编：《胡适来往书信选》（上），中华书局1979年版，第451—452页。

介绍"体现出蒋已经较早开始对外招揽人才；其二是依据大学发展需要针对性地聘人；其三是聘合适之人甚难。

1930 年，曾任浙江大学秘书长、时任教育部次长的刘大白邀请徐中舒前往浙大任教，而此时徐在中央研究院历史语言研究所工作，傅斯年挽留徐，并致信表明不同意，但刘未放弃且发出徐的聘书，并让浙大排好了下学期课程。傅斯年则退回浙大聘书，并当面与蒋梦麟表达了留下徐中舒的立场，而蒋答："当由徐先生自定。他要留研究所，便留；要去浙江，便去。"眼看新学期开学，徐中舒迟迟未去浙大，刘大白以教育部名义发出电令（署名加了蒋梦麟）："迅予放行，勿再留难。"傅斯年见后于 8 月 23 日致信，详述了此事经过，并宣称：

一、敝所无权留其现在之同事，如一留之便是"留难"。

二、浙大要请谁，便无挽回之可能，故斯年之两函、一退聘书，并面得孟邻先生之言，皆同尘埃，与没有过一样。所以长久退了聘书之后，照旧排功课，而因此不理会事实以生之困难，责在别人身上！

随后，傅斯年于当日又写信一封，列出三大证据：

一、五月五日奉上一信，（六日快信发）声明吾等留中舒之意。得廿日回信，谓不可。

二、旋于六月十七日，（十八日发）正式奉还中舒聘书，并更写一信，叙述一切。此件未蒙复书。

三、七月二日孟邻先生云，此事由徐先生自决，若要去浙江，即去，若要留，即留。弟谓"那就无问题了"！

最终，傅斯年留住了徐中舒。这场"争人"之战看似是傅斯年与刘大白之间的博弈，实际上刘的背后有蒋梦麟的支持，以蒋的名字发教育部命令便是一个力证。那么，缘何蒋梦麟当面与傅斯年说请徐中舒自己决定？不难理解，当时蒋的身份很特殊，身兼教育部部长与浙江大学校长①，与傅斯年同为北大人，两人私交不错，再加上徐中舒在中央研究院历史语言研究所工作在先，等等。这些因素使蒋不好公开或者翻脸要人，刘大白只好冲在前面步步争取，而傅斯年立场鲜明，遂只好作罢。其实，傅斯年也留有余地，即使接

---

① 据傅斯年说，他与蒋梦麟当面讨论徐中舒去留问题是在 1930 年 7 月 2 日，此时蒋任教育部部长，并兼任浙江大学校长。7 月 12 日，国民政府下令准予蒋辞去浙大校长，任命邵裴子为浙大校长。《命令》，《申报》1930 年 7 月 13 日，第 4 版。

到命令十分生气，但始终没有与蒋梦麟直接对峙，我们可以从傅斯年单独写给刘大白的信函内容中得到印证：

> 那么，这事早了了！退的聘书，若非当时已经留下，我能偷了来吗？此后如有异议，何不更写信来？此事我所知之经过如此。现奉"迅予放行，勿再留难"之令，不胜感其不通之至！此电虽同列孟邻先生名，然就称谓及语气论，为大作无疑。论公则敝所并非贵部属辖，论个人则仆并非吾公之后辈。吾公不是反对文言文的吗？这样官场中的臭调文言，竟出之吾公之口，加之不佞之身，也是罪过！现请吾公收回成语，以维持《白屋文话》作者之文格词品，不胜荣幸之至！专此，唯颂筹安！①

由上可见，信件直指刘大白，并把蒋梦麟"摘了出来"。这段委婉回复，即表明了傅斯年的留人态度与"敲打"之意，也给蒋梦麟留了面子。因此，蒋自然不好再去要人了。不过，这从一个侧面体现出当时蒋梦麟为浙大招贤纳士花了很大功夫，也展现出当时学术界对人才的高度重视。对于此次"抢人"风波，时间倒是给了一个解决问题的契机。1930 年末，蒋梦麟重新主政北大，而中央研究院历史语言研究所搬到北平，我们在 1932 年北大教师名单上看到了徐中舒②，由此看出傅斯年当年的拒绝可能确有苦衷。

蒋梦麟执掌浙江大学三年（1927 年 7 月—1930 年 7 月），陈建功、苏步青、贝时璋等众多著名教授前来任教。浙江大学档案馆曾对这位首任校长给予了认可："担任浙大校长期间，蒋梦麟积极礼聘高学历精英人才。短短几年间，聘得陈建功、钱宝琮、苏步青、贝时璋、郭任远、张绍忠、梁希、刘大白、袁敦礼、顾毓琇、潘承圻、许璇等国内外一流的学者来校任教，为浙江大学的长远发展奠定了良好的师资基础。"③

3. 蒋梦麟任北京大学校长时期（1930—1937）

1930 年 7 月 12 日，辞去浙大校长的蒋梦麟专任教育部部长，不料没过多久因整顿高等教育陷入利益纷争漩涡而被迫辞职，12 月重回北大任校长。从蒋梦麟 1926 年离校到 1930 年底这段时间，北京政局与学界纷乱，迁都南

---

① 上述聘请徐中舒经过参见《傅斯年致蒋梦麟、刘大白》《傅斯年致刘大白》，见傅斯年著，王汎森、潘光哲、吴政上主编：《傅斯年遗札》（第 2 卷），社会科学文献出版社 2014 年版，第 247—249 页。

② 《北大本年教授讲师一览》，《燕京报》1932 年 9 月 23 日，第 4 版。

③ 浙江大学档案馆：《大学区制下的浙大校长蒋梦麟》，《浙江大学学报》（人文社会科学版）2013 年第 5 期，第 149 页。

京使得北平地位有所下降,这对北大冲击很大,各种问题层出不穷,特别是"北京大学教员,渐渐散去"[①],原本实力突出的国文系教师多受聘于厦大[②],师资方面令人担忧。因此,担任北大校长的蒋梦麟首次到校演讲便着重指出:"现北大最感困难者为聘请教授",其原因是"以前全国人才集中北大,大学不多,且未整顿,故北大易聘优秀教授。今各大学中多半为北大同人,党政各界,均有北大同人插足"。随后,他表达了迎难而上的信心:"若无教授,则无法办北大。近年新人才辈出,兄弟拟设法聘请,诸君不必想不能来校之老人才,凡在可能范围中,余愿尽力为之。希望诸君与兄弟同谋北大之发展。"[③]此后,他开启了关键性的选聘教师工作。

其实,蒋梦麟出任北大校长有很多顾虑,因为当时北大陷入了发展的低谷,胡适、傅斯年等人深知其中利害,联系中华教育文化基金会争取经费支持,这至少在物质上为蒋掌校、聘人提供了较大帮助。他力推北大重组成文、理、法三个学院,院长人选是需要尽快确定的。最终,法、理、文三学院院长分别是周炳琳、刘树杞与胡适(按照聘任时间先后顺序),聘任三人的主要原因如下。

周炳琳,浙江人,北大毕业生,哥伦比亚大学文学硕士,1925年曾受聘于北大,后从政,因不满党争而离开,旋入清华大学任教。罗家伦辞任清华校长后,1930年10月,作为教育部部长的蒋梦麟派周代理校务,周不就,据罗家伦后人称,周曾对罗说清华校风不好。1931年,周应蒋邀请来到北大。[④]可见,蒋梦麟、周炳琳两人为老乡,同为哥伦比亚大学毕业,曾是师生、同事,周的才学过硬,适逢清华风潮想离开,等等,这些因素汇集一起很自然地促成了周到北大任教。

刘树杞,湖北人,美国密歇根大学学士、哥伦比亚大学硕士与博士。1921年回国任厦门大学理科主任,1927年辞职,1928年任湖北省教育厅厅长、武汉大学代理校长,1929年辞去所有职务,赴美学习,1930年任中央大学理学院代理院长,其间中央大学发生风潮,校长张乃燕与教育部部长蒋梦

① 钱伯涵:《京华碧血录》,《申报》1928年2月6日,第16版。

② 《北大教授多往厦大》,《晨报》1926年7月29日,第6版。

③ 《北大学生会昨开迎蒋大会》,《京报》(北京)1930年12月24日,第7版。

④ 张友仁:《周炳琳年谱》,见周炳琳著,张友仁编:《周炳琳文集》,浙江人民出版社2009年版,第387—389页;《周炳琳书札》,见罗久芳编著:《文墨风华:罗家伦珍藏师友书简》,北方文艺出版社2014年版,第222页;胡适著,曹伯言整理:《胡适日记全集》(第6册),联经出版事业股份有限公司2004年版,第593页。

麟各执一词。1931年，刘树杞接受蒋梦麟邀请就职北大。刘来到北大的原因大体是蒋与刘是哥伦比亚大学校友、均有教育厅厅长经历、适逢中央大学发生风潮刘想离开以及刘的学识佳等因素。此外，还有个重要线索值得注意，原本理学院院长人选是李四光，但李称"教书甚愿，院长无缘"，李与刘树杞熟识，两人均是武汉大学筹备委员会委员，共同为筹建武大付出很多，刘辞去武大代理校长时曾推荐李为校长，李不就，随后两人共同赴哥伦比亚大学研习。① 那么可推断，刘树杞到北大是李四光推荐的可能性较大。

胡适到北大的原因较为明确，他与蒋梦麟同为哥伦比亚大学校友，多年的北大同事，两人关系非常好，等等。与前两人相比，胡适的受聘过程明朗，颇为周折的是，胡有所迟疑，就职稍晚了一些。1930年5月，胡适辞去中国公学校长后，北大代理校长陈大齐曾请胡到校讲学；11月，胡举家来到北平，但其不想回北大，然而听说蒋梦麟被委任校长，感叹道："我怕又逃不了北大的事了。"1931年初，胡适推荐青岛大学杨振声任文学院院长，但傅斯年反对。9月14日，蒋梦麟与周炳琳当面苦劝胡适任院长，胡未同意，主要是其担任中华教育文化基金会编译委员会主任委员（专任职务）的缘故。1932年2月15日，胡就任院长。②

蒋梦麟聘请享有盛誉的周炳琳、刘树杞与胡适担任三院院长，体现其具有很强的影响力，其间发挥重要作用的或是乡缘、或是学缘、或是业缘、或兼而有之。值得注意的是，四人均是哥伦毕业大学毕业，学缘紧密，颇耐人寻味。

院长选定后，蒋梦麟坚定支持他们去聘人："辞退旧人，我去做；选聘新人，你们去做。"③同时，其依然为选聘有识之士四处奔波。1931年4月，他专程南下两周，"在南京一星期余，上海数日"，收获较大："现已请妥教授李

① 吴纯法：《刘树杞》，见咸宁市政协文史资料和学习委员会编：《咸宁文史资料》（第9辑·辛亥革命咸宁人物志），咸宁市机关管理局文印室2010年版，第148—154页；胡适著，曹伯言整理：《胡适日记全集》（第6册），联经出版事业股份有限公司2004年版，第490页。

② 胡适著，曹伯言整理：《胡适日记全集》（第6册），联经出版事业股份有限公司2004年版，第605页；《致杨振声》，见胡适著，季羡林主编：《胡适全集》（第20卷），安徽教育出版社2003年版，第80—81页；《丁文江的传记》，见胡适著，耿云志、李国彤编：《胡适传记作品全编》（第3卷），东方出版中心1999年版，第166页；《北大聘定文学院长》，《申报》1932年2月14日，第6版；《北京大学开学蒋报告经费状况》，《北平晨报》1932年9月24日，第7版。

③ 《北京大学五十周年》《致杨振声》，见胡适著，季羡林主编：《胡适全集》（第20卷），安徽教育出版社2003年版，第263页。

蒋梦麟所聘北京大学文、理、法三学院院长

注:左起依次为北京大学文学院院长胡适、理学院院长刘树杞、法学院院长周炳琳,三人均由时任北大校长蒋梦麟聘任。

图片来源:北京大学档案馆校史馆编著:《北京大学图史(1898—2008)》,北京大学出版社 2010 年版,第 98 页。

四光等十余人,文学院三四人,理学院五六人,法学院三四人。"李四光原在中央研究院工作,得到蔡元培同意后,借调 1 年。实际上,1929 年时,代理校长陈大齐与教务长王烈一再邀请李到北大,李称需得蔡元培批准才行,但一直未成。[1] 这次南下,蒋梦麟拜访了蔡元培后便促成此事,而且李四光在北大不只待了 1 年(约 6 年),同时也在中央研究院工作。[2] 对此,蒋花费了很大努力,也足见他在蔡元培心中占有重要分量。

当时选聘人才困难重重,蒋梦麟曾感叹道:

> 中国人才缺乏,大学教授须向机关要,而机关又不肯放走,中央大学朱校长谓兄弟任教育部长时,在南京吸收人才,今任北京大学校长,又来向中央大学请教授,如将优秀教授一一聘去,南方高等教育又将如何,结果,条约未满者,暂时不聘,条约将满者,届时再聘。……南方之北大老教授,只要母校彻底改革,均愿返校,聘请教授既如此困难,只好

---

[1]　马胜云等编著:《李四光年谱》,地质出版社 1999 年版,第 95—103 页。

[2]　杨钟健《李四光老师回忆录》、高振西《李四光的治学精神》,见李四光研究会筹备组地质学会地质力学专业委员会编:《李四光纪念文集》,地质出版社 1981 年版,第 8—9、46 页。

交换教授，否则破坏信约，伤人情感，非所宜也。①

由此可见，蒋梦麟四处请人十分不易且颇为无奈。我们很想知道他聘请教师时所说内容如何，幸好在北京大学档案馆找到一封当年写给陈逵（字弼猷）教授②的信函，字里行间显现出蒋梦麟求贤若渴的态度，内容如下：

弼猷先生大鉴：

敬启者：上学年先生在北大担任讲席，循循善诱，学子获益匪浅。弟凤慕，鸿才尤深，仰企下学期起务请大驾仍回北大主讲如何。俞允则时雨所沛，固不仅莘莘学子同深，感汴也，专此奉恳敬颂道绥。

弟蒋梦麟启③

历经数月努力，北大聘任教师工作初见成效。1931年7月，学校聘定了近80名新学期上课的教师，其中含名誉教授8名（在其他大学专任的老教授）与接洽中教授2名。④ 9月14日，北大举行纪念周活动，据《京报》报道："北京大学自校长蒋梦麟就职后，积极延聘专家任课，老教授亦纷纷返校。"⑤ 1932年，北大教师队伍大体定型，但是蒋梦麟深知聘请人才的工作不能停歇。1933年7月，他赴南京办理校务，托运图书，另有一个专项任务是"聘请教授"。⑥ 1934年，应胡适与蒋梦麟邀请，梁实秋几经周折终来北大，任研究教授与外文系主任。⑦ 1935年，北大外语系新添3位教授，分别是美国文学博士陈钦仁、赵兆熊与伯烈伟，数学系拟聘申又枨教授。⑧ 1936年8月，北大已聘定名誉教授16人，1937年新聘英国文艺批评家恩溥森教授与数学家

① 《北京大学三院平均发展 新聘教授李四光等十余人 蒋梦麟昨日之重要谈话》，《益世报》（北京）1931年4月28日，第6版。

② 陈逵著，张墨编：《陈逵中英诗文选》，南开大学出版社1995年版，第260页。

③ 《蒋梦麟为请来北大任教事给陈弼猷的信》，《北京大学档案》（电子版），档案号：BD1931020。

④ 《蒋梦麟分别接洽新教授》，《京报》（北京）1931年7月31日，第6版。

⑤ 《北大旧教授返校后昨举行第一次纪念周》，《京报》（北京）1931年9月15日，第6版。

⑥ 《蒋梦麟夫妇昨午返平》，《西京日报》1933年8月10日，第2版。

⑦ 《致梁实秋》（3封），见胡适著，季羡林主编：《胡适全集》（第24卷），安徽教育出版社2003年版，第178—179、183—184、186—187页；梁文蔷：《梁实秋与程季淑：我的父亲母亲》，百花文艺出版社2005年版，第234页。

⑧ 《北大外国语系添聘新教授》，《北平晨报》1935年6月29日，第9版；《北大外国语文系添设俄文班聘伯烈伟为教授》，《北平晨报》1935年9月22日，第9版。

贺勒维支教授(W. Hurewigz,由数学系主任江泽涵博士介绍)。①

在蒋梦麟领导与三位院长、各位教师及友人共同努力下,北大师资队伍长期保持着高水平。接下来,笔者对 1932 年、1934 年、1936 年教师队伍加以具体分析。②

1932 年 9 月,北大文、理、法三院教师共计 182 人,其中教授 72 人,占比约 39.6%。各学院院长、系主任如下所示(人物简介是任现职之前经历,下同):

文学院院长:胡适,41 岁,安徽人,美国哥伦比亚大学博士,曾任北大教授与中国公学教授兼校长,新文化运动重要领导者之一。

文学院下设 5 个系,各系主任分别是:

中国文学系:马裕藻,54 岁,浙江人,留日,章门代表性弟子,擅长音韵学与文字学等,曾长期任北大国文系教师兼主任。

哲学系:张颐,45 岁,四川人,美国密歇根大学哲学博士,英国牛津大学哲学博士,曾任北大教授、厦门大学副校长。

史学系:陈受颐,33 岁,广东人,美国芝加哥大学哲学博士,精通英语、法语、德语、拉丁语、意大利语等多国文字,擅长中西文化交流史等。

教育系:胡适(见院长简介)。

外国文学系:温源宁,33 岁,广东人,英国剑桥大学法学硕士,曾兼任北京大学、清华大学、北京女子师范大学等多校教授,胡适称他"身兼三主任、五教授"。

理学院院长:刘树杞,42 岁,湖北人,美国哥伦比亚大学化学工程博士,曾任厦门大学教授兼理科主任、武汉大学代校长、中央大学教授兼化学系主任。

---

① 《北大名誉教授业已聘定》,《益世报》(天津)1936 年 8 月 11 日,第 3 版;《英文艺批评家恩溥森将来华 任北大英文系教授》,《京报(北平)》1937 年 6 月 2 日,第 7 版;《北大增聘新教授贺勒维支长期讲学》,《北平晨报》1937 年 7 月 19 日,第 7 版。
② 北京大学文、理、法三院 1932 年、1934 年、1936 年专任教师名单分别参见:《北大昨发表各系主任及教授讲师》,《北平晨报》1932 年 9 月 27 日,第 7 版;《北大下年度各系教授名单》,《北平晨报》1934 年 7 月 10 日,第 9 版;《国立北京大学职教员录》,见王学珍、郭建荣主编:《北京大学史料》(第 2 卷),北京大学出版社 2000 年版,第 452—453 页。各学院院长与各系主任简介参见刘绍唐主编:《民国人物小传》(第 1—20 册),上海三联书店 2014—2017 年版;顾明远总主编:《中国教育大系·历代教育名人志》,湖北教育出版社 2015 年版。除特殊注明外,以下本部分涉及的内容均出自上述材料,不再单独标注。

理学院下设 6 个系,各系主任分别是:

数学系主任:冯祖荀,52 岁,浙江人,留日,被誉为出国学习数学第一人,中国数学会与数学名词审定发起人之一,曾多次任北大数学系主任。

物理系:王守竞,28 岁,江苏人,美国康奈尔大学理学硕士,哈佛大学文学硕士,哥伦比亚大学理学博士,曾任浙江大学物理系主任。

化学系:曾昭抡,33 岁,湖南人,美国麻省理工学院科学博士,曾任中央大学教授兼化工系主任。

地质系:李四光,43 岁,湖北人,留日,英国伯明翰大学科学博士,曾任北大教授多年。

生物系:张景钺,37 岁,江苏人,美国芝加哥大学博士,曾任中央大学生物系教授兼主任。

心理系:樊际昌,34 岁,浙江人,留美,曾在清华大学、北京大学等校任教。

法学院院长:周炳琳,40 岁,浙江人,美国哥伦比亚大学文学硕士,曾任清华大学教授。

法学院下设 3 个系,各系主任分别是:

法律系:戴修瓒,45 岁,湖南人,留日,曾在北京大学、上海法学院等校任教。

政治系:邱昌渭,34 岁,湖南人,美国哥伦比亚大学哲学博士,曾任东北大学、清华大学与中山大学等校教授。

经济系:赵迺抟,35 岁,浙江人,美国哥伦比亚大学哲学博士。

1934 年 10 月,综合《北平晨报》刊载的两份名单,北大文、理、法三院聘定教师共 178 人,其中教授 71 人,占比约 39.9%。各学院院长、系主任如下所示(人物与前述相同者不再详细列出简介,只标明年龄与籍贯,下同):

文学院院长:胡适,43 岁,安徽人。

文学院下设 5 个系,各系主任分别是:

哲学系:张颐,47 岁,四川人。

中国文学系:胡适(见院长简介)。

教育系:吴俊升,33 岁,江苏人,法国巴黎大学博士。

外国文学系:梁实秋,31 岁,浙江人,美国哈佛大学硕士,曾任东南大学、中国公学、山东大学等校教授。

史学系:陈受颐,35 岁,广东人。

理学院院长:刘树杞,44 岁,湖北人。

理学院下设 5 个系,各系主任分别是:

物理系:饶毓泰,41 岁,江西人,美国普林斯顿大学博士,曾任南开大学物理系教授。

数学系:冯祖荀,54 岁,浙江人。

化学系:曾昭抡,35 岁,湖南人。

地质系:李四光,45 岁,湖北人。

生物系:张景钺,39 岁,江苏人。

法学院院长:蒋梦麟暂代,48 岁,浙江人,美国哥伦比亚大学博士,曾任国民政府教育部部长、北大代理校长,时任北大校长;原院长周炳琳调任河北省教育厅厅长数月,1934 年 12 月重回北大任法学院院长[①]。

法学院下设 3 个系,各系主任分别是:

法律系:戴修瓒,47 岁,湖南人。

政治系:张忠绂,33 岁,湖北人,美国约翰霍布金斯大学博士,曾任东北大学教授。

经济系:赵迺抟,37 岁,浙江人。

1936 年 4 月,北大文、理、法三院教师共 208 人,其中教授 58 人,占比约 27.9%。三院院长、各系主任如下所示:

文学院院长:胡适,45 岁,安徽人。

文学院下设 5 个系,各系主任分别是:

哲学系:汤用彤,43 岁,湖北人,美国哈佛大学硕士,曾任东南大学、南开大学与中央大学教授。

教育系:吴俊升,35 岁,江苏人。

中国文学系:胡适(见院长简介)。

外国文学系:梁实秋,33 岁,浙江人。

史学系:陈受颐,37 岁,广东人。

理学院代理院长:张景钺,41 岁,江苏人。

理学院下设 5 个系,各系主任分别是。

数学系:江泽涵,34 岁,美国哈佛大学博士,曾任教于厦门大学,1931 年起任北大教授。

---

① 《蒋梦麟将暂兼北大法学院长 周炳琳谈即来津视事 保师学生将谒周请愿》,《庸报》1934 年 5 月 31 日,第 1 版;《北大法学院长周炳琳定今日就职视事》,《华北日报》1934 年 12 月 10 日,第 9 版。

物理学系:饶毓泰,43岁,江西人。

化学系:曾昭抡,37岁,湖南人。

地质系:李四光,47岁,湖北人。

生物系:张景钺(见代理院长)。

法学院院长:周炳琳,44岁,浙江人。

法学院下设3个系,各系主任分别是:

法律系:戴修瓒,49岁,湖南人。

政治系:张忠绂,35岁,湖北人。

经济系:赵迺抟,39岁,浙江人。

从上述不同年份北大各院系负责人队伍来看,年轻人居多,1932年、1934年、1936年平均年龄分别约39.4岁、40.9岁与40.5岁,后面年龄略高于前者的主要原因是许多人从1932年起一直留校任职;这3年中,各院系负责人年龄最小者分别是:1932年,28岁的物理学系主任王守竞,哥伦比亚大学博士;1934年,31岁的外国文学系主任梁实秋,哈佛大学硕士;1936年,33岁的外国文学系主任梁实秋。值得注意的是,这些人都有留学经历,以留学美国、英国为最多(其中留美者更多),文科中以留学哥伦比亚大学为最多,这是英美派在20世纪30年代引领北大发展的一个力证。再者,有任教北大经历者为最多,且浙江人多于其他省区。不难发现,在保证人才质量的同时,乡缘、学缘、业缘等是蒋梦麟、胡适等北大领导者选聘人才时很看重的因素。

此外,蒋梦麟不论年龄、学历、经历、性格、思想立场等聘请教师,这在此前论证蒋氏理念时已详细分析。例如,从1936年的教师名单来看,有四成以上的教师是35岁及以下,最年轻教授为25岁,即理学院化学系的孙承谔,美国威斯康星大学博士,中国早期从事化学动力学研究的先驱之一;具有教会大学执教经历、中学肄业的钱穆与美国麻省理工学院科学博士、"不修边幅"的曾昭抡等受聘任教;马克思主义者李大钊、提倡相对国家主义的吴俊升等同在北大。这些都体现了蒋梦麟"取人才主义"组建高水平师资队伍的立场。

无论是代理北大校务,还是掌校浙大,抑或任北大校长,蒋梦麟都非常重视招揽人才,网罗了各领域造诣颇深的众多著名学者,他们为人才培养、学术研究与社会服务的实现提供了强大的人力资源保障。

二、养成"领袖":人才培养职能

人才培养是大学的首要职能。1912年,蔡元培在其主持制定的《大学令》中指出："大学以教授高深学术,养成硕学宏材,应国家需要为宗旨。"①
"硕学宏材"可以说是蔡元培的大学人才培养目标。在主政北京大学后,他
特别强调学生应钻研学术,"希望学生于研究学问以外,别无何等之目的"②。
1922 年,他发表演说:"……大学的学生,知识比常人为高,应该有自制的力
量,作社会的模范……"③同时,蔡元培从德、智、体、美等多角度阐释了人才
需要具备的素质,并通过完善课程设置、组建师资队伍、改进日常管理、创设
院所及社团等多种方式来实现人才培养的目标。蒋梦麟的人才培养相关主
张及举措与蔡元培有相同之处,但是也有诸多独到之处,下文从培养目标、
体系与效果三方面加以呈现。

(一)"领袖":独特的培养目标

在进入北京大学前,蒋梦麟曾对大学人才培养目标有过论述。1910 年,
尚在留学的他发文指出:高等教育须培养"为国捐躯之人才"与"社会上各种
组织之领袖"。前者应以后者为基础,有智识后方可"捐躯",否则如莽夫只
徒杀身,此乃无济于事。④ 1915 年 3 月,他发表《建设新国家之教育观念》,
从阐述德、美、英三国教育宗旨出发,分析了当时中国社会的诸多缺点,提出
了新教育标准,强调学校分为小学、中学与大学三种,小学旨在普及教育,使
国人具有常识,中学应培养初级领袖,而大学是"为研究高等学科而设,其学
生为增进文明之领袖"⑤。1918 年 10 月,他指出:"推广大学及专门教育,以
养成倡导社会进化加增经济能力之领袖。义务教育,补习教育,职业教育,
足以增进平民之知识技能,而促社会之进化。然而平民主义,非有领袖之先
导,必难进行。大学及高等专门教育者,所以养成平民主义之领袖者也。"⑥
1919 年 7 月,他在初到北京大学参加学生欢迎会时演说:希望大学能"造成
一颗光明灿烂的宝星",而这"宝星"需要"改良社会,创造文化,与负各种重
大责任"。⑦ 可见,蒋梦麟认为大学应该培养能够承担国家复兴、社会建设、
增进文明、创造文化、发展经济等重要职责的"领袖","社会之进步也,必赖

① 《大学令》,《政府公报》1912 年第 178 期,第 3 页。
② 蔡元培:《读周春岳君〈大学改制之商榷〉》,《新青年》1918 年第 5 期,第 451 页。
③ 《十月二十五日大会演词》,《北京大学日刊》1922 年 10 月 26 日,第 1 版。
④ 蒋梦麟:《亚东教育之中国观(续)》,《时报》1910 年 8 月 14 日,第 2 版。
⑤ 蒋梦麟:《建设新国家之教育观念》,《留美学生季报》1915 年第 1 期,第 4 页。
⑥ 蒋梦麟:《世界大战后吾国教育之注重点》,《教育杂志》1918 年第 10 期,第 134 页。
⑦ 蒋梦麟:《蒋梦麟在北大欢迎会之演说》,《申报》1919 年 7 月 28 日,第 6 版。

领袖之先导。夫舟必待驶,车必待驾,领袖者驾驶社会者也"。何为"领袖"?他表示需具有三种资格:"一曰识社会之心理,犹驶舟者之识风向与潮汛也。二曰识群治之天然律,犹驶舟者之识罗盘与地文也。三曰忠诚,此为取信于社会所必需之具。"①

通过研读相关资料发现,"领袖"大体上具有以下多种能力。总体而言,若想促成社会进化,"领袖"要"能思""能行"。所谓"能思",即有清醒的头脑,敢于表达思想,不能唯唯诺诺、人云亦云;所谓"能行",就是"做事要担得起责任"。② 具体来讲,1915 年 3 月,蒋梦麟指出"领袖"需有三种能力:一是"独立之思力",人最可贵的是思考,这是求得知识的"最要方法",凡是"领袖",必须具有这种能力,否则不能成为社会的先导者;二是"健全之体力",当时国内学生到社会"任事"、建设国家,比他国学生责任更大,并且国弱积贫,就国防而论,"体力更为重要";三是"严格之训练",养成"庄严而有秩序"的能力。③

进言之,1919 年 1 月,蒋梦麟提出平民主义教育,"平民主义愈发达,则其和平之基础愈固。故欲言和平之教育,当先言平民主义教育;欲言平民主义之教育,当自养成活泼之个人始"④。2 月,他发表《个性主义与个人主义》,该文阐述了个人主义、平民主义与个性主义等的含义及相互关系。个人主义是"使个人享自由平等之机会,而不为政府社会家庭所抑制是也"。其含义不同于老庄的"弃仁绝义,民复孝慈"等道德标准,也不同于无政府主义,这些都是极端的个人主义。同时,更区别于德国与日本的"国家为无上尊严之所寄,个人当牺牲一己以为国家谋强力",有国家则无个人,这是反个人主义。那么,介于两者的"中正和平之个人主义"正是蒋梦麟所主张的,这也是英国、美国的平民主义。个人有维持国家之责任,国家有保障个人之义务;个人危害国家应有法律责罚,国家"戕贼"个人,"个人得以推翻而重组之"。平民主义是国家与个人互助主义,以平民主义为标准的个人主义,即为蒋梦麟所指。"对国家而言,曰个人主义。平民主义所主张之自由平等,即保障个人之说也";"对文化教育而言,曰个性主义。发展个性,养成特才,

---

① 蒋梦麟:《建设新国家之教育观念》,《留美学生季报》1915 年第 1 期,第 3—4 页。
② 蒋梦麟:《进化社会的人格教育》,《教育杂志》1918 年第 6 期,第 80 页。
③ 蒋梦麟:《建设新国家之教育观念》,《留美学生季报》1915 年第 1 期,第 7 页。
④ 蒋梦麟:《和平与教育》,《教育杂志》1919 年第 1 期,第 4—5 页。

则文化得以发达"。① 若想实现"中正和平之个人主义",人需要有三种能力：其一,"养成独立不移之精神"。当时国内青年"最大恶德有二：一萎靡不振,一依赖成性"。因此,应养成"高尚思想","凡事须进一步想,勇往直前,百折不挠,以是而养成独立不移之精神,此种青年愈多,则社会愈速"。其二,"养成健全之人格"。"夫逸居饱食,以养精神,则精神必僵；若但用精神,不强体力,则终亦必踣",可见身心不可偏于一方面,应该两者共有之。其三,"养成精确明晰之思考力……事事当以'何以如此'为前提"。而作为"领袖",更要充分养成这三种能力,此言在某种程度上是对前述 1915 年 3 月说法的进一步补充。另外,蒋梦麟极为推崇大学生潜心科学研究,因此学术研究亦是"领袖"的必备能力。同时,他谈到了具体做法："发展个性以养成健全之人格""注重美感教育体育以养成健全之个人""注重科学以养成真实正当之知识""注重职业陶冶以养成生计之观念""注重公民训练以养成平民政治之精神"。②

有别于小学、中学的人才培养目标,蒋梦麟主张大学应该培养能够促成国家复兴、社会改进、文化传承及创新的"领袖",德育、智育、体育与美育等都可以在培养过程中发挥重要作用。

（二）"严进严出"：颇为完善的培养体系

养成"领袖"目标的实现有赖于多项具体举措的推进,蒋梦麟构建了一套相对完备的培养体系。对此,我们已经论述了自由包容的理念、竭力保障的经费及基建设备、高素质的师资队伍等内容,此处我们集中围绕人才培养的各主要环节来阐释,重点包括招生、课程、教学、奖助学金、校园活动、日常管理与毕业环节等方面。

1. 招生工作严格且日渐规范

招生是大学人才培养初始阶段的重要环节,把好人才"入口"在较大程度上关系着人才培养的成败。蔡元培执掌北京大学前,学校招生情况令人担忧,曾被教育部指令："北京大学变乱学章,将宗亚民收入商科肄业等情。查大学学生入学资格虽有同等学力一项,而滥收之弊亦恐难免",类似情形须彻底查办。③ 蔡任校长后,1918 年 3 月,《北京大学日刊》登载了一则训

---

① 蒋梦麟：《个性主义与个人主义》,《教育杂志》1919 年第 2 期,第 27—28 页。

② 蒋梦麟：《世界大战后吾国教育之注重点》,《教育杂志》1918 年第 10 期,第 135—137 页。

③ 《教育部训令》,见王学珍、郭建荣主编：《北京大学史料》（第 2 卷）,北京大学出版社 2000 年版,第 811 页。

令：教育部调阅专门以上学校新生试卷发现，许多学校试题"浅易"，无法辨别中学毕业与非中学毕业者；数校同一人名者，初试卷与复试卷笔迹有别，不同科目卷笔迹也存在差异；有英文、数学"雷同甚多且其误处亦皆雷同者"，可见招生"宽滥"。因此，蔡元培十分重视此事，在北大组建了由校长任会长的入学试验委员会，主要负责入学考试相关事宜。同时，北大招生简章与入学考试规则等有关规定更加细化与规范。① 这些举措为优化招生工作提供了重要保障。

自从 1919 年 7 月进入北大后，蒋梦麟非常关心招生问题，相关章程的修订与多项举措的实施都有他忙碌的身影，下面围绕招考简章的修订、入学考试的组织等方面加以阐述。招考简章是对外招生推介的重要载体，其对于报考资格、试验科目、报名时间及地点等诸多内容都给出了详细规定，以此帮助人们更好地报名与参加考试。查阅 1917 年蔡元培任校长到 1923 年蔡辞职离校的历年招考简章，除了 1917—1920 年招考简章在部分表述与个别细节上有所区别之外，并无特别重大的调整。② 由于蔡元培出国办事，1920 年 10 月 18 日—1921 年 9 月 20 日由蒋梦麟代理校务，其间蒋主持颁布了 1921 年招考简章，与此前相比，出现了新变化：招生系别增加了俄文系③，各系排序由原来的文、理、法改为理、文、法；增加考试前进行必要项目的体检，合格者才能应试这一规定；由于添设俄文系招考，考试内容也有相应改动。④ 1922 年，蔡元培回校后的简章取消了招生单位俄文系及其对应的考试内容，但是保留了理、文、法系别排序与考试前进行体检条款。⑤ 另者，1923 年初，蔡元培因不满时任教育总长彭允彝的腐败无能辞职离校，在蒋梦麟代理掌校的第二年即 1924 年，招考简章又进行了更新：招生系别增加了教育学、东方文学（本学年先设梵文、日文）与俄文学；招生地点由北京、上海

---

① 《本年招生办法》《招生广告简章》等，见王学珍、郭建荣主编：《北京大学史料》（第 2 卷），北京大学出版社 2000 年版，第 812—816、862—872 页。

② 《北京大学招考简章》，《申报》1917 年 6 月 8 日，第 10—11 版；《本校招考简章》，《北京大学日刊》1918 年 6 月 5 日，第 4 版；《北京大学招考简章》，《北京大学日刊》1919 年 4 月 24 日，第 3 版；《北京大学招考简章》，《北京大学日刊》1920 年 3 月 29 日，第 1 版。

③ 北京大学此前招收系别为 13 个，即哲学、中国文学、史学、英文学、法文学、德文学、数学、物理学、化学、地质学、法律学、政治学、经济学。

④ 《北京大学招考简章》，《申报》1921 年 8 月 7 日，第 13 版。

⑤ 《北京大学招考简章》，《北京大学日刊》1922 年 5 月 20 日，第 1 版。

两地改为只在北京招考;招考资格进一步明确①;重视学生的英文程度,预科新设日文系,报考者必须考英文,本科之东方文学系的梵文科必须考英文,东方文学系的日文科需考英文、日文;报考手续、证件核验、注册程序等多方面内容更为细化。② 1925 年与 1926 年《北京大学招考简章》更名为《国立北京大学入学考试规则》,但是内容与上述规定大体相仿,除偶有招生单位增加某个系别(生物学系)的地方外,并无特别明显的改动。③ 1926 年,蒋梦麟被迫离开北大南下,但是该规则并未出现特别重大的变化,只是有时恢复北京、上海两地招生与微调招生系别④,直到他担任教育部部长推行高等教育改革与 1930 年底出任北大校长后,北大招生的相关规则才进行了较大的修订。

在执掌教育部期间,蒋梦麟实施高等教育整顿计划,其中涉及大学招生问题,比如废止预科、更新考试内容等。⑤ 查阅北京大学 1930 年的招生规则,明确取消了招收预科生的条款,更新了招收本科生的资格:"A. 高级中学毕业者(三三制、四二制或二四制中学之高级);B. 高等专门学校毕业者;C. 公立大学预科毕业者;D. 国民政府大学院或教育部立案之私立大学预科

① 1923 年《国立北京大学招考简章》规定:"投考预科者,必须中学校毕业。但其所认考之外国语为德文、法文者,则有中学毕业同等学力者亦得报考。投考本科各系者,必须有高等学校或专门学校毕业证书,或公立大学预科毕业证书。"1924 年《国立北京大学招考简章》规定:"投考预科者,须有左列资格之一:A. 旧制中学校毕业者;B. 四二制中学之初级毕业者;C. 二四制中学之高级二年修业期满者;D. 三三制中学之高级一年修业期满者;E. 有上述同等学力而报考德、法、俄文者。投考时 A、B 两项须呈验毕业证书;C、D 两项须呈验初级毕业证书及高级修业证书;E 项不验证书。……投考本科者,须有左列资格之一:A. 旧制高等学堂毕业者;B. 高等专门学校毕业者;C. 公立大学预科毕业者;D. 高级中学毕业者(三三制、四二制、二四制中学之高级);E. 有上述同等学力而报考俄文学系者。投考时,A、B、C、D 四项,均须呈验毕业证书;D 项必须兼验初级中学毕业证书;E 项不验证书。"参见《国立北京大学招考简章》,《北京大学日刊》1923 年 5 月 16 日,第 1 版;《国立北京大学招考简章》,《北京大学日刊》1924 年 6 月 7 日,第 1 版。

② 《国立北京大学招考简章》,《北京大学日刊》1924 年 6 月 7 日,第 1 版。

③ 《国立北京大学入学考试规则》,《北京大学日刊》1925 年 5 月 20 日,第 1 版;《国立北京大学入学考试规则》,《北京大学日刊》1926 年 5 月 18 日,第 1 版。

④ 《国立北京大学入学考试规则》,《北京大学日刊》1927 年 6 月 6 日,第 1 版;《国立北平大学北大学院入学考试规则》,《北京大学日刊》1929 年 6 月 18 日,第 3 版。

⑤ 《废止大学预科之部令》,《申报》1930 年 3 月 8 日,第 17 版;《大学规程》,《教育部公报》1929 年第 9 期,第 95—102 页。

毕业者。"同时,考试科目增加了党义。① 这些都是对蒋梦麟主持教育部时期颁布相关政策的回应。1930 年底,蒋辞去教育部部长,担任北大校长,对招生规则又进行了调整。例如,1931 年,北大修订了入学考试规则:由于学校推行学院制,招生单位由原来十余个系的表述改为文、理、法三院;招生地点在北京与上海之外增加武昌;在统一列出考试科目后,以备注形式明确各学院的要求。② 1932 年,该规则更名为《国立北京大学入学考试简章》,有关内容再次改动:在表明招生单位是文、理、法三学院后,详细列出每个学院的系别;招生地点取消 1931 年的武昌,保留北京与上海;考试科目变动最大,打破原来统一列出要求的做法,由各学院分别列出考试科目,并且明确标出分数,各科总计 1000 分,其中文法学院需考党义(必须及格)、国文(300 分)、外国文(400 分)、数学(200 分)与史地(100 分),理学院需考党义(必须及格)、国文(200 分)、外国文(300 分)、数学(300 分)与理化(200 分),可见党义、国文、外国文与数学为必考科目,只是不同学院分数要求有所差异;上交证明材料、注册手续等要求更为具体。③ 这份章程在此后几年中未有重大更改,指引着北大的招生考试工作。

再者,在修订北大招考章程的同时,蒋梦麟对于完善招考组织工作也特别重视。例如,北大原来常有冒名替考者,入学后核对相片不符者被勒令退学,不过出于仁厚之心,学校未曾将该生姓名对外公布。在 1923 年蔡元培辞职、评议会决定蒋梦麟代理校务后,北大出台了严厉举措:本届招生,如果考试时查出替考者,则当场驱逐并将其公开登报;如果入学后发现冒名者,除清退外,亦将其登报发布。④ 再如,蒋梦麟代理校务时,不断完善并发挥考试委员会等招生相关部门的作用,出任校长后,组建以校长为首的监察委员会,亲临现场监考,并严定各种考试细则。据《北平晨报》记载:

> 北大每年招考均极为严格,每试一场,该校已函请教职员五六人或十余人到场监考,届时该校校长蒋梦麟亦到场主考,课业长樊际昌,理学院院长刘树杞,文学院院长胡适,及各系主任均将到各试场监考。至投考生如已排定至各试场,入座时即已盖有北大钢印木记本人像片之准考证,置于桌上,以备核对照片。各座位桌及准考证背面上,均帖印

① 《国立北京大学入学考试规则》,《北京大学日刊》1930 年 5 月 30 日,第 1 版。
② 《国立北京大学入学考试规则》,《北京大学日刊》1931 年 6 月 3 日,第 2 版。
③ 《国立北京大学入学考试简章》,《北京大学日刊》1932 年 5 月 25 日,第 1 版。
④ 《北京大学布告》,《北京大学日刊》1923 年 7 月 21 日,第 1 版。

有试场规则十一条，其原文如下：（一）入场后须按号就座；（二）不得夹带；（三）不得传递；（四）不得交换；（五）不得自带稿纸；（六）卷后稿纸不得撕去；（七）卷上浮签不得撕去（浮签上姓名、报名号业已填就不得涂改）；（八）题纸上不得书写只字；（九）题纸须随卷同缴；（十）不得携卷出场；（十一）不得逾限缴卷。凡违犯上列规则者，试卷一律无效。①

不难发现，蒋梦麟无论是代理北大校务，还是担任教育部部长，抑或担任北大校长，都非常关心大学招生工作，严定、规范招生考试有关规则与完善相关组织工作。

此外，招生工作的另一重要环节是录取，蒋梦麟提出了严格要求。1923年初，蔡元培辞职离校，在9月北大开学典礼上，他致辞时专门就录取问题予以说明：本年度报考人数"几及三千"，但只录取了"一百六十余人"。外界认为北大录取太少，"有许多误会和责难"。北大招收新生，与往年标准一致，并未提高，"标准为重，不甚拘守定额"。近年中学毕业生合乎北大标准的，"竟一年少似一年"，这是教育界尤需注意的。北大正在统计有关情况并分发给各地中学，使其知道"他们的学生有几分之几不及格，所欠缺的是那些功课，请他们注意改良"。② 不久，一份北大报考与录取情况的详细数据公开发布：当时报考北大者为2488人，"为历年所未有"，录取163人，相较以往，比率非常低，仅为6.55%。据统计，在数学、国文与英文所试学科中，数学零分者最多（310人），国文只有40分者达到1000多人，是三科中分数水平最为堪忧的。就此，最终录取163人，具体情况分别是：三科60分以上者，28人；两科60分、一科50分以上者，45人；一科60分、两科50分以上者，35人；三科50分以上者，10人；两科60分、一科40分以上者，45人。该材料指出，人们以为北大的标准过高，实则是中等教育程度"低降"所致。③在随后多年中，蒋梦麟多次强调中等教育应该提高程度，注重提升人才培养质量。例如，1929年，他在中央大学演讲时指出："中国问题，尤以高中问题为最重"，五四运动后，中学生活泼个性有所发展，但是"智识减低远不逮前"，诸君回忆中学课程时，常有似懂非懂、模糊不清的感觉。因此，功课方面为首要问题，"课程过杂过多，而缺乏精密之训练"。随后，他谈起在北大

---

① 《国立四大学新生考试 北大平大明日开始》，《北平晨报》1934年8月9日，第9版。

② 《蒋梦麟先生开学词》，《北京大学日刊》1923年9月12日，第2版；《北大昨举行开学礼 蒋梦麟报告校务》，《顺天时报》1923年9月11日，第7版。

③ 《北京大学本年度招生统计》，《教育杂志》1923年第12期，第6—7页。

招生时主张入学考试须有一定标准,符合者才能被录取,"宁缺毋滥",某次招生报名数千人,然及格者仅 50 余人,"降级以求",仅 80 人。1928 年主持浙江中山大学创办文理学院,按照成绩仅有 20 余人符合要求,后"强扩其额"至 40 余人。由于中学课程过于繁杂,学生对所学知识似乎都有所了解,但是又都不精通。大学不办预科,这就要求中学提高办学质量。① 再如,1934 年,蒋梦麟等提出修正中学教育制度,认为中学过于强调升学,但是其培养的学生智识程度较低,被大学录取的很少,因此主张小学四年,中学采取两种方式:升入大学之预备学校(中学八年);不升学者入职业学校。② 对于中学八年的提法,时人有所质疑:中学生程度较低的主要原因不在于年限问题,而在于"教师选材不当,教法不良,管理不严"。③ 总之,蒋梦麟认为大学招生录取率较低的原因是中等教育办学不力,有一定道理,但是也很难讲这是唯一、主要的原因,站在大学视角上来评判中等教育未能培养合格的生源似乎失之偏颇,因为影响大学招生录取率的因素还有社会环境、试题难度、地域差异等,需要综合分析判断。不过,从蒋梦麟上述言行中可以看出,即便报考人数非常多,而且确定了招生名额,但是由于学生考试成绩较低,已定的标准难以更改,所以录取人数偏少,可见北大在录取方面宁缺毋滥、十分严格。而实际上,蒋梦麟一方面呼吁提高中等教育水平,另一方面则在大学入校培养方面下功夫,以确保学生学到真本领。1934 年,他在谈到北大学生智识程度时指出:自从停办预科后,学生程度不及从前,高中毕业生国文、外国文与算学的成绩经常达不到预定标准,北大设法"竭力提高学生程度,学科求其精,不务其多"。④

招生是人才培养的"入口"环节,其重要性不言而喻。在充分考虑时局变化与学校实际情况等各种因素的基础上,蒋梦麟主持的北大,招生相关章程不断完善,相关工作有序开展,严格制定与执行招生标准,在较大程度上保证了入学新生的整体质量。

---

① 蒋梦麟:《现在学校中的几个重要问题》,《国立中央大学教育行政周刊》1929 年第104 期,第 21—24 页。

② 李相勖:《评蒋梦麟等修正之中学教育制度 附蒋梦麟等提议修正中小学教育制度以适应国情案全文》,《湖北教育月刊》1934 年第 1 期,第 52—59 页。

③ 李相勖:《评蒋梦麟等修正之中学教育制度 附蒋梦麟等提议修正中小学教育制度以适应国情案全文》,《湖北教育月刊》1934 年第 1 期,第 49—51 页。

④ 《蒋梦麟将赴欧参观教育》,《申报》1934 年 7 月 13 日,第 14 版。

2.课程融汇古今中外,文理并重,采取"精纯主义"及专业性渐深

蒋梦麟是晚清秀才,后又留学取得博士学位,回国时适逢新文化运动,这使得他对于新旧之争、中外之辩等问题有着独特的看法。1919年5月,他曾言:蔡元培带领的北大网罗新旧人士,新派强调新思想、新文学,旧派力求保存国粹,北大已成为各种学说的论战中心,特别是新学,影响甚大,综观全国,"南望浙水,滚滚钱塘之潮;北视首都,滔滔新学之势,令我生无限感情也"。[①] 6月,他撰文指出:新时代的人们需要"推翻旧习惯旧思想,研究西洋文学、哲学、科学、美术"。[②] 如此看来,蒋梦麟似乎"站队"新学、推崇西学,那么他全盘反对旧学、中学吗?答案是否定的。前文我们已经讲过,他秉承文化统整观,主张文化"旧中有新,新中有旧""不中不西,亦中亦西",提倡它们自然而然地融合会通。

此外,针对当时中国过于重视文科的做法,蒋梦麟提倡文理并重,甚至特别强调自然科学的重要性:"二十世纪之学术,既为科学的,然科学厥有二种:曰纯粹科学,曰实践科学,或曰应用科学。纯粹科学,独立而不依,不借他科学为基础,如物理、化学、算学是。实践科学,又曰复杂科学,不能离他科学而独立,如工程学、政治学、教育学是。"[③]他主张人文社科与自然科学"携手合作","物理化学等等物质上的文化也应该同文字方面的文化并重"。[④] 同时认为:"科学是心智探究自然法则的表现,艺术则是心灵对自然实体所感所触的表现。艺术是人生的一种表现,它使人生更丰富,更美满;科学是心智活动的产物,旨在满足知识上的欲望,结果就创造物质文明。在现代文明里,艺术与科学必须携手合作,才能使人生圆满无缺。"[⑤]

面对传统与现代、东方与西方思想文化激烈碰撞的情况,蒋梦麟能够基于学术发展规律、站在世界大同的角度给予评判,这种包容性难能可贵,这也深深影响着他主持下的北大课程设置及其内容。在代理校务和正式掌校时,他能够兼顾新旧思想、中外文明,尽力为它们提供发展空间,同时推进文理共进及其沟通。进言之,蒋梦麟看重学习西方的思想与方法,强调对外

---

① 《教育评论》,见蒋梦麟:《过渡时代之思想与教育》,商务印书馆1933年版,第449—450页。

② 蒋梦麟:《改变人生的态度》,《新教育》1919年第5期,第454页。

③ 蒋梦麟:《高等学术为教育之基础》,《教育杂志》1918年第1期,第14页。

④ 《蒋梦麟总务长演说词》,《北京大学日刊》1920年9月16日,第2版。

⑤ 蒋梦麟:《西潮与新潮》,人民出版社2011年版,第187—188页。

语、自然科学知识的研习，但也关注国学的整理、传承与普及。

1920 年 5 月，蒋梦麟与胡适在《我们对于学生的希望》中指出，学生需要学好"外国文"，做好科学训练，"注重观察事实与调查事实"。[①] 10 月，他在北大二十三周年纪念日演讲，为此后"十年或二十年"的发展规划了三件事情：

（一）当输入西洋的文化，用全力去注意他……因为我们的国学须经过一番整理的工夫才行；整理国学，非用西洋的科学方法不可。所以第一步还是先要研究西学。况且现在应用的学问，大半须从西洋得来。以本校而论，想着实的来输入西方文化，先要改良图书馆，多买西籍，希望诸位同学，熟悉英德法……文，能直接看书，不至于有不懂和误解的地方。……无奈我们学校的诸同学，外国文的程度，虽然也有好的，但多数同学的外国文程度总有些儿不够！

（二）当整理国学……我们若能够以科学方法研究出来的结果，出一部"国学丛书"，使将来一般的国民，领会了国学以科学方法来研究的好处。更能使将来的中学中或是一般的国民，拿起一部"国学丛书"来，便可以知个国学的大概，用不着再要拿许多书来读才知道，这不是求学的经济方法么？

（三）当注重自然科学——这是很重要的；现在文化运动基础不稳固，缺点就因为不注重自然科学。我们若想来使文化运动的基础稳固，便不得不注重他。西洋文化的所以如此发达者，就是因为他们的根基，打在自然的科学上。[②]

1923 年，在创办杭州大学时，蒋梦麟等人提出该校旨在"整理及研究本国固有之文化与自然界之事物"，主张"自然科学为我国所最缺乏，亦所最需者，故主张先设自然科学"。[③] 1931 年，北大文学院规定国文、外国语、科学概论为本科一年级必修课，理学院规定国文、英文、第二外语是一年级必修课。[④] 1934 年 4 月，蒋梦麟指出国文、外国文、数理化学等基本科目一律提

---

① 蒋梦麟、胡适：《我们对于学生的希望》，《新教育》1920 年第 5 期，第 594 页。

② 《北京大学二十三周年纪念日演说辞》，见蒋梦麟：《过渡时代之思想与教育》，商务印书馆 1933 年版，第 413—416 页。

③ 《杭州大学意旨书》《杭州大学章程》，《北京大学日刊》1923 年 3 月 27 日，第 1—3 版。

④ 《文学院院长布告》，《北京大学日刊》1931 年 9 月 16 日，第 1 版；《理学院布告》，《北京大学日刊》1931 年 9 月 23 日，第 1 版。

高。① 7月,改革计划敲定:"各系课程,趋重实际,及语言文字工具之研究,沟通各系之必修科课程,打成一片教授,各系一、二年级课程,特别注重第一、第二外国语之学习,以养成学生之阅读与听讲能力。其他为研究各种专门学术之基础课程,亦将予以扩充。"②

除了上述,蒋梦麟还特别重视体育课。1920年,他表示学校关注体育,已在寻找专家,"不久可请到一位"。③ 柔软体操等体育相关课程是预科的必修科④,1924年,代理校务的他发布校长公告:"诸生之体操功课又渐萌弛懈,更何以求进步。学校本提倡体育之方针,故不惮提撕,愿诸生以时奋发,有厚望焉。"⑤而他在任教育部部长期间,将军事训练定为必修科。⑥ 执掌北大后,蒋梦麟更为重视体育课。1935年,北大整顿体育实施纲要公布,体育课成为一年级必修科,体育训练课为二、三、四年级选修,须选择以下一种及以上项目:网球、足球、篮球、排球、田径赛、国术、机巧运动。⑦

同时,蒋梦麟指出课程应注重内容之间的沟通,并且依据社会发展与学校情况有所侧重。尤其是出任北大校长后,他提倡课程的"精纯主义":"北大以前课程失之广泛,不但应有尽有,而且不应有亦尽有。其不需要之课程,徒耗国家财力;并废学生有用光阴。于其所研究之专科,并无裨益,故近来对于此种课程,毅然裁去。"⑧他认为:"各院系性质相同之重复课目,加以裁并,其不甚重要;及学生又以自己研求,而不须教授指导之办法,一律裁撤;对于基本科目,如国语、外国语、数理化学等,则一律提高。"⑨

此外,对于课程设置,蒋梦麟主张专业程度渐深。早在1923年创办杭州大学时,他便指出:"现在吾国专门以上学校,授课时间太多,而研究机会太少。教员苦于讲演,学生疲于上课。其结果则教员乏增进学术之时间,学生少自己求得之学业。故同人等主张本大学开学后授课与研究之时间,须

---

① 《北大下年度整理各系科目年可节省五万余元》,《北平晨报》1934年4月19日,第9版。

② 《北大下学年各系课程大致审定就绪》,《北平晨报》1934年7月8日,第9版。

③ 《蒋梦麟启示》,《北京大学日刊》1920年10月16日,第1版。

④ 《教务处布告》,《北京大学日刊》1923年4月5日,第1版。

⑤ 《校长布告》,《北京大学日刊》1924年1月15日,第1版。

⑥ 《北大学生军 严定成绩等级》,《华北日报》1930年11月14日,第6版。

⑦ 《北大整顿体育 规定实施纲要 已公布即施行》,《京报》(北京)1935年9月26日,第7版。

⑧ 《蒋梦麟将赴欧参观教育》,《申报》1934年7月13日,第14版。

⑨ 《北大下年度整理各系科目年可节省五万余元》,《北平晨报》1934年4月19日,第9版。

有相当之分量。又一般课程与专门研究,亦须有相当之分配。同人等主张在大学四年之中,以前二年为一般课程,授予人生所必需之知识及情感的陶冶,与夫预备专门研究之基本知识。智育与美育并行。后二年为专门研究,以求专精一艺。"①北大课程的安排则体现了这一点,一年级为基础课,共同必修若干课程,二年级逐渐加大专业课的比重,三、四年级以专业性很强的课程为主,关注课程知识的传授与探究新知的结合。

我们对照蒋梦麟进入北大后 1919—1920 年度(初入北大)、1925—1926年度(代理校务)和 1935—1936 年度(正式掌校)课程设置情况发现,总体上西学与外语的比重增加,中国传统文化与自然科学的课程门类更加细化且专门化。② 接下来我们分别选取史学系(文科)、物理系(理科)来呈现本科课程概况。

1919—1920 年度,本科各系第一学年共同必修课为哲学史大纲(习哲学者免习,2 单位③)、科学概论(2 单位)、社会学大意(2 单位)、第一种外国语(习英法德文学者免习,3 单位)、第二种外国语(3 单位)。史学系与物理系课程设置情况见表 4-2、表 4-3。

表 4-2　1919—1920 年度北京大学史学系本科课程设置情况

课名	单位	课名	单位
第一学年共同必修科之外课程(选习八至十一单元以上)			
中国通史	4	交通史	2
东洋史	3	经济学	3
学术史(一)	3	心理学	3
史学研究法	2	伦理学	2
法制史	3		
第二学年			
中国通史(二)	4	人类学及人种学	3

---

① 《杭州大学意旨书》,《北京大学日刊》1923 年 3 月 27 日,第 3 版。

② 《国立北京大学学科课程一览》(民国八年至九年)、《国立北京大学数学系课程指导书》(民国十四年至十五年度)等、《各系课程》(民国二十四年度),见王学珍、郭建荣主编:《北京大学史料》(第 2 卷),北京大学出版社 2000 年版,第 1078—1100、1106—1149、1151—1178页。下述涉及的相关内容不再单独标注。

③ 每一单位大约计 30 小时的课程,实验时间翻倍计算。

课名	单位	课名	单位
地理沿革史	3	中国法制史	2
学术史（二）	3	第一外国语	3
东洋史	3	第二外国语	3

第三学年

课名	单位	课名	单位
中国通史（三）	4	西洋通史	6
外交史	3	政治史	3
史学史	1	经济史	3
金石学	2	外国语（用英文西洋史）	6

注：第四学年课程情况暂时不详。

表 4-3　1919—1920 年度北京大学物理系本科课程设置情况

课名	单位	课名	单位
第一学年共同必修科之外课程（选习八至十一单元以上）			
立体解析几何	2	方程论	2
微积分	4	无机化学	3
实验物理（A）（2 年学完，专习物理者选）	4	实验物理（B）（1 年学完，非专习物理者选）	4
化学实验（B）（2 小时）	1	力学	2
天文	2		
第二学年			
数学物理	4	电学热力气体动力论	4
物理实验（每周 3 小时）	1.5	力学	3
微积及函数学	4	微分方程论	3
第三学年			
电学	4	物理学史	1
物理实验（每周 3 小时）	1.5	天文学	4
物理化学	3		

注：第四学年课程情况暂时不详。

1925—1926年度,本科各系共同必修课为国文、外国语等,课程注重沟通、循序渐进。例如,史学系删除了此前"历史以现代史为尤要"的课程要求,注重历史时限、范围的贯通,强调"学史学者,先须习基本科学,盖现代之史学,已为科学的史学;……所谓基本科学者,即地史学、生物学、人类学及人种学、社会学、政治学、经济学、宪法、社会心理学等;必须于二年以内先行学完,乃可以研究史学。而此各种科学中,尤以政治学、经济学、社会学及社会心理学等",并且指出本年起不分年级,选科"自定次序","如未选上古史,不宜先选中古以下史。未选经济学,不宜先选经济史"。其中必修科为40单位,选修科技、外国文至少满40单位。① 史学系课程设置情况见表4-4。

表4-4　1925—1926年度北京大学史学系本科课程设置情况

课名	单位	课名	单位
必修			
本国史学概论	2	历史学	2
欧美史学史	2	本国上古史	3
本国中古史	3	本国近世史	3
欧洲上古史	3	欧洲中古史	3
欧美近世史	3	日本史	4
政治学	3	经济学	3
社会学	4	外国语别有课程	2
选修			
地史学	1	人文地理	3
生物学	2	人类学及人种学	3
金石学	3	本国文字学	3
言语学	3	统计学	2
本国史学名著讲演	1	社会心理学	2
宪法	2	欧美经济学说	3

---

① 1923年时,史学系课程指导书中有如此表述:"历史以现代史为尤要。"参见《史学系课程指导书(十二年至十三年)》,《北京大学日刊》1923年9月29日,第3版。该项要求在1924年被删除,参见《史学系课程指导书(十三年至十四年)》,《北京大学日刊》1924年10月2日,第2版。

课名	单位	课名	单位
欧美文化史（甲）	3	欧美文化史（乙）	3
宗教史	4	政治史	3
外交史	3	欧美政治思想史	4
经济史	3	美术史	3
本国法制史	3	本国经济史	3
本国美术史	3	本国哲学史	3
本国文学史	3		

本年度物理系本科课程注重"通""专"结合，分为两级：普通物理[①]，第一、第二年讲授，为数学、物理学、化学及地质学等系学生而设；专门物理，第三、第四年讲授，物理系学生必修，其他系学生可选修，具体课程如表4-5所示。

表4-5　1925—1926年度北京大学物理系本科课程设置情况

科目/课名	班次	每星期钟点/小时
讲演		
普通物理（1）	第一年	4
普通物理（2）	第二年	（电磁）3；（光学）2
数理物理	第三年	4
热力学及气质微体运动论	第三年	2
物理光学	第三、第四年第二学期	3
应用电学	第三、第四年	（直流）2；（交流）2
电振动	第四年	3
电子论与X光线及放射学	第四年	3
原量论	第四年	2

---

① 普通物理分为：普通物理（1），物性、热学、音学，每星期讲演4小时，实验3小时，本科第一年讲授；普通物理（2），光学、磁学、电学，每星期讲演5小时，实验3小时，本科第二年讲授。专门物理，每年从下述科目中选择若干项，本科第三、第四年讲授，科目分别为：数理物理、热力学及气质微体运动论、物理光学、应用电学、电振动、电子论与X光线及放射学、原量论、相对论。专门物理实验：高等光学、应用电学、电振动、气体中之电流、X光线及放射体。

续 表

科目/课名	班次	每星期钟点/小时
实验		
普通物理	第一年	3
普通物理	第二年	3
普通及专门物理	第三年	3
专门物理	第四年	3
物理系学生应向其他学系选习之课程		
第一年：初等力学、微积分学、无机化学		
第二年：理论力学、微分方程、立体解析几何、普通化学实验		
第三、第四年：高等微积分学、物理化学、物理化学实验		

1935—1936 年度,本科各系共同必修课为党义、国文、外国语等,采用学分制,史学系与理学系课程情况如表 4-6、表 4-7 所示。

表 4-6　1935—1936 年度北京大学史学系本科课程设置情况

课名	每周学时	每学期上学分	每学期下学分	课名	每周学时	每学期上学分	每学期下学分
中国史料目录	2	2	2	历史学研究法	2	2	2
中国上古史*	3	3	3	秦汉史	3	3	3
魏晋南北朝史*	3	3	3	隋唐五代史	3	3	3
宋辽金元史	3	3	3	明清史*	4	3	3
西洋上古史	4	3	3	文艺复兴与宗教改革*	4	3	
西洋十七八世纪史*	4		3	西洋十九世纪史*	3	3	3
清史研究	4	3	3	东北史地*	2	2	2
西北史地	2	2	2	边疆民族史	2	2	2
朝鲜史	2	2		台湾史	2		2
金石学*	4	3	3	考古学	4	3	3
中国政治制度史*	2	2	2	中国近三百年学术史	2	2	2
中西交通史*	2	2	2	西洋史籍举要*	2	2	2
西洋上古史择题研究*	2	2	2	西洋中古民族迁移史	2	2	2

课名	每周学时	每学期上学分	每学期下学分	课名	每周学时	每学期上学分	每学期下学分
西洋史学史	2	2	2	西洋当代史	2	2	2
中亚民族史*	2	2	2	希腊文明史*	2	2	2
日本史	2	2	2	法国史	2	2	2
英国史	3	2	2	科学发达史	3	2	2
中国地理*	2	2	2	外国地理	2	2	2
历学	2	2	2	中国史学名著评论	2	2	2
春秋史	2	2	2	近代中欧文化接触史	2	2	2
中国上古史择题研究*	2	2	2	汉魏史择题研究	4	3	3
蒙古史研究	2	2	2	满洲开国史*	4	3	3
中国古代地理沿革史*	2	2	2				

注:标记*者为该年停课。

表 4-7　1935—1936 年度北京大学物理系本科课程设置情况

课名	每周学时	学分	年级	课名	每周学时	学分	年级
普通物理	4	8(全年)	一	普通物理实验	3	3(全年)	一
力学	3	6(全年)	二、三	电磁学	3	6(全年)	二、三
电磁学实验	3	1.5(半年)	二、三	应用电学及实验	6	9(全年)	二
分子运动物质论及热力学	3	6(全年)	三、四	几何光学	3	3(半年)	三、四
物理光学	4	4(半年)	三、四	光学实验	3	1.5(半年)	三、四
近代物理及实验	6	9(全年)	四	无线电学及实验	6	9(全年)	四

注:以上课程为必修。

　　蒋梦麟主持的北大课程总体上注重传统文化与现代文化、东方文化与西方文化的融合,重视外语,甚至在 1923 年后一段时间内推行必修两种外语,后来调整为必修一种外语,而且除了外语学科外,不少学科也强调第二外语的习得。同时,西方自然科学类课程也受到更多关注,在相关学系比重尤大。再者,他提倡文理并重与沟通,相对推崇国学与自然科学的地位。另外,时人指出还有不少"稀缺"课程:"专有许许多多奇奇怪怪的课,在别的学校绝不会开的,例如梵文,例如佛学。"①此外,课程避免泛化,强化专业程度的渐进加深,突出专门性,类别更为细化,必修与选修结合,重视理论性与实践性课程的连通。随着社会环境的变化、国家需要的调整与学校发展的不同阶段,北大课程体系日臻成熟且卓有特色,为"领袖"建立完善的知识结构提供了重要保障。

3.教学改革举措扎实推进

(1)教学方法提倡师生讨论,加强学生"自动研究"

北京大学课堂教学虽然以讲授为主,但是素有自由包容的传统,鼓励学生提问,倡导与教师共同研习,蒋梦麟尤为注意这一点。据千家驹回忆,在蒋主持北大时的课堂上,学生如果觉得教师所讲内容有问题,可以大胆质疑,甚至能代为上课:

> 有一名讲货币学的 C.教授,他用的课本是美国人雷夫林著的《货币学》,其中提到马克思的货币论,说是受黑格尔唯心主义的影响。我站起来说,马克思的货币理论与黑格尔的唯心主义有什么相干呢?说与黑格尔的辩证法有联系,还可以说得过去。C.教授说,他对马克思的货币理论也无研究,美国学者对马克思学说有偏见,可能是不对的。密斯脱千(即千君)既对马克思货币论有研究,可否请你对同学介绍一下。第二次上课时 C.教授又提出要求,我就站起来将《资本论》中关于货币这一节的内容摘要介绍了一个小时,一直讲到下课为止。以后有一同学对我开玩笑说:"C.教授应该把这一小时的薪金给你才对。"以后 C.教授还把自己所珍藏的德文版《资本论》借给我看。②

再者,北大有发放讲义的传统,但是流弊较多,如教员讲义一成不变、"照本宣科",学生已有讲义,疏于思考,这会导致师生互动减少,固化思维。因此,北大强调限发或不发讲义③,改为发放相关教科书与记笔记等方式。1921 年 2 月,蒋梦麟代理校务期间,发布"讲义限制案":"一、凡寻常教本可从书店购得者,不得发讲义。二、凡教员本人已有著作可用为教本者,亦不

① 朱海涛:《北大与北大人——课程与图书》,《东方杂志》1944 年第 23 期,第 58 页。

② 千家驹:《我在北大》,见中国人民政治协商会议全国委员会文史资料研究委员会编:《文史资料选辑》(第 95 辑),文史资料出版社 1984 年版,第 46—47 页。

③ 陈独秀:《致文科全体教员诸君公函》,《北京大学日刊》1917 年 12 月 22 日,第 2 版;夏元瑮:《理科布告》,《北京大学日刊》1918 年 2 月 28 日,第 2 版;工科教务处:《工科布告》,《北京大学日刊》1918 年 3 月 2 日,第 2 版。

得发讲义。"①1922年北大发生了前述废止讲义费风潮后,1923年4月,蒋梦麟对北京医学专科学校废止讲义风波表明看法:"我国专门以上学校,向抄日本旧法,发给讲义,相沿成风,习为固然。近年以来,各校中已有逐步改革,改用笔记者。"同时,他提醒北大要避免发生类似风潮。② 后来,发放讲义的传统在北大进一步削减乃至停止。

此外,蒋梦麟注重改革教学方法,以提高学生的研究能力。例如,1930年他任校长后,北大课程内容、教法等各方面变动很大,尤其是在其创办且非常熟悉的教育系,改革举措尤多。教育系以往"只重讲演,不顾其他,按之新教学法原理,纯讲演式之教学法,效力殊鲜……今后于讲演以外,对于学生自定研究,特别注重。考查成绩,除月考、期考方法外,并限令学生,于一定期限内,必须作读书报告一次,以考察期平时自动研究之心得"③。

教学方法是提升教学效果的重要保证之一,蒋梦麟主持的北大以讲授法为主、多种方法相结合,尤为推崇讨论式与研究式方法,以此保证教学取得实效。

(2)课外教学相关活动多样化,重视理论与实践结合

课堂是知识传承与革新的重要场所,课外教学相关活动同样有着不可替代的作用。蒋梦麟带领下的北大对课外教学进行了精心安排,既有赴外参观考察活动,其地点分为国内与国外,也有实习活动。例如,蒋代理校务期间,1924年3月,日本庚子赔款资助我国学生赴日考察1个月,北京八校共派学生50名,其中北大派遣15名,每人均有各自任务(见表4-8),引导教师为陈大齐,经学校教务会议审定并于18日启程。④

表4-8　1924年3月北京大学学生赴日本考察名单及其考察事项

序号	姓名	考察事项
1	臧玉淦	教育设施,出版事业状况,慈善事业状况
2	童永庆	关于化学工艺及科学教育
3	罗宗炜	学校实验教育设备,各场(厂)、制造所,市政工程和建筑
4	胡敦敼	俄文学校,俄文分科,图书馆中所藏俄文书籍,各学校设备

① 《本校纪事》,《北京大学日刊》1921年2月21日,第1版。
② 《专门以上学校教学法中的一个问题》,《北京大学日刊》1921年4月17日,第1—4版。
③ 《北大教育系变更教学法 注重自动研究》,《京报》(北京)1931年9月18日,第7版。
④ 《北京三大学生抵日》,《申报》1924年3月28日,第7版。

序号	姓名	考察事项
5	俞建章	各大学地质组设备、化学标本、野外地质情形
6	高绪懋	教育事项,各图书馆设备,出版事业,文艺学会组织,各地灾后新建设
7	欧宗祐	政治现状,市政劳动状况,大学教育,中学教育(日人自办中学与外人在日所办中学),图书馆、出版界复兴计划
8	商承祖	日本地震后教育状况
9	吴献琛	各法政学校,各级法院及监狱,各大工厂,各图书馆
10	韦奋鹰	博物馆,图书馆,各学校历史教育,各工厂
11	武崇林	各大学数学课程及教书情形,各数学会之活动情形
12	李汉声	各大学研究中国文学状况,关于中国文学贵重书最近发现于日本者
13	刘崇年	东西京与大阪及各大城市经济近状,中日贸易趋势,各大银行公司调查,日本地震后经济界所受影响
14	李钟贤	各大学图书馆,报纸事业,出版界,博物馆
15	罗守颐	各著名法政学校,各级法院及监狱,各种学校,海陆军要塞,社会状况及地震后情形,各大工厂,各名胜

资料来源:《北京三大学生抵日》,《申报》1924 年 3 月 28 日,第 7 版。

    1924 年 4 月,化学系三年级全体学生到天津、塘沽、唐山、济南、德州等地参观工厂,历时约三周时间。[1] 5 月,地质系三、四年级全体学生前往汉阳、大冶、萍乡等处参观兵工厂、铁厂、矿厂,三周后(预计)返回。[2] 1925 年 4月,蒋梦麟出面联系慈幼院及中法大学,北大教育系学生前去访问,并制定了"参观纲要",分成行政、教学、设备三组,"每人自认一项",归来后汇报。[3] 同月,法律系四年级学生分批赴京师地方审检厅暨京师高等审检厅参观。[4] 12 月,法律系学生前往译学馆举行民事诉讼实习,由左德敏指导。[5]

    再如,蒋梦麟任校长期间,1931 年 1 月,"为明悉公安局各科室之组织,

---

[1] 《北大化学系学生出京参观》,《晨报》1924 年 4 月 21 日,第 6 版。
[2] 《北大地质系赴鄂参观》,《京报》(北京)1924 年 5 月 7 日,第 5 版。
[3] 《北大教育系定期参观 修学旅行至西山》,《京报》(北京)1925 年 4 月 22 日,第 7 版。
[4] 《法律系教授会布告》,《北京大学日刊》1925 年 4 月 14 日,第 1 版。
[5] 《北大举行型式法庭实习 由左德敏指导》,《京报》(北京)1925 年 12 月 25 日,第 7 版。

及增进学识",政治系学生由系主任带领参观公安局。① 1932年5月,教育系四年级学生由杨亮功教授带领一行20人,前往华北各地参观,约两周时间。② 同月,由赵迺抟教授带队,经济系参观团50余人到天津、唐山等地考察"一般的经济状况及各大公司之规模、组织、生产、营业、劳动等"。③ 1933年4月,化学系学生计划到南京考察兵工署、兵工理化研究所、实业部中央工厂等场所,由理学院院长刘树杞带队。④ 12月,北平市八大化学工厂迎接刘树杞率领的众多化学系师生来访。⑤ 1934年3月底,史学系四年级学生由钱穆等人带领,到山东济南、曲阜等考察古迹古物,"所得印象及研究结果"返校后汇报。⑥ 5月,北大学生军400余人在军训主任引领下,到中南海驻防地军政部特务团参观内务。⑦ 同年,经济系四年级10余名学生组建赴日考察团,由系主任赵迺抟带领,参观东京、大阪、奈良等地,预定约20天。⑧ 1935年上半年,地质系各年级学生计划分别到河南、山东、河北等多地举行野外实习,学校要求归来后有详细报告,并计入毕业成绩。⑨ 4月,经济系三年级学生参观财政局,对该局各部门及其职能等诸多情况详加了解。⑩ 是年,理学院各系、法学院政治系、文学院教育系等也有外出参观考察活动。⑪ 1936年5月,法律系四年级学生到河北参观该省高等法院,由系主任戴修瓒率队。⑫ 同月,教育系40名学生参观社会局,对中学股、小学股与通俗股进

① 《北大政治系学生昨日参观公安局》,《北平晨报》1931年1月6日,第7版。

② 《北大教育参观团明日离平赴津济汴并各地参观》,《京报》(北京)1932年5月12日。

③ 《北大经济系考查团今出发津唐》,《华北日报》1932年5月22日,第6版。

④ 《北大化学考察团将来京考察各化学机关 刘树杞率领》,《新民报》(南京)1933年3月28日,第4版。

⑤ 《北大化学系今午参观平市八大化学工厂》,《北平晨报》1933年12月22日,第7版。

⑥ 《北大史学系赴鲁考查团昨晚六时出发》,《北平晨报》1934年4月1日,第9版。

⑦ 《北大学生军参观军部特务团》,《京报》(北京)1934年5月23日,第7版。

⑧ 《北大经四生组建赴日考察团》,《北平晨报》1934年3月31日,第9版。

⑨ 《地质系通告》,《北京大学周刊》1935年2月23日,第1版。

⑩ 《北京大学经济系学生昨参观财政局》,《北平晨报》1935年4月4日,第9版。

⑪ 《北大春假今日开始 物理学会今日参观》,《北平晨报》1935年4月8日,第9版;《北大教育系定期参观本市教育机关》,《北平晨报》1935年5月4日,第9版;《校长赴京任务》,《北平晨报》1935年6月15日,第9版。

⑫ 《北大学生参观冀高法院》,《益世报》(天津)1936年5月28日,第7版。

行了考察。① 10月，地质系20余名学生到南京实地考察地质情况。② 1937年4月，地质系一、二、三年级学生分别前往北平西山、平绥路沿线、正太路沿线等处考察实习，结果将作为学业成绩。③ 同月，北大化学会组织会赴石景山旅行参观电厂。④

综上可见，文、理、法三学院各系的参观或实习活动众多且每年都有安排，学生外出的足迹遍布国内各地，还有国外出行的机会，许多活动有详细的计划以及结束后汇报交流的要求。这些丰富的课外教学相关活动不仅可以开阔学生的视野，而且有助于提高他们学以致用的能力。

（3）强化教学管理，加大执行力度

自蔡元培任校长开始，北京大学强调自由包容，取得了显著成绩，不过也导致散漫之风渐浓，风潮不断，教学方面深受影响，学生缺课、应付考试等现象日渐严重。

为扭转缺课严重的局面，北大起初实施点名制度，但是落实情况堪忧。教师"有愿点者，有不愿者，有又点又不点者"，时常出现"代到"现象。有时竟闹出了笑话：某教授上课必点名，"而代表者答'到'如流，仿佛全体出席。教授患深度近视，几乎对面不能辨影。某次点名完毕后，抬头一望，人影寥寥，慨然叹曰：到都到了，就是见不到多少人！"⑤尽管有点名制度，但是实行效果不佳，时人曾言："我常见有些学生，老不上堂，又不请假，偏是旷课表上没有他的名字，这也奇怪了。"⑥钱玄同在日记中曾有这样的记载："至大学上三年级课二小时，还应该上二年级课一小时，不知何故，等我拿书上堂的时候，他们忽然都走了。因此，只好不讲了。"⑦可见，学生太自由了。有人感叹："'偷听生'是好学的。相形之下，正式的北大生反不来上课，岂不是太自

---

① 《北大教育系学生参观社会局》，《益世报》（天津）1936年5月8日，第7版。
② 《北大地质系学生考察京地质》，《申报》1936年10月3日，第4版。
③ 《北大地质生旅行》，《北平晨报》1937年3月26日，第9版。
④ 《北大化学会组学术旅行团将赴石景山参观电厂》，《北平晨报》1937年4月2日，第9版。
⑤ 李祖荫：《北京大学点滴回忆》，见中国人民政治协商会议全国委员会文史资料委员会编：《文史资料存稿选编·教育》，中国文史出版社2002年版，第44页。
⑥ 流冰：《废止学校一切不良的制度》，《北京大学学生周刊》1920年5月14日，第8版。
⑦ 钱玄同著，杨天石主编：《钱玄同日记（整理本）》（上），北京大学出版社2014年版，第331页。

暴自弃了吗?"①另者,经常有学生在上课点名后"私自走出"教室。②

除缺课严重外,学生考试也有不少问题。例如,代考现象有之。当时学生指出:"北京大学有党义一门功课,讲三民主义,必修课,王宣讲授。学生们没有上课的,王宣上不上讲台,我不知道。这门课程我总平均95分。季终考试,党义总是最末尾考,我托一位同学代答试卷,我自己就回老家去了。这样做的不止我一个人。"③甚至违反学校规定者,经过"交涉"竟然能参加考试。据千家驹回忆:学校规定旷课时间超过三分之一的同学不能参加毕业考试,但是许多同学"参加了学生运动",违反了该规定,经过与法学院院长争取后,最终得以参加毕业考试而顺利毕业。④

因此,蒋梦麟在提倡大度包容的同时,注重纪律性,强化教学管理。最典型的是《国立北京大学学则》的颁行。1932年12月15日,北大颁行《国立北京大学学则》⑤(1933年12月26日修正,以下简称《学则》),这份文件是蒋担任校长后推出的一份学生学习方面的综合性规定,其中多种条款意在规范学生的学习行为,特别是明确了违反规定的后果。例如,上课与成绩挂钩,"学生平时上课缺席至五分之一以上者扣其该科成绩百分之五,至四分之一以上者扣百分之十,至三分之一以上者不得参与学期考试"。而成绩与升级、留级、退学等密切关联:

第九条　补考及升级

(一)凡每学期成绩(平时与期考之合计)不及格者,均得补考一次,但在三十分以下者不得参加该学期之补考。必修科目补考不及格者须重修,本系必修科目有两门以上不及格者应留级。

(二)学生因不得已事故(如亲丧疾病等)不获参与学期试验者,须向注册组主任请假,经核准后方能补考。

(三)补考于每学期开始前举行,凡须补考者,均须于补考日期前一

① 朱海涛:《北大与北大人——"凶""松""空"三部曲》,《东方杂志》1944年第16期,第55页。

② 《预科主任通告第一号》,《北京大学日刊》1923年1月6日,第1版。

③ 李九魁:《"自由散漫"的北京大学》,见中国人民政治协商会议全国委员会文史资料委员会编:《文史资料存稿选编·教育》,中国文史出版社2002年版,第70页。

④ 千家驹:《我在北大》,见中国人民政治协商会议全国委员会文史资料研究委员会编:《文史资料选辑》(第95辑),文史资料出版社1984年版,第70—71页。

⑤ 本章涉及引用《国立北京大学学则》的内容不再另行标注。《国立北京大学学则》,见王学珍、郭建荣主编:《北京大学史料》(第2卷),北京大学出版社2000年版,第930—933页。

星期内亲到注册组报名,方能补考。

（四）凡每一学年之学分有二分之一以上不及格或因缺度过三分之一而扣考者。应予留级不得补考,其继续留级两次或留级一次而本系必修科目仍有两种以上不及格者应予退学。

（五）凡两学期连续之课程其全年成绩平均不及格而在五十分以上者,得再准其补考全年课程一次。

（六）凡第二学期成绩及格而第一学期补考成绩不及格者,不得参加第二学期之补考。

（七）凡每一学年之学分有二分之一以上未考而休学者,复学后仍入原年级,不得请求补考。

（八）补考分数由注册组按照教员所定分数九折计算。……

第十四条 开除学籍

（一）凡学生有败坏纪律之行为,得经校长提出校务会议议决开除其学籍。

（二）凡开除学籍之学生其所缴各费概不退换。

由上可知,平时缺课将直接影响成绩,不及格需补考,补考有次数限制,否则留级,留级程度严重者将被退学,"败坏纪律"者将被开除。《学则》于1934年再次修正,进一步强化了管理,如不能参加学期考试者必须提供"医生证明书或其他证件",方可获准。[①] 不难发现,这一系列详细且操作性较强的规定可以在较大程度上抑制学生违纪的思想倾向与行为。

与此同时,北大多项针对性的举措相继推行。例如,点名制度实行后,根据《学则》中规定的惩罚办法,1932年度缺课三分之一者为178人,他们均不能参加该学年考试。[②] 此后,点名办法更加细化,由注册部制定"上课临时点名片",由学生填写交教师保管。1934年,北大调整点名办法,由上课教师点名,不过学生座次是预先排定的,其依据是"注册时选课单经系主任签字后缴回时至先后次序"。[③] 1935年的一份资料显示:因学校厉行严肃管理,

---

① 《校务会议:通过教务会议议决修正本校学则第九条条文等要案》,《北大校友》1935年第13期,第2页。

② 《北大严厉整饬校纪》,《北平晨报》1933年8月30日,第7版。

③ 《北大下学期厉行点名办法 制订上课临时点名片由学生填好教授保存》,《北平晨报》1934年1月13日,第9版。

自开课之日始,即由各教师就学生随上课证缴进之临时名册,逐班点名,故学生缺课者极少。① 另有1936年的资料指出:"为切实限制学生缺席起见,曾于二十三年度起实行由教员自己点名,以便随时登记学生缺席时数。实行两年以来,颇见实效。"②

此外,针对考试问题也有相应对策。1933年,上学年考试不及格学生经两次补考,仍有两门课不及格者160余人,这些学生均被留级。③ 对于代考现象,北大严抓严惩。如1933年,托人代考学生很多,法学院发现一名,"被记大过两次以儆效尤"④。无独有偶,另有代考者也曾被记大过,写有其名字的警示牌在北大二院门口挂了半年之久。⑤

为了扭转教学中的各种问题,北大出台了多项相关政策,并推行了若干具体举措,蒋梦麟在强化教学管理方面可谓煞费苦心。

4. 资助体系较为完备

北京大学每年经常有因经济问题难以继续就学的贫寒学生,同时也有不少表现优秀学生需予以激励,因此发放助学金、奖学金非常必要。在蒋梦麟主持下,北大不断完善此项工作,而且在诸如发放补助费或津贴、设立公费生等其他举措方面也花费了很大功夫。

在助学金方面,北大分为专项助学金与捐赠助学金。专项助学金由校方出资设立。1932年,《国立北京大学学生助学金规则》出台,该规则旨在"鼓励成绩优良而家境贫寒"的学生,全校25名,每人每年180元,具体条件是:肄业一年以上;"平日求学勤敏绝少旷课者";"每学年成绩其均衡的平均分在八十分以上者(例如一科目学分为六,所得分数为一百;另一科目学分数为二,所得分数为八十。均衡平均数,即以$(6 \times 100 + 2 \times 80)/(6+2) = 95$";提供证明确实"贫寒者"。⑥ 1933年度报名58人,按照积分算法80分以上者为24人,报教务会议核定,合格者数与定额25人不足1人但不再征求意见,待到确认这些学生是否清贫后核发经费,如果各生已获所属省县津

---

① 《北大厉行严肃管理 开课即实行点名》,《北平晨报》1935年2月21日,第9版。

② 《北大今日开课 仍由教授亲自点名》,《华北日报》1936年9月16日,第9版。

③ 《北大上学年留级生一百六十余人》,《北平晨报》1933年11月8日,第7版。

④ 《学校新闻:北大》,《北平周报》1933年第36期,第3—5页。

⑤ 杨向奎:《回忆郑天挺先生》,见封越健、孙卫国编:《郑天挺先生学行录》,中华书局2009年版,第20页。

⑥ 《国立北京大学学生助学金规则》,《北京大学周刊》1932年11月19日,第3版。

贴,则助学金减半发放。① 1934 年,《国立北京大学学生助学金规则》经修正后通过,更改的主要内容是:名额由原来的 25 名增至 60 名,金额由原来的每人每年 180 元改为 160 元(25 名)、100 元(35 名)②,其目的主要在于让更多学生获得助学金。果然,1934 年、1935 年、1936 年,助学金获得者分别是 73 人③、82 人④、80 人⑤,人数有较大增幅。⑥ 由于此前发放标准是肄业一年以上学生,即二、三、四年级学生,那么贫寒新生无法获得助学金,于是北大决定自 1936 年起一年级学生也可以申请。⑦ 1936 年,北大设立公费生 50名,各年级均有名额分配,其中一年级为 6 名,一年级领取助学金办法依据公费生办法办理。⑧

北京大学捐赠助学金颇多。1921 年 8 月,蒋梦麟代理校务期间,为支持女子教育,引进美国前公使克兰先生夫人的资助,捐资 4000 美元,设正科生名额 6 人、旁听生名额 9 人,定有详细办法,相关章程于 1922 年和 1923 年两

---

① 《北大助学金名单将开教务会议审核》,《北平晨报》1934 年 1 月 10 日,第 9 版。

② 《国立北京大学学生助学金规则》,《北京大学周刊》1932 年 11 月 19 日,第 3 版。

③ 《北大得助学金名单昨日已公布》,《益世报》(天津)1934 年 11 月 16 日,第 8 版。

④ 《国立北京大学布告》,见王学珍、郭建荣主编:《北京大学史料》(第 2 卷),北京大学出版社 2000 年版,第 641—642 页。

⑤ 《北京大学助学金免费生昨日公布》,《益世报》(天津)1936 年 10 月 17 日,第 3 版。

⑥ 值得注意的是,1934—1936 年每年助学金获得者数量都超出了 60 名的限额,而且除了发放给符合资格者规定的 160 元和 100 元外,1934 年 26 人、1935 年 42 人与 1936 年 37人分别获得 80 元,1936 年更有数人获得 50 元和 40 元,这些金额在规定之外。根据上述资料记载的这三年各学院各系获得者名单及其金额推断,这很可能是综合因素作用的结果。北大当时发放助学金,有时分为两期平均发放,确实有一部分人重复出现在这三年的名单中,而且其中一些人获得了对应的半数金额(80 元、50 元)。此外,还有一种可能性存在:前述曾指出,如果已经获得所在省县资助者,减半发放,这三年中可能有此类情况,那么省下来的经费会发给符合条件但是排序在定额 60 名之外的学生。至少这两种原因交织在一起,既可以解释 80 元、50 元的现象,也可以让 40 元的情况说得通,即已获省县津贴者只能获得 160元的半数 80 元,加上因经费结余而发给递补者 80 元,然后再按照分期发放原则,会出现 40元的情况。相关资料参见:《北大得助学金名单昨日已公布》,《益世报》(天津)1934 年 11 月16 日,第 8 版;《国立北京大学布告》,见王学珍、郭建荣主编:《北京大学史料》(第 2 卷),北京大学出版社 2000 年版,第 641—642 页;《北京大学助学金免费生昨日公布》,《益世报》(天津)1936 年 10 月 17 日,第 3 版。

⑦ 《北大一年级助学金决于明年举办》,《北平晨报》1935 年 11 月 2 日,第 9 版。

⑧ 《公费免费生学额北大已决定》《助学金规则》,见王学珍、郭建荣主编:《北京大学史料》(第 2 卷),北京大学出版社 2000 年版,第 644—645 页。

次修正①,并力推实施,为入学女生提供了资金上的帮助。1926 年 3 月 31 日,蒋梦麟代为转交克兰先生夫人的捐赠款 2874 美元,继续用于帮助有需要的北大女生。② 1934 年,杨琯山为纪念先人捐款设立"杨莲府先生纪念助学金",该年度暂时在理学院设立 3 个名额,每人每年 200 元,理学院二年级以上、学生成绩八十分以上且家境贫寒者可申请,若有成效,随时增加名额。至 1936 年,该助学金仍在推行。③ 此外,北大还有"赵母纪念助学金""梁士诒助学金"等,它们分别资助经济系、地质系的成绩优良且贫寒的学生。④

在奖学金方面,北京大学分为专项奖学金与其他奖学金。专项奖学金是指教育部指令大学统一设立的奖学金。蒋梦麟在任教育部部长期间,多次强调改进高等教育,其中设立奖学金是专项议题之一。蒋任北大校长后,1931 年 11 月 5 日,行政院发布训令,批准《设置全国专科以上学校及各省市中学中等职业学校奖学金额案》,专科以上学校每年设立奖学金名额 500 名,每人每年 400 元,资助对象主要是新生。⑤ 据此,北大每年专款专用。再者,为支持品学兼优的学生,其他类型的奖学金也较多。例如,1931 年,北大二十年毕业同学录筹委会致函校长蒋梦麟:敝会筹办毕业生同学录,余有经费大洋 360 元,现将其交给本校会计存入银行,年利九厘,计划每两年提取一次,作为奖学金,制定并颁行了《国立北京大学二十年级毕业同学录筹备委员会奖学金条例》。⑥ 1934 年,北大哲学系教授周叔迦为弘扬佛法,奖励本科生研究佛法成绩优秀者,特捐薪设立"佛法奖学金"。⑦ 再如,1937 年,

---

① 《本校招考〈克兰先生夫人奖励女生学额〉》,《北京大学日刊》1921 年 8 月 3 日,第 2 版;《北京大学招考〈克兰先生夫人奖励女生学额〉章程》,《北京大学日刊》1922 年 5 月 20 日,第 2 版;《北京大学招考〈克兰先生夫人奖励女生学额〉程章》,《北京大学日刊》1923 年 5 月 8 日,第 1 版。

② 《会计课报告(调查克兰夫人奖金票)》,《北京大学日刊》1929 年 4 月 23 日,第 2 版。

③ 《北京大学 昨日举行教务会议 通过杨莲府纪念助学金规程》,《华北日报》1934 年 10 月 20 日,第 9 版;《杨莲府先生纪念助学金》,《北大校友》1935 年第 12 期,第 10 页;《北大同学会改选 杨莲府助学金名单日内审查完毕公布》,《益世报》(天津)1936 年 10 月 20 日,第 6 版。

④ 《课业处布告》,《北京大学周刊》1936 年 9 月 26 日,第 1 版;《国立北京大学招生》,《申报》1936 年 7 月 22 日,第 6 版。

⑤ 《为设置全国专科以上学校及各省市中学中等职业学校奖学金额案由》,《教育部公报》1931 年第 44—45 期,第 7—8 页。

⑥ 《国立北京大学二十年级毕业同学录筹备委员会致校长函》,《北京大学日刊》1931 年 7 月 25 日,第 2 版。

⑦ 《北京大学佛法奖学金暂行办法公布》,《华北日报》1934 年 9 月 30 日,第 9 版。

已故国民政府委员黄膺白家属捐款,设立"膺白奖学基金",旨在帮助优秀且贫困的新生。[①] 同年,与蒋梦麟早年结识并都有留美经历的穆藕初决定在北大、重庆大学与南开大学设立奖学金,聘任蒋梦麟、张伯苓等为董事,用以支持优秀学生更好地治学。[②]

除了助学金与奖学金之外,北大还有发放补助费、设立公费及免费学额等资助方式。补助费及津贴主要是教育部指令资助贫苦学生的救济费用,例如 1934 年,22 名学生领取特别补助费,每人 25 元,33 名学生领取普通兼特别补助费,每人 45 元。[③] 为了缓解学生经济方面的压力,北大实施公费生与免费生计划。1936 年 4 月,北大决定招收清贫公费新生 8 名。[④] 8 月,蒋梦麟主持校务会议,设立免费生、公费生作为专项内容被审议通过,免费生 50 名,余有 35 名,二、三、四年级均有名额,公费生名额则分给一年级。[⑤] 10 月,北大确定免费生 38 名。[⑥]

蒋梦麟主持的北京大学资助体系比较完备,专项与特设捐赠相结合,名额逐渐增加,惠及学生不少,为贫寒者、成就突出者专心就学提供了较大帮助。

5.校园活动丰富多彩

除了课堂教学活动之外,北京大学其他活动颇多。蔡元培任校长期间,各项活动开展得有声有色,在社团、刊物方面,如数理学会、化学会、歌谣研究会、新闻研究会、平民教育讲演团、画法研究会、书法研究会、造型美术研究会、摄影研究会、音乐研究会、歌咏团、戏剧研究会及剧社、围棋研究会、雄辩会、国语演讲会、辩论会、《新潮》、《北京大学日刊》等等,这些社团、刊物由教师、学生,抑或师生联合创办,定期或不定期举行各种活动,时人评价称"学校的空气甚为活跃"。[⑦]

对于校园活动的举办,蒋梦麟同样大力支持,并指出:"要帮助学生达丰富的生活",应使学生习得人生的观念,知道什么是适当的生活,"养成对天

---

① 《黄氏家属捐设膺白奖学基金》,《申报》1937 年 4 月 10 日,第 10 版。
② 《段锡朋等发起设置穆藕初先生奖学金》,《大公报》(天津)1937 年 6 月 12 日,第 4 版。
③ 《北京大学应受补助各生名单》《领发补助费办法》,《北京大学周刊》1934 年 8 月 11 日,第 1 版。
④ 《清寒公费生 北大本年将招八名》,《益世报》(天津)1936 年 4 月 9 日,第 6 版。
⑤ 《北大校务会》,《益世报》(天津)1936 年 8 月 29 日,第 6 版。
⑥ 《北京大学助学金免费生昨日公布》,《益世报》(天津)1936 年 10 月 17 日,第 3 版。
⑦ 许德珩:《"五四"运动六十周年》,见中国人民政治协商会议全国委员会文史和学习委员会编:《文史资料选辑》(合订本)(第 21 卷第 61 辑),中国文史出版社 2011 年版,第 159 页。

然物之兴会",注重"音乐戏曲的习练","校内丰富的生活,就是青年天天兴高彩烈的作种种健全的活动"。① 在社团活动方面,一方面,他传承、发展已有社团,如 1920 年 10 月,代理校务的蒋梦麟出席北大音乐研究会大会,强调音乐非常重要,指出"吾国乐衰久矣",直到近代西学东渐,"各校中始设乐科",亟须提倡国乐,举办演奏会等各种活动,推广普及音乐教育。② 1923年,他添增为文科研究所国学门委员会委员,承担起国学门包括组织各种活动等在内的责任。③ 同年,他出席国学门各所属学会的联合恳亲会,在演说中指出国学门取得成绩颇大,学校将继续支持,希望同人做出更多贡献。④ 1924 年,造型美术研究会召开周年纪念大会,其被公推为代理会长(会长为蔡元培),指导组织该会的各种活动。⑤ 另一方面,蒋梦麟鼓励创办新社团。例如,1923 年,北大政学两界名流组建励志社,旨在"集思广益共救危局"。⑥ 1924 年,北大国学门考古学会成立,重在利用科学的方法保存与研究"中国过去人类之物质遗迹及遗物"。⑦ 1925 年,国史研究会成立,意在赴国内外各地收集与研究史迹。⑧ 1926 年,北大组建中国书法研究会,以研究中国书法、弘扬传统文化为目的。⑨ 1928 年,哲学系创办心理学会,蒋梦麟出席并说:各种学会在欧美大学很普遍,留学时他经常参加,"你们自己组织学会,甚好",希望不要"拘于形式",要共同努力促其发展。⑩ 再如,1932 年,《青年大众》半月刊问世,号召青年学生反对帝国主义。⑪ 1933 年,《前驱周刊》创刊发行,意在讨论国内外政治、经济等"有关于世界繁荣与和平的诸问题"。⑫

---

① 蒋梦麟:《学潮后青年心理的态度及利导方法》,《新教育》1919 年第 2 期,第 117—118 页。

② 宋泽:《会务纪略》,《音乐杂志》1920 年第 8 期,第 1 页。

③ 《研究所国学门重要纪事》,《国立北京大学国学季刊》1923 年第 2 期,第 391 页。

④ 《研究所国学门恳亲会纪事》,《北京大学日刊》1923 年 11 月 10 日,第 3 版。

⑤ 《本会周年纪念欢聚大会纪事》,《造形美术》1924 年第 1 期,第 1 页。

⑥ 《上流社会之俱乐部励志社行将成立》,《社会日报》(北京)1923 年 9 月 10 日,第 4 版。

⑦ 《研究所国学门考古学会开会纪事》,《北京大学日刊》1924 年 6 月 12 日,第 3 版。

⑧ 《国史研究会启事》,《北京大学日刊》1926 年 1 月 23 日,第 2 版。

⑨ 《北大中国书法研究会开成立会记事》,《北京大学日刊》1926 年 1 月 29 日第 1 版。

⑩ 《哲学系一九二八级友会演说词》,见蒋梦麟:《过渡时代之思想与教育》,商务印书馆 1933 年版,第 428—429 页。

⑪ 《发刊词》,《青年大众》1932 年第 1 期,第 1 页。

⑫ 《发刊词》,《前驱》1933 年第 1 期,第 1 页。

1934 年，物理系同学利用课余时间，组建无线电学会，以对其加深学习交流。① 1935 年，国文系学生组织昆曲社，意在传承优秀文化，以高雅艺术陶冶生活。② 1936 年，学校创设新文字研究会，推广疑难杂字的普及教育活动。③ 同年，北大歌咏团成立，每周二、五下午五至六时排练。④

随着已有社团的维系与新社团的建立，各项活动更加丰富。例如，1924 年 2 月，北大管弦乐队组织国民音乐会，由著名音乐教育家萧友梅等领衔表演。⑤ 1926 年，北大奉天同乡会发表宣言，反对日本"占据东省土地，是以百计千方，鼓动内争"。⑥ 再如，1931 年至 1934 年，蒋梦麟多次出席北大历史颇为悠久的演说会组织的多项活动，并担任大会主席与评判员。⑦ 1933 年，北大学生抗日救国会开会，发布宣言，抗议日本帝国主义的侵略行径。⑧ 1935 年，北大哲学研究会举行第六次公开演讲，由燕京大学教授张君劢演说"需要哲学与创造哲学"。⑨ 1937 年，地质系邀请著名学者李善邦到北大演讲，主题是"地球物理及采矿"。⑩ 是年，北大同学会举行纪念五四运动活动，蒋梦麟、胡适等出席并讲话。⑪

此外，学校有很多非社团组织的活动。北大曾多次举行校庆活动，例如 1925 年二十七周年、1931 年三十三周年、1933 年三十五周年、1936 年三十八周年等，蒋梦麟几乎全部出席了此类活动并致辞。⑫ 再者，北大还有诸如

---

① 《北大丛讯》，《华北日报》1934 年 1 月 16 日，第 7 版。

② 《北大国文系生组织昆曲社》，《北平晨报》1935 年 3 月 22 日，第 9 版。

③ 《北大学生组织新文字研究会 昨布告征求会员》，《京报》(北京)1936 年 1 月 30 日，第 7 版。

④ 《歌咏团》，见王学珍、郭建荣主编：《北京大学史料》(第 2 卷)，北京大学出版社 2000 年版，第 2671 页。

⑤ 《星期日之音乐大会 北大管弦乐队所组织者》，《晨报》1924 年 2 月 14 日，第 6 版。

⑥ 《北大奉天学生反对日本进兵南满宣言》，《晨报》1926 年 1 月 5 日，第 6 版。

⑦ 《北大举行演说预赛 蒋梦麟胡适之任评判》，《益世报》(北平)1931 年 3 月 29 日，第 6 版；《北大演说竞赛决赛结果取三人 宋凯第一》，《北平晨报》1934 年 5 月 29 日，第 9 版。

⑧ 《学校杂讯》，《京报》(北京)1933 年 1 月 20 日，第 7 版。

⑨ 《张君劢今在北大讲演》，《北平晨报》1935 年 1 月 21 日，第 9 版。

⑩ 《北大地质系举行特约演讲》，《华北日报》1937 年 3 月 18 日，第 9 版。

⑪ 《昨日平市学生纪念五四运动》，《华北日报》1937 年 5 月 5 日，第 9 版。

⑫ 《三十五周年纪念大会记录》，《北京大学周刊》1933 年 12 月 18 日，第 1 版；《本校二十七周年纪念》，《北大学生会周刊》1925 年第 1 期，第 1—32 页；《本校三十三周年纪念会纪闻》，《北京大学非常学生会专刊》1931 年第 1 期，第 3—5 页；《北大昨纪念三十八周年 全体学生宣誓建设新北大》，《京报》(北京)1936 年 12 月 18 日，第 7 版。

演讲、体育比赛、抗日宣传等多种活动。例如,1924 年,北大举行中日教授交换活动,蒋梦麟出席,日本文学博士演说,主题是"'道'对于儒家、墨家、老家之道之观念为思想的批判"。① 1931 年,北大在暑期举行网球单打比赛,有兴趣的学生均可报名参赛。② 1932 年,北大学生强烈谴责日本在上海的暴行,组建"沪案宣传队",发表抗日专场演讲。③ 同年,北大部分学生发起募捐活动,慰劳抗日将士。④ 1937 年,北大举行春季运动会,分为团体赛与个人赛,涉及全校学生,另有国术表演。⑤

蒋梦麟主持北大时开展的活动众多,涉及范围甚广,包括陶冶生活、传承文化、学术研究、强健体魄、反对侵略等各种内容,这些主题活动经常定期或不定期地开展,几乎每年都有,既开阔了学生的眼界,增进了学生的智识,又丰富了他们的课余生活。

6.日常管理"刚柔并进"

(1)注重纪律,从严掌控

在进入北大初期,蒋梦麟历经了多次学生运动,甚至出现 1922 年学生围堵校长蔡元培要求废止讲义费的事件。因此,他在提倡个性的同时,特别注意发展"群性",加强纪律性。

1919 年,蒋梦麟入北大之初,在北京高等师范学校演讲时曾对"学生自治"发表三点看法:第一,学生自治精神是一种"公共意志",在学校里可称为"学风",个体会受其感化。学生自治不是反对教师的运动,"也不是一种机械性的组织",它是爱国的、移风易俗的、"养成活泼泼精神"的运动。第二,学生自治不是一个"空虚的美名",如果要做就要承担"重大的责任"。此前没有学生自治时,学风不良,可以说是教师、办学者的责任,如今实施后若学风有问题,大家要骂学生,那么我们这些同意学生自治的人将无法见"江东父老"。因此,学生自治要担负提高学术程度、公共服务、产生文化与改良社会四大责任。第三,学生自治是学校团体的一部分,要干预学生的不当行为,"欢迎教职员的忠告",遇事多沟通,"平心静气"解决问题。⑥ 可见,蒋梦

---

① 《中日交换教授 服部博士之演讲》,《顺天时报》1924 年 4 月 7 日,第 3 版。

② 《体育部布告》,《北京大学日刊》1931 年 8 月 22 日,第 1 版。

③ 《北大学生将组沪案宣传队》,《益世报》(北京)1932 年 2 月 1 日,第 6 版。

④ 《北大募捐团十一组今日出发》,《京报》(北京)1932 年 3 月 3 日,第 7 版。

⑤ 《北大春运会十五日举行 全部比赛项目特已规定》,《京报》(北京)1937 年 5 月 9 日,第 7 版。

⑥ 蒋梦麟:《学生自治(在北京高等师范演讲)》,《新教育》1919 年第 2 期,第 118—121 页。

麟同意学生自治,北大组建了学生会,但是他强调学生自治不是随意发挥个性的地方,要有责任与担当,是学校的一部分,注重为团体服务。

1920 年 9 月,蒋梦麟在北大开学致辞中谈到,学生会没有得到很好的组织落实,"本校的特色,即在人人都抱个性主义",但是"北大这么大的一个学校,研究学问,注重品行的件件都有,就是缺少团体的生活",因此一方面谋求个性发展,另一方面"兼谋团体的发达"。① 1923 年,他在《北大之精神》一文中明确表示:"能容则择宽而纪律弛。思想自由,则个性发达而群治弛。故此后本校当于相当范围以内,整饬纪律,发展群治,以补本校之不足。"②此后,他在北大管理上突出了"刚"的一面。

例如,宿舍管理存在较多问题,"有些同学经常在宿舍里打麻将牌,通宵达旦;有的甚至留宿女生"③,因此,加强宿舍管理势在必行。从 1931 年 9 月 1 日开始,北大规定各斋宿舍每晚十二时锁门,十二时一刻熄灯,望同学特别注意,"遵守为要"。④ 同年,三院宿舍由校工专门看守,初入要凭证件。⑤ 1933 年,校方整顿学生宿舍,禁止外人"搬入"。⑥ 然而,宿舍问题由来已久,同时又发生了外校女生在男宿舍自缢事件,因此,北大规定男女宿舍一律禁止探访。⑦ 再如,一些学生平时行为不当,造成不良影响。1935 年,北大东斋发生凶殴案,为首学生被拘捕,校方表态必须严办。⑧ 此外,学生曾多次发起请愿活动,蒋梦麟代表校方严肃对待。第三章"高等教育理念"部分对严格管理论述较多,下面我们再以 1933—1934 年学生提出"19 项要求"事件为例予以阐述。

1933 年 12 月 27 日,学生会代表拜谒蒋梦麟,提出取消临时考及期考、取消点名、恢复葛天民学籍、各斋开女禁、公开学校账目等 8 项要求。不久,

---

① 《蒋梦麟总务长演说词》,《北京大学日刊》1920 年 9 月 16 日,第 2 版。

② 蒋梦麟:《北大之精神》,见北大总务部日刊课、二十五周年纪念册编辑处编:《北京大学二十五周年纪念刊》,北大出版部印刷课 1923 年版,第 2 页。

③ 千家驹:《我在北大》,见中国人民政治协商会议全国委员会文史资料研究委员会编:《文史资料选辑》(第 95 辑),文史资料出版社 1984 年版,第 44 页。

④ 《国立北京大学布告》,《北京大学日刊》1931 年 9 月 5 日,第 1 版。

⑤ 《秘书处事务组布告》,《北京大学日刊》1931 年 11 月 14 日,第 1 版。

⑥ 《北大清除宿舍积弊》,《华北日报》1933 年 10 月 21 日,第 7 版。

⑦ 《不分男女! 寝室不准见客 北大布昨布告宿舍规则 各宿舍接待室清理完毕》,《华北日报》1933 年 11 月 2 日,第 6 版。

⑧ 《北大东斋昨晚凶殴 李阴生当场被捕 校当局决予严办》,《北平晚报》1935 年 4 月 20 日,第 3 版。

他逐条回应,不同意前3项,余者或有计划,或已进行,或需要开会讨论。随后,学生会正式呈文蒋梦麟,共提出19项要求,具体如下[①]:(1)新建宿舍;(2)恢复浴室;(3)建图书馆、礼堂与体育馆;(4)建医院及养病室;(5)为三斋学生找宽大宿舍;(6)添置图书设备;(7)接收景山扩充校舍;(8)建工学院;(9)恢复北大周刊;(10)恢复各学会津贴;(11)恢复葛天民学籍;(12)各斋舍开女禁;(13)退回一年级制服费;(14)取消临时考及期考;(15)取消点名;(16)学生会参加校务会议;(17)教授去留需经学生同意;(18)公布中国教育文化基金会协款开支情况;(19)学校公布账目。这些要求涉及学校事务的诸多方面,引发了社会的广泛关注。

12月29日,北大召开第五次校务会议,议决结果是:前7项或已由学校照准,或事实上正在办理,或限于经费无从进行;余者均予否决,因其大多毫无理由,无须讨论。校方对19项要求的回应如下:

(1)新建宿舍:已有计划。

(2)恢复浴室:此前出现坍塌事故[②],正在整修,北浴室已恢复,南浴室在建。

(3)建图书馆、礼堂与体育馆:图书馆已有计划,建礼堂、体育馆与第4项建医院及养病室等牵涉太广,限于经费不能同时开工,要分轻重缓急,视情况而定。

(4)建医院及养病室:一时难以办到,可以与本市各医院签订合同,住院可享"优待权益"。

(5)为三斋学生找宽大宿舍:三斋经勘验有危险性,已在学校三院布置宿舍。

---

① 北大学生会提出19项要求内容参照多种资料得出,除特殊注明外,该专题内容不再另行标注。相关资料主要有:《国立北京大学布告》,见王学珍、郭建荣主编《北京大学史料》(第2卷),北京大学出版社2000年版,第2472—2479页;《北大学生会谋复五四精神昨日招待报界之盛会》,《京报》(北京)1933年12月11日,第7版;《北大学生代表昨谒蒋梦麟 要求问题允开会后答复》,《益世报》(天津)1933年12月28日,第8版;《北大学生会昨开首次会决议追悼邹绍昌》,《北平晨报》1933年12月5日,第7版;《北大学生将票选教授》,《北平晨报》1933年12月27日,第7版;《北大学生代表昨谒蒋梦麟 蒋逐条答复学生所提问题》,《北平晨报》1933年12月28日,第7版;《八项要求重提 蒋梦麟定今晨召见学生会代表》,《北平晨报》1934年2月6日,第9版;《蒋梦麟昨召对八项要求一一驳斥 学生会仍拟力争到底》,《北平晨报》1934年2月7日,第9版。

② 《北大昨演惨剧 浴室倒坍 三学生一死二伤》,《益世报》(天津)1933年11月29日,第6版。

(6)添置图书设备：本校藏书丰富，在国内各大学中首屈一指，并且购置图书有一定标准，国内外出版的重要参考书已经购置，如学生需要可列好书单，酌情采纳；设备仪器经费每月 6000 元，在国内大学中亦"颇为可观"，无须增加经费。

(7)接收景山扩充校舍：既无需要，又接收非常不易(等于分割故宫博物院，此地为政府所有)。倘若接收，保管修缮费用高昂，学校负担不起。如果学生游览故宫博物院，可与其沟通，争取佩戴校徽即可自由出入。

(8)建工学院：本校分文、理、法三学院，传统与今后发展使然，暂无计划。

(9)恢复北大周刊：历次校务会议均已否决。因学校已有国学、社会科学、自然学科等三种季刊，学生有学术论著，经审查合格后即可发表。

(10)恢复各学会津贴：经费所限，历次校务会议均已否决。

(11)恢复葛天民学籍：校务会议已否决(因葛女友李静淑自缢于其宿舍)①。

(12)各斋舍开女禁：因第 11 项缘由，男舍禁入女宾，可在各斋接待室接见，校规刚实施，不可朝令夕改。

(13)退回一年级制服费：校务会议已否决。

(14)取消临时考及期考："学校对学生自有督查勤懒，考查成绩之责，决不能因一二贪懒畏难者之请求即与考量"。

(15)取消点名：同第 14 项理由。

(16)学生会参加校务会议："学生不得干涉学校行政"，"不特为本国法令之所不许，抑且为世界任何国家任何大学之所必无"。

(17)教授去留需学生同意："实属蔑视师道，荒谬已极"。

(18)公布中华教育文化基金会拨款开支情况：学校账目已逐日公布，倘有不解，学校亦准许推举代表随时请求秘书处派员指示阅看。本会议仅能承认此系学校会计公开精神，不能认为学生有查看学校账目之权。

(19)学校公布账目：同第 18 项理由。

由于暂未查到学生全部 19 项要求的理由，目前资料显示出学生 6 项要求的理由(这些在校务会议议决后学生重提 8 项要求中有所展现，其余 2 项是新建宿舍与接收景山扩充校舍)，具体如下：

---

① 《二十二年度平市教育之回顾》，《北平晨报》1934 年 1 月 1 日，第 1 版；《疾呼》旬刊社：《为李静淑之自杀敬告女同胞》，《疾呼》1933 年第 18 期，第 9 页。

（1）添置图书设备：每年图书仪器添购少，学生求知欲不能满足；听图书馆负责人说，购书多以"市场购买较困难者为标准"，以致普通新书，均付缺如。……而修理科学仪器更为必要之工具"，请学校划拨更多专项经费。

（2）各斋舍开女禁：自缢事件发生后，为防类似事件重演而开设女禁，但该案并非由于门禁的严与不严，"乃由于新旧思想之矛盾，社会有识之士，均无法责备学校"，且该案属"个人事件"，"无关于个人之道德，更无关于学校之名誉"；另各斋会客室简陋，甚至连一杯水"无法提携"。

（3）恢复北大周刊："北大过去在文化运动上卓有成绩，察其原因，无非赖有言论机关"，同学可将研究心得贡献于社会；五四运动后，本校刊物众多，"生气勃勃"，"北大之光荣，社会之重视"以及最高学府之名，均鉴于此。

（4）恢复各学会津贴：校舍较分散，同学来往少，幸好有各学会，大家以课余时间切磋学问，联络感情，"十余年来，学校均予以津贴"，若不给，对同学影响较大。

（5）建图书馆、礼堂与体育馆：本校图书馆、礼堂与体育馆破旧，国内大学中少见，图书馆已在建，"足见对同学关系甚切"，希望这三者短期内建成。

（6）建医院及养病室：本校贫寒学生较多，生病因学校无设备，外出就医花费颇大，"不能如愿"。留在宿舍，既影响同学学习，又可能传染。学校有校医，有必要建一个养病室，一时无法建好，可否联系良好医院，免费治疗。

我们综合来分析一下。首先，学生在预先拜谒蒋梦麟、又听到校务会议议决结果后，重提其中8项要求，取消的若干条要求，有已在办理的，如恢复浴室和为三斋学生找宽大宿舍，还有大部分被否决，这些几乎都属学校校务会议已经议决的行政职权范围，如建工学院、恢复葛天民学籍、退回一年级制服费、取消临时考及期考、取消点名、学生会参加校务会议、教授去留需经学生同意、公布中华教育文化基金会协款开支情况与学校公布账目等。可见，蒋梦麟坚持学生不能干涉学校职权的立场十分明确，学生对此也比较清楚，故对于此类要求未再过多提及。其次，就学生重提的8项要求而言，其中3项是校务会议已否定的，即各斋舍开女禁、恢复北大周刊与恢复各学会津贴，这些再次被蒋梦麟驳回。余者多是有计划、或已办理、或有困难的，蒋对此进行了说明。最后，就双方的具体理由而言，因目前掌握学生6项要求的理由，故就此比较。在添置图书设备和建图书馆、礼堂、体育馆这2项上，双方基本上达成一致。在建医院及养病室方面，双方大体可以对接，都表明修建有难度可联系医院，但学生要求就医免费的主张确实难办，校方则表示可以努力做到"优待权益"。

双方分歧最大的是另外 3 项。其一，各斋舍开女禁。学生称该案属"个人事件"且是"新旧思想之矛盾"所引发，暗含不能妨碍其他人的交往自由，且会客室简陋，同时对学校影响不大。校方则感到巨大压力，《北平晨报》《疾呼》等众多报刊对此进行了专题报道，造成了较大负面影响，因此需从严管理，并且禁令不能出尔反尔。其二，恢复北大周刊。学生的理由是新文化运动前后刊物众多且言论自由，而这可能正是校方担心的，但似乎不好明讲，因此称已有其他刊物（社会科学、自然科学等刊物影响也很大），无须恢复。其三，恢复各学会津贴。学生的理由是可以提高学生交往频率和效果等，其实也有增强活动力之意。因学会较多，费用相对不小，校方确实经费有困难，或许亦有减弱学生活动力之意。概言之，学生涉及扩大、强化自由度的要求均被校方拒绝，而此举遭到了学生与一些外界人士的批判。

平心而论，一方面，蒋梦麟大体上有理可依、有章可循，诚如他在 1934 年 2 月 6 日回复学生时所言："本人办学决不敷衍学生，一切开诚布公相见，能办则早办到，如不能办，虽要求亦无用。至学生及外界对本人之毁誉，本人绝不顾及。"

另一方面，蒋梦麟还有如下表达："本人不怕学生，如办不好不办，学生赶我不见得我就走，学生留我不见得我即留。……北大如本人办不好，谁也不能办好，如我不办，试问有谁来办。……外间言近来中国教育法西斯化，本人深觉师长对学生之管教，宜采严厉主义，即法西斯化，亦殊无反对之理由，学生如有不对，吾人站在师长对学生之管教，必如此方可对得起学生家长，亦必如此，方可对得起国家兴办教育之苦心。"学生则表示会"继续力争到底，学生会决不畏缩"。①

如果这篇演讲是当时媒体据实报道（核心含义与关键用语等未改），那么前面一段发言表现出蒋梦麟的用语恳切与义正词严相结合，而后面一段内容则反映出蒋的强硬。如果说后面一段表述是蒋对此前学生与外界对其"毁誉"的回应，其心情可以理解。不过，学生对学校事务"无反对之理由"的表达则似乎有些矫枉过正。

综观这次事件，蒋梦麟加强学生纪律的意图十分明显，总体上有较为合理的缘由，不过某些地方也有些"过犹不及"。

---

① 《蒋梦麟昨召对八项要求——驳斥 学生会仍拟力争到底》，《北平晨报》1934 年 2 月 7 日，第 9 版。

（2）"感情化导"，关爱学生

就学生管理而言，蒋梦麟有强硬的一面，也有温情的一面。1919 年 9 月，刚入北大的他在致信张东荪时表达了对学生的深厚感情："这班青年，个个是很可爱的。并不是说空话，我实在爱他们。他们对我说，此后他们要一心尽瘁学术，定要把这个北大成了中国的文化最高中心；这班青年的眼光，是很远的。"[①]1920 年 9 月，他在开学演讲中指出师生接触太少，学校应创造更多了解的机会："近来学校中都有一种通病，就是教员和学生除了课堂见面之外，毫无个人的接触，所以弄得好像不关痛痒的样子。……现在同诸君虽然不是个人的接触，却也是一个大聚会的好机会。我前天曾同校长谈过，打算下半年办一个校长与学生间的星期茶话会。每星期在第一院对面新租房子的本校教职员公会内，预备一点茶点，约定二三十同学，同校长谈谈，可以批次互通情愫。……办学校用法律，决计不行的。只可以用感情化导，使得大家互以良好的感情相联络。"[②]

1923 年，蒋梦麟等人在创办杭州大学时强调："近年来吾国专门以上学校，教员学生，自成风气。除在教室内讲演时，口耳相授受外，师生之间，不相问闻。无以言指导，更无以讲训练。故同人等希望本大学开校以后，师生间多有接触机会。授课以外，须加以身心上及学术上为友谊的指导与训练。"[③]1926 年，他参加北大甲部预科二年级学生恳亲会时再次强调："进门时，看到教师和学生分别围坐在一起，这样的现象要改变，师生要多接触，我想开个茶话会，苦于事务繁忙。今天这个会议很好，我非常愿意参加，过会演说后，师生合坐在一起聊天。"[④]1930 年底，蒋任北大校长后，这类情况多有发生。1936 年，为联络感情，他与各学院院长等邀请各系各年级学生共同到景山游览秋景，每人发点心一份，聚会野餐。[⑤]

同时，蒋梦麟对待即将毕业的学生也非常关心。1925 年，他在给毕业生的临别赠言中感叹："最近几年时局动荡，学生罢学，教员罢教，你们牺牲的

---

① 《北大的近况致张东荪的信》，见蒋梦麟：《过渡时代之思想与教育》，商务印书馆 1933 年版，第 397 页。

② 《蒋梦麟总务长演说词》，《北京大学日刊》1920 年 9 月 16 日，第 2 版。

③ 《杭州大学意旨书》，《北京大学日刊》1923 年 3 月 27 日，第 3 版。

④ 《甲部预科二年级学生恳亲大会演说词》，见蒋梦麟：《过渡时代之思想与教育》，商务印书馆 1933 年版，第 430—431 页。

⑤ 《蒋梦麟昨率学生游景山》，《京报》（北京）1936 年 10 月 18 日，第 7 版。

时间不少,希望大家继续奋斗前进。"①次年,他很感慨地祝福毕业生:青年需要求学,只是遇到纷乱的环境,诸君所受到的痛苦与虚耗的光阴,我们深表抱歉。进入社会后,恐怕遇到的困难会更多,请大家不要堕落,要发扬艰苦奋进的精神努力拼搏。② 虽然他主张学生安心学习,远离政潮与学潮,不过当学生参加相关运动被捕时,他多次设法加以营救。③ 此外,即便学生已毕业,他也竭力助其发展,如洪炎秋回忆,蒋曾经帮助发论文与介绍工作,其甚为感激。④

在五四运动发生后,蒋梦麟代表蔡元培执掌北大,亲历了随后的各种风潮,深刻体会到当时北大管理松散所导致的诸多问题。因此,他主持北大注重培养群性与坚守纪律,同时也支持个性发展、推崇自由包容,使得学校整体秩序与学风有了较大改善。正如蒋梦麟所说:原来是"治而不自",现在是杜威先生说的"自而不治",这样都不好,我们要"自""治"并重才好。⑤

7.毕业环节工作紧收,严把"出口"

对于人才培养的"出口"——毕业环节,如果不加严格对待,那么培养质量很可能会大打折扣。在蒋梦麟主政时期,北大对学生的毕业审核工作高度重视。

在1923—1926年蒋梦麟代理校务期间,凡未修满课程、未参加考试、考试不及格、毕业论文不合格等,出现其一者均不准毕业。例如,1923年,主张"废止考试"未成功的朱谦之、缪金源等17名不参加考试的学生,最终未获得文凭。1925年,北大重申学生不按时上课、不重视考试者无法毕业的规定。⑥ 是年,北大各系四年级学生毕业论文与考试成绩经审查后,441人核准毕业,24人不准毕业⑦,各系准予毕业学生与不准毕业学生情况见表4-9。

① 《临别赠言(民国十四年北大毕业同学录序)》,见蒋梦麟:《过渡时代之思想与教育》,商务印书馆1933年版,第424—425页。
② 《临别赠言(民国十五年北大毕业同学录序)》,见蒋梦麟:《过渡时代之思想与教育》,商务印书馆1933年版,第432—433页。
③ 《国立北京大学函请释放学生》《函请释放宋劭文》,见王学珍、郭建荣主编:《北京大学史料》(第2卷),北京大学出版社2000年版,第3140—3143页;《北大学生三人被捕后蒋梦麟发表谈话》,《京报》(北京)1934年11月27日,第7版;《北大被传生 昨又释四名》,《京报》(北京)1936年5月14日,第7版。
④ 洪炎秋:《我印象中的梦麟先生》,《传记文学》1964年第7期,第23—24页。
⑤ 《蒋梦麟总务长演说词》,《北京大学日刊》1920年9月16日,第2版。
⑥ 《北京大学严格考试》,《申报》1925年9月19日,第9版。
⑦ 《注册部布告》,《北京大学日刊》1925年9月3日,第1—2版。

表 4-9　1925 年北京大学各系准予毕业与不准毕业学生数量

单位：人

系别	准予毕业数	不准予毕业数	系别	准予毕业数	不准予毕业数
数学系	9	1	物理系	13	0
化学系	22	3	地质系	28	1
哲学系	19	1	中国文学系	33	1
英文系	29	2	德文系	5	0
法文系	2	1	史学系	12	1
法律系	87	4	政治系	65	2
经济系	117	7			

注：准予毕业者 441 人，不准毕业者 24 人。

资料来源：《注册部布告》，《北京大学日刊》1925 年 9 月 3 日，第 1—2 版。

由上可知，经济系毕业生数最多，法律系次之，政治系再次之。其中只有 2 个系毕业生全部审核通过，其余 11 个系均有不准毕业者，原因主要如下：

其一，未修满课程。例如，英文系的范鸿劼"须补习四年级全部科目，并须补满三十七单位"、李骏"须补习四年级全部科目，并须补满二十五单位"，法文系的王濡廷"须补习中国史学概论"，法律系的徐鸿芬"须补习四年级商法"、钟之瑛"须补习国际私法"，另有政治系的孟庆祚等也属于类似情况。

其二，需要补考。例如，地质系的魏峥峨"须补考第一年地质学、矿物学、无机化学；第二年地史学、经济地质学、岩石学、定性分析；第三年经济地质学、矿石分析"，哲学系的徐其明"须补考二、三年级所选之进化学说、认识论、文字学大意(马)、文字学大意(沈)、唐诗"，中国文学系的王宝龢"须补考四年级全部科目"，法律系的余瑞瑜与经济学系的陆培良等也是此类情况。

其三，多人兼有上述两种情况，既要补习也要补考，如法律系的林德昭，经济系的蔡仁、刘尚贤等。此外，有多人因毕业论文成绩不合格而未通过毕业审核。

1926 年，毕业生准予毕业者共计 298 人，其中经济系最多(75 人)、法律系次之(55 人)。不准毕业者 61 名，其中经济系最多(24 人)、英文系次之(10 人)。较之 1925 年，1926 年未毕业者人数增幅较大，未能获准毕业的原因与 1925 年大体相仿。①

蒋梦麟担任教育部部长期间,主张强化大学学位授予标准,1930 年底出任北大校长后,更加紧抓毕业审核工作。1932 年,《国立北京大学学则》出台,与毕业相关的修业年限、学分、毕业要求等规定更为细化:

第一章　修业年限、学分、毕业及学位

第一条　修业年限

(一)本校本科各系学生修业年限定为四学年……

(二)每学年上课至少须在二十八个星期以上,如不满此数,无论由于任何原因均须补足。

第二条　学分

(一)凡需课外自习之课目,以每周上课一小时满一学期者为一学分,实习及无需课外自习之课目,以二小时为一学分。

(二)本校学生至少须修满一百三十二学分方可毕业,第一、二两年每学期选习学分总数至多不得超过二十学分(但法律学系得选至二十二学分),第三、四两年每学期至多不得超过十八学分。

第三条　毕业及学位

(一)凡在本校修业期满学生之成绩,由教务会议审查认为合格者,准予毕业。

(二)本校毕业生得称学士。②

可见,学生应符合修业年限、学分、课程与成绩等多种要求,最后由教务会议审核认定能否毕业。此外,学生还要提交毕业论文和参加毕业考试,毕业论文须在毕业考试前提交,两者都要达标方能毕业。例如,1933 年,北大注册部审核毕业生资料,未交毕业论文者,均注明"论文未交,暂缓毕业"。③同年,由于时局影响,毕业考试未能按时举行,但是并不意味着取消,北大决定于该年 9 月举行。④ 1935 年 7 月,据《益世报》报道:北大重申当年毕业考

---

① 《注册部布告》,《北京大学日刊》1926 年 9 月 18 日,第 1—2 版。

② 《国立北京大学学则》,见王学珍、郭建荣主编:《北京大学史料》(第 2 卷),北京大学出版社 2000 年版,第 930 页。

③ 《北大学生不交论文暂缓毕业》,《北平晨报》1933 年 12 月 21 日,第 7 版。

④ 《国立北京大学布告》,《申报》1933 年 8 月 19 日,第 12 版。

试已结束,"不及格者不准毕业"。①

　　正是由于上述严格要求,北大每年有相当数量的同学无法毕业。例如,1933 年,准予毕业者 116 名,其中不准毕业者 56 人,主要原因分别是:未参加毕业考试,或已考试但学分不足,或学分已足但未交毕业论文,等等。② 各系准予毕业学生及不准毕业学生情况如表 4-10 所示。

表 4-10　1933 年北京大学各系准予毕业与不准毕业学生数量

单位:人

系别	准予毕业数	不准予毕业数	系别	准予毕业数	不准予毕业数
数学系	4	6	物理系	4	0
化学系	4	2	地质系	3	0
生物系	2	0	心理系	1	0
哲学系	6	0	教育系	14	2
中国文学系	12	18	外国语文学系	13	7
史学系	6	4	法律系	16	2
政治系	13	5	经济系	18	10

　　注:准予毕业者 116 人,不准毕业者 56 人。

　　资料来源:《北大昨日教务会议通过准予毕业生一一六人》,《北平晨报》1933 年 12 月 24 日,第 7 版。

　　再如,1935 年,准予毕业者 307 人,其中经济系最多(43 人)、中国文学系次之(40 人);不准毕业者 20 人,其中物理系最多(10 人)、外国语文学系次之(6 人);另有政治系 10 人、法律系 3 人为"有问题者",有待进一步确认。不予通过的原因与此前大体相似。③

　　当时北大毕业环节的工作不仅有章可循,具体操作同样认真严谨,这在较大程度上保证了人才培养的质量。

---

　　① 《北大毕业生考试成绩审竣 不及格者不准毕业 该校计划修缮三院》,《益世报》(天津)1935 年 7 月 4 日,第 8 版。

　　② 《北大昨日教务会议通过准予毕业生一一六人》,《北平晨报》1933 年 12 月 24 日,第 7 版。

　　③ 《北大毕业生考试成绩审竣 不及格者不准毕业 该校计划修缮三院》,《益世报》(天津)1935 年 7 月 4 日,第 8 版。

1934 年蒋梦麟（前排左五）、周炳琳（前排左六）等教师
与北京大学法学院经济系毕业生合影
图片来源：郭建荣、杨慕学编著：《北大的学子们》，
中国经济出版社 2006 年版，第 41 页。

　　为了实现培养"领袖"的目标，蒋梦麟在北京大学采取了众多举措，建构了颇为完善的人才培养体系。首先，严抓招生，"宁缺毋滥"，做好人才"入口"工作，使其更为规范。其次，改进与完善课程。注重传统与现代、东方与西方文化的融合，兼顾文理、促其沟通，尤为强调国学、外国文、自然科学类课程；采取"精纯主义"，削减繁杂课程，设立"梵文"等稀缺课程与体育课。再者，改革教学。推崇师生互动讨论、学生"自动研究"，实施外出实习、参观考察等多样化的教学相关活动，注重"学以致用"，并加强对上课、考试等方面的管理。另者，构建专项与特设结合的资助体系，为贫寒学生、优秀学生提供帮助；支持开展丰富多彩的课余活动，为学生发展提供更多平台；注重群性，强化日常管理，同时关心爱护学生，做到"自""治"并重。最后，加强毕业阶段诸多环节的审查，管好人才"出口"。与此同时，北大形成了本科、研究生①等不同的人才培养层次，既注重学生中国文化的养成，也关注其国际化的培养。正是这样一套较为完备的人才培养体系，在很大程度上保证了北大毕业生的整体质量，为当时社会输送了大批人才。

---

　　① 　研究生主题在第五章"高等教育管理论"之"校长有为"的"学生求学"专题中详述。

（三）才俊辈出：养成"领袖"的效果

衡量人才培养质量的重要标准之一是毕业生离校后的发展情况，蒋梦麟掌校时强调学生一、二年级时巩固学术基础，三、四年级至少要掌握一种专门技能。为了更好地解决就业问题，学校专门成立职业介绍所。[①] 同时，他要求学校平时注重提高学生的学业水平，并且将各系各年级高才生成绩记下，在其毕业时负责向工作单位推荐介绍。[②] 另者，北大校方对学生就业提供大力支持。例如，1937年，物理系毕业生周汉林经邵百昌介绍到南京兵工署理化研究所工作，北大教务处专程发电推荐："查该生在校学业成绩，已由自行奉上，其为人品性，忠厚爽直，待人接物，亦极和蔼。用特具函竭诚推荐。"[③]

在多项具体措施的推行下，北大在人才培养方面成效明显，就业竞争力强，毕业生受到用人单位的青睐。例如，1925年奉天省公署招聘法律人才，经考试后，共录取甲等3人，其中前2名为北大法律系学生。[④] 再如，1934年，胡适曾言北大毕业生"最少数有特殊情形者外，大多能于毕业生后谋得相当职业"，少数未能就职者，皆因为"学而不能适用"，因此应反求诸己，"须有任事之能力与学识"。[⑤] 另者，1935年北大毕业生"因社会各方面需才甚殷，向该校请求报送人才者已有数机关，故大部分同学已大致决定"[⑥]。下面我们从毕业生数量与出路、个体发展概况等角度加以解读。

1. 毕业生数量：文科多于理科，各系情况不尽相同

北京大学毕业生数量因系别、年份不同而有别。自1919年入主北大到1926年暂时离校，蒋梦麟曾数次长时间代理校务，1930年底任校长，长达十余年。我们选取这两个时间段（除去全面抗战时期），全景式呈现各院系毕业生的数量情况，具体如表4-11所示。

---

① 《北大筹设职业介绍所 解决办法在乎充实诸生学术》，《京报》（北京）1934年9月22日，第6版。

② 《蒋梦麟将赴欧参观教育》，《申报》1934年7月13日，第14版。

③ 《致兵工署函》，见王学珍、郭建荣主编：《北京大学史料》（第2卷），北京大学出版社2000年版，第779页。

④ 《奉天考试法律人员考试》，《申报》1925年7月25日，第10版。

⑤ 《胡适谈大学生就业问题》，《申报》1934年11月6日，第14版。

⑥ 《北大本届毕业生出路问题 一部分已被预聘》，《北平晨报》1935年5月22日，第9版。

表 4-11　1919—1926 年与 1930—1936 年北京大学毕业生数量

年份	毕业生数量/人	院系（毕业生数量/人）					
1919	236	数学系(10)	物理系(7)	化学系(21)	地质系(8)	国文系(31)	英文系(18)
		哲学系(30)	史学系(36)	法律系(44)	经济系(22)	政治系(9)	
1920	236	数学系(10)	物理系(12)	化学系(20)	地质系(8)	国文系(16)	英文系(16)
		法文系(12)	哲学系(7)	史学系(4)	法律系(57)	经济系(24)	政治系(20)
		采冶门(14)	土木门(16)				
1921	210	数学系(9)	物理系(4)	化学系(14)	地质系(19)	国文系(4)	英文系(3)
		法文系(1)	德文系(1)	哲学系(14)	史学系(5)	法律系(57)	经济系(22)
		政治系(18)	采矿冶金门(24)	土木工学门(15)			
1922	390	数学系(13)	物理系(8)	化学系(17)	地质系(27)	国文系(12)	英文系(17)
		法文系(3)	德文系(14)	哲学系(30)	史学系(9)	法律系(132)	经济系(56)
		政治系(37)	采矿冶金系(15)				
1923	322	数学系(10)	物理系(13)	化学系(34)	国文系(17)	英文系(16)	法文系(22)
		德文系(2)	俄文系(3)	哲学系(42)	史学系(17)	法律系(72)	经济系(42)
		政治系(32)					
1924	472	数学系(10)	物理系(13)	化学系(27)	地质系(29)	哲学系(22)	国文系(39)
		英文系(31)	法文系(2)	德文系(5)	史学系(14)	法律系(91)	经济系(121)
		政治系(68)					
1925	327	数学系(5)	物理系(11)	化学系(11)	地质系(18)	国文系(28)	英文系(29)
		法文系(4)	德文系(1)	俄文系(8)	哲学系(27)	教育系(2)	史学系(13)
		法律系(61)	经济系(85)	政治系(24)			
1926	126	数学系(6)	物理系(4)	化学系(4)	地质系(7)	国文系(12)	英文系(9)
		法文系(2)	哲学系(9)	教育系(2)	史学系(4)	法律系(21)	经济系(33)
		政治系(13)					

年份	毕业生数量/人	院系（毕业生数量/人）					
1930	197	数学系（10）	物理系（5）	化学系（4）	地质系（4）	生物系（3）	国文系（25）
		英文系（28）	德文系（1）	哲学系（5）	教育系（19）	史学系（17）	法律系（20）
		经济系（19）	政治系（37）				
1931	223	数学系（12）	物理系（16）	化学系（9）	地质系（9）	生物系（3）	国文系（18）
		英文系（18）	法文系（2）	德文系（1）	哲学系（5）	教育系（18）	心理系（1）
		史学系（15）	法律系（12）	经济系（58）	政治系（26）		
1932	130	数学系（4）	物理系（4）	化学系（4）	地质系（3）	生物系（2）	国文系（32）
		法文系（2）	哲学系（6）	教育系（14）	心理系（1）	史学系（7）	法律系（16）
		经济系（19）	政治系（16）				
1933	172	数学系（11）	物理系（7）	化学系（5）	地质系（6）	生物系（1）	国文系（27）
		英文系（8）	法文系（5）	德文系（2）	哲学系（5）	教育系（18）	心理系（3）
		史学系（29）	法律系（6）	经济系（15）	政治系（24）		
1934	271	数学系（14）	物理系（25）	化学系（19）	地质系（8）	生物系（2）	国文系（38）
		外文系（22）	哲学系（8）	教育系（25）	心理系（1）	史学系（33）	法律系（14）
		经济系（35）	政治系（27）				
1935	277	数学系（15）	物理系（25）	化学系（20）	地质系（8）	生物系（2）	国文系（38）
		外文系（22）	哲学系（10）	教育系（25）	心理系（1）	史学系（33）	法律系（14）
		经济系（36）	政治系（28）				
1936	222	数学系（11）	物理系（24）	化学系（27）	地质系（10）	生物系（3）	国文系（12）
		外文系（19）	哲学系（6）	教育系（15）	心理系（1）	史学系（38）	法律系（14）
		经济系（15）	政治系（27）				

注：（1）蒋梦麟于1919年进入北大代理校务，而后在1920—1921年、1923—1926年较长时间代理校务，1930年末出任校长，1937年后北京大学、清华大学与南开大学联合办学，组成西南联合大学，此处列出代表性较强的1919—1926年与1930—1936年北大毕业生数量情况。

（2）1923年材料标明342人，但实际列出322人，暂取322人。1925年材料标明227人，但实际列出327人，暂取327人。1926年材料列出德文系，但未写人数，暂取0人；标明328人，但实际列出126人，暂取126人。1930年材料标明209人，但实际列出197人，暂取197人。

（3）此处毕业生数量主要采用《京报》（北京）登载的北大学事务所于 1935 年整理公布的历年毕业生数据，其中某些年份数据与前述北大"准予毕业生数"有些初入，可能是由于统计标准有差别，加上"准予毕业生数"是北大当年公布的，而 1935 年北大事务所统计数据会有修正（"事后"处理）的可能性。

资料来源：《北大毕业生事务所调查历年毕业生人数统计自清优级师范时代至去年止总数共为四千六百八十八人》，《京报》（北京）1935 年 4 月 19—23 日，第 7 版；《北大二十三年度毕业生名单公布》《国立北京大学二十四年六月毕业生名单》《国立北京大学毕业学生一览》，见王学珍、郭建荣主编：《北京大学史料》（第 2 卷），北京大学出版社 2000 年版，第 759—767 页。

由上可知，在蒋梦麟代理校务与任校长期间，北京大学每年毕业生平均数量大体 200 余人，文科（人文社科）毕业生数量明显多于理科（自然科学），其中以法律、经济专业为最多，国文系、史学系也较多。他对文科毕业生数量众多的现象极为关注，曾多次强调加强自然科学学科力量，并在任教育部部长期间对这种情况加以修正。1930 年末任校长后，他在保证数学系、物理系与化学系发展的情况下，对地质系、生物系给予了更多支持，使文科毕业生数量显著多于理科毕业生数量的局面有所改观。再者，外国语也是他特别注重的，北大外国语文学系得到一定程度扩充且更为多元，例如增设德文系、法文系、俄文系等，外国语文学系毕业生规模趋于稳定。此外，考虑到蒋梦麟具有教育学背景，北大教育学系、心理学系的大力建设与其关系密切。

2. 毕业生出路："留学国外"与"在国内服务社会"

对于北大毕业生的出路，蒋梦麟指出主要在两方面："留学国外"与"在国内服务社会"。[①] 就国外留学来说，主要分为自费与公费两种。1924 年，教育部出台《管理自费留学生规程》，在蒋梦麟任教育部部长期间，曾组织第二次全国教育会议等活动讨论国外留学生事宜。1933 年，《国外留学规程》问世，对管理公费生与自费生有详细规定。[②] 众所周知，自费生是自己出资，而公费生为政府或有关单位资助，经费除了政府划拨款项外，也有庚款等来源。北大毕业生的公费留学，既有政府的拨款支持，也有北大自身、中华教育文化基金会与清华大学公费生制度等资助方式。由于资料所限，暂不能确认在蒋梦麟代理与主持北大期间毕业生留学的具体数量，我们通过查找史料，列举一些数据从侧面来反映当时的情况。例如，1925 年，北大毕业生

① 《北大欢迎蔡元培》，《京报》（北京）1931 年 6 月 26 日，第 7 版。
② 《国外留学规程》，《中央日报》1933 年 5 月 2 日，第 3 版。

有自费生 7 人,公费生 1 人,他们分别进入芝加哥大学、哈佛大学、伊利诺伊大学、威斯康星大学等高校,学习经济、政治、商科、文学等专业。[①] 1931 年,北大毕业生有 6 人出国留学。[②] 1932—1936 年,法国退还庚款用于资助留法研习,北大法文系派遣 4 名公费留学生。[③] 1933 年,清华大学考选留美公费生,北大保送蒋日度、杨尔璜、旧毓森、吴祥龙与艾和勋等 5 名毕业生。[④] 1935 年,北大有 2 人留美,学校与专业分别是密歇根大学(教育学)、伊利诺大学(化学);1 人留英,赴伦敦大学研习政治学;1 人留法,赴巴黎大学研究考古学;另有 1 人通过英庚款留学考试专攻地理学。[⑤] 以上是部分数据,就目前掌握的资料来讲,北大毕业生留学欧美者居多,其中留美者最多,尽管学习文科者居多,但钻研理科者增幅明显。在 20 世纪 30 年代后,多数人习文的局面有所改变,这与蒋梦麟主政教育部与北大时加强自然科学学科力量的主张有较大关联。

对于国内服务者而言,北大鼓励学生从事与自己专业相关的工作。比如,1934 年,法学院毕业生被推荐到金城各银行、法院及各机关,理学院毕业生则被介绍到地质调查所与大规模工厂。实际情况也与此相仿,例如 1935 年,北大经济学系多名毕业生到金城银行、定县平教促进会(需经济专业人才)等单位工作,北平市政府聘任了多名相关专业学生,不少理学院毕业生到各地公私立学校任理化教师,数名类似专业学生被新闻机关聘定为编辑。[⑥]

① 《行将放洋之留学生》,《申报》1925 年 8 月 14 日,第 9 版;《行将放洋之留学生(续)》,《申报》1925 年 8 月 15 日,第 9 版;《行将放洋之留学生(续)》,《申报》1925 年 8 月 16 日,第 9 版。

② 《我国最近历年派遣各国留学生共计三千一百三十七人》,《申报》1934 年 2 月 9 日,第 14 版。

③ 《办理中法教育慈善事业之法庚款》,《申报》1936 年 5 月 9 日,第 15 版。

④ 《国立各大学保送清华留美公费生》,《北平晨报》1933 年 8 月 10 日,第 7 版。

⑤ 《英庚款留学考试 结果共取二十四名》,《新天津》1935 年 4 月 24 日,第 2 版;《八九月间行将放洋之留学生》,《申报》1935 年 7 月 21 日,第 15 版。

⑥ 《北大职业介绍所设立问题 樊际昌昨发表谈话》,《北平晨报》1934 年 9 月 22 日,第 10 版;《北大本届毕业生出路问题 一部分已被预聘》,《北平晨报》1935 年 5 月 22 日,第 9 版。

3.毕业生具体情况

根据有关材料登载的北京大学毕业生名单,结合《北京大学历届校友录》《北京大学历届同学录》以及其他相关资料,鉴于本科人才培养周期一般为 4 年,同时考虑蒋梦麟代理校务较长的时间(1919 年 7 月—9 月、1920 年 10 月—1921 年 9 月、1923 年 8 月—1926 年 4 月)与 1930 年底任校长十余年的实际情况,我们选取比较典型的 1925 年与 1935 年作为分析样本,以此来呈现毕业生的概况。①

1925 年与 1935 年北大毕业生可查详细情况者分别为 165 人、144 人。在工作与所学专业匹配度方面,1925 年比例为 86.7%(143∶165),其中理科达到 93.9%(31∶33),文科是 84.8%(112∶132);1935 年比例为 95.1%(137∶144),其中理科高达 97.6%(41∶42),文科为 94.1%(96∶102)。就职业类别而言,1925 年与 1935 年分别至少六成、七成毕业生具有从事教育领域工作经历,其中大学与中小学的比例相当,余者多就职于政府部门、工厂、书局及报社等;也有资料表明,北大毕业生"多服务教育界,政实两界次之"②。同时也有部分人参与革命事业(1935 年略多)。以工作地点而论,约有五成毕业生服务于自己的家乡,余者在江浙、两湖与广东等地较多,其中 1935 年在西南、西北工作者不少,也有少量毕业生任职于海外。另外,不少毕业生选择留学国外,多在哈佛大学、柏林大学、伦敦大学、东京大学与莱比锡大学等世界著名大学深造。接下来我们每系选取 2～3 人,分别呈现这两年毕业生中一些代表者的基本情况(见表 4-12)。

---

① 1925 年与 1935 年北京大学毕业生名单主要参见如下材料:《注册部布告:本年各系四年级学生毕业论文考试成绩》,《北京大学日刊》1925 年 9 月 3 日,第 1—2 版;《国立北京大学二十四年六月毕业生名单》,见王学珍、郭建荣主编:《北京大学史料》(第 2 卷),北京大学出版社 2000 年版,第 760—762 页。毕业生情况主要参见如下资料:北京大学五十周年筹备委员会:《国立北京大学历届同学录》,北京大学出版部 1948 年版;北京大学五十周年筹备委员会:《国立北京大学历届校友录》,北京大学出版部 1948 年版;刘绍唐主编:《民国人物小传》(第 1—20 册),上海三联书店 2014—2017 年版;顾明远总主编:《中国教育大系·历代教育名人志》,湖北教育出版社 2015 年版。

② 《北大毕业生多服务教育界 政实两界次之》,《益世报》(北京)1935 年 1 月 18 日,第 9 版。

表 4-12　1925 年和 1935 年北京大学部分毕业生基本情况

序号	姓名	系别	籍贯	经历
			1925 年毕业生情况	
1	李光彦	数学系	北京	曾任教于南开中学、北京大学与北京师大；1949 年后潜心中学数学教学实践，荣获北京市特级教师与劳动模范
2	万文生	数学系	江西	曾任江西省教育厅督学、江西省立临川中学校长与江西师范学院数学系教授
3	杨守珍	化学系	辽宁	曾任中央棉产改进所教授、浙江大学农学系教授
4	俞崇智	化学系	安徽	曾任北京师大化学系教授与系副主任
5	王治焯	化学系	湖北	留德（柏林大学）；曾任中华大学理学院教授与院长；1949 年后任华中师范大学化学系教授
6	许锡清	物理系	广东	曾任汕头市市长、香港《大众日报》总编辑；1949 年后曾任广州市政协常务委员、广州市政协文史资料委员会副主任
7	任永珍	物理系	四川	曾任四川大学物理系教师
8	王恒升	地质系	河北	留学瑞士（苏黎世大学理学博士）；曾任中央地质调查所技正与西南联大教授；1949 年后历任西北地质局总工程师、中国科学院院士与学部委员
9	许 杰	地质系	安徽	曾任中央研究院地质学研究所研究员、云南大学教授与安徽大学校长；1949 年后历任地质部副部长、地质科学研究院院长、中国科学院院士与学部委员、全国人大常委会委员
10	冯炳奎	哲学系	广东	曾任广东中山县教育局局长、广东番禺师范学校校长、中山大学教授
11	王鼎甲	哲学系	陕西	留英（伦敦大学）；曾任国民政府选考委员会委员、西北联大教授、西安高中校长与山西教育厅厅长；1949 年后历任西北大学教授、西安师范学院教授
12	杨 廉	哲学系	四川	留美（哥伦比亚大学）；曾任国民政府教育部社会教育司司长、北京大学教育系教授及代系主任、安徽省政府委员兼教育厅厅长

序号	姓名	系别	籍贯	经历
13	魏建功	国文系	江苏	曾任国民政府教育部国语统一筹备委员会委员、北京大学教授与西南联大教授；1949年后主持编撰首部《新华字典》，历任中国科学院哲学社会科学部委员、北京大学教授与副校长、全国人大代表与全国政协委员
14	钱肇基	国文系	浙江	参与发起中国民俗学会，曾任教于浙江大学与武汉大学；1949年后历任杭州大学教授、南京大学教授、中国民俗学会顾问
15	李贯英	英文系	河北	曾任中山大学、安徽大学、浙江大学与西北联大教授；1949年后历任张家口市副市长与河北省政协常务委员
16	黄绍谷	英文系	湖北	曾任冯庸大学英文系教授、《鄂北日报》主编、《中央日报》编辑与东北抗日义勇军第七军秘书兼执法处处长
17	王文俊	德文系	湖北	留德（柏林大学）；曾任青海湟川中学校长、湖北省政府委员兼教育厅厅长、国民党第六届候补中央监察委员
18	周光达	德文系	湖北	留德（柏林大学）；曾任复旦大学、湖北医学院教授
19	王海镜	法文系	河南	曾任职于国民党驻法支部书记社，参与创办全欧华侨抗日救国联合会并任常委
20	郑煊	法律系	吉林	曾任唐山高等法院院长、济南高等法院院长、山东省高等法院检察长
21	赵凤喈	法律系	安徽	留法；曾任清华大学政治系教授、西南联大法律系教授
22	延瑞琪	政治系	山东	曾任《西安日报》社社长、国民党陕西省党部整理委员会常委兼组织部部长、国民政府立法院副秘书长
23	李世璋	政治系	江西	留日（东京帝国大学）；曾任黄埔军校政治教官、暨南大学教授与国民参政会参政员；1949年后历任江西省副省长、民革第五届中央副主席、全国人大代表与全国政协常委

序号	姓名	系别	籍贯	经历
24	樊弘	政治系	四川	留英(剑桥大学);曾任中央大学与复旦大学及北京大学等校经济系教授、中央研究院社会科学研究所研究员;1949年后历任中国科学院学部委员、全国政协委员
25	朱务善	经济系	湖南	留苏;曾任职于苏联科学院;1949年后历任中国科学院编译出版委员会副主任、科学出版社副社长
26	申伯纯	经济系	河北	曾任陕西省政府民政厅主任秘书、八路军驻北平办事处处长与华北财经委员会秘书长;1949年后历任政务院机关事务管理局局长、全国政协常务委员兼副秘书长
27	曹国卿	经济系	辽宁	留德(莱比锡大学博士);曾任东北大学经济系教授与院长、西北大学法商学院教授与院长;1949年后历任复旦大学经济系教授、上海经济学会与财政学会副会长
\multicolumn{5}{c}{1935年北京大学部分毕业生情况}

序号	姓名	系别	籍贯	经历
1	何其芳	哲学系	四川	曾任南开中学教师与鲁迅艺术学院文学系主任;1949年后创建北京大学文学研究所并任所长,中国科学院哲学社会科学部委员
2	杜毓沄	哲学系	河南	曾任华北军政干部学校教务主任与《新华日报》社副社长;1949年后历任河南省商业厅厅长、驻印度使馆商务参赞、外贸部顾问、全国政协委员
3	胡世华	哲学系	浙江	留德(哲学博士);曾任中央大学与北京大学哲学系教授;1949年后历任中国科学院研究员与学部委员
4	马汝邻	教育系	四川	曾任宁夏中学校长与兰州西北中学校长;1949年后历任全国教育工会常务理事、甘肃省教育工会主席、甘肃省民族事务委员会委员
5	王焕勋	教育系	河北	参与创建华北联合大学并任教,曾任冀晋行署教育厅督学;1949年后历任北京师范大学教育系教授及教研室主任、国务院学位委员会第一届学科评议组成员

序号	姓名	系别	籍贯	经历
6	魏际昌	国文系	河北	北京大学中国文学系研究生,曾任湖南省八中校长、广东文理学院与西北大学教授;1949年后任河北大学教授
7	李菊田	国文系	河北	曾任国民政府国史馆干事、浙江大学副教授;1949年后历任中国民主同盟河北师范学院区分部支部主任委员、天津市人大代表
8	王学曾	外文系	河南	留法(巴黎大学博士);曾任中国驻瑞典公使馆总领事
9	李广田	外文系	山东	曾任南开大学与清华大学教授;1949年后历任清华大学副教务长、中国科学院云南分院文学研究所所长、云南大学校长
10	杨向奎	史学系	河北	留日;曾任东北大学教授;1949年后历任山东大学文学院院长、《文史哲》杂志主编、中国社会科学研究院研究员、全国政协委员
11	宋劭文	史学系	山西	曾任晋察冀边区行政委员会主任委员、张家口市市长;1949年后历任国务院物价小组副组长、经济技术和社会发展中心顾问、全国政协委员、全国人大常委会委员
12	张禾瑞	数学系	浙江	留德(汉堡大学博士);曾任北京大学教授;1949年后历任北京师范大学教授与学术委员会副主席、北京市数学会副理事长、教育部高等学校理科教材编审委员会委员、北京市人大代表
13	孙树本	数学系	浙江	曾任北京大学与西南联大教师;1949年后历任北京理工大学教授、国内数学专业首批博士生导师、北京市人大代表
14	郭永怀	物理系	山东	留美(加州理工学院博士);空气动力学家;曾任美国康奈尔大学教授;1949年后历任北京大学教授、中国科学院院士与学部委员、全国人大代表与全国政协委员;荣获"两弹一星"功勋奖章
15	魏景昌	物理系	河南	曾任河南省立五中教师、江汉军区政治部组织部长;1949年后历任湖北省交通厅副厅长、中央民族学院党委副书记兼副院长

序号	姓名	系别	籍贯	经历
16	蒋明谦	化学系	四川	留美（伊利诺伊大学博士）；曾任北平研究院化学研究所研究员，1949年后历任北京大学化学系教授、北京医学院药学系教授、中国科学院院士与学部委员、全国人大代表
17	张震旦	化学系	浙江	曾任北京大学教师、中央制药厂副厂长；1949年后历任江南大学与华东化工学院教授
18	孙殿卿	地质系	黑龙江	曾任中央研究院地质研究所副研究员；1949年后历任中国地质科学院副院长、中国科学院院士与学部委员、中国地质学会副理事长
19	崔克信	地质系	河北	曾任西康地质调查所所长；1949年后历任中国科学院地质研究所研究员，青藏高原地质研究所开拓者之一
20	李悦言	地质系	山东	曾任北平中央地质调查所技正；1949年后历任地质部地矿司副总工程师、地质矿产部科学技术顾问委员会委员
21	陈华癸	生物系	江苏	留英（伦敦大学博士）；创建北京大学农学院土壤学兼系主任，创建武汉大学农学院农业化学系任系主任；1949年后历任华中农学院教授、中国科学院院士与学部委员、中国农学会副会长
22	李中宪	生物系	山东	留美（加州理工学院）；曾任教于西南联合大学；1949年后历任西北大学生物系教授兼系主任、民盟中央委员、民盟陕西省副主委
23	李士彤	法律系	天津	留德（柏林大学法学博士）；曾任西南联合大学法律学系教授、北京大学法律系教授；1949年后任北京外国语学院教授
24	梁念曾	法律系	河北	曾任广西大学与贵州大学教授
25	乔鹏书	政治系	山西	曾任山西大学法学院教授、国民政府立法院立法委员
26	林炳康	政治系	福建	曾任国民党福建省党部执行委员兼书记长、福建学院教授、福建省参议员、国民政府立法院立法委员

续　表

序号	姓名	系别	籍贯	经历
27	陶继侃	经济系	浙江	留美(威斯康星大学)；曾任重庆大学教师；1949年后任南开大学教授
28	孔庆铭	经济系	山东	曾任山东沂水县县长、山东单县县立中学校长

当时北大许多毕业生在不同行业卓有建树,其中多人是各自领域的奠基人或领军人物。例如,1925年的王恒升(地质系)为中国科学院院士、许杰(地质学系)为中国科学院院士、魏建功(国文系)为北京大学副校长与中国科学院哲学社会科学部委员、钱肇基(国文系)为南京大学教授与中国民俗学会顾问、樊弘(政治系)为中国科学院学部委员；1935年的何其芳(哲学系)为中国科学院哲学社会科学部委员、胡世华(哲学系)为中国科学院学部委员和中国数理逻辑奠基人、王焕勋(教育系)为国务院学位委员会第一届学科评议组成员、孙树本(数学系)为国内数学专业首批博士生导师之一、郭永怀(化学系)为空气动力学家与"两弹一星"功勋奖章获得者、崔克信(地质系)为中国科学院地质研究所研究员与青藏高原地质研究所开拓者之一、孙殿卿(地质系)为中国科学院学部委员与中国地质学会副理事长、陈华癸(生物系)为中国科学院学部委员与中国农学会副会长。可见,在人文社科领域,北大众多毕业生成为学校与学科、政府或组织等的引领者；在自然科学领域,涌现出大量院士,其在各自研究领域独树一帜,不仅产出了大量原创性学术成果,而且为我国近现代社会发展与国家强盛做出了杰出贡献。

三、"学校之唯一生命在学术事业"：科学研究职能

众所周知,蔡元培掌校北京大学时极为推崇学术研究。1917年1月9日,针对民初北大学风不振、求学为升官发财等现象,蔡在就职校长演说时强调："大学者,研究高深学问者也。……所以诸君须抱定宗旨,为求学而来,入法科者,非为做官；入商科者,非为致富。"①2月,在与《大公报》记者谈话时,他表示师生应以追求"学问"为先："大学生向来最大之误解,即系错认大学为科举进阶之变象,故现在首当矫正者即是此弊,务使学生了解于大学乃研究学术之机关,进大学者乃为终其身于讲学事业。学生如此,教授亦如

① 蔡元培：《大学校长蔡孑民就职之演说》,《东方杂志》1917年第4期,第148页。

此,盖大学教授须一面教人,一面自家研究也。"①不过,由于固有陋习日久、时局混乱等因素,学生缺课厌学、教师敷衍治学等现象难以改观,教育部曾指令北大严整校风。② 1918 年 9 月 20 日,蔡元培重申大学旨在研究学问:"大学为纯粹研究学问之机关,不可视为养成资格之所,亦不可视为贩卖知识之所。学者当有研究学问之兴趣,尤当养成学问家之人格。"③

然而,五四运动爆发后,众多北大师生被裹挟到纷扰的政局之中,逐渐偏离治学的轨道。抨击当局与支持师生但又希望北大能尽量远离政局的漩涡,左右为难的蔡元培辞职离去,直到 1919 年 9 月复任。在回校的首次开学典礼上,蔡元培率先指出:外界把北大学生看成"专为政治运动,能动不能静的",但这次学潮是"激于一时的爱国热诚,为特别活动,一到研究学问的机会,仍是非常镇静的"。不过,"我们也不可不作'有则改之、无则加勉'的打算"。随即再次表示大学目的在于治学:"诸君须知,大学并不是贩卖毕业的机关,也不是灌输固定知识的机关,而是研究学理的机关。所以,大学的学生并不是熬资格,也不是硬记教员讲义,是在教员指导之下自动的研究学问的。"④

蔡元培对科学研究职能极为看重,并且不遗余力地在北大落实,如树立自由包容的理念、聘请德才兼备的教师、设立研究所与学术性社团等等。总体而言,北大师生追求升官发财的倾向逐步得以扭转,追求学问的风气渐浓,只是在此过程中充满波折。而在五四运动后几年,社会局势混乱不堪,北大师生经常游行,以至于罢课、罢教,难以安心治学,蔡元培多次辞职,直到 1923 年初未再返校,蒋梦麟则担负起带领北大践行学术研究的光荣使命。

(一)"研究高深学术":坚定的学术至上目标

蒋梦麟对科学研究推崇有加,在入北大前,已经数次申明"学术至上"的相关主张。1915 年,他在《建设新国家之教育观念》中提出:"大学者,为研究高等学科而设。"⑤1918 年,他发表《高等学术为教育之基础》,作为哥伦比亚大学主修教育的博士,其从所学专业出发,强调"有真学术,而后始有真教

---

① 《北京大学校长蔡子民先生与本报记者之谈话》,《大公报》(天津)1917 年 2 月 5 日,第 2 版。

② 《校长布告》,《北京大学日刊》1918 年 2 月 7 日,第 1 版。

③ 《本校开学纪事》,《北京大学日刊》1918 年 9 月 21 日,第 3 版。

④ 《本校纪事:行开学礼》,《北京大学日刊》1919 年 9 月 22 日,第 2 版。

⑤ 蒋梦麟:《建设新国家之教育观念》,《留美学生季报》1915 年第 1 期,第 4 页。

育,有真学问家,而后始有真教育家"。然而,面对当时学术衰败态势,他痛心地指出:"吾国自有史以来,学问之堕落,于今为甚。今不先讲学术,而望有大教育家出,是终不可能也",若没有大教育家,解决中国教育的根本问题是不可能的。①

1919 年 1 月,蒋梦麟撰文《和平与教育》,进一步阐释了学术、社会、教育等各方面的密切关联。该文开明宗义:"和平非不战之谓也,和平亦非不战可得而几也。战争之战仗武力,和平之战仗正义。正义存乎世,则真正之和平始可得而保。"而当时我国由"政客武人"主政,"正义扫地,虽无战争,非和平也,苟安耳"。故要推行平民主义(民权主义不可),"首以增进平民之能力知识为本,使人民咸成健全之个人,倡造进化的社会",进而保障实现和平,提倡军国民主义教育的德国败于提倡平民主义的美国及其协约国便是一个例证。因此,"强国之道,不在强兵,而在强民,强民之道唯在养成健全之个人,创造进化的社会"。据此,"可战可和;无此,则战固不足恃,和平亦不足恃也"。教育则是实现健全个人,进而达成社会进化的方法之一,而除了"改良起居,修筑道路,振兴实业"之外,就是"一国精神之所寄"的学术,"学术衰,则精神怠;精神怠,则文明进步失主动力矣。故学术者,社会进化之基础也"。令人忧心的是,当时我国学术存在诸多不足:"一曰无系统",短于"科学之精密";"二曰太重应用……盖西人之爱物,以有趣味为前提;吾国人之爱物,以有用为前提也";"三曰太重古文。专重古文字,则解者必少;解之者少,则知识不能普及;此为社会进化之障碍"。因此,可以从三方面应对:"第一,当讲论理学科学之方法;第二,提倡精神上之兴趣;第三,革新文学。"这些都需要教育来发挥重要作用。② 后来,蒋梦麟的许多教育举措围绕这三方面展开。

1919 年 7 月 23 日,临危受命的蒋梦麟首次面对北大全体学生发表演讲,除了说明为蔡元培"监印"的意思外,还阐明了对大学宗旨的看法:"诸君当以学问为莫大的任务。"比如,蔡元培品行俱佳,这主要是"从学问中得来"。再者,"西洋文化先进国到今日之地位,系累世文化积聚而成,非旦夕可几"。在国家危难之际,我们应该"以自己的学问功夫为立脚点"。③ 这番阐述是蒋氏对蔡氏有关论断的继承与发展,也将大学致力于学术研究与培养健全个人、推动社会进化紧密关联在一起。

---

① 蒋梦麟:《高等学术为教育之基础》,《教育杂志》1918 年第 1 期,第 18 页。
② 蒋梦麟:《和平与教育》,《教育杂志》1919 年第 1 期,第 1—13 页。
③ 《蒋梦麟在北大欢迎会之演说》,《申报》1919 年 7 月 28 日,第 6 版。

经过短暂的代理校务,北大师生的治学状态似乎改善了不少。1919 年 8 月,蒋梦麟致信张东荪,谈及治学状态:"现在大学里面,教务事务都积极进行……教职员方面,精神一致;都天天兴高彩烈地做事。……学生方面更不必说了,这班青年,个个是很可爱的。"[①]不过,局势风云变幻,各种风潮依然不断,即便是 9 月蔡元培返校后也未有显著转好。1919 年 5 月,在五四运动一周年之际,蒋梦麟与胡适撰文《我们对于学生的希望》强调:去年的今天,我们想请杜威先生来讲教育哲学,"在思想一方面提倡实验的态度和科学的精神;在教育一方面输入新鲜的教育学说,引起国人的觉悟,大家来做根本的教育改革"。但时局变化出乎意料,一年来教育界的风潮几乎没停过,"荒唐的中老年人闹下了乱子,却要未成年的学生抛弃学业,荒废光阴,来干涉纠正,这是天下最不经济的事"。[②] 同期,蔡元培指出:"人人都知道罢工、罢市损失很大,但是罢课的损失还要大。……现在学生方面最要紧的是专心研究学问。试问现在一切政治社会的大问题,没有学问,怎样解决?有了学问,还恐怕解决不了吗?"[③]

1920 年 9 月,胡适带病参加开学典礼时说,外界称北大是新文化运动的中心,但他觉得惭愧:

> 你看最近的一期《学艺杂志》里有一篇《对于学术界的新要求》,对于我们大学很有些忠实的规谏。他引的陈惺农先生对于编辑《北京大学月刊》的启事,我们大学里四百多个教职员,三千来个学生,共同办一个月刊,两年之久,只出了五本。到陈先生编辑的时候,竟至收不到稿子,逼得他自己做了好几篇,方才敷衍过去。《大学丛书》出了两年,到现在也只出了五大本。后来我们想,著书的人没有,勉强找几个翻译人,总该还有。所以我们上半年,弄了一个《世界丛书》,不想五个月的经验结果,各处寄来的稿子虽有一百多种,至今却只有一种真值得出版。像这样学术界大破产的现象,还有什么颜面讲文化运动。所以我对于那一句话的答语,就是"现在并没有文化,更没有什么新文化"。

接着,胡适批评把新文化运动视为"新名词运动"的做法,这叫"普及",

① 《北京大学的近状致张东荪的信》,见蒋梦麟:《过渡时代之思想与教育》,商务印书馆 1933 年版,第 98 页。

② 蒋梦麟、胡适:《我们对于学生的希望》,《新教育》1920 年第 5 期,第 592—593 页。

③ 蔡元培:《一年来学潮回顾和希望 去年五月四日以来的回顾与今后的希望》,《新教育》1920 年第 5 期,第 590 页。

是"浅薄的'传播'事业"。北大应该做"提高"："我们没有文化，要创造文化；没有学术，要创造学术；没有思想，要创造思想。要'无中生有'地去创造一切。……只有提高才能真普及，愈'提'得'高'，愈'及'得'普'。……我们若想替中国造新文化，非从求高等学问入手不可。"①

针对当时北大学术不振的局面，1920年10月，蒋梦麟在学校二十三周年纪念日时提出北大科研发展的三大方面："输入西方的文化""整理国学""注重自然科学"。② 然而，在纷乱的年代，政府腐败、外敌入侵与教费常被挪作军费等问题层出不穷，办学实在难以维系。1922年11月，蒋梦麟在纪念北大二十五周年之际，语重心长地劝告大家：校庆可缩小规模，将精力专心于学问，"学校之唯一生命在学术事业"。③ 12月，他忧心地表示：乱局导致教育界经济上和心理上都遭受莫大打击，学风不良，亟须"提高学术"。④ 同年，蒋梦麟与蔡元培等人共同制定了《杭州大学章程》，"发展高深学术"位列首要职能。⑤

1923年初，蔡元培辞职离校后，蒋梦麟再次代理校务。9月，他在开学典礼上指出："现在蔡先生不在这里，同人等也略有一点计划，如经费有着，拟将经费划出一部分用在充实学术上的内容。购买图书要注重专门，请各系计划能购的书报杂志。这层做到，学术自能渐渐提高。并且教育方面，因为有了这样研究专门学术的便利机会，学问自然也就日新月异的提高起来。"⑥12月，他提出"大度包容，思想自由"的理念，为困苦中的北大开展学术研究提供了思想上的指引。1926年，他对当届北大毕业生说道：青年要把握求学机会，在如此困苦年代中研究学问更属不易，希望诸君迎难而上，继续奋斗。⑦ 正当蒋梦麟带领北大师生努力研究学术之际，"三一八"惨案爆

---

① 《胡适之演讲词》，《北京大学日刊》1920年9月18日，第3版。

② 《北京大学二十三周年纪念日演说辞》，见蒋梦麟：《过渡时代之思想与教育》，商务印书馆1933年版，第413—416页。

③ 《为北大念五周年纪念事致学生干事会书》，见蒋梦麟：《过渡时代之思想与教育》，商务印书馆1933年版，第422页。

④ 《学风与提高学术》，见蒋梦麟：《过渡时代之思想与教育》，商务印书馆1933年版，第184—185页。

⑤ 《杭州大学章程》，《北京大学日刊》1923年3月27日，第3版。

⑥ 《北京大学开学词》，见蒋梦麟：《过渡时代之思想与教育》，商务印书馆1933年版，第407—408页。

⑦ 《临别赠言（民国十五年北大毕业同学录序）》，见蒋梦麟：《过渡时代之思想与教育》，商务印书馆1933年版，第432—433页。

发,他因抨击当局受到通缉而被迫暂别北大。

1929年7月,时任教育部部长的蒋梦麟主持制定《大学组织法》,以法令形式明确了大学"研究高深学术"的职能。[①] 1930年11月28日,他在《北大二十周年纪念》文中表示:希望大家谨记"就学"目标,"保持北大已往的精神",使学校更好。[②] 12月23日,作为校长的蒋梦麟在北大演讲,称"不愿唱高调,但须切实办学"[③]。始料未及的是,他刚掌校不久,"九一八"事变爆发,国内局势急转直下,其振兴北大的计划与举措受阻。1931年12月,在北大三十三周年纪念会上,他提醒师生应"努力于科学之进步",并指出学术发展的注意事项:"我国过去之社会科学自然科学,徒知学习国外之理论,不克以之应用于中国。于外国之政治、经济、货币或了如指掌,而于自国之经济、政治、货币,乃茫无所知,此中现象,实可痛心!希望今后北大能努力养成研究中国之科学精神。"[④]1932年6月,《国立北京大学组织大纲》公布,"研究高深学术"职能位列首位。[⑤] 尽管社会局势不断恶化,但是随后几年,北大坚持学术研究的指向十分坚定。1933年,蒋梦麟在北大三十五周年纪念大会上又一次强调:"国家之种种问题之解决,首领学术机关之努力,中国之最老大学为北大",北大需更加努力。[⑥] 1936年,在北大三十八周年纪念会上,他回顾了学校发展的艰难历程,期望大家抱定合作精神向前冲,"理想的北大,自然是会达到目的的"。[⑦]

蒋梦麟在不同的历史阶段都力推学术研究,将"研究高深学术"作为大学核心职能。他认为国家与个人发展有赖于学术进步,教育是推动学术发展的重要途径之一,大学则是"研究高深学术"的专门场所,师生应秉承学术至上的宗旨。同时,他划定了学术研究的基本指向:其一,人文社会科学与自然科学并重,尤应重视科学精神与方法的养成。其二,兼顾中学与西学,注重国学与作为工具的外国语的掌握;不能为学西方而学西方,而是不仅要知其然,更要知其所以然,推崇中西融会贯通。

---

① 《大学组织法》,《立法院公报》1929年第8期,第123页。

② 蒋梦麟:《北大三十二周年纪念》,《北大学生周刊》1930年第2期,第1—2页。

③ 《北大学生会昨开迎蒋大会》,《京报》(北京)1930年12月24日,第7版。

④ 《本校三十三周年纪念会纪闻》,《北京大学非常学生会专刊》1931年第1期,第3页。

⑤ 《国立北京大学组织大纲》,《北京大学日刊》1932年6月18日,第1版。

⑥ 《三十五周年纪念大会记录》,《北京大学周刊》1933年12月18日,第1版。

⑦ 《北大昨纪念三十八周年 全体学生宣誓建设新北大》,《京报》(北京)1936年12月18日,第7版。

（二）研究所（院）与学术交流活动：针对性的推进措施

1. 研究所（院）的创建及其运行

专门的学术组织有助于学术研究更好地开展，北京大学在蔡元培时期便已着手组建研究所。1917 年 11 月，《研究所通则》《研究所办法草案》公布，其规定了研究所的任务、类别及建设方法等事项。① 1918 年，各研究所主任议决通过了《研究所总章》，这是对前述章程内容的细化。② 最初时，北大分为三所：文科研究所包括国文学、哲学、英文学等各门，理科研究所有物理学、数学、化学等各门，法科研究所分为法律学、政治学、经济学等各门。1920 年，北大评议会通过《研究所简章》（共计八条），第一条强调研究所是"专攻一种专门知识之所"，第二条打破科系界限，对研究所类型进行了重组，即分为国学、外国文学、社会科学与自然科学等四类，后面六条明确了以下诸多事宜：

（三）研究所不另设主任，其研究课程均列入各系内。

（四）研究所之阅览室，并入图书部。

（五）各学系之学课有专门研究之必要者，由教员指导学生研究之，名曰某课研究，并规定单位数。例如：康德哲学研究、王守仁哲学研究、溶液电解研究、胶体研究、接触剂研究。

（六）各种研究在图书馆或试验室内举行之。

（七）指导员授课时间，与授他课同样计算。

（八）三年级以上学生及毕业生，均得择习研究课。③

随着各项章程的出台，各研究所陆续筹设，同时一些研究会相继创办，这些为北大师生提供了专门探究学术的平台。比较而言，文科研究所或研究会在当时的北大表现得更为突出一些。由于时局混乱，师生无法安心向学，又因教育经费被拖欠，研究所设备与资料紧缺，如"北京大学已设哲学门五年，设哲学研究所亦既周岁，乃校中绝无新到之东西文哲学杂志以备读览，此事岂不可骇"④！同时，从上述频繁调整的规程来看，在初建期间，作为新生事物的研究所面临着职能厘定、所务管理、门类统整等各种问题。而在

---

① 《研究所通则》《研究所办法草案》，《北京大学日刊》1917 年 11 月 16 日，第 2 版。

② 《研究所总章（最近各研究所主任开会议决案）》，《北京大学日刊》1918 年 7 月 16 日，第 2 版。

③ 《校长布告：研究所简章》，《北京大学日刊》1920 年 7 月 30 日，第 1 版。

④ 张菘年：《劝读杂志》，《新青年》1918 年第 4 期，第 434 页。

实施过程中,研究所情况不容乐观:"研究所从前宣告设立者不下十余,然大都有名无实,空有一块木牌而已。"①这些都在很大程度上影响着研究所的运行与学术成果的产出。

蒋梦麟推崇"学术的团体生活"②,为学术组织的创办与运行花费了大量心血。在代理北大校务时期,他对外争取相对宽松的办学环境与经费,对内不断完善研究所相关规程与具体措施。1923 年 4 月,他被聘为研究所国学门委员会委员,随后该所风俗调查会、古迹古物调查会等相继成立并开展工作。由于图书与设备缺乏,社会科学研究所难以短时间内建成,1924 年社会科学研究会先行创设,以"研究社会科学及社会问题为宗旨"③。1925 年 11 月,北大发起组建学术研究会;12 月,正式成立,以"研究学术为宗旨"④。1926 年蒋被迫南下,在 1929 年 7 月任教育部部长期间组织制定的《大学组织法》要求"大学得设研究院"⑤,这使得设立专门学术研究机构成为大学必须承担的法律责任。9 月 1 日,《国立北京大学研究院章程》问世,强调"本院之任务在研究高深学术,依本校设备及人才之状况,酌设若干科目"。院长由校长兼任,院务委员会统领研究院规划、经费预算、学术活动开展、研究生资格及成绩与奖助学金人选审查、学术成果出版、对外学术联络等事务,同时对研究生招生、学习与毕业等事项给出了具体规定。⑥

1930 年底,蒋梦麟出任北大校长,多次组织修订研究院章程,推进研究院的发展。1932 年 7 月 8 日,校务委员会议决《国立北京大学研究院规程》,这是对前述章程的完善。例如,设立"自然科学、文史、社会科学三部",三部主任由院长聘请本校教授担任,任期 1 年,可连任。又如,细化了研究生入学条件:本校毕业生各学年平均成绩 80 分以上,外国语平均成绩 80 分以上,可免入院考试。再如,研究生免学费,不提供住宿,需交纳图书与仪器保证金各 5 元。另外,对在校考核与毕业文凭发放也进行了详细说明。⑦ 9 月

---

① 静观:《记北大近况》,《申报》1921 年 12 月 6 日,第 10 版。

② 蒋梦麟、胡适:《我们对于学生的希望》,《新教育》1920 年第 5 期,第 594 页。

③ 《顾孟余教授等拟设社会科学记录室公函》,《北京大学日刊》1922 年 11 月 22 日,第 1 版;《社会科学研究会》,《北京大学日刊》1924 年 11 月 13 日,第 1 版。

④ 《发起北大学术研究会旨趣书》,《北京大学日刊》1925 年 12 月 4 日,第 2 版;《北大学术研究会旨趣书》,《北京大学日刊》1925 年 12 月 21 日,第 2 版。

⑤ 《大学组织法》,《立法院公报》1929 年第 8 期,第 123 页。

⑥ 《国立北京大学布告》,《北京大学日刊》1930 年 8 月 2 日,第 1 版。

⑦ 《国立北京大学研究院规程》,《北京大学日刊》1932 年 7 月 16 日,第 1—2 版。

1 日，北大研究院筹备会议议决当年各部暂设各门：自然科学部，数学类、物理类、化学类、生物类、地质类、心理类；文史部，中国语言文学类、中国历史类；社会科学部，法律类、政治经济类。[①] 12 月 27 日，蒋梦麟主持校务会议通过研究院奖学金草案，规定全校奖学金发放人数为 15 名，每人每年 360元，按照类别给予，具体是语言文字学、文学、心理、生物、地质、法律、近代史、古代史、思想史、考古学、物理、化学、数学、政治、经济等 15 类。[②] 随着蒋梦麟主持北大重组院系，加上"大学本科与研究院之功用，本为完成一个教育项目之深浅两级，故大学本科与研究院，实系不可分离"，于是，1934 年 6月，《国立北京大学研究院暂行规程》出台，将原有三部改为文科研究所、理科研究所与法科研究所，使之与文学院、理学院与法学院对应，三院院长分别兼任各研究所所长，并在导师选聘、研究生招生及在读与毕业等多方面理顺了院所之间的对接关系。[③] 此后，北大研究院基本上按照该规程开展工作。截至 1937 年，北大研究院各科研究所基本情况是：文科研究所包括中国文学部、史学部；理科研究所包括算学部、物理学部、化学部、地理学部与地质学部；多份资料显示法科研究所未细分。[④] 比较而言，文、理科研究所建制相对齐整，存续时间相对较长，成为北大从事科研的重要学术性组织。

统而观之，北京大学研究所国学门（后改称文科研究所）的代表性较强，我们以此为例总览一下研究所的工作概况。如前所述，1917 年底，研究所相关章程公布。1918 年，文科研究所初创，包括国文学、哲学、英文学等各门。1920 年，研究所分为国学、外国文学、社会科学与自然科学四类。1921 年 11月，北京大学研究所国学门成立，直到 1932 年沿用此名。1932 年，北大成立研究院，"研究所国学门改称研究院文史部"。1934 年，研究院改组，文史部变成文科研究所。1937 年卢沟桥事变后，北大迁校，1939 年 6 月文科研究

---

① 《国立北京大学研究院筹备会会议记录》，《北京大学日刊》1932 年 9 月 3 日，第 1 版。

② 《北大研究院设教学金 定额十五名 昨日校务会议通过》，《华北日报》1932 年 12 月28 日，第 7 版。

③ 《北大研究院改三科研究所》，《京报》（北京）1934 年 6 月 14 日，第 7 版；《国立北京大学研究院暂行规程（二十三年六月修订）》，《北京大学周刊》1934 年 6 月 16 日，第 1 版。实际上，1933 年北京大学研究院已经以各"研究所"名义招生，详见《国立北京大学招生》，《申报》1933 年 7 月 7 日，第 6 版。

④ 《国立北京大学招生》，《申报》1933 年 7 月 7 日，第 6 版；《经部核准之各大学研究所》，《申报》1935 年 6 月 1 日，第 18 版；《全国大学最近设科之状况》，《申报》1936 年 10 月 17日，第 17 版；《全国各大学设置研究所》，《申报》1939 年 5 月 10 日，第 8 版。

所得以恢复,傅斯年为所长、郑天挺为副所长,不久傅辞职、汤用彤接任所长,直到抗战胜利后,蒋梦麟离任校长。该所演变过程大体如此。[①]

我们来呈现一下蒋梦麟代理校务与担任校长时期北大研究所国学门的工作情况。1920 年 7 月,《研究所简章》决定研究所分设国学门等四类。10 月,蔡元培出国考察,蒋梦麟代理校务,其间《国立北京大学研究所整理国学计划书》发布,为研究所国学门发展指明了方向。该计划书主要包括如下内容。其一,阐明国学门的宗旨。"欧美各国新发明之学术,率由其相传之学术阐扬而来,则阐扬吾国固有之学术,以期有所发明。"其二,明确研究国学的重要性。一方面欧美学者对我国学术多有注意,而"吾国固有学术,率有浑沌紊乱之景象",若是欧美学者研究有所误解,"而益启其轻视之念";另一方面,我们自身须整理固有学术,明晰其要义。其三,指出乾嘉学者整理学术的方法与成绩,并强调"今日科学昌明之际,使取乾嘉诸老之成法,而益以科学之方法,更得科学之补助"。其四,提出整理国学的原则。"今所欲整理之事,较乾嘉诸老之所为者实难,且大盖既须补乾嘉诸老之所未竟,又须治乾嘉诸老之所未及,故欲整理吾国固有之学术。"其五,制定了整理国学的两步办法。一是整理学术,"将古人学说以科学方法为之分析,使有明白之疆界,纯一之系统,而后各见古人之面目,无浑沌紊乱之弊"。实现此目标需培养能胜任的人才,而科学方法是其重要素养,这需选派师生到国外研习。二是整理学术材料,应特别重视各朝代的经典典籍,可从"征书""编书""辑书""校书""刊书"与"搜求古器物"等方式着手。[②] 该计划书十分详细,是研究所国学门发展的整体性方案。

在该计划书发布的同时,代理校务的蒋梦麟在北大二十三周年纪念会上表示:整理国学是学校发展的一项重大使命,"我们如果有了学问,应当去做乾嘉时代一般学者的功夫,以科学方法去研究的结果,来把国学整理一番,将来好出一部'国学丛书'"。[③] 这段讲话提到的"整理国学"目标、乾嘉学者的功夫与科学方法的使用等关键内容与计划书基本吻合,体现出蒋对发

---

① 北京大学研究所国学门的相关信息详见《北京大学文科研究所记事》,《国立北京大学国学季刊》1950 年第 1 期,第 141—145 页。

② 《国立北京大学研究所整理国学计划书》,《北京大学日刊》1920 年 10 月 19 日,第 2 版;《国立北京大学研究所整理国学计划书(续)》,《北京大学日刊》1920 年 10 月 20 日,第 1—2 版。

③ 《北京大学二十三周年纪念日演说辞》,见蒋梦麟:《过渡时代之思想与教育》,商务印书馆 1933 年版,第 413—416 页。

展研究所国学门举措的充分认可。

1921 年 11 月，研究所国学门成立。次年 1 月，开始对外招生；2 月，《研究所国学门委员会规则》出台，同时聘定蔡元培、顾孟余、沈兼士、李大钊、马裕藻、朱希祖、胡适、钱玄同与周作人为委员。[①] 不久，委员会首次会议召开，议决该所设立阅览室、歌谣研究会与考古学研究会；认为国学门虽由中国文学、哲学与史学三系组成，但是国学研究甚广，研究不限于三系；通过了"研究规则"，内容包括招生及学习、教师参与研究办法、奖学金等多项事宜。[②] 由此，该所工作步入正轨。在创立至 1923 年初蔡元培辞职离校前这段时间，研究所国学门大体开展了如下工作：第一，评议会通过《研究所国学门委员会规则》(1922 年 1 月 14 日)；第二，评议会通过《研究所国学门研究规则》(1922 年 3 月 4 日)；第三，将研究所分为文字学、文学、哲学、史学、考古学五个研究室，由本校教授、讲师指导，校外聘请罗振玉、王国维为"函授导师"；第四，录取校内外报名者 8 人；第五，编译书报，例如国学门委员会发行《国学季刊》、国学门之歌谣研究会编制《歌谣周刊》，再如"《太平御览》所引各书，现无传本者殆半。……兹依《御览》征引群籍之书目，逐条类辑，总编成帙，已编辑就七百余卷"，另有"撰《太平御览引用群书目录补遗》一册，以补旧有目录之疏漏"以及国外研究中国古学法文书二十种(译出八种)；第六，整理清内阁档案；第七，"保存杨惠之塑像"。[③] 尽管处于发展初始阶段，但是研究所国学门工作颇为忙碌且成果较多，主要集中在制定章程、组建部门、创办刊物、招生与整理学术等诸多方面。

1923 年 1 月蔡元培辞职后再未掌校，4 月，蒋梦麟成为国学门委员会委员，直到 1926 年离校。这段时间研究所国学门的工作概况主要体现在如下方面。第一，成立风俗调查会(1923 年 5 月)、古迹古物调查会(考古学会，1923 年 5 月)、方言调查会(1924 年 1 月)；第二，重组研究所国学门委员会委员，即蒋梦麟、皮宗石、单不庵、马衡、周树人、徐炳旭与张黄；第三，添聘钢和泰博士、伊凤阁博士(A. I. Ivanov, Ph. D., 俄人)、陈垣与夏曾佑为导师，西龙博士、吴克德博士(Dr. Wulff, 丹麦人)、泽村专太郎(日本人)为通讯员；第

---

① 《研究所国学门启事》，《北京大学日刊》1922 年 1 月 17 日，第 1 版；《研究所国学门委员会规则》，见王学珍、郭建荣主编：《北京大学史料》(第 2 卷)，北京大学出版社 2000 年版，第 1441 页。

② 《研究所国学门委员会第一次会议纪事》，《北京大学日刊》1922 年 2 月 27 日，第 2 版。

③ 《研究所国学门重要纪事》，《国立北京大学国学季刊》1923 年第 1 期，第 192—201 页。

四,颁布《研究所国学门研究室规则》;第五,招收研究生 20 余名,研究主题主要有:"中国伦理学史""楚辞的研究""殷周金文""晋二俊诗学""老子义证""陶渊明研究""殷墟甲骨文字""中国刑罚思想之变迁""历代名人生卒年表""黄河变迁考""元曲发达史""古琴曲谱之系统的研究""三百篇演论""宋玉研究""说文读若考"等;第六,《国学季刊》出版至第 2 卷第 1 期,因收集、整理资料渐多,不能单独出版,将《歌谣周刊》扩充范围,"增加篇幅,以便陆续发表各种材料";第七,编印书籍,分为本所同人自著书、本所编辑书("影印本所所藏关于学术参考用之各种器物、文件、书籍""编撰研究学术参考用之工具书"等),推进《太平御览》引用书目与明清史料整理相关工作等;第八,古迹古物调查会(考古学会)之调查活动,"教授马衡、徐炳旭、李宗侗,会员陈万里等之河南新郑、孟津两县出土周代铜器之调查,大宫山明代古迹之调查,洛阳北邙山出土古迹之调查,甘肃敦煌古迹之调查及参观朝鲜汉乐浪郡汉墓之发掘",收集器物 4087 件,整理、著述相关书籍 7 种;第九,风俗调查会之活动分为"文字之记录"与"实物之征集"(对于前者已请各地同学于各省教育厅及学校代为调查,"陆续缴回者甚多";对于后者已对外征集,新年风俗物品方面,仅神祇已得数百种,服饰及其他物品亦颇多),同时派员到各地庙宇现场考察进香风俗,整理所得材料,"一部份预备刊印专书,一部份付周刊发表";第十,歌谣研究室已向各地征集歌谣,获得 13908 首,按照各省分类印发,《歌谣周刊》共出版 96 期(分装合订 4 册),增刊 1 册;第十一,方言调查会举行演讲,以林语堂教授组织的"标音原则班"为代表,同时向各地征集或派人实地考察方言,整理资料与研究成果刊载于《歌谣周刊》第 89 期(方言研究号)。对研究所国学门的工作,蒋梦麟给予了充分肯定与很大支持,例如,在沈兼士主任汇报年度报告后,蒋曾言:听闻今天集会,欣然而来,以往很多年度报告"索然无味",今天的总结"非常有趣,宛如坐在国学门听讲",沈主任称"庶务杂事"繁多,不利于做学问,我很抱歉,"今后更当竭力免除沈先生庶务杂事的奔走,好多做埋头整理的工作"。①

时人曾对蒋梦麟代理校务时期有过高度评价,尤其是国学门发展甚佳:

---

① 《研究所国学门重要纪事》,《国立北京大学国学季刊》1923 年第 2 期,第 391—397 页;《国立北京大学研究所国学门重要纪事》,《国立北京大学国学季刊》1923 年第 3 期,第 547—570 页;《国立北京大学研究所国学门重要纪事》,《国立北京大学国学季刊》1923 年第 4 期,第 751—781 页;《丙寅毕业同学录研究所国学门纪事》,《北京大学日刊》1926 年 6 月 2 日,第 1—2 版;《丙寅毕业同学录研究所国学门纪事(续)》,《北京大学日刊》1926 年 6 月 3 日,第 1—2 版。

北京国立八校，北大乃最高学府，尽管经济拮据，但内部事务运转较好，"代理校长蒋梦麟，东揸西拄，颇有手腕"，增设教育系与东方文化系，"该校国学研究所，年来积极进行，成绩尤佳，在八校中总算能首屈一指"。① 这段时期研究所国学门各项事务有条不紊地进行，在重组核心领导机构（委员会）基础上，既承接了此前的工作任务，又新建了风俗调查会、古迹古物调查会（考古学会）与方言调查会等组织，开启了风俗、考古与方言等国学方面诸多重要领域的资料整理与研究工作。此阶段取得了较大成绩，为国民政府时期研究所国学门的发展奠定了坚实基础。

1924 年 9 月蒋梦麟（前排左四）与北京大学研究所
国学门同仁在三院译学馆原址合影
图片来源：北京大学档案馆校史馆编著：《北京大学图史（1898—2008）》，
北京大学出版社 2010 年版，第 58 页。

从 1926 年蒋梦麟离开北大到 1932 年改为研究院文史部期间，研究所国学门主要进行学术整理工作。例如，明清史料整理会印发"顺治元年内外官署奏疏和清嘉庆三年太上皇起居注两种史料"；考古学会"一面整理以前的藏品，一面进行田野工作"，1929 年与"北平研究院、古物保管委员会合组燕下都考古团，发掘易县燕下都故址北的老姥台，采集的陶器、瓦当和隋唐的遗物很多"，1931 年到察哈尔怀来县调查汉墓。1932 年，北大研究院建成，研究所国学门变为研究院文史部，1934 年研究院重组，文史部改称文科

---

① 《暑假将届之都门学校》，《申报》1924 年 6 月 25 日，第 11 版。

研究所，主任是胡适，分设编辑室、考古学室、金石拓片室、明清史料室与语音乐律实验室五个部门，1932—1937 年的主要工作表现在以下方面：第一，校订慧琳①一切经音义引用书索引旧稿，并缮写清本；第二，参加西北科学考察团，整理居延汉简；第三，捶拓甲骨、封泥、古钱，进行编写释文；第四，整理艺风堂金石拓片，做详细的记载，并编纂艺风堂金石文字目书；第五，编辑所藏清代汉文黄册目录和其他明清两代重要史料；第六，设计语音实验仪器，先后制出最简音高推算尺、乙一推断尺、乙二推断尺、音准、声调模摹拟器等；第七，校录唐本各种韵书，编辑十韵汇编；第八，调查绥远方音；第九，记录江阴方音。

在出版方面，《国学季刊》编印到 6 卷 2 号，并且先后刊行北京大学研究院文史丛书 6 种：《崇祯存实疏钞》，8 卷 16 册，商务印书馆 1937 年出版；《封泥存真》，商务印书馆 1934 年出版；《明南京车驾司职掌》，祁承爜编，商务印书馆 1934 年出版；《洪承畴章奏文册汇辑》，商务印书馆 1937 年出版；《十韵汇编》，刘复、罗常培、魏建功编，北大出版组 1936 年印行；《慧琳一切经音义引用书索引》，商务印书馆 1938 年出版（该书大部分整理工作在 1937 年前完成，笔者注）。另外，与故宫博物院文献馆等合作印行《清内阁旧藏汉文黄册联合目录》，1936 年付印，1947 年 10 月出版。②

与此同时，北大研究所国学门对外招收研究生，1935 年度在校人数为 28 人，其中中国文学研究部 13 人，史学研究部 15 人。③

不难发现，此阶段研究所国学门的工作已经向纵深发展，一批代表性的成果问世。对照起初的"计划书"，北大研究所国学门的发展基本上按照既定轨道前进，较好地完成了其中的多项具体目标，这也是对蒋梦麟提出的"整理国学"任务的积极响应。

最后需要指出的是，研究所（院）的创建在较大程度上推动了北大学术研究的发展进程，蒋梦麟在组织管理与具体运行等多方面发挥了重要作用。比较而言，蔡元培的研究所与蒋梦麟的研究院④是一脉相承的，其宗旨都是研究高深学问，基本活动都包括组织学术调查活动与学术研究会、创办相关刊物、招收研究生等。但是，两者也有所不同。在构成方面，蔡的研究所起

---

① 慧琳为南朝僧人，撰有《一切经音义》。

② 《北京大学文科研究所纪事》，《国立北京大学国学季刊》1950 年第 1 期，第 141—142 页。

③ 《北大本年度全校学生统计完竣》，《北平晨报》1935 年 11 月 11 日，第 9 版。

④ 此处蔡元培的研究所主要指 1923 年 1 月以前的研究所，因为蔡在此时间辞职后未再返回掌校；蒋梦麟的研究院主要指其任校长时期的研究院。

初以科系为单位分成文科、理科与法科，不久破除科系界限变更为国学、外国文学、社会科学与自然科学四类；蒋的研究院开始时打通科系联络，分成自然科学部、文史部、社会科学部三部，但为了加强与文、理、法三学院的关联，重组为文、理、法三科研究所。可见，两者建构的发展过程刚好相反。在管理者方面，蔡的研究所各主任由校长委任，蒋的研究院由文、理、法三院院长兼任（起初未改研究所前由校长委任），可见蒋时期的三院院长权力很大，除了学院事务外，还分管专门学术机构的工作。在招生方面，蔡的研究所允许有志学术的在校生及毕业生入所学习，而蒋的研究院明确招收毕业生，并授之以甲种、乙种文凭（学位法出台后颁发对应的博士、硕士学位）。此外，蔡的研究所由于时局动荡、经费欠缺等原因，运行十分艰难，蒋的研究院同样受到时局纷扰，但有中华教育文化基金会等相关资助，经费困难问题有所缓解，图书资料、仪器等硬件条件有所改善。总之，蔡的研究所是在"仿德美大学之 Seminar"的基础上建立的①，在摸索中前进，起初在类型划分、管理等方面存在一定问题，本科生与毕业生均可入所研究。其与科系关联密切，但在设计上又相对独立，是供在校生、毕业生与教师进行学术研究的机构，与本科学习有着明显交集，是提升本科生学术水平的一个平台。而蒋的研究院是在蔡的研究所的基础上发展而来，它与学院合为一体，学院负责本科，研究院负责研究生，本科层次的毕业生方可入内研究，是供教师和毕业生进行学术研究的机构，是本科学习活动的一种延展与学术提升的平台。

2."大家来研究，大家交换意见"——学术交流活动的推行

"独学而无友，则孤陋而寡闻"，交流对于学术研究非常重要，领导北大多年的蒋梦麟十分推崇"大家来研究，大家交换意见"②的治学方式。除了此前提到的自由讨论外，他提倡的学术交流还包括教师赴国外考察与校内外演讲、国外学人来校讲演、来宾参观以及其他合作研究活动等。

（1）教师赴国外考察

其一，教师赴外长期考察。这主要指学术休假③，此举在北大较早出现。

---

① 《校长布告：研究所简章》，《北京大学日刊》1920 年 7 月 30 日，第 1 版。

② 蒋梦麟：《我们怎样求学》，《益世报》（天津）1935 年 3 月 6 日，第 2 版。

③ 此处教师长期赴外考察亦称学术休假，即"某些高等学校在教师连续工作若干年（如 5～7 年）后给予的一次带薪（全部或部分）休假。时间常为 1 年或数月。目的在于使教师获得全时从事科学研究或学习进修的机会。教师在此期间常赴国内外其他高等学校或研究机构访问、工作，故亦有利于学术交流"。顾明远主编：《教育大辞典》（第 3 卷），上海教育出版社 1991 年版，第 117 页。

1914 年，时任校长胡仁源制定的《北京大学计划书》在"养成专门学者"项目中指出："拟仿照日本大学办法，于各科教员中，每年轮流派遣数人，分赴欧美各国，对于所担任科目，为专门之研究，多则年余，少则数月。在外时仍支原薪，而所有功课，由本科各教员代为分别担任，则于经费毫无出入，而校内人士得与世界最新智识常相接触，不至有望尘莫及之虞。"①这为北大选派教师赴外留学指明了发展方向。蔡元培掌校后，继续推动这项工作，1917 年11 月 17 日，理科学长夏元瑮在理科研究所第二次报告中强调："北京大学师生素来自为一小团体，与世界学者不通闻问。试问吾等抱此闭关自守主义，能独力有所发明，与欧美竞争乎？"遂提出选派教师出国学习的建议，并拟定了五条办法。② 12 月 8 日，北大评议会议决通过夏的提议，方案框架与原则大体未变。③ 1918 年 10 月，北大评议会议决通过《大学校长等派赴外国考察规程》(教育部稍作修改后颁布《国立大学校长学长正教授派赴外国考察规程》)和《选派教员留学外国暂行规程》，前者适用于校长、学长、教授连续任职本校五年以上者，后者适用于连续任职本校一年以上之本科教授、预科教授及助教。④ 这些章程为北大选派教师留学提供了依据。截至蒋梦麟1926 年被迫离校前的这段时间，北大相关人士赴外考察者较少。据有关研究指出：就校长、学长、教授连续任职本校五年以上者这一类人员来说，此种类型考察属于学术休假，"目前可以确定为学术休假的只有夏元瑮、沈尹默和蔡元培三人"；就连续任职本校一年以上之本科教授、预科教授及助教而言，主要有"宋春舫、卜思(Bush)、程演生等教员"。⑤ 若仅就前者而论，作为章程的发起者，夏元瑮是首个享受这一待遇的北大人，其于 1919 年赴德国柏林，1921 年返校。⑥ 作为校长的蔡元培赴欧洲考察，时间是 1923 年 7 月

　　① 胡仁源：《北京大学计划书》，见王学珍、张万仓编：《北京高等教育文献资料选编(1861—1948)》，首都师范大学出版社 2004 年版，第 342 页。

　　② 《理科研究所第二次报告》，《北京大学日刊》1917 年 11 月 22 日，第 1—2 版。

　　③ 《致理科各教员公函》，《北京大学日刊》1917 年 12 月 8 日，第 2 版。

　　④ 《大学校长等派赴外国考察规程》《选派教员留学外国暂行规程》，《北京大学日刊》1918 年 10 月 4 日，第 4—5 版；《国立大学校长学长正教授派赴外国考察规程》，《北京大学日刊》1918 年 10 月 30 日，第 1 版。

　　⑤ 有关内容参见田正平、王恒：《民国时期北京大学学术休假制度考述——基于高等教育国际化的视角》，《教育研究》2017 年第 5 期，第 137—143 页。

　　⑥ 《夏元瑮冯庆桂启事》，《北京大学日刊》1919 年 1 月 15 日，第 1 版；曹子西主编：《北京历史人物传》(下)，北京燕山出版社 2014 年版，第 863 页。

（已辞校长），于 1926 年初回国。① 相对于两人为校长与学长的特殊身份，沈尹默当时为评议会成员与国文系教授会主任，其获准过程一波三折。1919 年 12 月，北大评议会议决通过："校长提议国文教授会沈尹默教授在校五年以上，照章可以出洋考察，现拟赴日本，除仍支原俸外，由本校每月津贴六十元。"②事实上，看似平静决定的背后藏着波澜，据沈尹默回忆：原本想去法国，但是胡适以"国文教员不必到法国去"为理由反对，最后以赴日本获准。1920 年 11 月 23 日启程，27 日到达日本京都。不过据资料显示，这次出行似乎未得到北大允准，直到 1921 年 3 月，沈尹默致函请假两年，以便在京都大学研究，并放弃"本校所给津贴"，评议会才批准。此中缘由从沈氏回忆中可见一斑："评议会通过，蒋梦麟不放，他以为我们这一起人是一个势力，会拆他的台，无论如何不放。到 1921 年，才答应除月薪照发外，另给我四十元一月。"③可见，沈尹默的出行并不顺利，尽管最终基本上按照规程执行，但降低了待遇（规定照发全薪，另有"出国川资六百元；治装费三百元；回国川资六百元；考察费每月与部定欧洲留学生学费同"），其中颇有蒋梦麟与胡适的影响（沈出行前后正值 1920 年 10 月—1921 年 9 月蒋代理校务），不免让人想到法日派与英美派纷争这一缘故。总之，这一阶段以《大学校长等派赴外国考察规程》和《选派教员留学外国暂行规程》为依据长期出国考察的北大教师不多，这与时局混乱、经费短缺等原因有关，也有派系纷争的部分因素。蒋梦麟以代理校长与评议员的身份发挥着作用，但总体上贡献有限。

1930 年底，蒋梦麟任北大校长后，力推落实教师长期出国考察工作。鉴于此前章程多是面向教授，1934 年 6 月，北大出台《资助助教留学规则》（1937 年修订），并委派樊际昌、张颐与戴修瓒起草"教授休假研究制度"。历时约半年，12 月 1 日，《国立北京大学教授休假研究规程》问世；1935 年 4 月 24 日，校务会议通过补充原则两项；1936 年 5 月 21 日，校务会议再次修订。蔡元培与蒋梦麟主持颁行的相关规程详见表 4-13。

---

① 高平叔：《蔡元培年谱长编》（第 2 卷），人民教育出版社 1999 年版，第 652—722 页。

② 《评议会议事录》，见王学珍、郭建荣主编：《北京大学史料》（第 2 卷），北京大学出版社 2000 年版，第 159 页。

③ 沈尹默：《我和北大》，见全国政协文史资料委员会编：《中华文史资料文库》（第 17 卷·文化教育编），中国文史出版社 1996 年版，第 381 页；《评议会议事录》，见王学珍、郭建荣主编：《北京大学史料》（第 2 卷），北京大学出版社 2000 年版，第 164 页；《沈尹默启事》，《北京大学日刊》1920 年 12 月 9 日，第 1 版。

表 4-13　1918 年与 20 世纪 30 年代北京大学教师长期出国考察相关规程对比

《大学校长等派赴外国考察规程》(1918)	《国立北京大学教授休假研究规程》(1934)
一、大学校长、学长、教授，每连续任职五年以上，得受特别优待，派赴外国考察一次，惟同时不得过二人。 二、考察员出国前，应将其所拟研究之事物及所往之各地点，略作报告于大学评议会。 三、考察员除获原薪全数外，可得下列各费： 出国川资四百元；治装费三百元；回国川资六百元；考察费每月与部定欧洲留学生学费同。 各款全以现金发给，不受纸币涨落之影响。(教育部审定后删除此句话，添加"专赴日本考察者，上列各费另行核定") 四、出国时领出国川资、回国川资、治装费、俸薪及考察费六个月，以后俸薪及考察费，每三个月由大学会计课汇寄一次。惟三个月前必须设法寄到。 五、考察以二年为期，不得延长。(教育部审定后，本条改为"以一年为期，但得延长") 六、考察员随时应有详细报告，寄校评议会。 七、考察员归国后，北京大学仍须继续延聘，至少三年。(教育部审定后删除本条) 八、此项规程，大学及考察员各执一份，双方签字盖印，以昭信守。	一、本大学教授连续服务满五年者，得请求休假一年，如不兼事支半薪。其请求休假半年者，如不兼事支全薪。曾经休假一次者须连续服(务)六年方得再请休假。 二、如欲在休假期内作研究工作者，应先提出研究之具体计划，经系务会议通过审定提校务会议核准后方得享受下列各条之待遇。 三、在休假期内赴欧美研究者，支给全薪，并给予往来川资各美金三百五十元。但本人如在他方面领有川资者，本校不再支给川资。 四、在休假期内赴日本研究者。支给全薪。 五、凡休假教授赴欧美或日本研究者，其在国外研究期间须在十个月以上。 六、在休假期内赴国内各地研究者，除照第一条支薪外，其旅行及研究费，由研究者提出详细预算，经校务会议核定，但其总数不超过一千五百元。 七、依本规程休假者期满后有返校服务义务。 八、每年休假人数，每学系不得超过一人。 九、各学系不得因教授休假而增聘教授及讲师。 十、经特种契约确定者不适用本规程之规定。 十一、本规程未尽事宜，由本校务会议修正之。 十二、本规程自二十四年度起施行。
《选派教员留学外国暂行规程》(1918)	《国立北京大学教授休假研究规程补充规程》(1935)
一、教育部指定留学额数内有空缺时，各科学长得就学科需要情形。请校就曾在本校连续任职一年以上之本科教授预科教授助教选补。	一、每年全校休假研究教授总额以其人为限。 二、申请者应于每年四月十日前提出研究计划。

《选派教员留学外国暂行规程》(1918)	《国立北京大学教授休假研究规程补充规则》(1936)
二、有前条资格而志愿留学之教员，每年四月间应就学长议决之各学科中择定一种或数种，提出研究案及志愿书于学长会。(一)详细说明其在留学期内所拟研究之事物及研究之程序，并前此关于此种学科之成绩，及外国语之预备。(二)声明若被选派，愿遵守本规程所列各条件。 三、学长会审查各研究案，将其结果报告校长，决定选派何人。 四、留学教员除照部定规程支治装费、往返川资及每月学费外，仍按月支在校原薪之半，其在校五年以上者得支全薪。此项薪金均发现洋，由本人指定一人按月在本校会计课代领。 五、留学教员自出国日起至回国日止，每月应有详细留学日记寄本科学长。有取得学位之论文，或他项著述及考察报告，亦应随时送校以备考核。 违背前项规定者，校长可酌量情形停止其费之全部或一部。 六、留学时期以二年为限。惟得延长。 七、留学教员归国后，北京大学仍须继续延聘至少三年。	一、请求休假出国研究之教授人数超过七人时，应以本校之需要定其先后，但第一年无教授出国研究之学系下一学年有优先权。 二、全校休假人数不足为每系一人时，如某一系有特殊需要，得与无教授休假之学系相商，借用其休假名额一年。 《资助助教留学规则》(1934) 一、助教具下列资格，经系教授会审查合格，提交院务会议及校务会议通过者，须由学校资助留学。 (a)在校服务满五年以上勤于职务者。 (b)兼作研究工作，确有相当研究成绩者(研究成绩以登载本校刊物或国内外著名刊物者为有效)。 二、留学时期，第一年薪金照支，第二年如成绩优良，得由该助教向学校请求继续一年，惟须经系教授会、院务会议及校务会议之通过。 三、留学助教之职务，在该助教留学时期由本系或本院他系中其他主教分别担任之，学校不另加聘他人。(1937年修订删掉"学校不另加聘他人") 四、留学助教每系不得同时有二人。 五、助教留学回国后，学校倘有聘请其回校服务之必要时，该助教有尽先在校服务之义务。

注：在不影响原意的前提下，表格中文字表述略有精简。

资料来源：北京大学1918年此方面的两份规程：《大学校长等派赴外国考察规程》《选派教员留学外国暂行规程》，《北京大学日刊》1918年10月4日，第4—5版。教育部审定后的规程：《国立大学校长学长正教授派赴外国考察规程》，《北京大学日刊》1918年10月30日，第1版。1934—1937年北京大学此方面的规程及补充原则：《国立北京大学教授休假研究规程》(1934)、《国立北京大学教授休假研究规程补充规则》(1935)与《资助助教留学规则》(1934)，见王学珍、郭建荣主编：《北京大学史料》(第2卷)，北京大学出版社2000年版，第437—438、441、436、441页；《国立北京大学教授休假研究规程补充规则》(1936)，载《国立北京大学布告》，见王学珍、郭建荣主编：《北京大学史料》(第2卷)，北京大学出版社2000年版，第210—211页。

接下来我们对比分析蔡元培、蒋梦麟两人主持出台的规程，为表述便利，简称"蔡时期"与"蒋时期"。就申请资格而言，两个时期的规程都强调需满足在校连续工作若干年，其中"蔡时期"强调校长、学长与教授应连续在校工作五年，而本科教授、预科教授、助教一年；"蒋时期"要求教授与助教都需五年，显然在资格上提高了要求。就名额而言，"蔡时期"指出校长、学长与教授每年两人，而本科教授、预科教授与助教是"教育部指定留学额数内有空缺时"才行；"蒋时期"要求教授每年七人，助教每年"每系不得同时有二人"，随着名额的增加，"蒋时期"的教师留学概率增多。就规程适用对象而言，"蔡时期"主要是校长、学长与教授群体；而"蒋时期"分为教授与助教等类别，实际执行时分别审定与派遣，这为不同身份的教师提供了休假学习机会。就期满后受助者义务而言，"蔡时期"规定必须返校服务至少三年，但教育部审定后删除了此要求；而曾任教育部部长的蒋主持北大时在规程中没有写明具体服务期限，但有这段表述：对于教授，"各学系不得因教授休假而增聘教授及讲师""期满后有返校服务义务"；对于助教，"留学助教之职务，在该助教留学时期由本系或本院他系中其他主教分别担任之"，"助教留学回国后，学校倘有聘请其回校服务之必要时，该助教有尽先在校服务之义务"。可见相对于"蔡时期"的明确规定服务期限（教育部删除），"蒋时期"首先保留受助者的在校职位，而后再要求其有返校服务义务，此规定较为委婉又言之有据。在待遇方面，两者要求连续工作五年以上均可领取全薪，"蒋时期"的其他费用比"蔡时期"相对多一些、年限要求更为灵活，同时在申请、批准与考核方面，"蒋时期"比"蔡时期"更为细化。此外，尽管此处探讨教师赴外考察，但也有必要交代一下与此相关的另一种交流类型，"蔡时期"规定出国研习，并未见到国内研修的专项章程；而"蒋时期"分设国外研习与国内研习，类型上更为多样，例如郑奠教授研究国学、陶希圣教授的学术调查等国内休假都获批①。总之，"蔡时期"在选派教师长期出国考察问题上起到了引领作用，教育部的相关章程正是由于北大的推动而出台；而"蒋时期"进一步的丰富与发展，特别是在为更多教师提供深造机会、提高待遇、完善程序及类型等方面的努力令人印象深刻。

难能可贵的是，"蒋时期"的实施情况较好。1935 年，赴外休假教授

---

① 《北大下年度休假教授文学院三人理学院一人》，《北平晨报》1935 年 7 月 9 日，第 9 版；《北大课业处改称教务处 各教授休假研究昨天开校务会通过》，《北平晨报》1937 年 5 月 20 日，第 9 版。

3人，其中：文学院2人，哲学系主任张颐、外国文学系徐祖正；理学院1人，地质系孙云铸。1937年4月，校务会议批准赴外休假教授共6人，具体是：文学院4人，周作人、孟森、汤用彤、罗庸；法学院2人，戴修瓒、秦瓚；助教1名，即张仲桂，另有在美继续请求资助之助教2人，分别是沈青襄、胡子安。此外，在1935年新的相关规程出台之前，1934年，地质系主任李四光赴英考察1年。1937年1月，教育系主任吴俊升教授休假赴欧美各国考察教育，行期8个月。① 曾在北大任教的钱穆回忆："北大清华燕京诸校，每年有教授休假，出国进修，以一年或半年为期。一则多数教授由海外学成归来，旧地重游，亦一快事。二则自然科学方面，日新月异，出国吸收新知，事更重要。亦有初次出国，心胸眼界，得一新展拓。此项制度，备受欢迎。"②

概言之，蒋梦麟任北大校长时，赴国外长期考察的教师多于"蔡时期"，但总体上人数仍然较少，目前资料显示以人文社科居多（以人文学科为最）。人数不多的原因与必须符合连续在校工作5年的要求有关，而当时教师的流动性相对较大，也与专项经费较少致使名额有限存在联系；当然，由于北大教授多具有长期海外留学经历，这也在一定程度上导致出行人数较少。仔细查看，长期赴外学术考察者以各学科带头人或骨干教师为主，这些教师利用此机会能够有专门时间针对性地开展学术研究与对外交流，返校后可以带领各自学科更好地发展。

其二，教师短期赴外考察。蒋梦麟掌校期间，北大教师短期赴外考察活动较为丰富，此类考察可分为一般性考察活动与参加国际性会议两种。就一般性考察活动来说，例如1923年10月，刘教授赴俄考察教育，其赞叹："考察新俄科学及教育等机关，所得结果，远出其豫期之外。"③再如，1932年，作为教育部欧洲教育调查团重要成员之一，杨廉教授赴欧洲各地考察教

---

① 《北大下年度休假教授文学院三人理学院一人》，《北平晨报》1935年7月9日，第9版；《北大教授樊际昌吴俊生昨南下 教系主任由邱椿代理》，《益世报》（天津）1937年1月19日，第6版；《北大课业处改称教务处 各教授休假研究昨天开校务会通过》，《北平晨报》1937年5月20日，第9版。当时北大规定每年休假教授数为7人，1937年4月批准7人，故1937年1月出访的吴俊升可能是1936年人选。因资料所限，1936年具体人选暂不清楚。

② 《读书与游历》，见钱穆：《中国文学论丛》（第3版），生活·读书·新知三联书店2016年版，第263—264页。

③ 《北大教授在俄考察教育》，《晨报》1923年10月10日，第3版。

育半年有余。① 另者,随着"九一八"事变、"一·二八"事变的爆发与《塘沽协定》的签订,为了深入了解日本的野心与发展现状,1934 年,北大克服经济困难,组建"北大经济学系赴日参观团",由时任系主任赵迺抟带队,共计 12 人,赴日参观考察。② 1935 年 2 月,余上沅教授赴法国、意大利与德国等考察戏剧及艺术相关情况。③ 1937 年 8 月,张天麟教授、樊弘教授等与北师大教师 3 人赴德国研习。④

在参加国际性会议方面,1925 年,"俄国列宁格勒科学院举行二百年纪念会",李四光作为北大代表出席。⑤ 1933 年 7 月,丁文江与葛利普赴美国参加国际地质学会会议,提交合作论文《中国的二叠系及其对二叠系地层分类的重要性》。⑥ 8 月,作为中方代表团主席,胡适出席在加拿大举行的太平洋学会会议,主题是讨论各国经济与外交等问题,还有英国、美国、加拿大与荷兰等多国代表参会,其间胡适批判各国竞争海上军备的行径。⑦ 1934 年12 月,蒋梦麟与沪江大学校长刘湛恩前往菲律宾参加东亚高等教育会议,蒋以中国高等教育为主题发表演讲,并详细考察了当地教育与社会发展情况,其认为当时菲律宾"因其教费优裕,故其教育设施,得以积极发展"。⑧ 1936 年,胡适赴美国再次参加太平洋学会会议,发表演说,抨击日本侵华行径,若不制止"将酿成世界战争",并作为北大代表出席哈佛大学成立三百周年纪念会。⑨ 1937 年 7 月,北大吴俊升参加在法国巴黎举行的世界民众教育会议。⑩ 以蒋梦麟与胡适等为首的北大教授在国际会议上发声不仅可以提升

---

① 《教育考察团抵波京》,《申报》1932 年 9 月 5 日,第 9 版;《欧洲教育考查团考察之经过(一)》,《申报》1933 年 5 月 10 日,第 14 版。

② 《北大赴日参观团旅途中游览纪实》,《北平晨报》1934 年 4 月 13 日,第 9 版。

③ 《余上沅将出国 赴欧美考察戏剧》,《西京日报》1935 年 1 月 15 日,第 2 版。

④ 《北大师大教授组赴德旅行团》,《京报》(北京)1937 年 7 月 8 日,第 7 版。

⑤ 《北大赴日参观团旅途中游览纪实》,《北平晨报》1934 年 4 月 13 日,第 9 版。

⑥ 《丁文江被派出席国际地质学会》,《申报》1933 年 6 月 7 日,第 3 版;宋广波编著:《丁文江年谱》,黑龙江教育出版社 2008 年版,第 392—396 页。

⑦ 《胡适在太平洋学会 痛斥竞争海军之非》,《青岛时报》1933 年 8 月 21 日,第 2 版。

⑧ 《出席东亚高教会议毕 蒋梦麟等昨抵京 昨赴教部报告明后日返平》,《南京日报》1935 年 1 月 10 日,第 7 版。

⑨ 《胡适来沪放洋赴美》,《申报》1936 年 7 月 9 日,第 8 版;《胡适博士昨演讲演变中太平洋 日本之对华侵略将酿成世界战争》,《申报》1936 年 12 月 4 日,第 11 版。

⑩ 《世界民教会议昨在巴黎开幕 我国由李石曾等出席》,《申报》1937 年 7 月 24 日,第 5 版。

北大在世界上的学术声望,也能够增强我国的国际影响力。

(2)国内学术交流活动

除了赴国外考察外,蒋梦麟主持的北大国内学术交流活动也十分丰富,主要以北大教师参加或举办会议、演讲或邀请校外专家演讲、学术兼职及参观访问等形式展开。

在参加或举办会议方面,1924年,中国科学社年会在南京召开,北京大学葛利普教授参会并被推举为"特社员"。是年,北大图书馆策划组织北京图书馆协会常会会议,开展学术演讲等多种活动。① 1931年,太平洋学会中国支会会议在杭州举办,蒋梦麟、胡适等教授出席。② 1932年8月,中国数理学会第三届年会在北大举行,议决派人参加国际数学年会。③ 同月,北大体育组主任彭文余参加在南京举办的全国体育会议。④ 1934年,中华学艺社第五次年会在北平开幕,蒋梦麟应邀参会;同年,蒋梦麟、胡适等赴庐山出席会议,蒋提出"用试验方法修正中小学教育制度,以适应国情"。⑤ 1936年,中国科学社、化学会、物理学会、数学会、植物学会与动物学会等科学团体在北平召开联合年会,蒋梦麟受邀出席并致开会辞;同年,作为发起单位之一,北大法学院代表参加在上海举行的中华法律教育协会大会,商讨法律改革问题。⑥

就北大教师或国内学者在校内演讲来说,大概每天或每隔几天就有著名教授举办公开讲座。蒋梦麟代理校务期间,以1924年上半年《北京大学日刊》为例,据不完全统计,仅北大各团体组织的国内专家讲演活动有数十次,各团体包括化学会、哲学系同学会、平民教育讲演团、经济学会、预科国语演说会等,讲演者主要有胡适、马寅初、王星拱、江亢虎、叶景莘、戴济等,题目分别是《戴东原哲学》《改革吾国币制之第一步》《科学方法与哲学方法》《最近考察南洋群岛之状况》《整理财政问题》《白色颜料制法之变革》等。蒋

---

① 《中国科学社年会纪》,《申报》1924年7月7日,第10版;《各省教育界杂讯》,《申报》1924年4月26日,第10版。

② 《太平洋学会我国出席代表人选》,《申报》1931年7月21日,第14版。

③ 《数理学会三届年会》,《申报》1932年8月23日,第8版。

④ 《全国体育会议》,《申报》1932年8月12日,第10版。

⑤ 《中华学艺社年会在平举行》,《申报》1934年4月6日,第13版;《蒋梦麟等赴庐建议修正教育制度》,《申报》1934年8月19日,第4版。

⑥ 蒋梦麟:《七科学团体联合年会开会词》,《科学时报》1936年第10期,第43—44页;《中华法律教育协会今日在沪举行成立会》,《申报》1936年2月5日,第16版。

1936 年蒋梦麟(前排右三)出席中国科学社等
七团体联合年会并与各位代表合影

图片来源：《七科学社第二十一次年会：中国科学界光荣：宋秦在怀仁堂邀宴七科学团体
右起一为梅贻琦二为秦德纯三为蒋梦麟》，《实报半月刊》1936 年第 22 期，第 3 页。

梦麟任校长后，此类活动依然众多。如 1931 年，北大地质学会、物理学会、
摄影学会分别邀请丁文江、严济慈、吴郁周来校演讲，题目分别为《中国地质
学者之责任》《现代物理学家之发表忙》《照相片之油渲法》；1932 年，北大法
律学会组织演讲活动，由何基鸿讲《苏俄立法原则》。① 再如，1934 年，北大
史学会与哲学会分别邀请陶希圣(题目是《古代社会组织与仁义》)、许地山
(题目是《要具什么条件才能成为伟大的民族》)发表演说；1935 年，翁文灏在
北大演讲，题目是《中国煤油铁铝矿概况》；1937 年，侯树彤在北大演讲，阐述
"中央银行改组问题"。②

　　北大教师受邀在外或邀请校外专家来校演讲活动同样较多。就前者而
言，1924 年 7 月，中国青年会与满洲社会事业研究所邀请胡适到大连演讲，
主题是"中国革命后文学变迁史"。③ 1925 年 6 月与 9 月，马寅初先后受邀到

---

　　① 《地质学会公开演讲》，《北京大学日刊》1931 年 3 月 14 日，第 1 版；《物理学会学术
公开演讲》，《北京大学日刊》1931 年 4 月 24 日，第 1 版；《北大摄影学会演讲通告》，《北京大
学日刊》1931 年 5 月 19 日，第 1 版；梅汝璈：《现代法学之趋势》，《大公报》(天津)1931 年 5 月
31 日，第 3 版；《法律学会学术公开演讲》，《北京大学日刊》1932 年 3 月 28 日，第 1 版。

　　② 《北京大学今日两演讲》，《益世报》(天津)1934 年 12 月 23 日，第 8 版；《中国地质学
会闭幕 丁文江杨杰又各有新发现》，《申报》1935 年 2 月 18 日，第 14 版；《中央银行改组问题
(一)》，《大公报》(天津)1937 年 4 月 23 日，第 4 版。

　　③ 《国内专电》，《申报》1924 年 7 月 19 日，第 4 版；《胡适在大连演讲》，《顺天时报》
1924 年 8 月 1 日，第 7 版。

燕京大学、中国银行演讲,主题分别是"上海租界历史及其性质""吾国何以不能施行贴现政策"。① 是年 10 月,胡适在上海美专讲演艺术方面的内容。② 1931 年 3 月,北平师范大学邀请蒋梦麟作主题为"研究教育的几个要点"的演讲。③ 1932 年 5 月,温源宁接受北平万国美术研究会的邀请,主讲"现代英美四大诗人"。④ 1934 年 3 月,北平研究院物理学研究所请周同庆演说,主题为"三原子的分子光谱之特性"。⑤ 1935 年 3 月,朱光潜在北平师范大学谈论"近代美学与文学批评"问题。⑥ 此外,北大邀请校外专家讲座很多,特别是有许多国外学者加盟,依据相关资料,我们整理出蒋梦麟代理校务(1923—1926)与任校长(1931—1937)期间的部分此类活动,见表4-14。几乎每年都有国外学者来北大演讲,以日本与欧美在各自领域的知名专家居多,高校学者以来自哈佛大学、哥伦比亚大学、早稻田大学、芝加哥大学等著名大学为主,演讲内容广泛,人文社会科学与自然科学均有涉猎,这些无疑可以增强北大师生对世界先进学术成果的了解与把握。

表 4-14　1923—1926 年与 1931—1937 年北大邀请国外学者演讲情况

序号	姓名	简介	主题	时间
1	奥斯班	美国哥伦比亚大学动物门教授	离世前的人和人种发源地	1923 年 10 月
2	柯脱	美国生物学专家	进化论之现在;植物学为国家之富源;科学与近世文明	1923 年 12 月
3	小坂狷二	日本	世界语的效用与中国	1924 年 4 月
4	市村瓚次郎	日本东京帝国大学教授	论环境与文化之关系,并以两晋南北朝佛学之影响为例证	1924 年 10 月

① 《燕京大学马寅初讲演沪租界》,《顺天时报》1925 年 6 月 18 日,第 7 版;《马寅初在中国银行之讲演》,《申报》1925 年 9 月 23 日,第 14 版。

② 《胡适之昨在美专演讲》,《申报》1925 年 10 月 16 日,第 6 版。

③ 《蒋梦麟昨在师大讲演 研究教育几个要点》,《华北日报》1931 年 3 月 23 日,第 6 版。

④ 温源宁:《现代英美四大诗人》,《青年界》1932 年第 2 期,第 54—79 页。

⑤ 《北大教授周同庆今日讲演"三原子的分子光谱特性"》,《北平晨报》1934 年 3 月 10 日,第 9 版。

⑥ 《近代美学与文学批评》,《益世报》(天津)1935 年 3 月 9 日,第 8 版。

序号	姓名	简介	主题	时间
5	大村西崖	日本东京美术学校教授	风俗史的研究与古美术品的关系	1925 年 1 月
6	华德	美国社会学家	工业主义的伦理观	1925 年 3 月
7	班托克	日本早稻田大学	欧美近代剧场问题	1925 年 5 月
8	安特生	瑞典地质调查所前所长	1901—1904 年瑞典之南冰洋探险队	1925 年 5 月
9	可是士罗夫	俄国地质学会会员	西夏及蒙古发掘古物之经过	1925 年 5 月
10	伯克赫斯特	美国	道尔顿制之心理	1925 年 8 月
11	三上参次	日本东京帝国大学教授	中日两国关系之历史上观察	1925 年 10 月
12	植原悦二郎	日本	日本之政府及政党	1925 年 11 月
13	钱精末	日本国际政治专家	国家主义	1926 年 1 月
14	郎之万	法国教育家	社会的演进与科学的使命	1932 年 1 月
15	史托莱	美国巴玛拿大学教授	中国政治现势的观察	1932 年 3 月
16	芮理	英国昆虫学家	昆虫学	1932 年 7 月
17	马烈克	丹麦民众教育专家	丹麦之合作运动与土地政策	1934 年 2 月
18	勃克夫	美国哈佛大学数学系教授	"量子力学的几种见解"等	1934 年 4 月
19	贝尔斯	丹麦民众教育专家	目前高等民众教育问题及其工作	1934 年 10 月
20	斯曲克伦	美国专家	合作运动与国家之关系	1934 年 10 月
21	奥斯谷	美国教授	教学与物理的几种关系	1934 年 11 月
22	何尔康	美国哈佛大学政治系主任	第二国际与第三国际	1935 年 5 月
23	开浓	美国哈佛大学生理学教授	身体保持安定的组织	1935 年 5 月
24	布朗	美国芝加哥大学人类学教授	历史与社会科学	1935 年 12 月
25	哥特显	华西协和大学博物院监督、美国教授	中国史前的四川人、四川苗人的风俗美术与宗教	1936 年 11 月

序号	姓名	简介	主题	时间
26	波尔	丹麦物理学家	原子核构造论、物理学上因果律	1937 年 6 月
27	孟禄	美国心理学家、教育学家	公民的准备	1937 年 6 月

资料来源:《北大昨晚之博物演讲会奥斯班讲演〈历史前的人和人种发源地〉》,《晨报》1923 年 10 月 9 日,第 6 版;《美国生物学专家柯脱先生在本校讲演日期》,《北京大学日刊》1923 年 12 月 12 日,第 1 版;《日本小坂狷二先生演讲〈世界语的效用与中国〉》,《北京大学日刊》1924 年 4 月 26 日,第 2—3 版;《史学教授会布告》,《北京大学日刊》1924 年 10 月 2 日,第 1 版;《北大公开讲演》,《晨报》1925 年 1 月 11 日,第 6 版;《北大地质系公开讲演十一日》,《晨报》1925 年 5 月 9 日,第 6 版;《梅兰芳赴美演剧之讨论》,《申报》1925 年 5 月 22 日,第 7 版;《本校公开学术演讲》,《北京大学日刊》1925 年 5 月 14 日,第 1 版;《柏女士今日公开讲演讲题道尔顿制之心理 地点在北大第三院》,《晨报》1925 年 8 月 5 日,第 7 版;《讲演录:日本之政府及政党》,《北京大学日刊》1925 年 12 月 1 日,第 1 版;《华德教授讲演录》,《京报副刊》1925 年 5 月 6 日,第 1 版;《中日两国关系之历史上观察》,《顺天时报》1925 年 10 月 14 日,第 4 版;《前晚北大之课余话集 日教授演讲国家主义》,《顺天时报》1926 年 1 月 11 日,第 7 版;《反对私的科学》,《大公报》(天津)1932 年 1 月 10 日,第 5 版;《中国政治现势的观察》,《大公报》(天津)1932 年 5 月 27 日,第 4 版;《芮理博士来平 将在各大学讲演》,《益世报》(北京)1932 年 7 月 8 日,第 6 版;《马烈克氏昨在北大演讲》,《京报》(北京)1934 年 2 月 10 日,第 7 版;《清华北大请勃克夫讲演》,《益世报》(天津)1934 年 4 月 19 日,第 3 版;《丹麦专家将到北大讲演》《美合作专家今在北大讲演合作运动与国家关系》,见王学珍、郭建荣主编:《北京大学史料》(第 2 卷),北京大学出版社 2000 年版,第 2317 页;《北大约请奥斯谷讲演》,《益世报》(天津)1934 年 11 月 16 日,第 8 版;《何尔康今日在北大演讲》,《益世报》(天津)1935 年 5 月 17 日,第 8 版;《北大学术讲演已定期分别举行》,《京报》(北京)1935 年 5 月 26 日,第 7 版;瑛:《布朗博士今日在北大演讲》,《益世报》(天津)1935 年 12 月 16 日,第 8 版;《哥特显博士今明在北大讲演四川人风俗宗教等》,《京报》(北京)1936 年 11 月 24 日,第 7 版;《布尔博士今日续讲原子核 四日在北大讲物理学上因果律》,《京报》(北京)1937 年 6 月 2 日,第 7 版;《孟禄博士在北大演讲》,《武汉日报》1937 年 6 月 15 日,第 3 版。

除上述外,北大还有其他一些学术交流活动。首先,北大教师兼任校外学术性职务,如王世杰为《现代评论》主要负责人与撰稿人之一、刘半农为巴黎语言学会会员、丁文江与葛利普多次担任中国地质学会理事、胡适任中国科学社理事,等等。① 其次,接待校外人士参观考察,如 1924 年 1 月,地质学会全体会员参观北大地质系,人员包括会长翁文灏与来自俄国、法国、英国以及北大的多位知名专家。1934 年 4 月,中华学艺社年会出席者近 200 人参观北大。1935 年 11 月,江苏省中等学校校长华北教育考察团到北大研学,北大教育学系主任吴俊升领衔招待。② 再者,与其他大学交换教授,如1924 年,由北大发起成立国立大学联合会,以加强各校之间联系,并议定包括"交换教授"等多种交流方式。北大与新建广东大学达成互派教授协议,北大选派周鲠生、王世杰、皮宗石、石瑛等前往交流。③ 此外,赠国外学者博士学位、与国外大学互换图书亦有之。④

  在蒋梦麟主持下,北大通过多种方式进行学术交流。一方面,注重学术成果的"走出去",主要以支持教师外出考察、参加会议与演讲等活动来实现;另一方面,关注学术成果的"引进来",主要依靠举办会议、接受参观与邀请学者演讲等途径来完成。此外,当时北大学术交流有一个突出特点——国际化,选派教师出国考察、参加国际性会议、邀请外国专家演讲等多种举措都可以充分体现这一点。

  (三)"变成学术中心":"研究高深学术"的效果

  随着各种措施的推行,北京大学的学术研究取得了许多突出成果,其中不少达到国内领先乃至世界先进水平,我们主要从文科、理科与法科三方面来阐述。

  就文科而言,作为新文化运动的策源地与中心地,北大长期是当时中国文科发展的杰出代表。从文科研究所(院)的发展情况来看,北大研究人员

---

  ① 顾明远主编:《中国教育大系·历代教育名人志》,湖北教育出版社 2015 年版,第746 页;《刘复教授被举为巴黎语言学会会员》,《北京大学日刊》1925 年 1 月 6 日,第 1 版;《中国地质学年会开幕》,《申报》1933 年 11 月 13 日,第 13 版;《中国科学社二十周年纪念会》,《申报》1935 年 10 月 28 日,第 7 版。

  ② 《地质学会全体会员参观北大地质系记》,《晨报副刊》1924 年 1 月 27 日,第 4 版;《中华学艺社年会明日在平开幕》,《申报》1934 年 4 月 3 日,第 14 版;《江苏省中学校长教育考察团昨到北大参观》,《北平晨报》1935 年 12 月 1 日,第 9 版。

  ③ 《国立大学联合会之发起》《各省教育界杂讯:北大与广大交换教授》,《申报》1924 年7 月 1 日,第 11 版。

  ④ 《北大赠杜志博士学位》,《民国日报》1924 年 5 月 9 日,第 2 版;《促进中西文化 袁同礼已由美赴欧接洽圆满 青大与哈佛交换教授 北大与哥大交换图书》,《益世报》(天津)1934年 6 月 24 日,第 3 版。

以编辑室、考古学室、金石拓片室、明清史料室、语音乐律实验室等部门为依托，分别组成若干研究团队，在歌谣集结与分析、风俗收集与研读、古物收藏与保护、古迹调查与研究、明清史料的校订与整理等多方面做出了重要贡献。语言学方面，刘半农"先后制出最简音高推算尺，乙一推断尺，乙二推断尺，音准，声调模摹拟器等"，这些是该领域的奠基性成果，时人评价仅"摹拟器"一项便可使得刘"不巧"①，同时刘的《北平方音析数表》(1932)、《中国文法讲话》(1933)与《十韵汇编》(与罗常培、魏建功合编，1936)等的学术价值也甚高；罗常培的《唐五代西北方音》(1933)、《国音字母演进史》(1934)、《中国方音研究小史》(1934)与魏建功的《古音系研究》(1935)等影响力很大。历史学方面，除了编辑整理大量明清史料外，孟森的《明元清系通纪》(1934年前5卷刊行)、陈受颐的《西洋汉学与中国文明》(1936)、钱穆的《先秦诸子系年》(1935)及《中国近三百年学术史》(1937)等分别是明清断代史、中西文化交流、先秦诸子与中国学术史等方面的经典作品。此外，哲学方面张颐的《黑格尔与宗教》(1933)、汤用彤的《汉魏两晋南北朝佛教史》(1937年基本完成，1938年出版)，教育学方面吴俊升的《教育哲学大纲》(1935)、邱椿的《学制》(1933)，以及美学方面朱光潜的《文艺心理学》(1936)等，均是各自领域中的杰出成果。

就理科而言，蒋梦麟强调文理并重，在保持文科研究产出高水平成果的同时，大力发展理科，成效明显。数学方面，长期担任北大数学系主任的冯祖荀对全国性学术组织——中国数理学会的组建(重要发起人之一)以及微积分研究等方面的贡献深受学界认可，江泽涵之不动点理论与拓扑学、程毓淮之偏微分方程、申又枨之复变函数的插值理论等研究具有奠基性意义。物理学方面，饶毓泰与周同庆之光谱学、吴大猷之多原子分子振动光谱、朱物华之无线电等研究都有重大影响。化学方面，刘树杞的"熔盐电解制钨"成果(1934)、曾昭抡的《炸药制备实验法》(1934)、孙承谔的《数种化学反应之性能》(1935)、刘云浦的《烯类化学》(1936)等作品学术价值较高。地质学方面，李四光在地层古生物、冰川研究等方面贡献卓越，时人评价：李有关筵科化石的研究解释了"中国北方太原系的时代和划分"这一长期争论的问题，"他根据筵科的研究把太原系下部划为中石炭纪，称为本溪系，上部划为上石炭纪，仍称太原系"，随后对宁镇山脉的地层和构造的分析"对中国南

---

① 魏建功：《故国立北京大学教授法国国家文学博士刘先生行状(节录)》，见鲍晶编：《刘半农研究资料》，天津人民出版社1988年版，第19页。

方,特别对长江下游地区,上部古生代及其以后地层的划分、对比和构造的研究都起了重要作用"。另有国外地质专家表示中国无第四纪冰川,李四光通过长期考察探究后,"发表了他的名著《冰期之庐山》(1937年完稿)和《安徽黄山第四纪冰川现象》(1936年),提出了无可反对的证据",这一成果富有开创意义。① 再者,丁文江与葛利普的《中国的石炭系及其在密西西比系和宾夕法尼亚系地层分类上的意义》等相关成果"为我国晚古生代含煤地层研究奠定了扎实的基础"。② 由丁文江倡导并联合翁文灏、曾世英等人编制的《中华民国新地图》(1934)获得张其昀的高度赞誉:"中华民国新地图之完成为一绝大贡献,可与世界最进步之地图并列而无愧色。"③同时,孙云铸的 *Contribution to the Cambrian Fauna of North China*(1924)是我国近代古生物学的首部专著④,葛利普之古生物与地层、谢家荣之矿床与石油、斯行健之古植物等方面研究都负有盛名。生物学方面,张景钺之植物学、沈嘉瑞之甲壳动物学等相关成果堪称各自领域的典范作品。

就法科而言,较之于蔡元培时期,蒋梦麟正式主持北大时期法科研究得到较大发展,一批具有重要影响力的成果相继问世。法律学方面,戴修瓒的《民法债编总论》(1933)、陈瑾昆的《刑法总则讲义》(1935)、燕树棠的《论法律之概念》(1936)等;政治学方面,陶希圣的《中国社会现象拾零》(1932)、张忠绂的《中国国际关系》(1933)及《欧洲外交史》(1934)、许德珩的《社会学讲话》(1936)等;经济学方面,秦瓒的《中国所得税问题及发展》(1931)、赵迺抟的《价格经济学》(1935)与《国富论学说述原》(1936)等。

由上不难发现,在文、理、法各科的诸多领域中,北大的许多学术成果在各自领域都占有重要地位乃至是奠基、引领之作。

尽管环境艰苦,但是蒋梦麟带领的北京大学坚定地践行着"研究高深学术"的目标,并且成效显著。亲历者曾评价:

---

① 孙殿卿《怀念李四光老师》、周慕林《纪念我国第四纪冰川地质奠基人——李四光教授》,见李四光研究会筹备组地质学会地质力学专业委员会编:《李四光纪念文集》,地质出版社1981年版,第29—31、64—67页。

② 韩德馨:《纪念丁文江先生》,见中国人民政治协商会议江苏省泰兴县文史资料研究委员会编:《泰兴文史资料》(第4辑),出版社不详,1987年版,第17页。

③ 张其昀:《中国近年地图学之成绩》,《方志月刊》1935年第9—10期合刊,第52页。

④ 于洸:《孙云铸教授在北京大学》,见王鸿祯主编:《中国地质学科发展的回顾——孙云铸教授百年诞辰纪念文集》,中国地质大学出版社1995年版,第29页。

近年以来，虽然刘半农、黄节、钱玄同先生都相继逝世了，可是沈兼士先生的文字学，唐兰先生的甲骨金石，罗常培、魏建功先生的语音声韵，余嘉锡、赵万里先生的目录版本，胡适、郑奠、罗庸先生的文学史，孙楷第先生的小说史，顾随先生的戏曲，如果不能够被认为是代表中国全国的最高的权威，那么，你应该可以告诉我谁是比他们更好的。这单是指的中国文学系。史学系呢，最近逝去的孟森，不但他的常州官话永远的嵌在我的脑里，他的清史考据的伟大成就，他的临大节不苟免的正气磅礴，又有谁不感到钦仰、兴奋。除了孟心史先生外，史学系还有陈援庵、钱穆、毛准、郑天挺、蒙文通、姚士鳌；哲学系呢，汤用彤、熊十力、周叔迦……外国语文学系、教育系的教授们我并不十分熟悉，然而你也许知道梁实秋、朱光潜、罗念生、陈雪屏或吴俊升，这都是独往独来的人物，各有着他们的超特的学力或重大的文化教育事业。①

另有时人指出：从 1931 年到 1937 年，蒋梦麟任北大舵手，得到胡适、丁文江、傅斯年与陶孟和等众多同人协助，"努力将科学教学和学术研究的水准提高，对中国历史与文学的研究也认真进行，教授有充裕的时间从事研究，学生也集中精力追求学问，已经转变为学术中心了"②。罗家伦也曾充分肯定了蒋梦麟主持北大时在学术研究上的贡献："那时候文史和自然科学的研究工作，沉着的加强，大学实在安定进步之中。"③可见，蒋梦麟在回忆录中强调北大"已经逐渐变成学术中心"④的结论确属事实。

四、"改良社会"：社会服务职能

现代大学与社会有着极为密切的联系，已不是纯粹的象牙塔，它不仅要致力于学术，也应该和"公共生活、历史事实以及现实环境保持接触。……必须对其所处时代的整个现实环境开放，必须投身于真实的生活，必须整个地融入外部环境"⑤。中国近代大学的发展亦是如此，北京大学是其中的典型代表之一。蔡元培任校长伊始，就不仅推崇北大是"研究高深学术"之地，

---

① 柳存仁：《北大和北大人（二）——记北京大学的教授（中）》，《宇宙风（乙刊）》1940 年第 30 期，第 22 页。

② 孙德中：《梦麟先生的生平与兴趣》，《传记文学》1964 年第 8 期，第 51 页。

③ 罗家伦：《逝者如斯集》，传记文学出版社 1981 年版，第 65 页。

④ 蒋梦麟：《西潮与新潮》，人民出版社 2011 年版，第 211 页。

⑤ （西班牙）奥尔特加·加塞特著，徐小洲、陈军译：《大学的使命》，浙江教育出版社 2001 年版，第 98—99 页。

而且多次在不同场合强调社会服务的重要性。例如,1918年,蔡元培在北大校役夜班开学时指出:"不知一种社会,无论小之若家庭,若商店,大之若国家,必须此一社会之各人,皆与社会有休戚相关之情状,且深知此社会之性质,而各尽其一责任。故无人不当学,而亦无时不当学也。"[①]1919年9月,蔡在开学仪式上强调:"大凡研究学理的结果,必要影响于人生。倘若没有养成博爱人类的心情、服务社会的习惯,不但印证的材料不完全,就是研究的结果也是虚无。所以,本校提倡消费公社、平民讲演、校役夜班与新潮杂志等,这些都是本校最注重的事项。"[②]1920年9月,他在北大始业仪式上表示:"希望同学一方面为社会服务,一方面还要自己切实用功。"[③]同年10月,在赴欧洲考察前的话别会上,他嘱咐大家:"乘我们用功的余暇办些学校,教育那些失学的人,就是牺牲光阴,也是值得。这种事也是脚踏实地的初步。即如现在的调查灾区也是服务社会的要端。此等事很望不断的做下去。"[④]一年后,1921年9月,他在北大欢迎其考察回国大会上发表演说:美国大学的目的在于"要把个个学生都养成有一种服务社会的能力",而反观自身,对于社会,除了少数同学所办的平民夜校及平民教育讲演团外,也没有"尽全体的力"为社会做事,应当"猛省"。[⑤] 蔡元培支持北大服务社会的观念受到了当时欧美文化的影响,特别是新文化运动期间,大批美国留学生回国与实用主义提倡者杜威访华起到了重要的推动作用。作为留美博士、杜威之学生的蒋梦麟是主张大学社会服务的代表性人物,尤其是他以北大为阵地,进一步丰富与发展了蔡元培的相关主张及举措,将大学与社会的关系变得更加紧密,使得两者相互促进、相得益彰。

(一)"为社会求进化":适宜国情的服务目标

蒋梦麟祖籍浙江余姚,自幼深受阳明文化的熏陶,推崇"知行合一",后来到美国哥伦比亚大学师从杜威研习教育,长期浸染于实用主义思想之中。1917年回国后,他担任《教育杂志》编辑与《新教育》主编,在进入北大前便非常注重大学的社会服务职能。1919年1月,他在天津演讲时指出:文化运动既需要知识阶级传播学术(是局部的),又应通过"社会运动的教育"服务于

---

① 《本校纪事:校役夜班开学详情》,《北京大学日刊》1918年4月16日,第2—3版。
② 《本校纪事:二十日之大会纪事》,《北京大学日刊》1919年9月22日,第1—3版。
③ 《纪北京大学始业式》,《申报》1920年9月14日,第6版。
④ 《蔡校长在话别会之演说词》,《北京大学日刊》1920年10月23日,第3版。
⑤ 《蔡校长演说辞》,《北京大学日刊》1921年9月22日,第1—2版。

普通民众，"这是提高社会程度的方法"。如果"一个社会里边，少数的人，天天讲文化；多数的人，不知道地球是方的或是圆的；一个社会里有了两个世界，彼此不通声气，社会怎样能进化"！而大学是"改良社会"的重要机构。例如，美国多数大学，有校外教育，在城市中设学，讲演时事和商业上的应用知识及技能。我国开办夜校有四种办法：像北大学生会开办平民夜学那样，"借学校里的校舍，来开夜班"；学生与商界合办夜校；开游艺会为夜校筹款；"组织社会进化促进团"。①

在进入北大后，蒋梦麟关心学生的社会性成长与大学的社会服务属性。1919年7月他初到北大时，不仅希望学生能安心求学，而且主张学生"养成强健之体魄、团结之精神，以备将来改良社会，创造文化，与负各种重大责任"②。10月，在北京高等师范学校校庆纪念会上，他表示学生自治的责任应包括提高学术程度、公共服务、产生文化、改良社会四方面，学生事业不仅在校内，还要与社会生活相接触，将所学知识传播出去，做社会的好榜样，使社会程度渐渐提高。③11月，他撰文指出：读书的结果不是把有用的人变成"书呆子"，"做成枯落的秋草"，人们以为教育的出产品是"主人翁""枯草"和"宰相圣贤"，这些失之偏颇。教育的出产品应是"活泼泼的、能改良社会的、能生产的个人"。在谈到"改良社会的个人"时，他表示："若我单把个人发展，忘却了社会，个人的幸福也不能存在"，学校宗旨在于培养学生具有改良社会的能力，"养成社会良好的分子，为社会求进化"。在论述"能生产的个人"时，他强调今后教育"要讲生产，要讲服务，要知道劳工神圣"。④同期，他提醒大家注意："这文化运动，不要渐渐儿变成纸上的文章运动；在图书馆、试验室里边，不要忘却活的社会问题；不要忘却社会服务；不要忘却救这般苦百姓。"⑤仅在进入北大的第一年，蒋梦麟便多次以不同方式表达了对大学服务社会的重点关注。

社会服务牵涉范围颇广，形式众多，特别是在五四运动后，学生运动、社会活动非常频繁，因此蒋梦麟进一步提出了大学服务社会的注意事项与基

---

①　蒋梦麟：《社会运动的教育》，《新教育》1919年第4期，第398—404页。

②　蒋梦麟：《蒋梦麟在北大欢迎会之演说》，《申报》1919年7月28日，第6版。

③　蒋梦麟：《学生自治——在北京高等师范演说》，《新教育》1919年第2期，第118—121页。

④　蒋梦麟：《什么是教育的出产品?》，《新教育》1919年第3期，第267—274页。

⑤　《这是菌的生长呢还是笋的生长?》，见蒋梦麟：《过渡时代之思想与教育》，商务印书馆1933年版，第76页。

本方式。1920年3月,他在北大演讲:教育须使社会中每个人都平均发展,如只是部分人发展,社会不会进化,因此普及教育刻不容缓。同时,发表文章与创办及分发报刊等可以增进平民智识,但平民夜校效果更佳,"若五十万学生每人每星期担任六小时,二人合教三十人一班的平民,计每人担任教十五个平民,就可教育七百五十万个平民。我们在平民夜校担任一点钟的功课,其效力比费数小时做一篇人云亦云的文章大得多……平民夜校实在是文化运动的根本办法,最切实而最有效"①。同年5月,社会服务方式及其价值得以更加丰富。蒋梦麟与胡适共同撰文《我们对于学生的希望》,该文表示虽然五四运动和六三运动等学生运动有一定贡献,但这些是"变态的社会"里一种"不可免的现象""不得已的事",是"救急办法,却不可长期存在的",而且对学生自己有很大损失。他们主张"改变活动的方向,把五四和六三的精神用到学校内外有益有用的学生活动上去","学生活动"包括"学问的生活""团体的生活"和"社会服务的生活"。在"社会服务的生活"方面,学生应继续推广社会服务的事业,因为这种事业"一来是救国的根本办法,二来是学生的能力做得到的,三来可以发展学生自己的学问与才干,四来可以训练学生待人接物的经验"。由此,学生可以通过平民夜校、通俗讲演等方式"实行破除迷信的事业"和"用力去做改良风俗的事业"。平民夜校要注重本地需要,介绍卫生、职业和公民的常识;通俗讲演不要讲空话,应注重科学常识、改良风俗和破除迷信等内容。② 1923年,蒋梦麟作为核心成员参与制定的《杭州大学章程》问世,其从立足地方的角度明确提出了大学的社会服务职能:发展高深学术;养成对于国家及本省服务之人才;整理及研究本国固有之文化及自然界之事物;利用本省自然界之事物,发展本省之资源。③

在1926年暂别北大后,蒋梦麟始终提倡大学要密切联系与服务社会。1927年6月,在创办浙江大学研究院时,他致信胡适表达了先办实用学科的想法:"现在先办自然科学之关于实用者,如农医等,社会科学之经济等项,以备省政府建设各种事业之需,其余如国学、文学等暂行缓办。"④1930年,

---

① 《蒋梦麟教授教育讲演(第一次一续)》,《北京大学日刊》1920年3月8日,第3版;《蒋梦麟教授教育讲演(第一次二续)》,《北京大学日刊》1920年3月10日,第3版。

② 蒋梦麟、胡适:《我们对于学生的希望》,《新教育》1920年第5期,第592—597页。

③ 《杭州大学章程》,《北京大学日刊》1923年3月27日,第3版。

④ 《蒋梦麟致胡适》,见中国社会科学院近代史研究所中华民国史研究室编:《胡适来往书信选》(上),中华书局1979年版,第436页。

担任教育部部长的蒋梦麟主持颁布了《改进全国教育方案》,其中"改进高等教育计划"提出了大学推广教育的 8 个方式:公开演讲;夜学班;科学询问处;各种实用技术特别班;各种实用学术指导所;出版部;展览会;暑期学校。① 1931 年 12 月,在北大三十三周年纪念会上,作为校长的他指出:中国问题之解决,必须让绝大多数农民觉醒,"此后我校之使命,一方面固应唤起民众,努力奋斗;同时则仍当从事建设,努力于科学之进步"。② 1933 年,在北大三十五周年纪念会上,他提出本校担负解决"国家种种问题"这一重任。③

蒋梦麟非常看重大学的社会服务职能,强调大学要为文化传承、民众素质提高、国家强盛与社会发展做出贡献。我们接下来主要以北京大学为中心展现社会服务的实施状况。

(二)各种活动"交相辉映":丰富的开展方式

1. 忧国忧民的时政类活动

蒋梦麟主张学府应尽量远离动荡政局的纷扰,尤其反对罢教、罢课等方式。不过,由于民国社会内忧外患、战乱不断,人们需要担负起振兴国家的重任,当时北京大学师生通过各种方式抨击侵略者、救助民众,蒋梦麟也不可避免地置身其中。例如,1921 年 5 月 21 日,他与胡适、丁文江、王徵等在胡的家中商讨发起努力会并拟定了组织大纲;6 月 1 日该会成立,意在推动当时中国政治的改良与社会的进步。④ 该会创办了《努力周报》,公开谈论时政话题,后来迫于当局压力,1923 年 10 月暂时停办。⑤ 1926 年,北洋政府警察武力镇压游行者,死伤 200 余人。蒋梦麟公开批评当局后被通缉,无奈离开北大南下。此后他依然关心时事政治。例如,1931 年"九一八"事变与1932 年"一·二八"事变等众多侵略活动发生后,他公开声讨日军暴行,甚至被日军约谈,但其凛然正气,使敌人未有过分举动。前文对此已有陈述,下

---

① 国民政府教育部:《改进全国教育方案·改进高等教育计划》,出版社不详,1930 年版,第 7—8 页。

② 《本校三十三周年纪念会纪闻》,《北京大学非常学生会专刊》1931 年第 1 期,第 3 页。

③ 《三十五周年纪念大会记录》,《北京大学周刊》1933 年 12 月 18 日,第 1 版。

④ 胡适著,曹伯言整理:《胡适日记全集》(第 3 册),联经出版事业股份有限公司 2004 年版,第 57 页;耿云志:《胡适年谱(1891—1962)》,福建教育出版社 2012 年版,第 79—80 页。

⑤ 《胡适致高一涵、陶孟和等》,见中国社会科学院近代史研究所中华民国史研究室编:《胡适来往书信选》(上),中华书局 1979 年版,第 216—219 页。

面我们进一步从三方面呈现北大师生此类社会服务活动情况。

其一，抗击帝国主义的暴行。1925 年初，为反对日本棉纱厂长期无端的欺压与剥削，我国工人举行罢工，但遭到日方的镇压，打伤甚至开枪杀害工人众多，这引发了社会各界的声讨，不料多名师生与相关人士被逮捕进行公诉，外国列强蓄意操控将结果定为"有罪"。5 月 30 日，大规模游行示威在上海英租界南京路附近开启，英国警察大肆捕杀抗争者，制造了骇人听闻的五卅惨案，举国上下极为愤怒。其间，北大一方面在国内宣发谴责声明；另一方面，教职员拍发函电"分致欧美政学报各界"，用英文向世界说明惨剧真相，声讨帝国主义的卑劣行径。① 1925 年 10 月，帝国主义与北洋政府举行关税特别会议，因列强不愿交出关税自主权，北大教职员"沪案后援会"等 30 个团体发起维权示威运动大会，要求"绝对无条件地收回关税自主权，如列国不能容纳此种主张，中国政府应即宣而解散关税会议"②。1931 年，"九一八"事变爆发，反日运动更加高涨。9 月，北大学生会开会，成立了抗日运动委员会，分为文书股、交际股、宣传股、调查股与事务股，决定召开抗日运动宣传大会，发布告同胞书与张贴标语，组织宣传队赴各处宣传讲演，并联络各校学生会及各反日团体组织扩大活动规模与影响力。③ 10 月，由抗日运动委员会改组成的北大学生抗日救国会发布组织大纲，其指出"本会以抗日救国为宗旨"，北大学生均为会员。④ 12 月，抗日救国会组织北大学生会国际宣传委员会，旨在"向国际宣传真确消息，拥护正义，期我国外交胜利"，委员包括北大教授与学生，该会工作分联络、宣传两部分，除了"联络国内党政机关、各报馆、各通讯社及国外各党支部、各华侨团体、留外学生会"之外，还包括"勾通国内外重要消息，汇集暴日侵略我国各项真象，翻成各国文字向全世界宣传"。⑤ 随后，该会通过游行演讲、散发传单、创建组织等多种方式开展抗日救国宣传活动。1933 年，北大参与组织的抗日救国联合会决定募捐筹款与派遣代表团到前线看望战士，同时配合相关部门深入调查潜伏汉奸。⑥ 随着帝国主义的侵略变本加厉，1936 年初，北大发起组织的民族解放

① 《南京路惨案之昨讯》，《申报》1925 年 6 月 16 日，第 15 版。
② 《北京市民与警察大激战》，《申报》1925 年 11 月 29 日，第 9 版。
③ 《北大学生会第一次抗日运动委员会会议记录》，《北京大学日刊》1931 年 9 月 23 日，第 4 版。
④ 《北大学生抗日救国会组织大纲》，《北京大学日刊》1931 年 10 月 29 日，第 3 版。
⑤ 《北大学生抗日救国会通告》，《北京大学日刊》1931 年 12 月 5 日，第 2 版。
⑥ 《平津教联会发起组织全国抗日总会》，《申报》1933 年 3 月 17 日，第 13 版。

先锋队成立,其意在宣传动员民众反抗日军、"剔除汉奸卖国贼"与"达到傀儡政权"等。① 同年,绥远事变爆发,前线告急,民不聊生。11月,绥远军民在全国人民支持下,奋勇抗击敌人,以北大为代表的北平学联给予声援。在蒋梦麟主持下,北大师生决定"停止炉火三日"节省款项,"教职员捐献一日薪金一千三百五十六元,学生亦捐募千余元,两项共二千余元,向协和医院全数购买医药品",化学系主任曾昭抡教授、孙成谔教授及学生六人组成代表团前去赠送物资,并考察设法解决防毒设备问题(因日军使用"毒瓦斯")。②

其二,批评政府的不作为。1923年8月,针对当局同意与外来势力共管国有铁路、英国有条件交还威海卫的协议,以北大为代表的北京学联发表反对宣言,号召民众全力保护铁路交通安全,无条件收回威海卫。③ 1924年,北大学生会电告上海各报馆:"中俄交涉,停顿已久,政府举措,丧心病狂,近者日俄会议,进展千里,不利于我,顾而易知",我国应有所作为,否则"国权国信将永难恢复"。遂举行散发传单游行运动。然而,北洋政府无视谏言,派来军警以暴力手段打伤逮捕学生,"敝会一息尚存,誓当定期再举,以贯彻初衷,而与恶势力相周旋"④。1926年"三一八"惨案发生,北大师生均公开声讨当局暴行。1931年"九一八"事变爆发后,民众纷纷谴责政府的不抵抗政策。1932年,北大南下示威代表团高呼口号:"反对政府出卖东三省! 反对政府压迫民众运动! 打倒日本帝国主义! 打倒一切帝国主义!"同时,强烈谴责国民政府举起刺刀以武力对付学生的行径,并讽刺说:政府一面"五花大绑"将学生押回北平,一面马上电请予以慰问,原来"旧军阀不及新军阀在此"。⑤

其三,为国救民的言行。1920年9月,由于北方旱灾严重,五六省数千万民众"无衣无食",困苦不堪,北大由蔡元培、蒋梦麟、胡适等多人发起组织

---

① 《民族解放先锋队宣言》,《北大旬刊》1936年第2—4期,第72页。

② 谢云晖:《我对"一二·九"的回顾》,见中国人民政治协商会议凉山州委员会文史委员会、中国人民政治协商会议冕宁县委员会合编:《凉山文史:谢云晖将军履痕记》,西昌人民印务有限公司2003年版,第20页。

③ 《学生联合会之决议:反对共管铁路 否认威海条约》,《晨报》1923年8月27日,第3版。

④ 《公电》,《申报》1924年4月3日,第4版。

⑤ 北京大学非常学生会:《北京大学南下示威代表团报告》,出版社不详,1932年版,第55页。

赈灾会,师生认捐以一元为单位,多多益善,所收款项用于解救灾民。① 10月,北大代浙江水灾急赈会募集捐款,众多学生响应。② 1925 年 7 月,针对五卅惨案的处理问题,北大师生组织的代表团发布建议书:因施暴者是英租界警察,我国不应以各国列强为交涉对象,须直接针对英国,而且不仅要召见英国公使,更要向英国政府抗议,同时排除外部势力干预司法,强化我国司法独立与改革。③ 五卅惨案后不久,中国济难会成立,对于遇难同胞,"尽力救济其所遭受,或救济其物质上之缺乏,或慰劳其精神,或予以法律上之辩护",其宗旨是"救济一切解放运动之被难者,并发展世界被压迫民众之团结精神",总会设于上海,各校相继组织分会,北大也积极筹备,1926 年 1 月开始征求会员。④ 1932 年,北大创办《新战线周刊》,其前身是《国难周刊》,改名原因是要重新对时局进行研判,其目的是"对于整个的国家,整个的民族,以至整个的世界,皆须陆续加以系统的分析,系统的陈述,务使当前一切较大的问题,皆能分别得出比较确切的解答",对策服务于我国乃至全世界被压迫的人民。⑤ 1933 年,由上海商学院经济学会创办的《经济学月刊》问世,其重在"研究欧美经济学之诸流派,并探讨现代经济问题之症结所在及其趋势,以为吾人之参照也"⑥。此后,该刊发表了一批建设国家、改善民众生活的文章,影响颇大。1936 年,鉴于民众参加世运会成绩不佳且普及体育不足等问题,北大体育系主任向全国体育协会提出改进建议:"组织欧美体育考察团"、"考送欧美体育留学生"、"聘请欧美体育名家施计普及体育计划"、"聘请术理兼优的体育指导"、"增加体育学校的建设"、"补助国立有名大学建设体育馆"、"建设公共体育设备"、征集普及体育计划、组织体育研究会与讲习会利用暑假研究体育。⑦ 1937 年 5 月,北大学生自治会发起的赈灾委员会成立,因为"川、甘、陕、豫四省灾情严重",组织全体学生节食一日赈灾活动,并向校外人士及校内师生募捐,其间全校同学到校外街头筹款,"全市分五区,每区至少参加二系,并以各班代表为小队长"。此外,北大学

---

① 《北京大学赈灾会启事》,《北京大学日刊》1920 年 9 月 23 日,第 2 版。
② 《北京大学启事》,《北京大学日刊》1920 年 10 月 16 日,第 1 版。
③ 《京各公团之沪汉粤交涉建议书》,《申报》1925 年 7 月 13 日,第 7 版。
④ 《中国济难会北大分会征求会员》,《北京大学日刊》1926 年 1 月 6 日,第 3 版。
⑤ 《发刊词》,《新战线周刊》1932 年第 1 期,第 2 页。
⑥ 《发刊词》,《经济学月刊》1933 年第 1 期,卷首页。
⑦ 《北大体育主任李仲三对全国体协会贡献十项意见》,《京报》(北京)1936 年 6 月 6 日,第 7 版。

生自治会还举行了赈灾游艺会筹款活动,游艺项目包括国术、体育表演、旧剧清唱、歌咏、话剧、舞蹈、杂耍等,"将以票价所得,全数寄往四省救济灾民之用"。7月,北大学生会为"慰劳本次抗战将士","备慰劳品数十件",分赴各城门及伤兵医院慰劳,学生暑期工作委员会派代表携带慰劳品,赴永定门外看望二十九军将士。①

时政类内容是北大社会服务的焦点之一,蒋梦麟既对此表示反对,强调师生切不可过度参政、议政而影响学术,同时又对许多活动表示理解并且参与其中。简言之,蒋梦麟对于大学涉政尤为谨慎,但由于民国纷乱的特殊时局,北大作为现代大学的典型代表之一,难以置身事外,因此他智慧性地调和校内外多重因素的影响,在服务时政方面发挥了重要作用。

2. 提升民众素养的社会教育类活动

近代中国民众识字率低、文盲众多,蒋梦麟认为大学应担负起解决该问题的职责,可以通过组织夜校、演讲团与补习学校(班或科)等方式来进行,北大据此来落实这些想法。

首先,开办夜校(班)。其始于蔡元培掌校不久,并得到蒋梦麟的长期支持。1918年3月,为了使校役接受更好的教育,蔡元培以校长名义发布公告:学校"于春假后开设校役夜班","欲请诸君各以所长分任教科,愿任者务于一星期内函告校长室"。② 4月,校役夜班简章公布,其开宗明义地指出:夜班是"对于本校全体校役所施教育",以引起其道德观念、增进其生活常识为宗旨,教授标准"以与高等小学同程度为限"。③ 不久,夜班开学。11月,每周日开演说会作为夜课的辅助,演说者为"本校教职员学生"。④ 1920年4月,夜班教授会和教务处表示热心平民教育的同学"对于一切的办法"予以指教,并希望大家"随时加入教授会,协力进行"。⑤ 除服务校役之外,1920年1月,北大学生会平民夜校开学,蔡元培强调:校役夜班使得"大学中无论何人"都有了受教育的权利,"不过单是大学中人有受教育的权利还不够,还要全国人都能享受这种权利才好。所以先从一部分做起,开办这个平民夜

---

① 《北大学生救灾运动 全市分五区扩大募捐》,《北平晨报》1937年5月13日,第9版;《平各校学生进行慰劳工作》,《北平晨报》1937年7月14日,第9版。

② 《校长告白》,《北京大学日刊》1918年3月18日,第1版。

③ 《本校校役夜班简章》,《北京大学日刊》1918年4月9日,第1—2版。

④ 《校役夜班星期日开演说会》,《北京大学日刊》1918年11月20日,第2版。

⑤ 《校役夜班教授会教务处报告》,《北京大学日刊》1920年4月9日,第4版。

校"①。夜校(班)的经费与设备场所等需向总务处申请,而时任总务长蒋梦麟多有支持。1920年10月至1921年9月,蔡元培到国外考察,蒋代理校务。在此期间,北大学生胡致、李骏等人于1921年春季组织平民教育研究社,"以改进平民教育为旨"。后来该社于1921年12月改为北大第二平民学校,归属学生会管理,以"养成健全人格之平民,求社会改良实效"为宗旨。学校成立时,"函请北大校长、总务长、教务长及第二院平民夜校职员、北大同学"参加开学典礼。1922年2月,《晨报》表示学生界趋势"渐从虚向实,一方自己研进学术,他方兼施平民教育",并指出:"就北大而论,即可知其梗概。……该校经费,悉由该校教职员之北大同学担负,节衣缩食以求造福平民",可见"北大学生热心服务社会之实地工夫"。② 与此同时,邓仲澥、黄绍谷、朱务善等学生创办了北大工余补习夜校,专教北大出版部印刷工人和新知书社印刷工人。③ 1929年12月,北京大学学生会民众夜校(简称北大平校)正式上课。④ 1930年1月,民众夜校简章表明,学校定名为北大学生会民众夜校,以"增进民众知识使能服务社会"为宗旨。其中"组织"项下内容指出:"本校职教员由北大学生自由担任,但于必要时得延请校外热心民众教育者担任之";学生待遇是"学费免收,书籍及一切文具由本校供给,概不收费"。⑤ 1930年10月,学校定名为北大附设民众夜校,其宗旨、组织等规定无太大变化,"学生待遇"规定为:"学费免收,但入学时须缴保证金,中途退学,概不退还。书籍及一切文具由本校供给,概不收费。但师范、中学等班书籍自备。"⑥12月,蒋梦麟担任校长后,该夜校依然正常开办,1933年曾举行周年纪念活动。⑦ 不难理解,蒋梦麟任总务长或掌校时,夜校(班)类型多样,招收对象包括校役、校外民众与印刷工人等,就场地而言,分为校内、校外或两者结合,并且这些夜校(班)办学时间较长,为不同群体提供了宝贵

---

① 《蔡校长在平民夜校开学日的演说》,《北京大学日刊》1920年1月24日,第2版。

② 《北大学生之实地功夫 组织平民教育研究社 复增设第二平民学校》,《晨报》1922年2月7日,第6版;《北大第二平民学校民国十年总报告》,见王学珍、郭建荣主编:《北京大学史料》(第2卷),北京大学出版社2000年版,第1245—1249页。

③ 《劳工夜校之成立》,《晨报》1922年2月10日,第6版。

④ 《民众夜校第一次教务会议》,《北大日刊》1929年12月23日,第1版。

⑤ 《北大学生会民众夜校简章(十九年一月修订)》,《北大日刊》1930年1月8日,第2—3版。

⑥ 《北大附设民众夜校简章》,《北大日刊》1930年10月13日,第2版。

⑦ 《北大昨庆祝民校复活纪念》,《北平晨报》1933年12月25日,第7版。

的学习机会。

其次，创办平民教育讲演团。蒋梦麟入北大前，该团已成立，但蒋任总务长与代理校务时给予了莫大帮扶。鉴于"平民识字者少，能阅印刷品出版物者，只限于少数人"，应该"补助学校教育之所不及者"，北大"以平民主义之大学为标准"，1919 年 3 月，学生邓康、廖书仓等人发起组织平民教育讲演团，力求教育普及与平等，采用露天演讲方式，分为定期与不定期两种。① 随后，该团开成立大会，公布简章，其宗旨为"增进平民知识，唤起平民之自觉心"，热心平民教育的同学与赞成该团宗旨的教师可为团员。② 4 月，讲演团在蟠桃宫"连讲三日"，虽然"黄沙满天，不堪张目"，但"听讲者之踊跃，实出乎意料之外"。③ 该年末，演讲团"因特别情形，遂陷于停顿之地位"。1920 年 3 月重启，"广邀团员"，具体表现在如下方面："除城市讲演之外，并注重乡村讲演、工厂讲演"；"各团员在春假或暑假中归家者，无论已毕业或未毕业，皆须就地力肆讲演，并组织讲演团体，以帮助本团平民主义之宣传"；"为普及京外起见，发行讲演集"；等经费扩充时"拟在京城四处建设讲演所"；等等。④ 不久，演讲团决定在乡村讲演时可由"报名团员自由组织"。⑤ 是年 5 月，增添"科学讲演组"⑥，这些举措拓展了讲演的广度和深度。时任总务长蒋梦麟对该团十分支持，比如演讲团向总务处申请津贴时颇为顺利。⑦ 10 月，该团决定"仿北京高等师范办法"，在学校附近建一场所，"以为常期讲演之用"⑧，蒋主持总务会议准许，但"因一时经费支绌，允暂为本团细屋一间，即现在马神庙东口之讲演所"。⑨ 此后，该团陆续开展相关活动，代理校务的蒋同样助其发展。1925 年，其决定扩充规模，继续服务于平民教育事业。⑩ 不过令人遗憾的是，受主客观因素影响，平民教育讲演团在该年末终止了活动。

---

① 《平民教育讲演团征集团员》，《北京大学日刊》1919 年 3 月 7 日，第 4—5 版。

② 《平民教育讲演团纪事》，《北京大学日刊》1919 年 3 月 27 日，第 4—5 版。

③ 《平民教育讲演团纪事》，《北京大学日刊》1919 年 4 月 11 日，第 3—4 版。

④ 《平民教育讲演团开第三次常会纪略》，《北京大学日刊》1920 年 3 月 16 日，第 2 版。

⑤ 《平民教育讲演团启事》，《北京大学日刊》1920 年 3 月 30 日，第 1 版。

⑥ 《平民教育讲演团通告》，《北京大学日刊》1920 年 5 月 20 日，第 1 版。

⑦ 《总务会议纪事》，《北京大学日刊》1920 年 4 月 29 日，第 1 版。

⑧ 《平民教育讲演团开会纪事》，《北京大学日刊》1920 年 10 月 12 日，第 2 版。

⑨ 朱务善：《北京大学平民教育讲演团缘起及组织大纲》，《北京大学日刊》1921 年 9 月 29 日，第 3—4 版。

⑩ 《北京大学平民讲演团征求团员启》，《北京大学日刊》1925 年 11 月 9 日，第 3 版。

再者,开设补习学校(科)。蔡元培掌校时,1918 年 6 月,北大部分教职员组织了夏季讲习科,招收"中小学校教员及有志求学者","以为将来完全夏季大学之预备"。[①] 8 月,由于当年未录取者众多,为避免其虚度光阴,特设补习班,"凡有中学毕业程度者皆可报名,肄业补习一年即可入该校预科"。[②] 1919 年 8 月,代理校务的蒋梦麟连同胡适、沈尹默、冯祖荀与马寅初等提出开办北京高等补习学校,招收"有志投考北京大学及高等专门学校程度不足者",入学资格是"曾在中等学校毕业,或经本校试验认有同等程度者"。[③] 1921 年 2 月,为提高华侨子弟祖国语言方面的程度,蒋主持召开教务会议,决定添设国文补习科。[④] 1922 年 7 月,暑期补习学校开办启事发布:"北京大学毕业学生邀同北大热心教授及在校最高年级学生主办。"[⑤] 1923 年 1 月,蔡元培因不满彭允彝蔑视司法公正、陷害罗人干而辞职离校。6 月,蒋梦麟出席暑期补习学校始业仪式。[⑥] 同期,北大高年级学生创办马神庙暑期补习学校,其宗旨是"利用假期增进青年学业使得考入相当学校"[⑦],后来招生数年。1926 年,他扶持建立的北大教育系会同中华教育改进社、京师学务局合办北京暑期学校,该校设有特别组、甲组、乙组三组,分别为中小学教员研究教育问题、中学毕业生补习学课、预备入中等学校学生而设。[⑧] 1930 年底,蒋梦麟出任校长后,继续支持补习学校发展。除保留不少原有者外,1934 年 5 月,由于上一年各省市中学生毕业会考成绩中"数学理化,各科为最劣","为补救计",教育部通令全国理科设置较完备的 16 所大学,于本年暑期举办中等学校理科教员讲习班,其中北大与清华合开、北师大独办。不久,北大与清华召开数次联席会议讨论相关事项。6 月,暑期讲习班规程公布,定于 7 月开班。[⑨] 同期,北大学生筹办北平甲戌暑期补习

---

① 《夏季讲习科之组织》,《北京大学日刊》1918 年 6 月 18 日,第 6 版。

② 《北京大学设补习班》,见王学珍、郭建荣主编:《北京大学史料》(第 2 卷),北京大学出版社 2000 年版,第 1281 页。

③ 《北京高等补习学校招生广告》,《北京大学日刊》1919 年 8 月 30 日,第 1 版。

④ 《北大与华侨教育》,《申报》1921 年 2 月 21 日,第 7 版。

⑤ 《北大学生主办暑期补习学校启事》,《北京大学日刊》1922 年 7 月 29 日,第 4 版;《北大暑期补习学校亦已成立》,《晨报》1922 年 6 月 13 日,第 6 版。

⑥ 《北大学生主办暑期补习学校简章》,《北京大学日刊》1923 年 6 月 12 日,第 3 版。

⑦ 《马神庙暑期补习学校招考简章》,《北京大学日刊》1923 年 6 月 12 日,第 3 版。

⑧ 《北京大学教育系、中华教育改进社、京师学务局合组北京暑期学校招生》,《北京大学日刊》1926 年 5 月 27 日,第 4 版。

⑨ 《筹设理科教员讲习班》,《北平晨报》1934 年 5 月 8 日,第 9 版。

学校,旨在"补助中学学生升学及暑假补习之便利",学校内分初、高两级,"高级为预备考大学者,初级为预备考中学者"。① 此外,1937 年 5 月,教育部通告各省市教育厅及各大学筹办中学师范教员暑期讲习班,并对办班经费"酌予补助"。随即,北大、清华、师大与燕大联合商讨办理事宜,最后决定讲习班分三组,北大和清华两校负责生物与理化,燕大负责英文,师大负责数学。② 当时北大开设了多种补习学校(科),为中学毕业生、中小学教师、华侨子弟与社会青年等各种人士提供了多元化的求学选择,而蒋梦麟的支持力度很大,这表现在资金、政策与具体举措等多方面。

就北大举办社会教育类活动来讲,蔡元培是开创者之一,而蒋梦麟身为总务长、代理校长是重要组织者与创建者,后来任校长期间,依然非常重视此项工作,其使得这项活动的功能、类型与方式等诸多方面趋于完善。

3. "迎新守旧"与丰富生活类活动

除上述两种社会服务活动外,蒋梦麟还提倡大学在移风易俗、传承优秀文化与陶冶民众情操等方面发挥重要作用,而北大采取了多项相关举措,使得社会服务的功能更加全面。

在"迎新"方面,北大可谓国内大学中的佼佼者,蒋梦麟所起作用明显,前述已着墨较多,此处予以补充。1917 年他回国后,正值新文化运动时期,各种新思潮如雨后春笋般生长旺盛,蒋梦麟通过各种方式传播新思想、新教育。例如,他主持《新教育》杂志,批判旧教育忽视乃至无视人的发展,强调新教育是"养成健全之个人……创造进化的社会"。③ 1919 年,五四运动爆发后,他进入北大,数次代表蔡元培掌校,曾任总务长、评议会成员等要职,并被聘为教育学系教授。他支持师生对科学与民主观念的宣扬,例如对科学观念传播发挥重要作用的"科玄之争"大体发生在其代理校务期间。在1930 年底出任校长后,蒋梦麟同样认为大学要提倡新思想,强调社会是动的、变化快,学生应注意习得新知。而此时北大新派已经基本居于主导,旧文学、文言文等旧派思想逐渐式微,社会新思潮蔚然成风。此外,北大在开女禁方面作用显著,在女学生邓春兰致信之际,正值蒋梦麟初入代理校务、后任总务长与评议员期间,1920 年初招收女生政策正式推行。1920 年 5

---

① 《北大学生筹办甲戌暑期学校 分高初级二班》,《北平晨报》1934 年 6 月 7 日,第 9 版。

② 《中学师范教员暑期讲习班 平市由北大师大清华燕京筹办》,《京报》(北京)1937 年 5 月 7 日,第 7 版。

③ 《本月刊倡设之用意》,《新教育》1919 年第 1 期,第 1 页。

月,在五四运动一周年之际,他与胡适撰文指出北大应该努力改良不好的风俗:"譬如女子缠足的,现在各处多有。学生应该组织天足会,相戒不娶小脚的女子。不能解放你的姊妹的小脚,你就不配谈'女子解放'。"[①]1930 年蒋任校长后,北大历年招生女生的数量与占比均较大,而此举被其他众多学校纷纷效仿。可见,北大在开社会风气、引领新知方面发挥了表率作用。

"守旧"此处指的不是固守旧习,而是保护优秀传统。蒋梦麟强调新思想,但其不是一蹴而就的。他主张不可完全否定仍有可取之处的旧思想,新与旧关系密切,"旧中有新、新中有旧",旧、新的流转犹如新陈代谢一样,是一件自然而然的事情。因此,在力推北大传播新思想的同时,蒋梦麟多次谈到保护古物、整理国学的重要性,而师生不仅将其视作教学与科研的重点之一,也认为这是服务社会的范畴。北大国学研究所注重保护古物,例如,1923 年 11 月,致电国务院阻止溥仪拍卖古物;又闻"新郑孟津发掘周代古铜器多件",请国务院"设法运交我所保存研究,不可落入外人之手,以使我国文明长流不断、国宝不朽"。[②] 1924 年,在保护中国古物问题上,内政部拟定了古籍古物及古迹保存草案及说明书,而教育部表示其属该部事务,内政部"越俎代庖",北大会商后也反对内政部包办,提议"教育部会同有关之学术机关协商另订",其应明确各机关的权限。[③] 再如,北大组建了多种学术研究性团体,其相关工作也与护佑传统、传承文化有关。1924 年 1 月,北大研究所国学门方言调查会成立,林语堂为主席。[④] 5 月,其改名为北大研究所国学门方言研究会,"以语言学方法调查及研究中国的方言","凡方言的现象如语音、语汇、语法,俱当用历史的及比较的方法研究整理","凡与中国语言之研究有关系的,都在研究范围之内"。[⑤] 同期,风俗调查会成立,旨在"调查全国风俗(或与中国有关系的国外风俗),作系统的研究,并征集关于风俗之器物,筹设一风俗博物馆",凡志愿研究风俗者都可为会员。[⑥] 1925 年 4 月,顾颉刚、孙伏园等受风俗调查会的委任,到北京西郊妙峰山调查进香风俗。[⑦]

---

① 蒋梦麟、胡适:《我们对于学生的希望》,《新教育》1920 年第 11 期,第 597 页。

② 《北京大学对于保存新郑孟津发现之古物之提议》,《教育杂志》1923 年第 11 期,第 4 页。

③ 《保存古物之争议》,《申报》1924 年 7 月 30 日,第 10 版。

④ 《研究所国学门方言调查会成立纪事》,《北京大学日刊》1924 年 1 月 31 日,第 2—3 版。

⑤ 《研究所国学门方言研究会第二次常会纪事》,《北京大学日刊》1924 年 6 月 12 日,第 3—4 版。

⑥ 《研究所国学门风俗调查会开会纪事》,《北京大学日刊》1924 年 6 月 12 日,第 3 版。

⑦ 张若谷:《朝余山记》,《申报》(本埠增刊)1926 年 6 月 21 日,第 5 版。

1925 年 5 月到 8 月，《京报副刊》出了 6 期"妙峰山进香专号"，刊载了顾颉刚的《妙峰山的香会》和《游妙峰山杂记》、容肇祖的《妙峰山进香者的心理》等众多文章。国学门搜集整理所得材料，"完全系公开的贡献于全校全国以至于全世界的学者，能利用而作各种之研究，毫无畛域之私见"。[①] 1934 年 6 月，北京大学研究院文史部主任刘半农和白涤洲、沈仲章等人到包头考察方言，"专为考察西北各地之方言"，并且"俟考查竣事，即行东返，赴绥远、平地泉、张家口等处，逐次考查"。[②] 1935 年，北大文科研究所恢复歌谣研究会，聘周作人、常惠、胡适等人为委员，并决定重办歌谣周刊、编辑"新国风"丛书、发起组织"风谣学会"等。1936 年，周作人、胡适等教授发起组织"中国风谣学会"，《京报》指出这是国内唯一研究歌谣、故事、风俗的学术组织，"该会之成立，对于发展民间文学收效必大"。[③]

就丰富民众生活而言，在蒋梦麟代理与任校长期间，北大开展了各式各样的文体娱乐活动。例如，在音乐方面，1923 年 12 月，北大音乐传习所举办纪念一周年演奏会，对外开放，"赴会之男女来宾，为数极众，礼堂中几无空穴"，博得热烈掌声。[④] 1925 年 5 月，该所举办两场音乐会，特邀俄国音乐家出席参演，票价低廉。[⑤] 此后数年该所均有类似公演活动。又如，在剧目方面，1924 年初，北大学生联合剧团发布公演通知，"票价极低"，售票地点除本校外，"其他各校及各大商店，均有代售"，剧团表示"为大家贡献一点高尚娱乐，这是我们义不容辞的很大的责任"。[⑥] 5 月，北大新剧团在新明剧场演出，包括新剧、舞蹈、音乐与魔术等，"以答爱好高尚艺术者雅意"。[⑦] 1934 年，北大话剧社春假期间举行公演，"名噪一时之王蔼芬女士等"参演。[⑧]

---

① 《本学门开办以来进行事业之报告》，《北京大学研究所国学门周刊》1926 年第 24 期，第 277—280 页。

② 《刘半农等到包头考察方言》，《京报》（北京）1934 年 6 月 26 日，第 7 版。

③ 《胡适等主办中国风谣学会重办歌谣周刊出版发书》，《京报》（北京）1936 年 5 月 9 日，第 7 版。

④ 《北大音乐传习所周年会》，《顺天时报》1923 年 12 月 14 日，第 7 版。

⑤ 《北大两大音乐会星期六学生演奏 星期日名家演奏》，《社会日报》（北京）1925 年 5 月 25 日，第 4 版。

⑥ 《北大学生联合剧团定期演剧》，《晨报》1924 年 1 月 24 日，第 6 版；《北大学生联合剧团定期演剧再志》，《晨报》1924 年 1 月 31 日，第 6 版。

⑦ 《今明晚之北大新剧 会场新明剧场》，《晨报》1924 年 5 月 8 日，第 6 版。

⑧ 《北大话剧社春首次公演》，《京报》（北京）1934 年 1 月 25 日，第 7 版。

1935 年 9 月,北大戏剧研究会连续数日举行巡回演出,剧目颇多。① 另者,在美术摄影方面,1921 年 4 月,北大画法研究会举办多次展览会,陶冶民众精神,展览所得除去开支外,全部用于华北赈灾。② 1936 年,北大摄影学会在暑期举办作品展览会,"博得校内外参观人士不少好评"。③ 此外,在体育方面,1920 年 12 月,在蒋梦麟代理校务期间,北大溜冰场建成使用,以不同价格对外开放,"有北大徽章者,收入场铜元二枚,外人二十枚",时间为上午九点至下午十点。④ 蒋任校长后,该溜冰场继续允许社会人士进入。1932 年,使用规则进一步细化,票种分为长期与临时两种,前者为一元五角(一季之用),后者定价一角(一次之用)。⑤

蒋梦麟执掌的北京大学社会服务活动较为丰富,内容涉及时政、平民教育、开风气、护传统与丰富民众生活等多方面,使得北大与社会紧密相连,取得了良好效果,在该方面也成为其他大学学习的榜样。

(三)救国安民、开风气与普及新知:"为社会求进化"的效果

蒋梦麟的社会服务思想主要在北大得以实现,学校相关举措众多,推动社会进化的成绩有目共睹,主要表现在社会时政、平民教育、"立新守成"等方面。

首先,北大对民族独立、国家振兴进程的推动作用颇大。作为南方政治文化力量的代表人物之一,蔡元培入主北大时颇有在北方扶植一股新势力之决心,蒋梦麟是其理念及举措的延续者与改进者。北大师生长期关心民族独立与国家强盛,尤其是 1919 年 5 月 4 日,领导了以"外争主权,内除国贼"等为口号的爱国运动,得到了社会各界的广泛支持,奠定了其在时政领域的重要地位。后来,北大组织的各种运动影响力巨大,在反抗帝国主义侵略、抨击当局对外不争对内镇压行径、推动社会建设等多方面起到了表率作用,是当时国内解决社会时政问题的中心力量之一。具体而言,在北洋政府时期,处于政治中心的北大在众多时政类活动中担任领导者,是应对纷乱时

---

① 《新秋北平剧坛巡礼:北大戏剧研究会》,《益世报》(天津)1935 年 9 月 13 日,第 14 版。
② 《北大的社会服务》,《北大生活》1921 年第 12 期,第 45 页。
③ 《摄影学会》,见王学珍、郭建荣主编:《北京大学史料》(第 2 卷),北京大学出版社 2000 年版,第 2641 页。
④ 《北大创设溜冰场》,《民国日报》1920 年 12 月 27 日,第 5 版。
⑤ 《北大筹备溜冰场日前开会讨论 规模不减去年》,《益世报》(天津)1932 年 11 月 11 日,第 7 版。

局的先锋之一。在首都迁入南京后,尽管政权中心转移,但是北大的号召力依然强大,民族意识与国家使命感有增无减。1931 年,就任校长不久的蒋梦麟指出:"回忆此数十年,北大与种种恶势力奋斗,秉其改革之精神,屡起屡仆。"①1933 年,他表示:作为中国最老之大学,北大应担负起解决国家各种问题的使命。② 1936 年,新北大运动宣言强调:北大曾经担负了推进复兴中华民族的各种工作,在民族的生存和自由方面发挥了突出作用,但不能故步自封,要继续发扬北大精神。③ 冯友兰曾言:北大是为"中华民族的解放而斗争"的引领力量。④

其次,北大在发展平民教育方面卓有成效。就北大平民教育讲演团的工作而言,1921 年,其"创办不久,颇著成效",特别是乡村讲演"尤为有力","能于最短时间内使大多数乡民得受少许常识,并能助长兴趣"。⑤ 同时,北大创办的平民夜校是北京乃至国内同类学校的主要引领者。1921 年 12 月,北大平民夜校"有学生二百余人,成绩颇为可观"。⑥《申报》曾评价北京的平民夜校"以北大为嚆矢",其开办后"生徒日益增多",用最少经费、最短时间教育了众多生徒,且"人人皆有相专之知识技能",广受社会美评。在北大创设平民夜校后,中国大学、朝阳大学及法政专校相继筹办,并且都有"相当之成绩"。⑦ 1922 年 1 月,《晨报》记者在参观该校首次毕业仪式后指出:"五四以后,北大平民夜校居各校先,实其提倡之力。"⑧再者,北大第二平民学校自开办后,"成绩颇著",是"平民教育界之创举,而一般平民之福音",后来增添师范科,"实为其嚆矢,将来平民主义之种子将如暮春之柳絮,飞遍人间也"。⑨ 此外,北大学生开办劳工夜校也被认为是开创者:"五四以来,国人皆知平民教育之重要,然为劳工而特办一学校者殊少","吾望其他各校闻而兴

---

① 《本校三十三周年纪念会纪闻》,《北京大学非常学生会专刊》1931 年第 1 期,第 3 页。

② 《三十五周年纪念大会记录》,《北京大学周刊》1933 年 12 月 18 日,第 1 版。

③ 《北大昨纪念三十八周年 全体学生宣誓建设新北大》,《京报》(北京)1936 年 12 月 18 日,第 7 版。

④ 《三松堂自序》,见冯友兰:《冯友兰文集》(第 1 卷),长春出版社 2008 年版,第 218 页。

⑤ 朱务善:《北京大学平民教育讲演团缘起及组织大纲》,《北京大学日刊》1921 年 9 月 29 日,第 3—4 版。

⑥ 《北大平民夜校招生》,《晨报》1921 年 12 月 31 日,第 7 版。

⑦ 《纪北大之平民夜校》,《申报》1920 年 6 月 24 日,第 7 版。

⑧ 《北大平民夜校第一次毕业式参观记》,《晨报》1922 年 1 月 11 日,第 7 版。

⑨ 《北大第二平民学校近况》,《晨报》1922 年 4 月 21 日,第 7 版。

起，尤望该校教职员之能始终不懈，在中国劳动教育上开一新纪元也"。① 这些举措多延续到国民政府时期。可见，北大在平民教育办学方式上颇具开创性，为民众素养的提高创造了较多机会。

再者，北大对革新社会风潮与守护优秀传统的贡献明显。北大是新文化运动的主要发源地与生长场所，蔡元培与蒋梦麟提倡自由包容的治校理念，新旧两派汇集于此，在百家争鸣中，各种新思潮层出不穷，新派思想逐渐占据上风，北大在思想观念的革故鼎新方面独树一帜。例如，文言文渐被白话文取代，科学的传播使得迷信影响式微，民主共和日趋深入人心，等等，北大均在其中发挥了较大作用。再如，男女平等、妇女解放等主张及其实践打破了旧观念，作为实现男女同校的第一所公立大学，北大的开风气举措影响深远，蒋梦麟慨叹：不仅众多大学纷纷效仿，"甚至各地的中学也沿袭了北大的组织制度，提倡思想自由，开始招收女生"。② 因此，正如冯友兰所言：北大是打破封建主义枷锁的杰出代表。③ 同时，推陈出新并非意味着完全否定"旧物"，优秀传统需要传承与弘扬，蒋梦麟主持北大时对此颇为看重。当时，北大师生对于文物、国学、习俗、方言、艺术等多方面的研究与保护付出了很大努力。例如，1924 年，北京大学反对内政部拟定的古物保存条例草案，建议由教育部组织编制并划定相关部门职责范围。数年后，1930 年 6 月 2 日颁布的《古物保存法》规定："古物保存处每年应将古物填具表册呈报教育部内政部中央古物保管委员会及地方主管行政官署。"④教育部在呈报顺序中被列在首位，而且其对不同部门的权限做了界定。由此可知，北大的意见得到了积极回应。另需注意的是，该法规公布之日，教育部部长为蒋梦麟，不难理解，蒋参与该法规讨论与出台过程的可能性很大。同时，北大所藏的文物众多，诸如敦煌千佛洞壁画、大幅元代壁画等堪称中国乃至世界文化史上的无价珍品。⑤ 再如，蒋梦麟极力提倡北大整理国学，国学研究所成立不久便成果丰硕，在北平国立高校中"首屈一指"⑥，随后其不断发展壮大，在古籍整理、历史研究与知识的普及等多方面成绩斐然。此外，歌谣研究会

---

① 《劳工夜校之成立》，《晨报》1922 年 2 月 10 日，第 6 版。
② 蒋梦麟：《西潮与新潮》，人民出版社 2011 年版，第 134 页。
③ 《三松堂自序》，见冯友兰：《冯友兰文集》（第 1 卷），长春出版社 2008 年版，第 218 页。
④ 《古物保存法（十九年六月二日公布）》，《立法院公报》1930 年第 19 期，第 141—143 页。
⑤ 《考古品发展览会纪》，《申报》1926 年 8 月 20 日，第 14 版；《平教育界请定北平为文化城》，《申报》1932 年 11 月 9 日，第 9 版。
⑥ 《暑假将届之都门学校》，《申报》1924 年 6 月 25 日，第 11 版。

旨在调查研究与保护、推介各地歌谣，以保存我国民间流传的一切有价值的文艺与习俗，它是"中国瑶俗学的发端"，周作人、顾颉刚、沈兼士、钱玄同等均是重要引领者。①

在取得上述成绩的同时，北大的社会服务也存在一些不足。例如，师生在相当长的时间内过度涉政，未能处理好学府与政府的关系，导致教职员工作、学生学业深受影响甚至使得办学陷入停顿。在推行平民教育时，特别是在乡村地区，所讲内容与民众生活关联不大，导致收效不大，时人称："我们所说的虽是普通常识，但是他们多半听不懂，与他们的生活又没有关系，所以他们对之不感兴趣。"②再者，人文社科类服务居于主导，理工农医类服务很少，尽管蒋梦麟后来有所注意，但依然未有明显改观，当然，这与蔡元培主张废除工科而研究纯粹学问有较大关联。此外，五四运动时期的相关社团及其服务活动非常丰富，但后来诸如平民教育研究团等不少社团及其活动停止，导致相关服务活动的连续性不强。

蒋梦麟的大学社会服务思想在北京大学得到了较大程度的落实，较之于蔡元培的做法，其主要呈现出如下特点。首先，在总体影响方面，蔡掌校时，师生进行了诸多社会服务相关活动，涉及范围甚广，起到引领作用；蒋基本延续了以往的相关工作，逐步加强了活动的持续性、拓展了其深度，担负起传承与改革的重任。其次，就活动方式而言，蔡时期学校社团组织繁多，主要以此为依托开展活动；蒋对社团做了适当精简，非社团类活动方式占据了相当比重。再次，就活动类型与内容来讲，蔡主张北大废除工科等实用性院系及专业，使得北大社会服务主要聚焦于人文社会领域，理工类活动不足；蒋时期，北大在教学与研究方面加强了理工科，较之前有所改观，但是总体上成效不大。具体而言，蔡时期时政类活动是北大社会服务的重点，甚至出现了"大局失控"的局面，开风气与传播新思潮的活动也较多，其他类相对较少。蒋梦麟入北大时正值五四运动高峰期，其主要工作之一是给时政类活动"降温"。任校长后，其继续限制大学过度涉政，积极引导师生从事其他类型的活动，在宣扬新观念、传承优秀传统、丰富民众生活等方面进行了拓展。最后，北大密切结合学术成果开展社会服务，师生思想活跃、研究氛围浓郁，在普及传播新观念与新知识、保护文化传统等过程中，其多是将最新

---

① 《评〈生活全国总书目〉》，《申报》1936年2月27日，第17版。

② 朱务善：《北大平民教育讲演团在"五四"前后所起的作用》，见谢荫明、陈静主编：《北京的社团》，知识出版社1994年版，第75页。

科研成果拿来进行推广与展示,以此来推动社会发展。简言之,蒋梦麟主张大学"为社会求进化",具体表现在救国为民、传播新风潮、破除迷信、整理国学、改良风俗等诸多方面。尽管北大社会服务存在一些问题,但是总体上践行了蒋氏思想并取得了较大成绩。

总体而论,人才培养、科学研究与社会服务是当时众多人士及高校奉行的三大职能,不过在北京大学的提出及其践行有着不同凡响的意义。蔡元培的相关主张及其举措具有奠基性作用,但在此过程中,蒋梦麟数次代理校务且任总务长、评议会成员等要职,蒋的较多观点与做法的影响不容忽视,而且蒋任校长后提出了诸多独特的想法与措施,在重建人才培养目标及体系、更新科研内容与方式、丰富社会服务维度与方式等方面卓有新意。可以说,蒋氏在继承蔡氏思想基础上有较多创新与超越之处。概言之,基于学校教书育人之本质、高校传承与创新文化之特性与近代社会内忧外患之实况等诸多因素的影响,在蒋梦麟高等教育职能思想体系中,人才培养是天然职能,科学研究是核心职能,社会服务是基础职能,他建构起科研领衔教学与服务社会并重的职能结构,据此指导办学,不仅成就了北京大学的"中兴",也引领了当时其他高校的现代化发展进程。

第五章 "部长有为""校长有为"与"常委无为"：高等教育管理论

高等教育改革与发展要取得实效,需协调与整合好各种要素,以保证学校高质量的运转,这有赖于一套科学而有效的管理体系作为支撑,既主持过全国学务又长期身为大学领导者的蒋梦麟深谙其中的要义。他依据不同社会历史条件与大学发展的实际情况,结合主持国民政府教育部、北京大学与西南联大等经历,总结出了颇具特色且切实可行的高等教育管理思想。若按照管理对象而言,主政教育部时蒋梦麟聚焦于高校外部管理,而执掌北京大学与西南联大属于校内管理。若以管理方式来看,领导教育部与北京大学时蒋梦麟主要奉行"有为而治",充分展现了"一把手"的权力,带领西南联大时则采取"无为而治",总体上退居幕后,竭力平衡三校之间的利益冲突,以确保西南联大正常运行。蒋梦麟的这些看似迥异但却有内在关联的管理言行,在较大程度上促成了国民政府高等教育进入繁荣时代以及北京大学与西南联大取得卓越的办学成就。

一、"部长有为"之"二蒋"各取所需：以主政国民政府教育部为例

1926 年 4 月,蒋梦麟为躲避通缉而被迫南下,直至 1930 年底回到北大。在此期间,他主要在江浙一带生活,历任浙江省教育厅厅长、浙江大学校长、大学院院长与教育部部长等职务,特别是在主政全国教育时(1928 年 10

月—1930 年 12 月①),既要面对北洋政府战乱不断致使教育几近"破产"的困难局面,又要为蔡元培主持的大学院"护航"与"善后",最终在两年余时间内,他的付出总体上奠定了国民政府时期教育发展的基调,其堪称中国现代教育体制的重要开拓者,而非常熟悉的高等教育是其改革的重中之重。

经过民初十余年的发展,中国大学教育"突飞猛进,成为五十年来的高原期"②。其原因主要是此前大学相关规定较为宽松,表现在公立大学设置条件及办学要求、私立高校立案审查等多方面。同时,社会动荡、经济不景气,教师兼职现象严重,不少学生无心向学,私立高校乱设,导致办学质量堪忧。曾多年亲历北京大学种种困境、长期浸染于高等教育领域的蒋梦麟深知这些问题若不整改,后果会极为严重。因此,在主政全国教育期间,他认为改进全国教育应"先从高等教育着手"③。面对教育乱局,他力推众多整顿举措,展现出"强硬"的姿态,"务质的改良,不求量的增加"④。此外,同期国民党强化统治,意图打压势力甚大的"四大元老"(尤其是在文教界的影响),适逢教育整改运动,位居幕后的蒋介石利用元老之间纷争的机会(主要体现于法日派与英美派的纠葛),加紧收权,曾备受法日派掣肘的蒋梦麟则冲在台前。"二蒋"各怀心思,促成了"部长有为"管理思想的落地。

(一)硬性规定:奠基性政策的颁布

国民政府伊始,教育事业稳步推进。1927 年 6 月,蔡元培依照法国教育体制提议组建大学院,实行大学区制,将省级教育行政机构教育厅改为大学区,10 月宣告成立,蔡氏为院长。大学院旨在推行教育学术化:"教育部处北京腐败空气之中……此国民政府所以舍教育部之名而以大学院名管理学术及教育之机关也。一曰实行科学的研究与普及科学的方法……二曰养成劳动的习惯……三曰提起艺术的兴趣。"⑤同时,大学委员会成立。许多知名人士到院任职,如李石曾、蒋梦麟、胡适与杨杏佛等。这些调整在一定程度上有助于推动教育事业的发展。然而,大学院毕竟是"舶来品",不久便出现了"水土不服"的现象。大学院提倡的教育独立与国民党"以党治国"的旨趣相

①　《中政会议决改组国府》,《申报》1930 年 12 月 4 日,第 4 版。

②　徐则敏:《中国大学教育的现状》,《中华教育界》1931 年第 1 期,第 79—80 页。

③　《教育部纪念周》,《申报》1928 年 10 月 30 日,第 4 版。

④　《教育部成立两年来的工作概况》,见中国第二历史档案馆编:《中华民国史档案资料汇编》(第 5 辑第 1 编:教育),江苏古籍出版社 1994 年版,第 126 页。

⑤　蔡元培:《发刊词》,《大学院公报》1928 年第 1 期,第 11—12 页。

背离,与有关人士的官僚作风差距甚大。同时,尽管它的职能与原来的教育部并无实质差别,但是中小学教育要划归各大学区管理,造成了许多不便。因此,1928 年 2 月,在国民党第四次全会会议上,经亨颐、朱霁青、白云梯、丁惟芬和陈树人五委员联名提案反对大学院制,要求恢复教育部,其理由有五:"官制不统一";"大学院制,其精神为人才集中,程度提高,但与普及教育本旨不合";"学术与教育是两码事,大学非教育,教育行政机关不是专管学术";"大学院制本身是试行,据目前试验之结果,可谓专注重学术忽视教育";"小学迁就大学,国民经济能力不足,初小基础教育落空,与本党儿童本位的宗旨相违背"。但该案最终未获通过。① 再者,围绕大学院的派系纷争颇为激烈。② 有人评论:"大学院组织之最大缺点,即为过重理想而忽视事实也。"③于是,反对大学院的声浪日渐高涨。1928 年 8 月,大学院院长蔡元培和副院长杨铨相继辞职,辞呈于 10 月获批,蒋梦麟接任大学院院长。11 月,国民政府令:"大学院改为教育部,所有前大学院一切事宜,均由教育部办理",蒋为教育部部长。④ 至此,设立一年多的大学院退出了历史舞台。

1928 年 12 月,《教育部组织法》公布(1929 年 10 月修正),使得中央教育主管机构的工作有章可循。不过,此时大学区制仍在实行,遭到众多批判:"易受政潮之影响""经费分配之不公""行政效率之减低""学风之影响"与"酿成学阀把持之势力"。⑤ 1929 年 6 月 18 日,蒋梦麟表示率先取消自己主持的浙江大学区,中央大学区延长半年,北平大学区与李石曾会商后再定期限。⑥ 1929 年 7 月,国民政府明令撤销大学区制,恢复教育厅。⑦ 此后,其他大学区相继废止。为了商讨全国教育发展规划,1930 年 4 月,教育部组织召开第二次全国教育会议,会议审议通过的《改进全国教育方案》于会后不久公布,其中"改进高等教育计划"是对此前高等教育的总结与丰富,成为随后

---

① 《国府改组案议决之经过 大学院制仍保存》,《申报》1928 年 2 月 6 日,第 8 版。

② 柳诒徵著,文明国编:《柳诒徵自述》,安徽文艺出版社 2013 年版,第 61 页。

③ 雷国鼎:《中国近代教育行政制度史》,教育文物出版社 1983 年版,"自序"第 3 页。

④ 《国民政府令十七年十一月一日 大学院改为教育部》,《教育部公报》1929 年第 1 期,第 1 页。

⑤ 《教育界消息:反对大学区制度之第一声》,《教育杂志》1928 年第 7 期,第 1 页。

⑥ 《中大区中校联合会请愿即废大学区制》,《申报》1929 年 6 月 19 日,第 6 版;《大学区制议决废止与庚款用途:施行大学区制各校结束》,《申报》1929 年 6 月 21 日,第 11 版。

⑦ 《国民政府停止大学区制令》,见中国第二历史档案馆编:《中华民国史档案资料汇编》(第 5 辑第 1 编:教育),江苏古籍出版社 1994 年版,第 57 页。

诸多相关政策的范本。总体而言,在蒋梦麟主持教育部期间,在停止或延续大学院出台政策的基础上,政府颁布了众多政策,其中含有多项高等教育专项文件,如表 5-1 所示。

表 5-1　蒋梦麟主政全国教育期间高等教育相关政策情况

序号	政策名称	颁布时间	颁布者
1	专科以上学校毕业生及在校学生呈请更名改姓办法	1928 年 12 月 13 日	教育部
2	在十七年以前成立之私立学校请求立案办法	1928 年 12 月 18 日	教育部
3	私立学校必须添授三民主义等书并按时作纪念周	1929 年 2 月 2 日	教育部
4	勿投考未经教育部核准设立及立案之私立学校	1929 年 5 月 3 日	教育部
5	修正发给留学证书规程	1929 年 5 月 22 日	教育部
6	私立学校应遵照各种规程办法并须举行纪念周改道学为选修科	1929 年 6 月 7 日	教育部
7	大学校长须优待教员	1929 年 6 月 12 日	教育部
8	国立大学教授自十八年度上学期起应以专任为原则	1929 年 6 月 17 日	教育部
9	各地方法医两科专校应限期停办	1929 年 7 月 19 日	教育部
10	大学组织法	1929 年 7 月 26 日	国民政府
11	专科学校组织法	1929 年 7 月 26 日	国民政府
12	大学规程	1929 年 8 月 14 日	教育部
13	专科学校规程	1929 年 8 月 19 日	教育部
14	独立学院应照大学组织法及规程办理开办法学院与停办法专令无抵触	1929 年 8 月 22 日	教育部
15	私立学校规程	1929 年 8 月 29 日	教育部
16	公私立农工商业专门学校改为专科学校	1929 年 9 月 10 日	教育部
17	职业学校不得改为专科学校	1929 年 11 月 27 日	教育部
18	大学行政经费不得超过经常费百分之十	1929 年 12 月 3 日	教育部
19	大学规程第九条一二两项条文之解释	1929 年 12 月 17 日	教育部
20	凡未按照私立学校规程呈准设立之中等以上学校,其开办在十九年二月一日以后者,如遵行招考应由各该地方教育行政机关严行取缔	1930 年 1 月 27 日	教育部

序号	政策名称	颁布时间	颁布者
21	处置已停办或封闭之私立学校办法	1930 年 2 月 28 日	教育部
22	创办私立学校应注意各法规之要点	1930 年 3 月 3 日	教育部
23	各大学自十九年度起不得再招预科生	1930 年 3 月 4 日	教育部
24	修正司法院特许私立法政学校设立规程	1930 年 4 月 1 日	国民政府
25	修正司法院监督国立大学法律科规程	1930 年 4 月 7 日	国民政府
26	私立学校校董资格限制办法	1930 年 5 月	教育部
27	改进全国教育方案之改进高等教育计划	1930 年 4 月	教育部
28	停止序补庚款缺额	1930 年 7 月	教育部
29	订定私立大学、专科学校奖励与取缔办法	1930 年 8 月 23 日	教育部
30	大学及独立学院教员资格审查暂行规程	1930 年 10 月 4 日	教育部
31	国立各大学无庸另设副校长	1930 年 10 月 2 日	教育部
32	公私立各大学在学位授予法未制定公布前不得擅授名誉教授学位	1930 年 11 月 7 日	教育部

资料来源：国民政府教育部参事处编：《现行重要教育法令汇编》，国民政府教育部秘书处公报室 1930 年版，"通则"部分第 146—173 页，"高等教育"部分第 1—29 页；世界书局编：《现行教育法令大全》，世界书局 1931 年版，"高等教育"部分第 1—38 页；国民政府教育部编：《教育法令汇编》（第 1 辑），商务印书馆 1936 年版，第 123—154 页。

由上可见，蒋梦麟在执掌全国教育期间，至少主持制定或颁布了 30 余项改进高等教育的相关政策。这些政策内容包括公私立高校与留学教育等多方面，其中《大学组织法》《大学规程》《专科学校组织法》《专科学校规程》《私立学校规程》《订定私立大学、专科学校奖励与取缔办法》等都是相应领域的统领纲要，其规定涉及各自领域多方面的内容，综合性与引领性强。需要特别注意的是，在此期间由第二次全国教育会议议决通过的改进全国教育方案之"改进高等教育计划"，其生成了多项政策，即使在蒋梦麟 1930 年

12 月正式离任教育部部长后,政府出台的诸如《修正专科学校规程》(1931
年 3 月 26 日)、《改革大学文法等科设置办法》(1932 年 12 月 9 日)、《各大学
及学院注重本国教材》(1933 年 5 月 1 日)、《国外留学规程》(1933 年 4 月 29
日)与《修正私立学校规程》(1933 年 10 月 19 日)等法令的相关条文均与"改
进高等教育计划"有直接关联,甚至有些内容并无二致。总之,蒋梦麟在颁
布高等教育整改文件方面贡献颇大,为后来相关工作的展开提供了强有力
的政策保障。

1930 年 4 月第二次全国教育会议参会代表合影

注:国民政府教育部部长蒋梦麟出席第二次全国教育会议开幕式并致辞。

图片来源:《第二届全国教育会议于四月十五日假首都铁道部新屋正式开幕》,《上海漫
画》1930 年第 107 期,第 5 页。

(二)强力推行:整改蔚然成风

1. 提升标准,停改结合:公立高校乱象的管控

民国成立以来,高校设置标准在不断变化,其要求越加严格。1912 年颁
布的《大学令》指出,若得大学之名需具备三个条件之一:"一、文理二科并设
者;二、文科兼法商二科者;三、理科兼医农工三科或二科一科者。"[①]1917 年
推行的《修正大学令》将设置标准变更为:"设二科以上者得称为大学,其但
设一科者称为某科大学。"[②]1924 年公布的《国立大学校条例》规定:"国立大

---

① 《大学令》,《政府公报》1912 年第 178 期,第 3 页。

② 《修正大学令》,《教育杂志》1917 年第 12 期,第 17 页。

学校分科为文、理、法、医、农、工、商等科。……得设数科或单设一科。"①时至 1929 年 7 月,《大学组织法》问世,明显提高了设置要求:"大学分文、理、法、农、工、商、医各学院。……凡具备三学院以上者,始得称为大学。不合上项条件者,为独立学院,得设两科。"②可见,较之于此前单科可设大学的做法,"具备三学院以上者"的条件大幅提高了创办大学的准入门槛。一年后,第二次全国教育会议议决通过"改进高等教育计划"重申了《大学组织法》等文件的有关规定,并且对若干院校提出了具体要求:

甲、东北大学现有文、理、法、工学院,山西大学现有文、法、工等科,均应逐渐使它充实;东北大学应增设农学院。山西大学应增设医学院。

乙、成都大学、成都师范大学、四川大学,应使合并成一个大学。就现有各学系,设文、理、法、教育学院,将来再增设医学院。

丙、河北大学现有文、法、农、医各院,应将河北法商等学院设法并入。

丁、河南中山大学应改名河南大学;陕西中山大学、兰州中山大学,应先改办小规模的独立学院,各分文、理两科,暂名陕西学院、甘肃学院。

戊、安徽大学、湖南大学,应限期谋院系的充实。

已、广西、贵州、吉林三大学,如不能适合法规的规定,应先改办独立学院,各分文、理两科。③

专门学校是北洋时期高校设置的重要类型之一,时至国民政府,其已不符合社会发展的要求。1929 年 7 月至 8 月,《专科学校规程》和《专科学校组织法》相继公布,专门学校改为专科学校,教授应用科学,养成技术人才,在系科设置、办学条件等多方面的要求均有明显提升。④

依据上述规定,以"停、并、改、添"为主要处理方式的公立高校整顿工作

---

① 《法规:国立大学校条例令》,《教育公报》1924 年第 3 期,第 1 页。
② 《大学组织法》,《立法院公报》1929 年第 8 期,第 123—124 页。
③ 国民政府教育部:《改进全国教育方案:改进高等教育计划》,出版社不详,1930 年版,第 5—6 页。
④ 《专科学校组织法》,《立法院公报》1929 年第 8 期,第 126—127 页;《专科学校规程》,《教育杂志》1929 年第 9 期,第 134—135 页。

陆续展开。在公立大学方面,1929 年,新设省立吉林大学,不久被要求整改。① 暨南大学增设文学院、理学院与教育学院,次年复设法学院。② 中央大学也被教育部勒令整顿。③ 1930 年夏,因"办理未尽完善",劳动大学被勒令停止招生,限期重组。④ 另有多所大学停办:贵州大学、西安中山大学、上海东亚大学、华国大学、光明大学、新民大学、艺术大学、建设大学与群治大学。⑤ 就专科学校来讲,由于"法医两科直接关系人命,间接影响社会生存",大学或独立学院可设;原有法政医学专门学校于 1929 年停止招生,校产移作办理其他专校。旧有公立农业、工业、商业等专门学校改名专科学校,各地可视需要筹设新校。⑥ 1930 年国立艺术院、国立音乐院均改为专科学校⑦,上海文法学院、南京待旦学院停办,华南建国法政专科学校停止招生。⑧

此外,"改进高等教育计划"关于若干大学的整改意见大体上得以落实,其中多所学校的改进在蒋梦麟教育部部长任期内完成,余者或正在启动,或在其卸任不久后完成。东北大学农科(1929 年设置)得以充实,农学院建制日渐成形,其首任领导为柳国明,于 1931 年基本完成了由"科"改"院"。⑨ 山西大学于 1930 年 7 月将原有法、文、工三科改为学院,其他有关学科改为系,因原本没有医科,故短期内无法设置医学院,直到 1940 年山西省立川至

---

① 《第一次中国教育年鉴》(第 2 册),见吴相湘、刘绍唐编:《民国史料丛刊》(第 1 种),传记文学出版社 1971 年版,第 17 页。

② 暨南大学秘书处:《国立暨南大学一览》,国立暨南大学印刷组 1936 年版,第 1 页。

③ 《中大限制学生干涉校务》,《申报》1929 年 7 月 19 日,第 11 版;《地方通信二:镇江》,《申报》1930 年 11 月 1 日,第 11 版。

④ 《教育部高等教育司十九年份重要工作报告》,《教育部公报》1931 年第 3 期,第 98 页。

⑤ 《第一次中国教育年鉴》(第 2 册),见吴相湘、刘绍唐编:《民国史料丛刊》(第 1 种),传记文学出版社 1971 年版,第 17 页;《教育部报告民国十九年度高等教育概况》,见中国第二历史档案馆编:《中华民国史档案资料汇编》(第 5 辑第 1 编:教育),江苏古籍出版社 1994 年版,第 272—273 页。

⑥ 《教育部成立二年来的工作概况》,见中国第二历史档案馆编:《中华民国史档案资料汇编》(第 5 辑第 1 编:教育),江苏古籍出版社 1994 年版,第 128—129 页。

⑦ 《第一次中国教育年鉴》(第 2 册),见吴相湘、刘绍唐编:《民国史料丛刊》(第 1 种),传记文学出版社 1971 年版,第 17 页。

⑧ 《教育部报告民国十九年度高等教育概况》,见中国第二历史档案馆编:《中华民国史档案资料汇编》(第 5 辑第 1 编:教育),江苏古籍出版社 1994 年版,第 272—273 页。

⑨ 东北大学史志编研室编:《东北大学校志》(第 1 卷),东北大学出版社 2008 年版,第 173—183 页。

医学专科学校并入山西大学后，医学院才得以成立。①

1931年，教育部批准成都大学、成都师范大学和四川大学三校合并，校名改为国立四川大学。② 添设医学院的设想由于客观条件不够成熟，直到1949年也未能实现。③ 河北大学于1931年分为河北省立农学院和河北省立医学院两校④，后来河北法商学院停止招生。⑤

1930年秋，河南中山大学更名为省立河南大学，改文、理、法、农、医等科为学院。⑥ 原计划让西安中山大学改办文理学院，但是校内无大学生，不符合大学设立标准，所以其申请变为"陕西省立高级中学"。在批准此项申请时，教育部依然希望陕西省筹办文理学院："前项开办文理学院计划，仍应由该厅酌量地方经济情形，逐渐筹备，以期实现。"⑦1931年，兰州中山大学因只设文学、法律和教育三个系，学生200余人，不符合至少设立三个学院等大学标准，故而改为"甘肃学院"。⑧

1930年教育会议刚结束，安徽大学发生人事变更，原校长王星拱因专任武汉大学副校长，改由杨良功掌校，随即修正组织大纲，整改院系，共分为文、理、法三学院，下设十个系。⑨ 1930年7月，湖南大学文学院添设商学系，政治、经济两系合为政治经济系。1932年9月，理学院地质系停办，改设矿学系，后又改为采矿冶金工程学系，隶属工学院。10月，理学院数理系分成数学、物理两系。⑩

一度因军事战乱停办的广西大学经过积极准备，于1931年恢复招生，

---

① 山西大学：《国立山西大学》，出版社不详，1947年版，第7—8页。
② 《二十年（十月十九日至二十四日）本部重要工作报告》，《教育部公报》1931年第42期，第57页。
③ 四川大学校史编写组编：《四川大学史稿》，四川大学出版社1985年版，第379页。
④ 《第一次中国教育年鉴》（第2册），见吴相湘、刘绍唐编：《民国史料丛刊》（第1种），传记文学出版社1971年版，第17页。
⑤ 《黄问歧撰民国二十三年中国教育回顾与今后展望》，见中国第二历史档案馆编：《中华民国史档案资料汇编》（第5辑第1编：教育），江苏古籍出版社1994年版，第151页。
⑥ 《第一次中国教育年鉴》（第2册），见吴相湘、刘绍唐编：《民国史料丛刊》（第1种），传记文学出版社1971年版，第74页。
⑦ 《令陕西省教育厅》，《教育部公报》1931年第15期，第23—24页。
⑧ 《为甘肃大学应改称甘肃学院暂设文法两科俟理学院完成再恢复大学名称希查照饬遵由》，《教育部公报》1931年第13期，第37—38页。
⑨ 安徽大学：《安徽大学一览》，出版社不详，1936年版，第2页。
⑩ 国民政府教育部：《全国专科以上学校要览》（上），正中书局1942年版，第83页。

随即理学院成立,1932 年学校设立农、工两个学院。① 贵州大学因政局不稳于 1931 年 1 月停办,其校址用于开办贵州省立贵阳高级中学。② 成立于 1929 年的省立吉林大学积极推进院系改革,截至 1930 年底,其设有文法、理工等学院。③ "九一八"事变发生后,省立吉林大学被迫停办。

可见,无论是蒋梦麟主持教育部时公布的有关规程,还是他组织召开的全国教育会议决议出台的具体整改方案,在公立高校治理实践中均得到了较大程度的落实。

2.审查资质,规范办学:私立高校乱象的治理

作为公立高校的重要补充,私立高校以办学灵活、充满活力见长,国民政府也非常重视其发展,1929 年 8 月,《私立学校规程》问世。1930 年 4 月,"改进高等教育计划"重申了上述文件的要求,并讨论了私立大学的奖励及取缔办法,强调各校应向教育部立案,经实地考察后方可核准。④ 8 月,《私立大学、专科学校奖励与取缔办法》出台,规定已立案高校办学成绩优秀者可申请奖励,取缔办法则分为三种情况:已创办未立案者须呈报立案;已立案者须符合办学要求,教育部将随时视察监督;有意创办者,须按照规定办理,但应先行呈请准许。⑤

随着众多章程的问世,相关工作相继启动。在整改方面,与公立专科学校相同,大学或独立学院可设法、医两科,原私立两种专校 1929 年起停止招生,校产用于办理其他专校。原有私立农业、工业、商业等专门学校改称专科学校,各地可视情况初设新校。⑥ 在督查立案方面,教育部数次派专员实地调查。1930 年 8 月,教育部通令各高校及各省市教育主管部门,自该年起各高校如果招收未立案专科以上学校的转学生和未立案的高中生,教育部不予

---

① 《广西大学继续开办》,《申报》1931 年 7 月 20 日,第 13 版;国民政府教育部编:《全国专科以上学校要览》(上),正中书局 1942 年版,第 93 页。

② 贵州大学校史编委会:《贵州大学校史丛书:贵州大学分册(1902—2005)》,贵州大学出版社 2007 年版,第 22 页。

③ 《国省立大学分科统计》,《申报》1932 年 1 月 27 日,第 10 版。

④ 国民政府教育部:《改进全国教育方案:改进高等教育计划》,出版社不详,1930 年版,第 6—7 页。

⑤ 《教育部订定私立大学、专科学校奖励与取缔办法》,见中国第二历史档案馆编:《中华民国史档案资料汇编》(第 5 辑第 1 编:教育),江苏古籍出版社 1994 年版,第 180 页。

⑥ 《教育部成立二年来的工作概况》,见中国第二历史档案馆编:《中华民国史档案资料汇编》(第 5 辑第 1 编:教育),江苏古籍出版社 1994 年版,第 129 页。

认可。① 在蒋梦麟执掌全国教育期间,私立高校立案情况如表 5-2 所示。

表 5-2 蒋梦麟主政全国教育期间私立高校立案情况

序号	校名	办学地点	立案日期
1	复旦大学	上海	1928 年 10 月
2	沪江大学	上海	1929 年 3 月 20 日
3	光华大学	上海	1929 年 5 月 10 日
4	大夏大学	上海	1929 年 5 月 20 日
5	燕京大学	北平	1929 年 6 月 5 日
6	南开大学	天津	1929 年 6 月 5 日
7	东吴大学	苏州	1929 年 7 月 28 日
8	武昌文华图书馆学专科学校	武昌	1929 年 8 月
9	武昌中华大学	武昌	1929 年 12 月 17 日
10	北平协和医学院	北平	1930 年 5 月
11	中国公学	上海	1930 年 6 月
12	上海法政学院	上海	1930 年 6 月 9 日
13	岭南大学	广州	1930 年 7 月
14	武昌艺术专科学校	武昌	1930 年 7 月
15	南通学院	南通	1930 年 8 月
16	中国学院	北平	1930 年 10 月
17	朝阳学院	北平	1930 年 11 月 27 日

注:共计 17 所,其中大学 9 所,独立学院 6 所,专科学校 2 所。

资料来源:《教育部成立二年来的工作概况》,见中国第二历史档案馆编:《中华民国史档案资料汇编》(第 5 辑第 1 编:教育),江苏古籍出版社 1994 年版,第 128—129 页;《全国公私立大学、独立学院、专科学校一览表》,见中国第二历史档案馆编:《中华民国史档案资料汇编》(第 5 辑第 1 编:教育),江苏古籍出版社 1994 年版,第 300—323 页。

相较于蔡元培主持大学院时核准立案 4 所学校(大学 3 所与专科学校

---

① 《教育部总务司民国十九年八月工作报告表》,《教育部公报》1930 年第 46 期,第 8 页。

1 所），蒋梦麟主政全国学务期间，准予立案 17 所，包括大学 9 所，独立学院 6 所，专科学校 2 所。① 蒋梦麟时期全面铺开，既有国内私立学校又有教会学校，其中教会大学立案者较多，而且在专员实地考察与材料、资质审核等方面均较为严格。在此基础上，截至 1933 年，新增立案学校 30 所，其中大学 8 所，独立学院 16 所，专科学校 6 所。②

私立高校在北洋时期基本处于放任自流状态，发展无序，质量低劣者众多。国民政府成立后，教育主管机构着力整顿。在派专员视察、严催立案与限期照章整改后，私立高校发展的混乱局面有所改观，而蒋梦麟在主政全国学务期间所做的贡献颇大。

3. 抑文扬实：高校学科布局的调整

蔡元培执掌北京大学后，注重基础研究，停办工科，设文、理、法三科。蒋梦麟进入北大后，在注重文科发展的同时，曾多次强调自然科学的重要性。例如，1920 年 10 月，蒋梦麟强调“注重自然科学”是北大今后发展的一项重大任务。③ 在蒋任教育部部长期间，1929 年 4 月，国民政府公布《中华民国教育宗旨及其实施方针》，其规定：“大学及专门教育，必须注重实用科学，充实学科内容，养成专门知识技能，并切实陶融为国家社会服务之健全品格。”④8 月颁布的《大学规程》强调：“大学教育注重实用科学之原则，必须包含理学院或农工医各学院之一。”⑤同年 9 月，《专科学校规程》明确专科学校的目的是“以教授应用科学，养成技术人才”，分为工、农、商、医、药等多种类型。⑥ 这些规定均是对当时文科过剩、实科不足现象的应对之法。

据此，全国高校学科调整工作开启。1928 年 8 月，清华学校改为国立清华大学；1929 年 5 月，改为直属教育部管辖，裁并系别，设立文、理、法三学院，但法学院设立法律系的计划被叫停。⑦ 同期，教育部指令山东大学改为

---

① 《教育部高等教育司十九年份重要工作报告》，《教育部公报》1931 年第 3 期，第 98—99 页。

② 《全国公私立大学、独立学院、专科学校一览表》，见中国第二历史档案馆编：《中华民国史档案资料汇编》（第 5 辑第 1 编：教育），江苏古籍出版社 1994 年版，第 300—323 页。

③ 《北京大学二十三周年纪念日演说辞》，见蒋梦麟：《过渡时代之思想与教育》，商务印书馆 1933 年版，第 413—416 页。

④ 《中华民国教育宗旨及其实施方针》，《国民政府公报》1929 年第 151 期，第 2 页。

⑤ 《大学规程》，《教育部公报》1929 年第 9 期，第 95 页。

⑥ 《专科学校规程》，《教育杂志》1929 年第 9 期，第 134 页。

⑦ 清华大学：《国立清华大学一览》，国立清华大学出版事务所 1937 年版，第 5—6 页。

青岛大学；1930年5月，杨振声任校长，该校先设文、理两学院，撤销法科；1931年，教育学系扩充为教育学院。① 1929年7月，经同济大学申请、教育部部长蒋梦麟提案，行政院同意该校医、工两科扩充为两学院与添立理学院。② 岭南大学增设工学院，1930年初章程问世，9月开始招生。③ 1929年，湖南大学遵照部令由科系改为文、理、工三院，旧有法科取消，次年文学院增设商学系，政治、经济两系合并为政治经济系。④ 1930年10月，教育部指令中国学院商科并入法学院，筹设理学院。⑤ 可见，在蒋梦麟主政教育部时期，限制文科、支持实科的意图与举措很明显，法科数量为文科中最多，因此在新设或系别调整时多次被针对性裁撤，而理、工、农、医、商等实用学科备受推崇。

1930年12月，蒋梦麟卸任部长后，这种做法继续推进，而且趋于严格。1932年12月9日，教育部颁发的《改革大学文法等科设置办法》规定："全国各大学及专门学院之文法等科，可由教育部派员视察，如有办理不善者，限令停止招生或取销立案分年结束，嗣后遇有请设文法等科者，除边远省分，为养成法官教师，准设文法等科外，一律饬令暂不设置。又在大学中，有停招文法等科学生者，其节余之费，应移作扩充或改设理、农、工、医药等科之用。"⑥此后，文科院系设置及其招生受到制约，而实科院系规模逐步呈现出上升的发展态势。如表5-3所示，1928—1935年，在裁并的134个院系中，实科类仅有3系，其原因多是"师资设备缺乏无望"，余者均是文科，其原因多为"重复或超过需要"。⑦

---

① 青岛大学：《国立青岛大学一览：校历、校史概要（民国二十年度）》，出版社不详，1931年版，第5—6页。

② 《行政院第三十次会议》，《申报》1929年7月24日，第9版。

③ 《工科近讯》，《岭南大学校报》1930年第2期，第8页。

④ 湖南大学：《湖南大学一览（民国二十二年度）》，六合公司1934年版，"本校史略"第1—3页。

⑤ 《教部核准中国学院先设文法两科》，《申报》1930年10月27日，第8版。

⑥ 《教育部令：令转知改革大学文法等科设置办法》，《江西教育行政旬刊》1932年第2期，第1页。

⑦ 谢树英：《近年来中国大学教育之趋向》，《光华大学半月刊》1935年第3期，第15页。

表 5-3　1928—1935 年全国裁并院系、停招学生情况

单位:个

调整方式	北平	上海	各省
裁撤	13	53	22
归并	11	1	34
停招	1	0	15

资料来源:谢树英:《近年来中国大学教育之趋向》,《光华大学半月刊》1935 年第 3 期,第 15 页。

在招生方面,文科、实科类学生录取比例也发生易位,文科类学生比例过大的现象逐步得到扭转,实科类学生占比上升较为明显,如表 5-4 所示。

表 5-4　1931—1936 年全国专科以上学校录取新生之科别统计

年份	总计	文科类学生(实数/人;占比/%)					实科类学生(实数/人;占比/%)				
		合计	文	法	教育	商	合计	理	农	工	医
1931	13733	9511	3286	4142	1436	647	4222	1899	412	1372	539
	100.0	69.3	24.0	30.1	10.5	4.7	30.7	13.8	3.0	10.0	3.9
1932	9810	6221	2474	2280	966	501	3589	1266	426	1309	588
	100.0	63.4	25.2	23.2	9.9	5.1	36.6	12.9	4.4	13.3	6.0
1933	8533	5142	2246	1791	655	450	3391	1474	441	1027	449
	100.0	60.3	26.3	21	7.7	5.3	39.7	17.3	5.2	12	5.3
1934	11920	6440	2440	2154	893	953	5480	2194	683	1999	604
	100.0	54.0	20.4	18.1	7.5	8.0	46.0	18.4	5.7	16.8	5.1
1935	12533	6118	2280	1804	1120	914	6415	2702	694	2332	687
	100.0	48.8	18.2	14.4	8.9	7.3	51.2	21.6	5.5	18.6	5.5
1936	11634	5430	2118	1491	985	836	6204	2190	788	2252	974
	100.0	46.7	18.2	12.8	8.5	7.2	53.3	18.8	6.8	19.3	8.4

资料来源:《全国高教近数年新生科别统计》,《河南统计月报》1937 年第 1 期,第 111—112 页。

文、实两科调整不仅体现在裁并系科与控制招生上,还表现在留学生派遣方面。蒋梦麟 1930 年主持制订的"改进高等教育计划"指出:今后选派外国留学生,要注重自然科学和应用科学,以适应国家需要,亦可为专科学校

和大学等相关院系储备师资,公费生学习理、农、工、医、药等科人数比例至少为十分之七。[①] 1933 年 4 月,教育部公布了《国外留学规程》,其内容主要有:对公费生和自费生予以界定,奖学金名额及办法由各省市酌情编制;同时,公费生应研究专门学术,特别是注重理、农、工、医等专科。[②] 据统计,留学生学习文科(文、法、商、教育等)和实科(理、工、医、农等)的数量比例从1929 年的 1.8：1 下降到 1930 年的 1.4：1。1933 年《国外留学规程》公布后,学习实科的留学生人数已经达到 317 人,超过了学习文科的人数(301人),详见表 5-5。

表 5-5　1929—1933 年留学生人数统计

单位：人

科别	1929 年	1930 年	1931 年	1932 年	1933 年
文科	971	572	221	342	301
实科	548	400	220	213	317
其他	138	58	9	21	3
总计	1657	1030	450	576	621

资料来源:《民国十八至民国二十六年留学生统计表》,见中国第二历史档案馆编:《中华民国史档案资料汇编》(第 5 辑第 1 编:教育),江苏古籍出版社 1994 年版,第 396—397 页。

4. 限制教师兼职与重视投入:高校教育效能的增进

国民政府成立之初,高校教育实效堪忧,时人曾评论:"国立公立各校,办理腐败,程度低劣者甚多。"[③]由此,增进教育效能是蒋梦麟关注的又一重点问题,相关举措主要表现在下述三方面。

(1)限制教师兼职

1929 年 7 月,《大学组织法》和《专科学校组织法》均规定高校聘兼任教师比例不得超过教师总数的三分之一。[④] 1930 年,"改进高等教育计划"指出:依照大学教员资格条例严聘教师,如有必要,可聘任外籍教师;根据大学

① 国民政府教育部:《改进全国教育方案:改进高等教育计划》,出版社不详,1930 年版,第 9 页。
② 《国外留学规程》,《中央日报》1933 年 5 月 2 日,第 3 版。
③ 《全国教育会议开会》,《大公报》(天津)1930 年 4 月 15 日,第 2 版。
④ 《大学组织法》,《立法院公报》1929 年第 8 期,第 124 页;《专科学校组织法》,《立法院公报》1929 年第 8 期,第 126—127 页。

教员薪酬表,酌情提高教师待遇,如从事研究者,可适当降低课时要求;着力裁减职员,增加教员,教员以专任为主。[①]

据此,各高校陆续加以改进。1929 年 7 月,交通大学公布组织大纲,规定教师以专任为原则。[②] 1930 年 10 月,安徽大学召开行政会议,议决通过教职员待遇标准,较之于兼任,突出专任教师地位且待遇更高。[③] 同期,在劳动大学整顿过程中,蒋梦麟强调应"采用专任教授治校原则"[④]。鉴于教师兼任比例过大的现象,中央大学学生力谏多聘专任教师。[⑤] 简言之,在蒋梦麟执掌教育部期间,此项工作已启动且有所成效;在蒋去职后,该方向一直延续,不少举措得以继续执行。1931 年,教育部专员到各地大学视察,就北平各大学调研结果而言,各校存在很多问题:负责人常不在校,教职员甚多且兼课兼职情形严重;学生上课散漫,学风很差。因此,教育部指令北平各大学减少教职员数量,整顿教员兼课兼职现象,严格要求学生,严肃学风。[⑥]

经过数年整顿后,全国高校教师兼职现象得到较大程度的遏制,专任教师比重得到明显提升,例如,1928 年为 50.4%,1930 年达到 54.8%,1934 年大幅增至七成(71%)。[⑦]

(2)重视投入

经费是高校办学的关键,蒋梦麟在掌管全国学务时着力保障与增加投入,尤以教师工资和建筑及设备费为要。相较于北洋时期高校办学经费规定较为笼统的情况,1929 年 7 月,国民政府教育部出台的《大学规程》《专科学校规程》对高校办学经费给出了详细要求,如表 5-6 所示。

---

① 国民政府教育部:《改进全国教育方案:改进高等教育计划》,出版社不详,1930 年版,第 4 页。

② 《交大组织大纲之公布》,《申报》1929 年 7 月 10 日,第 11 版。

③ 《安大教职员待遇标准》,《申报》1930 年 10 月 19 日,第 11 版。

④ 《蒋教长对劳大校长问题表示先派员接收决不改院》,《申报》1930 年 10 月 12 日,第 12 版。

⑤ 《中大生改进校务运动》,《申报》1930 年 10 月 17 日,第 9 版。

⑥ 《教育部训令》,《教育部公报》1931 年第 6 期,第 16—17 页。

⑦ 谢树英:《近年来中国大学教育之趋向》,《光华大学半月刊》1935 年第 3 期,第 18 页;《全国高教专任教员较增》,《申报》1936 年 10 月 29 日,第 8 版。

表 5-6　《大学规程》与《专科学校规程》中高校经费相关规定

单位：元

院别/科别/专科学校	开办费	每年经常费
《大学规程》的相关规定		
文学院或文科	100000	30000
理学院或理科	200000	150000
法学院或法科	100000	80000
教育学院或教育科	100000	80000
农学院或农科	150000	150000
工学院或工科	300000	200000
商学院或商科	100000	80000
医学院或医科	20000	150000
《专科学校规程》的相关规定		
甲类之矿冶、机械工程、电机工程、化学工程专科学校	200000	100000
甲类之土木工程、河海工程、建筑、纺织、造纸、飞机制造以及其他关于工业之专科学校	150000	80000
甲类之测量、染色、制革、陶业、造船专科学校	100000	80000
乙类之农医、森林、畜牧、水产，其他关于农业之专科学校	100000	80000
乙类之兽医、园艺、蚕桑专科学校	60000	50000
丙类之各项专科学校（银行、保险、会计、统计、交通管理、国际贸易、税务、盐务，其他关于商业之专科学校）	60000	50000
丁类之医学专科学校	150000	100000
丁类之药学专科学校	150000	80000
丁类之商船专科学校	100000	60000
丁类之艺术、音乐、体育、图书馆、市政，其他不属于甲、乙、丙类之专科学校	60000	50000

资料来源：《大学规程》，《教育部公报》1929 年第 9 期，第 95 页；《专科学校规程》，《教育杂志》1929 年第 9 期，第 134 页。

　　此外，针对大学、独立学院与专科学校办学某些特殊情况与避免各校侵占设备费挪作他用等问题，两份规程均提出相同要求："凡性质相类之学院或科同时并设者，其开办费得酌减之。各学院或各科第一年之经常费，至少须各有额定数目三分之二……每年扩充设备费至少应占经常费百分之十五。"1929 年 12 月,教育部指令专科以上学校每年行政费不得超过经常费总数百分之十,余者可用作扩充设备。[①] 此后数年,高校办学经费数额保持上升趋势,详见表 5-7。

表 5-7　1928—1933 年高校经费岁出情况

单位:元

1928 年	1929 年	1930 年	1931 年	1932 年	1933 年
16730621	23729430	27932913	31682507	31316252	31973647
—	增 6998809	增 4203483	增 3749594	减 366255	增 657395
其中添置建筑与设备价值					
(暂无数据)	5287119	6208283	6379778	6216559	6376137

资料来源:谢树英:《近年来中国大学教育之趋向》,《光华大学半月刊》1935 年第 3 期,第 16 页。

据表 5-7,蒋梦麟任教育部部长的 1929—1930 年是总经费增长最多的两年。1930 年 12 月,蒋的辞呈获批。1931 年增幅较大,与蒋已经定好预算也有不小关联,而此后每年经费仅有小幅提高。此外,添置建筑与设备的价值在蒋梦麟任部长第二年增幅最大。同时,经费来源中,"国库最多,省库次之,私款又次之"。经费之分配,教师薪酬最多,设备费次之,然后为办公费,余者是杂项开支。[②]

除了限制教师兼职与注重投入之外,《大学规程》《专科学校规程》与1930 年"改进高等教育计划"等相关文件对高校考试、整顿学风等亦有明确规定,比如毕业考试由原来高校负责改为教育部组建考试委员会办理,再如学生思想教育及日常管理得到逐步加强。蒋梦麟在组建与推动考试委员会工作方面贡献颇大,同时在稳定高校学生言行以坚定其治学目标方面也付出了巨大努力,安抚清华大学易长风潮是一个典型例子,以至于任北大校长后依然在斡旋。[③]

蒋梦麟以"部长有为"立场进行了高等教育大整改工作,主持颁布了多项具有奠基意义的政策,在公私立高校整治与教育效能提高等多方面成效明显。可以说,他在"质的改良"方面贡献颇大,也在不小的程度上达成了其

① 《教部令专科以上校行政费占百分之十》,《申报》1929 年 12 月 8 日,第 11 版。
② 谢树英:《近年来中国大学教育之趋向》,《光华大学半月刊》1935 年第 3 期,第 16 页。
③ 《蒋梦麟调解清华风潮》,《申报》1931 年 6 月 11 日,第 10 版。

心愿。然而，高校整改涉及范围广，难免触碰各方权益，其协调非常不易。在蒋梦麟谋求高等教育发展"心思"的同时又生发了新的想法，因为国民党四大元老与蒋介石等各方力量接连登场，大家都在高校整顿浪潮中忙着实现各自的目的。

（三）元老式微与蒋介石控权、法日派失势与英美派起势：整顿后权力格局的重组

1930 年 11 月 27 日，改进全国教育颇有成绩的蒋梦麟递交辞呈，这一举动甚为突然，其导火索要从整顿劳动大学与中央大学说起。劳动大学在国民政府成立不久开办，其由国民党元老倡设，却仅存五年即告结束，而同期中央大学贵为国民政府竭力打造之学府也发生易长事件，其中缘由备受瞩目。

1. 问题丛生中的派系之争：整治劳动大学与中央大学风潮

（1）劳动大学停废

吴稚晖、张静江、李石曾与蔡元培被称为国民党四大元老，北伐战争期间，他们支持蒋介石，南京国民政府成立之初，在"四一二"反革命政变发生后，国民党对劳工问题更为重视，意图获取工农群体的广泛拥护。当时教育主管机构是教育行政委员会，始建于 1926 年 3 月 1 日，地点在广州，委员包括陈公博、甘乃光、许崇清、金曾澄、钟荣光、褚民谊、韦悫与经亨颐八人。1927 年 4 月 20 日，国民党中央政治会议第七十六次会议议决增添蔡元培、李石曾与汪精卫为委员。5 月，该委员会公推蔡元培、李石曾与褚民谊为常务委员。① 针对当时尚无劳工专门高校的局面，四位元老倡议组建劳动大学。5 月 9 日，国民党中央政治会议议决以上海江湾模范、游民两工厂旧址，创设国立劳动大学，蔡元培、李石曾、张静江、褚民谊、金湘帆、许崇清、严慎予、张性白、吴忠信、沈泽春、匡互生等为筹备委员。13 日，筹备委员会第一次会议议决劳动大学分普通、劳农、劳工三大部分，劳工学院先行办理。② 6 月，《劳动大学工学院组织大纲》问世，聘任沈仲九为院长。③ 同期，蔡元培、李石曾等关于建立大学院的提议获准，蔡为院长，主持全国学务。7 月 4

---

① 高平叔：《蔡元培年谱长编》（第 3 卷），人民教育出版社 1999 年版，第 39—40 页。
② 《劳动大学筹备委员会纪》，《申报》1927 年 5 月 14 日，第 10 版。
③ 《劳工学院组织大纲昨已通过》，《申报》1927 年 6 月 11 日，第 7 版。

日,《中华民国大学院组织大纲》公布,其中规定设立劳动大学①,这使得该校获得了官方认定。是月,劳动大学筹备委员会推定蔡元培为主席,劳工学院课程与预算确定,劳农学院筹备。8月,《国立劳动大学组织大纲》出台。9月4日,筹备委员会推选易培基为校长,19日开学。②

从筹备到告成,国立劳动大学历时仅四个月,效率之高极为罕见。该校组织大纲明确了办学宗旨:

（一）发展劳动者教育:本大学为劳动者教育机关,其目的在图谋农人工人文化之普及和提高从事农工社会事业之研究和实验培养农工运动之人才,以促进劳动者实行根本解放,而树立民生主义之基础。

（二）试验劳动教育:本大学为教育的劳动化之试验机关,其目的在造就知力与情意、劳心与劳力、学理与实际能平均发达之学生,以为改造一般教育之基础。③

在创办两年后,劳动大学校长易培基对该校宗旨有了新的阐释:

本校即本此旨,培养有主义、有学识、有技能、有革命精神之人才,以期将来为本党领导农工,实行革命工作,努力建设事业。……学生在校,务使其半耕半读,或半工半读,以体验总理"以行求知,因知进行"之遗训。……故一方面灌输主义学识,以坚定其信仰而发展其脑力;一方面授以农工劳作,以养成其习惯,而磨练其体力,使健全之精神,属于健全之身体。一言蔽之,即以全人教育,从事国民革命也。④

对比来看,两者侧重点有所区别。"大纲"指出,该校进行劳动者教育,为实现"民生主义"做准备;同时,践行劳动教育,为改造一般教育服务。这些都与国民政府教育宗旨要求之"务期民生发展"与大学院设立目的之"养成劳动的习惯"相吻合。而劳动大学校长易培基突出强调该校为培养国民

① 《中华民国大学院组织大纲 教部改大学院 蔡元培为院长》,《益世报》(天津)1927年6月27日,第16版。

② 《国立劳动大学创立缘起》,见中国人民政治协商会议邵阳市委员会学习文史委员会编:《匡互生先生诞辰一百一十周年纪念集》,邵阳市彩印厂2001年版,第158—159页。

③ 《本大学创立宗旨》,见国立劳动大学编译馆:《劳大概况》,劳大印刷工厂1929年版,第1页。

④ 易培基:《发刊词》,见国立劳动大学编译馆:《劳大概况》,劳大印刷工厂1929年版,第1—2页。

革命需要之人才，使其能领导劳工为国民党效力。

劳动大学在《大学组织法》颁布后改设为工学院、农学院、社会科学学院三学院，课程围绕劳动设计，教学方式为"半耕半读，或半工半读"。当时学生回忆："学生上午都在学校上课，下午都由各科实习主任带到工厂或农场实习，工学院学生的机械操作，印刷工厂的检字排版，农院学生的农场掘地与排水种植，社院学生在附近农村的社会调查，真能使学生手脑并用，课本与实习表里合一。"①毕业生朱伯康曾指出该校与其他大学不同的特点："学生生活的朴质"、"学术空气的浓厚"、学膳费全免、制服有津贴等。② 1929 年 11 月，劳大举办了隆重的两周年纪念活动，众多政府高层人士出席，同时印行纪念刊物，孙中山长子孙科、中央大学校长张乃燕、暨南大学校长郑洪年、教育部次长马叙伦、复旦大学校长李登辉等多人题词，同济大学校长胡庶华赞其"成绩斐然"，教育部部长蒋梦麟赠语"劳苦功高"。③ 这样一所颇具特色的学校备受政、学两界要人重视，本以为前途光明，不料 1930 年 6 月，教育部要求其停止招生整改，观来突然，实则带着某种必然。

1929 年七八月间，《大学组织法》与《大学规程》等法令相继颁布，全国大学整改工作进入关键期，此时劳动大学办学看似已有所成绩。然而，1930 年 5 月 6 日、7 日，教育部派高等教育科谢树英、钟灵秀两科长与上海市教育局局长陈德征现场视察劳大，内容包括学校行政、各学院课程教学及设备、师生思想动态、宿舍与图书馆等多方面。④ 随后，视察报告由教育部递呈行政院备案，6 月 6 日，教育部宣布劳大停招整顿⑤，其大体理由如下：

> （一）行政方面，有近于虚设之机关，财政不公开。（二）编制方面，设有不合法令规定之学院。（三）设备方面，有基础良好之工厂，营业发达者租承办而不报销，无商承办者，任机器之锈蚀而欠保管；仪器标本，简单异常，不及一完全中学；图书馆藏书亦不多。（四）教学方面，课程不充实，排列无统系，且未能注意劳动训练，似与该校之本旨未合；教员兼任者居多数；学生成绩欠佳，思想复杂。（五）训育方面，颇觉松懈。⑥

① 赵振鹏：《劳动大学的回忆》，《传记文学》1980 年第 10 期，第 57 页。
② 朱伯康：《学校生活：劳动大学底前前后后》，《读书杂志》1931 年第 1 期，第 5 页。
③ 《题词》，见国立劳动大学编译馆：《劳大概况》，劳大印刷工厂 1929 年版，第 1—12 页。
④ 《教部派员视察劳动大学》，《申报》1930 年 5 月 8 日，第 11 版。
⑤ 《劳动大学积极进行》，《劳大周刊》1930 年第 15 期，第 28 页。
⑥ 《视察国立劳动大学附属工厂报告书》，《教育部公报》1930 年第 27 期，第 45—50 页。

闻讯后,劳动大学请愿收回此令,并于 6 月 11 日发表声明称:视察两天,实则两半天仅数小时,许多问题已当场说明,目前报告"满纸污诋,全非事实"。在逐条反驳后,其最后讲到如下内容:

(一)关于行政者,在漠视事实,致合法之学校行政,被其污毁;(二)关于编制者,在大学组织法未颁布前,奉部令设立之学院,不能谓设立为不合法令规定;(三)关于设备者,不顾教育部经费之制限,前模范工厂之亏损情形,与夫学校历史甚短,事实上之种种困难;(四)关于教学者,课程尚未全部查阅,各科目时间,故未错杂,学生成绩及思想,又系个人主观断定;(五)关于训育者,不以学校学风是否优良,学生之举动是否合度为断,仅以松懈二字,笼统批评,实未尽视察之能事。凡兹数端,其视察报告,别有作用可知。①

综观双方说辞,可基本得出这些论断:劳动大学历经大学院与教育部两段时期,其在行政、学院设立与运行方面多沿袭大学院旧制,《大学组织法》颁布后,其有待加强改进;财政收支公开有所欠缺;设备闲置有之,但疏于养护,图书藏一万余卷系编目者,若含余者共十万余卷,但未得到视察员认可,此举是否合理暂且不论,劳大图书管理工作不力似乎属实;大学课程标准未定,无参照依据确有其因,不过该校特色在于劳动,但此类课程及学时不足;教学时发现学生带有"马克思主义书籍",劳动大学称其是个人行为;专任教师不足;等等。

可见,劳动大学有较多问题,特别是在一些方面与《大学组织法》等法令规定有悖,并且适逢蒋梦麟主持教育部大力改进高等教育期间,因此被指令整顿可谓事出有因。不过,劳大称为"国立",又是四大元老创办,其地位非同一般,较之于其他大学只是整改的做法,勒令停止招生的处罚似乎有些严重,其中原委耐人寻味。

仔细审视,法日派与英美派的纷争贯穿其中。劳动大学校长为易培基,湖南人,曾任湖南省立第一师范学校校长、北洋政府教育总长、女师大校长等职务,时任农矿部部长、故宫博物院院长,其女儿为李石曾侄子之妻,易、李关系密切,同属法日派。北洋政府时期,易培基、李石曾等人与蔡元培、蒋梦麟、胡适等英美派纷争不断,后来以易培基担当女师大校长并兼任教育总

---

① 《本校驳正教育部呈行政院之视察报告》,《国立劳动大学三日刊》1930 年第 3 期,第 2—3 页。

长(不久去职)、法日派主导北大评议会暂时告一段落。南京国民政府成立后,双方汇聚在南方文教界,李石曾、蔡元培等倡设大学院,蔡为院长。其间,内斗并未平息。1928 年 6 月,奉系张作霖进入北平,将北京大学改组为"京师大学校",遭到北大反对。当时已定都南京,北方大学名称含"京师"确有不妥,易培基提议改为中华大学。然而,李石曾、易培基等表面上更名,实则想借机掌校控制北大。同期,大学院突然调任中央大学校长张乃燕(张静江之侄)担任院内参事,由吴稚晖接任中大校长,但吴不就,蔡元培、杨杏佛的做法导致张乃燕、张静江很是尴尬。因此,对于中华大学校长人选问题,大学院在会商时争论非常激烈,胡适支持蔡元培,吴稚晖、易培基、张乃燕等支持李石曾,而会前吴稚晖与张静江等早已商定李为校长,蔡得知后表示不满:"那天我就没有想到石曾先生要做校长,后来才知道你们几位先有了一次会议,已决定了。但那天匆匆地我一时没有余暇回转过来。现在都明白了,所以请石曾为中华大学的校长",而此时蔡已萌生辞去大学院院长之意,并建议由李继任,但出席者并未讨论。闻讯后,北大师生坚决反对更名为中华大学与派李石曾为校长,后来校名改成北平大学,但李主持校务。不久,李石曾提议设立北平大学区,而蔡元培主张暂缓此举,理由是江浙两大学区试验流弊较多。1928 年 8 月,李石曾联合大学委员会委员易培基,又得到吴稚晖等人支持,设立北平大学区获得通过。① 随后,蔡元培、杨杏佛、胡适等辞去各自职务,最终教育主管机构正职由蒋梦麟接任,政府此举颇有平衡两派之意。1929 年 7 月,北平大学区废止,李石曾辞去北平大学校长;8 月,恢复北京大学校名。② 北大师生请愿由蔡元培掌校,但蔡未前往,直到 1930 年 12 月蒋梦麟接任为止。凡此种种,两派嫌隙更为严重。

若说劳动大学由法日派操控并不为过,创办者李石曾、校长易培基为该派领袖,吴稚晖、张静江与李私交甚好,虽然劳动特色实施不够鲜明,但其也在较大程度落实了留法勤工俭学运动的较多举措,吴、李甚至提议将法语作为第一外语③。据 1929 年的统计,劳大教师共 61 人,其中法日背景 22 人,

---

① 胡适著,曹伯言整理:《胡适日记全集》(第 5 册),联经出版事业股份有限公司 2004 年版,第 182—183、318—320 页。

② 王学珍等:《北京大学纪事(1898—1997)》(上),北京大学出版社 1998 年版,第 164—165 页。

③ 毕修勺是劳动大学筹备委员,其回忆称吴稚晖与李石曾认为一般大学以学英文为主,提议劳动大学以法语为第一外语。参见毕修勺:《我信仰无政府主义的前前后后》,见葛懋春等编:《无政府主义思想资料选》,北京大学出版社 1984 年版,第 1030 页。

英美背景 20 人,但英美背景教师多属于社会科学学院,由于该院创办较晚(1929 年)且多由复旦大学教师兼任,因此专任教师队伍中法日背景者为主导。① 时人曾评价易培基与李石曾在劳大拉帮结伙,例如聘任教师资格是:北京师大(李时任校长)与长沙省立第一师范学校(易曾任校长)毕业生、湖南人(易祖籍)、留法者。② 可见,法日派统领着劳大发展,加上其操控着北方文教界,后来蔡元培又被迫辞任大学院院长,法日派势力已然非常强大。然而,劳大确实有许多亟待改进之处,而遇到一再受挫的英美派代表蒋梦麟主管教育部,在大学整改背景下,该校自然成为众矢之的,被从严处理、指令停止招生也就不足为奇了。

自从 1929 年 6 月 6 日接到命令后,劳动大学表示改进的同时开始反击,例如以招生简章已经公布为由继续招生。6 月 10 日,蒋梦麟出面解释:劳大停止招生并非停办,改组是"组织的问题并非人的问题"。③ 次日,劳大发布了前述逐条反驳的声明,并在随后数日向教育部、行政院乃至国民政府请愿。由于整改报告已经在行政院备案,教育部颇有底气,于 6 月 12—17 日与 7 月 3—6 日连续多日在《申报》发布撤销劳动大学招生简章的公告。④ 如此公开对决,实属罕见,堪称当时教育界的"奇观"。1930 年 9 月,国民政府会商决议免去易培基的校长职务⑤,由此足见整改并非简单的"组织问题",而是复杂的"人的问题"。不久,教育部决定暂不派校长而由其代管,劳大不同意,表示请尽快选派接任者。⑥ 12 月,国民政府任命王景岐为劳大校长。⑦ 然而,在随后的一年多时间内,劳大仍然办理不善,最终于 1932 年 7 月底宣告结束。⑧ 蒋梦麟以教育部为平台在促成劳大整顿、校长易培基去职方面发挥了较大作用,也因此与李石曾、吴稚晖等人关系紧张,同期又发生了中央大学易长事件,使得他最终被迫辞职。

<hr>

① 《职教员一览》,见国立劳动大学编译馆:《劳大概况》,劳大印刷工厂 1929 年版,第 6—14 页。

② 雷楚:《劳动大学小史》,《中国学生》1937 年第 11 期 ,第 5—6 页。

③ 《教部撤销劳大招生》,《申报》1930 年 6 月 12 日,第 9 版。

④ 《教育部为撤销劳大招生事布告》,《申报》1930 年 6 月 12—17 日,第 3、5、5、5、5、5 版;《教育部为撤销劳大招生事布告》,《申报》1930 年 7 月 3—6 日,第 6、6、6、5 版。

⑤ 《第九十四次国务会议》,《申报》1930 年 9 月 20 日,第 9 版。

⑥ 《劳大校务会议电催委校长维持校务》,《申报》1930 年 10 月 16 日,第 9 版。

⑦ 《行政院第二次国务会议》,《申报》1930 年 12 月 3 日,第 8 版。

⑧ 《劳大校长呈报结束期》,《申报》1932 年 7 月 30 日,第 8 版。

（2）中央大学易长

中央大学以东南大学为主体改组而成。1921 年 6 月，东南大学正式建成，校长为郭秉文，办学成绩突出，繁盛时可与北京大学媲美。不过，1925 年 1 月，北洋政府教育部免除郭秉文校长职务。[①] 究其原委，有如下因素。首先，由于经费紧张，东大曾收受江苏都督直系军阀齐燮元资助，并且长期受到时称"学阀"的黄炎培等人的大力扶持，这些与军阀、学阀交往甚密的举动备受批判。[②] 其次，东大内部亦有问题，如校董会握有实权，评议会名不副实。[③] 再次，人员争斗激烈。杨杏佛与郭秉文的矛盾是典型代表之一，杨在东大的五年生涯中岗位被调整三次，1924 年夏因所在工科被废止而去职，三年后的 1927 年，杨仍愤愤不平地宣称："在校之日，虽以主张之不同，不见容于当时之校董及其爪牙，惟与同学则深得切磋相长之益。居宁五载，被迫而三易讲席，由南高商科主任，初迁为文理科经济教授，再迁为工科教授。年年续约之时，则生去留问题：郭氏及其学徒，暗示明言，无不讽其辞职，欺凌毁谤，人所难堪。而铨始终不肯言去者，以当时受教之数百同学均乐与切磋相见以诚，未尝因校中权要之贵贱而牺牲其择师之自由也。十三年复，郭氏挟齐燮元淫威停办工科，铨与工科职员及同学不得不与东大作永久之告别。"[④]杨杏佛与时任教育部次长马叙伦（代理部务）关系密切，他离校后以此平台反击郭秉文。最后，国民党对郭秉文亦有不满。杨杏佛早年加入同盟会，离开东大后追随孙中山，从事国民党党务相关工作，与该党要人熟识，从中作梗，尤其是元老级人物吴稚晖对郭持否定态度："因为郭秉文先生并不专心做校长，他是齐燮元先生的要人。燮元先生又是曹锟先生要人的缘故。曹锟倒了，齐燮元倒了，郭秉文依然做东南大学苦心维持的校长，便彼仍与后来军阀出力，恐无以服曹、齐吧！"[⑤]上述是反对郭秉文的理由，而当事人郭表示无法接受：地处江苏、身处乱世，东大难免会与当地政界、教育界及军阀力量接触，也需要与之保持良好关系，并且江苏政府、江苏教育会对东大给予了大力帮助，但学校自身主张远离政潮、派系纷争。此点也得到时任生物

---

① 《执政府留日阁议情形》，《申报》1925 年 1 月 13 日，第 6 版。

② F.M.：《打倒学阀——告江苏青年学生》，《中国青年》1924 年第 59 期，第 141—144 页。

③ 《国立东大易长风潮扩大至昨闻》，《申报》1925 年 3 月 12 日，第 10 版。

④ 《杨杏佛敬告在京东大南高同学书》，《申报》1927 年 11 月 5 日，第 16 版。

⑤ 吴稚晖：《致邵飘萍书——为东大校长问题》，见吴稚晖：《吴稚晖全集》（第 2 卷：哲理与文教 2），九州出版社 2013 年版，第 4 页。

系主任胡先骕的认可：

> 东南大学与政党素不发生关系，言论思想至为自由，教员中亦无党派地域之别。言留学所在之国，则英、美、德、法、日本；言省籍，则苏、浙、皖、赣、湘、鄂、川、黔、闽、广、直、豫；言个人所隶属或接近之党，则国民党、研究系、国家主义派、社会党，而要以鄙视一切政党，态度超然，纯以研究学问为事居多；言宗教，则孔教、佛教、基督教，与不信一切宗教者。……统观今日之大学校长，自蒙蔡孑民以下能胜于郭氏者又有几人乎？然在郭氏任内，一方请梁任公演讲，一方学衡社同人即批评戊戌党人。一方请江亢虎演讲，一方杨杏佛即与笔战。大学言论自由，亦不过如此，至谓某为大学校长某为教授，某与某政党关系何，此何足问？……环顾国内，惟东南大学为不受政治影响专事从事研究学术之机关。①

郭秉文得到东大师生的声援②，江苏省教育会更是致电北洋政府，弹劾发令免除郭之职务的教育部次长马叙伦③，同时郭曾致函吴稚晖加以解释④。不过，北洋政府认定郭秉文属于军阀、学阀一派，主持教育部工作的国民党人马叙伦态度强硬，最终郭离任，但部派校长胡敦复为东大师生不容⑤，校务勉强维持，直到1927年北伐胜利后问题才得到解决。

国民政府成立后，当时首都需要建立一所大学统领全国，较之于其他大学，地处南京、原本基础较为雄厚的东南大学尤为适合。因此，国民党派出亲信对此前定为"问题"大学的东大进行改组，并与江苏、上海等多所学校合为"国立第四中山大学"。⑥ 备受瞩目的校长人选几经讨论后确定是张乃燕，其主要原因，一是他原任江苏省教育厅厅长，管辖原东大，并正在管理试行的江苏大学区；二是他学识渊博，留欧获得理学博士学位，曾任浙江教育会会长，在江浙文教界较有影响力；三是他为国民党元老张静江之侄，可谓"根正苗红"。此后，在国民政府扶持下，张乃燕领导着中央大学发展迅猛，风头

---

① 胡先骕：《东南大学与政党》，《东南论衡》1926年第1期，第6页。
② 《东大师生力争郭秉文继续长校》，《申报》1925年1月11日，第10版。
③ 《省教育会请速免教次马叙伦职》，《申报》1925年2月15日，第12版。
④ 《郭秉文为免职事致吴稚晖函》，《申报》1925年2月17日，第12版。
⑤ 《教育界消息：东南大学校长问题之又一幕》，《教育杂志》1925年第4期，第12页。
⑥ 《国立中央大学大事记》，见中央大学：《国立中央大学十周纪念册》，出版社不详，1937年版，第3页；《东大改组第四中山大学以后》，《申报》1927年6月11日，第7版。

大有盖过北京大学之势。然而，中大前身东大遗留问题颇多，并且新政府初建后推行的大学院及大学区制流弊不少，同时伴随着积怨已久的派系纷争，诸多因素导致改组而来的中大新问题频出。例如，该校因改名为"江苏大学"闹过风潮，后以"中央大学"定名。[①] 再如，国民政府试行大学区制，江苏省被划定为第四中山大学区，后改为中央大学区，中大成为领导者，但因其权力过大、经费分配欠妥等各种问题，中大与区内中等学校、相关教育团体等发生了激烈冲突[②]，直到大学区制废止后才有所缓解。而校长张乃燕多次面临险境，其中两次易长风波颇为典型且有内在关联，以张去职告终。

易长风波之一以 1928 年现金案为中心展开。1928 年 5 月 12 日，中央大学商学院院长程振基兼任会计组主任，在 15 日办理交接时，发现有现金 67800 余元未交出。前主任表示此款用于兴办自来水，支票由高等教育处处长胡刚复保存，支取由胡代办。程振基听后"深为骇异"，请胡刚复交出支票，胡表示同意，但不肯拿出现金，说支票由其签字，有两层便利："第一，暑假时在沪购办机器，如能成交，则可直接付款，免多周折。第二，会计员项燕北君每月向各县提到款项，往往解到上海，如此则胡夫人可以代存银行，便利之至。"6 月 1 日，程振基指责胡刚复"破坏会计系统"，致函校长张乃燕裁定。6 月 7 日，胡刚复也致函张，请辞高等教育处处长，理由是"愿宏力绌、身心交瘁"，但未提现金问题。不料次日，大学院调任张乃燕为参事，任命吴稚晖为中大校长，此举对张而言可谓"明升暗降"。在吴稚晖到任前，由中央大学普通教育处处长程时煃暂行代理，因高等教育处处长兼自然科学院院长胡刚复辞职，处长与院长分别由傅斯年、徐善祥担任，傅到任前由汤用彤代理。然而，吴稚晖等人不就。同时，张乃燕质疑大学院不合规：大学校长任免为何不经过大学委员会讨论，大学院为何不遵守大学区组织条例而代聘高等教育处处长兼自然科学院院长。6 月 10 日，胡刚复致信蔡元培与吴稚晖解释款项事宜，表示收支情况有中大会议与会计记录、银行水单等各种证明，均有据可查，若违反规定，请受最高严厉惩罚。面对张乃燕的质询，蔡元培表示易长手续不合法律，向国民政府自请处分。[③]

---

① 《第四中山大学张校长就职纪》，《申报》1927 年 7 月 25 日，第 8 版；《大学院大学委员会临时会议录》，《大学院公报》1928 年第 6 期，第 75 页。

② 《中大中校教职联会反对大学区制》，《申报》1928 年 6 月 20 日，第 12 版；《中大区中校联会开会纪》，《申报》1928 年 11 月 21 日，第 11 版。

③ 《中央大学易长问题之纠纷》，《教育杂志》1928 年第 7 期，第 6—7 页。

短短数日，中央大学、大学院等数人职位变动，热闹非凡。实际上，其背后有着复杂的人际关系。胡刚复与张乃燕是事件的重要当事者，两人又是中大的核心人物。张为校长，胡是中大筹备委员会核心成员，后任该大学区高等教育处处长与该校自然科学院院长等要职，本来两人似乎关系不错。例如，在中大学生发起"免费运动"期间，尽管政府出面部分满足了学生的要求，暂时平息了风潮，但是学生将矛头对准了负责大学事务的高教处处长胡刚复，组织了"驱胡运动"，理由是胡阻止学生请愿、妨碍党化教育、侵占公款，而张乃燕支持胡，称前项是校方行为，不是胡一人之举，后两项毫无证据。[①] 不过，据时人回忆称：张乃燕被架空，中大实权者为胡刚复，"校长张乃燕，是浙江省主席张静江的侄儿，家里很有钱，是个纨绔子弟，实际上不管事"[②]，校务全由该大学区高等教育处处长胡刚复当家。可见，胡刚复在学校位高权重，是大学院委派之人，与蔡元培关系密切，其与张乃燕难免有矛盾，这从张的处理方式上可见一斑。若两人关系融洽，张乃燕在接到程振基检举信后，可以事先与当事人胡刚复求证，但张却绕过了胡，呈报给蔡元培与吴稚晖等人，其原因既有不敢擅自做主之意，也可能是张为人敦厚考虑不周，但亦有向上级"告状"之嫌，总之此举引发了胡刚复后来的激动言行。

同时要注意的是，大学院副院长杨杏佛在张乃燕去职中是关键人物。《申报》曾报道张乃燕是因得罪了与胡刚复有密切关系的"某当局"而导致被"免职"，此人便是杨杏佛。[③] 杨杏佛与胡刚复"关系甚笃"，张乃燕与胡冲突，杨自然反张。不过，杨反张并不代表支持胡，因为杨与胡亦有矛盾。其实，杨是想借助去张一并去胡。此外，这次事件还牵涉 CC 派、吴稚晖与张静江等人，知道内情的时任大学院高等教育处处长张奚若曾对胡适说了大致经过：

> （一）此事发端在中央党部的陈果夫、叶楚伧；他们听了许多流言，以为中大即将有大风潮，并且有政治意味，故他们要蔡先生早日解决此事，请他自己兼任校长（果夫是张乃燕的同乡好友，故想法维护他。胡适注）。

---

① 《四中大生免费问题忽然扩大》，《申报》1928 年 2 月 20 日，第 8 版；《四中大师生两方之决议》，《申报》1928 年 2 月 25 日，第 10 版。

② 蔡堡：《我的回忆》，见浙江省政协文史资料委员会编：《浙江文史集粹》（第 5 辑·教育科技卷），浙江人民出版社 1996 年版，第 431 页。

③ 《中央大学易长问题》，《申报》1928 年 6 月 11 日，第 11 版。

（二）蔡杨事前不曾先与张静江、张乃燕商量。故引起许多误会（他们在静江宅商量，蔡以为静江已知，其实未知也。张乃燕住大学院中，何不早点告诉他。胡适注）。

（三）杏佛处置也有许多失当之处；奚若是高等教育处长，事前全不知道。那天他偶然到杏佛房里，只见他同杨孝述谈胡刚复事；杏佛说："刚复为什么不辞职？"杨孝述说："他不久就要走的。"杏佛说："不久！来不及了。"他就取纸大书"调任张乃燕为大学院参事"（杏佛近几月与刚复不睦，故早想去他。为稚晖挡住了。外人不察，以为杏佛袒刚复，其实杏佛是借去张而并去胡也。胡适注）、"任命吴敬恒为国立中央大学校长"等等命令。允中与奚若面面相觑，只好不开口。所以奚若对我说："我做高等教育处长，比一个书记也比不上，不走还等什么？"①

综上可见，此事已经大体清楚，现金案只是一个导火索。陈果夫、叶楚伧等听说流言蜚语认为形势对张乃燕不利，商请蔡元培、杨杏佛等解决，二人在张乃燕叔父张静江家里讨论，他们误以为张静江、张乃燕知道。而杨杏佛早想去张，又恰逢与之不合的胡刚复身在风波中，因此杨担心"夜长梦多"，遂立刻以大学院名义发布了免张职务的命令，此举确实不合规定，将蔡元培置于尴尬之地，便出现了张质询而蔡无奈请处分的一幕。因此，胡适去找杨杏佛，希望他辞职，杨应允。

6月15日，大学委员会商定追认大学院有关中央大学易长的指令，但在新校长未到任前，仍由张乃燕主持校务，该风潮告一段落②。同日，另一商讨内容是前述的北京大学改名中华大学以及校长人选定为李石曾的事情，原本并未深入蔡、李之争的张乃燕却鲜明地支持李："蔡先生的兼收并蓄，故有敷衍的结果。李先生派别观念深，故不必敷衍。故李石曾最适宜。"③可见，此事打破了蔡、李之争的平衡，因为吴稚晖、张静江都支持李。因此，时人柳诒徵曾言："张与蔡、杨复不协。政府中人多忌杏佛，设计使蔡易张，张不屈。

---

① 胡适著，曹伯言整理：《胡适日记全集》（第5册），联经出版事业股份有限公司2004年版，第179—180页。

② 胡刚复与程振基对现金案的解释各执一词，最终于1928年10月27日，胡刚复与仍任校长的张乃燕沟通后达成一致，将该事件定性为"误会"，并完成交接手续。《中央大学水记存款之移交》，《申报》1928年10月28日，第11版。

③ 胡适著，曹伯言整理：《胡适日记全集》（第5册），联经出版事业股份有限公司2004年版，第181页。

蔡与杏佛乃辞大学院,别组中央研究院研究学术,不涉政治焉。"[1]值得注意的是,蒋梦麟在这次风潮中相对安静,即便是在非常关键的这次大学委员会会议上,蒋未做明显表态,胡适则冲在前面维护蔡元培,尚不清楚是否存在蔡、胡保护蒋且在纷争时留有余地的意图,不过在中大易长事件后,蒋接替蔡执掌了大学院与后来的教育部。

然而,一波未平一波又起,不久,蒋梦麟与张乃燕直接对峙,导致两人双双下台,也就是此处要讲的中大易长风波之二。这次争执由中央大学经费、校务等问题引发。自从组建以来,中大在经费上始终伴随着国库与省库、大学与中小学之间的纷争。中大前身东南大学经费由江苏省教育经费管理处从该省税收中拨付,国民政府成立后,实施统一税收政策,苏省部分税收归于国库,而改组后的国立中央大学经费却仍由江苏省负责,加上还需支付中小学与社会教育等办学费用,使得苏省本来捉襟见肘的经费更加入不敷出,导致各类学校经费时常被拖欠。因此,江苏省政府向国民政府请示"国款办国学省款办省学",但两者互相推诿,中大与大学区内其他学校也经常发生纠纷。[2] 直到1929年8月,行政院训令:"(一)中央大学经费应按十七年度实支数一百三十二万元,永久由江苏教育经费管理处支给;(二)该校十八年度预算经财政委员会通过后,其不足之数,应由财政部支给。"[3]不久,中央大学区废止,经费纠葛问题暂时告一段落。然而,中大校内问题较多,1929年8月24日,学生会商表示应从如下方面改进校务:"(一)添设讲座,提高专任教授待遇。(二)裁汰冗员,极力节省行政经费。(三)减轻学生负担:(甲)每学期减学费十元;(乙)体育医药等费;(丙)扩充免费学额。"[4]除第三项外,余者得到校方的重视并推进。1930年5月,教育部致信财政部复核大学经费,发现1929年平津各高校每月经费共计30万元,而中央大学一校每月达16万元,其金额较之于其他大学甚巨,中大每月经费遂于1930年被核减1万元(15万元),原本平津各校该年1月起每月增加5万元,但是由于财政经费有限,此次定为每月29.2万元。[5] 不久,中大请愿增加每年经费至300万

① 柳诒徵著,文明国编:《柳诒徵自述》,安徽文艺出版社2013年版,第61页。
② 《中大呼吁维持教费》,《申报》1928年12月20日,第12版;《呈请国库拨助地方基本教费》,《申报》1928年12月25日,第12版。
③ 《训令:第二八七八号(十八年八月三十一日):令教育,财政部,江苏省政府:为国立中央大学经费支付办法经呈准照办由》,《行政院公报》1929年第80期,第11页。
④ 《中大费问题》,《申报》1929年8月26日,第17版。
⑤ 《教部请财部复核大学经费》,《申报》1930年5月16日,第12版。

元,最终获得了 204 万元。① 可见,教育部发现中大经费明显偏高,出手核减了部分经费,但引发了中大的请愿,因其背后势力大,后来有所增加。不过,时至暑期,中大经费被拖欠数月,加上校内问题频出但校方应对不力,例如校长离校,理学院无人负责,其中数学系教授去职众多,化学系无人主持,法学院院长未有继任者,体育科亦"群龙无首","内部极为散漫"。② 而在此期间,正值全国大学整顿,中大爆发了大规模的改进校务运动,促发了蒋梦麟与张乃燕的针锋相对。

1930 年 10 月 15 日,中大学生涂钜尧等 290 余人联名致书全体师生,指出近来学校重大问题丛生:一是院长问题,共计八院,文、理、法、教四院长已辞职,农、工两院长已聘但未到校办公,仅上海医、商两院院长坚守;二是"理学院成绩素优,但因不满学校措施,议决全体怠工";三是植物系全体教师争相辞职,系主任仅以私人名义教学;四是新事务长卢树森因改良计划无法实施而辞职;五是洛氏基金补助的生物馆因负责人不当措施,稽核委员拒不接收。随后,学生提出八点改进意见:(1)秘书长张佐时蒙蔽校长,操控行政经济大权,侮辱教授,营私舞弊,应立即免职;(2)秘书处职权过大,且中山大学、北京大学等无此组织,应即裁撤;(3)校务会议行政人员占 2/3,教授代表仅为 1/3,有悖教授治校原则;(4)行政费按规定应占 10%,但却占 17%,需减少,而增加图书设备费;(5)各学院经费应独立,以免受制于庶务组而有舞弊机会;(6)庶务会计两组黑幕重重,财政应公开;(7)中山大学、北京大学、武汉大学等校专任教授超过本校二三倍,现应多聘专任教授;(8)武大、北大均无宿费与讲义费,应援例免除。③ 该项宣言公布后,秘书处张佐时、庶务处邵聪、会计处戴崇恩呈请辞职。张乃燕严禁学生干预校政,不过裁撤了行政机构,将秘书、教务和事务三大处合并。此举因未经校务会议审定,又遭到教师反对。同时,600 余名学生表示仅可裁撤秘书处,需保留教务、事务两处。风潮持续扩大。10 月 21 日,张乃燕向国民政府主席蒋介石递交辞呈。至此,校长离校,众多部门与学院无人主持,学校陷入混乱。

面对此种局面,时任教育部部长蒋梦麟发表讲话,主要有两层意思:其一为"中大学生始用和平态度促进校务……故本人以中大学生处处能循正轨,堪为该校之福";其二为大学校长任免由教育部负责,而张乃燕直接致函

---

① 《宁中央大学请增经费》,《益世报》(天津)1930 年 8 月 6 日,第 16 版。
② 《南京中央大学无主》,《大公报》(天津)1930 年 9 月 7 日,第 3 版。
③ 《中大生改进校务运动》,《申报》1930 年 10 月 17 日,第 9 版。

蒋主席辞职实为不妥,如果其"真有辞意",政府会详加商讨。① 可见,蒋梦麟明显支持学生,并指责张乃燕言行违背规定与常理。此言为公开发布,张得知后于次日(10 月 28 日)致函中大全体师生,解释辞职真相,列举数项蒋的"策划行径",认定其为风潮幕后指使者:"自蒋梦麟部长到任以后,对于本校措施有莫知其所以然者,约有数事。……近来学校不幸,屡次发生风潮,背景何人,多有能道之者。最近蒋部长更言于蒋主席曰,中大为国家主义与共产主义之角力场,劳大为共产主义之托庇所,与晓庄相等。劳大之情形如何,非乃燕之所知,中大既为两派角力之场,则乃燕首当其冲,诚恐贻误党国,贻误本校,有辜蒋主席,并闻外间愿作校长者颇多,故即毅然辞职,以让贤路。"该函被《申报》《益世报》等各大媒体曝光,蒋梦麟对张乃燕所言逐一辩解,表示"均属误会",并称他向蒋介石报告"中大为国家主义与共产主义之角力场"之举"绝无其事"。② 此后,两人继续以公开方式相互责难,中大师生形成了改进派与护校派,前者指出学校存在诸多问题亟须解决,风潮无背后指使,后者批判蒋梦麟,称其推行"北大主义",意在抢夺中大地盘。③ 双方各执一词,愈演愈烈。此次教育部部长与当时首都之中央大学校长的正面对抗,蔚为壮观。

　　蒋梦麟与张乃燕之论战远非个人之辩。中央大学自身的确在经费使用、人事安排、事务处理等不少方面有悖于《大学组织法》《大学规程》等相关规定,中大整改势在必行。不过,从整个事件来看,蒋梦麟、张乃燕及各自支持者的争论焦点已经不仅是校务问题,还有派系纷争,这是不久前现金案引发易长、蔡元培辞任大学院院长等事件的延展,最终张乃燕去职。前述劳动大学争端于同期发生,易培基去职,而两校加持的影响,元老介入其中,搅动了整个文教界,导致蒋梦麟卸任部长职务,而其中不仅有派系纠葛,亦有一股强大权力在操控。

　　2. 台前与幕后:蒋梦麟身后的蒋介石
　　蒋梦麟在回忆录中曾记录下其去职的大体经过与缘由:

　　　　民国十八年,我辞去浙大校长兼职,在南京再住了一年,后以中央大学易长及劳动大学停办两事与元老们意见相左,被迫辞职。

　　① 《蒋梦麟重要讲话》,《申报》1930 年 10 月 27 日,第 8 版。
　　② 《张乃燕与蒋梦麟为中大学潮引起之笔舌战》,《益世报》(天津)1930 年 11 月 4 日,第 2 版。
　　③ 《中大学潮值得注意的几种文件(续)》,《大公报》(天津)1930 年 11 月 5 日,第 3 版。

我当时年壮气盛，有决策，必贯彻到底，不肯通融，在我自以为励精图治，在人则等于一意孤行。我本世居越中，耳濡目染，颇知绍兴师爷化大为小化小为无的诀窍。今背道而驰，自然碰壁。武力革命难，政治革命更难，思想革命尤难，这是我所受的教训。

在我辞职的前夜，吴稚晖先生突然来教育部，双目炯炯有光，在南京当时电灯朦胧的深夜，看来似乎更觉显明。他老先生问我中央、劳动两校所犯何罪，并为两校讼冤。据吴老先生的看法，部长是当朝大臣，应该多管国家大事，少管学校小事。最后用指向我一点，厉声说道："你真是无大臣之风。"

我恭恭敬敬的站起来回答说：

"先生坐，何至于是，我知罪矣。"

第二天我就辞了职，不日离京，回北京大学去了。刘半农教授闻之，赠我图章一方，文曰"无大臣之风"。①

蒋梦麟表明了其"大事化小、小事化无"的处事风格，但缘何这次没有将事情"化无"？"年壮气盛""一意孤行"等固然是原因，但维护权益的派系之争乃是又一个关键因素，不过事情远非那么简单，背后还有另一种强大的力量在掌控全局。中央大学与劳动大学易长风潮发生后，吴稚晖、李石曾、张静江均对蔡元培、蒋梦麟等人有意见，作为教育部部长的蒋显得势单力薄，但他却表现得颇为强势，除了蔡的影响力与帮助外，还得到一种势力的支持，其代表者是蒋介石，他意在削弱国民党四大元老的影响力，进一步巩固其统治地位。

1930 年 3 月，国民党中央执委会第三次会议议决通过《限制官吏兼职案》，旨在抑制权力过于集中到某人身上，而元老及其势力是其适用的主要对象之一。6 月 6 日，教育部指令劳动大学停止招生，实际上是蒋梦麟遵奉蒋介石面谕行事。② 9 月 19 日，国民政府第九十四次国务会议商定准许中央研究院院长蔡元培辞去北京大学校长、铁道部部长孙科辞去交通大学校长，而对于农矿部部长易培基是免去劳动大学校长职务。③ 对比其他人的"批准辞呈"，易培基"被免职"显然没有面子。其实，蒋梦麟事先曾提醒易辞职，但其未同意，便出现了易被"罢免"的尴尬局面，而此举亦是蒋介石授意

---

① 蒋梦麟：《西潮与新潮》，人民出版社 2011 年版，第 160 页。
② 《劳动大学改组》，《申报》1930 年 6 月 6 日，第 7 版。
③ 《第九十四次国务会议》，《申报》1930 年 9 月 20 日，第 9 版。

为之。当时,易培基身兼国民党中央政治局会议委员、农矿部部长、故宫博物院院长、劳动大学校长数职,可谓政府"红人"。然而,他做事蛮横,更为关键的是与蒋介石、宋子文、陈立夫、孔祥熙等矛盾颇深。例如,在易培基担任农矿部部长之初,蒋介石建议留美矿冶专家陈立夫为该部次长,但易安排了其他人,抵制陈;为了加强控制军队,蒋介石加以整编,曾派人与易培基商量编练矿警,配合蒋与宋子文的举措,但被拒绝。再如,财政部部长宋子文见易培基态度傲慢,在经费方面横加掣肘,易则私自扣留百万矿税,两人"势如水火";农矿部与工商部从根本上难以划清界限,比如商品检验与农产品检查归属权问题,这导致易培基和工商部部长孔祥熙也有不合。孔、宋、陈等宴请易数十次均未成功,即便是蒋请客,易也退避。同时,CC 派势力向大学扩张,易阻止其渗透到劳动大学。至此,蒋介石对易培基甚为不满,易被免去劳大校长也就不难理解了。① 对此,一直支持劳大的吴稚晖、李石曾有所行动。两人曾找过蒋梦麟,劝其"点验"劳大,不要"接收",但未能如愿。10月 21 日,吴稚晖致函蒋介石,为劳动大学辩护,批判蒋梦麟:

> 介石先生勋右:
>
> 敬启者,上海劳动大学不令易君兼办,自所应当。惟劳动大学本身,以弟旁观,亦与诸多大学同一不完善。此乃十余年来,南北相习成风。若诸校皆上轨道,劳动亦能随之而进步;并非劳动有特别之腐败,如忌者所传之甚,故彻查劳动亦可也。若废弃劳动则亦不必。此次蒋梦麟先生处办劳动,于整顿之中,似含报复之意。
>
> 缘易君前长北京教育时,虽力罢法政大学江庸之职,不受梦麟之请,始终决决。
>
> 何以知之,则向之传闻,弟所不信。于十九早忽造假言,朦告钧右,则弟不能无疑其举动。因数日前弟想起两月之前,梦麟曾面辱易君。(其时座中四人,梦、易、石、稚也)。近来又不招呼其辞职,而竟以免职辱之以为快。未免造成同官不协,操切兴事。故于十四晚,弟协石曾先生同造教部,劝彼不可以气矜用事。劳动账目,发交审计院彻查;劳动

---

① 易培基去职劳动大学校长后,蒋介石将农矿部与工商部合并为实业部,孔祥熙为部长,易培基的农矿部部长职务被自动免除,随带国民党中央政治局会议委员资格也被剥夺,后来易因盗宝案被迫辞去故宫博物院院长职务,往日风光一去不复返。唐士亮:《易培基其人其事》,见中国人民政治协商会议全国委员会文史资料委员会《文史资料选辑》编辑部编:《文史资料选辑》(第24辑总124辑),中国文史出版社 1992 年版,第 29—33 页。

财产,彻底点验,皆无不可。止需派人点验,自能清澈。查明后,学校之进行与改良,向有董事会可以协商办法。蒙彼采纳。即于十六日派员前往点验。谨叙日程于左:

十六日星期四,教育部点验员谢、朱二君到劳动。其时因教部指定协点之农学院长李亮恭在京未到。谢朱二君电告易君,嘱令速回。

十七日星期五,李亮恭抵沪。即召集校务会议,议定点验日期。

十八日星期六,谢朱二君到校。校中以点验日期单与二君协定。约明星期一开始点验。于是校中即协定者,油印一单,通知各部(此油印复呈函内)。

此十九早以前之事实也。

据梦麟嘱蔡子民先生告弟,彼于十九日早进谒先生,告知劳动拒绝点验。先生赫然震怒。已电告张市长派警接收。且言拒绝点验时,校中人言:"你们部长都要换了,还来点验什么?"弟初闻亦其愧恨。恨劳动之人,如是可恶!岂知昨日二十晚间,劳动人来屡言其详。且言二十(星期一)早上,教部两派员忽言:"不点验了。又得部令改为接收。若不马上交出,蒋主席已命令军警押交。"弟方知梦麟报复是真,借整顿之名,行破坏之实。然此或弟之神经过敏,而彼忽造作假话(即拒绝点验一语),意欲何居?闻彼此次之秾张,据云实恐弟等进言先生,摇动其位置,故作先发制人之计。惟彼以小人之腹,度君子之心,实出情理之外。不惟先生深恶进谗,明察有素。即弟等粗知大义,岂肯得宾礼之荣,又以妄妇之行以自污?四年以来,弟曾有一次论人短长,议及职务用舍者乎?先生必哑然笑其妄也。弟自愧惟有失监察之职,凡有贪污淫秽,莫不因投鼠忌器,切望紾兄之臂,徐徐改良。一皆缄默不言,有负期望而已。弟非敢于万几丛脞,犹尘此微末,且未敢为劳动有所偏袒。止以士夫之列,不恤造作伪言,行其诪张,故忿而上渎。死罪死罪。敬叩钧安。弟吴敬恒顿首。十月二十一日。①

在表达可接受易培基去职劳大校长后,吴稚晖诉说蒋梦麟、易培基的诸多过往恩怨,声讨蒋梦麟搬弄是非,谴责教育部由"点验"改为"接收",驳斥若不配合将派警察到校的做法。殊不知,这些都是蒋介石的命令。面对此

---

① 《上蒋主席函》,见吴稚晖:《吴稚晖全集》(第2卷:哲理与文教2),九州出版社2013年版,第484—486页。

信,蒋介石立刻回信表明立场:

稚老先生尊鉴:

手教敬悉,对于劳大事,约日内面告。一年以来,对于劳大与中大,再三考察,所得结果,非根本改革,则必至不可收拾。而中大在首都唯一学府,其学风与内容,尤为可怪。此确非梦麟先生个人之意,凡有心于教育之同志,皆有不敢直言之隐痛。中大乃为国家主义与共产主义之角力场,劳大几为共产主义之托庇所,其与晓庄之情形相等。梦麟先生既有此改革之决心,则教育部范围与责任内之事,似以嘱其负责办理为宜,否则教育部不能过问教育,则以后学风与教育更不堪设想矣。晚以本日有约,不克趋候,明后日拟面陈一切也。专此敬上,并颂近安,晚中正谨上。十月二十一日。①

蒋介石不再居于幕后,对吴稚晖直抒胸臆,批判劳动大学与中央大学,支持蒋梦麟。接信后,吴态度转变,半夜回信:

介石先生勋右:

奉赐复,敬悉一是。两校内容如此,深恐所见不同,难免有告者之误。但先生既有至明之见,自有极相宜之措置。弟等惟先生之命是听,敢不首先赞助。故今晚君谋来,告以此意。欣然愿去其职。且言先生若早言之,彼执通家子弟之义,早应请命乞休。力所能尽,随时可别效劳苦也。今先附呈彼辞呈一通。若国府下令能予以"某某辞职,应免本职"字样,较有体面。则感激不尽矣。劳大之事,石曾先生当另陈钧右。敬复叩钧安。弟吴敬恒顿首。十月二十一夜半。②

在"难免有告者之误"的委婉"辩解"后,吴稚晖主要表示"唯命是从"。原本只说劳动大学,但蒋介石将中央大学一并说起,于是吴稚晖替张乃燕说情,这次姿态很低,仅请求不要像易培基那样直接免职,而以"某某辞职,应

---

① 参见台湾地区史料研究中心编写的有关蒋介石之论述与史料的出版物(中华印刷厂 1985 年版,第 452—453 页)。

② 《上蒋主席函》,见吴稚晖:《吴稚晖全集》(第 2 卷:哲理与文教 2),九州出版社 2013年版,第 486—487 页。该函后面写有 1947 年 1 月 24 日的备注:"此函一去,此中大校长问题算暂段落。君谋失败,梦麟胜利。异日梦麟亦浸疏者,到底用手段太多。故现在之梦麟,去手段一切不用,进德不少矣。"可见,吴稚晖当年对蒋梦麟甚为不满,但多年后对蒋梦麟的态度有所好转。

免本职字样"，为其留下颜面。巧合的是，当晚张乃燕拜访吴稚晖，应该是得知了蒋介石信函内容，当天便向蒋递交辞呈，然后发生了蒋梦麟与张乃燕持续数日的争斗。

此外，吴稚晖回信中提到劳大之事，李石曾另有呈请。事实上，李石曾的确曾向蒋介石解释，鉴于当时处在李氏劝说张学良易帜于国民政府的关键期，蒋决定改"接收"为"点验"。① 后来，随着自身统治地位的稳固，蒋介石最终还是停办了劳动大学。

中央大学的整顿也是经过蒋介石同意的。作为位于当时首都的标志性大学，蒋对其甚是关注。其实，现金案引出的中大易长风波，大学院调任张乃燕为参事等举措，中央党部的陈果夫、叶楚伧参与其中，上述决定均是由蒋介石签署的。② 这些加速了大学院被废止，四大元老之间因此矛盾越加严重，其中玄机是蒋介石运筹帷幄之举，目的在于为其势力介入创造机会。时至 1930 年 10 月，中央大学大规模校务改进运动爆发后，蒋梦麟与张乃燕发生冲突，在吴稚晖、李石曾、张静江"围攻"蒋梦麟之际，蒋介石从幕后走向台前，除前述回信吴稚晖阐明支持蒋梦麟外，11 月 2 日，他对外公开批评中央大学：

> 中央大学管训废弛，国家主义派、改组派、共产党混迹其间。余两年来，调查所得，早有所闻，并非出于蒋部长之报告。该大学学风如此败坏，张校长应负全责。唯此向余个人提出之辞职书，余无批答之必要。大学校长系政府所任命，则辞职呈文，自应尊重机关系统，正式向政府呈递。总之，大学为培养专门人才之地，应善导学生思想。中大为首都所在地之最高学府，关系尤重，政府不能坐视其校务延弛，学风嚣张，以贻害青年。教育者为青年表率，尤应有责任的自觉。③

蒋介石此言一出，中央大学问题即为定性，张乃燕去职不可避免，但是由于张偏重"学事"疏于"政事"，也不像易培基那样孤傲，又有张静江等人支持，因此以较为体面的"辞职获批"方式卸任，也算是蒋介石给了吴稚晖与张静江等人面子。而吴稚晖、李石曾、张静江"敢怒不敢言"，只得把火撒在了

---

① 朱子勉：《蒋介石兼代教育部长的内幕》，见中国人民政治协商会议全国委员会文史资料委员会编：《文史资料存稿选编12》（政府·政党），中国文史出版社 2002 年版，第 520 页。
② 《中大问题尚难解决》，《申报》1928 年 6 月 14 日，第 11 版。
③ 《蒋主席对中大风潮态度》，《申报》1930 年 11 月 3 日，第 9 版。

长期位于台前操作的蒋梦麟身上,因此吴去面训蒋,后者只得恭敬地表示"我知罪矣",在此等形势下,蒋已然不可能再担任教育部部长,遂呈请辞职。1930年12月4日,国民政府任命蒋梦麟为北京大学校长,易培基为北平师范大学校长,易农矿部部长被免。① 不过,易培基并未真正就任北平师大校长,只主持故宫博物院,后因"盗宝案"去职院长,就此沉寂。

蒋梦麟重回北京大学后,教育部部长人选问题成为焦点,李石曾、吴稚晖、张静江推选高鲁(李系之人)担任,但胡汉民反对。后来,蒋介石以行政院院长身份兼任教育部部长,其秘书陈布雷为常务次长,李书华(李石曾推荐)为政务次长。陈布雷曾对整个事件有过这样一段回忆:

> 教部之改组,由于李(石曾)、蔡(孑民)两系之龃龉。石曾先生方面常视蒋梦麟为蔡所提挈之人(不但对蔡不满,且对于现代评论派之人物亦不满,而谥之约吉祥"胡同名"系)。然石曾先生所汲引之人如易培基(劳动大学)、褚民谊(中法大学工学院)、郑毓秀(上海法政学院)及萧蘧(中法大学)、谭熙鸿等在平、沪等处办学成绩极不佳,且常蔑视教部法令,教部屡欲裁抑之,石曾先生以为难堪,主张去蒋梦麟甚力。吴稚老于李、蔡均友善,而尤同情于李,乃提议以高鲁(天文学者)代梦麟为教长。将通过矣,而胡展堂(汉民)先生反对甚力,即席声言:"高鲁何如人,乃可托以教育行政之重任,岂不羞天下之士!"蒋公不得已,乃请于高鲁未到任以前,由蒋公以行政院长名义自兼教育部长,而以李书华(润章)为政务次长。润章则石曾先生所提挈之人物,而在李氏系统中为最纯谨公正之人物也。蒋公既自兼部长,因欲以余任次长,故由吕秘书长(蘧孙)电邀到京相商云。……蒋公促余早日赴部接事,且命之曰:"教育为革命建国要计,凡事当请教于吴(稚晖)、李、蔡诸先进,然必勿堕入派别之见。总之,不可拂李、蔡诸公之意,亦不可一味顺从李、蔡之意见。宜以大公致诚之心,斩绝一切葛藤,而谋所以整顿风气,至于政府及前教部所行整顿大学教育与整肃学风之政策,则须排除万难以贯彻之,不以人事关系而稍为迁就也。"②

陈布雷所言派系纷争属实,但只说对了或只想说出其中的部分缘由,蒋介石并非只是平衡或调解派系纷争,还有其他原因。例如,劳动大学与中央

---

① 《蒋梦麟易培基改任大学校长》,《申报》1930年12月5日,第4版。
② 陈布雷:《陈布雷回忆录》,岳麓书社2018年版,第99—100页。

大学自身确实有问题,特别是在师生思想方面,劳动大学由主张无政府主义的元老创建,该校各种主义同在,师生对国民党认同感有待提升,而中央大学身在当时首都且由国民党着力打造,但却在推行党化教育上办理不力。凡此种种,劳大与中大确实需要整顿。然而,这些可以派人督促整改,其他许多大学类似情况即是如此做法。那么,缘何蒋介石出面强力干预呢?据时任教育部职员朱子勉回忆:蒋介石及其势力以有共产党人为口舌"制造一系列谣言"来查办大学。[①] 可见,此举是蒋介石精心谋划。我们回忆整个事件,明面上是蒋梦麟冲在前面,其实是在执行处于背后的蒋介石的命令,而且大学院内部蔡元培、李石曾之冲突直至该机构瓦解,蒋介石也是幕后"发力"之人,他不仅要彻底实现党化高等教育的目的,更是想利用甚至创造元老之间的分歧借力打力,以此削弱元老的势力,进而控制全国文教界。

劳动大学与中央大学的最终命运迥异。劳大办学历史短、问题颇多且为元老开创与掌控,终被废止。而中央大学位于当时首都且是全国屈指可数的高水平大学,基础雄厚,蒋介石易于将其整改成为党化教育的代表者。因此,国民政府急调 CC 派骨干力量、中山大学校长朱家骅为中央大学校长,开启了中大"党化"发展的新局面。

1931 年 6 月,李书华(李石曾之人)接任教育部部长,陈布雷与钱昌照(两人为蒋介石之人)分别为政务、常务次长,这既照顾了李石曾等人的建议,又有蒋介石亲信把持。不过,该安排使得国民党无法彻底放开手脚,而此时"戴传贤乘机建议于蒋介石说,要达到'以党治国'的目的,必须使用国民党的忠实党员充任教育部长,方能全心全意地为党效力,实行'党化教育'的措施"[②]。1931 年 12 月,中央大学校长朱家骅被调任为教育部部长,而中大几经易长,于 1932 年由罗家伦继任。后来,教育部部长相继由王世杰、陈立夫等人担任。这些人选均是国民党要员,足见蒋介石对教育界的控制至深。

在此期间,曾经在政界、文教界等呼风唤雨的李石曾"以前因周旋于蒋介石、冯玉祥、张学良之间,挟冯、张以自重,对蒋施加过压力",加上故宫博物院盗宝案的发生,其声誉与实力大损,"吴稚晖、张静江独霸浙江时,以老

---

① 朱子勉:《蒋介石兼代教育部长的内幕》,见中国人民政治协商会议全国委员会文史资料委员会编:《文史资料存稿选编 12》(政府·政党),中国文史出版社 2002 年版,第 520 页。

② 高思庭:《国民党政府统治教育事业概述》,见中国人民政治协商会议全国委员会文史资料研究委员会编:《文史资料选辑》(第 87 辑),文史资料出版社 1983 年版,第 144 页。

卖老，失欢于蒋"。① 因此，三元老在与蒋介石的"较劲""较量"中败下阵来，只剩"余威"。而较早"隐退"不问政治、专心学问的蔡元培此后长期主持中央研究院，这一"弃权"的举动避开了直接与蒋介石的交锋。蔡系的蒋梦麟在风潮中也算是安然而退，回到了熟悉的北方教育界，加上蒋梦麟与蒋介石及CC派建立的密切关系，他以北京大学为阵地，蔡系逐步取代李系势力，成为当时文化教育界的一股"顶流"力量。

改革说得容易，做起来着实很难，处于政权更迭之际的高等教育整改更是如此。面对高校大扩张导致办学质量低下等诸多问题，加上蒋介石为了巩固其统治地位，介入教育整顿事件以削弱国民党元老对于文教界的影响，身为教育部部长的蒋梦麟被委以重任。仔细来看，此举并非只是蒋介石单方面"获利"，蒋梦麟也"有利可图"，既可以拉近与蒋介石及其势力的关系，也有望实现自己整改高等教育的愿望，还能够打击让他"吃尽苦头"的法日派，"二蒋"可谓各怀心思、各取所需。这些体现出个人意愿、社会发展与政府要求等多方面的耦合效应。总之，蒋梦麟以"部长有为"对当时高等教育进行了系统性与全局性的改革，取得了有目共睹的成绩，而无奈去职部长后有机会重返北京教育界，在北京大学探寻出一套卓有特点的高校内部管理模式。

二、"校长有为"之"校长治校、教授治学、职员治事、学生求学"：以主政北京大学为例

1930年12月，蒋梦麟被任命为北京大学校长，重回熟悉的北大，蒋的心情是复杂的。因为经过多年的发展，时局与教育界状况已经不是当年他代理北大校务时的样子。北方局势动荡，首都南迁，文教中心也随之发生了由北到南的易位。当时北大及其他北方大学情况非常"糟糕"：

> 负责人员多不在校，各校教职员之多，出人意外；教员在外兼课，有一人而担任几个学校系主任者，因之请假缺课，视为常事。学生上课，精神散漫，竟有上课学生不到三分之一者。设备非常缺乏，机器间有损坏，图书馆亦大半有名无实。经费方面，薪资往往占预算十分之八以

---

① 唐士亮：《易培基其人其事》，见中国人民政治协商会议全国委员会文史资料委员会《文史资料选辑》编辑部编：《文史资料选辑》（第24辑总124辑），中国文史出版社1992年版，第33页。

上,而设备费则在十分之一以下。①

后来,胡适、傅斯年等人联系推动了中华教育文化基金会与北大合作事宜,在经费方面提供了支持。蒋梦麟的顾虑稍有缓解,最终应允执掌北大,并进行了一系列重大改革,其中决定全校事务能否正常而高效运转的管理工作是重中之重。1931年初,在北大纪念周上,蒋梦麟根据其组织制定的《大学组织法》《大学规程》等政策,结合学校自身发展状况,提出了"校长治校、教授治学、职员治事、学生求学"的治校方针,并着重强调:"教授须延聘大师、学者充之。校长当改善学校环境,使教授、同学打成一片,潜心努力学术。"②这种做法将不同逻辑的行政事务与学术事务分别对待,以此为导向,北大开启了崭新的发展篇章。接下来我们从行政的校长治校、职员治事与学术的教授治学、学生求学两大方面来展开论述。

(一)收权并非专制:校长治校

1. 评议会的取消与校务会议的确立

民国成立后,教育部力推教育革新,教育总长蔡元培尤为注重高等教育的改进。1912年10月24日,《大学令》颁布,这是新政权建成后首部有关大学发展的纲领性文件,其中规定大学设立评议会,并明确了其成员构成与职权:"大学设评议会,以各科学长及各科教授互选若干人为会员,大学校长可以随时齐集评议会,自为议长。……评议会审议左列诸事项:一、各学科之设置及废止;二、讲座之种类;三、大学内部规则;四、审查大学院生成绩及请授学位者之合格与否;五、教育总长及大学校长咨询事件。凡关于高等教育事项,评议会如有意见,得建议于教育总长。"③评议会负责处理大学众多重大事务,是学校最高权力机构。随后,多所大学落实该项规定,其中北京大学尤为典型。由于时局不稳、校长更换频繁等多种因素,直到1915年11月,时任北大校长胡仁源主持设立了评议会。不过,该会流于形式,并未有效落实,学校决策依然由校长及少数当政者主导,对此,顾颉刚曾加以批评:"学生有事和学校接洽,须写呈文,校长批了揭在碑上,仿佛一座衙门。"④蔡

---

① 《令国立北京大学国立北平大学国立北平师范大学:为规定关于各该校校务方面应行改进之事项令仰遵办由》,《教育部公报》1931年第6期,第16页。

② 《北京大学改变组织文理法三科改组为院》,《大公报》(天津)1931年3月31日,第4版。

③ 《大学令》,《政府公报》1912年10月26日,第3—4页。

④ 余毅:《悼念蔡元培先生》,见陈平原、郑勇编:《追忆蔡元培》(增订本),生活·读书·新知三联书店2009年版,第134页。

元培亦曾指出："我初到北京大学，就知道以前的办法是，一切校务都由校长与学监主任、庶务主任少数人办理，并学长也没有与闻的，我以为不妥。"[①] 1917年，蔡主持校务后，着重在真正意义上运行评议会，"第一步组织评议会，给多数教授的代表，议决立法方面的事；恢复学长的权限，给他们分任行政方面的事。但校长与学长，仍是少数，所以第二步组织各门教授会，由各教授与所公举的教授会主任分任教务"[②]。《大学评议会规则》与《大学评议会简章》相继问世，职权方面的规定与前述《大学令》相关要求大体一致，只是添加了"关于学生风纪事项"内容。[③] 1919年12月，《北京大学内部组织试行章程》规定，凡是大学立法，必须经过评议会议决通过。1920年2月，蒋梦麟介绍了当时北大的四大组织，"（一）评议会，司立法；（二）行政会议，司行政；（三）教务会议，司学术；（四）总务处，司事务"，评议会为最高决策机构，其与行政会议是北大首倡。[④] 4月，北大修正了评议会规则，职权包括如下方面："各学系之设立废止及变更""校内各机关之设立废止及变更""各种规则""各行政委员之委任""本校预算""教育总长及校长咨询事件""凡关于高等教育事项，将建议于教育部者""关于校内其他重要事项"。其中最主要的变化是新增掌管学校财政预算这一关键权力。[⑤] 可见，北大重大事务均由评议会负责办理，权力不系于一人，即便学校发生重大变故或蔡元培数次辞职，学校依然可以较为正常地运转。[⑥]

评议会的组建与运行打破了校长及少数人垄断学校权力的局面，民主审议决定校务的做法无疑具有重大意义。蒋梦麟对北大评议会曾有如此评价："校中最高立法机构是评议会，会员由教授互选：教务长、总务长，以及各院院长为当然会员。评议会有权制订各项规程，授予学位，并维持学生风

---

① 《本校纪事：二十日之大会纪事：本校全体学生欢迎蔡校长回校会》，《北京大学日刊》1919年9月22日，第2版。

② 《本校纪事：二十日之大会纪事：本校全体学生欢迎蔡校长回校会》，《北京大学日刊》1919年9月22日，第2版。

③ 《指令北京大学该校评议会简章及会员履历准备案文》，见王学珍、郭建荣主编：《北京大学史料》（第2卷），北京大学出版社2000年版，第132页。

④ 《北京大学新组织》，《大公报》（长沙）1920年2月28日，第3版。

⑤ 《评议会规则修正案》，见王学珍、郭建荣主编：《北京大学史料》（第2卷），北京大学出版社2000年版，第161页。

⑥ 《评议会布告》，见王学珍、郭建荣主编：《北京大学史料》（第2卷），北京大学出版社2000年版，第142页。

纪。各行政委员会则负责行政工作。北大于是走上教授治校的道路。"①不过,评议会并非解决问题的"万能钥匙",其也存在不少问题。例如,在决议某事时,各方出于权益的考量,时常出现久议不决的情况,效率不高。再如,评议会成员由教授组成,实行教授治校,"教授有了权,权之所在成了争夺的目标"。地缘、学缘、旨趣、工作环境等诸多因素容易使教授形成团体、派系,而评议会成了大家角力的场所,当时北大法日派与英美派的纷争甚为激烈,顾颉刚表示:某一派聘请与自己背景相同的教员,那么另一派必定有类似主张,"以保持其平衡"。② 不难理解,此种决定已非民主商议,而是蓄意安排,背离了评议会的初衷。另外,1925 年北大脱离教育部事件引发较大非议,两派在评议会商议时矛盾加剧,差点导致学校停办,这使得原本支持评议会的代理校长蒋梦麟非常难堪,也为其后来取消评议会埋下了伏笔。

1928 年,蒋梦麟出任教育部部长,大力整顿全国高等教育。1929 年7 月,《大学组织法》出台,校务会议取代评议会,其职权有所拓展,"大学设校务会议,以全体教授、副教授所选出及校长、各学院院长、各学系主任组织之,校长得延聘专家列席,但其人数不得超过全体人数五分之一","校务会议审议下列事项:一、大学预算;二、大学学院学系之设立及废止;三、大学课程;四、大学内部各种规则;五、关于学生试验事项;六、关于学生训育事项;七、校长交议事项",同时学系制改为学院制。③ 该法令颁布后,北大并未遵行,评议会继续运转。实际上,1925 年脱部事件后,评议会被法日派垄断,陈大齐代理校务后,此情况没有多少改观,例如 1929 年 7 月,北大学生会反对马裕藻、朱希祖等人把持校务。④ 1930 年,评议会成员为 13 人:王烈、马裕藻、何基鸿、刘复、沈兼士、樊际昌、胡适、朱希祖、朱锡龄、王仁辅、贺之才、马衡、夏元瑮。⑤ 其一半以上为法日派与旧派人士,这成为蒋梦麟担任校长后的重大挑战。例如,1931 年 1 月,据胡适日记记载,蒋梦麟希望北大改制,但"敷衍王烈、马裕藻、何基鸿,仍是他的弱点"⑥。王烈曾任地质系主任、总务长、学校秘书长,马裕藻是章门代表性弟子,长期主持国文系,何基鸿曾任法

① 蒋梦麟:《西潮与新潮》,人民出版社 2011 年版,第 132 页。

② 顾颉刚:《顾颉刚自传》,北京大学出版社 2012 年版,第 99—102 页。

③ 《大学组织法》,《立法院公报》1929 年第 8 期,第 123—126 页。

④ 朱元曙、朱乐川编:《朱希祖先生年谱长编》,中华书局 2013 年版,第 297 页。

⑤ 《国立北京大学布告》,《北大日刊》1930 年 10 月 16 日,第 1 版。

⑥ 胡适著,曹伯言整理:《胡适日记全集》(第 5 册),联经出版事业股份有限公司 2004 年版,第 181 页。

律系主任、教务长,三人均有留日或留德经历,多次当选评议员,马更数次连任。另外,评议员还有沈兼士、朱希祖等众多法日派与旧派人士,改革难度很大。

因此,蒋梦麟在正式改制前逐步落实相关工作。据胡适日记记载,从1931年初到3月新制确立前,蒋梦麟与胡适、傅斯年等多次商议改制之事,胡、傅经常开导蒋,增强其信心。于是,蒋率先按照文、理、法三学院建制来聘请院长,其中文学院蒋梦麟(兼任)、理学院李四光曾是备选方案。① 时至3月25日晚(次日评议会正式讨论改制),蒋梦麟宴请评议会成员,到会者有马裕藻、刘半农、贺之才、王仁辅、夏元瑮、樊际昌、王烈、何基鸿、胡适。席间,大家商讨实施《大学组织法》与《大学规程》事宜,马裕藻最为活跃,表示要么维持旧法、要么采用政府法令,并询问改制理由。蒋梦麟陈述了三个理由,最具说服力的是:"大学组织法是我做部长时起草提出的。我现在做了校长,不能不行我自己提出的法令。"随后,胡适支持蒋,同意马氏所说的第二个办法,遵行政令改制。大家询问新制后评议会已经决议的方案如何处置,蒋强调符合政令的一律保留其效力。26日,评议会开会,马裕藻、沈兼士、马衡等章门法日派与旧派人士皆未出席,以此表示反对。马裕藻更是致信蒋梦麟表达不满:"适之先生赞成我的第二条道路,但第一条法也更应注意。"②不过,评议会顺利通过了蒋梦麟的改制提议,并迅速(28日)以公开方式在《北大日刊》公布结果:

> 校长提出拟遵照《大学组织法》及《大学规程》改定本校组织及办法案。议决:一、本校各项组织及各项办法自本年七月一日起,遵照《大学组织法》及《大学规程》改定,自四月一日起开始筹备。二、本校评议会议决案,除与《大学组织法》及《大学规程》抵触者外,在校务会议尚未议决变更以前继续有效。三、在本年六月三十日以前,本校组织及办法仍照旧有规程及惯例进行。③

北大讨论改制的会议总体上颇为顺利,仔细分析也不足为奇。首先,理由充分,即政府法令规定使然。其次,程序合规,尽管以评议会开会议决取

---

① 胡适著,曹伯言整理:《胡适日记全集》(第 5 册),联经出版事业股份有限公司 2004 年版,第 417—534 页。

② 胡适著,曹伯言整理:《胡适日记全集》(第 5 册),联经出版事业股份有限公司 2004 年版,第 484 页。

③ 《校长布告》,《北大日刊》1931 年 3 月 28 日,第 1 版。

消评议会的方式有些残酷，但这是评议会职权所在。再者，实力加持，蒋梦麟与胡适回归，加上与蒋介石的联系密切，而法日派元老李石曾等人逐渐失势，英美派与新派影响力大增，马裕藻、沈兼士、马衡等人已无能为力，只剩下象征性的"口头抗议"。最后，平稳过渡，新制并未立刻推行，设置了时间周期，原方案合规者仍有效，这使得反对者无法从中作梗。

1932 年 6 月，《国立北京大学组织大纲》出台，其规定学校设立文、理、法三学院，对各学系进行了划分，并明确组建了校务会议："本大学置校长一人，综理校务，由国民政府任命之；本大学设校务会议，以校长、秘书长、课业长、图书馆长、各院院长、各系主任以及全校教授、副教授所选出的若干人组织之，校长为主席。其职权为：决定学校预算；决定学院、学系之设立及废止；决定大学内部各项规程；校务改进事项；校长交议事项。"① 该大纲基本上与《大学组织法》规定相同，校长治校的理念在北大正式确立。

校务会议的组建及其运行是一个重大事件，标志着蒋梦麟开启了北京大学的崭新时代。在蔡元培时期，北大设有评议会（校长领衔）、行政会议（校长领衔）、教务会议（教务长领衔）等决策机构与学系、教务处、总务处等二级单位，其中权力最大的评议会成员由选举的教授组成。而蒋梦麟任校长后，在该方面做出了革新，《国立北京大学组织大纲》规定校务会议取代评议会，保留行政会议与教务会议，三者均以校长为主席，学系改为文、理、法三学院（下设学系），建立院务会议，教务处改为课业处，总务处改为秘书处。与此前校长难以把握评议会相比，校长对最高决策机构的校务会议拥有强大的掌控力，因为其成员如秘书长、课业长、图书馆馆长、各院院长均由校长选派，各系主任、聘请教师也须呈请校长认定，教务会议也从蔡时期的教务长组织改为校长主持。自此，校长的职权显著扩大，蒋梦麟走上了大刀阔斧式的改革之路。

2. 校长治校的强大威力——以国文系整顿为例

新制的推行并非一帆风顺，甚至引发了激烈冲突，法日派与旧派根基所在的国文系整顿是一个典型代表。随着蒋梦麟重回北大，原本属于法日派的章门弟子（旧派）逐渐失势，例如 1931 年国文系朱希祖辞职，其间他同与蒋梦麟、胡适交情甚密的中央研究院历史语言研究所所长傅斯年也闹出不

---

① 《国立北京大学布告》，《北京大学日刊》1932 年 6 月 17 日，第 1—2 版。

悦，不久南下任教于中山大学。① 1932 年 2 月，胡适出任文学院院长，力推国文系整改。而实施此举，无法绕过国文系元老马裕藻。1933 年 4 月 13 日，蒋梦麟与胡适商议后决定行动，胡致信马氏征求意见：

> 幼渔先生：
>
> 前日与梦麟兄谈文学院各系预算事。我们都感觉国文系的课程似宜尽力减少，教员亦宜减少。其所以由此需要，盖有三原因：①教授课程太多，实不能收训练上的好效果。②一系占预算太多，而总预算又不能扩张，则他系受其影响。③教员名额都被占满，无从随时吸收新人，则不易有新血脉的输入。
>
> 鄙意国文系课程改组，似可试作下列的减缩：
>
> (1)第三组（文籍校订组，笔者注）决定删去。
>
> (2)语言文字学一组作有系统的安排，其关于中国文字学、声韵学的一部，似可设法裁并。（例如"文字学概要"与"声韵学概要"似可合为一科。又如"说文"，可并入"中国文字与训诂"一科，因为这两科均用《说文》为主要材料也。）
>
> (3)文学组似须分文学史为数期，隔年讲授二三段。其"词""曲"等皆列入各段。其太专门之科目，如"鲍参军诗"之类，似可删除。
>
> 鄙意以为如此改组，讲师或可去三分之二以上，教授亦可减少二三人，至少可减少一二人。鄙见定多外行的话，乞先生斟酌裁夺。总之，现在之一百多点钟实在太多，似可减到六十点左右。先生以为何如？
>
> 匆匆奉商，乞鉴原。②

此信表达了多层意思：一是该方案由校长蒋梦麟与文学院院长胡适共同制定；二是预算有限，国文系课程与人员均须减少，这有助于提升教学效果与教师队伍更新；三是软硬兼施，即详细方案已定，沟通态度虽好，但此意已决。4 月 26 日，马裕藻复一长信，内容包括国文系之悠久历史与丰厚成果，同时说明与其他学院以及文学院其他学系比较，国文系及其课程、经费安排没有不妥，并强调"教员名额都被占满，无法吸收新人"并不是问题，可

---

① 朱元曙、朱乐川编：《朱希祖先生年谱长编》，中华书局 2013 年版，第 346—355、359—360 页。

② 《致马裕藻》，见胡适著，季羡林主编：《胡适全集》（第 24 卷），安徽教育出版社 2003 年版，第 146—147 页。

视情况"预留空额",若还要这样说,那就是"人的问题",即反对此项改革。①

其实,马裕藻深知已经无法阻挡整顿,曾表示涉事甚大、不宜过急。然而,新制推行刻不容缓。1934 年,北大基本按照胡适信中所言精简了国文系课程,如第三组文籍校订组(多是法日派与旧派人士任课)被裁掉,语言文字学组的《说文》研究(钱玄同主讲)并入"中国文字与训诂",文学组文学史已经分为数期,"鲍参军诗"类课程取消。不过,原计划"中国文字学概要"(沈兼士主讲)与"中国声韵学概要"(马裕藻主讲)暂未合并,可能两者不好归并,抑或与沈、马两位主讲人的较大影响力有关。对此,马裕藻难以接受,遂于 1934 年与 1935 年休假,由魏建功代课。②

同期,除对课程"动手"外,师资队伍整顿工作开启。与削减课程相比,此举更为激烈,国文系解聘林损与马之衡、解除马裕藻系主任职务引发轩然大波。据《益世报》报道,1934 年 4 月 16 日,因听闻国文、历史两系合并为文史系,林损提出辞呈,并在校内发布公告,内含"本人已坚决辞职,在读诸生,勿跋跋长途"等语。③ 此举一出,犹如静水投大石一般掀起大浪。然而,表面上是辞职,实际原因则是被解聘,据与林关系密切的刘半农在当天日记中记载:"下午到一院上课,忽于壁间见林公铎揭一帖,自言已停职,学生不必上课云云。殊不可解。电询幼渔,乃知梦麟嘱郑介石示言公铎,下学年不复续聘,你先为之备,公铎遂一怒而出此也。"④其实,林损稍早曾致信胡适,内容如下:

> 适之足下:
>
> 损与足下犹石勒之于李阳也,铁马金戈,尊拳毒乎,其寓于文字者微也,顷闻足下又有所媒孽。人生世上,奄忽如尘,损宁计议于区区乎。比观佛书,颇识因果,佛具九恼,损尽罹之,教授鸡肋,弃之何惜,敬避贤

---

① 马裕藻:《致胡适(1933 年 4 月 26 日)》,见胡适著,耿云志主编:《胡适遗稿及秘藏书信》(第 31 册),黄山书社 1994 年版,第 600—607 页。

② 详见国立北京大学文学院:《国立北京大学文学院课程一览》(民国二十一年至二十二年),出版社不详,1933 年版;国立北京大学文学院:《国立北京大学文学院课程一览》(民国二十三年至二十四年),出版社不详,1935 年版。

③ 《北大合并文史系发生纠纷 林损愤而辞职》,《益世报》(天津)1934 年 4 月 18 日,第 2 版。

④ 《刘半农日记(1934 年 1 月至 6 月)》,《新文学史料》1991 年第 1 期,第 33 页。

路,以质高明。①

可见,林损对胡适大为不满,指责其故意针对他,胡于16日夜里回信:

公铎先生:

今天读手示,有"尊拳毒手,其寓于文字者微矣"之论,我不懂先生所指的是那一篇文字。我在这十几年之中,写了一两百万字的杂作,从来没有一个半个字"寓"及先生。胡适之向来不会在文字里寓意骂人,如有骂人的工夫,我自会公开的骂,决不用"寓"也。

来信又说,"顷闻足下又有所媒孽",这话我也不懂。

我对人对事,若有所主张,无不可对人说,何必要作"媒孽"工夫?

来函又有"避贤路"之语,敬闻命矣。

匆匆奉复,敬问。②

与林损的咄咄逼人相比,胡适言辞并不十分激烈,但以质询方式句句反击,而且仅就致信中的事论事,只字未提其被解聘,此乃聪明之举。据胡颂平所编《胡适之先生年谱长编初稿》,林损的复函言语"不堪入目",胡适一笑置之。③

此外,林损不仅给胡适写信,也曾致函蒋梦麟表明想法:

梦麟校长左右:

自公来长斯校,为日久矣,学生交相责难,喑不敢声;而校政隐加操切,以无耻之心,而行机变之巧。损甚伤之。忝从执御,诡遇未能,请从此别,祝汝万春。④

不难发现,林损对蒋梦麟横加指责,愤恨不已。不久,蒋的回复见诸报端:他否认北大裁并学系,也无此计划,学校每年度终了会"更换教授数人",林先生辞职由此引发,"在彼个人对林先生实出好意,特请该系郑奠教授往

---

① 《北大教授纠纷 林损与胡适意见冲突而辞职 国文系将大变动 胡将兼主任》,《申报》1934年4月19日,第15版。

② 《致林损》,见胡适著,季羡林主编《胡适全集》(第20卷),安徽教育出版社2003年版,第176—177页。

③ 胡颂平:《胡适之先生年谱长编初稿》,联经出版事业股份有限公司1984年版,第1216页。

④ 《北大国文学系一场小风波 老教授林损突然辞职 致书蒋胡词甚怨愤》,《庸报》1934年4月18日,第2版。

商于林先生,不料林先生竟发生误会"。①

面对林损的私信,与胡适的处理方式不同,蒋梦麟以校长之名义公开回应林的质疑。其有以下主要原因:一是林损已经在学校发布辞职公告,各大报刊纷纷报道,并猜测林是因为学系合并而辞职,此事已变为公共事件,需要出面澄清;二是蒋对各院长说过,"辞退旧人,我去做;选聘新人,你们去做",公开解释实为其担责的表现,这或许也是胡适回复林损未提及其解聘与辞职之事的缘由;三是蒋把林损辞职原因归结为"更换教授数人",并未挑明解聘他,也为其留了一些颜面。

后来,林损在记者采访时谈到此事,语气稍有缓和:"本人辞职,因学说上意见与适之(文学院院长胡适)不同,并非政见之差异。本人系教授,教授教书,各有各之学说,合则留,不合则去。其实本人与适之非同道久矣,此次辞职,完全为闹脾气。至于裁并学系说,系学校行政,非教授所顾问。"随后,林损赋诗告别学生:"终让魔欺佛,难求铁铸心,沉忧多异梦,结习发狂吟。敦勉披襟受,余情抵海深,吁嗟人迹下,非兽复非禽。"②林的无奈与不舍之情溢于言表。此外,许之衡是另一位被解聘之人,只是其反应没有林那般激烈。

与此同时,胡适将兼任国文系主任的消息被公开③,原本由于缩减课程与预算、辞退林损与许之衡等事情积怨颇深的马裕藻(系主任)非常气愤。刘半农在4月20日的日记中记载:"到马幼渔处小谈,梦麟已决定辞退林公铎、许守白二人,并以适之代幼渔为中国文学系主任,幼渔甚愤愤也。"④虽然马裕藻未被解聘,但被打压已久、现又失去系主任职务,他实在无法接受,于是递交辞呈,以表抗议。

随着事态的不断扩大,4月23日上午,国文系众多学生向蒋梦麟请愿,并提出七点要求:反对文学系、历史系合并;反对缩减经费;旧有文学、语言文学、文籍校订三组须保存;同学谏言,请学校接受;系主任人选应符合发展需要;挽留教授林损、许之衡;挽留马裕藻。蒋梦麟则答复:合并文史两系绝无此事;经费每年入不敷出,已亏欠达五万元,如不整顿将破产,故每月抽出

---

① 《蒋梦麟否认北大并系 林损去意不可挽回》,《华北日报》1934年4月18日,第7版。
② 《蒋梦麟否认北大并系 林损去意不可挽回》,《华北日报》1934年4月18日,第7版。
③ 《北大教授纠纷 林损与胡适意见冲突而辞职 国文系将大变动 胡将兼主任》,《申报》1934年4月19日,第15版。
④ 《刘半农日记(1934年1月至6月)》,《新文学史料》1991年第1期,第34页。

五千元用于教务与行政的改进,其中教务上择课程重复者、不需要者酌减,但不妨碍国文系发展,整顿系全校动作,非针对国文系;原来课程分组事宜乃新主任职权,本人无法答复,然既称改善,学生不应有成见;同学建议学校当局,本人竭力采纳,但教授意见与同学抵触,则采纳教授者,因教授为指导者;主任人选以发展国文系为准,胡先生若来,同学反对则无用,如不来,同学去请未必来;林、许两先生教授法不强,为改革国文系,决不挽留;马先生年事已高,在改革时期,请暂休息,下学期无论如何请其任教授。同时,蒋梦麟指出了国文系课改方向:"一、注重新旧文学、文艺思潮以及世界民众文学介绍。二、文学院一、二年级课程打通,注重三个目的。甲、凡文学院求知工具,均须特别提倡。乙、使文学院一、二年级学生,均得世界近代一般文化之熏陶,以便明了中外文化历史变迁、相互之关系。丙、并使各系主科得有研究方法,择一重要问题研究,以便得有相当途径。以上各点,一方面为发展北大,一方面使同学毕业后得有相当之出路。"①可见,学生要求维持现状,反对改革,而蒋梦麟逐一解释,其整顿态度坚决,尤其是在削减经费与课程、解聘林损与许之衡、免去马裕藻主任职务事情上不可商量,但他也表达了挽留、续聘马裕藻为教授的想法。

4月24日,马裕藻接受记者采访,公开表明立场:

> 此次国文系改革问题,一方固属思想问题,他方面又为主张问题。本人以为研究学问,应新旧思想并用,既不反对新,亦不拥护旧。新者更有新,旧者亦有其研究之价值。新派护方法,方法固需要,但对于文字,不可仅护方法,而不研究。胡适之先生出版《中国哲学史大纲》,学生专护方法,以为阅读哲学史大纲,即可了事,而不读子书,此不可谓研究。研究学问,不论新旧,辜鸿铭亦可请到北大讲课。大学与中学不同,中学须有统一思想,以免脑筋紊乱,大学则不应思想统一,必须新旧并用,始能获得研究之结果。

> 林损先生与胡适之先生意见不合,业已四年,本人则在两者之间。蒋先生(梦麟)曾向余谈改革国文系,余亦赞成改革,惟改革之方法不同。余自民国十年至今,查阅课程、指导书,每年均有改革,余对于改革国文系,应采用缓进方式。另有人主张采用急进方式,急进固称改革,缓进亦不可谓非改革。譬如有人由北平赴广州,急进者坐飞机,直接抵

---

① 《北大国文系学生昨谒蒋梦麟请愿》,《益世报》(天津)1934年4月24日,第3版。

广州，缓进者搭平沪通车赴沪，由沪乘轮赴广州，旅行工具虽异，而目的地仍同。故此次国文系问题，系急进缓进主张之不同，并非大改革。

缩减经费一层，本人赞成，但国文系已由四千四百元减至四千元，此刻不能再减。中国人自办之大学，似乎不可以外国人之方法办理中国文学系。至于本人辞职毫无问题，学校行政自有校长负责。①

马裕藻这一表态颇具"杀伤力"。一则在主张新旧并存基础上，批判新派只重方法不重实质内容，揭示出旧派饱受挤对之苦。二则在赞成改革前提下，反对蒋梦麟与胡适的激进举措，并诟病他们以外国人方法办中国大学的做法。至于其辞职一事，马以由校长负责为由将问题丢了回去。

同期，与蒋梦麟、胡适关系密切的傅斯年对国文系整顿非常关心，4月28日致信蒋、胡二人，强烈支持辞退马裕藻与林损，致蒋梦麟信函内容如下：

国文系事根本解决，至慰。惟手示未提及马幼渔，甚为忧虑不释。据报上所载情形论，罪魁马幼渔也。数年来国文系之不进步，及为北大进步三障碍者，又马幼渔也。林妄人耳，其言诚不足深论，马乃以新旧为号，颠倒是非，若不一齐扫除，后来比为患害。此在先生之当机立断，似不宜留一祸根，且为秉公之处置作一曲也。马丑恶贯满盈久矣，乘此除之，斯年敢保其无事。如有事，斯年自任与之恶斗之工作。似乎一年干薪，名誉教授，皆不必适于此人，未知先生高明以为何如？②

致胡适信函内容如下：

在上海见北大国文系事之记载，为之兴奋，今日看到林撰小丑之文，为之愤怒，恨不得立刻返北平参加恶战。事已如此，想孟麟先生不得不快刀斩乱麻矣。此等败类竟容许其在北大如此久，亦吾等一切人之耻也。今日上孟麟先生一书，痛言此事。此辈之最可恶者，非林而实马，彼乃借新旧不同之论以欺人，试问林、马诸丑于旧有何贡献？此小人恋栈之恶计，下流撒谎之耻态耳。③

---

① 《北大文学系纠纷内幕 系改革缓急主张不同 马裕藻谈话》，《益世报》（天津）1934年4月25日，第3版。

② 《傅斯年致蒋梦麟》，见傅斯年著，王汎森、潘光哲、吴政上主编：《傅斯年遗札》（第2卷），社会科学文献出版社2014年版，第467页。

③ 《致胡适》，见胡适著，耿云志主编：《胡适遗稿及秘藏书信》（第37册），黄山书社1994年版，第413—414页。

傅斯年对于马裕藻与林损可谓极其厌恶,信函充分流露出"去之而快"的强烈愿望。后来,学生多次为马裕藻等人求情,马则当面向蒋梦麟请辞,并且对外发表与之前类似的主张,但最终马被免去系主任而留聘教授,林损与许之衡被解聘,其实同时被辞退的还有其他院系的梁宗岱、Hewvi Frei、杨震文、陈同燮。① 从结果来看,蒋梦麟与胡适"如愿以偿",那么马裕藻等人果真难以胜任教职吗? 其中缘由并不简单。

　　对于这次风波,双方各执一词。胡适曾致信马裕藻表示经费有限,教师宜减少,以便更新师资队伍,后来蒋梦麟指出解聘林损与许之衡的理由是"教授法不强",胡、蒋二人均强调革新。而马裕藻不赞同蒋、胡的激进改革,认为这是新派排挤旧派之举,林损则言辞激烈,抨击蒋、胡专权。查清此事原委,需从林损、许之衡与马裕藻三人的实际表现着眼。

　　林损,温州瑞安人,研习经史之学,擅长辞章,任教北大近二十年,时人的评价有所出入。对其赞许者有之,例如曾与林久谈后的吴宓评价:"甚佩其人。此真通人,识解精博,与生平所信服之理,多相启发印证。"②1940 年 8 月林损去世,国民政府颁令褒扬:"前国立北京大学教授林损性行英迈,学术湛深,曩年参加革命,奔走宣传,不辞艰苦,嗣即努力教育,潜心著述,于政学理,多所阐扬,夙为后进钦响。"③再如,张学良亲笔书写挽幛"人师、经师、国学大师"。章炳麟夸赞:"公铎之学深于文,得力于诸子,又长于史事,故析理特精且孰若此,善能继其舅介石先生之业者也。"其学生徐英评价:"先生著作之多,讲说之精,学术界推为泰斗。"④另者,林损离开北大不久,即被国民政府重点打造的中央大学聘为教授,这也是对其学识与教学能力的一种认可。此外,亦有多人持批评态度。例如,周作人认为林损脾气怪僻,"但是一般对人还是和平,比较容易接近得多。他的态度很直率,有点近于不客气。……爱喝酒,平常遇见总是脸红红的",他曾问林损讲什么课程,林言唐诗,再问是讲何人的诗,答曰"陶渊明"。周氏批评:"大家知道陶渊明与唐朝之间还整个的隔着一个南北朝,可是他就是那样讲的。这个原因是,北大有

<hr />

　　① 胡适著,曹伯言整理:《胡适日记全集》(第 7 册),联经出版事业股份有限公司 2004 年版,第 121 页。

　　② 吴宓著,吴学昭整理:《吴宓日记》(第 3 册),生活·读书·新知三联书店 1998 年版,第 59 页。

　　③ 《国府命令》,《大公报》(香港)1940 年 12 月 20 日,第 3 版。

　　④ 林损著,陈肖粟、陈镇波编校:《林损集》(下),黄山书社 2010 年版,第 1753、1757、1806 页。

陶渊明诗这一种功课,是沈尹默担任的,林公铎大概很不满意,所以在别处也讲这个,至于文不对题,也就不管了。"①与林损、马裕藻关系密切的刘半农曾言:"以私交言,公铎是余来平后最老同事之一,今如此去职,心实不安,然公铎恃才傲物,十数年来 不求长进,专以发疯骂世为业,上堂教书,直是信口胡说,咎由自取,不能尽责梦麟也。"②再如,学生张中行认为:"林先生傲慢,上课喜欢东拉西扯,骂人,确是有懈可击。"③前述称赞林损的吴宓在与之同住一次后表示不满:"林既不履行经济及其他之义务,且醉则多言,终夜不寝,命令无时。"④总体上,学界、政界、高校与学生等众多人士对林损的学术与教学水平较为认可,尤其是赞赏林的学识。而批评者主要针对其性情孤傲与易冲动、贪杯嗜酒、生活习惯不良以致影响教学进行抨击。因此,大体可以确认林损并非学问不行,而是性情与生活习惯不良导致教学出现问题,这是其去职的主要原因之一。再者,林损属于旧派,对新派多有批判。据马叙伦称,林损在北京为教授"先后二十余年,学生中喜新文学者排之,喜旧文学者拥之,其得于人亦有在讲授之外者"⑤。同时,林损言行张扬且不留情面,蒋梦麟与原配妻子离婚而续取其亡友遗孀时,林作诗谩骂"极为刻骨"。⑥再加上其与法日派关系密切,被解聘自然说得通了。

许之衡,广东番禺(今广州市番禺区)人,留学日本,擅长词曲,任教北大二十余年。周作人曾评价许很有礼貌,"异常的客气",在公共场合逐个给人鞠躬,经常穿着西服,脑门上留下状如桃子的巴掌大一块头发,得有"余桃公"的绰号。⑦ 学生钱南扬回忆:"在北大学习期间,我选修了许守白(之衡)先生的戏曲。……我从许守白先生学戏曲时,常常提出曲律上的一些问题向他请教,他都耐心地加以解答,并把他的一部《曲律易知》赠送给我。此书

---

① 《北大感旧录(三)》,见周作人著,张明高、范桥编:《周作人散文》(第3集),中国广播电视出版社1992年版,第468页。

② 《刘半农日记(1934年1月至6月)》,《新文学史料》1991年第1期,第33页。

③ 《胡博士》,见张中行著,王湜华、乔继堂编选:《中国二十世纪散文精品·张中行卷》,太白文艺出版社1996年版,第13—14页。

④ 吴宓著,吴学昭整理:《吴宓日记》(第3册),生活·读书·新知三联书店1998年版,第265页。

⑤ 《林攻渎》,见马叙伦:《石屋余沈》,上海书店1984年版,第205页。

⑥ 黄恽:《燕居道古》,新星出版社2014年版,第50页。

⑦ 《北大感旧录(四)》,见周作人著,张明高、范桥编:《周作人散文》(第3集),中国广播电视出版社1992年版,第471—472页。

广博精深,故使我获益不浅,至今犹宝藏之。"①许之衡得知解聘消息后,表示愿意降为讲师,请刘半农说情,但未能如愿。② 1935 年 2 月 25 日,许之衡去世,《益世报》曾发消息:"国立北京大学国文系教授许之衡,为硕果仅有之国学家,对于小学,颇有研究,为北大名教授之一,甚得该校学生之敬仰。许氏近患心脏病,药石罔效,于昨日(二十五日)逝世,该校师生均表示哀悼。该校文学院院长胡适,因卧病未能亲往吊慰,由学校方面派秘书长郑天挺赴许宅慰问遗族。"③刘文典称,许去世的原因据传是"半为忧贫"。④ 总体上,许之衡的学问得到众多认可,性情内敛,不过处事、讲课有时过于守成,又属于旧派与法日派,这些大概是其离职的原因。

马裕藻,浙江鄞县(今宁波市鄞州区)人,章太炎弟子,任教北大二十余年,国文系元老,长期任系主任,多次成为评议会成员,是北大旧派与法日派的重要代表人物之一。因此,国文系改革势必要征询马裕藻的意见,但是马不接受蒋梦麟与胡适的做法,而且对辞退林损与许之衡、免除其系主任职位非常气愤,遂以辞职为"退",但意图在"进"。然而,蒋梦麟与胡适已将其视为革新阻碍,傅斯年也抨击马执权自负、"恶贯满盈",但由于马影响力甚大,众多师生多次为其说情,加之已解聘两位旧派与法日派人士,若要再去马,恐引发更大风潮,故而免去其系主任职务但留任教授。后来,马裕藻申请休假,原来主讲课程"中国声韵学概要"被他人取代,一时间郁郁寡欢,忧虑失去教职,当时恰逢许之衡逝世,刘文典担心其出事,便致信胡适希望对其网开一面。⑤ 最终,马裕藻重回讲坛,但往日风光已不在。全面抗战爆发后,马裕藻留守北大原址,于 1945 年去世。

如此来看,国文系人员整顿事出有因,但具体缘由耐人寻味。1934 年 7 月 13 日,蒋梦麟公开声称:"对聘请教授亦取人才主义,不论私交,亦不顾与学校历史之久暂,纯以其个人能否及肯否负责教授为转移。……故今年对老教授之解聘者,亦所难免。"⑥此话为这次风波给出了官方解释。然而,林损、许之衡与马裕藻都在北大任教约二十年,性情、处事以及教学等方面

① 钱南扬:《钱南扬自述》,见高增德、丁东编《世纪学人自述》(第 1 卷),北京十月文艺出版社 2000 年版,第 319—320 页。
② 朱洪:《刘半农传》,东方出版社 2007 年版,第 252 页。
③ 《北大教授又弱一个 许之衡逝世》,《益世报》(天津)1935 年 2 月 26 日,第 8 版。
④ 刘文典:《刘文典诗文存稿》,黄山书社 2008 年版,第 209 页。
⑤ 刘文典:《刘文典诗文存稿》,黄山书社 2008 年版,第 209 页。
⑥ 《北大教授取人才主义聘请教授》,《申报》1934 年 7 月 13 日,第 14 版。

问题并非近期形成，缘何此前未引起非议而在蒋梦麟与胡适回归北大之际将其解聘？是"水到渠成"还是有意为之？作为"落败"的一方，林损等人事后依然愤愤不平。例如，1934 年 10 月 11 日，先前从北大离职任教中央大学的朱希祖（1932 年曾任教中山大学）在南京与林损聚会，谈到蔡元培执掌北大时，戏谈卯年生的朱希祖、陈独秀为老兔，胡适、刘文典、林损、刘复等为小兔，如今各人或死或走，"独适之则握北京大学文科全权矣。故人星散，故与公铎遇，不无感慨系之"①。仔细分析整个事件，故意排挤是重要原因之一。如前所述，旧派与新派、法日派与英美派在北大的纷争由来已久，其中马裕藻与胡适早有矛盾，例如 1925 年 8 月 28 日，讨论北大脱离教育部时，"开评教联席会议，脱离案仍未报行。闻幼渔对于适之几致冲突"②，而当时旧派握有不小的话语权，特别是法日派，风头正盛。然而，在中央大学与劳动大学风潮过后，时过境迁，旧派与法日派的实力明显式微，重回北大的蒋梦麟与胡适有足够的"底气"来谋划北大发展的新篇章。

对于国文系改革来讲，胡适是幕后推动者。1931 年 3 月 21 日，他请梁实秋来北大任教的信函内容可以说明该问题：

> 中国文学系是不容易打进去的，我又在忧馋畏忌之中，不愿连累北大及梦麟先生……我始终主张中国文学教授应精通外国文学；外国文学教授宜精通中国文学。故我切望一多（闻一多，笔者注）能来北大国文系。但此事须有金甫（杨振声，笔者注）来，始有魄力整顿中国文学系。梦麟与孟真皆主张把中国文学系让给一班老人，使我急煞！③

后来，闻一多、梁实秋分别到国文系、外文系任教，杨振声未到任。9 月 14 日，胡适出席北大开学典礼演讲时表达了革新的目的：

> 北大前此只有虚名，以后全看我们能否做到一点实际。以前"大"，只是矮人国里出头，以后须十分努力。因会上有人曾说我们要做到学术上的独立，我说，此事谈何容易？别说理科法科，即文科中的中国学，

---

① 朱希祖著，朱元曙、朱乐川整理：《朱希祖日记》（上），中华书局 2012 年版，第 414—415 页。

② 钱玄同著，杨天石主编：《钱玄同日记（整理本）》（中），北京大学出版社 2014 年版，第 652 页。

③ 《胡适致梁实秋信》，见梁实秋著，陈子善编：《梁实秋文学回忆录》，岳麓书社 1989 年版，第 153—154 页。

我们此时还落人后。陈援庵[陈垣]先生曾对我说："汉学正统此时在西京[日本京都]呢？还在巴黎？"我们相对叹气，盼望十年之后也许可以在北京了！今日必须承认我不"大"，方可有救。①

此后，胡适与蒋梦麟商定文学院改革计划，征求马裕藻意见时表示预算有限，经费、课程与教师均须减少，马致信反对。而脾气火暴的林损以谩骂方式攻击胡适："字喻胡适，汝本乱贼，人尽可诛，律无专条，遂尔免脱，然为杜威作夷奴，为溥仪作奴才，纵有他技，亦无足观，况无之乎。尝试怀疑诸邪说，只遗臭耳。盍张尔弓，遗我一矢。"②此番言论确实让人难以入耳，这使得两人原本紧张的关系雪上加霜。以至于胡适晚年（林损已去世）依然耿耿于怀地表示："你不要以为北大全是新的，那时还有温州学派，你知道吗？陈介石、林损都是。他们舅甥两人没有什么东西，值不得一击的。……公铎的天分很高，整天喝酒、骂人、不用功，怎么会给人家竞争呢？天分高的不用功，也是不行的，章太炎、黄季刚，他们天分高，他们是很用功的啊。"③此次风潮大局已定后，胡适曾颇为得意地在日记中写最近改革成绩是："中国文学系的大改革在于淘汰掉一些最无用的旧人和一些最不相干的课程。"④不过，查询国文系课程得知，1934 年与 1935 年课程与学时的确有所缩减，但所去教职很快被新派人士傅斯年与罗常培填补，人数上并未减少，而且 1936 年的课程数不降反升至 61 门，这比改革前（57 门）还要多，增加的课程基本上属于新派。概言之，蒋梦麟与胡适原来所说的减少课程、教师等举措最终并未有多少落实，其只是为了针对"旧人"，"以新替旧"的意图跃然纸上，再加上这些"旧人"自身存在某些问题，并且又是法日派的主要成员，因此便出现了这次国文系整顿风波。实际上，新旧孰好孰坏实难定论，以"新"去"旧"并非理所应当，学者桑兵研究指出：

> 自从晚清受西学影响分科治学以来，关于中国文学的内涵外延就成为聚讼纷纭的一大难题。后来虽然未必争，却也是各说各话而已，根本达不到约定俗成。傅斯年指马裕藻的新旧不同之论为欺人，质问林、

① 胡适著，曹伯言整理：《胡适日记全集》（第 6 册），联经出版事业股份有限公司 2004 年版，第 604 页。

② 《北大教授林损近因对文学院长胡适不满》，《新生周刊》1934 年第 14 期，第 6 页。

③ 胡颂平：《胡适之先生晚年谈话录》，新星出版社 2006 年版，第 61、209 页。

④ 胡适著，曹伯言整理：《胡适日记全集》（第 7 册），联经出版事业股份有限公司 2004 年版，第 160 页。

马于旧有何贡献，实则历史进程恰好表明，至少在中国文学方面，新旧不同确为不争之的论。

中国学问本不分科，晚清以降，受西学制约，中学被放入西学的框架重新安置。即便如此，哪些放入哪科，仍然见仁见智。按照宋育仁"书不是学而书中有学"之说，四部虽不是学问分科，可是四部之中可以窥见学问的渊源流变及其分支类别的联系区别。这也是《四库总目提要》和《书目答问》能够指示自学者门径的道理所在。西学传入之后，中学与西学如何汇通，四部之分看似提供了便利，同时也产生了困扰，使得似是而非看起来有模有样。叶德辉即以集部为文集别集，对应于文学。而这样的对应能够适合部分仍旧者的文学见地，无法与趋新者相吻合。近人所写中国文学史，眼界相去甚远，不要说林传甲、钱基博的著作，就连傅斯年的讲义，也被认为并非文学史。由于无法统一，便生出广义、狭义之说，看似放之四海而皆准，其实是无可奈何也无可如何的懒人办法，有用却无效。若以新文学的观念看，钱基博等人的文学史就与思想史大同小异，若用固有的文学观念看，现在通行的文学只是新式的文学，内容多在到处放不下只好硬塞进去的子部，正式的文反倒不在其中。①

统而论之，这次整改事件的发生是蒋梦麟、胡适有意为之。事实上，除引发大震动的国文系整顿之外，文学院其他系以及理学院、法学院也在短时间内进行了改革，而校长治校的管理方式在其间发挥着巨大作用。当时北大取消评议会代之以校务会议，其成员是校长、秘书长、课业长、图书馆馆长、各院院长、各学系主任以及从教授、副教授中选举出的若干教师组成，其中文、理、法三院院长及其他中层负责人均由校长选派，各学系主任则是由各院院长商请校长同意，并且许多教师是由蒋梦麟与三位院长聘请，可见作为最高权力机构的校务会议，其成员基本上是蒋氏一派，遇事自然支持蒋，这保证了校长握有实权。此外，当年蒋梦麟曾有一段有关校长、教授与学生三方的论断："如校长与教职员一气，则学生失败；如校长与学生联络，其结果不言自明。"②以此来看，当时校长蒋梦麟与其他教师（多由蒋聘任）关系密切，这使得蒋处理学生事务也有十足的"底气"。

---

① 桑兵：《学术江湖：晚清民国的学人与学风》，广西师范大学出版社 2017 年版，第 150 页。

② 《中大风潮内幕复杂》，《申报》1930 年 11 月 29 日，第 10 版。

因此,蒋梦麟在整顿校务、改进教师队伍、强化学生管理等多方面均表现得十分强势,当然也遭到不少批评。例如,针对1934年辞退事件,时人指责蒋梦麟滥用职权、有失公允:"校长为一校之主,平时待人接物,应有坦白之态度,公正之精神。……今也,蒋梦麟氏,对于本校两派学说之不同,不能提倡公开研究,反偏袒一方,以下年度解聘之手段,逼另一方教授辞职,殊非大学校长应有之态度,吾人于此,除深表遗憾外,尚复何言?!"①

与此同时,也有许多人认可这种方式。例如,当时课业长樊际昌赞成蒋梦麟的做法:"对校内许多琐事,他是不去过问的,但若有人向他请示,他会使他相信,对于一些小事,他也在观察和注意。关于用人,除行政部门由他决定外,教务方面完全由各院系负责,他终不干涉,因为他认为这是专家范围内的事。于是分层负责,校务纳入正轨。"②

1932年,署名"萍夫"的作者发表了一篇长文《教授治校问题的研究》,公开支持"校长治校",该文主要观点如下。第一,总结了以往对"教授治校"的看法。赞成者言:"可以使教授们不至视学校如传舍,可以使学校脱离政治的漩涡。"反对者称:"这种制度容易变为私人分赃的组织,教授本以讲学为唯一主旨,若使分心校务,则抛弃了学术的立场而卷入事务的漩涡,也非爱护学者之意。"第二,若想解释该问题,需先弄清楚"教授治校"是如何而来的,这要从蔡元培在北大力推该管理方式说起,其中涉及蔡氏与胡适两人的相关表态。蔡元培曾说明选择"教授治校"的两个理由:学习德国;五四运动后,本人(校长)经常不在校,需想办法保证学校运行不受影响。胡适说出了第三个理由:"人不能'万能''万知',结果大家分任。"仔细看来,理由一不成立,为何一定要学习德国,难道是因为蔡先生有留德经历?况且德国大学经常每年换校长,所以才选"教授治校",而中国大学校长任期并非如此,若要学教授治校,恐怕其任期问题也要学。当然此理由是蔡先生引来"陪衬的",主要理由在于他经常不在校,这确实需要解决办法,显然德国大学的"教授治校"比较合适,但这是蔡先生之于北大的特殊现象与非常之举,"这个理由是不能当作永久不变的原则应用于任何时代、任何学校的。我们不能说:一切学校的校长都是时时刻刻位置不稳固的,一切的政府都是蓄意破坏学校的,一切的学校校长、教授,以及学生都是与政府处于不两立的地位的"。理由三之"人不是万能的,校长亦是如此"倒是个普遍适用的原因,是民主主义

① 《北大林损辞职之真因》,《大学新闻》(北平)1934年4月23日,第1版。
② 樊际昌:《念孟邻先生》,《传纪文学》1964年第1期,第18页。

者反对独裁主义者的主要缘由，正所谓"任何好的独裁，总不如民主政治来得平妥而无疵，因为民主政治虽然不容易作出好事，却也不容易作出坏事，独裁政治因为容易作出好事，却也能容易作出坏事，'天下善人少而不善人多'，作坏事的机会总比作好事的机会要多些，所以独裁政治无论怎样好，总是不能长久保险的政治，民主政治终久有颠扑不破的真理"，对于"国家大事"，我们赞成胡适的观点。不过，对于学校来讲，其未必对，因为政府是"全国最高的机关"，如果做得不好，上面没有可以进行制裁的力量，所以需要人民来监督。而学校校长由政府选派，可以设立监督机制，如果其有问题，加以批评或罢免，况且政府一般都会派遣思想立场正确、品行与能力等多方面表现优秀者担任校长，然后施之以"有为而治"，不会让其"无为而治"。第三，有人说"可以使教授们不至视学校如传舍"，这句话似是而非。"教授自身位置没有保障，不免视学校如传舍，这是事实，但若说非教授治校不可，教授们非干涉一切校务不可，则没有这个道理。'保障教授地位'与'教授治校'截然是两件事。没有一个教授是对于自身的地位保障漠不关心的，但是我可以说有十分之九的教授们都是不愿意分了他们研究学问的心来干涉种种的琐事的。"教授地位的保障可以通过"累进的契约制"（视其表现，逐年增加聘任年限）来实现，而教授能依据契约参与学校的部分决策工作。第四，作者明确反对"教授治校"，力主"校长治校"。主要有四大理由："一、学校行政是件专门的技术，根据效率的原理应该委托专门家去负责办理，不必让多数门外汉越俎代庖。二、教授治校徒供少数野心教授的利用操纵，与大多数教授的权利无大关系，且易引起教授中党同伐异的见解，妨及纯粹学者的地位。三、教授与校长既有争权的问题发生，势必双方各援引学生为后盾，贻害青年极大。四、校长如果无权，则真心办事的人才必不肯干这种无为而治的傀儡事业，结果校长便成为伟人名流的兼职，与为事择人量才颁政的原则不合。"①

平心而论，蒋梦麟被认定为"校长独裁"并不合适，我们可以从当时北大校内外的实际情况来探讨。首先，国民政府成立后，国民党推行党化教育，其势力已经深入各级各类学校，对大学师生的思想倾向与政治立场非常看重，蒋梦麟主持北大势必要强化管理予以配合。其次，在全国高等教育整改背景下，北大问题颇多但没有积极应对，未能有效落实蒋梦麟主持制定的《大学组织法》与《大学规程》等章程。再者，原来北大评议会弊端较多，比如

---

① 萍夫：《教授治校问题的研究》，《白河》1932 年第 49 期，第 548—551 页。

旧派尤其是法日派把持校政影响学校发展,而新派与英美派被排挤后"耿耿于怀"。另者,从校务会议与评议会成员构成看,教授在其中均有相当权力。校务会议成员分为当然会员(行政领导)与票选教师代表,从 1931—1936 年校务会议成员来看,当然会员"行政领导"分别为 13 人、19 人、18 人、17 人、17 人与 16 人,票选教师代表(均为教授)分别为 16 人、16 人、15 人、15 人、16 人与 16 人。① 可见,就行政领导人数与教授人数而言,校务会议略多或持平,表面上看这与全是教授的评议会区别很大,不过校务会议的"行政领导"几乎全是教授(秘书长、课业长与图书馆馆长有时不是),而评议会教授成员则多有行政职务,因此简单从表征上分析校务会议由行政干预失之偏颇,实际上校务会议可以看作一种经过矫正的由校长主导的"教授治校"方式,不过矫正程度要适当。此外,1931 年中华教育文化基金会与北大决定合作设立研究教授及奖学金,以 5 年为期,即 1931—1935 年②,时至 1934 年,如果再不推行改革,将会影响这笔经费的规划与使用,因此出现了北大进行大整顿尤其是文学院强力改革的局面。

凡此种种可知,当时以温和方式管理北大已经难有出路,因此校长治校方式呼之欲出。它既有助于师生统一思想与避免自由散漫,以此回应"党化教育"的要求,又利于校长掌握全局,在合理界限内给予师生自由发挥的空间;而且当时旧有思想、体制固化,又不积极落实政府法令,导致亟须改革的北大停步不前,校长治校则可以大力且更为高效地进行整顿,同时又能达到蒋、胡等人"驱离异己"的目标。结合这些缘由来看,校长治校是蒋梦麟综合研判当时复杂环境而采取的适合当时北大的一种行之有效的管理方式。

(二)"干才"司职行政:职员治事

1. 岗位细化,明确职权

蒋梦麟主持的北京大学设有校务会议、行政会议、教务会议等决策机构与文理法三学院、秘书处、课业处等部门,其中校务会议如前所述不再赘言。行政会议由校长、院长、秘书长、课业长组织,职权为:编造全校预算;拟定学院、学系设立及废止;计划全校事务及教务改进督促;拟具其他建议校务会议的方案。教务会议由校长、各学院院长、各学系主任及课业长组织,职权为:审定全校课程;计划教务改良;商讨学生试验;讨论学生训育;审核毕业

---

① 《国立北京大学布告》等,见王学珍、郭建荣主编:《北京大学史料》(第 2 卷),北京大学出版社 2000 年版,第 202—212 页。

② 《中华教育文化基金会资助北京大学革新事业》,《申报》1931 年 1 月 14 日,第 11 版。

生成绩；决议校长交议事项；建议校务会议讨论的事项。上述三者为校级决策机构，其中校务会议统领，行政会议与教务会议次之。二级决策机构分别为院长领衔的院务会议、秘书长领衔的事务会议等。

再者，北大建有文理法三学院、秘书处、课业处等二级行政部门。文理法三学院分别下设若干学系。秘书处代替原总务处，分为庶务、出版、文牍、会计、仪器、卫生六组。课业处取代原教务处，包括注册、军事训练与体育三组。校长负责选聘各学院院长与秘书处、课业处负责人及其下设各组事务人员。此外，学校还设立考试委员会、图书委员会、仪器委员会、财务委员会、出版委员会、学生事务委员会等专门机构负责处理对应事务。① 由此可见，学校建制分为校、院（处）、系（组）等若干层级，行政岗位较之此前增加不少，其注重各司其职，分工明确。

2. 职员增加，责任到人

在蔡元培时期，北大众多行政岗位均由教授担任要职，由于兼职多、精力有限，教授无法专心从事学术。另外，教员数量远高于职员数，例如 1917 年，北大教员与职员的比例为 4.7：1②，职员的工作任务颇为繁重。蒋梦麟代理北大校务后，非常注重管理效能的提升，进行了大力改革。蔡元培后人在蒋与蔡的通信中发现，蒋认为职员与教员的选聘标准不同："名师当以知识、人格为标准。干才当以温、和、能事及有普通知识为标准。"③综观蒋梦麟任校长后决策机构与二级部门的成员，与此前相比发生了明显变化，其尤为注重行政事务与学术事务的区分。例如，原评议会成员以教授为限，采取互选方式；原行政会议成员是校长与各常设行政委员会委员长，各委员长必须为教授；教务会议由教务长与各学系主任构成；原学系教授会由各系教授组织运转。可见，学校事务的审议与管理均由教授负责。而改制后相应的决策机构成员变化较大。校务会议、行政会议与教务会议成员不再以教授为限，原学系教授会被取消，代之以院务会议，其强调职员专心处理行政事务，教授认真从事教学与研究。不难发现，在蒋梦麟主持北大时，各决策机构成员从事学术的教师比重较之于蔡时期有所缩减，其中不少职员被选派到相

---

① 《国立北京大学布告》，《北京大学日刊》1932 年 6 月 17 日，第 1—2 版。

② 根据《现任职员录》整理得出。见北京大学编：《国立北京大学二十周年纪念册》，出版社不详，1917 年版，第 61—83 页。

③ 蔡磊砢：《蔡元培时代的北大"教授治校"制度：困境与变迁》，《高等教育研究》2007 年第 2 期，第 96 页。

应岗位,而且在各部门及其附属组织中,经过逐年发展,职员数接近教员数,例如 1936 年,北大教员与职员的比例是 1.7∶1[①],事务人员占比显著增加,比 1917 年(4.7∶1)有大幅提高,这使得职员能更专注地从事行政工作。

不过,随着行政岗位规模与职员数量的提升,经费开销增多,北大经济压力加大,教育部发现其非教员薪酬比例甚巨,不符合规定,遂令其改革:"办公费用及校役工警支出,尚嫌过巨,应极力紧缩裁汰,以便节出余款,提供正常建设之用。"[②]随后,北大进行了相应整改,尽可能在保证符合规定的同时实现"职员治事"的初衷。

改制后北大行政组织的构成更为专门且细化,原来主攻学术事务的各院系的庶务与教务相关事项分别归到秘书处和课业处负责处理,教授兼任行政职务的现象减少,有利于其安心从事学术,而且也限制了职员兼职,使其专心行政。例如 1934 年,北大要求教职员不许兼任通讯社或报馆的通讯员职务,对未辞去该兼职者,予以免职,并且若将有关本校消息擅自对外发布,也予以处分。[③] 同时,虽然蒋梦麟大权在握,但是对大家做事给予空间,只要在职权范围内,职员工作不会受到过多限制,时人曾评价蒋的做法:"凡他的同事在分层负责的范围内所决定的事项,他从不挑剔或干预。"[④]因此,行政事务职责可以具体落实到拥有一定工作自由度的专人,这在较大程度上提高了办事效率,也达到了职员治事的目的。

(三)"潜心努力学术":教授治学

蔡元培掌校时推崇师生研究高深学问,蒋梦麟也始终坚守这一主旨。为了改变北洋政府时期师生经常陷入非学术事务的困局,他主张行政事务与学术事务分离,"校长治校"与"职员治事"主要服务于治学,他十分重视"教授治学"与"学生求学",接下来我们将两者分为两个专题进行阐释。对于"教授治学",我们此前已在相关章节中多有论述,此处将重点围绕 20 世纪 30 年代蒋梦麟整改北大师资队伍的相关举措来阐释。

.

---

① 根据《国立北京大学职教员录》整理得出。见王学珍、郭建荣主编:《北京大学史料》(第 2 卷),北京大学出版社 2000 年版,第 401—411 页。

② 《教部令北平国立大学改进》,《申报》1935 年 8 月 18 日,第 15 版。

③ 《北京大学启事》,见王学珍、郭建荣主编:《北京大学史料》(第 2 卷),北京大学出版社 2000 年版,第 341 页。

④ 陈雪屏:《"和光同尘"与"择善固执"》,《传记文学》1964 年第 7 期,第 11 页。

1. 限制教师兼职，实行教授专任制

国民政府初期，大学教师兼职现象普遍，教授的此类情况尤为严重，"各校教授每兼因课太多，请假缺课，甚至以一人兼两校或同校同院以上之教授，平时授课已虞不及，何有研究之可言，且影响教授效能，妨碍学校进步"①。为了改变这种状况，1929年6月，蒋梦麟主持教育部出台的《国立大学教授自十八年度上学期起应以专任为原则》规定："自十八年度上学期起，凡国立大学教授，不得兼任他校或同校其他学院功课，倘有特别情形，不能不兼任时，每周至多以六小时为限，其在各机关服务人员，担任学校功课，每周四小时为限，并不得聘为教授。"②而在7月出台的《大学组织法》相关规定中，范围扩大至所有教师：大学聘请的兼任教员不得超过教员总数的三分之一。③ 然而，时至1930年，北京大学、清华大学、北平大学与北平师范大学情况未有改进，因此四校联合会商解决办法："近鉴于平市一般教授，率有兼课恶习，甚有一人身兼数校之课程者，对于学生功课，难免不敷衍了事，影响学生课业，及教育前途者，实非浅鲜。因即召开北平四大学校务会议，协同讨论限制教授兼课办法，当经议决，除一面呈请教育部迅发各校经费及提高教授待遇外，所有四校本年聘请教招，应付公开，此校已聘教授，他校不得重聘，以示限制而专责任云。"④

1931年5月19日，北平国立大学校长联席会议举行，与会者共同审阅各校教师名单，议决教授专任制的两项原则：其一，"甲校教授兼在乙校者，甲校有优先聘请权"；其二，"甲校教授兼在乙校，而乙校需要较甲校尤殷者，则让与乙校"。同时，会议指出原来大学教授兼课原因是欠薪与科目太多、人数不定，今后应提高教授待遇，经费不可拖欠，保证其生活无虑，并且应减少课程，使得教授在讲课及指导学生之外，仍有研究时间。如此一来，学生、学校与教授"均有莫大利益"。不过，教授限制兼课后，各校教授人数不免缺乏，"故不能不向平外各地及各国聘请，以资补充"。对于特殊情况，"若他校有一二科目必须本校教授担任者，由两校校长直接接洽，征求教授同意，但本校教授兼校外课以四小时为限，且所授科目不得在本校所授者以外，至于

---

① 《大学教授限制兼课》，《申报》1929年6月22日，第11版。
② 《令国立各大学校长：为令国立大学教授自十八年度上学期起应以专任为原则由》，《教育部公报》1929年第7期，第39页。
③ 《大学组织法》，《立法院公报》1929年第8期，第124页。
④ 《半月间之政治概况：北平四大学禁教授兼课》，《两路党声》1930年第6期，第27页。

在外兼职者,下年亦将加以限制,凡本校教授,对于校外有专责之职务,无论有给无给均不得兼任,但无专责专职者,如学术团体之顾问专门委员董事等类,自不在此限"。对讲师兼课亦有决定,"以二十小时为限"。会后不久,5月25日,北大全体师生齐聚第二院大礼堂,举行纪念周,蒋梦麟报告了上述解决方案,并表明了整改决心:"现在北大,必须要教授先生们同学们关起门来实实在在辛辛苦苦作三年苦功,如再舍己之田,耕人之田,则将永无复兴之望。"①

北大采取了一系列整顿师资队伍的举措,例如严令禁止教师兼职,改变以往无任期限制聘任方式,实施初聘一年、续聘两年的新规。② 再者,前述调整院系设置、精简课程、裁汰教师等多项措施齐头并进。此后,教师分心于校外工作情况有所好转。例如,1931年,刘半农教授受聘北大后,所任女子文理学院院长、辅仁大学教务长等职务一概辞去,自8月1日起专在北大服务。③ 1933年,北大教师在本校教学情况得到一定改观,授课时长较以往有所增加。据统计,主讲教授与讲师共173人,每周时长共计997小时,平均每周6小时。④ 除了整顿已有教师队伍之外,寻求增聘新人工作同样重要,如前所示,蒋梦麟想方设法聘请了大批人才来北大任教。

与此同时,蒋梦麟认为:"师资不尊,不足以言重学术;待遇不丰,不足以言一心志。故崇尚教授之座位,而厚其薪给。"⑤而"厚薪"需要强大的经费支撑,因此正式执掌北大期间,他花费了巨大的精力四处筹款,基本促成了教师待遇的提高。1927年9月,教育部核定北大各级教师每月薪酬分别是:校长600元,教授120～400元(含学长),助教30～120元,事务员30～120元。1935年2月,北大教师月收入情况分别是:校长600元,教授360～500

---

① 《北大下季添设研究班,限制教授兼课已有具体办法,蒋梦麟昨在纪念周报告》,《教育旬刊》(福建)1931年第5期,第48—50页。

② 《蒋梦麟谈话 北大三学院平均发展》,《京报》(北京)1931年4月28日,第7版。

③ 《蒋梦麟分别聘请接洽新教授》,《京报》(北京)1931年7月31日,第6版。

④ 《北大二十二年度教员总统计》,见王学珍、郭建荣主编:《北京大学史料》(第2卷),北京大学出版社2000年版,第435页。

⑤ 《杭州大学意旨书》,《北京大学日刊》1923年3月27日,第1—3版。

元①(含院长,不含研究教授),副教授 280～320 元,讲师 40～160 元,助教 30～130 元,职员 40～300 元。② 再者,1931 年,国立大学教师月薪平均为165.6 元,省立大学为 217.5 元,私立大学为 124.3 元。③ 由上可见,纵向来看,蒋梦麟上任前后,无论是何种身份,北大教师工资均有较大提升,特别是教授薪金增幅明显。横向来看,北大教师待遇处于国内大学领先阵营。时任北大教授陶希圣曾颇为得意地指出:"北平的住宅,一个教授住得起的房子,至少有两进。如果上房有五开间,两厢房,一客厅,两三间下房,那就除了上课之外,谁也不愿出门,大部分时间在宽敞的家里度过富裕的日子。"④此外,蒋梦麟注重改善教授的工作条件,钱穆回忆道:"各学系有一休息室,系主任即在此办公。一助教常驻室中。系中各教师,上堂前后,得在此休息。初到,即有一校役捧上热毛巾擦脸,又泡热茶一杯。上堂时,有人持粉笔盒送上讲堂。退课后,热毛巾热茶依旧,使人有中国传统尊师之感。"⑤可见,北大在较大程度上改善了教师(尤其是教授)的生活,而且学校提供了良好的工作环境,使其能在无后顾之忧的情况下专心治学。

2.优中选优,确立研究教授制

研究教授制是北京大学新设的一种制度,其与中华教育文化基金董事会密切关联。1931 年,北大与中华教育文化基金会确定合作事宜,设立"合作研究专款",部分经费用于资助"研究教授",人选以"对于所治学术有所贡献,见于著述为标准",由合作研究专款顾问委员会审定、北大校长聘任,具体要求是:"研究教授,每周至少授课六小时,并担任学术研究及指导学生之研究工作。……不得兼任校外教务或事务",每人年俸是 4800 元至 7200 元不等以及 1500 元以内设备费,若有学术需要,可休假去国外从事研究,原薪

---

① 此资料显示中国文学系教授罗常培当月收入为 250 元,经查,由于北大刘半农教授病逝,罗氏由中央研究院历史语言研究所借聘至北大以补刘氏之缺,属于兼任,其薪酬与正式教授不同,故最低薪酬取正式教授之数额,即 360 元。参见《北大语音学教授已聘定罗常培担任》,《申报》1934 年 9 月 20 日,第 13 版;罗常培:《唐五代西北方音》,商务印书馆 2017年版,第 301 页。

② 《国立京师大学校职员薪酬规程》《国立北京大学核发薪金清册》,见王学珍、郭建荣主编:《北京大学史料》(第 2 卷),北京大学出版社 2000 年版,第 493—494、502—513 页。

③ 南开大学校史编写组编:《南开大学校史(1919—1949)》,南开大学出版社 1989 年版,第 121 页。

④ 陶希圣:《潮流与点滴:陶希圣回忆录》,中国大百科全书出版社 2016 年版,第 122 页。

⑤ 钱穆:《八十忆双亲·师友杂忆》,生活·读书·新知三联书店 2005 年版,第 167—168 页。

不变,另给予差旅费与补助津贴。① 研究教授是在某领域学术造诣精深、成果一流的学者,其待遇比一般教授更为丰厚,并优先享有学术休假及国外研究的机会。

由于名额少、要求高,确定研究教授着实不易,特别是对于从校外招聘合适人才,蒋梦麟不仅自己到处物色人选,而且给予三位院长充分的选人自主权。例如,胡适邀请梁实秋来到北大的过程一波三折,历时三年有余。梁实秋到北大前任教于山东大学,在外国文学方面造诣颇深,胡适对其格外欣赏。1931 年 2 月 25 日,胡致信请梁到北大任教:"我是极力主张金甫来办北大文科,把你们俩都请来。但梦麟先生稍有点迟疑,我看只是时间问题,大致无大问题。"3 月 21 日,胡又致信梁表示:"北大请你来英文学系,那是不会有困难的事。我当初的原意是要拖一多也来北大。而一多应该在中国文学系,于该系及一多都有益。但中国文学系是不容易打进去的,我又在忧谗畏忌之中,不愿连累北大及梦麟先生,故我当初即想请金甫来办文科,由他把你和一多拉来。现在金甫的问题,梦麟尚未敢正式决定。故一多来中国文学系的事,我不能进行。此事我始终在意,但须相机行事。"② 这次复信在表达聘请梁实秋之外,又说出了国文系难以整顿、闻一多暂缓来北大的新情况,处于整改初期未有成效使得胡适与蒋梦麟颇为苦恼,加上此时胡尚未正式主持文学院,大概是此原因,梁实秋有所顾虑,这次未能入校。时至 1934 年 4 月 26 日,在国文系乃至文学院改革大局已定之际,胡适致信盛邀梁实秋,并且应允其担任研究教授一职:

> 我有一个要紧问题想请你答我。北大文学院现在又要我回去,我也想费一年工夫来整顿一番,最苦的是一时不容易寻得相当的帮忙的人。我常想到你,但我不愿拆山大的台,不愿叫太侔(赵太侔,山东大学校长,笔者注)为难。现在山大已入安定状态了,你能不能离开山大,来北大做一个外国文学系的研究教授?研究教授月薪五百元,教课六点钟,待遇方面总算过得去,但我所希望者是希望你和朱光潜君一班兼通中西文学的人能在北大养成一个健全的文学中心。最好是你们都要在中国文学系担任一点功课。北大旧人中,如周岂明先生和我,这几年都有点放弃文学运动的事业了,若能有你来做一个生力军的中心,逐渐为

---

① 《北大与中基会设立合作研究特款》,《北平晨报》1931 年 7 月 19 日,第 7 版。

② 胡适:《胡适致梁实秋信》,见梁实秋著,陈子善编:《梁实秋文学回忆录》,岳麓书社1989 年版,第 153—154 页。

中国计划文学的改进，逐渐吸收一些人才，我想我们这几个老朽也许还有可以返老还童的希望，也许还可以跟着你们做一点摇旗呐喊的"新生活"。

此次梁实秋回信表现出积极态度，并询问了研究教授事宜。5月17日，胡适颇为高兴地回复：

> 研究教授事，我已与梦麟商量过，当无问题；现在因"北大中基会合款顾问委员会"尚未开会，故未正式通过。然个人会员之中已无问题。因其中一二人刚自南方回来，复信稍迟，亦为此故。我感觉近年全国尚无一个第一流的大学文科，殊难怪文艺思想之幼稚零乱。此时似宜集中人才，汇于一处，造成一个文科的"P. U. M. C"，四五年至十年之后，应该可以换点新气象。

然而，始料未及的是，梁实秋复函表示难以离开山东大学，胡适与蒋梦麟甚为着急，致信给予对策：

> 你的信使我们大失望。我已与蒋校长商量三次，终不能得妥善办法。因为我们今年急需你来帮忙，所以得你同意后即不曾作任何准备。倘此时你不能来，我们本年非另寻一个相当的人不可，而此时在国内那儿去寻一个比得上你的人来救我们之急！（这不是灌米汤！！）你能否向山大告假一年，先来北大？如一年之后山大还非你回去不可，你再回去。如一年之后，山大已得人，可以不需你回去，你就可以继续留下去。如此办法能得太侔兄允许否？……
>
> 我想了两天，只有上文说的一个办法，就是请你向山大告假一年，不拿薪俸，不取销你的留学一年的资格，遇山大有急需你的地方，你可以回去帮太侔料理了再回来。如此办法，等于北大向山大借你一年。甚盼太侔只能允许我这个请求。
>
> 中基会合款顾问委员会本即须开会，因你来信，我们又展期一次。切盼吾兄即与太侔兄一商，复我一电。匆匆问。①

此信内容非常恳切，足见胡适与蒋梦麟对于学生辈的年轻人梁实秋非常看重，面对如此盛情且能有机会与住在北平的家人团聚，梁实秋最终离开

---

① 上述胡适写给梁实秋信函参见胡适著，季羡林主编：《胡适全集》（第24卷），安徽教育出版社2003年版，第178—179、183—184、186—187页。

山大就任北大研究教授与外国文学系主任。当时梁实秋 31 岁,既是研究教授又是领导,压力很大,曾有同龄者愤愤不平地当面高呼:"我这个教授既不名誉又不研究。"[①]不过,梁实秋以渊博的学识与丰硕的成果终获认可。

据统计,从 1931 年至 1936 年,北大以"合款"方式每年聘请 16~22 位研究教授,其均是各自领域的领军人物。例如:1931 年,研究教授共计 16 人:理学院刘树杞(化学,留美,41 岁)、曾昭抡(化学,留美,32 岁)、冯祖荀(算学,留日,51 岁)、丁文江(地质学,留美,44 岁)、李四光(地质学,留英,42 岁)、葛利普(A. W. Grabau,地质学,美国人,61 岁)、王守竞(物理学,留美,27 岁)、许骧(生物学,留美,年龄不详)、汪敬熙(心理学,留美,34 岁),文学院刘半农(中国文学,留英、法,40 岁)、周作人(外国文学,留日,46 岁)、徐志摩(外国文学,留美,34 岁)、汤用彤(哲学,留美,38 岁)、陈受颐(史学,留美,32 岁),法学院赵迺抟(经济学,留美,34 岁)、刘志扬(法学,经历与年龄不详)。[②] 1933 年,研究教授共计 21 人:理学院刘树杞、曾昭抡、冯祖荀、江泽涵(算学,留美,31 岁)、斯伯纳(E. Sperner、算学,德国人,28 岁)、丁文江、李四光、葛利普、谢家荣(地质学,留美,35 岁)、汪敬熙、张景钺(生物学,留美、留英,38 岁)、饶毓泰(物理学,留美,42 岁)、朱物华(物理学,留美,31 岁),文学院刘半农、周作人、汤用彤、张颐(哲学,留美、英、德、法,46 岁)、陈受颐,法学院赵迺抟、张忠绂(政治学,留美,32 岁)、刘志扬。[③] 总体来看,研究教授多是 30—40 岁的年轻人,即便是不少偏重长期积淀的文科,其受聘者年龄也不大,如刘半农(40 岁)、徐志摩(34 岁)、汤用彤(38 岁)、张忠绂(32 岁)等。再者,这些学者基本上具有留美经历,而且多人曾在哥伦比亚大学研习,这与蒋梦麟、胡适属于英美派有密切关联。此外,理学院人数最多,约是文、法学院的两倍,这体现出蒋梦麟重视发展自然科学的意图,也是其主政教育部时期大学"扬实抑文"政策的延续。

除教学与研究外,研究教授还担任指导学生工作。例如,1934 年,理学院四位研究教授的指导安排分别是:理学院院长刘树杞,周一、三、五上午 10 点至 11 点;物理系主任饶毓泰,周一至周五下午 3 点至 5 点;地质系主任李

① 梁实秋:《怀念胡适先生》,见萧南选编:《我的朋友胡适之》,四川文艺出版社 1995 年版,第 29 页。

② 《北大学术研究专款》,《益世报》(天津)1931 年 10 月 17 日,第 7 版。

③ 《中华教育文化基金董事会第九次报告》,出版社不详,1934 年版,第 31 页。

四光,周二、四、六下午 2 点至 5 点;地质系葛利普,周三、五上午 10 点至 12 点。[①] 研究教授每年一聘,年底须提交总结。据相关资料,共有 21 名研究教授撰写了 1933 年度工作报告,内容非常详细,囿于篇幅,现列举人文社科汤用彤、刘半农与自然科学葛利普、谢家荣 4 人材料加以展示。

一是汤用彤教授工作报告:

本年度除任课外,即按照上年度所定研究计划,修理所搜集材料,编纂"汉魏两晋南北朝佛教史",惟经详密之思考,已将上次报告中所拟之目录加以修改。兹将新拟定之目录,连同工作成部份(约十二万字)之纲目列下:

绪言——第一分:汉代佛教,第一章,佛法入华之诸传说(约一万余字,已成),山海经,周昭王穆王,孔子,燕昭王,阿育王塔,秦始皇,汉武帝,刘向。第二章,永平求法传说之考证(约一万字,已成),永平求法之传说,求法传说之考证。第三章,四十二章经之考证(约一万字,已成),四十二章经译出之传说,四十二章经出世甚早,译者有二,四十二章经之叠经改窜。第四章,汉代佛法之流布(约一万五千字,已成),开辟西域与佛教,伊存授经,鬼神方术,楚王英,桓帝并祭二氏,老子化胡,安世高之译经,夫娄迦谶之译经竿,融事佛牟子作理惑论,汉代佛法地理上之公布。第五章,佛道(约一万字,已成),精灵起灭,省欲去奢,禅法之流行,仁慈好施,佛陀祭祀,汉世僧伽,汉晋讲经与注经。第二分,魏晋南北朝佛教。第六章,佛教立学之滥觞(约一万字,已成),牟子理惑论,三国佛教史实与传说,支谦,康僧会,阴道,朱士行之西行。第七章,两晋际之名僧与名士(约一万五千字,已成),般若经之流传,竺法护,于法关与于道邃,竺叔兰与支孝龙,帛法祖,立风之南渡,竺道潜,支遁,东晋诸帝与佛法,名士与佛教。第八章,释道安(约一万七千字,已成),高僧与名僧,综论魏晋佛法兴盛之原因,竺佛图证,道安年历,道安居河北,道安南行分张徒众,道安居襄阳,经典之整理,戒规之确立,弥勒净土之信仰,道安在长安之译经,道安在佛学上之地位。第九章,释道安时代之般若学(约二万字,系就旧作修改成章)。第十章,鸠摩罗什(未成)。第十一章,释慧远(约一万字,已成),慧远之地位,慧远年历,慧远早年,慧远东住庐山,晋末朝廷之佛教,毗云学传布之开始,慧远与罗什,江东

---

① 《北大理学院课外指导教授各系均已聘定》,《北平晨报》1934 年 10 月 21 日,第 13 版。

禅法之流行,慧远之学问,弥陀净土,慧远之念佛。第十二章,西行求法之运动。(以下各章均未成)第十三章,凉州佛教;第十四章,佛教南统;第十五章,竺道生与涅槃学;第十六章,竺法瑶与涅槃师;第十七章,成贯论师;第十八章,摄山之三论;第十九章,佛教北统;第二十章,禅定净土与戒律;第二十一章,北方之毗云与涅槃;第二十二章,真谛之学与北方地论。

余论,附录——①汉魏两晋南北朝佛教大事年表;②汉魏两晋南北朝佛教撰述目录;③佛教史附图;④人名地名通检。

上述已成部份全系新作,并非就旧日讲义加以增改,故颇费时日,此外复留意于唐玄奘前百年间学说之发展,而认定:(1)中国之所谓"华严宗"实综合玄奘以前法相等派之旧说。(2)"天台宗"乃综合南之般若,北之禅法而成。

二是刘半农教授工作报告:

上年度除任课并主持研究院文史部外,其研究工作可分五项:

(1)完成之论文凡四篇:①西汉时代的日晷;②莽权价值之重新考定;③吕氏春秋昔黄节解;④乙二音高推断尺。

(2)前编之"八韵汇编"增改为"十韵汇编",并加入检目二种,现已编完,即将交本校出版组印行。

(3)故宫所藏古今乐器之音律,已测验完毕,计有钟、磬、箫、笛、箎、排箫等五百四十一器,都一千二百八十七音,共作测验三千八百六十一次,现将结果编排,即交故宫印刷所印行。

(4)去年暑假中为完成"古音律研究"起见,曾至开封、上海、南京、曲阜、济南等处,测验公私所藏古今木[乐]器,回平之后仍继续采访测验。截至现在,已测者有殷磬十五件,周钟三十九件,宋钟八件,明清钟一〇五件,拟更随时采访测验加入,以求完备。

又去年旅行至河南巩县时,见该县石窟寺一佛洞中有魏时乐队造象,当记摄影纪录,而其旁两佛洞,半为积土所掩,雇工掘去积土,亦各有乐队造象,合计三洞共有乐工五十四人,于当时乐队组成及乐器制作,已可得其大概,拟再旁求证据,作为论文。

(5)本年暑假拟往平绥路沿线各处,调查方音音素及音调之变化。(刘氏即因此而为牺牲者——记者)。

三是葛利普教授：

本年度除任课外，其已完成之研究论文，出版或即将出版者有下列七种：

（1）沧桑论中之轩轾（华盛顿第十六次万国地质学会宣读，共六十六页，附图一幅，印刷中）。

（2）中国之下石炭纪及石炭纪地层与各国相当地层分层之研究（与丁文江合著）（华盛顿十六次万国地质学会报告共二十页，印刷中）。

（3）中国之二叠纪及其与二叠纪分层之意义（与丁文江合著）（第十六次万国地质学会宣读，共二十一页，印刷中）。

（4）人类之初期（皇家亚洲学会华北支部会刊，共二十一页，印刷中）。

（5）古生物地层之沧桑观，第一部下寒武纪（北大自然科学季刊，四卷一期二七一八四页，说明图三幅，古地图一幅，已出版）。

（6）古生代地层沧桑观，第二部，中寒武纪（北大自然科学季刊四卷二期三五五页起，印刷中）。

（7）中国二叠纪初期化石上册（中国古生物志 B 种八卷三册，共二一四页，附图十一幅，已出版）。

至下年度计划中之论文则有八项：

（1）中国马平灰岩期（下二叠纪）化石（中国古生物志，约二〇〇页，附图三十幅）。

（2）中国二叠纪初化石下册（中国古生物志，约一〇〇页，附图十幅）。

（3）下石炭纪之腕足类化石（与田奇瑀合著）。

（4）中国云南志留纪初期化石（中国古生物志，约二五〇页，附图十五幅）。

（5）中国土耳其 Bash Sugun 层之化石（中国古生物志，约一〇〇页，附图十幅）。

（6）古生代地层之沧桑观，第三部寒武奥陶记（北大自然科学季刊）。

（7）沧桑论（中国地质学会会刊步达生纪念刊）。

（8）西藏与人类之原始（斯文哈丁七十生辰纪念刊）。

四是谢家荣教授工作报告：

本年度除任课外，研究工作可分为二项：

（1）野地调查，因继续研究皖南铁矿地质，并扩大研究范围，至扬子江中部起见，特于去年七月间奉地质调查所之命，偕调查员陈恺、程榕淇二君，再度赴南方调查，凡安徽之当涂、繁昌、铜陵，以至江西之九江铁矿，皆亲往研究。同时又委派陈、程二君赴安徽之庐江调查矾矿。盖矾矿之产生与铁矿实有成因上之关系也。在野地工作约四十日，采得矿物化石标本甚多，对于长江下游铁矿之地质及成因，获得更可靠之材料，以便编制《长江下游铁矿志》，此专报第十三号，本年内决可出版。

二十三年一月乘寒假之便，应长兴煤矿公司之约，偕地质调查所员计荣森君，赴矿场勘查煤田构造，以备施工计划之参考，乘便又调查矿井田新产生之煤苗，从地质理论上断定其为无重要之局部现象，此项调查约历二星期。同年二月下旬，又偕冀北金矿公司总理王子文先生，赴遵化至魏进河马蹄峪等处考察金矿。此行为期不过数日，但采得矿石及围岩之标本甚多，足供研究之用。

（2）实验室工作，专力之煤铁金及其他有用矿床之显微镜的研究，曾监制煤之薄片约二百余片块，矿物质显微镜相片百余幅。

本年度研究之结果，著有已刊未刊之报告四种：

（1）北平西郊长辛店，坨里之地质（英文报告）。

（2）江西木草煤——中国煤之新种（英文报告）。

（3）浙江长兴煤田地质报告（中文报告）。

（4）浙江长兴煤田内发生油苗之研究（同上）。

至下年度之研究计划拟定两项：

（1）就数年来对于中国煤质研究所得之材料整理之，作一总报告，详叙煤田分布及煤质分类，名曰"中国煤类及煤田分布之研究"，约下年度可以完成。

（2）从长时间之野地及实验室之研究，对中国金属矿床，拟作一成因上之分类，此项工作亦希于一二年内完成。①

综上来看，收入丰厚的研究教授十分忙碌，在教学、科研与学生指导等方面都投入了大量精力，当然也取得了大量成果。例如，刘树杞之熔盐电解制钨、曾昭抡之炸药制备实验法、冯祖荀之微分、李四光之地层古生物与冰

---

① 《北大文理法三院研究教授工作报告业于日前公布》，见王学珍、郭建荣主编：《北京大学史料》（第2卷），北京大学出版社2000年版，第1619—1626页。

川、张忠绂之国际关系等，均在各自领域处于领先地位。据统计，1948 年第一届中央研究院院士中，北大研究教授至少有曾昭抡、李四光、汪敬熙、谢家荣、张景钺、饶毓泰、汤用彤等 7 人。① 可见，北大研究教授的学识与素养属于顶尖水准。

在限制教师兼职、推行教授专任制与研究教授制的同时，如前所述，蒋梦麟主持的北大还通过营造自由包容的氛围、建设研究院（所）、支持学术交流活动（含留学与学术休假、国内外演讲与会议等）、保障经费、完善硬件设施等多种方式来推动"教授治学"。因此，北大教授生活、学术状态及成绩均令人称道。时任研究教授张忠绂回忆说："在北京大学教书，不仅生活自由愉快，应酬不多，而且领导得人，同事而不同院系者虽交往不多，但无形中大家仍有一种团体精神，那是极可宝贵的。"② 时人柳存仁曾评价："北京大学的教授们的生活，也不庄严，也不枯燥，只是一种合理的修养和不断的增加学问的总成绩。"③ 不难发现，"教授治学"的成效颇为显著。

（四）"以自己的学问功夫为立脚点"：学生求学

专心向学不仅是对教授的要求，学生亦应如此。蒋梦麟强调学生应以求学为职志，他初到北大时，即劝导学生"救国之要道，在从事增进文化之基础工作，而以自己的学问功夫为立脚点"。④ 他认为，"一本好好的书都没有读，就飞叫乱跳地自以为做新文化运动，其实连文化都没有，更何从言新"⑤。此前我们对该问题多有论述，主要表现在学术氛围、师资队伍、硬件条件、交流活动、社团及刊物等诸多方面，总体上以本科生为主，接下来重点围绕前述涉及较少的研究生求学来进行考察。

1. 注重录取工作，力求新生胜任治学

蒋梦麟养成"领袖"的人才培养目标不仅针对本科生，对研究生亦是如此。而"入口"之招生工作是首先需要注意的，因为学术修养深厚且素质高

---

① 郭建荣：《中国科学技术年表（1582—1990）》，同心出版社 1997 年版，第 483 页。

② 张忠绂：《迷惘集：作者自传》，香港田风印刷厂 1968 年版，第 99 页。

③ 柳存仁：《北大和北大人（二）——记北京大学的教授（中）》，《宇宙风（乙刊）》1940 年第 30 期，第 22 页。

④ 《初到北京大学时在学生欢迎会中之演说》，见蒋梦麟：《过渡时代之思想与教育》，商务印书馆 1933 年版，第 394 页。

⑤ 《北京大学开学演讲词》，见蒋梦麟：《过渡时代之思想与教育》，商务印书馆 1933 年版，第 401 页。

者更能安心向学。在蔡元培时期，北大设有研究所，招收研究生，入学条件是：本校毕业生有志愿且经该所主任同意；校外毕业生须与本校毕业生程度相等而有志愿，同时须经校长与相应研究所主任认可。[①] 在蒋梦麟任教育部部长期间颁行的《大学组织法》规定大学应设立研究院，不久，北大颁布《国立北京大学研究院章程》，较之于原来的"推荐—审核制"做法，其入学条件收紧且趋于规范，一个显著变化是"试验合格者"方可入院学习。蒋梦麟掌校后，1932年的《国立北京大学研究院规程》在招生上做了几项重大调整：一是考试制与免试制相结合，即前者为国内外经本院认可的大学毕业生符合报名要求且通过考试者可入学，后者为本校毕业生各学年成绩平均八十分以上且外语八十分以上，经与助教认定后可免试入学；二是细化了校外学生报名条件，即毕业文凭、各学年成绩单、四寸半身照片两张、填写专业与曾习何种外语以及若有论著无论是否印行可附交；三是明确了考试科目，即所专习学科的基本知识与外语。[②] 在招生环节，蒋梦麟时期的北大要求更为严格且日臻完善。

为了招收高素质学生，北大从严对待，依据实际情况多次调整了具体措施。据统计，1932年共录取25人，其中文史部12人，自然科学部3人，社会科学部10人。[③] 1933年，由于研究院"上年度办理无甚成绩可言，现为切实整顿起见"，该年度暂不招生。[④] 1934年，蒋梦麟组织校务会议修订研究院规程，招生方面有几点明显变化：一是添加"各研究所于必要时，得停止招收研究生"一项，强调不能仅仅为了数量而忽视质量；二是采取考试制，取消本校毕业生与助教优秀者可免试入学条目；三是细化考试科目要求，如专门之基础知识至少4科。[⑤] 此后，研究生招生更为严格。例如，1935年，原来的研究部改为研究所，其中文、理两所研究生投考者40人以上，但是"录取标

① 《研究所总章》，见王学珍、郭建荣主编：《北京大学史料》（第2卷），北京大学出版社2000年版，第1333—1334页。

② 《国立北京大学研究院规程》，《北京大学日刊》1932年7月16日，第1—2版。

③ 《国立北京大学研究院布告》，见王学珍、郭建荣主编：《北京大学史料》（第2卷），北京大学出版社2000年版，第575页。

④ 《北大研究院本年度暂停招生》，《北平晨报》1933年8月25日，第7版。

⑤ 《国立北京大学研究院暂行规程（二十三年六月修订）》，《北京大学周刊》1934年6月16日，第1版。

准较为严格"，仅招收 16 人。① 1936 年，各所招收数额再度减少，共计10 人。②

蒋梦麟非常看重研究生新生素质，相关规则注重公开透明、从严选拔，在"入口"上为学生入学后能安心求学提供了保障。

2. 强化过程培养，助其专心治学

蔡元培时期，北大对研究生的培养要求较为宏观。时至 1932 年，《国立北京大学研究院规程》给出了详细规定。例如，学位分为博士、硕士，暂给甲种、乙种证书，学位法颁布后补授相应学位；免交学费，图书与仪器保证金每年五元，不提供宿舍；须认定主科一种，辅科一种或二种（甲种证书者须二种），主科与辅科不必同院；由系主任商请教师，每科一人，为该生导师（应为教授）。再如，学期 2—5 年，考试分为初试、口试，形式分为试卷答题、读书报告或实习报告、论文等；设立奖学金；甲、乙两种证书要求不同，须经过专门委员会认定，要求颇为具体。③ 据此，研究生入学后在教授指导下进行专门研究，许多研究教授、荣誉教授担任导师，例如冯祖荀、江泽涵、饶毓泰、周作人、张忠绂、汤用彤、陈受颐、刘志扬、傅斯年、钱玄同、沈兼士等。除采取个别指导外，另有集体研讨方式。例如，1933 年 11 月，北大社会科学部主任赵迺抟、法学院院长周炳琳等召集研究生指导研究范围及方法，李夏云、桑毓英、艾和薰、杨宜春、方铭竹、李应兆、张守正、林伯雅与梁骧等同学参加。赵迺抟在列举了众多相关研究后指出：从分类法看来，"社会科学范围不仅限于目前所有法律、政治、经济"，大家在主科之外，"凡有关于社会科学之学科，多做辅科研究"。随后，周炳琳讲解研究方法："研究工作重在多看书，看书有如复习，但加以个人之见解，予以批评，草以报告，则将来之研究论文始可足观矣。"④不久，该部导师及指导科目确定：李怀亮，民事诉讼法；陈瑾昆，刑事诉讼法；王家驹，破产法；张忠绂，国际关系、政治制度、中国政治制度史；陶希圣，中国社会史、政治制度、中国政治制度史；周作仁，银行学；赵迺抟，经济理论、经济学史；周炳琳，英伦古典学派、经济学说、经济史、国际

---

① 《北大研究所添设必修课程于四年级学课中选修》，《北平晨报》1935 年 9 月 23 日，第 9 版。

② 《国立北京大学布告》，《北京大学周刊》1936 年 8 月 22 日，第 1 版。

③ 《国立北京大学研究院规程》，《北京大学日刊》1932 年 7 月 16 日，第 1—2 版。

④ 《北大社会部主任昨召集研究生谈话指示研究范围及方法》，《北平晨报》1933 年 11 月 12 日，第 7 版。

贸易。①

　　1934 年出台的研究院规程修订版做了较多调整。比如,导师指导学生不得超过 5 人,须进行课程学习,"研究如有应习或愿习本科各系某种课程者,应由指导教授函知注册组"。再如,进一步规范了甲、乙两种证书的评定依据与程序,细化了成绩考核标准,"论文占百分之七十,口试占百分之三十",并添设了助学金。② 原来研究生无须上课,但 1935 年学位法公布,北大遂于当年要求"研究生选习研究课程,每年须在十二学分以上,并应到校上课,旧研究生已注册者,皆应依此项规定选习课程"③。此外,研究生课程教学与本科有较大区别,以自由讨论为主。例如,因研究生已有相当治学基础,文学研究所上课时不单纯采用讲授方式,"而代以较能自由发表意见之谈话会形式"。胡适的传记实习及中国文学专题研究等课程,为增加兴趣,避免严肃的教室气氛,曾召集学生至胡宅谈话。④

　　为了支持学生从事学术,北大研究院设立了奖学金与助学金。1932 年12 月,研究院奖学金草案经校务会议议决通过,定额 15 名,每人每年 360元。⑤ 奖学金要求高,获得难度极大,学生曾谏言蒋梦麟,但得到答复是"研究院不是养老院,有了成绩才给钱"。⑥ 1934 年 6 月,鉴于成绩优秀但家境贫寒学生的实际情况,《国立北京大学研究院助学金暂行规程》公布,定额 20名,每人每年 320 元,并列出了具体的评审标准及程序。⑦ 据有关资料统计,研究生获得助学金情况是:1935 年,文科研究所 3 人获全额,7 人获半额;1936 年,文、理两科研究所各有 3 人获得全额;1937 年,文、理两科研究所共7 人获得全额。⑧ 当时许多研究生是普通家庭子弟,本科毕业后未就业赚钱

---

①　《北大研究院聘定社会科学部导师》,《北平晨报》1933 年 11 月 22 日,第 7 版。

②　《国立北京大学研究院暂行规程(二十三年六月修订)》,《北京大学周刊》1934 年 6月 16 日,第 1 版。

③　《北大研究生三十日开始选课》,《北平晨报》1935 年 9 月 28 日,第 9 版。

④　《胡适昨召研究生谈话》,《北平晨报》1935 年 10 月 17 日,第 9 版。

⑤　《北大校务会通过研究院奖学金草案》,《北平晨报》1932 年 12 月 28 日,第 7 版。

⑥　郝公玉:《关于北大研究院敬向北大当局进一辞》,见王学珍、郭建荣主编:《北京大学史料》(第 2 卷),北京大学出版社 2000 年版,第 1358—1359 页。

⑦　《国立北京大学研究院助学金暂行规程》,《北京大学周刊》1934 年 6 月 16 日,第 2—3 版。

⑧　《北大研究院助学金王维城等三生获得》《北大研究院昨审定研究生助学金名单》《北大文科研究生获得助学金名单》《国立北京大学布告》,见王学珍、郭建荣主编:《北京大学史料》(第 2 卷),北京大学出版社 2000 年版,第 639—640、643、644、649 页。

补贴家用而从事研究，其经济窘迫，因此在外兼职者颇多。① 奖学金与助学金制度的实施，在一定程度上缓解了部分学生的生活压力，使其能安心读书。

同时，北大研究院在学业管理方面日趋严格，以免学生荒废学业。例如，研究院规定研究生须按时注册，对"不请休学又不注册者"，取消学籍。1933 年，由于该原因 28 人学籍被注销，其中文史部 20 人，社会科学部 5 人，理学部 3 人。1934 年，因教育部训令要求"研究生不得兼任校内职务"，北大 19 名助教被取消研究生资格，未注册 7 人被清退。1935 年，研究院再次提醒研究生，若不注册即开除学籍。② 又如，研究院重视研究生学业成绩考核，限期未交成果者与无成绩或成绩不良者，取消研究资格。③ 对于毕业证书评定，教授十分认真，我们从胡适的论文评语中可以窥探一二。1936 年 6 月 21 日，胡适对黄谷仙的《韩退之传》评语 1700 余字，其中 1500 余字是论述文章缺陷及解决办法，并非"破而不立"，而是"有破有立"，使人看后既知晓了问题，亦获得了办法。其内容大体如下：

> 本论文为韩退之传，凡分七章。其（八）（九）两章均是选录作品，只可作为附录。
>
> 这篇传屡经改稿，此为最后改定稿。每章之末有"辨异"，对旧谱传颇多辨正。其辨韩会非退之"从父兄"，辨退之非七岁能文，辨他随裴度出征在元和十二年而非十一年，辨退之《原道》诸篇应从朱子说作于贬阳山之时，皆甚确当。
>
> 此传文字颇平实，征引材料亦颇详备，于退之一生事迹，叙述甚有条理。但综合观之，此传尚多缺陷，分别论列于下：
>
> 第一，退之一生有三大贡献，此传都不曾充分记叙。所谓三大贡献者：一为排斥佛教，二为提倡古文，三为诗歌上的创体。此传于排佛一事，稍有叙述，而无甚发挥。如用《原道》而不能指出其中之"划时代"的

---

① 《北大研究院之现状 将实行教授讲座制 研究生多在外兼事（续）》，《益世报》（天津）1935 年 1 月 20 日，第 8 版。

② 《北大未注册研究生取消学籍者二十八名》《北大整顿研究院取消未到校及兼任助教之研究生资格二十六名》《北大决定研究生亦依期注册》，见王学珍、郭建荣主编：《北京大学史料》（第 2 卷），北京大学出版社 2000 年版，第 1321—1322、976—977、948 页。

③ 《北大研究生定期考核成绩 昨已催缴研究报告 逾期不缴取销资格》，《益世报》（天津）1935 年 6 月 21 日，第 8 版。

精意；如用《论佛骨表》，仅摘其中一段，而不用其中最大胆的部分，皆为失当。提倡古文虽不始于退之，而退之所以被推崇为"文起八代之衰，而道济天下之溺"，必有其故。此传于此事，几乎无一语提及，仅于附录中摘抄退之论文诸条。为退之作详传，遗此一大事，则全传所记皆成细碎琐屑。未免有买椟还珠的遗憾了。退之的诗，用作文的方法，用说话的口气，实开百余年后"宋诗"的风气。此传颇用退之诗作传记材料，但于他的诗歌的文学的价值，及其演变的痕迹，均无所发明，亦是一桩缺陷。（作者另有《骈文时代的散文》一篇，其中有"提倡古文不起于韩愈"各章，均应抽出作为本传的一部分，或可补此传之不足。）

第二，此传的原料都是学者习见的材料，若没有敏锐的眼光来作新鲜的解释，此传必无所发明。作者功力甚勤，而识力不足，往往不能抓住材料的重要性，因此往往不能充分利用所得的材料。例如张籍规劝退之两书及退之答书两篇，都是绝好传记材料，陈寅恪先生曾举出其中之一个小点，著为专文，甚有所发明。而此传于引此四札之前，仅作"退之喜口头论道，与人争论，张籍写信劝他"寥寥十七字的引论，岂非孤（辜）负此一组绝好史料？其实此四札所示，约有五六端，皆关重要：(1)张籍第一书开端即云"顷承论于执事"；此下长论，重述退之之言，即是《原道》一篇的缩本，最可以考见退之此时的思想。(2)籍书又云："自扬子云作《法言》至今近千载，莫有言圣人之道者，言之者惟执事焉耳。"此可见退之的根本见解在此时已时时向朋友谈说，朋友之中，"习俗者闻之多怪而不信"；但知心的朋友如张籍之徒，已承认他是扬子云之后的第一人，承认他"言论文章不谬于古人"，"聪明文章与孟轲、扬雄相若"。此是何等重要的传记史料！(3)退之答书说明所以不著书之故，第一书说是"惧吾力之未至"，第二书才直说是畏祸：说是不敢"昌言排之"，说是顾虑"其身之不能恤"。这又是何等重要史料！(4)退之喜"为博塞之戏，与人竞财"。(5)退之"多尚驳杂无实之说，使人陈之于前以为玩"，"每见其说，亦拊抃呼笑"。陈寅恪先生考证此二书所谓"驳杂无实之说"即是当时盛行的传奇小说。(6)退之与人"商论之际，或不容人之短，如任私尚胜者"。——以上六事，作者皆未能充分利用，甚为可惜。举此一例，可见其余。余如《原道》、《论佛骨表》之未能充分利用，已见上节了。此病为此传最大毛病，其病根在识力见解之平凡。如退之《送无本》一诗，作者仅引其"家住幽都远，未识气先感。来寻吾何能？无殊嗜昌歇"四句！如《山石》一诗，作者仅引其最末六句。此病不易医也。

第三，关于体例，此传也可商榷。中国传记旧体，以"年谱"为最详。其实"年谱"只是编排材料时的分档草稿，还不是"传记"。编"年谱"时，凡有年代可考的材料，细大都不可捐弃。皆须分年编排。但作"传记"时，当着重"剪裁"，当抓住"传主"的最大事业，最要主张，最热闹或最有代表性的事件，其余的细碎琐事，无论如何艰难得来，无论考定如何费力，都不妨忍痛舍弃。其不在舍弃之列者，必是因为此种细碎琐事有可以描写或渲染"传主"的功用。中国"年谱"之作，起于"诗谱""文谱"，往往偏于细碎，而忽略大体。此传原稿是"年谱"体，今虽改作，而细碎之病未除，剪裁之功不足，故于"传主"之一生大事业都不能用力渲染。改善之法，当于编年记叙之外，另列专题的专篇，如"排佛"，如"古文"，如"诗歌"，或可有生色。

总之，此传功力甚勤，而识力不足，虽可作为乙种论文，尚须大大的改作，始能成一部可读的传记。①

另外，由于条件有限，本科生宿舍不敷分配，研究生没有宿舍的问题由来已久，学生代表曾多次请愿。1935 年 7 月，研究院招生简章"不提供宿舍"内容变为"本校宿舍有余额时得免费住宿"。② 11 月，研究院会商解决了宿舍问题，"以三院乙字楼为研究生宿舍"。③

研究生入学后，北大颁布了多项规定并力保其落实，具体表现在导师选择及其论文研究、课程学习、日常管理、奖助学金设置、宿舍等生活条件改善等多方面，严格而规范的培养过程有助于养成"领袖"之目标的实现。

3. 毕业生质量突出，杰出者众多

当时北京大学本科生体量大，颇受重视，由于资源相对有限，数量不多的研究生势单力薄，有时未得到足够关照。不过，总体上，北大研究院在较大程度上解决了研究生的学业与生活问题，为其治学提供了保障。此期间入读北大的众多研究生毕业后在各自领域贡献颇大。这些人主要包括两大

---

① 《黄谷仙论文审查报告》，见胡适著，耿云志、李国彤编：《胡适传记作品全编》（第 4 卷），东方出版中心 2002 年版，第 216—218 页。

② 《北大研究院招考章程昨经修正公布》，见王学珍、郭建荣主编：《北京大学史料》（第 2 卷），北京大学出版社 2000 年版，第 1352—1355 页。

③ 《北大研究院昨审定研究生助学金名单》，见王学珍、郭建荣主编：《北京大学史料》（第 2 卷），北京大学出版社 2000 年版，第 643 页。

类。一是自然科学类:郭永怀,空气动力学家、中国科学院院士与学部委员、"两弹一星"功勋奖章获得者;马大猷,物理学家,中国科学院院士与学部委员;赵松鹤,物理学家,中央大学教授与河南大学教授,英国皇家学会名誉院士;马仕俊,物理学家,西南联合大学、美国芝加哥大学与澳大利亚悉尼大学教授;虞福春,物理学家,美国俄亥俄州立大学博士、斯坦福大学博士后,北京大学教授,原国家教委理科教材编委会主任及物理实验教材编审组组长;等等。二是人文社科类:王维城,西南联合大学哲学心理系教授;魏际昌,西北大学与河北大学中文系教授;赵卫邦,四川大学历史系教授,中国西南民族研究学会顾问;陈家芷,武汉大学经济系教授;赵泉澄,上海社会科学院历史学研究员;张凤岐,云南昆华师范学校校长、云南民族学院历史系教授;陈慕洁(女),广东培道女子中学校长;等等。若要延续到西南联合大学时期的北大研究生教育,其人才又增加很多,例如后来成为中国科学院院士、地质学家的董申保(1941级北大理科研究所研究生)就是典型代表。

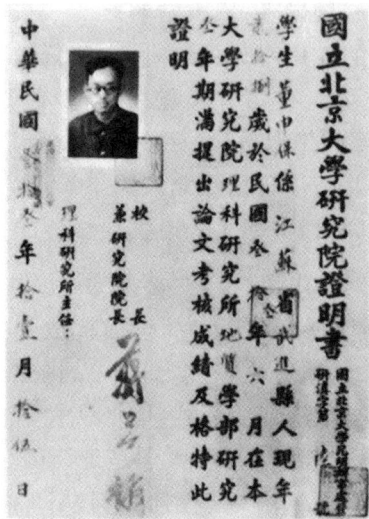

北京大学研究院盖有蒋梦麟校长印的证明书

图片来源:北京大学研究生院编:《继往开来:北京大学研究生教育90年》,北京大学出版社2008年版,第36页。

在北京大学期间,蒋梦麟主张"有为而治"的管理思想,提倡行政事务与学术事务分而治之,具体表现为"校长治校、教授治学、职员治事、学生求学"。校长治校统领全校,侧重事务管理,职员治事旨在行政运转,教授治学与学生求学聚焦学术,四者既注重各司其职,又相互支撑,将两种不同逻辑的行政与学术较好地调和运行,使得北大在艰苦环境下取得了明显的改革成效。除了前述众多突出业绩之外,教育部在考察北大时也多次给予较大肯定,1934年曾指出:"近年以来,该校对于校务,颇多整顿,如院系之整理,专任教授之增聘,图书仪器之增加,稽查上课与考核成绩之比较认真,均属成绩之表现,理学院学风尤多进步,良用嘉慰。"[①]1935年表示:"校舍及设备之扩充,研究工作之进行,尚见努力,管理及稽核上课等事,亦有进步。"[②]可以讲,蒋梦麟以"有为而治"的管理思想带领北大实现了"中兴"的目标。

三、"常委无为"之"不管者所以管也":以主政西南联大为例

全面抗战爆发后,北京大学、清华大学与南开大学内迁组成西南联合大学,创造了困苦环境下大学办学的奇迹。西南联大的成功原因众多,既有国民政府与云南省政府及地方民众的支持,亦有三校原本实力强劲与师生们的不懈努力,而西南联大行之有效的管理模式是另一个值得关注的因素。作为西南联大决策的核心领导者,三大常委之清华校长梅贻琦、北大校长蒋梦麟与南开校长张伯苓的作用十分关键,其中曾任教育部部长、时任北大校长蒋梦麟的态度非常重要。在综合考量后,蒋梦麟选择了"不管者所以管也"[③]的立场,加上张伯苓的隐退,以此促成了以梅贻琦为西南联大常委会主席的管理格局。蒋梦麟此举尽管招致北大的不满,以至于其辞任校长,但在很大程度上保全了西南联大,留下了一段世代相传的大学办学佳话。

(一)"联而不合"与"以梅统领":联大办学的初衷与蒋梦麟的立场

1937年7月7日,卢沟桥事变爆发,全面抗战开始,战乱导致人民生活苦不堪言,文教事业损失惨重。高校成为日本帝国主义的重要打击对象,随着东北、华北等地区相继沦陷,清华大学和北京大学校址被占,图书仪器设备大量损毁,南开大学也未能幸免。[④] 大学是延续国家文化命脉的重要保证之一,包括这三所大学在内的众多高校何去何从问题被纳入教育部的议事日程。

时势使然,华北高校被迫纷纷南迁。1937年8月28日,在决定北京大

---

① 《国立北京大学》,《申报》1934年7月14日,第16版。

② 《教部令北平国立大学改进》,《申报》1935年8月18日,第15版。

③ 《蒋梦麟致胡适》,见中国社会科学院近代史研究所中华民国史研究室编:《胡适来往书信选》(中),中华书局1979年版,第550页。

④ 顾毓琇:《抗战以来我国教育文化之损失》,《时事月报》1938年第5期,第35—36页。

学、清华大学与南开大学迁往长沙组成临时大学后,教育部致函三校:"指定张委员伯苓、梅委员贻琦、蒋委员梦麟为长沙临时大学筹备委员会常务委员。杨委员振声为长沙临时大学筹备委员会秘书主任。"①随后,长沙临时大学建成,但因战乱加剧,长沙难保,遂迁址昆明,易名国立西南联合大学。此后,设有蒙自与叙永分校,后又相继停办。在战火纷飞、生命处于险境、物资匮乏等诸多恶劣环境中,西南联大取得了举世瞩目的成绩。抗战胜利后,西南联大三校分别复员,结束了这段世界教育史上大学办学的传奇。西南联大之所以取得成功,离不开梅贻琦、蒋梦麟、张伯苓三大常委的智慧性领导,三人在深刻领会联大办学初衷及三校实际情况基础上,探索出一套行之有效的管理体制。

西南联合大学常务委员会三大委员

注:左起依次为北京大学校长蒋梦麟、清华大学校长梅贻琦、南开大学校长张伯苓。

图片来源:郭建荣主编:《国立西南联合大学图史》,云南教育出版社 2006 年版,第 22 页。

西南联合大学由北京大学、清华大学、南开大学组成,"联合"之义是联在一起但非合并,因此联大既是"一所学校"又是"三所学校"。"一所学校"表现在如下方面:统一组织机构,分别有常务委员会、总务处、教务处、训导处、工程处、文学院、法商学院、理学院、工学院、师范学院等,同时设立校务委员会、教授会与其他委员会;教育部以联大名义划拨经费,学校统筹预算;教师以加聘方式归入联大名下;三校联合后,学生归于联大,学号用"A"开

---

① 《教育部关于任命长沙临时大学负责人的密谕》,见北京大学、清华大学、南开大学、云南师范大学编:《国立西南联合大学史料》(第 1 册·总览卷),云南教育出版社 1998 年版,第 54 页。

头。"三所学校"体现在下述几点：三校在昆明分别设有办事处，各校原有机构独自运转；教育部分别给三校划拨专款，各校有决定权；教师由三校分别聘任后，联大加聘；"三校学生学号仍旧，但按校名分别加 P、T、N 字于前，以避重复"；三校科研总体独立进行。① 西南联大联合而不并校的意图非常明显，冯友兰曾言："当时一般师生，对于最后胜利都有坚强的信心，都认为联大是暂时的，三校是永久的，而三校除了维持其原有的班子外，也都随时网罗人才，以为将来的补充。"②

"联而不合"的处理方式有其优势，既保全了西南联大，又尊重了各校的传统与意愿，为战后各自复员提供了条件。总体上，西南联大精诚合作是主旋律，但因各校历史不同、特点各异，加上组织安排上既紧凑又松散，导致在管理、教学等多方面出现了不少问题。例如，1939 年，时人披露：三校（清华、北大、南开）图书，至今还分别锁在箱子里，三校学生依然是各戴各的徽章，各开各的"学会"，"一国三公"，联而不合。③ 1943 年，有人指出："学校行政乃至工友的管理，因三校的自主性都缺少严密的组织，所以表现出来的是散漫、松弛，不讲求效率；且因为教授多，课程又不能重叠，因此不免流成'因教授设课'之弊，仅有名目好听的课程，内容却缺乏得可怜。"④以教师来论，乱象亦有之，因为将来复员时或回北京，或回天津，而另有部分教师是在云南以联大名义新聘的，他们之中，"如果三校之中有一校认为这个人很好，那就给他另加一份聘书，表示将来三校分家的时候，可以继续聘请他一起回北京或天津"⑤，这类现象不在少数。

此外，就三校在西南联大的处境而言，北京大学为全国大学典范之一、平津各大学之首，但迁校前后经费不足，师生数在三校里居中；清华大学发

① 《国立西南联合大学校务组织》，见北京大学、清华大学、南开大学、云南师范大学编：《国立西南联合大学史料》（第 1 册·总览卷），云南教育出版社 1998 年版，第 87—129 页；郑天挺：《郑天挺西南联大日记》（上），中华书局 2018 年版，第 414 页；陈岱孙：《三四十年代清华大学校务领导体制和前校长梅贻琦》，见陈岱孙著，刘昀编：《往事偶记》，商务印书馆 2016 年版，第 84 页；郑天挺：《梅贻琦与西南联大》，见中国人民政治协商会议全国委员会文史资料研究委员会编：《文化史料丛刊》（第 4 辑），文史资料出版社 1983 年版，第 26 页。

② 《三松堂自序》，见冯友兰：《冯友兰文集》（第 1 卷），长春出版社 2008 年版，第 219—220 页。

③ 倪荣：《西南联大种种》，《青年生活》（重庆）1939 年第 7 期，第 12 页。

④ 南山：《记忆中的西南联大》，《春秋》（上海）1943 年第 4 期，第 22—27 页。

⑤ 《三松堂自序》，见冯友兰：《冯友兰文集》（第 1 卷），长春出版社 2008 年版，第 219—220 页。

展势头强劲,居于国内大学领先行列,有庚子赔款资助,经费相对充裕,并且早年就有迁往长沙计划及相当准备,师生数量最多;南开大学为私立大学领军者,即便与优秀国立大学相比,也不逊色,但全面抗战爆发后经费基本靠政府补助,师生人数最少。因此,历史不同、当时状况有别的三校难免发生摩擦,其中资格最老的北京大学与整体条件最好并实际主政的清华大学常有纠葛。何炳棣曾言:"联大草创伊始之际,三校教职员以至于学生间亦未尝没有实际的摩擦。南开、清华之间自始即密切合作,因为南开行政及教学方面领导人物多是两校共同栽培出来的,自梅贻琦以降大体是如此。最初较严重的是北大与清华之间的摩擦,主要是由于北大资格最老,而在联大实力不敌清华。"①实际上,北大与清华的纷争并不限于初期,而是贯穿于始终,并且南开也常有意见。这些若是处理不当,势必导致三校分道扬镳。因此,梅贻琦、蒋梦麟与张伯苓三大常委依据实际情况确定了各自在联大管理中的地位。

　　早在长沙临时大学筹建之际,1937 年 8 月 30 日,胡适致函张伯苓与梅贻琦,表达了两层意思:一是歉意,告知蒋梦麟无法立刻到长沙办公,原因是身体欠佳以及其年老体衰的父亲希望他留在身边而不愿其远行,胡适将被政府派往海外任驻美大使,亦不能去,已派樊际昌为代表;二是蒋梦麟让贤之意,"孟邻兄有信与枚荪兄和我。他说,临时大学实行时,'虽职务各有分配,而运用应有中心。伯苓先生老成持重,经验毅力为吾人所钦佩,应请主持一切'。孟邻兄此意出于十分诚意,我所深知。我们也都赞成此意。所以我把此意转达两公,伏乞两公以大事为重,体恤孟邻兄此意,不要客气,决定推伯苓先生为对内对外负责的领袖,倘有伯苓先生不能亲到长沙之时,则由月涵兄(梅贻琦,笔者注)代表。如此则责任有归,组织较易推行。千万请两公考虑"②。不久,长沙临时大学筹委会成立,委员由蒋梦麟、梅贻琦、张伯苓、杨振声、胡适、何廉、周炳琳、傅斯年、朱经农、皮宗石与顾毓琇组成。③尽管常务委员会主席由三大常委轮流担任,每年一轮,但张伯苓资历最老,

　　①　何炳棣:《读史阅世六十年》,广西师范大学出版社 2005 年版,第 149 页。
　　②　《胡适函张伯苓》《梅贻琦关于临大筹备各事》,见北京大学、清华大学、南开大学、云南师范大学编:《国立西南联合大学史料》(第 1 册·总览卷),云南教育出版社 1998 年版,第 55 页。
　　③　《梅贻琦手拟临时大学筹委会第一次会议报告提纲》,见北京大学、清华大学、南开大学、云南师范大学编:《国立西南联合大学史料》(第 1 册·总览卷),云南教育出版社 1998 年版,第 56—57 页。

蒋梦麟次之,梅贻琦再次之。由于张时任国民参政会副议长,常驻重庆,无暇管联大,遂对蒋说"我的表你戴(代)着",又对梅说"请先生多负责"。① 而蒋推荐张统领、张不在由梅代之,因张退隐,蒋遂支持梅,强调"不管者所以管也",但其并非不管,而是另有"玄机",我们将在下文详述。最后,资历较浅的梅贻琦担任常委会主席位于台前,而蒋梦麟、张伯苓处于幕后,这一格局基本贯穿于西南联大的始终。

（二）多主外少主内:联大办学的"大管家"

对于西南联大事务,蒋梦麟的"不管"并非全然不管,而是选择性地负责具体工作。早在长沙临时大学期间,1937 年 9 月 13 日,临时大学筹办委员会第一次会议确定了由三位常委、一位秘书主任构成的常务委员会领导体制,其中"常委蒋梦麟负责总务,梅贻琦负责教务,张伯苓负责建筑和设备"②。由于担任国民参政会副议长工作繁忙,张伯苓几乎常驻重庆,遂由蒋梦麟主外、梅贻琦主内,而蒋在以办理总务为中心的工作方面发挥了关键作用。

其一,蒋梦麟促成了长沙临时大学确定迁址昆明这一重大事情。随着战事日趋紧急,1937 年 12 月,南京沦陷,随后战火烧至长沙,长沙临时大学形势危急,去向何处众说纷纭。当时大体有三个方案:一是湖南省政府希望留守;二是广西省政府愿意接收;三是北大教授秦瓒建议迁往大后方云南。③面对这些方案,包括蒋梦麟在内的不少人主张搬到云南,因为离战场相对较远、比较安全,并且滇越铁路、滇缅公路已经开工,交通比较方便。因此,1938 年 1 月,蒋梦麟与教育部部长陈立夫面谈,但陈无法答复。随后,他前往拜访蒋介石,内迁昆明方案获得蒋的同意。蒋梦麟曾在回忆录中有所呈现:"我先去看教育部陈立夫部长,他建议我最好还是去看总司令本人。因此我就去谒见委员长了。他赞成把联大再往西迁,我建议迁往昆明,因为那

① 西南联合大学北京校友会编:《国立西南联合大学校史——一九三七至一九四六年的北大、清华、南开》,北京大学出版社 1996 年版,第 36 页。

② 《梅贻琦手拟临时大学筹委会第一次会议报告提纲》,见北京大学、清华大学、南开大学、云南师范大学编:《国立西南联合大学史料》(第 1 册·总览卷),云南教育出版社 1998年版,第 56—57 页。

③ (美)易社强著,饶佳荣译:《战争与革命中的西南联大》,九州出版社 2012 年版,第24 页;朱自清:《朱自清日记》(上),石油工业出版社 2019 年版,第 67 页;朱应庚:《秦瓒在云南做过的几件好事》,见中国人民政治协商会议云南省委员会文史资料研究委员会编:《云南文史资料选辑》(第 43 辑),云南人民出版社 1994 年版,第 175 页。

里可以经滇越铁路与海运衔接。他马上表示同意,并且提议应先派人到昆明勘寻校址。"①1938 年 1 月 20 日,临大常委会议决学校迁往昆明,设立昆明办事处,24 日议决蒋梦麟为主任,副主任为秦瓒。② 后来,教育部提出异议,但有蒋介石的支持,未再有更动。郑天挺在 1938 年 2 月 2 日的日记中写道:"学校迁滇事连日经师(蒋梦麟,笔者注)函电商洽,部中已完全同意。"③然而,云南省政府主席龙云对联大迁至昆明有所顾虑,担心中央势力渗透到云南,但是时任云南省教育厅厅长、北京大学毕业生龚自知从中斡旋献言:"一方面大学教师可以提高当地人的文化和教育水平,一方面可以借此巩固提升龙云本人的声望。而且,临大的迁移一旦得到中央的批准,抵制它就意味着与蒋介石发生直接冲突,而这正是龙云坚决避免的。在这种情势下,龙云终于同意欢迎这所大学。"④后来,龚自知对完成迁校的联大发展多有照顾。⑤ 1938 年 2 月,长沙临时大学师生开启了漫长的迁校之旅。由于千余人同时入滇极为困难,遂将人员大体分成两路,体弱者集体乘坐铁路南下经广州到香港转越南海防,再经过滇越铁路进入云南,体强者组成"湘黔滇步行团"徒步迁往。同时,蒋梦麟、陈省身、江泽涵等人先期到达昆明,与先前驻昆明办事处成员会合开展准备工作。4 月 2 日,教育部指令长沙临时大学更名为国立西南联合大学。⑥ 4 月 28 日,最后一批步行团成员抵昆,校中首脑等众人列队迎接,献上鲜花。⑦ 身在国外的驻美大使胡适赞叹:"临大决迁昆明,当时有最悲壮的一件事引起我很感动和注意:师生徒步,历六十八天之久,经整整一千余里之旅程。后来把照片放大,散布全美,这段光荣的历史,不但联大值得纪念,在世界教育史上也值得纪念。"⑧从定址昆明到安排

---

① 蒋梦麟:《西潮与新潮》,人民出版社 2011 年版,第 226 页。

② 《长沙临时大学、国立西南联合大学常务委员会会议记录:第四十三次会议、第四十五次会议》,见北京大学、清华大学、南开大学、云南师范大学编:《国立西南联合大学史料》(第 2 册·会议记录卷),云南教育出版社 1998 年版,第 143—144 页。

③ 郑天挺:《郑天挺西南联大日记》(上),中华书局 2018 年版,第 16 页。

④ (美)易社强著,饶佳荣译:《战争与革命中的西南联大》,九州出版社 2012 年版,第 72 页。

⑤ 南山:《记忆中的西南联大》,《春秋》1945 年第 4 期,第 25 页。

⑥ 《教育部关于长沙临时大学改变校名的电文》,见北京大学、清华大学、南开大学、云南师范大学编:《国立西南联合大学史料》(第 1 册·总览卷),云南教育出版社 1998 年版,第 84 页。

⑦ 吴征镒:《"长征"日记——由长沙到昆明》,见北京大学、清华大学、南开大学、云南师范大学编:《国立西南联合大学史料》(第 1 册·总览卷),云南教育出版社 1998 年版,第 72 页。

⑧ 《三校昨纪念联大校庆 梅贻琦黄子坚胡适相继讲演 强调联合精神希望互助合作》,《益世报》(北京)1946 年 11 月 2 日,第 4 版。

内迁事宜再到在昆明先行准备等众多重大事务,蒋梦麟功不可没。

西南联合大学负责人与湘黔滇旅行团团长、参谋长、
大队长、教师辅导团及随团医生等合影

注:前排左三为蒋梦麟。

图片来源:郭建荣主编:《国立西南联合大学图史》,

云南教育出版社 2006 年版,第 95 页。

其二,蒋梦麟为改善办学条件花费精力甚巨。例如,在设立蒙自分校前后,他为学校事务奔忙。西南联大初到昆明时,校舍不敷分配,将理、工学院和文、法商学院分开办学,理、工学院设在昆明,校址分别位于当地农业学校与几处会馆。文、法商学院设在蒙自,借用以前的海关旧址。实际上,蒙自分校是蒋梦麟先期到昆明勘查后做出的决定,实为不是办法的办法。因为蒙自地小民贫,一切都得从头做起,海关旧址已禁闭了十几年没有用过,满地是乱草鸟屎,断墙败垣,触目荒凉。据联大学生回忆:"初到之时我们都得睡地板、卧土坑。于是招工修缮,刈杂草,破旧屋、补断垣,斧声丁丁,日以继夜,艰难创业,经过一个月以后,才粗具规模。"①而即便是如此不佳的条件,也来之不易。在筹设分校期间,蒋梦麟煞费苦心,其得力干将是时任北大秘书长郑天挺,两人忙得不可开交。1938 年 3 月,蒋先期前往蒙自视察校舍,回昆明后于 15 日召开谈话会,"决定文法学院设蒙自、理工学院设昆明"②。

---

① 徐志鸿:《国立西南联大在云南》,《大风》(香港)1938 年第 15 期,第 463—464 页。

② 郑天挺:《郑天挺西南联大日记》(上),中华书局 2018 年版,第 40 页。

3月27日,他对接蒙自校舍修缮事宜,被函告已经动工,会在预期内完成。①
同时,郑天挺被蒋指派为筹设蒙自分校负责人,工作重点主要是校舍工程和
学生安顿两方面。根据《郑天挺西南联大日记》,郑3月17日到达蒙自,一
直到4月22日返回昆明期间,几乎每天都在处理校舍事或学生事,前期主
要视察建设工程,工程竣工后开始迎接学生到分校,并视察学生宿舍和入住
情况,抽签决定床位。郑天挺前后迎接4批学生共400余人,每次均到车
站,加上其抵达时间不定,每次要花费半天时间。② 每次处理事务后,郑天挺
都通过书信或者电报形式向其直属领导蒋梦麟汇报,因此这段时间中,郑、
蒋保持着较高的联系频率。据《郑天挺西南联大日记》,在34天中,两人通
过电报或书信方式联络至少36次③。5月初,蒙自分校正常开学。5月13
日,为改善办学条件,蒋梦麟与法国驻滇领事馆沟通后,确定租用法国领事
署闲置房屋。④ 不过,分校毕竟是非常之举,勉强维持了一个学期,8月17
日,郑天挺应蒋梦麟嘱托,办理取消蒙自分校事宜后返回昆明。⑤ 而此时蒋
梦麟依然在想方设法地改善联大校舍及其办学环境。例如,1939年1月,为
了解决学生宿舍问题,联大向云南省警察局租用地坛房屋,随后加以修缮。⑥
直到1939年初,校舍与师生生活才有了一定程度的改善。3月1日,蒋梦麟
曾致信胡适表达了欣慰之情:"学生增至三千零九十余人,所建简陋校舍完
全竣工。校中纪律颇严,校风亦颇好,教员勤于教学,学生勤于读书。一般
舆论,认联大为全国冠,是为同人之不胜自愧者也。三校以互让为风,故三
位已成一体,内部之纯一化比任何单独学校为优。"⑦此外,在叙永分校筹设
与运转以及其他办学条件改进方面,蒋梦麟也十分操劳。例如,1940年8

---

① 《沈肃文为蒙自分校校舍修理函蒋梦麟》,见北京大学、清华大学、南开大学、云南师
范大学编:《国立西南联合大学史料》(第6册·经费、校舍、设备卷),云南教育出版社1998
年版,第191页。

② 郑天挺:《郑天挺西南联大日记》(上),中华书局2018年版,第48页。

③ 根据《郑天挺西南联大日记》1938年3月18日至4月21日与蒋梦麟通信情况整理
而来。

④ 《蒙自法国领事署空屋租与西南联大合约》,见北京大学、清华大学、南开大学、云南
师范大学编:《国立西南联合大学史料》(第6册·经费、校舍、设备卷),云南教育出版社1998
年版,第191—192页。

⑤ 郑天挺:《郑天挺西南联大日记》(上),中华书局2018年版,第40—85页。

⑥ 《关于租地坛房屋的租约》,见北京大学、清华大学、南开大学、云南师范大学编:《国立西
南联合大学史料》(第6册·经费、校舍、设备卷),云南教育出版社1998年版,第197—198页。

⑦ 耿云志:《胡适年谱(1891—1962)》,福建教育出版社2012年版,第227页。

月,攻陷越南的日军频繁派飞机袭击昆明,联大多次被炸,故计划迁校。他数次赴四川叙永考察,准备设立分校,并联合梅贻琦致电教育部请予支援。① 教育部回复同意迁往叙永,并联系四川省政府接洽。② 不久,叙永分校开学。1941年上半年,局势稍缓,叙永分校是否留办成为议题。8月12日,在联大常委会上,蒋梦麟报告蒋介石与陈立夫等人本学年续办分校的意见,但存废与否由联大决定,学校于31日宣布分校结束,而实际上到12月交接工作才基本完结。③ 再如,1940年秋,联大师范学院被敌机侵袭,借用云南省立工校校舍办学,1943年1月,工校告知联大1月底搬离,但因时间紧迫,联大想缓至7月底迁出,然工校不允,蒋梦麟与梅贻琦专门致信云南省教育厅厅长龚自知斡旋。④ 简言之,蒋梦麟在改进联大办学条件方面付出了大量心血。

其三,蒋梦麟为办学经费操心不已。当时政府经常拖欠联大经费,他多方筹集款项。1938年,他动用北大专项经费3万元用于联大建筑费。4月,其致电教育部办事处吴俊升,催拨当年3、4月经费。10月,他与梅贻琦、张伯苓等争取到中华教育文化基金董事会10万元设备补助费。同期,他会同梅、张致函教育部请增拨一成联大经费共计6万元。⑤ 1939年11月,由于物价飞涨,师生生活困难,联大与云南大学等6所学校致函蒋介石、孔祥熙、陈立夫与龙云,请设法救济。1940年8月,他与梅贻琦密电教育部请拨叙永分校迁移费与修缮费共计300余万元。教育部回复称中央财政困难,同意划

① 《蒋、梅密电教育部关于迁校事》,见北京大学、清华大学、南开大学、云南师范大学编:《国立西南联合大学史料》(第1册·总览卷),云南教育出版社1998年版,第170—171页。

② 《四川省政府复电西南联大关于迁校事》,见北京大学、清华大学、南开大学、云南师范大学编:《国立西南联合大学史料》(第6册·经费、校舍、设备卷),云南教育出版社1998年版,第172页。

③ 《西南联合大学大事记》,见王学珍,郭建荣主编:《北京大学史料》(第3卷),北京大学出版社2000年版,第536页;王学珍等编:《北京大学纪事(1898—1997)》(上),北京大学出版社1998年版,第277页。

④ 《蒋梦麟、梅贻琦为租借校舍交换应用函教育厅厅长》,见北京大学、清华大学、南开大学、云南师范大学编:《国立西南联合大学史料》(第6册·经费、校舍、设备卷),云南教育出版社1998年版,第207—208页。

⑤ 《北大校长蒋梦麟关于补助西南联大建筑费的函文》《蒋梦麟关于西南联大开学需款电吴俊升》《蒋梦麟、梅贻琦、张伯苓电中华文化教育基金会孙洪芬》《三常委关于经费困难呈教育部文》《西南联大等六学校关于经费电蒋介石、孔祥熙、陈立夫、龙云》,见北京大学、清华大学、南开大学、云南师范大学编:《国立西南联合大学史料》(第6册·经费、校舍、设备卷),云南教育出版社1998年版,第14、31、20、32、35页。

拨 100 万元。① 1944 年 5 月，为了解决教师宿舍整修原料涨价问题，蒋与梅致电孔祥熙请增拨一定款项（原本资助 300 万元）。② 可见，蒋梦麟单独或联合梅贻琦、张伯苓通过向中华教育文化基金会、教育部、行政院、云南省政府与蒋介石等多种途径争取经费。然而，持续的战事与通货膨胀导致生活费用陡增。蒋梦麟曾指出："每当战局逆转，昆明也必同时受到灾殃。影响人民日常生活最大的莫过于物价的不断上涨。抗战第二年我们初到昆明时，米才卖法币 6 块钱一担（约 80 公斤）。后来一担米慢慢涨到 40 元，当时我们的一位经济学教授预言几个月之内必定会涨到 70 元，大家都笑他胡说八道，但是后来一担米却真的涨到 70 元。"而在敌机轰炸昆明后，物价继续急剧上涨。③ 联大师生苦不堪言。就学生而言，尽管免收学费，但衣食住均成问题。何兆武回忆称："西南联大时期，吃也差，穿也差，住也差。一间茅草棚，上、下通铺住四十人"，靠贷金生活不够，有的人休学，不少人在外兼职工作。④ 学生张云博表示："6 人一组，4 小碗盐水煮蔬菜。米是越南来的，掺有白色细沙，只好细嚼慢咽。因为菜少油少，所以人们的饭量都很大，每餐总是菜碗和饭桶一齐朝天，倒菜汁和刮饭桶的大有人在。有的同学在领到家庭教师薪水或是把旧衣物在寄卖行成交以后，便约二三知己上街叫几碗焖鸡米线或卤饵饮大解其馋。穿的大多是一件蓝布大褂，破了补，鞋子袜子不破的更少。"⑤教师生活同样艰苦，因政府拖欠经费，工资难以获得，即便领到也赶不上物价飞涨的速度，特别是家庭人口多的教师，处境更为困难。李树青感概道："大学教职员薪给已日益相对萎缩，渐至无法糊口。……生活真是鹑衣百结，典当俱空，贫困不堪。"熊德基则表示师生与"难民"无区别。⑥

---

① 《蒋、梅密电教育部关于迁校事》《教育部密电西南联大关于迁校及物资转移事》，见北京大学、清华大学、南开大学、云南师范大学编：《国立西南联合大学史料》（第 1 册·总览卷），云南教育出版社 1998 年版，第 170—171 页。

② 《西南联大关于教职员宿舍经费不敷应用致孔祥熙函》，见北京大学、清华大学、南开大学、云南师范大学编：《国立西南联合大学史料》（第 6 册·经费、校舍、设备卷），云南教育出版社 1998 年版，第 40 页。

③ 蒋梦麟：《西潮与新潮》，人民出版社 2011 年版，第 235 页。

④ 何兆武：《上学记》（增订版），人民文学出版社 2016 年版，第 126 页。

⑤ 张博云：《山城话旧》，见北京大学校友联络处编：《笳吹弦诵情弥切——国立西南联合大学五十周年纪念文集》，中国文史出版社 1988 年版，第 376 页。

⑥ 李树青：《"民主的堡垒"》；熊德基：《联大的回忆与思考》，见北京大学校友联络处编：《笳吹弦诵情弥切——国立西南联合大学五十周年纪念文集》，中国文史出版社 1988 年版，第 40、45 页。

第五章 "部长有为""校长有为"与"常委无为"：高等教育管理论

1940 年,外出开会并争取援助的蒋梦麟表达了对联大师生窘境的忧虑与关心,同时宣布了来之不易的资助:"最近物价高涨,较初迁至昆明时,普通各种日用品平均高涨自五十倍至二百倍,故全校教职员及学生之生活,均极困苦。最近更以米价暴涨,米每担需一百零五元,穷苦学生及月薪只得数十元之小职员,简直无法生活。当局为补救此种情形,遂由中央拨款十万元,省府拨款五万元,组织委员会,办理救济工作。该委员会现规定学生米价每担二十二元,教职员每担六十元,其余不足之米价,即由该委员会补助。"①联大师生总算看到了一些希望。不过,这些补助杯水车薪,难以从根本上解决生活问题。时人王了一曾撰文批评当时薪水的购买力极低,"'薪水'本来是一种客气的话,意思是说,你所得的俸给或报酬太菲薄了,只够你买薪买水……在抗战了七年的今日,'薪水'二字可真名符其实了——如果说名不符实的话,那就是反了过来,名为薪水,实则不够买薪买水。三百元的正俸,不够每天买两担水,三千元的各种津贴,不够每天烧十斤炭或二十斤柴!开门七件事,还有六件没有着落",并嘲讽可将"薪水"改为"茶水"(只能买"茶水")或"风水"(只能买水,然后喝西北风)。② 因此,教师只得通过兼职打工、变卖家当、出卖手艺等多种方式艰苦度日。例如,"诗人闻一多先生,除了在昆华中学兼课外,还得就镌刻图章,弥补家用的不足。只身初入大凉山若无人烟地带的袁复礼先生,家中小孩特别多,书籍早就卖光了,每天只能吃两顿稀饭。道貌岸然的老哲学家金岳霖先生,自美国讲学归来,和钱端生先生同住一屋,为了雇不起佣人,还得帮助钱太太劈劈松柴。……精通中西史的雷海宗先生,和蔼可亲,因为贫血,曾在马路上昏倒,他的太太却在云大充一名小职员接济家用。"③蒋梦麟也极不好过,据当时在云南考察的费正清称:蒋的经济状况糟糕,"似乎已经到了山穷水尽的地步。仅余的衣服、书籍都当卖殆尽"。1943 年,美国联合援会决定拨款 100 万元,通过中华教育文化基金会,设立专款救助昆明学人。蒋梦麟召集基金会商定落实,但大学教师接受美国钱款的消息公开后,遭到批评。联大教职员也愤慨不已,他解释道:"大学教授生活如此艰难,接受美国援助并不丢脸,既然国家可以接受租借法案,那么教授们迫于生计,接受美国援助何尚不可。……目前最大的问题是:能否为中国高等教育的未来保存骨干力量。让这些人类灵魂工程师

① 《蒋梦麟讲演西南联大概况》,《申报》1940 年 4 月 12 日,第 8 版。
② 王了一:《领薪水》,见陈益民编:《闲情雅趣》,天津人民出版社 2013 年版,第 210 页。
③ 沈石:《西南联大群相(上)》,《申报》1946 年 1 月 25 日,第 5 版。

在战争中丧失殆尽,将会使原来已经不振的高等教育更为混乱。"然而,他未能得到大家的理解,同时蒋介石听后"大发雷霆",否决了该计划。① 对此,蒋是好心但办了坏事。概言之,蒋梦麟在筹集经费上煞费苦心,联大师生在艰苦的岁月中守望相助、并肩前行。

其四,蒋梦麟对联大"民主堡垒"的铸就亦有贡献。国民政府成立后,国民党大力推行以党治国、党化教育。全面抗战爆发后,陈立夫出任教育部部长,进一步加强对师生的思想控制,西南联大也不例外。1939 年,联大成立训导处,监管学生思想,并且要求大学院长以上教师必须是国民党党员。蒋梦麟是国民党中央委员,又是联大常委,自然要落实此项工作。1939 年 7 月23 日,他召集联大三校院处长以上教授开会,强调"凡在联大及三校负责人,其未加入国民党者,均先行加入"②。同时,他又特意约谈五位院长,如果不是国民党党员的请加入,只须同意,不用填表,法商学院院长陈序经当场反对。③ 后来,冯友兰等 10 余位担任行政职务的教授加入,但陈序经并未受到影响,依然担任院长。赵迺抟表示其在联大开设"社会主义"一课,不少老师在课堂上宣传进步思想。④ 此外,蒋梦麟非常关心学生,遇事时给予支持。起初,联大学生对云南省政府主席龙云存有戒心,特别是 1938 年 12 月汪精卫从云南叛逃投靠日本,汪曾与龙见过面,致使学生批评龙。自感无愧于心的龙云非常生气,逮捕了数十名学生,蒋梦麟与梅贻琦等人闻讯赶到,最终,龙云在与学生现场谈话后消除了误会,学生获救。⑤ 此外,联大对一些形式化的国民党党化活动不会强制举行。例如,学生沈善炯指出:"那时教育部规定各级学校每周一都要举行纪念周。所谓纪念周,其实是在纪念孙中山先生的名义下,宣扬政府的政治主张。联大根本就不管这一套,自行组织每月一次的学生集会,叫国民月会,在图书馆前的场地上举行,同学可自由参加。"⑥这些自由参加的活动众多,作为常委又是国民党中央委员的蒋梦麟自然心知肚明,但并未横加镇压,而是尽量为师生诉求留有较大的空间。据冯

---

① (美)费正清著,黎鸣、贾玉文译:《费正清自传》,天津人民出版社 1993 年版,第 282 页。

② 清华大学校史编写组:《清华大学校史稿》,中华书局 1981 年版,第 296—297 页。

③ 《三松堂自序》,见冯友兰:《冯友兰文集》(第 1 卷),长春出版社 2008 年版,第 71 页。

④ 赵迺抟:《团结抗战的西南联大》,见北京大学校友联络处编:《笳吹弦诵情弥切——国立西南联合大学五十周年纪念文集》,中国文史出版社 1988 年版,第 23 页。

⑤ (美)易社强著,饶佳荣译:《战争与革命中的西南联大》,九州出版社 2012 年版,第80 页。

⑥ 沈善炯述,熊卫民整理:《沈善炯自述》,湖南教育出版社 2009 年版,第 32—33 页。

友兰称："联大还是照三校原来的传统办事,联大没有因政治的原因聘请或解聘教授;没有因政治的原因录取或开除学生;没有因政治的原因干涉学术工作。所以,在当时虽然有些表面的措施,但社会上仍然认为联大是一个'民主堡垒'。"①

蒋梦麟的"不管者所以管也"并非"不管",而是选择性地"管",其中以对外事务为主,正如时人所言："张伯苓先生老了,到校的机会很少。对内的一切,经常由梅贻琦先生主持;对外的一切,由蒋梦麟先生负责。"②对外工作复杂且难度大,蒋梦麟曾多年担任北大总务长、校长,又曾主持全国学务,加上在文教界与政界资源丰富,这是他能胜任主外事务的重要原因之一。然而,主外的另一层原因是梅贻琦作为常委会主席需要以对内为主,若蒋梦麟多加涉足,必然发生摩擦、冲突甚至导致联大解散,蒋深谙其中道理。不过,毕竟三校校情有别,即便蒋梦麟退让,内部仍然存在明争暗斗的现象。

(三)不是"主角"胜似"主角"：联大压阵的"金牌配角"

从维护西南联大大局出发,蒋梦麟经常"挡住"许多不和谐的言行,尤其是北京大学师生的"请愿",但多以"配角"出面,因为他深知若以"主角"身份管多了,联大可能就没了,而他曾"主动出击未果"的举动印证了这种顾虑。因此,他较少干涉梅贻琦,以"助手"姿态来达成他对联大的实际贡献(管)。接下来我们从长沙临时大学初建、人事任免与经费使用等方面来详细论之。

1. 长沙临时大学之"危"：联大"难产"隐患的消除

在筹建长沙临时大学期间,据叶公超回忆：蒋梦麟已到,而张伯苓与梅贻琦未至,大家问蒋是否知情,蒋也诧异,但坚持说,"假使他们不来,我们也要把大学办起来"。其实,三校能否联合的局面很微妙,"北大一向是穷惯了,什么事不一定要有什么规模,只要有教员、有学生、有教室就可以上课。清华是有家当的学校,享受惯了'水木清华'的幽静与安定。南开则好象脱离了天津的地气,就得不到别的露润似的,总觉得政府要在后方办大学而要他们来参加,他们当然不能够把家当挖出来。清华有稳定的基金,但是格于条文不能随时动用"。三校人士心知肚明,在等待张伯苓、梅贻琦期间,蒋梦麟、叶公超与清华及南开的几位教授相聚时,大家尽量避谈上述顾虑,以免尴尬。而私下里,叶公超与其他几人设法打探消息,数次向教育部询问,得

---

① 《三松堂自序》,见冯友兰:《冯友兰文集》(第1卷),长春出版社2008年版,第221页。
② 沈石:《西南联大群相(上)》,《申报》1946年1月25日,第5版。

到回复称电报已转但暂无消息。大家闻讯后更为紧张,甚至表示"假使张、梅两位校长不来,我们就拆伙好了"。蒋梦麟听后义正词严地说:"你们这种主张要不得,政府决定要办一个临时大学,是要把平津几个重要的学府在后方继续下去。我们既然来了,不管有什么困难,一定要办起来,不能够因为张伯苓先生不来,我们就不办了。这样一点决心没有,还谈什么长期抗战?我们多等几天没有关系。"① 后来,张伯苓与梅贻琦到达长沙,事态得以稳定。在联大能否组建成功的肇始期,尽管教育部指令已发,但由于是非常时期的临时之举,怎样联合、如何运转等一系列问题是三校不得不考虑的,作为当家人的三校校长的态度至关重要。然而,张伯苓与梅贻琦的姗姗来迟,使得已到长沙原本心存忧虑的众人变得愈加消极,而此时蒋梦麟"不管有什么困难,一定要办起来"的表态无疑起到了稳定军心的关键作用。

2.迁校之"乱":联大"分家"困局的化解

由于时局动荡,西南联大有迁校之议,这为"分家"提供了可能。1939年后,日军飞机频繁轰炸昆明,当地变得愈加危险,遂有迁校之说。1940年7月17日,联大召开第149次常委会会议,迁校是重要议题,清华梅贻琦、南开黄钰生主张不迁,北大郑天挺表示"暂时或可不迁",但需做好准备,北大杨振声强调"先疏散同人眷属",蒋梦麟言"应定先后步骤"②,商议后决定:"本校应遵照教育部电令,作万一之准备",各项事宜"应速为筹划"。③ 对于是否迁校,北大与清华、南开意见有别,最终基本随了北大的意愿。不久,昆明局势更为紧急,昆华工校要求联大尽快搬离其校舍,教育部多次电令迁移。在此期间,迁校计划广泛传开。8月2日,蒋梦麟召集教授共用晚餐,郑天挺谓:听说"理学院同人将提议与联大分离,心甚忧之"。④ 至少此时,北大部分教授已显现出独立之意。接下来数日,蒋梦麟与郑天挺多次会面,商谈迁校及北大动向等问题。其实,除了北大对清华不满外,南开对清华也有抵触情绪,两校几位颇有权势的教授曾提出"削弱梅贻琦权力"的计划。8月20日,北大方面,罗常培告诉郑天挺,郑华炽建议常委下设校务长,人选是周

---

① 叶公超:《孟邻先生的性格》,见北京大学校友联络处编:《筦吹弦诵情弥切——国立西南联合大学五十周年纪念文集》,中国文史出版社1988年版,第20页。

② 郑天挺:《郑天挺西南联大日记》(上),中华书局2018年版,第295页。

③ 《长沙临时大学、国立西南联合大学常务委员会会议记录:第一四九次会议》,见北京大学、清华大学、南开大学、云南师范大学编:《国立西南联合大学史料》(第2册·会议记录卷),云南教育出版社1998年版,第143—144页。

④ 郑天挺:《郑天挺西南联大日记》(上),中华书局2018年版,第299页。

炳琳，"以促进校中行政效率"，郑表示不妥，"如以为各长不称职，可以更换三长；如以为常委不负责，则凡事皆合议行之，不应专责一二人。且纵设校务长，行政效率未必能增进，徒留倒梅之嫌"。① 此事商议既有北大人，亦有南开的陈序经与杨石先等人，且不久被梅贻琦知道。8 月 27 日，三校众多教授（多为机构负责人）以茶会形式商谈迁校事宜，赞成入四川最积极者为饶毓泰（北大）、张奚若（清华）、陈序经（南开），次之为周炳琳（北大）、叶企荪（清华）、杨石先（南开），以"是否入川"表决，结果在场仅 1 人反对，余者赞同，但此不是联大正式决议。② 这次小聚反映出新情况，即不仅北大教授赞成迁校入川，南开教授也随之，甚至清华教授也非常积极地复议，原本北大一校有意见，现在南开甚至清华也有异议，这恐怕是原本不主迁校的梅贻琦始料未及的。因此，次日（28 日），在常委会会议上，骑虎难下的梅贻琦明示：昨天会议，大家虽然未明说，"实有不满常委或个人之意"，今日重新审议，近来事务繁重不能胜任，特辞常委会主席，"请加强行政机构"（意在影射校务长之事）。此番言行足见梅的不悦，蒋梦麟"力慰之"，气氛有所缓和。③ 此次会议议决同意迁川，派周炳琳（北大）、叶企荪（清华）、杨石先（南开）赴川考察。④ 不料，8 月 31 日，梅贻琦致信郑天挺，"已辞常委会主席"。9 月 1 日，郑天挺思索梅辞职，"必由孟邻师继，如仍以余为总务长，逵羽（樊际昌，笔者注）为教务长，今甫⑤为秘书主任，则等于以北大治三校，此事之万万不可者。拟建议于师，非清华、南开各任一长，切勿就职"。蒋梦麟亦有此想法，商定由郑天挺代表他去挽留梅贻琦。9 月 3 日，郑拜访梅直抒胸臆："余陈孟邻师挽劝意，在三校合作局面下，一人去留，关系甚大，请不再言辞。"梅称近日疲倦，郑请其"小憩数日即恢复矣。其意不甚坚决，可望不言辞，但亦不敢逼之"。9 月 4 日，蒋梦麟致信梅，"盼其即归"。⑥ 9 月 9 日，梅贻琦以主席身份参加了常委会会议，确定了入川搬迁计划。9 月 11 日，迁校委员会成立，主席为陈序经（南开），成员是郑天挺（北大）、严文郁（北大）、吴有训（清华）、施

---

① 郑天挺：《郑天挺西南联大日记》（上），中华书局 2018 年版，第 306 页。

② 郑天挺：《郑天挺西南联大日记》（上），中华书局 2018 年版，第 309 页。

③ 郑天挺：《郑天挺西南联大日记》（上），中华书局 2018 年版，第 310 页。

④ 《长沙临时大学、国立西南联合大学常务委员会会议记录：第一五三次会议》，见北京大学、清华大学、南开大学、云南师范大学编：《国立西南联合大学史料》（第 2 册·会议记录卷），云南教育出版社 1998 年版，第 148 页。

⑤ 杨振声，原字金甫，后改为字今甫。

⑥ 郑天挺：《郑天挺西南联大日记》（上），中华书局 2018 年版，第 311—313 页。

嘉炀(清华)、毕正宣(清华)、查良钊(南开)、黄钰生(南开)、杨石先(南开)为委员。[①] 上述安排各校均有人员参加,以示平衡。然而,郑天挺对随后的具体部署颇为忧虑:"枚荪、逴羽至川看校址,推今甫、华炽筹备一年级,又推树人、安才筹备理学院。六人皆北大之人也,他校无参加者,此大不妥。"此安排或许是由于北大迁校积极且蒋梦麟为督办者,抑或"你主张、你来办",以此表达对北大不满。无论是何种考虑,蒋梦麟也觉得此举不好。9 月 16 日,在蒋的推动下,联大更换了人选:北大周炳琳、南开黄钰生、清华陈岱孙赴川筹办。[②] 简言之,从最初北大支持搬迁到有人借此要"分家",再到北大与南开联合试图削弱梅贻琦的权力,甚至清华内部也对梅有异议,这些导致梅辞职,经蒋梦麟与郑天挺等人慰留而回校,后来为避嫌,蒋力推调整了以北大为主的迁校筹备人选。这些不仅可以规避北大"包办之嫌",也是出于防止某校趁机独立的考量。

然而,事情远非这样简单。9 月 17 日,郑天挺收到了傅斯年的来信:"谓书贻骝先(朱家骅,笔者注),颇主乘此迁移学校之际,谋北大之独立。"可谓一波未平一波又起。后续迁校与办学确实困难重重,特别是围绕经费争得不可开交。郑天挺随后几天的日记中对此有较多记载。9 月 22 日,教育部对原本确定的联大迁川事宜有所迟疑,表示"视校意而定",罗家伦曾在中央会议上提议,"由清华基金一百万补助各校"。9 月 25 日,国民政府意见是"并无必令联大迁移之意,一切仍令孟邻师斟酌"。9 月 29 日,在重庆斡旋于政府诸多要人之间的蒋梦麟返回昆明,与梅贻琦、郑天挺等 10 余人会谈,蒋阐述了大体经过:"二十二日谒奉化后得布雷书,谓奉化仍命准备搬迁,则入川之计不能更缓矣。二十四日谒孔庸之,于移费未允更加",遂可逐步搬迁。会后,蒋梦麟独告郑天挺,"迁移费所以不能加者,以部院皆谓清华有钱也,立夫表示最好由清华基金中拨若干,但此事校外人均不便主张",蒋处境"尤难"。[③] 至此,政府迁校决定迟疑的原因基本明朗,其意在迁移,但不想拿出巨额迁移费,希望"富裕"的清华出钱,政府又不好去说,请蒋梦麟酌办。10

---

① 《长沙临时大学、国立西南联合大学常务委员会会议记录:第一五三次会议、第一五四次会议、第一五五次会议》,见北京大学、清华大学、南开大学、云南师范大学编:《国立西南联合大学史料》(第 2 册·会议记录卷),云南教育出版社 1998 年版,第 148—150 页。括号内信息为各成员具有某校背景。

② 郑天挺:《郑天挺西南联大日记》(上),中华书局 2018 年版,第 315 页。

③ 郑天挺:《郑天挺西南联大日记》(上),中华书局 2018 年版,第 318—322 页。

月 2 日,联大常委会决定分批搬迁,清华划拨 20 余万元支持联大,这或许是蒋斡旋的结果。后来,适逢局势缓和,昆明暂时安全,由于迁校耗资巨大,涉及人员甚多,事务烦琐复杂,联大决定只迁先修班与一年级,在四川叙永设立分校,迁校之争暂时告一段落。

3.经费难题之"以退为进":联大"绝境"中的脱险

经费短缺由来已久,尤其是北大,财政亏空尤甚。1941 年 3 月 26 日,蒋梦麟与梅贻琦商议学术研究事项,表示"三校分头推进",梅称最好请教育部不要把联大勉强绑在一起,"分开之后可请政府多予北大、南开以研究补助,清华可自行筹措,如此则分办合作更易进展矣"。面对联大联合办学的种种困难与多次"分家"之争,或许人事安排可以协调,但经费只有那么多,实难解决,蒋梦麟与梅贻琦甚是无奈,以至于产生了"分开"的想法。3 月 27 日,教育部次长顾毓琇来电称"教育部八十万美金设备费分得三万八千元",联大教授"大哗"金额太少;次日,钱端升、陈序经、张奚若、叶企孙等到梅贻琦家中商议致电教育部,"再试一争"。① 随后,蒋梦麟赴四川处理校务。4 月 12 日,由重庆归来的清华大学秘书长潘光旦告诉梅贻琦:蒋向教育部申请由清华拨付 80 万元补助联大,梅"极为不安"。联系到前述罗家伦曾建议清华拿出 100 万元,后来清华只拨出 20 万元,80 万元的差额即是蒋之所提。可见,1940 年 9 月间,在重庆的蒋梦麟与政府方面已经对清华拨款达成一定的共识,此前蒋向梅表达"分头推进"的意思估计是为了打"预防针"。

以往隐晦的蒋梦麟走向台前,触碰了清华的实际利益,招致其反对。4 月 17 日,梅贻琦组织清华召开校务会议,商定两个原则:一是北大若"单过",三校预算可分开,清华对联大负全责;若要求清华补助联大 80 万元,那么要按照原来经费占比数("清华五、北大四、南开一")来使用。② 几天后,教育部调整了做法:由清华借给联大 50 万元办理研究院,再分给三校。③ 较之于补助 80 万元的计划,此方案已削减了清华的负担。尽管如此,毕竟还是要动用清华经费,其"甚感不平",认为"北大用政治力量压迫清华"。4 月 25 日,周炳琳请郑天挺向梅贻琦"善为解释",而郑情绪较为激动:"余未闻月涵谈及北大之请款,决无分润或剥夺清华基金之意,且孟邻师行时亦已向月涵

---

① 梅贻琦:《梅贻琦西南联大日记》,中华书局 2018 年版,第 21 页。

② 梅贻琦:《梅贻琦西南联大日记》,中华书局 2018 年版,第 27 页;郑天挺:《郑天挺西南联大日记》(上),中华书局 2018 年版,第 585 页。

③ 梅贻琦:《梅贻琦西南联大日记》,中华书局 2018 年版,第 28 页。

明言之,何以今日又有此言哉? ……今穷请补尚未成,已来诽谤。作事抑何难也!"①郑天挺的表态至少反映一个重要信息:梅贻琦未与郑谈过经费事,蒋梦麟事先告诉过梅,北大无意瓜分清华款项。查此前蒋梦麟与梅贻琦谈过三校"分立",也沟通过清华经费支持联大(因清华不久前拨付20万元),郑天挺说北大请款前蒋事先打过招呼的可能性较大,而今清华指责北大,使得向来主和的郑颇为生气。5月8日,清华召开校务会议,基本同意了补助50万元的计划,分两年拨付,但对蒋梦麟依然"感愤慨耳"。②

不久,蒋梦麟返回昆明,约梅贻琦解释,郑天挺也和梅说北大本意不在"50万元",而是"注意预算之确定",择日开校务会商讨。态度好转的梅希望蒋担任常委会主席至少一年,强调"吾二人原无所谓,但校中人众,如此似较好"。5月15日,蒋梦麟告知梅贻琦北大会议结果:"只要教部成立分校,预算并不望由清华补助。"次日,梅贻琦与清华其他要人会谈,表明北大只是争取经费预算独立,"50万元"视今后情况而定,在场者同情北大,"望其成功"。③ 由此,蒋梦麟、梅贻琦及其各自代表的北大、清华之间的紧张关系得以缓解。5月19日,梅贻琦到重庆拜访教育部部长陈立夫,谈及北大欲经费预算独立,三校可效仿之,陈不允:"委员长有主张联合之表示,未必肯令分开(教育合办事业多未成功,西南联大为仅有之佳果)。而物质上(指预算)如分开则精神上自将趋于分散,久之必将分裂,反为可惜。"数日后,纷争以教育部追加联大经费三成告一段落。④ 联大经过这些波折后进入了相对稳定的发展轨道。凡此种种可知,经费是办学的硬性条件,战乱时联大难以从他处获得资助,若政府少给或不给,学校将难以为继。相对于财政状况稍好的清华,北大经济上甚为困窘,蒋梦麟既不敢得罪政府,又需安抚北大,还要考虑清华的感受,同时应对联大负责,足见蒋的处境极难。因此,蒋梦麟与政府达成清华出钱的共识,后与清华沟通,但遭到激烈抵制,最后与清华默契商定"分立"、争取预算独立,这种以退为进的方式使得教育部追加投入。如此折腾了数月,在政府、北大、清华、联大之间来回奔忙,其中的万般酸楚与艰辛,恐怕只有蒋梦麟自知。

无论是西南联大免于"胎死腹中",还是平定迁校纠纷引发的"散伙"言行,抑或智慧性地以退为进避免了"分家",在这些联大危机时期,蒋梦麟无

---

① 郑天挺:《郑天挺西南联大日记》(上),中华书局2018年版,第420页。
② 梅贻琦:《梅贻琦西南联大日记》,中华书局2018年版,第33—34页。
③ 梅贻琦:《梅贻琦西南联大日记》,中华书局2018年版,第35—36页。
④ 梅贻琦:《梅贻琦西南联大日记》,中华书局2018年版,第38—39、44页。

疑是那个关键的"压阵者"，可谓不是"主角"胜似"主角"。不过，总体上看似乎是蒋梦麟在管，其实他是以"配角"出场，曾至少两次谢绝梅贻琦请他任常委会主席的建议。这种"不管"（甘当配角）是为了保障联大在困境中正常运转乃至取得佳绩，从而实现更好地"管"。

（四）工作递减：联大事务的"放手人"

随着办学时间的延展，蒋梦麟处理西南联大事务呈现出明显递减的态势，前述所讲管理的多项事宜主要发生在联大前期，后期其基本上处于"放手"状态，大概以 1941 年前后为界。例如，在长沙临时大学筹建、蒙自设校、迁校叙永等联大创建与发展初始阶段，是蒋梦麟联大生涯中参与工作最多的时期，其主要涉及学校经费、教学场地与设施、宿舍与人事安排等方面。由于西南联大常务委员会是学校最高权力机构，开会次数在各类会议中最多，代表性最强，故此处以该会为例，对比三大常委参会情形（侧重蒋与梅对比），以此来呈现蒋梦麟参与学校决策的情况。

检视《国立西南联合大学史料》中记载的"常务委员会会议记录"可以说明该问题。因蒋梦麟 1945 年 6 月出任行政院秘书长，10 月 30 日联大常委由傅斯年接任，因此以 10 月 30 日为结点统计，他亲自参加常务委员会会议情况如表 5-8 所示。

表 5-8　蒋梦麟、梅贻琦与张伯苓参加西南联合大学常务委员会会议次数统计

单位：次

年份	蒋梦麟参会次数	梅贻琦参会次数	张伯苓参会次数
1937	33(40)	33(40)	10(40)
1938	38(59)	49(59)	2(59)
1939	26(32)	30(32)	4(32)
1940	28(34)	33(34)	2(34)
1941	29(37)	27(37)	0(37)
1942	26(43)	41(43)	0(43)
1943	14(38)	28(38)	0(38)
1944	12(38)	29(38)	0(38)
1945	0(29)	19(29)	0(29)
总计	206(350)	289(350)	18(350)

注：表中未加括号的数字为三人实际参加次数，括号内为开会总次数。

根据《国立西南联合大学史料》整理得出。见北京大学、清华大学、南开大学、云南师范大学编：《国立西南联合大学史料》（第 2 册·会议记录卷），云南教育出版社 1998 年版。

西南联大常委会共开会 385 次,而蒋梦麟涉及 350 次,其中亲自参加 206 次,出席率为 59%。进言之,联大前期与后期的情况迥异,即 1937—1941 年共开会 202 次,蒋参加 154 次,出席率 76%,其中以 1940 年比率最高(82%),1939 年仅次之(81%),缺席原因多是外出忙于联大经费筹措、迁校等事务,否则出席率更高;1942—1945 年共召开常委会会议 148 次,蒋参加 52 次,出席率为 35%,降幅很大,并且次数呈现出逐年下降趋势。与前期相比,后期出席率骤降 41%,查询会议内容及蒋的行踪,1942 年,蒋时常为联大事务忙碌,但工作量较之前期有较大降幅,而时至 1943 年与 1944 年,出席率呈现断崖式下降态势,1945 年蒋索性不再出席会议。

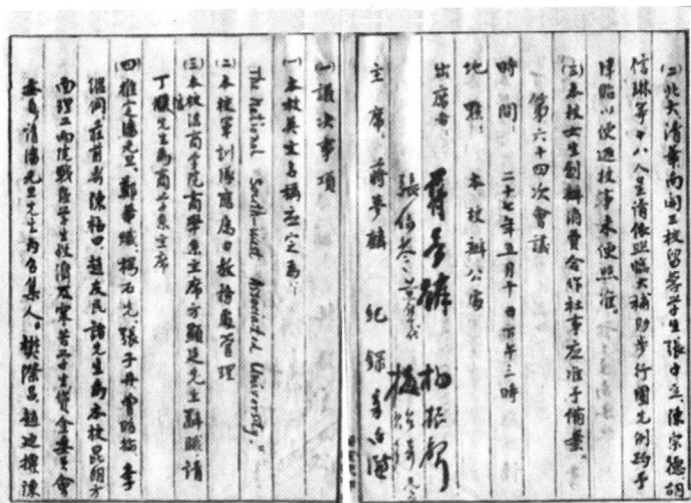

1938 年 5 月蒋梦麟主持西南联合大学常务委员会会议记录

注:1938 年 5 月 10 日,蒋梦麟主持西南联合大学常务委员会第 64 次会议,议决英文校名为"The National South-West Associated University"。

图片来源:郭建荣主编《国立西南联合大学图史》,云南教育出版社 2006 年版,第 114 页。

同时,实际主持校务的常委会主席梅贻琦共参加 289 次(总计 350 次),出席率为 83%,比蒋高出 24%,但联大前期与后期的情况明显不同。联大前期,1937—1941 年,梅参加 172 次(总计 202 次),出席率为 85%,略高于蒋的 76%;其中 1938 年梅出席次数比蒋多 11 次,这一数值高于同期其他年份,当时正值长沙临时大学迁往昆明的准备时期,蒋在异地昆明主持迁校准备工作,因此若考虑蒋未参会原因是外出处理联大事务(即便梅类似情况也考虑在内),那么两人的出席率会非常接近,1941 年蒋的出席次数更是超过了梅。而联大后期,1942—1945 年,梅参加 117 次(总计 148 次),出席率为 79％,远高于蒋的 35％。可见,蒋梦麟与梅贻琦在联大工作上呈现出前期齐头并进、后期蒋退梅进的态势。

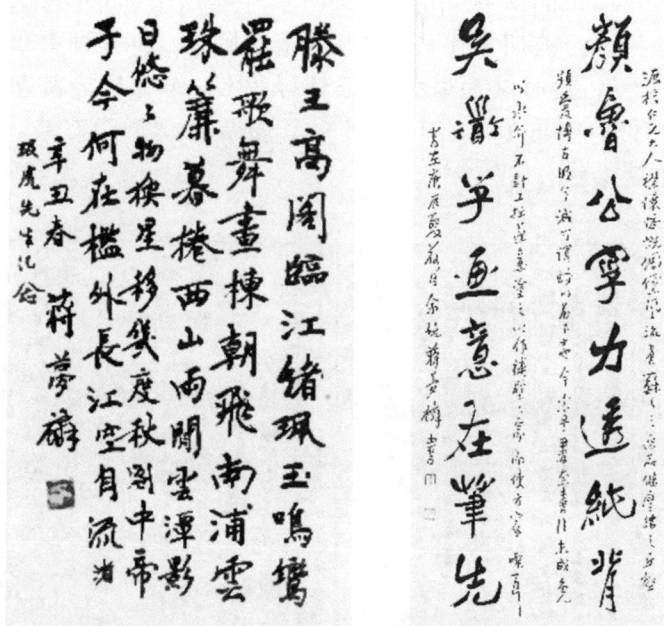

蒋梦麟书法作品

图片来源:《拍卖年鉴》编辑部编著:《2014 中国艺术品拍卖年鉴·书法》,北京联合出版公司 2014 年版,第 129 页;粤北山人主编:《民国文人政要书画集》,岭南美术出版社 2014 年版,第 103 页。

而另一位常委张伯苓仅在最初阶段亲自参加常委会会议,后续未再参会。细究其因,大体如下。一是联大初创期,立足未稳,三校情况各异,容易生出事端,并且学校事务繁重,公务缠身的张伯苓常驻重庆基本退出联大管理,仅仅靠梅贻琦一人统领于情于理难以说通。二是蒋梦麟社会资源甚广、经验丰富、能力出众,经费、校舍与人事等复杂工作其他人实难胜任,蒋是最佳人选,尤其是对外事务,更需要他出面应对。三是经过联大前期的磨合,初建长沙临时大学、迁入昆明、设立与取消蒙自分校、安排叙永分校等涉及的诸多事宜均基本完成,人事与经费等纷争初步解决,联大发展自此大体趋于平稳。四是 1941 年前后,看清联大发展局面后的蒋梦麟开始更多着眼于校外事务,诸如中央训练团党政训练班、红十字会等政府与社会工作陆续增加,并且他有意利用闲暇时间从事回忆录、其他文稿的撰写与钻研书法等。

因此,联大在度过磨合阶段后,蒋梦麟既无很大必要又无暇来学校办公(其实并非单纯的无暇而"不管",而是决定"不管"才去做其他事情,下文将专论)。四是蒋梦麟允诺过退隐,由梅贻琦主持联大,尽管联大前期其多是以配角辅助,但在具体工作中仍有摩擦,若再参与过多,势必使局面变得复杂,遂在后期淡出,这也是对"不管"初衷的坚守。

(五)疏于管北大:联大优先后的"牺牲者"

1."北大之容忍退让"

蒋梦麟多是配合梅贻琦的工作,以联大发展为指向,而对北大的诉求有所忽视,甚至多次压住其独立主张。人事任免便是一例。三校合组办公,主要部门的人事任免①是大家关注的焦点,围绕此事曾闹出了"散伙"风波。在长沙临时大学期间,学校分设三处四院,1938 年 1 月,经常委会审议决定:北大周炳琳为总务长,清华潘光旦为教务长,南开黄钰生为建设长;北大胡适为文学院院长,清华吴有训为理学院院长,南开方显亭为法商学院院长,清华施嘉炀为工学院院长。可见,行政方面的三处处长每校 1 人,由于北大文科领先、清华理工闻名、南开法商见长,四院院长人选以此为标准聘任,由此学校二级机构负责人形成了清华 3 人、北大 2 人、南开 2 人的格局,加上三校校长均为常委的架构,这些安排基本可以服众。长沙临时大学迁入昆明改为联大后,上述人选得以保留,不过随后的几个调整甚为"亮眼"。4 月 19日,因总务长周炳琳(北大)辞职,代理者为北大杨振声。胡适(北大)由于被任命为驻美大使无法担任文学院院长,法商学院院长(南开)方显亭辞职,按常理,接任者应分别为北大教授与南开教授。5 月 24 日,南开陈序经继任法商学院院长,这在意料之中,但未曾想到的是清华冯友兰出任文学院代理院长。6 月 17 日,总务长并不是作为代理者的北大杨振声,而是清华的沈履。如此一来,仅仅 1 个月,担任教务长、文学院院长的两位北大教授均被清华教授取代,当时二级组织负责人呈现出清华 5 人、南开 2 人、北大 0 人的局面,这引发了北大的强烈不满。7 月 29 日,北大樊际昌取代清华潘光旦代理

---

① 除特别注明外,本段内容涉及的人事信息均来自如下材料:《国立西南联合大学行政组织概况》《国立西南联合大学校务组织》,见北京大学、清华大学、南开大学、云南师范大学编:《国立西南联合大学史料》(第 1 册·总览卷),云南教育出版社 1998 年版,第 91—92 页。

教务长，算是挽回了一些"颜面"。8月19日，联大新设的师范学院院长是时任建设长的南开黄钰生（10月3日，建设处取消，黄专任院长）。在此期间，处于蒙自分校的北大师生对职务变更的安排很是气愤，甚至提出了"单过"的想法。据钱穆回忆："一日，北大校长蒋梦麟自昆明来。入夜，北大师生集会欢迎，有学生来余室邀余出席。两邀皆婉拒。嗣念室中枯坐亦无聊，乃姑去。诸教授方连续登台竞言联大种种不公平。其时南开校长张伯苓及北大校长均留重庆，惟清华校长梅贻琦常川驻昆明。所派各学院院长，各学系主任，皆有偏。如文学院院长常由清华冯芝生（冯友兰，笔者注）连任，何不轮及北大，如汤锡予（汤用彤，笔者注），岂不堪当一上选。其他率如此，列举不已。一时师生群议分校，争主独立。"钱穆不禁发声："此乃何时，他日胜利还归，岂不各校仍自独立。今乃在蒙自争独立，不知梦麟校长返重庆将从何发言。"此时，蒋梦麟起身表态，"今夕钱先生一番话已成定论，可弗再在此题上起争议"，当即"群无言"。① 钱穆的"解释"与蒋梦麟的最后"拍板"，平息了这场风波。10月6日，朱自清从杨振声处得知，傅斯年有望继任文学院院长，但后来又说"傅是北大的合适人选，但可能不适于协调三个大学"。② 10月18日，北大樊际昌代理教务长得以转正，而3天后的21日，清华冯友兰代理文学院院长被转正。至此，联大五大学院院长无人是北大教授，而清华3人、南开2人，北大仅有1人为处长。后来，联大对此格局有所调整，考虑了北大意见。例如，1940年1月，总务长清华沈履因"赴四川襄办校务"辞职，北大郑天挺接任；同年10月，北大陈雪屏代理师范学院院长；1943年3月，杨振声代理文学院院长。此外，联大三级组织负责人也有平衡现象，例如据学者指出："联大中文系，系主任原由清华的朱自清担任，朱因病休养由北大的罗常培暂代，朱辞职后由罗接任；罗患病后由北大教授杨振声暂代，随后罗常培赴美讲学，系主任由清华的闻一多暂代，之后即由北大的罗庸代理，直至联大结束。"③

联大"优先"的原则使得北大失去了很多发展机会，每况愈下。饶毓泰

---

① 钱穆：《八十忆双亲·师友杂忆》，生活·读书·新知三联书店2005年版，第206—207页。

② 朱自清：《朱自清日记》（上），石油工业出版社2019年版，第133页。

③ 余斌：《西南联大合作的校际精神》，见陈志青、张玮主编：《师林文香——云南师范大学校报优秀作品选》，光明日报出版社2011年版，第287页。

曾慨叹北大"教授无老幼",现状"无生气、无希望,不如清华"。① 另有许多人感觉"北大没有希望"。②

2. 悲情的"倒蒋"

道理虽易懂,但时间长了,事情多了,北大发展滞缓甚至倒退,大家的负面情绪自然更为严重,对蒋梦麟的意见随之增多。1940年,北大某君指责蒋住所开支由北大公款承担,郑天挺斥其污蔑。③ 同时,亦有人批评蒋对谏言"不采纳"。④ 1943年,汤用彤指出:"北大南迁以来,其固有精神虽仍未衰,而为时势所迫,学校内部不免日嫌空虚。"⑤同期,罗常培也表达了对北大发展的担忧,特别强调文科不能再消沉下去,大家想做些事情,但限于经费或琐事缠身,"处处都使工作灰心短力"。⑥ 此外,江泽涵对蒋梦麟颇有看法,其曾致信胡适:"校内的空气如此,一个最重大的原因是校长避免与教授接谈,当然与学生更无关系。蒋校长绝对不看教授,教授也只极少数看他。只有一个校务会议,起初不选举代表,被教授逼迫多时,选出代表,但不肯开会。好像每年有两次会,就算稀有的事。开会时总设法阻止多谈。"⑦可见,许多北大人不满蒋梦麟只顾成全联大,不管北大,而梅贻琦大权在握,清华发展尚佳。

此外,北大教授与蒋夫人陶曾谷的矛盾也加重了北大人对蒋梦麟的埋怨。据郑天挺日记记载:北大教授与蒋家住在同一院落,教授们居住环境一般,蒋宅条件甚好,又有云南省政府主席龙云赠送的轿车,平时蒋太太表现过于张扬,教授们看不惯其言行,多有摩擦。1941年三四月间,冲突加剧,起因是在避难所附近发生事故,饶毓泰、张景钺与周炳琳等人怒告蒋家司机老徐专横跋扈,请郑天挺开除,老徐则言冤枉,蒋夫人力保司机,声明若开除将

① 郑天挺:《郑天挺西南联大日记》(上),中华书局2018年版,第421页。
② 《傅斯年致胡适》,见中国社会科学院近代史研究所中华民国史研究室编:《胡适来往书信选》(下),中华书局1980年版,第47—48页。
③ 郑天挺:《郑天挺西南联大日记》(上),中华书局2018年版,第345页。
④ 郑天挺:《郑天挺西南联大日记》(上),中华书局2018年版,第359页。
⑤ 《汤用彤致胡适》,见中国社会科学院近代史研究所中华民国史研究室编:《胡适来往书信选》(中),中华书局1979年版,第553页。
⑥ 《罗常培致胡适》,见中国社会科学院近代史研究所中华民国史编:《胡适来往书信选》(中),中华书局1979年版,第566页。
⑦ 《江泽涵致胡适》,见中国社会科学院近代史研究所中华民国史编:《胡适来往书信选》(下),中华书局1980年版,第35—36页。

以私人名义聘请，郑左右为难。身在外地的蒋梦麟致函说明对策：请夫人到重庆住一段时间，隔开双方；在大院中筑墙，互有独立空间；请司机老徐暂避，择机回来。不料，在开工建墙之际，赵迺抟、吴大猷、周炳琳等质问蒋夫人这是何意，蒋夫人觉得大家排挤她和校长，声泪俱下，欲搬出住所，双方矛盾升级，后来郑天挺主持筑完院墙，此事方告一段落。① 不过，大家在生活中仍有较多争执，北大教授虽愤愤不平，但基本保持事态在可控范围内，只是积怨难除。

时至 1945 年，北大人对蒋梦麟的反对声音高涨。5 月 28 日，周炳琳得知蒋欲出任行政院秘书长，此消息不胫而走，北大掀起了"倒蒋运动"。6 月 20 日，蒋梦麟从美国乘飞机回国，目的地为重庆。6 月 27 日，他就任行政院秘书长兼任联大常委的消息见诸报端。6 月 28 日，周炳琳埋怨蒋就任前未告诉北大，不宜再主持校务，可由胡适继任。其实，6 月 23 日，郑天挺曾致信蒋梦麟谈及此事，27 日蒋回信：请周炳琳代理校务，北大事由郑天挺负责。遗憾的是，此信郑 29 日才收到，当天郑继续致信蒋，汇报北大人对其做官的不满情绪与改进办法。6 月 30 日，北大教授开谈话会，郑天挺把蒋梦麟 27 日写的信示众，大家言辞激烈，大体分为两派。"倒蒋派"以吴之椿、汤用彤与周炳琳等为代表。吴之椿首先谓"行政与教育不应混而为一，原则上校长不应由行政官兼任，传统上北大无此先例"，并要求谈话会改为教授会；汤用彤复议称请胡适尽快回国主持大局；而周炳琳指责蒋未先回昆明告知当官消息，"实为错误……请孟邻先生要作官就作官"。"挺蒋派"以张景钺、贺麟与吴大猷等为代表。张景钺言蒋是被迫就职，但当官对学校不无利处；贺麟认为蒋作官对个人与学校均有好处；吴大猷表示"数年以来，北大校务未单独进行，故校长无多事，今虽兼职，于事无碍，今日急务在于物色教授，应请院长、系主任多负责"。随后，毛子水称请胡适回国从政不办学；钱端升说胡11 月才回国，可以个人名义请胡，不必致电蒋；汤用彤有所缓和地指出，请胡并非针对蒋，两事应分别对待。最终，由周炳琳、钱端升与郑天挺电请胡适"回国领导学术工作"，由周炳琳把会场情绪转达蒋梦麟。尽管这次会议未能形成"去蒋"决议，但"倒蒋"势头已然非常强劲。会后，周炳琳致函蒋梦麟表示大家开会商定"坚决反对校长兼任官吏"，同期有数人私谈赞成请蒋辞职，甚至还有蒋已做校长多年"可以换换了"的传言。② 据江泽涵所言："梦麟

---

① 郑天挺：《郑天挺西南联大日记》（上），中华书局 2018 年版，第 407—423 页。

② 郑天挺：《郑天挺西南联大日记》（下），中华书局 2018 年版，第 1060—1067 页。

先生做官而兼校长,几全体不赞成。有些人以为他将来回来,暂时北大敷衍过去,也未尝不可,但这只是与他最接近的少数人,多数人很痛恨战时北大敷衍的不当。"①

（六）北大易长与联大"奇迹"："不管者所以管也"的结果

1."蒋去胡来"：北大易长

1945 年 7 月,身在重庆的蒋梦麟决定辞去北大校长。闻讯后,不少人请他收回成命。郑天挺劝蒋勿辞校长,解释称大家"原则上不希望师兼秘书长,非谓师不宜为校长",陈雪屏希望蒋"勿意气用事"。②

实际上,傅斯年曾数次劝蒋梦麟要"管"联大,应顾及北大,因为这几年北大发展滞后;劝其不要听信蒋夫人谗言,应与北大教授处好关系;并建议蒋在任行政院秘书长前告知北大,后又提醒他,按照规定无法兼职。但蒋听不进去,本来关系密切的两人闹得颇为不悦。③

此时蒋梦麟心里应该是五味杂陈,其明白行政院秘书长职务并非一劳永逸,随时会因为行政院院长的更迭而去职,所以原本打算兼任校长留有后路,但事与愿违的是因其疏于管北大而被声讨。因此,蒋梦麟放出辞职消息后可能在静观其变,想知道大家的反应如何。结果是尽管挽留者有之,但很多不利因素摆在眼前：反对者众多,北大发展不佳与其"不管"有关,行政院秘书长事务极忙已无多余精力,蒋夫人与北大教授关系紧张难以调解,等等。但其中最为关键的是蒋梦麟主持教育部期间推行的"行政官员不得兼职"这一规定难以变通。其实,他任教育部部长时出台《大学组织法》规定,校长"除国民政府特准外,均不得兼任他职"④,若是如此,则还有操作空间,以蒋之影响力,政府特准的可能性很大。不过,1934 年,该法令进行了修正,删掉了"特准"条款,即校长"除担任本校教课外,不得兼任他职",如此一来已无变通余地。⑤ 此外,众多北大人颇为期待的胡适即将回国,这一情况难

① 《江泽涵致胡适》,见中国社会科学院近代史研究所中华民国史研究室编：《胡适来往书信选》（下）,中华书局 1980 年版,第 35—36 页。
② 郑天挺：《郑天挺西南联大日记》（上）,中华书局 2018 年版,第 1069—1070 页。
③ 《傅斯年致胡适》,见中国社会科学院近代史研究所中华民国史研究室编：《胡适来往书信选》（下）,中华书局 1980 年版,第 47—48 页。
④ 《大学组织法》,《立法院公报》1929 年第 8 期,第 123 页。
⑤ 《立法院昨修正大学组织法 大学校长不得兼职》,《中央日报》1934 年 4 月 14 日,第 8 版。

以用好坏来划定。一方面，大家有了新"盼头"，对蒋梦麟便少了一些"留恋"；另一方面，去职后由胡执掌北大，是蒋颇为放心的。最终，权衡利弊后的蒋梦麟选择了坚决辞职。8月6日，他返回昆明，"决辞北大校长，以为如此始能使校内校外无事，若更兼，不惟与自己以往主张不同，且万一有人指摘，校内校外均无以自解。关于继任人选，决请胡先生继，未到前以锡予代"①。8月7日，蒋梦麟组织北大教授茶会，"态度极好，得着大家的同情"②。事后，北大数名教授挽留，但蒋去意已决，或许在离开之际得到北大人的理解能使这位"北大功狗"心情好受一些。此后，在蒋梦麟、朱家骅、傅斯年与众多北大师生的合力推动下，胡适出任北大校长，回国前由傅斯年代理，在复员北平后，北大踏上了新的征程。

2."仅有之佳果"：联大"奇迹"

西南联大创建于全面抗战初期，随着抗战胜利而结束，"在风雨飘摇、动荡不安的局势下，西南联大像一个婴儿，从母体出生到脱离襁褓，从牙牙学语到孜孜就读，这中间都经历了无数艰苦的历程"③。虽然联大内部有纷争，甚至闹过"分家"，但这些是"插曲"，不是主旋律。在梅贻琦、蒋梦麟与张伯苓带领下，纵使遭受过巨大磨难，但办学八年未曾中断，在国民政府组建的联合大学里首屈一指，诸如未能成型的东南联合大学④、昙花一现的西北联合大学⑤等都无疾而终，梅贻琦在日记中记下教育部的评价："教育合办事业多未成功，西南联大为仅有之佳果。"⑥当时在昆明考察的费正清看到联大人表现后由衷地赞叹道："这里的生活周而复始，枯燥乏味。这种拮据的生活就像每人每天从岩洞里拼命地掏生活，掏出一点算一点，仅此而已，而且要

① 郑天挺：《郑天挺西南联大日记》（下），中华书局 2018 年版，第 1084 页。

② 《汤用彤致胡适》，见中国社会科学院近代史研究所中华民国史研究室编：《胡适来往书信选》（下），中华书局 1980 年版，第 26 页。

③ 茉方恬：《困难中成长的西南联大》，《现代周刊》1945 年 4 月 21 日，第 2 版。

④ 太平洋战争爆发后，国内外局势急转直下，日军进入上海租界，在沪许多高校宣布停办、准备内迁，国民政府教育部指令上海高校迁至浙江省，组建国立东南联合大学。1942 年 1 月 15 日，东南联大筹委会成立，但筹备过程费尽周折，12 月 29 日，国民政府行政院宣布："东南联合大学归并暨大大学，而将暨士大学改为国立。"尚未正式成立的东南联大即告结束。请参见何炳松：《暨南大学与国立东南联合大学》，见刘寅生等编：《何炳松纪念文集》，华东师范大学出版社 1990 年版，第 38—42 页。

⑤ 徐诵明：《西北联合大学的解散》，见中国人民政治协商会议全国委员会文史资料委员会编：《文史资料存稿选编·教育》，中国文史出版社 2002 年版，第 146 页。

⑥ 梅贻琦：《梅贻琦西南联大日记》，中华书局 2018 年版，第 38 页。

看你的运气如何。……在这种困境下,我为我的朋友们所表现出来的不屈不挠的精神而深深感动。我想,如果是美国人的话,大概早已丢开书本,另谋生路,首先改善生活去了。然而中国的学者,受过严格文明熏陶的知识分子却接受了这种原始的农村生活,同时坚韧不拔地继续工作。"①事实上,西南联大不仅是联合办学的典范,亦是当时国内大学中的翘楚,其成就即便在世界上也堪称一流。美国学者易社强认为:"联大有太多遗产值得跟世人分享。在艰苦的环境下,坚持高尚的思想品质和独立精神;在战争与革命的年代,坚守通才教育的宗旨和方针,西南联大在人类的奋斗史上已经留下了辉煌的篇章。"②陈平原指出:"抗战中中国大学大批内迁,其意义怎么估计也不过分——保存学术实力,赓续文化命脉,培养急需人才,开拓内陆空间,更重要的是,表达了一种民族精神以及抗战必胜的坚定信念。"③西南联大确实出色地担负了这些光荣的使命。

首先,西南联大秉承的爱国、民主与科学精神熠熠生辉。大学内迁的一个重要原因是保存国家文脉并为抗战救国贡献力量,联大师生以撰文、游行、演剧、参军等多种形式来反对侵略者、支持前线抗战。冯友兰指出:"自沈阳之变,我国家之权威逐渐南移,惟以文化力量与日本争持于平津,此三校实为其中坚。"④同时,联大提倡民主,是抨击国民党专制统治的先锋。例如,国民党加强联大党务工作,推行以党治校,引发师生强烈不满;后来,国民党意图统一教学大纲与教材,联大教务会议发出反对声音:"夫大学为最高学府,包罗万象,要当同归而殊途,一致而百虑,岂可刻板文章,勒令从同。世界各著名大学之课程表,未有千篇一律者;即同一课程,各大学所授之内容亦未有一成不变者。惟其如是,所以能推陈出新,而学术乃可日臻进步也。"⑤此外,科学精神亦是联大所践行的,师生在教学与学术中求真务实,在

① (美)费正清著,黎鸣、贾玉文译:《费正清自传》,天津人民出版社1993年,第280页。

② (美)易社强著,饶佳荣译:《战争与革命中的西南联大》,九州出版社2012年版,第323页。

③ 陈平原:《抗战烽火中的中国大学》,北京大学出版社2015年版,第67页。

④ 冯友兰:《国立西南联合大学纪念碑碑文》,见北京大学、清华大学、南开大学、云南师范大学编:《国立西南联合大学史料》(第1册·总览卷),云南教育出版社1998年版,第283页。

⑤ 《西南联合大学教务会议就教育部课程设置诸问题呈常委会函》,见北京大学、清华大学、南开大学、云南师范大学编:《国立西南联合大学史料》(第3册·教学、科研卷),云南教育出版社1998年版,第113页。

宣传科学观念、破除迷信方面发挥了积极作用。联大毕业生、作家马识途表示："这种科学和民主精神可以说融入西南联大师生的灵魂中去，无论老师的教学和科研，学生的学习生活，以至为人处事，社会活动，无不本着科学和民主的精神办事。"①联大毕业生、科学家朱光亚认为："西南联大的师生继承和发扬了'五四'运动和'一二·九'运动的'爱国、民主、科学'的精神。"②

其次，西南联大自由包容的理念远近闻名。尽管背景、特点、历史等方面存在诸多不同，但联大三校办学都有自由包容的传统，三大常委亦是该理念的维护者，这自然为联大师生所共同坚守。据毕业生张世英回忆："西南联大这个学校也是一座'一中有多，多中有一'的学府。政治思想方面，进步的，保守的，中间的，左中右都有，各得其所。学术派别和学术观点方面，仅以哲学系为例，有信奉陆王心学的贺麟，也有信奉程朱理学的冯友兰；有信奉大陆理性主义和佛学的汤用彤，也有维也纳学派的洪谦。风格方面，汤用彤，雍容大度，成竹在胸；冯友兰，博古通今，意在天下；冯文潜，精雕细刻，入木三分；贺麟，出中入西，儒家本色；金岳霖，游刃数理，逍遥方外。总之，名家荟萃，各有千秋。……我和我的联大同学们就是在这样自由的学术雨露中成长起来的。"③何兆武回忆求学经历时讲道："那几年生活最美好的就是自由，无论干什么都凭自己的兴趣，看什么、听什么、怎么想，都没有人干涉，更没有思想教育。"④另有时人指出："联大最好的现象，在学术空气浓厚。由于高度的自由学风，促使师生向学术上探求，由于教授的卫道和力学精神，在学生面前做了绝好的榜样，鼓舞学生砥砺向上，这充分的从阅览室、实验室、课室、茶馆表现出来。阅览室几百座位，老是人满，因此茶馆里便挤塞了同学，特别是名教授的讲学，特别是具引力有意义的讲题，听众来得更形拥挤，不仅校内的同学，校外的也远道前来，不仅教室里堆满了人，有些更抓住窗格，爬上树桠。"⑤当时即便在国民党强力管控大学的环境中，联大师生依然能够在相对宽松的条件下畅所欲言，总体上享有一个相对自由的言论空

---

① 《且说"联大精神"——西南联大成立七十周年纪念》，见马识途：《马识途文集》（第15卷），四川文艺出版社 2018 年版，第 476 页。

② 朱光亚：《序》，见北京大学、清华大学、南开大学、云南师范大学编：《国立西南联合大学史料》（第 1 册·总览卷），云南教育出版社 1998 年版，第 3 页。

③ 张世英、杨澜洁：《我的西南联大——张世英的片断记忆》，《学术月刊》2013 年第 2期，第 167—168 页。

④ 何兆武：《上学记》（增订版），人民文学出版社 2016 年版，第 96 页。

⑤ 沈石：《西南联大群相（中）》，《申报》1946 年 1 月 30 日，第 5 版。

间,不会由于派别、立场等原因而被横加压制。

再次,西南联大大师云集、顶级成果层出不穷。北大、清华、南开均是国内负有盛名的大学,各校聚集了大批名师大家,三校联合成为西南联大,师资队伍水平极为强大。例如,1948 年中央研究院建立院士制度,首届院士81 人[1],包括联大教师 27 人,占总数三分之一。1955—1995 年,当选中国科学院学部委员者 80 人,其中自然科学 69 人,哲学社会科学 11 人(共计 54人,1955 年后未再评选)[2],教师队伍的高质量可以显见。此外,联大科研成果丰硕、水平出众。1941—1946 年,联大成果共获得教育部学术奖励 33 项,其中一等奖 7 项(冯友兰的《新理学》、汤用彤的《汉魏两晋南北朝佛教史》、陈寅恪的《唐代政治史述论稿》、杨钟健的《许氏禄丰龙》、华罗庚的《堆垒素数论》、周培源的《激流论》与吴大猷的《多元分子振动光谱与结构》),二等奖14 项,三等奖 12 项。[3] 又如,1949 年后,联大教师至少有赵九章、屠守锷与杨嘉墀是"两弹一星"功勋奖章获得者。

另者,西南联大是培养杰出人才的摇篮。例如,1955—1997 年,联大学生成为中国科学院院士与中国工程院院士 80 人(2 人为双院士)。[4] 又如,"两弹一星"功勋奖章获得者 5 人,邓稼先、朱光亚、郭永怀、王希季、陈芳允;国家最高科学技术奖获得者 3 人,黄昆、刘东生、叶笃正;诺贝尔物理学奖获得者 2 人,杨振宁、李政道。经济学家刘国光、语言学家朱德熙、翻译家许渊冲、历史学家何炳棣与何兆武等大批著名人文社科学者亦是联大毕业生的典型代表。联大人才培养质量之高令人赞叹不已。

最后,西南联大是服务社会的典范之一。联大不只是一个求取高深学问的象牙塔,还以积极主动的姿态推动社会进步,前述"爱国、民主、科学"的联大精神及其做法对于国家复兴与社会改良大有裨益。同时,联大与云南社会关系密切,其对当地政治、经济、文化与教育等多方面产生了积极影响。例如,云南省政府主席龙云回忆称:"抗战期间,在昆明的爱国民主人士很多,尤其西南联大的教授和我随时都有接触和交谈的机会,谈到国家大事,

---

[1] 《中央研究院公布院士选举结果》,《科学月刊》(成都)1948 年第 20 期,第 26 页。

[2] 西南联合大学北京校友会编:《国立西南联合大学校史——一九三七至一九四六年的北大、清华、南开》,北京大学出版社 1996 年版,"前言"第 3 页。

[3] 《学术奖励》,见北京大学、清华大学、南开大学、云南师范大学编:《国立西南联合大学史料》(第 3 册·教学、科研卷),云南教育出版社 1998 年版,第 756—769 页。

[4] 西南联合大学北京校友会编:《国立西南联合大学校史——一九三七至一九四六的北大、清华、南开》,北京大学出版社 1996 年版,"前言"第 3 页。

所见都大体相同。对于蒋介石的集权独裁政治，大家都深恶痛绝。他们都反对内战，希望抗日胜利后召开国民代表大会，制定民主宪法，用以束缚蒋介石，实行中山遗教。这也就是我当日的愿望。所以我对昆明汹涌澎湃的民主运动是同情的。"①社会学家费孝通深入云南农村调查，写出《云南三村》，使当地人更好地掌握状况，以达到"改善人民的生活"的目的。② 又如，联大之于民众观念、智识的增长颇有贡献，"联大教授们对于他们赖以生存的土地和人民，有深情厚谊，他们发挥自身特长，传道解惑，为民众之耳目，作青年之肺腑"③。联大还推动了云南教育的发展进程，时人曾言："在昆八载，和云南教育当局合办进修班，提高师资，且毕业同学一部分从事中学教育，使贫乏的中学注入新血液。特别在招考新生时，最初几年云南学生在联大的寥寥无几，设在云南的有历史的大学，云南籍学生那样少，这刺激了他们的急起直追。人这一层，联大对云南是有特殊贡献的。"④简言之，联大师生通过写稿、办刊、集会、调查与亲身实践等多种方式服务社会，这既有助于推动社会进步与民众素养的提升，也利于其自身更好地生存。

西南联大创造了太多的办学奇迹，实难说全，这所"逃难大学"初创时恐怕谁也没有想到会取得如此成就。冯友兰曾表扬联大："文人相轻，自古而然，昔人所言，今有同慨；三校有不同之历史，各异之学风，八年之久，合作无间，同无妨异，异不害同，五色交辉，相得益彰，八音合奏，终和且平。……联合大学以其兼容并包之精神，转移社会一时之风气，内树学术自由之规模，外获民主堡垒之称号。"⑤不仅国人称颂有加，美国学者易社强也对联大予以高度评价："在他们的国家从外国借鉴那么多事物的年代，中国应该为它自己的教育体制感到自豪，因为在不到半个世纪之前，它能建立那样一个世界

---

① 龙云：《抗战前后我的几点回忆》，见中国人民政治协商会议全国委员会文史资料研究委员会：《文史资料选辑》（第17辑），中华书局1961年版，第61页。

② 《经验·见解·反思》，见费孝通：《费孝通全集》（第12卷），内蒙古人民出版社2009年版，第441页。

③ 吴与点：《联大论语》，湖南文艺出版社2016年版，第42页。

④ 沈石：《西南联大群相（下）》，《申报》1946年2月1日，第5版。

⑤ 冯友兰：《国立西南联合大学纪念碑碑文》，见北京大学、清华大学、南开大学、云南师范大学编：《国立西南联合大学史料》（第1册·总览卷），云南教育出版社1998年版，第283—284页。

级的大学,它的遗产是属于全人类的。"①英国学者李约瑟曾评价:"联大、浙大可与牛津、剑桥、哈佛媲美。"②

就任行政院秘书长的蒋梦麟告别了多年执掌的北大,的确难说再见,因为并非其本意,更何况许多北大人"倒他",幸好坦诚告别时博得了不少同情与理解。总之,蒋梦麟竭力保全的西南联大不负众望,在国内外享有盛誉,而北京大学复员后逐渐复归了学术繁荣景象。这些是蒋氏"不管者所以管也"思想给出的一份答卷,其中得失有待细细品味。

(七)蒋梦麟的无奈与欣慰:"不管者所以管也"背后的"故事"

随着蒋梦麟离开北京大学以及西南联大三校分别复员,"不管者所以管也"来到了终局,盘点这种"无为而治"的全貌,不难发现其并非全然不管,但有别于梅贻琦的"包揽",亦不是张伯苓的超然(几乎未管),蒋氏选择了一种看似"折中"的办法,其缘由值得省思。

1. 被动与主动的交织:蒋梦麟的无奈

"不管者所以管也"并非一意孤行的决定,而是蒋梦麟综合考量的结果,其中伴随愿意,也含有被迫,万般心酸,其有口难辩。

首先,西南联大创建计划不是蒋梦麟率先倡导,其只是"勉强同意"。全面抗战导致国家处于危亡之中,文教事业损失惨重,大学内迁不失为一种好的方案。然而,迁校并不意味着必须联合,也可以单独进行,例如中央大学、浙江大学、武汉大学等。正值此时,胡适、王世杰、傅斯年提出联合方案③,三人均为"北大派"核心人物,自然征询蒋梦麟意见,据蒋回忆:"与北方三个大学有关的人士正在南京商议学校内迁的计划。大家有意把北平的北京大学、清华大学和天津的南开大学从北方撤退而在长沙成立联合大学。胡适之从南京打电话给我,要我回到南京商量这个计划的办法。我经过考虑,勉强同意了这个计划。"④未完全认可的原因尚未可知,但至少下面这个理由成立:蒋梦麟多年执掌北京大学,又曾主持全国学务,深知办一所大学之难,而

---

① (美)易社强撰,沈师光译:《战时一所特殊大学的建校五十周年纪念》,见张闻博、何宇主编:《西南联合大学叙永分校建校五十周年纪念集(1940—1990)》,四川省叙永县印刷厂1993年版,第206页。

② 竺可桢:《竺可桢全集》(第9卷),上海科技教育出版社2006年版,第245页。

③ 《蒋梦麟致胡适》,见中国社会科学院近代史研究所中华民国史研究室编:《胡适来往书信选》(中),中华书局1979年版,第550页。

④ 蒋梦麟:《西潮与新潮》,人民出版社2011年版,第221页。

如今要在全面抗战险境中,把三所诸多方面迥异且著名的大学联合起来办学,其难度之大可以显见。不管是出于怎样的考量,既然已经同意,又适逢与梅贻琦、张伯苓在一起参加蒋介石组织的庐山会议,于是三人便与当局议定,不久教育部发布了北大、清华、南开合组联大的指令。

其次,蒋梦麟之于三常委与北大之于三校的"中间位置"导致其陷入两难境地。在三大常委方面,张伯苓最年长(61 岁)、辈分高(梅贻琦老师)、资历深(国民参政会副议长),蒋梦麟年龄较轻(51)、辈分次之(蔡元培学生)、资历颇佳(曾任教育部部长),梅贻琦最年轻(48 岁)、辈分与蒋相似(张伯苓学生)、资历不足(未曾任政府要职)。综合来看,张、蒋、梅的排序较为妥当,但考虑到蒋梦麟长期执掌新文化运动发源地、号称"平津第一校"的北大,且负责过全国学务,其地位会上升许多。就三校情况而言,南开大学为私立大学中的佼佼者,但全面抗战时经费不足,其规模最少、师生数最少;北京大学实力超群,但内迁之际经费欠缺,师生数居中;清华大学办学成绩突出,经费基本无忧(庚子赔款扶持),并且在长沙已建有部分设施,师生数最多。如此看来,三校全面抗战前实力排名为北大、清华、南开,而内迁时则为清华、北大、南开。尽管张伯苓个人地位高,但南开实力不足,加上其常驻重庆,故而隐退。蒋梦麟则非常难办,若是掌校,北大实力不足,清华在经费、设备、师生数等多方面领先,而且清华在长沙的校舍已开始修建;但不主持校务,北大荣光可能受到影响,师生会有意见。"夹在中间"的蒋左右为难。后来,提出联合方案的傅斯年质疑蒋梦麟不管北大,而处于"夹缝"中的蒋甚为生气地表示:方案是你们提的,现实情况不允许多管,如今来要求我,真想一棍子把你们"打死"。①

再次,三校各有想法是事实。例如,清华人认为:"论设备,论经费,论师生的人数,都是清华最多,依世俗的眼光看来,这一联,清华是划不来的。"②而由于北大是老资格,自然想拔得头筹。又如,三大常委的观念也有不同。联大初期三人考察学生宿舍时,蒋梦麟看到房屋破损,设施简陋,表示不宜居住;张伯苓则认为国难之际,条件有限,政府已为学子尽力,学生须满意;作为张伯苓的学生,梅贻琦不语;而蒋称:"倘若是我的孩子,我就不要他住

---

① 《蒋梦麟致胡适》,见中国社会科学院近代史研究所中华民国史研究室编:《胡适来往书信选》(中),中华书局 1979 年版,第 550 页。

② 傅任敢:《值得我们学习的梅校长》,见庄丽君主编:《世纪清华》,光明日报出版社1998 年版,第 47 页。

长沙临时大学呈报国民政府教育部教职员与学生人数文书

图片来源：顾良飞主编：《清华大学档案精品集》，清华大学出版社 2011 年版，第 56 页。

在这宿舍里。"张针锋相对："倘若是我的孩子，我一定要他住在这宿舍里。"① 蒋梦麟曾言："在动乱时期主持一所大学本来就是头痛的事，在战时主持大学校务自然更难，尤其是要三所个性不同、历史各异的大学共同运转，而且三校各有思想不同的教授们，各人有各人的意见。"② 不同的立场极易产生纠纷，若一味地冲在前面"管"，势必会导致冲突加深乃至联大解散。

另者，西南联大的初衷为"联而不合"。"不合并"是三校与政府的共识，但三校对"联"时常感到困难，而政府要求"必须联"。最初，政府对大学联合办学颇有信心，但其他联合大学纷纷失败，因此政府对西南联大抱有厚望，1941 年 5 月，面对蒋梦麟提出的北大经费预算独立的想法，教育部部长陈立夫明确反对："如此办法未妥，联大已维持三年有余，结果甚好，最好继续至抗战终了，圆满结束，然后各校回北边去。"③

此外，其他联合大学的失败教训有助推作用。蒋梦麟批评西北联大的解散："它们好比三个人穿两条裤子，互相牵扯，谁也走不动。"④他也曾在致信胡适时谈道："西北联大彼此闹意见，闹得一塌糊涂。西南联大，彼此客客

---

① 西南联合大学北京校友会编：《国立西南联合大学校史——一九三七至一九四六年的北大、清华、南开》，北京大学出版社 1996 年版，第 24—25 页。

② 蒋梦麟：《西潮与新潮》，人民出版社 2011 年版，第 223 页。

③ 梅贻琦：《梅贻琦西南联大日记》，中华书局 2018 年版，第 38 页。

④ 《三松堂自序》，见冯友兰：《冯友兰文集》（第 1 卷），长春出版社 2008 年版，第 219 页。

气氛,但是因为客气,不免有'纲纪废弛'的坏结果。互让是美德,但是过了度,就会变成互弃职守。这界限是很难划。我是不怕负责任的,但是见了西北的互争之弊,就忍受下去了。"[1]梅贻琦在西南联大结束校庆会自豪地说:"想起九年的功夫,在长沙、在昆明,三校联合的结果很好,同仁都认为满意。今后分开,三校联合精神还要保持并继续。前几年,教育当局说抗战中,好多学校联而不合,只有联大是唯一的联合到底。这不是偶然的,原因是由于抗战前,三校对事情的看法与做法,大同小异。"[2]

同样值得说明的是,三校共同之处是西南联大联合的基石,亦是蒋梦麟选择隐忍的原因之一。一是三校内迁的共同目的在于保存国家文教实力,为抗战救国贡献力量。二是三大常委均体现出大度宽容与合办的决心。张伯苓表示:"梦麟是我最好的朋友,贻琦是南开第一班毕业的学生,在我们三人之间,不合作实在是没有存在的可能,我要引用梦麟对我说的一句话,就是'能合也得合,不能合也得合'。"[3]张伯苓还曾说:"咱们南开是小兄弟,能够跟北大、清华并在一起是种荣幸……以后凡发生争论都是南开人不对,必须认错,以后要有破房子让南开生住,有困难事让南开人做,要有打杂的精神。"[4]蒋梦麟则多次让贤于张伯苓与梅贻琦,工作中甘当配角,并且力阻北大"独立"。主事者梅贻琦着实不易,"一方面要使清华的各方面绝不感到划不来,一方面要使非清华的各方面绝不感到清华占了上风",这时他不拘泥于清华一校,"对整个联大一样看待,所以整个联大也都一样看待他,因此就能一直联到底了"[5]。三是三校传统有内在共通性,例如清华的教授治校,北大的兼容并蓄,南开的实用实干。[6] 四是三校的通家之好。梅贻琦曾言,教师们多是熟人,"胡适先生即为清华校友,冯友兰先生是清华文学院长,但

①　《蒋梦麟致胡适》,见北京大学图书馆编:《北京大学图书馆藏胡适未刊书信日记》,清华大学出版社 2003 年版,第 158 页。

②　《三校昨纪念联大校庆 梅贻琦黄子坚胡适相继讲演 强调联合精神希望互助合作》,《益世报》(北京)1946 年 11 月 2 日,第 4 版。

③　《今日的西南联大》,《宇宙风》1941 年第 112 期,第 77 页。

④　张曼菱:《西南联大与我们》,见文池主编:《在北大听讲座》(第 11 辑),新世界出版社 2004 年版,第 104 页。

⑤　傅任敢:《值得我们学习的梅校长》,见庄丽秀主编:《世纪清华》,光明日报出版社 1998 年版,第 47 页。

⑥　戴世光:《怀念抗战中的西南联大》,见北京大学校友联络处编:《笳吹弦诵情弥切——国立西南联合大学五十周年纪念文集》,中国文史出版社 1988 年版,第 25 页。

[也]是北大校友，再如南开之黄子坚先生，亦为清华校友，张伯苓曾为清华教务长，我本人亦为南开校友，已为'通家'。间或有远有近，但是很好"①。五是联合办学对三校均有好处，教师能够在相互切磋中共同进步，学生亦然。北大教授郑昕表示："北大向来是散漫的，这几年来和清华在一起，纪律方面进步多了；各系暗中有竞赛的性质，不给人颓废的机会。"②从目的、核心管理者、传统、师资与效果等多方面来看，三校有相当多的共同点，其有助于西南联大的发展与成功。

最后，自从担任常委会主席后，因能力与品行出众，梅贻琦治校的表现突出，使得蒋梦麟"主管"的机会渺茫，这也算是一个原因。蒋梦麟曾由衷地赞誉梅贻琦："清华的梅校长（贻琦）的苦干精神，真是叫我佩服的，我愿意送他一个骆驼的徽号，来形容他的任重耐劳的伟大。"③

凡此种种的综合作用，蒋梦麟萌生了"不管者所以管也"的想法，并在联大发展过程中逐步确定。在长沙临时大学期间，蒋的身心尚未准备好，以低调姿态行事。一是需要避嫌。联合计划是"北大派"提出的，同时北大在全面抗战前号称"平津第一校"，又是全国大学的重要引领者，而且蒋曾任教育部部长，各方资源丰富，这些都有利于其掌校，但如此强劲风头之下更应谨言慎行，以免让人觉得"大包大揽"。二是长沙临时大学筹备前，蒋身体不适，蒋父不愿其远行，为此父子大吵一架。于是，蒋请胡适致信张伯苓、梅贻琦表示不能早到的歉意，并阐述了请张伯苓主持一切、梅贻琦候补的观点。此想法并不奇怪，因蒋难以动身且需避嫌，张伯苓又确实年长、辈分高、资历老，若张不行，请梅代理也说得通。三是不料蒋稍早抵达长沙，而另两人未到，虽然合组办学命令已发，但实际操作并非易事，当时三校所到之人担心张、梅不来，而蒋事先告知过二人可能晚到，如今自己独自前来，难免生疑不解；但既已决定，只得坚持。其间蒋平定了大家"不联合"的非议，直至张、梅到任。四是长沙临时大学职责分工有别，因蒋梦麟此前已表明立场，张伯苓又常驻重庆，遂梅贻琦为常委会主席主内（管教务），蒋梦麟主外（管总务），

———————

① 《三校昨纪念联大校庆 梅贻琦黄子坚胡适相继讲演 强调联合精神希望互助合作》，《益世报》（北京）1946年11月2日，第4版。

② 《郑昕致胡适》，见中国社会科学院近代史研究所中华民国史研究室编：《胡适来往书信选》（下），中华书局1980年版，第124页。

③ 柳存仁：《北大与北大人（五）：沙滩上的骆驼》，《宇宙风（乙刊）》1940年第34期，第28页。

张伯苓负责建筑和设备(后来多由蒋负责)。五是长沙临时大学初定,后来迁校昆明,蒋病体未愈,他慨叹:"我的身体有点支持不住了"①,但以总务为核心的工作极为重要,蒋只得在外奔波,而校内则由梅统领。自此,梅贻琦为主、蒋梦麟为辅的格局初步形成。

在西南联大迁入昆明初期,沿用长沙临时大学管理模式,但梅贻琦两辞常委会主席,此时较为主动的蒋梦麟均有机会"上位",不过由于实力无法撼动既定体制与"分立"提议被政府否决,"良机"已失,于是"梅主蒋辅"的格局基本"木已成舟"。具体而言,由于在顺利迁入昆明、改善学校办学条件等诸多方面作用突出,身心转好的蒋梦麟势头不错。一方面,因不满清华统揽人事大权,他稳住了北大的"分家"想法;另一方面,他在迁校(四川叙永)、争取经费过程中曾表现出管理的主动性。例如,梅贻琦首辞常委会主席时,蒋梦麟在代理期间感受到了清华主导各部门带来的很多不顺,冯友兰坦言办事职员以清华为多②,郑天挺气愤于"联大事务组之腐败",慨叹"其中无北大之人也,联大行政效率之不增进,全由于各个人皆由其本校惩赏,与联大不相干之故"③。由此,联大出现了这样的局面:迁校筹委会先为三校成员构成,再调至北大为主,后又兼顾了三校,梅贻琦最终回归。再如,面对北大经济艰窘,蒋梦麟与梅贻琦商讨后主张三校"分立",又因计划动用清华经费支持联大而与梅产生纠纷,后来提出北大经费预算独立,梅也赞同,但被教育部反对,最终政府增拨联大三成经费。这些不能说蒋梦麟都是被动接受,其也有积极争取,甚至表达了"分立"的意思。然而,或是由于北大实力不够,或是因政府不同意,当然也有蒋梦麟的谦逊与忍让,这些"上位"的努力都以无果结束。此后,对状况心知肚明的蒋梦麟逐步退出了联大事务的管理。

在西南联大后期,蒋梦麟显现出明显的"不管",学界经常说这是蒋社会工作太多、过于繁忙所致,实则有待商榷。因为蒋梦麟较多兼职工作的时间是在1941年前后,例如1941年11月任中国滑翔总会滇分会理事(5月,经费预算独立提议被教育部否决)、1942年任滇缅局顾问、1943年任中国红十字会会长等,并且其花费很大精力撰写的回忆录《西潮》也多在1941年后进行,而此时正是蒋梦麟看清了联大现实之际。我们可以换个角度分析,蒋梦麟不是因为忙而"不管",而是由于决定了"不管"联大才去做其他事情,或者

---

① 蒋梦麟:《西潮与新潮》,人民出版社2011年版,第223页。

② 《三松堂自序》,见冯友兰:《冯友兰文集》(第1卷),长春出版社2008年版,第219页。

③ 郑天挺:《郑天挺西南联大日记》(上),中华书局2018年版,357页。

至少不能单方面说蒋只是由于校外事务多而"不管"。此结论还有一个例证：即便有空，但囿于迁校不悦、经费分配争执难解等各种问题，基本上决定不管的蒋梦麟多在居所，较少参与联大事务，梅贻琦则忙得不可开交，正如钱端升所言，"同事逃警报不一其道。梅月涵有报始走，梦麟住乡下，除开会应酬外不进城，其别之大者也"①。可见，联大后期的蒋梦麟已经从前期的选择性"管"过渡到有意"不管"。

综上可知，蒋梦麟的苦衷得以展现：从最初三校联合方案落地的些许不情愿到处在既往辉煌的北大不如当时清华的两难选择境地，再到三校想法有别且政府"必须联"的要求，同时伴随其他联大失败教训与三校亦有诸多"共同语言"的影响，加上"梅主蒋辅"管理体制形成关键期的身体有恙与不少主动争取做法的无功而返，这些积极与消极因素的杂糅作用引发的压力之大可想而知。因此，"不管者所以管也"是蒋梦麟审慎考虑后的选择，是伴随实践发展而逐步生成的。

实际上，蒋梦麟曾对"不管"有过不少解释。例如，1942年，昆明局势再次吃紧，面对北大另起炉灶的倾向，蒋梦麟在校务会议上表示："联大之联合不易，必有一二方面退让容忍始能不破裂。……所以对联大事只管外不管内之原因，及教育部数度使之为校长不就之理由。……在教育史上联合大学确属成功，而成功原因由于北大之容忍退让，世人皆知之，胜利为期不远，联合之局面亦不能久，惟有继续容忍。"②

再如，傅斯年曾数次希望蒋梦麟"管"，1943年早已认清形势的蒋在致信胡适时情绪激动地谈论："联大苦撑五载，一切缘轨而行，吾辈自觉不满，而国中青年仍视为学府北辰，盛名之下，难付其实。图书缺乏，生活困苦（物价较战前涨百倍以上），在此情形之下，其退步非人力所可阻止。弟则欲求联大之成功，故不惜牺牲一切，但精神上之不痛快总觉难免，有时不免痛责兄与雪艇、孟真之创联大之议。数月前在渝，孟真责我不管联大事。我说，不管者所以管也。我发恨时很想把你们三人，一人一棍打死。"③此内容至少包括五层意思：一是联大已维持五年且正常运转，不好"插手"，可寄希望于不

① 《钱端升致胡适》，见中国社会科学院近代史研究所中华民国史研究室编：《胡适来往书信选》（中），中华书局1979年版，第494页。
② 郑天挺：《郑天挺西南联大日记》（上），中华书局2018年版，第587—588页。
③ 《蒋梦麟致胡适》，见中国社会科学院近代史研究所中华民国史研究室编：《胡适来往书信选》（中），中华书局1979年版，第550—552页。

久的将来；二是战乱、物价飞涨、经费奇缺、设备不良等阻碍大学办学之负面影响，此非人力能解决，即"管了也无多大效果"；三是如此困难条件下，在联大前期已经管了很多，后期无法再"主动"了，而且当初是你们倡议联合的，我只是勉强为之，现在让我来负责，真是"发恨"；四是"不管者所以管也"，即低调行事，也是另一种形式的"管"；五是"把你们打死"的表述，也反映出蒋梦麟与胡适的关系非常密切。值得注意的是，在表达"愤慨"的同时，蒋还在信中表达了对北大的高度重视，详细阐述了学校未来的发展计划：

一、方针：以北大之向来一贯政策，并蔡先生治学立身之精神为基础，战后在北平创立一文史与自然科学之中心，而以社会科学与应用科学附之，而尤以文史为中心之中心。

二、外国文：凡学生无论习何科，必通一外国语，而习国文者尤所必需。此点不必详说，而兄当与弟同意也。

三、群性、个性均加以适当之训练。

四、学科程度当加以严格之训练，以期一般程度之提高，不及格者饬令留级或退学。

第一条为继承北大固有之历史，二、三、四条为补北大之失。

五、请美国大学在北大设讲座，并准派学生数人留学美国大学，而给以奖学金（scholarship）。此事当与各大学个别接洽。此事请兄在美便中接洽，未识可行否？

以上诸点，年来时萦绕于脑中，故与兄一商之，请求更正或补充。①

当初"百口莫辩"的理由，如今检视来看不无道理。蒋梦麟心中始终装着北大，但因顾全大局而使北大牺牲较多，后又辞任校长牺牲了自己，而"优先"的联大取得巨大成就，此番丰富的"剧情"着实让人慨叹不已。

2. 曾经的支持与事后的追认：蒋梦麟的欣慰

其实，蒋梦麟的"不管"曾得到不少支持。例如，联大迁入昆明后，时人曾赞许蒋的贡献："联大能顺利的搬到昆明，借到大批的校址与校舍，安安稳稳的上课，谁能否认是蒋校长的功劳？"②又如，熟知蒋梦麟心思的郑天挺对其老师甚为尊重，当蒋不在联大或"不管"时，身为联大总务长与北大秘书长

----

① 《蒋梦麟致胡适》，见中国社会科学院近代史研究所中华民国史研究室编：《胡适来往书信选》（中），中华书局1979年版，第550—552页。

② 伍生：《西南联大在昆明》，《学生杂志》1939年第2期，第46页。

的郑能够挺身而出,为其分担了许多事务,蒋辞去校长时,郑多次致信与面请收回成命。① 再者,张景钺与初期"倒蒋"的汤用彤也致函挽留蒋:"在(全面)抗战八年中,三校合作,使联大进展无碍,保持国家高等教育之命脉。此中具见先生处事之苦心,有识者均当相谅。"②此外,傅斯年也曾劝蒋留任校长:"三校联合之局始于长沙,先生主持一以大体为念,所忍者多,则所全者众,所瞻者远,则所成者大,卒示世人以合作之范,而获八年弦诵之休。"③

在蒋梦麟坚决辞去校长后,随着时间的推移,好评众多。1945 年 9 月,胡适托人带信给北大同仁,力挺蒋。10 月 10 日,作为北大继任校长的胡适致电教育部部长朱家骅、蒋梦麟与傅斯年,肯定了蒋的贡献:

> 民国二十年以后,北大复兴,孟邻兄之苦心伟绩,弟所深知。北大复员,仍不可无孟邻兄之领导。曾于上月托张仲述带信与北大同仁,恳切陈述此意。孟邻兄为政府征调,只是暂局,孟真兄肯扶病暂代,最可感幸。将来弟归国,若不得已,亦愿与孟真分劳,暂代一时,以待孟邻兄之归,此意至诚恳。④

不过,蒋梦麟去意已决,但胡适在患难中肯定蒋对北大的贡献犹如雪中送炭。后来,许多人称赞蒋梦麟"不管"发挥了重要作用。叶公超回忆称:"整个抗战期间,大后方的高等教育没有间断,而能继续为政府培植人才,孟邻先生个人的贡献是不可磨灭的。"⑤毛子水也指出西南联大的成功与蒋梦麟关系密切,"固然是由于清华校长梅贻琦先生和南开校长张伯苓先生都是谦谦君子,但假如没有先生(指蒋梦麟)那样的'善与人同'的胸怀,恐怕西南

---

① 例如,在蒋梦麟加紧退出管理联大事务之际,1941 年 11 月 19 日,时任北大秘书长郑天挺继任,原因是清华的沈履体弱不堪重负,请辞总务长,郑任职到 1945 年 10 月 17 日。《国立西南联合大学校务组织》,见北京大学、清华大学、南开大学、云南师范大学编:《国立西南联合大学史料》(第 1 册·总览卷),云南教育出版社 1998 年版,第 91 页。

② 《汤用彤致胡适》,见中国社会科学院近代史研究所中华民国史研究室编:《胡适来往书信选》(下),中华书局 1980 年版,第 33 页。

③ 《傅斯年致蒋梦麟》,见傅斯年著,王汎森、潘光哲、吴政上主编:《傅斯年遗札》(第 3 卷),社会科学文献出版社 2014 年版,第 1212 页。

④ 《胡适致朱家骅、蒋梦麟、傅斯年(电稿)》,见中国社会科学院近代史研究所中华民国史研究室编:《胡适来往书信选》(下),中华书局 1980 年版,第 47 页。

⑤ 叶公超:《孟邻先生的性格》,见北京大学校友联络处编:《笳吹弦诵情弥切——国立西南联合大学五十周年纪念文集》,中国文史出版社 1988 年版,第 20 页。

联大没有那么好的名誉"①。陈雪屏表示："西南联大所以能始终如一联合在一起以至抗战胜利,三校复原,而三校之间精神上的契合无间,且更胜于前,我们不能不归功于蒋梦麟。"②

综上可见,人们既有对蒋梦麟主持北大的认可,亦有对其低调行事而成全西南联大成果的赞赏,如此评判,是对其"不管者所以管也"之言行的一种肯定,蒋梦麟或许会感到些许欣慰。当然,也正是基于此种非常时期的特殊经历,蒋梦麟得以提出一种独特的高等教育管理主张,进而使其高等教育思想体系变得更为多元且立体。

总之,部长有为、校长有为与常委无为是蒋梦麟高等教育思想体系中的核心部分,其大体可分成"有为而治"(前两者)与"无为而治"(后者),亦可分成高校外部管理(前者)与高校内部管理(后两者)。它们分别生成于不同的社会历史环境之中,尽管在某些方面有待完善,如"有为而治"需避免"专制","无为而治"应规避"学校牺牲过大",但是总体上均成绩斐然,既提供了政府管理高校的示范,也树立了高校内部管理的范本,在中国近代高等教育管理史上留下了浓墨重彩的一笔。

---

① 毛子水:《寿蒋梦麟先生》,《中国一周》1962 年第 613 期,第 1 页。

② 陈雪屏:《"和光同尘"与"择善固执"》,《传记文学》1964 年第 7 期,第 11 页。

第六章　求因果、校成绩与得资鉴:蒋梦麟高等教育思想综论

历史是一种"存在",无论我们是否触及它,其始终在那里,等待"知音"去开启。人们为之着迷,竭力释疑,以求为过去"正名",为现实提醒,为将来助力。梁启超曾言:"史者何? 记述人类社会赓续活动之体相,校其总成绩,求得其因果关系,以为现代一般人活动之资鉴者也。"①蒋梦麟高等教育思想在近代中国社会土壤中孕育而成,系统而深刻:理念是灵魂与方向,职能是落地之本,管理是保障。这些主张在理论与实践方面均取得了丰硕成果,当然也留下不少遗憾有待来者解决。

一、社会变局、人际资源与个体特质:高等教育思想生成的影响因素

(一)时局纷乱、经济待兴、西学东渐与教育革新:"空前"的社会变局

1.帝制崩塌、财政困顿、思想震荡与教育初改:晚清时期

晚清时期,帝国主义凭借着坚船利炮发动鸦片战争,随后列强陆续进入中国掀起了更大规模的战事,软弱无能的清政府无力抵抗,签订了一系列丧权辱国的条约,同时太平天国起义、义和团运动等国内起事层出不穷,社会发展危机四起,帝制政权摇摇欲坠。晚清政府采取了多项措施以图振兴,然而无论是 19 世纪 60 年代的洋务运动和 1898 年的戊戌变法,还是清末新政立宪,都无法从根本上使国家摆脱困境。在洋务运动后期的 1886 年,蒋梦

---

① 梁启超:《中国历史研究法》,上海古籍出版社 1998 年版,第 1 页。

麟出生于浙江余姚蒋村,他童年时家乡未受到战乱的严重冲击,太平军曾到过村里烧毁几间房子。在此不久,由于局势吃紧以及求学需要,他转往绍兴再到上海、杭州学习与生活,逐步开始关心国事,真切感知了政府专制引发的诸多民怨及游行运动,也知道了侵略者的无耻言行,开始忧心于国家的出路,后来他想明白了解决途径:"不论立宪维新或者革命,西化的潮流已经无法抗拒。"①因此,1908 年他赴美留学,1909 年在旧金山结识孙中山,加深了对革命的理解。1912 年,民国成立,他依然在国外求学,值此青年之际,国内乃至世界格局已经在蒋梦麟心中留下了深刻印记。

帝国主义侵略的主要目的之一是掠夺财富,两次鸦片战争以及其他数次交战清廷均告失败,被迫签署了多项不平等条约,不仅要赔付巨额费用,还赋予外国人种种特权。由此,外国大宗商品接踵而来,尤其是列强将大量产能过剩的物品倾销到我国,给国内农业、商业、手工业等带来了巨大冲击,整个经济体系亟待重建。当然,不可否认的是,外资及其带来的西方器物、制度等,在一定程度上为经济发展注入了新动力,而且随着洋务运动、戊戌变法与清末新政的推行,民族资本主义工商业得到了一定发展。然而,毕竟是在帝制政权与国外势力强取豪夺的社会环境中,清廷既要支付巨额赔款,又要解决开销甚多的军费,再加上国内各行业发展滞缓等,政府财政持续吃紧,遂征收各种赋税,因而亟须找到一条经济振兴之路。对于经济发展相关问题,蒋梦麟曾指出:"中国富天产,如能施以人工,其利甚大",中国宜组织"统一钱币",而教育应注重民众"生计",进而能使个人立足社会、国家复兴。② 由于家里生活条件相对较好,蒋梦麟在此期间尚未过多感受到经济上的压力,例如即便其没有考取公费留学,蒋父仍能够拿出四千两银子供其自费赴国外学习直到顺利毕业。在留学时,他切身体会到有了物质保障后,美国大学的现代性可以充分地得以体现,而其大概没有想到国内大学办学则是另一番景象,如教育经费时常严重不足,这些能够促使其更为深刻地认识到物质基础之于教育发展的关键作用。

晚清不仅处于时局上的乱世,也经历着思想的震荡。从最初购买国外船炮等器物到学习修造技术,再到钻研制作原理,后来又聚焦于制度、文化与思想革新,西学逐步进入中国,影响日趋增强,由此引发了政府、民间关于中学与西学的"体""用"之争。在皇权至上的清末,任何改革都不可动摇皇

① 蒋梦麟:《西潮与新潮》,人民出版社 2011 年版,第 64 页。
② 蒋梦麟:《亚东教育之中国观(续)》,《时报》1910 年 8 月 14 日,第 2 版。

帝的绝对权威,这是当时变法图强的"底线"。不过,西学"先是涓涓滴滴地流注,接着汇为川流江涛,最后成为排山倒海的狂潮巨浪,泛滥整个东方,而且几乎把中国冲塌了"①。同期,蒋梦麟一方面感受着祖国传统文化的强大生命力,例如皇威、宗族、祭祀等等,特别是中国乡村的文明,"几百年来,不论朝代如何更换,不论是太平盛世或战祸频仍,中国乡村的道德、信仰和风俗习惯却始终不变"②。另一方面,他在国内感受到了西学的冲击,如西物、西艺、西医与基督教等,不久又留学美国,亲身探索异域文化、求得新知,其知识结构与思想认识的现代性程度逐步加深。

在政局不稳与文化思想剧变的社会环境中,旧教育改革势在必行。洋务学堂的创办引领了新教育起步阶段的发展,1872 年首批留美幼童的派遣为国人真正习得异域文化开辟了道路,1902 年《壬寅学制》和 1904 年《癸卯学制》的颁定为学校教育发展提供了指向,1905 年科举制的废除让人欢欣鼓舞,加上专管教育机构之学部的建立,这些都显示出晚清政府进行教育改革的决心。不过,由于帝制政体和封建教育的影响根深蒂固,教育流弊甚多。科举制虽已废除,但学校教育内容依旧多是经学子集,学习方式仍以记诵为主,这些导致很多学子难有真才实学。再者,清末教育宗旨为"忠君、尊孔、尚公、尚武、尚实",其封建意识浓厚,特别是当局力推"忠君、尊孔",教育专制色彩浓重。此外,晚清政府将日本的普及教育体系生硬地导入国内,但相关设施与规程不健全,导致其多是纸上谈兵,时人曾批判此举操之过急:"然则事之不可以求速效者,孰有过于教育者乎。"③旧教育的种种情况是蒋梦麟亲历的。他自幼在家塾学习古代旧学,被他称为蹲"监狱",尽管后来入绍兴中西学堂接受新式教育,但同时仍要准备科举考试,这对于追求新知的他而言实属"煎熬"。不久,他就读浙江高等学堂,其间获取了大量中学与西学的相关知识,逐步坚定了学习西方的想法。随后,他入上海南洋公学求取新知与准备留学,最终顺利开启了接受西方现代教育的旅程。他在加州大学初学专业为农业,后改为旨在培养人才的教育专业,这为其回国从事教育工作特别是高等教育事业提供了重要支撑。

帝国主义的强权、清政府的无力与民间的起事等各种不利因素充斥着晚清社会的发展进程,尽管政治、经济、文化与教育等多领域进行了改革,但

---

① 蒋梦麟:《西潮与新潮》,人民出版社 2011 年版,第 13 页。
② 蒋梦麟:《西潮与新潮》,人民出版社 2011 年版,第 21 页。
③ 沈颐:《论缩短立宪期限与教育之关系》,《教育杂志》1911 年第 1 期,第 5 页。

是并未动摇封建专制的统治根基,直到辛亥革命的爆发,终结了数千年的帝制政体。在此期间,蒋梦麟历经晚清政权的分崩离析、原经济体系的逐步瓦解、西学与中学的碰撞、旧新教育的冲突等社会全方位的深刻变革,外部环境的转变影响着身在其中的人们的生活。从身处乡村时的童年无忧,到辗转多地生活与求学中目睹了祖国伤痕累累后的忧国忧民,从埋头苦读封建思想、浸润于旧式教育,到触及外来文明、接受新式教育与求学美国,蒋梦麟对世界与人类的认识不断加深,尤其是在美国加州大学读本科期间,他深切地学习与体悟了西学,亲历了西方大学的现代性,对开放包容、传承与创新、尊重学生个性、改良社会等多种元素印象深刻,由此高等教育思想的诸多要素在该时期已经形成并含苞待放。

2. 共和之难、经济震荡、新文化浪潮与新教育曙光:北洋政府时期

1912 年 1 月 1 日,中华民国成立,孙中山就任临时大总统,但北方军阀势力强大,遂开启"南北和谈",后以定都北京、袁世凯当权为结局。不料,袁世凯专断独行、复辟帝制,以失败告终,此后直系、奉系、皖系等诸多军阀割据,常年争斗。同期,帝国主义步步紧逼,卑劣的瓜分行径接踵而至。面对北洋政府的腐败与列强的肆意妄为,国人掀起了声势浩大的反抗运动。被寄予厚望的共和政体在民国前期并未展现出非凡的"优势",时局持续动荡,各自为政的军阀大有将国家分裂之势,列强咄咄逼人,而当局依然推行专制。同期,民国元年,蒋梦麟从加州大学毕业,旋入哥伦比亚大学继续深造,其导师杜威的实验哲学与实用主义思想成为其后来言行的重要理论基础之一。他历经数年拿到博士学位,不仅增长了学识,而且拓展了视野、丰富了阅历,从游历旧金山到纽约乃至美国的众多地区,蒋梦麟深入体察了美国的共和制及其具体治理举措,时至 1917 年回国。他参与发起"国立八校太平洋研究会",代表中国参加太平洋会议,抨击北洋政府与帝国主义的种种劣行,1926 年因反对当局制造的"三一八"惨案被通缉,无奈离开北京南下。此间,蒋梦麟关心时事,但同时保持着基本克制,作为学者的他与政治的距离逐渐缩小。

民国建立伊始,百业待兴。南北议和后,北方势力掌握了政权,随后采取了多种举措振兴经济,如设立多个相关部门,包括财政部、农林部、工商部、实业部等,颁布了不少政策,初步建立起新的经济体系,在金融、农业、工商业与交通等诸多领域成效初显。然而,军阀割据与外敌侵略严重阻碍着经济发展,这不仅表现在内战不断,各行业发展失序,还体现在帝国主义的贪得无厌。以签订的不平等条约为例,马寅初曾指出"领事裁判权""对外贸

易取缔权""最惠国待遇"与"经济绝交与抵制英日货"等条款对我国经济造成了重大损失。[1] 据相关资料记载,政府财政亏空严重,其中较大份额的经费用于军事争斗[2],截至国民政府成立前夕,北京政府内外负债二十五亿余万元。[3] 窘迫的经济状况使得教育经费难以保证,回国后的蒋梦麟在北大真切地体会到经费对办学的极端重要性,遂在各种场合讲到经济之于高等教育发展的关键作用,并四处筹集办学经费。

随着政权的更迭,思想的变迁也在渐进加速。尽管民初民主共和观念被人们广泛接受,但封建思想影响仍然较大,特别是袁世凯称帝倒行逆施地推行复古,终被时代发展大潮所淹没。1915 年,《新青年》创办,开启了新文化运动,以陈独秀、胡适等人为典型代表。这场文化思想的革新运动以反对专制、愚昧、旧道德与旧文学等为目的,提倡民主与科学。1919 年爆发的五四运动,将新文化思想更为强力地传播到全国,甚至于在世界上引发了很大反响。同期,国家建设的取法指向从日本逐步转变为欧美,具体表现在政府治理、经济建设与文教改进等诸多方面,尽管北洋政府施以管控,但新思想的发展势头已经难以阻挡。新文化运动初期,身在美国的蒋梦麟已经关注,回国后便加入其中,尤其是五四运动后,他进入新文化的中心地——北京大学,其对于新旧思想、中西文化的思考尤为深入,在调和新与旧、中与外等关系上形成了独具风格的思想体系。

民初对立宪的追求可谓执着,但传统士子对立宪知之甚少,缺乏民主意识。因此,培养通晓立宪的新型人才刻不容缓,这一职责落在了教育肩上:"欲改革政治,不可不先改造国民之品性。而欲改造国民之品性,舍用教育之方法外其又奚由。"[4]因此,晚清学部改为民初教育部,蔡元培为教育总长。不久,《普通教育暂行办法》和《普通教育暂行课程标准》等各项法令相继颁布,力图稳定全国教育形势,肃清封建教育的影响。同时,政府组织全国临时教育会议、全国教育行政会议和全国各类学校校长会议等,以商讨部署教育规划和推行教育法令,民间教育团体也举办了多次全国教育联合会大会,为教育改革献计献策。各界人士都不遗余力地办教育、兴学校和引入先进

---

① 马寅初:《不平等条约于我国经济上之影响》,《银行月刊》1925 年第 7 期,第 1—7 页。

② 华立:《三十年来我国之经济趋势(续):为庆祝本校三十周纪念而作》,《经济学报》1932 年第 2 期,第 32 页。

③ 《现在我国之内外债》,《大公报》(天津)1927 年 2 月 21 日,第 4 版。

④ 《论政治与教育之关系》,《盛京时报》1912 年 3 月 2 日,第 1 版。

教学理念及方法,诸如黄炎培之于职业教育、俞子夷之于教学法和萧友梅之于音乐教育等都产生了较大影响。时至新文化运动前后,民初教育得到较大发展。不过,教育遗留问题依然较多,正如时人所言:"过去的教育科举制度八股式的不计了,而所谓学校教育,也不过是洋八股的教育,课本的教育,死的教育,是抄袭外国的皮毛,而且抄又抄得不像样。"①各地方教育局势也令人不安,山西省由于战事不断多数学校被迫停顿②,陕西省在校学生因参与革命运动多数无心求学③,安徽省经费不足致使普及教育难以推行④。此外,教育宗旨的更新、教育经费的筹集和教师的培养等各种问题亟待解决。有鉴于此,有人痛心地指出教育已让国人失去信仰,甚至高呼中国教育到了最危险的时刻:"一想到中国教育的现状,真能使得人心寒! 就是说,中国的教育已快到破产的时期,也不全是杞忧罢。从改建学校以来,中国的教育现在总算最危险了。……中国教育所以演成这样的危象的原因,根本就是中国人对于教育失却信仰。"⑤面对北洋时期的教育现状,作为该领域的专家,蒋梦麟通过主办《新教育》杂志与发表文章等众多方式推动教育革新,并且以北京大学为中心场域,参照西方现代大学的办学经验,探索出一套中国化的大学办学体系。

民国的建立推翻了封建帝制政体,具有里程碑意义。不过,江山难打,守江山同样不易。当时以孙中山为代表的革命势力难以完全承担起国家建设的重担,而实力雄厚的军阀又各自为政,固守传统,实施专制,并且与外国人勾结,这些导致共和制流于形式,社会发展滞缓,民众生活极为困苦,直到北伐战争的胜利,十余年军阀战乱的北洋时代宣告结束。此间的蒋梦麟大体完成了将国外所学应用于国内的转变,其主要表现在对北洋时期虚假共和制与帝国主义的批判言行、对除旧迎新与扬西抑中思想的冷静处理、对现代教育的宣传与力推等诸多方面,这些使得他以北大为阵地基本形成了颇具特色的高等教育思想体系。

3.政局与经济起落不定、思想收紧与教育现代化之艰辛:国民政府时期

1927 年 4 月,国民政府成立。1928 年 12 月 29 日,张学良宣布"东北易

---

① 吴禹杨:《向教育界的先生们哀求》,《民国日报·觉悟》1928 年 1 月 26 日,第 2 版。
② 《三晋教育界最近之概况》,《大公报》(天津)1928 年 1 月 16 日,第 3 版。
③ 《最近之陕局》,《大公报》(天津)1928 年 2 月 17 日,第 6 版。
④ 《皖教厅励行普及教育》,《民国日报》1928 年 2 月 2 日,第 12 版。
⑤ 刘薰宇:《中国教育的危机》,《教育杂志》1927 年第 1 期,第 1 页。

帜",表示"遵守三民主义,服从国民政府",全国统一局面初步形成。依照孙中山"军政、训政、宪政"的立宪程序说,国民党宣布"军政"结束,开始"训政":"在此时期内实行约法,建立地方自治,促进民权发达,以县为单位,扫除积弊,积极开启民智,办理卫生、教育、道路改革等各事。各县已达完全自治程度,则选举代表,组织国民大会,制定五权宪法。"①政府通过规范社会秩序,教化国民品行,为实现完全民主做准备。然而,国民党推行一党专政、以党治国,排挤共产党,发动数次清除行动。同期,国外势力继续发难,其中日军更为猖狂。1931 年 9 月 18 日,日本帝国主义无理挑起事端,突袭沈阳,占领东北,史称"九一八"事变。这引起了国人强烈的抗日情绪,各地爱国运动此起彼伏。然而,日军并未收敛暴行,发动了包括 1932 年"淞沪之战"在内的数次战事,逼迫当局签订了包括 1933 年《塘沽停战协定》等在内的多项不平等条约。面对此种乱局,国民党未能坚决抗击,东北、华北、上海等大部分国土相继失守,民众死伤无数。1937 年 7 月 7 日,卢沟桥事变爆发,掀开了全面抗战的大幕,国民政府被迫迁都重庆,历时八年,以中华民族的胜利告终,后来政府重回南京,"宪政"多是表面文章。不久全面内战打响,以国民党败走台湾宣告民国的终结。这一阶段,蒋梦麟十分关切时事与政局,例如参加"国难会议"、调停中日华北停战、声讨日本侵略行径等,同时与国民党政权的联系越发紧密,如任国民党中央委员,但也注意和政治保持一定距离,直到出任行政院秘书长,成为其人生中的一个重要转折,数十年的文教生涯随之告一段落。

国民政府前期,国民经济体系大体建成,但是随着"九一八"事变等各种战事的爆发,原本有所起色的经济发展面临着重重困境,特别是当时世界性经济危机的发生,使得国内经济状况雪上加霜。由于日军暴行不断,国民政府为抗战加强国防建设,政府财政赤字甚大,无法满足所有行业的发展需求,只得经常把其他行业经费(含教育经费)挪作军费。国民政府后期,随着全面抗战的爆发,军费飞涨,加上通货膨胀,物价急速攀升,致使民众吃穿等基本生活都难以为继,后来又爆发内战,经济发展进程几度中断。由此可知,经费无着发生在教育领域就带着某种必然了。从执掌教育部到任北大校长,再到任西南联大常委,蒋梦麟始终关注高等教育物质条件的改善,绞尽脑汁筹措经费,竭力保障师生的基本生活,由此,他更为深刻地认识到硬件对于办学的重要性。

---

① 唐振常:《识史集》,上海古籍出版社 1997 年版,第 214 页。

国民党掌握政权后，形式上遵守三民主义，实质上却以国民党党义控制人们的思想。因此，国民党采取禁言、禁写、禁售等多种方式清除各种主义与思潮，特别是重在肃清不利于其统治的主张，此种情况以当时首都南京为中心逐步辐射到全国。不过，北平因离南方政权中心较远而氛围稍有宽松，"南京除了历史记忆之外，并无足资依赖的过去，一切都得从头做起。因此，大家都在思考、计划和工作，生活也跟着这些活动而显得紧张。每个人都忙着开会和执行命令。空气永远是那么紧张，北京的悠闲精神无法在南京发荣滋长"①。此间，蒋梦麟一方面配合国民党的以党治国方略，宣传党义要旨；另一方面，因其身居北平以及后来内迁到昆明，在主持北大与西南联大时亦能给予师生较大的思考空间与言行余地。

作为开启民智的重要途径，教育需要站在时代前沿，"一个新时代的教育，自然有其特殊的目的，要顺着特殊的目的，以定教育的方针，然后教育的涂辙，才不至误着方向"②。1927 年，国民政府大学院成立，蔡元培为院长，但由于大学院是舶来品，水土不服，加上派系纷争等诸多原因，后来被教育部取代。在此期间，第一次与第二次全国教育会议举行，商定了教育发展规划，并出台了教育指导思想、各级各类教育等诸多法令，全国教育进入大整改与快速发展轨道，直到全面抗战前，此期被誉为教育发展的"黄金十年"。卢沟桥事变后，迫于战事，国民政府指令各校"轻微袭击时应力持镇静，必要时可作短时停闭，激烈战事时可暂停或迁移"③。1938 年 4 月，国民党临时全国代表大会议决通过《战时各级教育实施方案纲要》，其提出"九大教育方针"及"十七项实施要点"。随着战局的变化，相关针对性教育政策陆续出台，战时教育艰难维系，直到抗战胜利后有所改观。在这段时期，蒋梦麟侧重在党化教育与教育相对独立两方面寻找平衡，同时也在推行教育（特别是高等教育）的现代化转型方面付出了巨大努力。

概言之，国民政府成立后，北洋时期的乱局有所缓和，国民党加紧揽权，管控思想，帝国主义依然贪得无厌，尤其是日本帝国主义暴行累累，而教育总体上在稍显平稳的环境中发展较快，但全面抗战的爆发导致文教事业损失惨重、发展受阻。蒋梦麟的思想与行动随着这些状况的改变而有所调整，就高等教育思想而言，其对理念、职能与管理等多方面主张进行了矫正，以

---

① 蒋梦麟：《西潮与新潮》，人民出版社 2011 年版，第 195 页。

② 李岳立：《训政时期的教育》，《湖南教育》1928 年第 2 期，第 1 页。

③ 中央教育科学研究所：《中国现代教育大事记》，教育科学出版社 1988 年版，第 374 页。

适应政局、战局、经济与文教状况等提出的新要求,进而使其高等教育思想体系更加富有弹性与多样性。

最后是 1949 年直到其去世(1964 年),蒋梦麟在我国台湾地区,社会局势稍显平缓,经济与文教改革有所起色。他在此阶段主要在农复会工作,为农业振兴贡献颇大,曾谦逊地表示:"离开北大后,就绝口不再谈教育问题,因为有关教育的问题,人人都有意见,人人都自认是专家,争论不已,徒增烦恼。"不过,当有人向他建议在台湾恢复北大时,他反对称:"北大之所以成为北大,主要由于北大有最好的教授,如今在台湾,哪能聘请到像当年北大那样水准的教授,倘若贸然复校,岂不砸了北大的招牌?"①同时,他对于思想文化的研究日渐精深,出版《孟邻文存》《谈学问》等论著,这在文化观方面为其高等教育思想奠定了坚实的思想基础,进而使得他的高教思想体系更为立体与丰厚。

综上所述,从 1840 年第一次鸦片战争开始到 1949 年中华人民共和国诞生,一百余年的近代中国内忧外患,战乱贯穿于始终,社会发展失序,人民生活处于水深火热之中。国民党败退台湾至蒋梦麟去世时的 20 世纪 60 年代,当地发展也不容乐观。蒋梦麟正是生长于这样一个动荡不安、民族待兴的时代,其高等教育思想随着政权更迭、经济沉浮不定、文化思想变迁与教育革新的进程逐步生成:晚清时期在积累中萌发,北洋时期在蜕变中渐成体系,国民政府时期至他去世这段时光在适应中调整与完善。

(二)众多重要他人:丰富的人际资源

个体的成功离不开人际资源的助力,贵人相助时常会起到事半功倍的效果,尤其是对于意在创造不凡成就者而言更是如此。"所谓的精英社会实则是一张纵横交错的社交关系网,如果你想要融入这个社会,就要学会建立和巩固这样的网络。"②人际资源主要是基于血缘、乡缘、学缘与业缘等多重因素而获取,具体包括家人、师生、领导、朋友等多类人群。蒋梦麟一生中遇到过许多重要他人,对其思想与行为的形塑以及成就的取得发挥了巨大作用。

1.家人的影响

家人是蒋梦麟人生的重要见证者,其中父母是第一任老师。蒋父继承

---

① 胡国台访问,郭玮玮纪录:《刘真先生口述历史》,九州出版社 2013 年版,第 189 页。

② 哈佛公开课研究会:《哈佛商务课(经典案例升级版)》,中国铁道出版社 2016 年版,第 141 页。

祖业，是上海几个钱庄的股东。其不仅简朴、忠厚，而且慷慨，捐助慈善机构，受到村民敬重。蒋父还格外开明，让蒋梦麟自己选择经商或从政，其倾向后者，遂读书以参加科举。蒋父不是一个循规蹈矩之人，喜欢设计，造过房子，实验过养蚕、植桑、造楼等，还试图造轮船（后来失败），这些新奇的想法与举动无疑丰富了蒋梦麟的认知与行为。随着时局发展，西学影响程度加深，蒋梦麟思想更为活跃，蒋父颇为理解儿子，送他进入新式学堂读书。科举废止后，蒋父筹集了四千两银子供他留学。回国后，蒋父已经剪了辫子，生活依然朴素，直到全面抗战期间去世。蒋梦麟回忆称："我父亲的道德人品对我的影响的确很大。"蒋父宽厚、包容的性情以及勤思考、敢尝试新事物、支持他学新知与留学等言行对蒋梦麟的思想及其实践有着莫大的影响。

蒋母有教养且"姿容美丽"，可谓才貌双全，对蒋梦麟爱护有加。幼年时，他讨厌家塾旧式教育逃回家扑到母亲怀里，蒋母慈祥询问原因，他说："家塾不好，先生不好，书本不好。"蒋母笑问："你不怕先生吗？他也许会到家里找你呢！"他说："先生，我要杀了他！家塾，我要放把火烧了它。"后来，蒋母没有送他回去，因为知道儿子吃软不吃硬，高压方法不起作用，其实蒋长大后就是这种性情，这与父母亲从小"疼爱"有关。知子莫若母，不幸的是，蒋母在他 7 岁时去世，蒋父续娶者不久亦过世，后未再续弦。①

除父母外，蒋梦麟立言与事功也与其妻子关联密切。首任夫人孙玉书在他留学与回国代理北大校务期间，抚养子女与照料蒋父，后来即便两人离婚，依然侍奉到蒋父去世，这在较大程度上为他解除了不少后顾之忧。第二任妻子陶曾谷对蒋梦麟生活照顾有加，他早年因为不修边幅，"头发蓬松像个草窝"，遂得绰号"草窝头"，与陶结婚后，改观不少②，但陶个性张扬以及与北大教授关系不佳，成为蒋辞任北大校长的诱因之一。第三任妻子徐贤乐是蒋梦麟一见钟情之人，但却使其晚年生活不安，直至身心彻底垮掉，导致他做学问、论教育以及更深入地思考高等教育等计划无法实现。可见，三任妻子对蒋梦麟治学与治事起到了较多积极或某些消极的作用。

2. 友人的帮助

个体立足于社会不仅有家人相伴，还不可避免地与其他人联系，会逐步形成一个关系网络。蒋梦麟的社交圈很广，在人生不同阶段遇到了很多重

---

① 蒋梦麟：《西潮与新潮》，人民出版社 2011 年版，第 37—40 页。

② 蒋仁渊、蒋燕华、吴小燕：《蒋梦麟后嗣缅怀蒋梦麟》，见钱理群、严瑞芳主编：《我的父辈与北京大学》，北京大学出版社 2006 年版，第 112 页。

要他人。总体而言,这些人分布在政界、商界、文化界、教育界等众多领域,并呈现出位于国内外、以英美派及新派为主等特点。再者,这些人多是各自领域卓有影响的人物,例如孙中山、蒋介石、陈立夫、陈果夫、宋子文、孔祥熙、戴季陶、蔡元培、胡适、黄炎培、陈独秀、李大钊、傅斯年、杜威与孟禄,等等。同时,蒋梦麟以北大为根据地,打造了一个庞大的人际网络。20世纪30年代,国民政府教育部、故宫博物院、中央研究院、中华教育文化基金会与众多大学等诸多部门、机构及高校均有北大人担任要职,例如教育部部长朱家骅(曾任北大教授)与王世杰(曾任北大教授)、故宫博物院院长马衡(曾任北大教授)、中央研究院院长与中华教育文化基金会董事长蔡元培(曾任北大校长)、中央大学校长罗家伦(北大毕业生)、山东大学校长赵太侔(北大毕业生)、武汉大学校长王星拱(曾任北大教授)与同济大学校长翁之龙(曾任北大教师)等。据当时四处演讲的陶希圣发现,各地中学校长多是北大毕业生。[①] 当时流传一种说法:文武两位蒋校长,武者为黄埔军校校长蒋介石,学生均是名望很大的将帅之才;文者为北大校长蒋梦麟,其门生数量是前者所不及,可谓桃李满天下。例如,蒋梦麟主持农复会在考察南京时路过汉中,决定临时经停,没想到几位机场服务人员是北大学生,接待甚为热情,农复会同事特别是美国朋友很奇怪,"何以一个当过校长的人,有这么多学生,几乎在全国各地的城市或乡间到处都会碰到"。无独有偶,有次在飞机上,农复会美国朋友开玩笑:"你在天空里难道还会碰见学生吗?"蒋表示不会了,不料走来一位飞行员向蒋问候,声称也是其学生,为副驾驶员。蒋自豪地说:"你们瞧,几十年苦校长不是白当的吧,苦有苦的报酬啊!"[②]可见,蒋梦麟的人际资源非常丰富,接下来我们综合考虑结识时间及其影响力等因素选取几位重要人物加以详述。

蔡元培(1868—1940),中国近代革命家、政治家与教育家,曾任民初教育总长、北京大学校长、大学院院长、国民党中央执委、国民政府委员兼监察院院长、中央研究院院长等职务,国民党元老之一。1897年,为了提高蒋梦麟的学识,蒋父将其送到绍兴中西学堂读书,次年蔡元培辞去翰林院编修回绍兴主持该学堂并亲授课程,蒋回忆在学堂集会时见到蔡的情景:"有一位文质彬彬、身材短小、儒雅风流、韶华三十余的才子,在席间高举了酒杯,大声道:'康有为,梁启超,变法不彻底,哼! 我! ……'大家一阵大笑,掌声如

① 陶希圣:《潮流与点滴:陶希圣回忆录》,中国大百科全书出版社2016年版,第125页。
② 蒋梦麟:《西潮与新潮》,人民出版社2011年版,第289—290页。

雨打芭蕉。"蒋首次受教于蔡学的是反切学,蔡说:"你们读书先要识字,这是查字典应该知道的反切。"①两年的学堂生活,蒋与蔡结缘,也为其不凡的一生埋下了伏笔。蒋梦麟留学期间,两人保持着密切联系,例如 1912 年初,蔡元培致函蒋,请其翻译自己所著《教育意见书》,蒋欣然照办,同时致函介绍了自己所学与对民初教育改革的想法。② 五四运动后,蒋受蔡之邀代理北大校务,成为其得力副手,也使得蒋的教育革新理想有了施展的大舞台。国民政府成立前后,蒋梦麟担任国民党浙江临时政治会议委员兼秘书长(蔡元培为代主席)、大学院院长、教育部部长、北京大学校长、中华教育文化基金会副董事长等职务,这都与蔡元培力荐有关,因为蔡在这些机构或组织中均曾担任"一把手",而蒋或任副手或为继任者。蒋梦麟地位提高后,两人互相帮助,关系甚密。1936 年 11 月,蔡元培因劳累过度突发急病,一筹莫展之际,蒋梦麟带来协和医院医生看望,并对蔡师母和大家说:"我对蔡先生和儿子一样,我可负全责!"时人称:"大家也知道蒋蔡几十年的交情,和梦麟做事的果断,就全无异议了。"由于医治得当,蔡转危为安。③ 1940 年,蔡元培逝世,蒋梦麟悲痛万分,组织相关活动与撰写文章悼念,并送上挽留:"大德垂后世,中国一完人。"④蔡元培是蒋梦麟生命中非常重要的一位贵人,给予了他极大帮助,蒋的诸多高等教育主张是在继承与改造蔡氏思想基础上生成的,两人为同乡,亦师亦友,均对中国近代文教事业尤其是在高等教育方面贡献卓越。

孙中山(1866—1925),领导辛亥革命取得胜利,建立民国,中国国民党创立者,提倡三民主义,享誉国内外。1909 年留美期间,蒋梦麟与《大同日报》主笔刘成禺是同学,蒋为该报撰写每日社论,这份报纸的创办者是孙中山,后经刘介绍,蒋与孙相识并数次长谈。据刘成禺回忆,孙中山对蒋梦麟很是欣赏:"少贤(梦麟字)他日当为中国教育泰斗,非知之艰行之为艰,少贤有焉!然对于革命议论,风发泉涌,笔利如刀,又宣传家之大手笔也。文字革命时期,不能少此人。"⑤蒋梦麟回国后依然与孙中山交往甚密。1917—

---

① 蒋梦麟:《试为蔡先生写一笔简照》,《申报》1940 年 4 月 8 日,第 12 版。
② 中国第二历史档案馆:《蒋梦麟致蔡元培函(1912 年 5 月 1 日)》,《民国档案》2004 年第 2 期,第 3 页。
③ 杨步伟:《安与危》,《传记文学》1968 年第 1 期,第 38 页。
④ 蒋梦麟:《试为蔡先生写一笔简照》,《申报》1940 年 4 月 8 日,第 12 版。
⑤ 刘成禺:《先总理旧德录》,见尚明轩、王学庄、陈崧编《孙中山生平事业追忆录》,人民出版社 1986 年版,第 688 页。

1919 年在上海时,他几乎每晚都去孙公馆看望孙中山夫妇,当时孙草拟英文实业计划,蒋邀请余日章帮忙校订,其间蒋与数位国民党要人相识,这些人后来均成为蒋介石当政时期的要员,例如胡汉民(曾任国民政府代理主席、国民党中央执委会常委会主席)、戴季陶(曾任国民党中央宣传部部长、国民政府考试院院长)、张继(曾任国民政府立法院院长)、居正(曾任国民政府司法院院长)、林森(曾任国民政府主席)、邹鲁(中山大学创办者与首任校长,曾任国民党中央执委会常委兼青年部部长)等,其中戴季陶曾请蒋梦麟帮忙向孙中山请求留美读书,足见蒋在孙心里的地位非同一般。五四运动后,蒋入主北大,孙致信希望他"率领三千子弟,助我革新"。1921 年,帝国主义意在于第一次世界大战后划分势力范围,遂召开太平洋会议,蒋为国民代表,会前拜谒孙,1922 年会后想电告孙,但因陈炯明叛变,孙避难未得接见。1924 年,孙为求南北统一北上,蒋到天津相告,段祺瑞政府无诚意,孙即言:"那么我们继续革命。"①1925 年 3 月,孙弥留之际,蒋赶到,然其已无法言语。孙中山逝世后,蒋梦麟伤心不已,曾引用杜甫咏颂诸葛武侯的诗句来表达哀思:"出师未捷身先死,长使英雄泪满襟。"②孙中山对蒋梦麟影响甚大,例如蒋信奉三民主义,他自身以及支持师生反抗侵略者,争取民族独立,同时给予师生较大的言行自由权,并力推普及教育提升平民素质,晚年从事农业改革工作以改善民生。此外,蒋梦麟与孙中山结缘,通过这个渠道认识了诸多政府要员,使得他的社会地位明显提升,特别是其中的政治资源为他构建高等教育思想及其践行提供了强有力的保障。

黄炎培(1878—1965),中国近代教育家、实业家、政治家,曾任江苏教育司司长、江苏省教育会副会长,创办中华职业教育社并任理事长,南方文教界的领军人物,中国近代职业教育先驱者之一,中国民主同盟主要发起人之一。蒋梦麟与黄炎培因机缘而建立友谊,1915 年,黄赴美考察实业,被邀参加万国教育联合会,因无暇而由蒋代之。蒋回国后,就职于商务印书馆、中华职业教育社,创办《新教育》杂志,到各地考察教育,等等,均与黄的支持密不可分。五四运动后,已经颇有成绩与影响力的蒋受邀入北大代理校务,黄出谋划策,两人联名致信胡适:"诸君万勿抱消极主义,全国人心正在此时复

---

① 《追忆中山先生》,见蒋梦麟:《西潮与新潮》,人民出版社 2011 年版,第 325—328 页。
② 蒋仁渊、蒋燕华、吴小燕:《蒋梦麟后嗣缅怀蒋梦麟》,见钱理群、严瑞芳主编:《我的父辈与北京大学》,北京大学出版社 2006 年版,第 119 页。

活,后来希望正大也。"①可以说,黄炎培的支持为蒋梦麟学问与事功的起步及迅速成长奠定了坚实基础。后来,两人同为东南大学发起人以及中华教育文化基金会、中华职业教育社、国难会议、东北热河后援会与国民参政会等众多组织主要成员,这份友谊长期保持。

杜威(1859—1952),美国著名哲学家、心理学家与教育家,实用主义的典型代表人物之一,任职哥伦比亚大学时期,胡适、陶行知、郭秉文等均是其学生,亦是蒋梦麟的研究生导师。1912年,蒋梦麟从加州大学毕业旋入哥伦比亚大学师从杜威学习,主修教育,最终拿到博士学位。五四运动期间,杜威受邀来华演讲,由胡适、陶行知等人陪同,当时思想界、教育界为之震动,胡曾评论:"自从中国与西洋文化接触以来,没有一个外国学者在中国思想界的影响有杜威先生这样大的。"②其间,蒋梦麟发表《杜威之人生哲学》《杜威之道德教育》等文章推介杜威主张。杜威强调以教育为主要手段来实现民主主义社会,注重实验,讲求证据,教育即生活、学校即社会与在做中学等。蒋梦麟曾在回忆录《西潮》及其他著述中频繁提到杜威思想,他提倡教育救国,强调新教育应从儿童出发,重视生活经验,提倡合作、科学精神与方法,这些都与杜氏思想相关。

胡适(1891—1962),中国近现代思想家、文学家与教育家,留美博士,新文化运动领军人物之一,曾任北京大学文学院院长与校长、驻美大使,与蒋梦麟是哥伦比亚大学校友且为同门(均师从杜威)。两人是一生的朋友,有着五十余年的深厚情谊,蒋每逢遇到困难,胡总会伸出援手。例如,出自南方教育界的蒋梦麟初入北大前,曾被人指责来北方争权,胡适预先进行疏导。再如,蒋梦麟任北大校长之际,经费奇缺,胡适与傅斯年等联系中华教育文化基金会予以资助,消除其顾虑;在推行校长治校时,胡坚定拥护;在法日派与英美派争锋时,胡冲在前面。陶希圣称:"国立各大学之间,另有聚餐,在骑河楼清华同学会会所内,随时举行,由梦麟北大校长,梅月涵(贻琦)清华校长,适之及枚荪两院长,我也参加,交换意见。月涵先生是迟缓不决的,甚至没有意见的。梦麟先生总是听了适之的意见而后发言。……清华同学会聚餐席上,适之先生是其间的中心。梦麟是决定一切之人。北大六年的安定,乃至国立八校六年的延续,没有梦麟与适之的存在与活动,是想

---

① 《黄炎培、蒋梦麟致胡适》,见中国社会科学院近代史研究所中华民国史研究室编:《胡适来往书信选》(上),中华书局1979年版,第48页。

② 胡适:《杜威先生与中国》,《晨报》1921年7月11日,第2版。

象不到的。"①这些足见蒋、胡两人关系非同一般且配合默契。再如,西南联大时期的蒋梦麟推行无为而治,以至于北大牺牲很多,致其辞任北大校长,身在美国的胡适致信教授们,肯定蒋对北大的杰出贡献,并表达了请蒋继续掌校的意愿。此外,蒋梦麟晚年迎娶第三任妻子徐贤乐,躺在病榻上的胡适多次劝其三思,并写下长篇信函,句句发自肺腑,字字良言,我们不妨一阅:

上次我们见面,得畅谈甚久,你说此后你准备为国家再做五年的积极工作,然后以退休之身,备社会国家的咨询。我听了你那天的话,十分高兴,我佩服你的信心与勇气。我病后自觉老了,没有那么大的勇气了,故颇感觉惭愧。但我衷心相信,也渴望你的精力还能够"为国家再作五年的积极工作"。

我们畅谈后不久,我就听说你在考虑结婚,又听说你考虑的是什么人。我最初听到这消息,当然替我的五十年老友高兴,当然想望你的续弦可能更帮助你实现"为国家再作五年积极工作"的雄心。

但是,这十天里,我听到许多爱护你、关切你的朋友的话,我才知道你的续弦消息真已引起了满城风雨,甚至于辞修、岳军两先生也都表示很深刻的关心。

约在八天以前,我曾约逯羽来吃饭,我把我听到的话告诉他。这些话大致是这样:某女士已开口向你要二十万元,你只给了八万;其中六万是买订婚戒指,两万是做衣裳。这是某女士自己告诉人的,她觉得很委屈,很不满意。关心你幸福的朋友来向我说,要我出大力劝你"悬崖勒马",忍痛牺牲已付出的大款,或可保全剩余的一点积蓄,否则你的余年决不会有精神上的快乐,也许还有很大的痛苦。

这是我八天以前对逯羽说的话。

逯羽说,他知道大律师□□先生认识某女士最久,最熟,所以逯羽曾向□□先生打听此人的底细。逯羽说,他听了□□先生的话,认为满意了。他又说,孟邻兄自己觉得这位小姐很能干,并且很老实。

根据□□律师报告,和孟邻兄自己的考语,逯羽不愿劝阻,也劝我不要说话了。

但是,昨今两天(十七,十八)之中,我又听到五六位真心关切你的人的报告。他们说:现在形势更迫切了。某小姐已详细查明孟邻先生

① 陶希圣:《记蒋梦麟先生》,《传记文学》1964 年第 7 期,第 10 页。

的全部财产状况了,将来势必闹到孟邻先生晚年手中不名一文,而永远仍无可以满足这位小姐贪心之一日!

总而言之,据这些朋友的报告,□□律师给逵羽报告是完全不可靠的。并非□□先生有心不说实话,只是因为他世故太深了,不愿破坏眼见快要成功的婚姻。

这些朋友说,这位小姐在对待孟邻先生的手法,完全是她从前对待她的前夫某将军的手法,也是她在这十七八年里对待许多男朋友的手法:在谈婚姻之前,先要大款子,先要求全部财产管理权。孟邻先生太忠厚了,太入迷了,决不是能够应付她的人。将来孟邻先生必至于一文不名,六亲不上门;必至于日夜吵闹,使孟邻先生公事私事都不能办!

她的前夫某将军是何等厉害的人! 他结婚只七个月之后,只好出绝大代价取得离婚!

这些朋友说:适之先生八天之前不说话,是对不住老朋友,今天怕已太晚了。

我也知道太晚了,但我昨夜细想过,今天又细想过。我对我的五十年老友有最后忠告的责任。我是你和(陶)曾谷的证婚人,是你一家大小的朋友,我不能不写这封信。

我万分诚恳的劝你爱惜你的余年,决心放弃续弦的事,放弃你已付出的大款,换取五年十年精神上的安宁,留这余年"为国家再作五年的积极工作"。这是上策。

万万不得已,至少还有中策:展缓结婚日期,求得十天半个月的平心考虑的时间。然后在结婚之前,请律师给你办好遗嘱,将你的财产明白分配:留一股给燕华兄妹,留一股给曾谷的儿女,留一股为后妻之用,——最后必须留一股作为"蒋梦麟信托金"(trust fund),在你生前归"信托金董事"执掌,专用其利息为你一人的生活补助之用,无论何人不得过问;你身后,信托金由信托金董事多数全权处分。

你若能如此处分财产,某小姐必是不肯嫁你了,故中策的效果,也许可以同于上策。

无论上策、中策,老兄似应与辞修、岳军两兄坦白一谈。老兄是一个"公家人"(a public man),是国家的大臣,身系国家大事,责任不轻。尤其是辞修先生对老兄付托之重,全国无比! 故老兄不可不与他郑重一谈。

你我的五十年友谊使我觉得不须为这些信道歉了。我只盼望此信能达到你一个人的眼里。你知道我是最敬爱你的。

适之

五十、六、十八夜十点二十分①

胡适信中内容甚是露骨,实为金玉良言,但忠言逆耳,倔强的蒋梦麟并未接受,后来则悔恨不已,深感内疚,曾言愧对已经故去的挚友胡适,专门召开记者会,决意离婚。凡此种种,胡适不仅能锦上添花,更可以雪中送炭,足见胡适乃是蒋梦麟的真朋友,是蒋氏高等教育思想得以形成的主要护佑者之一。

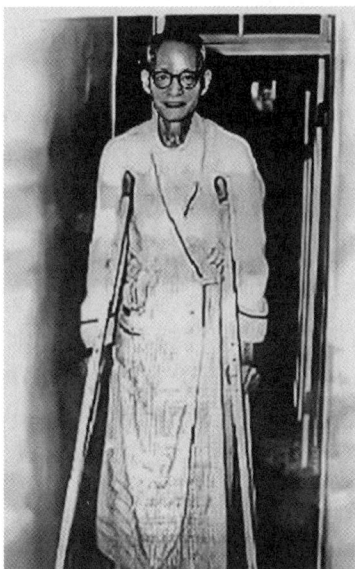

1963 年 4 月蒋梦麟扶病举行记者招待会
图片来源:蒋梦麟:《谈学问》,致良
出版社 1991 年版,卷首插图。

蒋介石(1887—1975),带领国民革命军北伐获胜,组建国民政府,曾任黄埔军校校长、中国国民党总裁、国民政府主席、国民政府军事委员会主席等。1926 年,蒋梦麟因被当局通缉而南下,此时正值北伐战争,因得到孙中山与蔡元培等人赏识,能力出众,又是浙江人,很快进入国民党核心队伍行

---

① 胡颂平:《胡适之先生年谱长编初稿》,联经出版事业股份有限公司 1984 年版,第3646—3648 页。

列,并得到蒋介石的青睐,被任命为浙江省政府委员兼教育厅厅长、浙江大学校长、教育部部长等。在执掌全国学务期间,蒋梦麟主持制定《大学组织法》《大学规程》等文件,大力整顿高等教育。在整改劳动大学与中央大学时,遭到李石曾、吴稚晖与张静江等国民党元老排挤,而意在削弱元老势力的蒋介石支持蒋梦麟,最终劳大被废止,中大易长,这些使得两人走得更近。此后,蒋梦麟任北大校长,由于和蒋介石及其势力关系紧密,加上蔡元培与此前通过孙中山结识了众多国民政府要员的帮助,蒋梦麟办学期间相对方便许多。全面抗战开始后,西南联大迁到昆明,亦是蒋梦麟拜访蒋介石所促成。1945 年他出任行政院秘书长,同样得到蒋介石认可。后来蒋介石亲自面谈蒋梦麟,请其担任农复会主任委员,蒋梦麟余生得以在改善民生方面有所成就。

傅斯年(1896—1950),中国近现代历史学家、教育家,五四运动学生领袖之一,国民政府中央研究院历史语言研究所创办者并任所长,曾任中山大学教授、北京大学教授与代校长、台湾大学校长等。蒋梦麟初入北大时,傅斯年是该校学生,作为主要成员领导了五四运动,提倡新文化,毕业后到英国留学,国民政府成立后,中央研究院院长蔡元培聘请他主持历史语言研究所。傅斯年与蒋梦麟长期保持联系,特别是蒋任北大校长时期,傅竭力相助,从初期与胡适一起促成中华教育文化基金会资助北大,到发展期支持蒋与胡的改革,抨击法日派与旧派人士,并积极帮忙引荐人才,再到后期联大时协助蒋管理北大并力劝蒋多关心北大。傅斯年是蒋梦麟的左膀右臂,蒋深知此点,在傅去世时,他深切怀念这位后辈与故友:"当我在民国十九年回北京大学时,孟真因为历史研究所搬到北平,也在北平办公了。九一八事变后,北平正在多事之秋,我的'参谋'就是适之和孟真两位。事无大小,都就商于两位。他们两位代北大请到了好多位国内著名的教授,北大在北伐成功以后之复兴,他们两位的功劳,实在是太大了。"[①]

郑天挺(1899—1981),中国近现代历史学家、教育家,曾任北京大学教授与秘书长、西南联大总务长、南开大学教授等。郑天挺本科与研究生均就读北大,1924 年在校任教,1928 年应时任浙江大学校长蒋梦麟邀请任秘书,1930 年底蒋回北大任校长,此前已经受聘于北大的郑同往。1933 年 11 月28 日,学校浴室倒塌致一名学生死亡,重伤二人,引起风潮,蒋大惧,物色专

---

① 　蒋梦麟:《西潮与新潮》,人民出版社 2011 年版,第 345—346 页。

职秘书长,12月6日郑上任①,任职至1950年5月。自就任秘书长开始,郑天挺工作事无巨细,先是协调平息了浴室倒塌导致的风波,然后统筹安排师生生活与其他诸多校务②,在较大程度上为蒋梦麟疏解了许多后顾之忧。卢沟桥事变后,蒋梦麟、胡适等人到南方开会不在北大,郑天挺在北平独当一面,他涉险躲避了日军抓捕,妥善部署了北大师生前往长沙的工作,罗常培曾言:"在这四个多月中间最值得佩服的是郑毅生(郑天挺,笔者注)。自从'七二九'以后北大三院两处的重责都丛集在他一个人的身上。他除去支应敌寇汉奸的压迫外还得筹划员工的生活、校产的保管和教授们的安全。别人都替他耽心焦急,他却始终指挥若定,沉着应变。一班老朋友戏比他为诸葛武侯,他虽逊谢不遑,实际上绝不是过分的推崇。"③西南联大时期,郑天挺继续担任北大秘书长,又兼任联大总务长,被称为"大管家",积极落实蒋梦麟与其他常委的意见,涉及三校各项工作,如经费申请与分配、宿舍建设与管理、岗位设置与变动、教工安顿与调动等等。由于蒋梦麟采取"不管者所以管也"的态度,许多事情需要做但又不好出面,郑天挺为其分担了大量工作并挡住了许多非议,这些可以从《郑天挺西南联大日记》中得到充分印证。

---

① 学界普遍认为郑天挺担任北京大学秘书长时间为1933年10月,实则有待商榷,应为1933年12月6日。究其原委,主要是郑天挺有过这样一段回忆:"1933年暑假,秘书长王烈(地质系教授兼)辞职,由蒋梦麟暂兼。到了是年10月,由于不应有的过失,学校浴室倒塌,不幸压死同学一人,重伤二人,引发了学潮。蒋梦麟大惧,急忙物色专职秘书长,以便应对。开始时他属意法学院长周炳琳,周不就,反推荐由我继任。蒋又征求了刘树杞、胡适、马裕藻、刘半农等人的意见,就这样决定了。"参见郑天挺:《自传》,见陈洪主编:《南开学人自述》(第1卷),南开大学出版社2016年版,第53—54页。这段内容提到了1933年10月是引发其任职的起因时间,但最后未明说就任日期,大概是因此学界乃至不少时人都认为其于1933年10月就任,比如吴相湘《郑天挺师百年诞辰纪念》、杨志玖《重温郑师的治学轨迹》,见南开大学历史系、北京大学历史系编:《郑天挺先生百年诞辰纪念文集》,中华书局2000年版,第5、13页。然而,经查证资料发现,此观点有误。一方面,北大浴室倒塌事件并非1933年10月,而是11月28日,参见《北大沐浴室坍屋伤人》,《申报》1933年11月29日,第7版;《北大昨演惨剧 浴室倒坍三学生一死二伤 蒋梦麟电部自请处分亡羊补牢将检查校舍》,《益世报》(天津)1933年11月29日,第6版。另一方面,就任确切日期为1933年12月6日,参见《郑天挺升任北大秘书长昨日起视事》,《北平晨报》1933年12月7日,第7版;王学珍等编:《北京大学纪事(1898—1997)》(上),北京大学出版社1998年版,第203页。

② 郑天挺:《自传》,见陈洪主编:《南开学人自述》(第1卷),南开大学出版社2016年版,第53—54页。

③ 《七七事变后的北大残局》,见罗常培著,王均主编:《罗常培文集》(第10卷),山东教育出版社2008年版,第326页。

郑天挺的贡献得到了认可,在北大五十周年校庆纪念会上,学生自治会敬献锦旗一面,中央绣四个大字——"北大舵手"①,这是北大人唯一获此殊荣之人。重庆政府也给予郑高度肯定:"正之语众,谓自重庆来者均言各大学总务长莫不为众矢之的,正之言联大独为例外,以余以德称也。"②简言之,郑天挺尽职尽责,是蒋梦麟得以有暇治学与建立功业的得力助手之一。

蒋梦麟生命中的重要他人远不止这些,但其中最为庞大的群体多与北大相关,时人曹聚仁表示:蒋氏的政治手腕高明,"北京大学这一系统在中国社会政治、文化、教育各方面散布着的广大脉络"。③众多重要他人的帮扶促成了蒋梦麟的社会地位逐步提高、眼界更加宽广、志向日益远大,在制度、政策、物力与人力等多方面为其高等教育思想的生成提供了重要保证。

蒋梦麟青年、中年与晚年照片

图片来源:《华盛顿会议国国民代表本社前任主干:蒋梦麟博士》,《新教育》1922 年第 2 期,第 8 页;王学珍、郭建荣主编:《北京大学史料》(第 2 卷),北京大学出版社 2000 年版,卷首插图;黄俊杰:《农复会与台湾经验(1949—1979)》,三民书局 1991 年版,卷首插图。

(三)志向"三不朽"、性格刚柔并进与能力"执简驭繁":鲜明的个体特质

1."三不朽"的高远志向

蒋梦麟认为,人若是自尊到相当程度,"总想求一个不朽",其可分为三种,灵魂的不朽(宗教的)、肉体的不朽(道家和仙家的)、功业的不朽(立德、

---

① 冯尔康:《郑天挺和他的〈清史探微〉》,见郑天挺:《清史探微》,商务印书馆 2017 年版,第 755 页。

② 郑天挺:《郑天挺西南联大日记》(上),中华书局 2018 年版,第 613 页。

③ 曹聚仁:《听涛室人物谭》,生活・读书・新知三联书店 2007 年版,第 281 页。

立功、立言），前者是舶来品，后两者是"国货"。对于灵魂不朽，"信则有，不信则无"；对于肉体不朽，乃为"妄想"，"中国人只问生，不问死"，故想"死而不朽"；想生前不朽事业留在人间，即立德、立功、立言，才是真不朽。如何不朽？他指出，人生在世一天，总要贡献社会一天，"事不管大小，人不分地位，只要努力为人民服务，为后世造福，都是不朽"，这是由于"人类生命的延续，好似不断的流水，流水是由点滴所积成。人类积个人之点滴而成一个民族的文化，由几百年或几千年中积聚千千万万的个人贡献而成。……一个人如对社会有所贡献，他的生命就永远在人类生命的血脉里流动。这是死而不朽"。①

纵观蒋梦麟的一生，"三不朽"是其远大志向。他自幼饱读诗书，勤于思考，善于观察，怀着救国为民的宏愿赴美留学，所学专业无论是初选的农学还是后选的教育，都着眼于祖国需要，历经九载苦读顺利获得博士学位。在面对留美优厚待遇时，他毅然决然地选择回国效力，开启了实现宏志的崭新历程。蒋梦麟投身于新文化运动，宣扬与推行新教育，认为大学应关注时事，推行社会服务，倡导教育救国，"救国当谋文化之增进，而负此增进文化之责者，唯有青年学生"②。他带领北大在军阀专权下砥砺前行、于危难困苦环境里实现"中兴"。他批判北洋军阀专制、帝国主义暴行，曾孤身一人赴日军军营，浩然正气，全身而退。他主持农复会，推动农业现代化。不凡的经历处处印证了蒋梦麟的志存高远，也因此他能够站在"高位"，对于高等教育问题有着深刻的理解，不仅留下了较多文本性成果，还在实践中取得了令人瞩目的成就，凡此种种无不折射出他一生对"三不朽"的志向坚守与执着追求。

2."和光同尘"与"择善固执"的性格

蒋梦麟性格有两面性，一是"和光同尘"，即不露锋芒、与世无争；二是"择善固执"，即选择正确事情去做且坚持不变。其实这是无为与有为之结合，看似矛盾，但他却能将两者很好地贯通，可谓"刚柔并进"。

就"和光同尘"而言，首先，蒋梦麟生活中比较低调、待人平和，即便是拥有留美博士、北大校长、国民政府教育部部长等显赫身份，也没有高高在上的架子。据其子女介绍："一般人初见到父亲瘦长的身影、轻而微摆的步履，

---

① 《中国文化所孕育出来的不朽论》，见蒋梦麟：《孟邻文存》（第 2 版），正中书局股份有限公司 2003 年版，第 52—56 页。

② 《蒋梦麟在北大欢迎会之演说》，《申报》1919 年 7 月 28 日，第 6 版。

都会觉得他是一位宁静而带几分严肃的书生,但相处稍久,就发现他是平易近人、没有虚饰、爱说笑的朋友,不问职位高低、年龄大小,甚至街头小贩,他都会凑过去话几句家常。"①蒋梦麟是秀才,比他年长七岁的陈独秀亦是,两人关系不错,前者代理北大校务、任总务长,后者为文科学长。一次聚餐,陈问蒋:"你这个秀才是什么秀才?"蒋答:"我这个秀才是策论秀才。"陈曰:"那你这个秀才不值钱,我是考八股时进的八股秀才。"蒋向陈作揖说:"失敬,失敬。你是先辈老先生,的确你这个八股秀才比我这个策论秀才值钱。"②其次,他提倡个性,反对压迫个体发展,为大家尽可能提供相对宽松的言行空间。陈雪屏曾言:"他尊重个人自由:凡个人行为之不涉及公众权益者,他绝不过问或批评;凡他的同事在分层负责的范围内所决定的事项,他从不挑剔或干预。"③此外,"和光同尘"不代表他没有主张、无所事事,而是看透事情面目后,能够保持平常心去对待,以淡然的态度去解决问题。因此,蒋梦麟主政北大时,在北洋军阀镇压与国民党操控思想的环境中,师生仍有较大的言行自由。在带领西南联大期间,尽管他是国民党中央委员,但学校及师生依然发起了数次批评国民党政权无能腐败的抗议活动,蒋也曾表示政府"僵极"了,"好多事情办不通"④,联大也因此被称为"民主的堡垒"。

就"择善固执"而言,蒋梦麟对决定好的事情表现出果断与坚韧的态度。例如,1930 年 12 月,他深知大学办学之难,在是否出任已山穷水尽的北大校长之际有所犹豫,但幸得中华教育文化基金会的相助,其毅然决定重返北大。他进行了大刀阔斧式的改革,废除了运行多年的评议会,代之以校务会议,将"教授治校"改为"校长治校",对学院院长说"辞退旧人,我去做;选聘新人,你们去做",甚至被人指责"校长独裁",但其丝毫不调整改革之法,由此北大迎来了"中兴"。再如,1935 年 11 月,蒋梦麟公开反对日本操控的冀东伪组织脱离国民政府的举动,日军派人抓走蒋并意图带到大连,他临危不惧:"我不是怕,如果我真的怕,我也不会单独到这里来了。如果你们要强迫我去,那就请便吧——我已经在你们掌握之中了。不过我劝你们不要强迫我。如果全世界人士,包括东京在内,知道日本军队绑架了北京大学的校

---

① 蒋仁渊、蒋燕华、吴小燕:《蒋梦麟后嗣缅怀蒋梦麟》,见钱理群、严瑞芳主编:《我的父辈与北京大学》,北京大学出版社 2006 年版,第 111 页。

② 蒋梦麟:《西潮与新潮》,人民出版社 2011 年版,第 354 页。

③ 陈雪屏:《"和光同尘"与"择善固执"》,《传记文学》1964 年第 1 期,第 11 页。

④ 蒋梦麟:《西潮与新潮》,人民出版社 2011 年版,第 299 页。

长,那你们可就要成为笑柄了。"当时其朋友与家人聚集在蒋家,万般担心,"雀无声寂得怕人",直到晚上蒋安然归来,众人才得以放心。罗家伦认为"唐郭子仪免胄见回纥的情况,也不见得能超过这位文人"①,林斌赞扬其"仁者不惧"②。西南联大期间,为了联合到底,他选择隐忍,即便是背负骂名,也多次力阻北大"单过"举动,成全了联大。另如,在台湾石门水库即将开闸放水之际,有人犹豫不决,担心会酿成洪灾,他说道:"水库经过许多有经验的工程师的设计;这五六年来动员众多人劳动,持续改进。既决定了开闸日期,还要等什么? 要是真的造成洪灾,我就第一个跳下去向人民谢罪。"因此水库如期放水投入使用,在较大程度上解决了农田灌溉问题。③ "择善"很重要,但有时无法判断何为"善",若"固执"了"不善"便会造成不好后果,比如他不顾众人反对,晚年与徐贤乐结婚便是一个例证,但蒋并非"顽固",后来能知错就改,以离婚结束此事。

1961 年蒋梦麟等人同游石门水库

图片来源:蒋梦麟:《谈学问》,致良出版社 1991 年版,卷首插图。

概言之,"和光同尘"并非唯唯诺诺地顺从,而是"高瞻远瞩,把握住问题的核心,对于个人一时的利害得失不予计较","能积极取得别人的同情与协调";"择善固执"也非"冥顽不灵",而是"有关于国家社会的大计以及有关于个人立身处世的原则……经过慎思熟虑之后,一旦确定了行动的方向,便做

---

① 罗家伦:《逝者如斯集》,传记文学出版社 1981 年版,第 102 页。

② 林斌:《记蒋梦麟先生》,《浙江月刊》1971 年第 12 期,第 14 页。

③ 蒋仁渊、蒋燕华、吴小燕:《蒋梦麟后嗣缅怀蒋梦麟》,见钱理群、严瑞芳主编:《我的父辈与北京大学》,北京大学出版社 2006 年版,第 111—113 页。

得异常彻底,虽明知遇到阻碍与艰险,也从不迟疑退却"。① 换言之,蒋梦麟这种性格是刚柔结合,具体表现为"外柔内刚",生活在充满守旧思想又伴随欧风美雨的激荡年代里,"不外柔,无以肆应这些家伙;不内刚,也不能在这些家伙的围剿中,建立出惊人的事业,使我们能在西潮的荡漾中,生存下去"。蒋梦麟表面上看似"不大和人计较",实则内在有着"'礼义不愆,何恤于人言'的刚毅性格的大强人"。②

3."执简驭繁"的能力

近代中国时局动荡、政权更迭与各种文化思想激烈碰撞,身处乱世,若要做出一番大事,必然须有非凡的能力,而蒋梦麟便是其中的典型代表。1926年,蔡元培曾言蒋梦麟"平日办事之手腕远胜"自己。③ 1950年12月17日,傅斯年指出:"梦麟先生学问不如蔡子民先生,办事却比蔡先生高明。"④此言不假,无论是在战乱不断的北洋时期,还是在抗战多年的国民政府时期,抑或在退居台湾时期,蒋梦麟在政界、文教界与农业界等诸多领域均卓有成绩,这都离不开其可以较好地将复杂局面变得简单明了的能力,时人称他能够"执简驭繁"。其实,这也是他所说的"化大为小,化小为无"的意思。

蒋梦麟对此曾有阐释,"执简驭繁"的实施表现在如下方面。其一,完成一件事情,"专靠肆应有方是不行的",必须具有连续的三个步骤,即计划、决心、忍耐,计划要依据"智慧与经验"制订,已经决定则不可随意变更,须有"忍耐"方能完成。⑤ 其二,做行政须抓大放小,反之则"危已"。"巨细必躬亲,每易勤细务,而忘大节,此危道也。"⑥其三,在面对各方争执时,作为领导者可先冷静旁观,慎提主张,待明了全局后在重要关头拍板确定。"执简驭繁"应运筹帷幄、脚踏实地,还需抓住核心问题,不必凡事纠结于细枝末节。这些可以显见于蒋梦麟的诸多为人处世之中。

比如,妥善解决初次代理北大校务。五四运动爆发后,辞职的蔡元培请蒋梦麟代为主持北大,但当时局面十分微妙:南方黄炎培等江苏教育会影响强大,蒋与其关系密切,北大人对南方教育势力有所忌惮,恰逢蔡请蒋代理

---

① 陈雪屏:《"和光同尘"与"择善固执"》,《传记文学》1964年第7期,第12页。
② 洪炎秋:《我印象中的梦麟先生》,《传记文学》1964年第7期,第23页。
③ 《蔡元培致胡适》,见中国社会科学院近代史研究所中华民国史研究室编:《胡适来往书信选》(上),中华书局1979年版,第393页。
④ 蒋梦麟:《西潮与新潮》,人民出版社2011年版,第346页。
⑤ 杨亮功:《悼孟邻师》,《传记文学》1964年第7期,第22页。
⑥ 郑天挺:《郑天挺西南联大日记》(上),中华书局2018年版,第597页。

前，黄与蒋曾对蔡、胡适等人表达了北大部分或全部移师南方的想法："南方预备如左：（一）同人做最希望者，为大学不散，子公（蔡元培，笔者注）自仍复职。同人当竭全力办南京大学，有子公在京帮助，事较易。办成后渐将北京新派移南，将北京大学让与旧派。……（二）如北京大学不幸散了，同人当在南组织机关，办编译局及大学一、二年级，卷土重来，其经费当以捐募集之。"①这封信更加深了北大人对黄炎培与蒋梦麟心怀叵测的担忧。不过，蔡考虑到蒋是其得力门生与浙江老乡，又为教育专家，并且与胡适师出同门，权衡利弊后才请蒋代理。不难发现，蒋梦麟的处境比较为难。如拒接，无法向德高望重的老师蔡元培、北京医专校长汤尔和（出主意者）与挚友胡适等人解释；若要去，似乎坐实了此前控制北大的外界猜想。后来，蒋同意了蔡的邀请，原因是蔡答应了他的两点要求："（一）代表蔡先生个人，而非代表北京大学校长。（二）予仅为蔡先生之监印者。"②同期，蔡元培将代理校务的消息告知了请其回校的师生代表，其中张国焘与段锡朋等学生拜谒蒋并表示欢迎③，胡适、马叙伦等在北大也做了许多疏通工作，这些使得蒋梦麟心里踏实了许多。不久到北京后，他在北大教职员会议上展现了极低姿态，时人称："蒋梦麟先生很识相，在某晚出席教职员会上很谦虚地说：'蔡先生派他来代捺捺印子的，一切请各位主持。'因此，大家也没有怎样他，只得在评议会上通过了聘他做教授，担任总务长，从此蔡先生离开学校的时候，蒋梦麟先生就代理校长了。"④1919年7月23日，《北京大学日刊》刊载蔡元培的《校长启事》："元培因各方面督促，不能不回校任事。惟胃病未瘳，一时不能到京。今请蒋梦麟教授代表，已以公事、图章交与蒋教授。嗣后一切公牍，均由蒋教授代为签行。校中事务，请诸君均与蒋教授接洽办理。"⑤当天上午十点，蒋梦麟出席北大全校欢迎会，率先强调了仅代表蔡元培个人及"监印"之意，随后正式成为北大人。面对如此复杂的情况，从提出不居校长之名的要求到争取了蔡元培与胡适等人事先去理顺北大的关系，再到在师生面前的"谦逊"姿态，当时年仅33岁的蒋梦麟展现出非凡的办事能力，这亦是后来

① 《黄炎培、蒋梦麟致胡适》，见中国社会科学院近代史研究所中华民国史研究室编：《胡适来往书信选》（上），中华书局1979年版，第47—48页。

② 《蒋梦麟在北大欢迎会之演说》，《申报》1919年7月28日，第6版。

③ 张国焘：《我的回忆》，现代史料编刊社1980年版，第64页。

④ 马叙伦：《我在六十岁以前》，生活·读书·新知三联书店1983年版，第66页。

⑤ 《校长启事》，《北京大学日刊》1919年7月23日，第1版。

蔡元培数次放心请他执掌北大校务的重要原因之一。

又如，力排众议聘请军阀之子铺陈后路。在代理北大校务时，奉系军阀张作霖之子张学良到北京游玩，蒋梦麟不顾反对，联合李石曾大摆筵席迎接这位师生眼中的"纨绔子弟"，遭到许多非议，但几年后此举回报丰厚。国民政府初期，北大二十几位同学赴日本考察后，计划到奉天游览几日，致电张学良，得到了盛情安排：逗留五天，游遍多地，公署、省政府、教育厅、市政府与教育局轮流宴请，并赠送入关车票。不仅北大学生获益，国家亦然，凭借着这份"宴请"交情，李石曾等人多次拜谒张学良，促成了"东北易帜"。[1] 这不仅巩固了政权，而且促成了蒋梦麟政治地位及影响力的提高，使得与蒋介石等当权者的关系更近，为其后来主政全国学务与北京大学奠定了基础。

1920 年 3 月 14 日蒋梦麟与蔡元培、胡适、李大钊在北京西山卧佛寺合影

图片来源：北京大学档案馆校史馆编著：《北京大学图史（1898—2008）》，
北京大学出版社 2010 年版，第 55 页。

再如，审时度势处理派系纷争。1925 年，法日派控制评议会力推"北大脱离教育"，英美派反对，本属后者的蒋梦麟夹在中间极为难办，但在研判全局后，无奈"站队"当时势力强大的法日派。当时，蒋梦麟如若反之，势必会掀起不可控的更大风潮，故此举可谓以退为进。几年后，他在任国民政府教育部部长推行大学整改期间，处于法日派元老李石曾、吴稚晖与张静江等人

---

① 洪炎秋：《我印象中的梦麟先生》，《传记文学》1964 年第 7 期，第 23—24 页。

"围攻"中,但其既有蔡元培声援,更获得了蒋介石的支持,后续重返北大,打击了法日派力量,这些局面的流转不得不说背后蕴藏着蒋梦麟因势利导的影子。

另者,巧妙化解尴尬局面。1934年学生毕业前,蒋梦麟召集地质系、教育系师生茶话会,蒋夫人陶曾谷、胡适、李四光、王烈、吴俊升与萧恩承以及众多学生参加。其间,萧恩承提议请陶曾谷唱歌,蒋说:"萧先生慷他人之慨。我提议所有参加茶会的先生们每人出一个节目。"大家均说"不能",蒋称:"我提议诸先生各出一个节目,诸先生均谢不能,由我出一个节目吧。"他把北京话"黄包车"用浙江土音变为"王八坐","引起哄堂大笑"。[①] 此举缓解了众人盯着其夫人唱歌的窘迫境遇。

常言道,鱼和熊掌难以兼得,治学与治事不易两全,蒋梦麟却在两方面均做得不错。时人评价:"一般人总认为研究学术的人多不长于治事。但蒋先生对于行政方面确具有高度的智慧。"[②]这些得益于他"执简驭繁"的能力。

远大的志向促使蒋梦麟更为专注而努力地思考与解决高等教育问题,外柔内刚的性格利于他分析与把握大学自由包容的程度及管理中软硬兼施的尺度,"执简驭繁"的能力有助于他从复杂局势中抓住事物及问题的核心进而实现践行效果的最优化,可见这些鲜明的个人特质对蒋梦麟构建丰富而立体的高等教育思想体系具有积极作用。

二、颇具特色:蒋梦麟高等教育思想的基本特征

(一)阶段性与连续性结合

1.阶段性

随着社会发展与个人经历的不断丰富,蒋梦麟高等教育思想渐成体系,在不同时期侧重点有别,主要分为四大阶段。一是从出生到留美毕业的肇始期。他自幼研习中国传统学问,考取秀才,同时接受新式学堂教育,对西学了解日深。1908年,具有深厚国学底蕴的他负笈求学,直到1917年自美回国。在加州大学与哥伦比亚大学的亲身体验中,从宏观理念到办学具体举措,他真切感受到了现代大学的意蕴,在美生活也使其对中西方文化有了整体性的认识与把握。1917年,他完成了博士论文《中国教育原理之研究》

① 王先进:《我所认识的蒋梦麟》,见姚以恩、刘华庭编选《新笔记大观》,上海书店出版社1996年版,第316页。

② 杨亮功:《悼孟邻师》,《传记文学》1964年第7期,第22页。

("A study in Chinese principles of education")，该文挖掘中国古代思想家的教育主张，与西方思想比较，进而寻找其现代价值。这段时期的蒋梦麟不仅对现代大学留下了深刻印象，而且提出了若干相关主张，同时初步形成了会通中西方文化的观念，高等教育思想涉及的许多基本要义大体确立。

二是学成回国到建立国民政府的发展期。1917年，蒋梦麟放弃留美机会回国，一方面投身于新文化运动与新教育推广的大潮中，通过发文、演讲、考察以及创办刊物等多种方式宣传新文化与教育革新思想。另一方面，他进入北京大学，担任总务长与评议会成员等要职，并数次代理校务，在蔡元培思想引领下，扎根于鲜活的实践土壤，其高等教育思想迅速生长。例如，"大度包容，思想自由"理念是对蔡氏"思想自由，兼容并包"理念的继承与发展。再如，《杭州大学意旨书》《杭州大学章程》发布，内容涵盖理念、目的、办学软硬件等诸多方面，尽管这是他与蔡元培等人联名之作，但也在较大程度上体现了蒋梦麟系统的办学思想。此外，他撰写或联合撰写了《我们对于学生的希望》《知识阶级的责任问题》等一批文章，并在大学开学、活动组织与毕业典礼等各种现场多次演讲，均谈到了大学发展的众多问题及其解决办法。因此，蒋梦麟高等教育思想的指导理论、架构与主要观点在这段时期大体成形。

三是国民政府阶段的成熟期。蒋梦麟先后担任浙江省教育厅厅长、浙江大学校长与教育部部长，进一步加深了对高等教育发展的理解。尤其是在执掌全国学务期间，他主持制定《大学规程》《大学组织法》《专科学校规程》与《专科学校组织法》等一系列法规，开启了声势浩大的高校整改运动。在取得成绩的同时，他因查办劳动大学与中央大学得罪了李石曾、吴稚晖与张静江等国民党元老，但也获得了蔡元培与蒋介石等人的支持，最终辞任教育部部长回到北京大学担任校长。执掌北大后，他对此前理念中的自由包容加强了些许限制，将蔡元培教授治校模式调整为"校长治校、教授治学、职员治事、学生求学"，重组了学校行政组织与教学院系，重视人才，强化学术，四处筹款，改善办学条件，这些举措的践行效果颇佳，北大得以"中兴"。全面抗战爆发后，北大、清华与南开联合办学，他审时度势地采取"不管者所以管也"，尽管被迫辞任北大校长，但其对联大的贡献有目共睹，后来也得到了北大人的理解，这段特殊的经历促使其大学管理思想得以丰富。至此，蒋梦麟高等教育思想已经基本建构完成。

四是1949年后身在台湾的完善期。蒋梦麟将主要精力放在带领农复会振兴农业，改善民生，直接谈及高等教育较少。不过，他发表了多篇思想文化方面的文章,诸如《文化多元论》《中西文化之演进与近代思想之形成》《民族的接触与文化的交流》《本国文化与外来文化的接龙》《基督教与中国文化》《阳明学说之渊源及其影响》《宗教与道德》《法律与人权》《思想与科学》等等。仔细品读发现,蒋梦麟多次从文化角度论及高等教育问题,如果说到台湾前他多是聚焦于高等教育思想自身及其实践,那么此间他主要考察了高等教育思想的文化基础,使其高等教育思想更加立体与系统。

2. 连续性

阶段性并非意味着蒋梦麟高等教育思想存在"断档",其发展还具有连续性。就文化基础而言,文化统整观基本在既定轨道上层层推进,从早期体察旧学、中学诸多弊端与发现新学、西学的众多优势,进而提倡去旧、"西化",到留学美国感受西学时主张应以中国视角观之,再到回国后又强调以西方角度看之,其间他反思旧学与新学、中学与西学之利弊,随着社会的变迁、智识及阅历的增加以及对高等教育理解的提升,最终生成了会通古今中外的文化观,并在其晚年进行了系统的解读。在理念方面,总体上一直在坚守自由包容,即便是因北洋政府打压、国民政府专权而有所收敛,但随着蒋梦麟思想的成熟、地位的提高与影响的扩大,其可以"挡住"不少外来干扰,为象牙塔保留一定的发展空间。从职能角度来看,培养"领袖"、研究高深学术与改良社会等主张都是他始终提倡的,只是因时局有别而侧重点有所变化。管理问题也是前后关联,就"部长有为"而言,他大力整顿高等教育,不谋数量的扩充,而求质量的增进,这些都是其长期坚持的。在"校长治校"方面,看似与教授治校差异不小,实则两者是传承的结果,例如评议会成员均是教授,而校务会议成员也几乎由教授构成,只是因国民党推行以党治国以及高校问题众多,北大不可避免地由教授治校过渡到校长治校,就过程与效果而论,其成绩值得肯定。即便是西南联大时期,他主张"不管者所以管也",但并非全然不管,其中有不少"有为"之举,是一种有所取舍的"管"。同时,"无为而治"也并非联大时期的"专利",只是前期"无为"的程度不高。比如,他代理北大校务时,以"大事化小,小事化无"态度面对派系纷争,因整改劳动大学与中央大学被吴稚晖等人责难时,他也表示想"大化小、小化无";任北大校长时,尽管权力增大,但他推行各司其职,任当职者发挥其才能,不胡乱强加干涉。

蒋梦麟直面动荡的时局,依据大学实态、个体情况与国家需要,其高等教育思想不仅着眼于即时问题的针对性处理,又有对共性问题的长期省思,由此呈现出阶段性与连续性结合的特征。

（二）理论与实践交融

蒋梦麟是勤思考、有想法之人，发表关于高等教育的文章与演说较多，但与胡适、鲁迅、陈独秀等写有大批著述的同时代人相比，其留下的纸质成果并不多见，时人评价称："他戴着一副眼镜，一看便是位学究。他演讲声音不大，非常清楚，很有条理。……他颇会做文章，只是不常写。"①"少写"并非其本意或本性，行政事务繁忙、精力有限是主因之一。原本他计划80岁退休后专心写作，然而未及隐退便溘然离世。同时，"少写"与蒋梦麟逻辑性、行动力强也有关，凡是所提主张，他均努力落实，并且边思边做，边做边改，其思想在此过程中渐进生成，这些可以从诸多方面得以验证。

首先，就办学目的而言，入大学前，蒋梦麟中学功底扎实，深知传统教育弊端，对西学有所熟悉。他到美国后，从旧金山到纽约，游历了众多城市，感受到了发达国家的先进之处，在加州大学与哥伦比亚大学体验了现代大学的魅力，在与师友的交往中，重塑了原有知识观念，据此撰写了《亚东教育之中国观》《建设新国家之教育观念》等数篇文章，其中谈到了高等教育的办学理念、目的与职能等内容。1917年回国后，面对国内现实，其思想逐渐发生了转变。例如，之前他提倡大学应服务于社会，为国家复兴贡献力量，此点并未改变，但其浸染于新文化运动科学与民主的浪潮中，加上步入北京大学这一实践园地，他表示大学办学目的不仅要救国，还应注重个体发展，并且在随后改革中积极落实。

其次，以理念论之，在留美期间，蒋梦麟对美国大学的自由氛围感触颇深，他在《建设新国家之教育观念》中提倡高等教育贵在自由。回国后，他置身于文化思想大变革之中，呼吁民主自由，但五四运动后，其意识到自由过度的严重后果，于危急之际进入北大，不仅在初入学校演讲时提醒学生安心向学，而且在后续数次演说与撰文中强调学生应以求学为根本。1923年，他提出了"大度包容，思想自由"理念，认为个性与群性均非常重要，并主持北大加强管理，例如上课点名、请假需审核、缺课多者被开除等。在任北大校长期间，政府收权、推行党化教育，他配合从严办学，因1933—1934年学生提出"19项要求"而导致双方对峙，蒋表示："本人不怕学生，如办不好不办，学生赶我不见得我就走，学生留我不见得我即留。"②后来以学生退让而平

---

① 曹聚仁：《听涛室人物谭》，生活·读书·新知三联书店2007年版，第281页。
② 《蒋梦麟昨召对八项要求——驳斥 学生会仍拟力争到底》，《北平晨报》1934年2月7日，第9版。

息。当然,他并非不管学生,而是严慈相加,在不违反原则的前提下,尽力包容学生的言行。这些足见其大学理念的生成与实践密不可分。

再次,"教授治校"在蒋梦麟入北大前已实施多年,评议会制度比较成熟,在最初几年,他没有觉得有多大问题,遂提倡与支持。不过,随着旧派与新派、法日派与英美派等派系纷争越演越烈,特别是势力强大的派系能够控制评议会,以至于让北大陷于解散的风险,比如法日派主导的1925年北大脱离教育部事件,这些促使他有了新想法。国民政府成立后,蒋梦麟主持教育部,力推《大学组织法》出台,校务会议取代评议会。他任北大校长后,经过一年多整改,学校遵照法令执行,实施"校长治校",校长权力增强,矫正了原有评议会的某些不足,同时主张政事与学事分开,仍然强调师生治学的重要性。可见,他的"有为而治"思想是在实践中逐步完善的。

此外,西南联大之"无为而治"也是在且思且行、且行且思中生成的。初入联大时,蒋梦麟有积极"管"的一面,例如对外联络与争取资源、拜谒蒋介石敲定从长沙迁到昆明以及筹设蒙自分校等。不过,三校联合办学问题频出,他在多次阻止北大分家之议的同时,支持北大主导迁校四川,但由于实力不足与顾全大局等因素而平息,后又因经费分配争执而与梅贻琦谈及三校"分立",但被教育部否决,这些均发生在1941年前后。此后,认清现实的蒋梦麟权衡利弊,决定贯彻"不管者所以管也"的理念,也由此为其高等教育管理思想添上了浓墨重彩的一笔。

蒋梦麟既受到阳明心学知行合一学说的影响,也受到其导师杜威的"经验具有发展性"以及"在做中学"等主张的熏陶,因此他是在理论与实践交融中完成了高等教育思想体系的构筑。

(三)中国立场,国际视野

近代中国饱受欺凌,时局动荡不安,人民生活苦不堪言。众多仁人志士为救国奔忙,蒋梦麟是其中的杰出代表之一。他自幼身处乱世,随着年龄、心智与见识的增长,一个问题在脑海里萦绕:"如何拯救祖国,免受列强的瓜分。"①他意识到若想图强,学习西方是良策,遂决定留学。而学成之际,他放弃留美机会,选择回归故土,将所学知识进行中国化实践,走上了推动国家复兴的道路。他数十年从事所擅长的教育革新事业,特别是在高等教育领域的言行及贡献,令人称道。这背后是他的"中国立场,国际视野"在支撑。

① 蒋梦麟:《西潮与新潮》,人民出版社2011年版,第64页。

"中国立场"，即站在中国现场，基于国情，解决本土问题，谋国家之振兴；"国际视野"，即以开放、包容姿态，将西学本土化以服务于中国建设。它有别于"西化"与"守旧"，亦不同于"中体西用"，而是创造性地将中学与西学会通来解决中国问题。蒋梦麟曾言："不习西文，与西方思想隔膜，不习古先圣哲之书，昧于国情，此危道也。"①

在教育目的价值取向方面，蒋梦麟坚持个体本位与社会本位的统一，而这种取向是在中西文化互通基础上建立的。一方面，他主张教育应尊重个体本性，这与孟子之教育帮助人挖掘固有善性、卢梭之教育培养"自然人"等观点密切相关。另一方面，他主张教育须推动社会进化、服务于国家复兴。这与我国古代"建国君民""化民成俗"及古希腊柏拉图的"理想国"等主张相通。综观之，蒋梦麟立足于本土传统思想，广泛吸收西方有关主张，进而提出了独特见解。他于 1910 年提出了大学应培养救国与服务社会之人才②，此后长期贯彻。同时基于军阀政权欺压民众、高校环境不利于人的成长等因素，他在 1919 年表示大学须使"青年日日在天然景内涵养其身心精神"，促其自然成长。③ 蒋梦麟兼顾个体发展与社会进化，只是在国家危亡之际，后者相对显性地展现。

在办学理念方面，蒋梦麟曾深刻体悟美国大学自由之风，表现在校园氛围、日常交流与课堂研讨等多方面，同时他指出，"一切学科行为，悉听自由。所谓大学自由是也。世界之大学，最自由者，莫若德国"，并将其称为"孔子所谓从心所欲，不逾矩是也"。④ 回国进入北大后，拥有留德背景的蔡元培的高等教育理念主要受到德国大学的影响，蒋梦麟深谙其中要义，同样遵奉自由包容精神。不过，他并非简单照搬，因为我国古代书院授课与讲习亦有此风，只是西方大学自由建立在政治、经济与文教等多方面的现代化的基础上，而当时中国并不具备这种条件。因此，面对扰乱不定的时局，不间断的

---

① 郑天挺：《郑天挺西南联大日记》（上），中华书局 2018 年版，第 597 页。
② 蒋梦麟：《亚东教育之中国观（续）》，《时报》1910 年 8 月 14 日，第 2 版。
③ 《北京大学的近状致张东荪的信》，见蒋梦麟：《过渡时代之思想与教育》，商务印书馆 1933 年版，第 398 页。
④ 蒋梦麟：《建设新国家之教育观念》，《留美学生季报》1915 年第 1 期，第 7 页。

学潮,他强调自由应有限度,不能违背习俗与法律(后来加上"舆论")①,进而提出了个性与群性并重的"大度包容,思想自由"理念,以让师生回归治学之轨道。

在职能方面,人才培养为大学基础职能是一种共识,但时人对科学研究与社会服务职能的认识有所不同。德国大学素来信奉学术至上,蔡元培认为大学是研究高深学问之所,蒋梦麟亦是如此。但他追溯历史发现,重学问是我国由来已久的传统:"自孔子以学不厌,诲人不倦的精神,有教无类(不分阶级),讲学民间,使学问为后世平民所尊重。汉代行选举制,选拔民间的博学之士入佐政府,开学者治国之风气。自唐宋以迄清末,以科举取士,其用意在使从政者都是学人。因此学问遂成济世之本。而以考试取材,且可杜绝幸进之门。虽行之后世,流弊日深。但此非制度之不善,其原因别有所在。其后科举与书院并行,使民间讲学制度化。"他认为中国两千余年来重学问已沿袭成风,"学与不学,或有学问与无学问,为做人处事之标准"②。再者,相较于蔡元培主持北大时停办工科、重于学理,蒋梦麟在延续此举的同时,更注重北大服务社会的职能。这既是当时社会所需,例如政局混乱、文盲太多、旧学传统固守等,又与其留美多年深受美国大学力推社会服务的影响相关。此外,走出象牙塔注重学以致用也受到我国经世致用思想与杜威实用主义哲学的双重影响,但实用不可只盯住"用",所谓"一件事若过于注重实用,就反为不切实用"③。因此,大学应"学"与"术"并举,在学术至上的同时,不要忘了服务社会。

在学习内容方面,蒋梦麟认为中国与西方均有注重逻辑与科学的传统。例如,王阳明对天道、人道与物道均有思考,只是我国多聚焦"人事"导致短于"物事",而西方反之,因此其自然科学发达,在工业革命后国家迅速强大,并且又将自然科学方法应用于人文社科,后者也得以繁荣。然而,西方后来"过重思想的条理",时常使"事实与人生脱离"④。 那么,我们既要注重研习西方科学,又要保留我国优秀人文传统。因此,一方面,他提倡高等教育应

① 蒋梦麟:《西潮与新潮》,人民出版社 2011 年版,第 96 页。多年以后,1951 年 11 月,蒋梦麟对自由的界限有了更新,"即风俗、舆论与法律所允许自由的尺度"。详见《从日常生活经验谈民主自由》,见蒋梦麟:《孟邻文存》(第 2 版),正中书局股份有限公司 2003 年版,第 66 页。

② 《谈学问》,见蒋梦麟:《谈学问》,致良出版社 1991 年版,第 9—11 页。

③ 蒋梦麟:《西潮与新潮》,人民出版社 2011 年版,第 95 页。

④ 《思想与科学》,见蒋梦麟:《谈学问》,致良出版社 1991 年版,第 96—99 页。

大力发展自然科学,增加其在课程中的比重。语言是重要工具,外国语亦备受重视,这就容易理解其在北大推行充实理学院、加强外语与主政全国学务时力推实科、强调留学等多项举措的用意。另一方面,他主张整理国学、保存国粹,并且受到杜威与孟禄及克伯屈实验主义、桑代克科学主义等影响[①],不仅提倡引入西方科学知识,还力推学习西方科学范式与方法,关注实验与调查,并且强调用科学方法整理与研究国学。

此外,蒋梦麟提倡国际交流合作,北大师生有许多出国学习、交流与考察的机会,国外著名学者也经常受邀到北大讲学,并且有不少外国人担任北大专职教师,例如理学院美国的葛利普与奥斯谷(W. F. Osgood),文学院德国的李乃禄(Miss L. Licsnowsky)、洪涛生(Uincenz Hundhausen)以及法国的邵可侣(F. Reclus)等。[②] 另者,学分制、互动讨论、"自动研究"与游学等亦是吸收我国传统与借鉴国外之举。

近代中国求知于异域者众多,回国报效者亦很多,有主张全盘西化者,如陈序经,有固守传统者,如辜鸿铭,还有不少改革者既非西化,亦不复古,他们以所学应用于中国实际,但收效不大,这与其没有弄清站位与目标有关,尽管其中许多人以"中国立场"处之,但并未处理好如何对待西学这一问题。仅就中国近代教育领域而言,能够真正意义上践行"中国立场,国际视野"的并不多见,陶行知与陈鹤琴等人位列其中,蒋梦麟则是另一位杰出代表,其高等教育思想鲜明地呈现出这一特征,并在实践中结出了累累硕果。

三、典范之举:蒋梦麟高等教育思想的贡献

近代中国社会战乱频繁,经济不振,文教待兴,民众智识低、生活艰难,太多问题需要解决,蒋梦麟主要在教育、农业、文化与政治等诸多领域做出

---

① 在哥伦比亚大学求学期间,蒋梦麟不仅受到杜威、孟禄、克伯屈与桑代克等人思想的影响,而且其博士学位论文得到多名教授指导。其论文的"序言"显示:杜威与克伯屈阅读手稿给予宝贵建议,孟禄一直鼓励并提出意见,George Dayton Strayer 是桑代克追随者,论文灵感与选题源于其点拨。蒋梦麟:《中国教育原理之研究》(*A Study in Chinese Principles of Education*),商务印书馆 1918 年版,"序言"第 1—3 页;国内对其中的 Strayer 教授关注较少,他是哥伦比亚大学师范学院教授,主要研究学校管理、教育行政等,郭秉文、陶行知与邰爽秋等人曾受到他的指导,其译名有所不同,主要有施吹耳、斯特雷耶与斯垂耶等。详见余子侠、王海风:《陶行知哥伦比亚大学导师 Strayer 译名考论》,见《教育史研究》编辑部:《教育史研究》(第 2 册),人民教育出版社 2019 年版,第 151—160 页。

② 《国立北京大学职教员录(1936 年)》,见王学珍、郭建荣主编:《北京大学史料》(第 2 卷),北京大学出版社 2000 年版,第 401—411 页。

了贡献，尤其在前两方面成就突出。进言之，教育事业不仅是他的专业特长，亦是其始终心心相念之事，特别是他对于高等教育许多关键问题的理解系统而深刻，诸如收放有度的理念论、科研领衔的职能论、"部长有为"与"校长有为"及"常委无为"的管理论等，都对其他人与其他高校的发展起到了引领与示范作用。

（一）"大度包容，思想自由"：收放有度理念之"标杆"

若论近代中国大学理念影响巨大者，蔡元培的"思想自由，兼容并包"居首，竺可桢主持浙江大学、梅贻琦带领清华大学与王星拱执掌武汉大学以及其他众多高校均遵行其要旨。虽然不像蔡氏理念那般具有开创性价值，但是蒋梦麟的"大度包容，思想自由"理念树立了"收放有度"的风向，可称为引领之作。

"大度包容，思想自由"理念的生成及其践行着实非凡。为了寻求社会进化与国家复兴之良策，1915 年，《新青年》创刊，陈独秀疾呼器物与制度等层面的变革治标不治本，人的觉悟、思想的革新才是根本问题，他在《敬告青年》中提出新人的六条标准："自主的而非奴隶的"；"进步的而非保守的"；"进取的而非退隐的"；"世界的而非锁国的"；"实利的而非虚文的"；"科学的而非想象的"。[①] 不久，陈独秀带着《新青年》进入北京大学。同期，李大钊、胡适与鲁迅等纷纷力挺新文化运动，以民主与科学为旗帜，提倡民主、反对专制，提倡科学、反对迷信，提倡新道德、反对旧道德，提倡新文学、反对旧文学，被人们称为中国的"文艺复兴"。1919 年 5 月 4 日，以北大为首发起了以"外争主权、内惩国贼"为口号的大游行，抨击北洋政府的卖国行径，不料许多学生被捕，蔡元培竭力施救。新文化运动与五四运动的叠加效应声势浩大，政治与文化的革新事态席卷全国，令世界瞩目。

值此时局巨变之际，蔡元培辞职，蒋梦麟进入了北大这一思想文化革命的中心地，后来数次代理校务，面对极为复杂的局面，他不断审视蔡氏"思想自由，兼容并包"理念。1919 年 8 月，入校不久的他在致信张东荪时颇为乐观地表示北大各项事务进展顺利，"你若来看一看，必以为大学这回并没有经过什么风潮"[②]。然而，此言过早，学潮越演越烈，以至于他数次告诫大家专心治学。1923 年 12 月，在蔡元培离校、蒋梦麟实质性主政北大之际，他提

---

① 陈独秀：《敬告青年》，《新青年》1915 年第 1 期，第 1—5 页。

② 《北大的近况致张东荪的信》，见蒋梦麟：《过渡时代之思想与教育》，商务印书馆1933 年版，第 397 页。

出了"思想自由，大度包容"理念，修正了蔡氏理念，在保留自由包容的同时，着重强调群治与纪律，并采取多种举措规范师生行为，让大家明白言行的限度，逐步确立了严格治校的趋向，这在当时自由有些无度的社会状况中，是一番新景象。

国民政府成立后，国民党推行"以党治国"。1928 年 7 月，蒋介石专程到北大三院演讲，在肯定北大引领新文化、新思想成绩的同时，强调师生要"遵守秩序条理……矫正不守时间之旧习"，希望今后北京学界"为三民主义中心。……最要者思想必须统一，尤必须在三民主义下统一"。[①] 1930 年底，蒋梦麟出任北大校长，在举国思想控制背景下，尤其是蒋介石曾亲临北大训诫，他继续坚守从严办学。不过，与中央大学"中央化"指向不同，他主持的北大仍然保持着自由包容的传统，师生拥有相对宽松的言行空间。即便是在西南联大时期，国民党管控加剧，作为国民党中央委员的蒋梦麟对师生抨击当局的举动也多有保护，在联大形成"民主的堡垒"方面作用较大。在当时的党国环境下，北大与联大能保持着相对独立的发展空间实属一股"清流"。

自由包容的适度性并非蒋梦麟一人关注，特别是五四运动后，与他同期的蔡元培、胡适等许多人均提出过类似主张。然而，以专文系统阐释并且大力推行者，蒋梦麟乃是最具代表性的人物。若强调自由主导或规训主导，将任何一种发展到"极致"并产生实效非常之难，反倒是经常出现"放任"或"专制"等问题，若兼顾两者而达到"中庸之道"，其难度超乎寻常，而"大度包容，思想自由"理念在追寻、实现自由与规训合理尺度方面表现甚好。随着时局变动，蒋梦麟不断调整自由与规训之间的张力，平衡两者关系，这样既有利于大学在宽松条件下充分发展个体潜能、产出创新性成果与服务社会，又有助于赢得政府的支持，以获取资金与政策等诸多方面的资源。

事实上，无论是在军阀割据的北洋时期，还是在基本统一的国民政府时期，自由与规训的关系始终是高校共同面临并努力解决的问题。因为当时高校发起的学潮是一种普遍现象，北方与南方教育界均有之。据资料显示，仅 1930—1931 年，全国各地高校学潮接连不断，若以大学观之，诸如中山大学、光华大学、安徽大学、东北大学、北平师大、河南大学、清华大学与北京大学等均有发生。[②] 对此，政府加大力度整顿学风。何兆武称：当时夹在中间

---

① 《蒋介石在北大讲演》，《申报》1928 年 7 月 24 日，第 9 版。

② 《一年来的我国教育》，《申报》1931 年 12 月 28 日，第 6 版。

的校长"最不好受","上面有政府在压他,下面的学生又不断搞运动"。① 国民政府初期罗家伦带领清华大学主张"学术化"与"贯彻党国教育宗旨"②,朱家骅主持中央大学力推"党化"时也关注学术环境的营造③,1933年出任武汉大学校长的王星拱提倡思想自由与思想统一的结合④,1934年张伯苓在南开大学演讲时强调"团体的自由"⑤,以及1935年大学教师联合会认为数年来教育偏重科学知识传授、忽视人格培养,需加强训育、指导学生做人方法⑥,这些均在努力回答自由与规训的尺度问题,其或多或少地受到了较早给出答案的蒋梦麟理念的某些影响,抑或说与蒋氏理念所倡导的"收放有度"不谋而合。

蒋梦麟的"思想自由,兼容并包"理念萌生于五四运动初期,提出于1923年,而此时以专论形式的探究少之又少。该理念在传承中有创新,是对近代纷繁复杂时局研判的智慧性成果,是收放有度理念的典型代表,其在实践中灵活地应用于北大与西南联大的办学实践,收效尚佳,它的生成及其实施较好地回答了大学如何处理自由与规训的关系这一难题,引领了其他人及其他高校在理念方面的思考与行动。

(二)科研领衔人才培养与社会服务:职能关系之"样板"

尽管人才培养、科学研究与社会服务三大职能在近代高等教育界基本能够达成共识,但是治校者与学校不同,其内涵及实践样态有别,正如学者伯顿·克拉克(Burton R. Clark)所言:"大学作为学者进行教学、科研和从事社会服务的场所,我们只有在不同时代、不同地点的具体环境里才能弄懂大学的这些任务究竟是什么。"⑦因此,虽然蔡元培有关大学职能的主张在北大较早推行且影响很大,但是蒋梦麟对该问题也有着深刻思考,并逐步建构出卓有特色的科研领衔、兼顾人才培养与社会服务的职能关系模式。

---

① 何兆武:《上学记》(增订版),人民文学出版社2016年版,第22页。

② 《首都纪闻》,《申报》1928年8月26日,第9版。

③ 《中大校长朱家骅就职纪》,《申报》1930年12月22日,第8版。

④ 王星拱:《武汉大学所应当注重的精神》,见徐正榜、陈协强主编:《名人名师武汉大学演讲录》,武汉大学出版社2003年版,第165页。

⑤ 《南开的目的与南开的精神》,见张伯苓著,文明国编:《张伯苓自述》,安徽文艺出版社2013年版,第100页。

⑥ 《大学教联会建议改革高等教育方案》,《申报》1935年5月24日,第14版。

⑦ (美)伯顿·克拉克编著,王承绪、徐辉等译:《高等教育新论:多学科的研究》,浙江教育出版社2001年版,第24页。

　　1917年，针对北京大学官僚风气浓重、师生不学无术的情况，蔡元培确立了研究高深学术的办学宗旨，将科研提升到"至高无上"的位置，引发了轰动性影响。1919年，蒋梦麟进入北大后，在坚持学术至上的同时，逐步加强人才培养与社会服务的地位，以科研为体，以人才培养与社会服务为翼，以体带翼，以翼助体，形成了"一体两翼"的职能关系模式。在科研上，师生可以从课堂讲授与讨论、社会实践中得到研究灵感或检验已有论断，在"接地气"中获得精深与独创的见解，避免学术被"束之高阁"。在人才培养上，教师通过教学将研究成果及其社会推广情况分享给学生，师生在互动交流中共同思考与成长，这样的教学避免了泛泛而谈、机械灌输，而变为有态度、有逻辑的创新性传承。在社会服务上，学术与教学成果在实践中发挥作用，矫治了流于表面的头痛医头、脚痛医脚的弊病，抓住了社会问题的关键，达成标本兼治。科学研究、人才培养、社会服务融会贯通，相得益彰。因此，蒋梦麟支持新文化运动，提倡大家重视探究，但也指出应该通过教学、自修与社会实践等途径获得知识，不然"连文化都没有，更何从言新"[①]。同时，他主张学以致用，认为社会革新需大家努力才能完成，要将新思想传播给普通民众，否则"文化运动渐渐儿变成纸上运动"[②]。另者，他认为西方各国强盛的重要原因之一是科学发达，而我国缺乏，遂需学术攻关，那么学校要从讲授外文与介绍西学开始，但不应该只专注西方已有成果，而要做精深研究，"发明新原理"，以此救国安民。[③] 科学研究、人才培养与社会服务是相通的，三者结合能够相互成全，而蒋梦麟进一步理顺了三者关系，以科研为中心，兼顾人才培养与服务社会。

　　动荡不安的近代中国社会环境不利于师生安心治学，因此高校或推崇学术，或加强管理与规范教学，或密切联系社会，抑或两者、三者兼而有之，但是实施情况不容乐观，时人曾提醒不少大学科研有待改进，教师教学敷衍，并且疏于关心社会。[④] 不仅如此，当时许多著名大学以研究高深学术为追求，关注教学，但对社会现实有所忽视，以至于发展遇到瓶颈而调整。例

　　① 《北京大学开学演讲词》，见蒋梦麟：《过渡时代之思想与教育》，商务印书馆1933年版，第401页。
　　② 蒋梦麟：《社会运动的教育》，《新教育》1920年第4期，第401—402页。
　　③ 《北京大学二十三周年纪念日演说辞》，见蒋梦麟：《过渡时代之思想与教育》，商务印书馆1933年版，第415—416页。
　　④ 卫聚贤：《改革大学教育的一个方案（附表）》，《前途》1935年第10期，第64—68页。

如，清华大学原为留美预备学校，后经不断发展壮大，于1928年夏改为国立清华大学，原本强调研究高深学术，特别是关注基础研究，但后来依据社会需求与政策导向，梅贻琦主持发展应用研究，创建工学院，在电机、土木与航空工程等方面服务国家建设。[①] 再如，武汉大学自改为国立大学后，在校长王星拱带领下，由注重教研调整到兼顾社会与国家建设需要，并在经费、设备、师资等多方面支持工学院与农学院，推动我国现代工业与农业发展。[②] 此外，中央大学、中山大学、浙江大学等也有类似特点，这些不得不说与蒋梦麟任国民政府教育部部长时既注重教研又发展实科及强调大学"入世"的主张密切关联，当然，这些高校也受到了北大的影响。在蒋梦麟领导下，北京大学是较早统整三大职能的典型之一。例如，胡适的新文化思想是研究、授课与文学革命实践综合作用之结果，对革新学术、唤醒学生与民众、推动社会进化贡献颇大；钱穆的《先秦诸子系年》《中国近三百年学术史》与《国史大纲》等成果主要是科研与教学互动形成的传世之作，在创立新说、培养后辈与传承国学方面影响深远；曾昭抡是我国近现代化学科学的开拓者之一，当时不仅论著丰硕、门生众多，而且在发展北京与云南等众多地区化工业、讲解防毒气方法支援绥远军抗日、丰富西藏与四川物产、保存与弘扬大凉山风土人情等方面成绩同样突出。[③]

中国近代学人及高校统筹三大职能且效果佳者并非没有，但不多见，而蒋梦麟与其领导的北大是职能关系的"样板"。他以学术为中心，统一科研、教学、社会服务，以主政国民政府教育部颁行政策为指引，以北京大学为阵地，这一科研领衔、兼顾人才培养与社会服务职能关系模式的辐射影响广泛而深远。

(三)"管"与"不管"：审时度势管理智慧之集大成者

1. 高校改革需要与政党首领授意之使然："部长有为"

中国现代意义上的大学起步于晚清，民国前期如雨后春笋般发展，在北洋政府后期规模很大，但是由于设置条件宽松，各种类型与层次的高校均有，办学质量参差不齐。为了杜绝高校滥设、提升教育质量，蒋梦麟在任国民政府教育部部长时，采取积极主动的"部长有为"管理方式，主持制定了

---

① 清华大学：《国立清华大学一览》，清华大学出版事务处1937年版，第1—5页。
② 武汉大学：《国立武汉大学一览》，武汉大学出版处1936年版，第1—15页。
③ 《中国现代教育家传》编委会编：《中国现代教育家传》(第4卷)，湖南教育出版社1987年版，第301—304页。

《大学组织法》《大学规程》《专科学校组织法》与《专科学校规程》等一系列政策，为高校设置及其改革确立了严格标准，并在蒋介石、蔡元培等人支持下，掀起了声势浩大的高校整顿运动。

北洋政府时期，两科以上即为大学或一科可称单科大学，1929年的《大学组织法》明显提高了办学标准：大学分为文、理、法、农、工、商、医各学院，至少建有三学院，各学院下设若干系别。原来大学课程、教学、师资、经费、设备、学生修业与毕业条件等相关要求较为宏观，1929年的《大学规程》则对这些内容给予了详细而严格的规定，特别注重限制教师兼职、加强自然科学、提高经费数额与充实设备等方面举措的落实。同期颁布的《专科学校组织法》与《专科学校规程》对专科学校也有相应规定，其标准同样趋严。1930年，第二次全国教育会议议决通过了"改进高等教育计划"，对此前相关章程的内容进行了细化。由此，高等教育整改运动拉开大幕。例如，北平大学历经数次改组，如第二工学院独立为国立北洋工学院、河北学院独立为河北大学等。① 青岛大学成立后，不久改组为国立山东大学。② 再者，北京大学、清华大学、北平师大、武汉大学、浙江大学与中山大学以及其他众多高校纷纷整改。其中以劳动大学停办与中央大学易长震动最大，蒋梦麟也因此辞去教育部部长而回到北大专任校长。不过，他主持制定的办学标准以及倡导的"提升质量"目标并未因教育部部长更迭而改变，大政方针依然在稳步推行，几位继任者也展现出强力推行的态度，高校教师兼职现象减少，尽管经费经常拖欠，但教师待遇有所增加，注重校舍改善与设备投入，实科发展态势良好，新建或重组理、工、农、医等学院众多。后来，蒋梦麟回到北大后积极落实自己主持颁行的政策，具体表现在重组行政机构、改善办学环境与条件、引进与优化师资队伍、限制教师兼职、提高教师工资、优化课程设置与教学内容等诸多方面，北大从早前的平缓期甚至低谷期逐步迈入繁盛期。

高等教育的现代化转型并非一蹴而就，需要日积月累，起步已晚的近代中国率先从扩张数量上打开局面的选择不无道理，经过清末民初多年发展后，高校层出不穷，呈现出"表面"的繁荣景象，但也到了整治内在虚弱的阶段。同时还要注意的是，高校整改正值政权更迭后初期，蒋介石意图打压国民党四大元老的强大影响，借助教育改革特别是高校整顿的机会，站在幕后

---

① 北平大学校长办公处：《国立北平大学一览（民国二十五年度）》，松雅齐南纸印刷文具店1936年版，第5—8页。

② 《青岛大学改为山东大学》，《申报》1931年3月7日，第10版。

利用甚至制造元老之间的纷争,以实现其掌控文教界的目的,此时教育部部长蒋梦麟成为担负重任的不二人选。他深知其中的利害关系,避轻就重,主持制定了国民政府教育发展规划与诸多奠基性的政策,推动全国教育整改运动。由于高等教育处于发展瓶颈期与重要转型期,高校"稳量增质"是蒋梦麟所愿,即便被其他元老"围攻",但适逢蒋介石有削弱元老力量之意,此点也合乎备受法日派等势力欺压的蒋梦麟心中所想,因此其态度坚决,岿然不动。时人陈雪屏曾评价道:即便因触碰既得利益集团而阻力很大,遭受李石曾、吴稚晖与张静江等国民党元老围攻,但他以"维持高等教育的素质"是"原则问题"为由不为所动,甚至不惜辞任部长。① 可见,蒋梦麟以"部长有为"管理理念与方式确立了高等教育改革的从严标准,既促使高校办学从注重数量逐渐转变为强调质量,为国民政府高等教育发展进入"黄金期"奠定了坚实基础,又与蒋介石及其势力建立了密切关系,还压制了法日派的发展势头,管理智慧非同一般。

2."教授治校"瓶颈与政局大变所促成:"校长有为"

近代中国大学革新不仅表现在办学理念、职能等方面,管理理念与方式的转变非常重要。清末高校强调校长权威,奉行官僚化管理,民初教育部颁布《大学令》,主张设立评议会,但并未得到有效实施。时至蔡元培执掌北京大学,推行"教授治校",通过评议会、教授会等组织来运转,由此动摇了高校管理的"等级制"根基,各校也随之陆续借鉴推广。

蒋梦麟是"教授治校"的支持者与力行者,权力从校长分散到教授手中是一大进步。不过,万事皆需投票,讨论常有争执不下的状况,管理效率低下,而且握有实权的教授时常拉帮结派甚至操纵评议会控制校政,导致出现了"民主的假象",例如1925年北大脱部事件差点使学校解散,这些促使蒋梦麟开始反思"教授治校"模式。1929年,他主持教育部期间颁布的《大学组织法》废除了评议会,代之以校务会议,强化校长权力,这是大学管理方式的一次重大变革。他任北大校长后对此进行了完善,一方面,取消评议会、教授会等,代之以校务会议、行政会议与教务会议等,校务会议为统领,这些组织的核心成员由校长选定,校长权力倍增。另一方面,他并非"专制",比如"三会成员"几乎全是教授,辞退旧人校长办、选聘新人院长办。他主张学术事务与行政事务分开,除"校长治校"与"职员治事"外,还推行"教授治学"与"学生求学",让大家做自己擅长的事情,并且对一般事务尤其是学术事务不

---

① 陈雪屏:《"和光同尘"与"择善固执"》,《传记文学》1964年第7期,第12页。

过多干涉，抓大放小，这种"校长治校"特色鲜明：校长统管、职员做事、师生治学，任其所长、各司其职。

在《大学组织法》《大学规程》等政策公布后，各校基本遵照执行，例如中央大学、浙江大学、四川大学、东北大学等众多高校新设或保留了校务会议，中山大学、武汉大学、北平师范大学等众多高校将评议会改为校务会议，同时一些学校也设有教授会或院务会议等。关注教授权力以及注重办事效能，这种做法在当时高校是一种普遍现象。

即便有些学校坚守"教授治校"，但较之于北洋政府时期的"教授治校"，校长权力增加很多。例如，清华大学的举措"别具匠心"，校务会议、评议会、教授会并存，三者成员构成与职能分别是：校务会议由校长、教务长、秘书长及各院长组织之，议决一切通常校务行政事宜。评议会以校长、教务长、秘书长、各院长及教授会所互选之评议员七人组织，其职权为：议决重要章制；审议预算；依据部定方针，议决建筑及他项重要设备，议决各学系设立或废止，议决大学派遣及管理留学生计划与留学经费分配；议决校长交议事项。教授会由全体中国教授组织，外国教授亦可同等参加，其职权为：审议教课及研究事业改进方案；学风改进方案；学生考试成绩及学位授予；建议于评议会事项；由校长或评议会交议事项，并选举评议员。① 可见，清华校务会议职能与《大学组织法》相关规定不同，评议会则与《大学组织法》规定的校务会议职能相近，教授会与《大学组织法》规定的院务会议与系务会议职能有所相同但区别很大。进言之，清华校务会议侧重处理行政事务，评议会职能涉及行政事务与学术事务，教授会偏重学术事务且可推选评议员中的教授代表，如此来看，教授会、评议会权力很大，体现出清华坚守"教授治校"方式的用意。不过，仔细推敲，并非那么简单，因为清华校长权力甚大，既可以任命教务长、秘书长、各学院院长，各系主任也由校长聘任。这样的话，校务会议全部成员与评议会核心成员均是校长选任，教授会有权推选教授代表七人（实际有少许浮动），但统领教授及其他教师的系主任由校长确定，"三会"当然主席又是校长，不难发现核心领导机构"三会"的成员多是校长之人，这些"自己人"无疑会力挺校长，比如开会讨论时，总会有人冲在前台从校长角度力推决议，校长无须或不用强势参与，却能主导一切，再加上校长人格魅力与能力出众，该方式在清华确实行之有效。此外，初期罗家伦看重校务会议，对评议会、教授会有所削弱引发不满，后来清华根基深厚的梅贻琦加以

---

① 清华大学：《国立清华大学一览（民国十九年）》，出版社不详，1930年版，第21—23页。

矫正,教授权力有所增加,他居于后台统筹,足见"教授治校"背后的校长实权很大。总之,如此架构及其运行机制的"教授治校"与蔡元培的"教授治校"有着内在联系但存在较大区别,就一定意义而言,这可称为一种校长主导的"教授治校"或间接的"校长治校"。

统而观之,众多高校是对《大学组织法》等政策的直接贯彻,清华大学等少数高校则是间接落实,但无论哪一种,总体上当时高校"校长有为"、注重收权以及关注学术与行政有别的导向较为明显。而北京大学遵奉教育部政策推行的"校长治校、教授治学、职员治事、学生求学"可谓集大成者,这主要得益于蒋梦麟抓住了其中的关键问题,即主动地适应纷乱时局与"以党治国"的新要求,矫正评议会时常效率低下、结派揽权等弊端,科学而合理地平衡不同逻辑之学事与政事的关系,因此其收效很好。

3. 争取无果后的泰然处之:"常委无为"

蒋梦麟在西南联大时期的"常委无为"亦是一种智慧。因为他在联大前期较为主动地管理许多事务(以对外为主),从组建长沙临时大学与迁校昆明的积极办理,到主导设立叙永分校并平息相关纠葛,再到经费分配无法调节求分立后的无果,他看透了三校实力与联大状况,也确认了政府不同意"分家"的决定,因此大体在 1941 年前后逐步归隐,这是一种以退为进的管理策略,可谓大智若愚。只是智者千里,难免疏漏,牺牲较多的北大对他的不满情绪日增,加上其担任行政院秘书长等原因,其无奈辞任北大校长。虽然历史没有假设,但是若蒋梦麟当时执意争权,以联大前期发生的事实来看,三校分家或矛盾不止的可能性很大,那么享有盛誉的西南联大将不复存在,这是他所能预料到的。只是他并未料到北大人"倒他",其实辞任校长也并非"疏于管北大"一种原因所致,还有他的夫人与北大教授关系不佳、担任行政院秘书长无法兼任校长等缘由。因此,"不管者所以管也"是蒋梦麟综合研判局面后的智慧性处理,尽管其他联大未及借鉴经验便先后失败,但该理念的示范作用与启发价值不容忽视。

"部长有为""校长有为"与"常委无为"是应对复杂时局与高校变革的针对性管理智慧,就三者内涵及其实施情况来看,前两者并非专制主义,后者也不是无政府主义,而是提倡职权分明,管其该管、管其能管,其中不乏治理的意味。蒋梦麟主持国民政府教育部的举措为高等教育"稳量增质"提供了参照,在北京大学推行的"校长有为"为高校内部管理树立了示范,而"常委无为"为高校联合办学乃至常规办学时领导之间的角色定位与职权行使提供了宝贵经验。

四、难题待解：蒋梦麟高等教育思想的省思

面对复杂的世事，人力时常显得渺小，蒋梦麟在竭力解决高等教育问题的同时，也留下了不少待解之题，有些是看似已解决但并不彻底，有些是难以或似乎无法解决，需要我们继续努力为之。

（一）自由限度的把握

近代中国文教界尤其是高等教育界对于自由包容的追寻可谓执着，但无度发展带来了严重后果，其界限的把握是无法逾越的命题。高校师生治学需要空间，雅斯贝尔斯曾言大学是这样的地方："人们可以不受任何限制地探求真理，并且是为真理而真理。"①蔡元培提倡"思想自由，兼容并包"，他们都将自由包容放了非常重要的位置，这样的确有利于个体成长、学术传承与创新。然而，平衡立场有别、思想各异的人际关系是件极为困难的事情，新旧文化之争、中西文化之辩难以只在学问层面探讨，时常上升为人身攻击与道德绑架。同时，大学并非存在于真空中，不可避免地会与社会对接，尤其是在内忧外患的近代中国，大学师生不可能只留在象牙塔内治学，更要关怀社会与国家，过度的自由导致示威运动不止，严重时已经危及大学存亡。因此，蒋梦麟提出了收放有度的理念，强调"能容则择宽而纪律弛。思想自由则个性发达而群治弛"，故此，应在相当范围内"整饬纪律，发展群治"②，以此调节自由与规训的关系。

对于自由包容的界限，蒋梦麟认为是风俗、舆论与法律所允许的尺度③，这也是其收放有度理念践行的依据。一方面，他尽量为各种思想派别营造发展空间，为师生交流提供宽松环境，但派系纷争无限扩大，以至于超出了学术范围，掀起了争权夺势、追名逐利的风潮，新派、英美派出身的蒋梦麟难以保持中立，只得渐进地强硬改革以朝着他原本所处立场前行。另一方面，面对混乱不堪的时局、帝国主义的侵略与政府的种种不作为，师生激烈言行不断，他也予以批判，并设法营救被捕人员，但学潮不止，严重影响办学，加上政府强化监控，他不得不收紧管理，制止师生越轨言行。可见，蒋梦麟在

---

① （德）卡尔·雅斯贝尔斯著，邱立波译：《大学之理念》，上海人民出版社 2007 年版，第 20 页。

② 《北大之精神》，见北大总务部日刊课、二十五周年纪念册编辑处编：《北京大学二十五周年纪念刊》，北大出版部印刷课 1923 年版，第 2 页。

③ 《从日常生活经验谈民主自由》，见蒋梦麟：《孟邻文存》（第 2 版），正中书局股份有限公司 2003 年版，第 399 页。

不断寻求自由与规训的平衡方法。

　　高校发展需要自由的空间，但事实并不简单，过度宽松会酿成放纵风气、影响办学，有时不得不强化管理，"在充满着变化无常的世界上，观点不同不能总是用科学方法的逻辑去解决，也不可能完全依靠民主程序去得出一个合适的结论。如果一个组织想避免因缺乏协调而受挫折或甚至不受破坏的话，那么，权威往往是必需的"①。再者，个体在达到纯粹自由状态后会产生"逃避自由"的心理："人摆脱了所有精神权威的束缚，获得了自由，但正是这种自由给他带来了孤独和忧虑，使他被一种个人无意义和无权力感压得喘不过气来。"②不难理解，自由是相对的、有界限的，同样，规训也不是绝对的，那么寻求自由与规训的合理尺度便是关键问题，调节个体、学校、政府与社会等多方关系成为重中之重，而蒋梦麟始终在解决该问题，并且总体上做得不错，时人陶希圣曾赞许道："梦麟先生深得蔡先生的豁达的气度，而融合的手腕过之。"③不过，要真正解决该问题着实太难，蒋梦麟曾被指责独断专行，例如 20 世纪 30 年代凸显新派、英美派地位，面对学生请愿时表示，"外间言近来中国教育法西斯化，本人深觉师长对学生之管教，宜采严厉主义，即法西斯化"④，仔细观之，其中确有不妥之处。

　　自由与规训的平衡之道非常不易，诸如派系纷争、学府与政府纠葛等问题极难应对甚至近乎无解，作为当事人经常会身陷其中，这不仅需要其"固守有关人类苦难和迫害的真理标准"⑤，还要有审时度势的智慧，即对中国文化价值观、思想内涵和实践的精深理解与纯熟把握。⑥ 概言之，自由的界限问题是大学始终必须面对且历久弥新的重要议题。

---

① 　（美）亨利·艾伯斯著，杨文士译：《现代管理原理》，商务印书馆 1980 年版，第 69 页。

② 　（德）埃里希·弗罗姆著，陈学明译：《逃避自由》，工人出版社 1987 年版，第 11 页。

③ 　陶希圣：《记蒋梦麟先生》，《传记文学》1964 年第 7 期，第 10 页。

④ 　《蒋梦麟昨召对八项要求——驳斥 学生会仍拟力争到底》，《北平晨报》1934 年 2 月 7 日，第 9 版。

⑤ 　（美）爱德华·W.萨义德著，单德兴译：《知识分子论》（第 2 版），生活·读书·新知三联书店 2013 年版，第 4 页。

⑥ 　魏定熙认为，北洋政府时期北京大学发展之路"充满了各种数不清的校内权力斗争和与校外保守派的'攻防战'。这些大大小小的斗争与战斗其实都是权力之争，就看谁对中国政治文化的价值观、思想内涵和实践有更精深的理解和更娴熟的掌控了"。参见（美）魏定熙著，张蒙译：《权力源自地位——北京大学、知识分子与中国政治文化，1898—1929》，江苏人民出版社 2015 年版，第 262 页。

（二）原创成果的产出

人才培养是学校的基础职能，也是天然职能，中小学与大学均如此。不过，区别于中小学，大学还具有研究高深学问的职能。学术研究贵在创新，那么如何才能产出原创成果？蒋梦麟有着系统的阐释。首先，他认为学术自由是灵魂，竭力营造宽松而浓郁的学术氛围，此乃北大的光荣传统，无数人赞颂有加。例如，北大毕业生朱海涛称："北大的教育精神是提倡自立，自主的"，尽管战乱不断，社会赌博、抽大烟等迂腐之风盛行，但"浓厚的学术空气使大家的志趣都倾向于学术竞争，没有心，没有时间，也没有精神去注意声色狗马"。① 北大教授梁漱溟曾言这种自由包容精神吸引力非常大，"那时非独青年学子多被吸引北来，就是年纪大很多的，亦有不少人其思想有烦闷，生命有活力，亦一样抱着解决问题的心情而北来"②。

再者，经费是基础，因为设备、场馆等硬件建设都需要资金。蒋梦麟充分利用其强大的社会资源，四处筹款，并能将经费相对有效地用到实处。他主持的北大注重修建场馆，充实设备与图书，硬件条件不断完善，为从事科研提供了坚实保障。

同时，蒋梦麟求贤若渴，强调人才是关键，在主政浙大与北大时，竭尽所能地网罗人才，以至于与中央研究院、山东大学等发生"抢人大战"，最终为北大组建了顶尖级别的师资队伍。他爱才惜才，注重解决人才的后顾之忧，让其能心悦身安。例如，教师拥有较好的办公条件，而且待遇上佳。无论是青年教师还是年长教师，北大教员工资水平全国一流，教授薪酬尤为丰厚，因此教师能够专心治学与治事。张忠绂回忆称："我在北京大学的一段生活，是我精神最愉快，因之而工作效率也最高的一个时期。"③

此外，蒋梦麟还推行学术与行政分离、限制教师兼职、组建研究院与开展交流活动等多种举措来保障科学研究落到实处。

不过，大学若想在时代浪潮中专注于学术创新并非易事，如何处理与社会的关系是重要议题。蒋梦麟主张大学既要追求真理，又要承担起社会进化、国家振兴的使命，尤应以前者为重。只是现实世界非常复杂，特别在近代乱世，大学要专心探究真理极难。对此，他认为不仅自然现象是研究问

---

① 朱海涛：《北大与北大人——"凶""松""空"三部曲》，《东方杂志》1944 年第 16 期，第 56 页。

② 梁漱溟：《忆往谈旧录》，上海人民出版社 2016 年版，第 49 页。

③ 张忠绂：《迷惘集：作者自传》，香港田风印刷厂 1968 年版，第 99 页。

题,社会现象亦然,但需以中立身份做"单纯"的学术探讨,这与胡适的"多研究些问题,少谈些主义"相似,有其道理。然而,获取权益是人之本性,合理得之并无不妥,但"人在本质上是不确定的。……大自然似乎只做完一半就让他上路了。大自然把另一半留给人自己去完成。……他常常为外界所驱使而不是自我决定。甚至当他认为他知道自己的行为的动机时,他的行动实际上也常常是来自另一些完全不同的刺激"[1]。也正是这样,"利益冲突是所有社会群体中的一个生活事实"[2]。总体来看,近代大学人要么本意从事研究但奈何外部人与事纷扰太多,使其难以为之;要么专心治学求得本质却打破了原有传统与规则而触动了相关利益者,致其难以继续问学;要么志不在学或无能力治学;等等。不难发现,人们仅对社会问题做学理性探讨在实践中困难重重。

面对这些复杂情况,蒋梦麟全力为治学者提供保障,辞退了一些不专心向学或无法胜任者,但是其中不少做法有待商榷。例如,国文系改革取向为新派,师资队伍以留美者最多,大量旧派及法日派人士离校,北大文科整体实力受到一定影响。比较而言,同期北方有国学四大导师坐镇的清华大学、南方有北大旧员朱希祖、林损等任教的中央大学,其文科水平显著提升,以1941年与1946年教育部学术奖励观之,文科成果一等奖清华大学2项(冯友兰的《新理学》、陈寅恪的《唐代政治史述论稿》),中央大学1项[刘节的《中国古代宗族移植史论》(撰书时任职浙江大学)],中央研究院1项(劳干的《居延汉简释考》),北京大学1项(汤用彤的《汉魏两晋南北朝佛教史》)。[3]同时,蒋梦麟主张将政治作为学术来探究,但两者难以剥离,比如考察民主必要性及本质时会涉及当时专权政府、研究对外关系会谈论帝国主义侵略本性等,这些必然导致大学与政府的关系紧张。因此,北大经常受到政府训诫甚至打压,其自由包容之风与师生治学言行等均受阻,这在相当程度上制约了学术成果的生成。

总体而言,在蒋梦麟带领下,北京大学研究成果层出不穷,特别是在长

①　(德)米夏埃尔·兰德曼著,张乐天译:《哲学人类学》,上海译文出版社1988年版,第7页。

②　(美)梅拉妮·基伦、(美)朱迪思·斯梅塔娜主编,杨韶刚等译:《道德发展手册》,教育科学出版社2011年版,第443页。

③　《学术奖励》,见北京大学、清华大学、南开大学、云南师范大学编:《国立西南联合大学史料》(第3册·教学、科研卷),云南教育出版社1998年版,第756—769页。

期重视的基础性研究领域贡献很大,在学术界居于领先地位,但也留下了不少遗憾。例如,选聘人才多是新派且留美者,辞退者多为旧派且留法日者,此举有以派系而非学术为标准选人之嫌。同时,文、理两科发展仍需均衡,对此蒋梦麟曾在西南联大时提出了战后北大办学方针:"以北大之向来一贯政策,并蔡先生治学立身之精神为基础,战后在北平创立一文史与自然科学之中心,而以社会科学与应用科学附之,而尤以文史为中心之中心。"①但未及实施便辞任校长。另者,如何应对时局动荡、政府干预等问题亦是需要加强的地方,尽管钱穆曾言:"世局虽艰,而安和黾勉,各自埋首,著述有成,趣味无倦。果使战祸不起,积之岁月,中国学术界终必有一新风貌出现。"②此种超然态度,足见大师之风采,但也从一个侧面体现出学人对当时乱世颇为无奈的心境。

总之,研发原创成果需要多方面条件助力,例如养成自由包容精神与浓郁的学术氛围、提供充足经费与完善硬件、尊重人才与爱惜人才、科学布局学科与争取政府支持等,可谓任重而道远。

(三)学校(科)布局的掌控

从清末的"屈指可数"到北洋政府时期数量的陡增,再到国民政府时期的提升质量,中国近代大学的现代化走出了一条艰难的发展之路,其中学校与学科的均衡发展是一个长期备受关注的话题。

学校的均衡布局此处指地区差异,下面按现今的行政区来分析。北洋政府重在扩大办学规模,高校数量从清末的寥寥无几增至 20 世纪 20 年代的数十所乃至百余所,但其并未重视区域均衡问题。有关研究显示,1922 年国内可查的大学及学院共有 40 所,其中上海 10 所,北京 7 所,江苏 5 所,湖北 4 所,福建 3 所,天津、广东、河北各 2 所,山东、浙江、湖南、四川、山西各 1 所。③ 这些高校主要集中在经济发达地区,尤其以沿海或长江流域地区为最多,欠发达地区较少,特别是西部寥寥无几。时至 1925 年,国内可查大学及学院共计 47 所,其中北京 16 所,上海 5 所(未含待立案 7 所),河北与天津各 2 所,江苏 5 所(未含待立案 1 所),湖北 7 所,广东 3 所,陕西、四川、辽

---

① 《蒋梦麟致胡适》,见中国社会科学院近代史研究所中华民国史研究室编:《胡适来往书信选》(中),中华书局 1979 年版,第 550 页。

② 钱穆:《八十忆双亲·师友杂忆》,生活·读书·新知三联书店 2005 年版,第 174 页。

③ (美)费正清、费维恺著:刘敬坤等译:《剑桥中华民国史(1912—1949)》(下),中国社会科学出版社 2006 年版,第 376 页。

宁、河南、山西、江西与云南各1所。① 新变化在于陕西建有国立西北大学与云南创设省立东陆大学,但总体上区域不均衡现象未有改观。

此外,学科发展极不平衡,文科(文、法、商、教育、艺术)规模过大,实科(理、工、农、医)不足。例如,1929年高校在校生总计29121人(含不分科人数),其中文科生21254人,占比73.0%,实科生7797人,占比26.8%。此外,由于这些人多是本科生,学习周期一般为四年,因此上述情况大体能代表1925年的招生数②,可见文、实两科严重失调。

国民政府成立后,提高质量成为高等教育领域的重点工作,政府进行了全国高校大整顿。许美德指出,当时最为关注两件事:"如何使全国高等学校的地理分布更为合理";"如何使大学的课程和内容符合国家建设的实际需要"。③ 这两者与学校、学科布局密切关联。在推动大学区域均衡方面,蒋梦麟主持教育部期间未能采取有效举措,成绩不多。例如,第二次全国教育会议议决的"改进高等教育计划"相关规定总体上对高校区域均衡布局问题关注不够,甚至制定了颇为严苛的新设大学的条件:"交通便利;工商发达;其他有造成文化中心的可能;本区域及邻近地方高中毕业升学每年达百名以上。"其未对高校稀缺地区有所倾斜。再者,比照《大学组织法》,欠发达地区大学多有违背,不过幸好一些高校未被取消,主要是被合并或降格处理,具体方案是:"成都大学、成都师范大学、四川大学,应使合并成一个大学。就现有各学系,设文、理、法、教育学院,将来再增设医学院;……陕西中山大学、兰州中山大学,应先改办小规模的独立学院,各分文、理两科,暂名陕西学院、甘肃学院;……广西、贵州、吉林三大学,如不能适合法规的规定,应先改办独立学院,各分文、理两科。"④1930年12月,蒋梦麟辞任教育部部长,其在任时对高校布局问题的解决成效从次年的相关数据中可见一斑。据统计,1931年,可查大学及学院分布情况是:上海18所,北京12所,广东6所,天津5所,江苏5所,河北3所,福建、四川、山西各3所,浙江、山东、湖北、湖

---

① 《第一次中国教育年鉴》(第2册),见吴相湘、刘绍唐主编:《民国史料丛刊》(第1种),传记文学出版社1971年版,第15—17页。

② 《第二次中国教育年鉴》(上),见沈云龙主编:《近代中国史料丛刊》(第11辑),文海出版社1986年,第531页。

③ (加拿大)许美德著,许洁英译:《中国大学1895—1995:一个文化冲突的世纪》,教育科学出版社2000年版,第78页。

④ 国民政府教育部:《改进全国教育方案:改进高等教育计划》,出版社不详,1930年版,第5—6页。

南、河南、辽宁各 2 所,安徽、广西、吉林、甘肃、云南、新疆各 1 所。与此前相比,新疆新建俄文法政学院,这是区域均衡发展的一个成绩,其他没有太大变化。① 尽管此后数年有所提倡,但是发达地区、沿海地区或长江流域的高校仍然众多,其他地区很少。例如 1934 年的分布情况是:上海 24 所,北京 17 所,江苏 11 所,广东 8 所,天津 7 所,湖北 6 所,山西 5 所,福建、四川与浙江各 4 所,山东、河南与江西各 3 所,河北、湖南与广西各 2 所,安徽、陕西、甘肃、云南、新疆各 1 所。②

在抑文扬实方面,蒋梦麟主持教育部推行了众多举措,收效颇佳,前已详述,此处仅做简单说明。全国高校文科、实科院系及科目设置趋于平衡,而且文科招生数比例有所下降,例如与 1925 年文科占比 73% 相比,1931 年占比 69.3%,下降近 4%,1934 年占比 54%,下降 19%,1936 年占比 46.7%,已经低于实科占比。③ 时任中央大学校长罗家伦 1934 年曾感慨道:“这一二年来,有一个可注意的现象,就是大学农工理三科毕业生,出路较好,而政治经济法律等系的毕业生则特别感到就事的困难。因此,这几年来,青年的升学趋向也有改变,投考理、工、农三科的人,比较考文法的人来得多”,南方、北方大学都有此现象,“这是一个健康的征兆,这还是因为近年政府东设农场,西设农场,南造公路,北造公路的缘故”。④ 可见,力推实科发展效果明显,但似乎有些矫枉过正。

学校(科)布局失衡是近代我国高等教育暴露出的重要问题,不仅国人关注,外国人士也曾提出异议。1931 年,国际联盟教育考察团应邀为我国教育“诊脉”,其提交的意见书指出:“中国大学在地理上之分布,杂乱无章,在同一区域内常有多所大学,其所进行之工作几全相同,诸大学间亦无合理之分工;对于某数种学问过于重视,而对于有同等重要之其他学问,反忽视之。”⑤ 蒋梦麟对学科布局问题很重视,不仅在主持全国学务时颁布相关政策并积极落实,后来在任北京大学校长时加强理学院建设,壮大实科。总体

---

① 《第一次中国教育年鉴》(第 2 册),见吴相湘、刘绍唐主编:《民国史料丛刊》(第 1 种),传记文学出版社 1971 年版,第 341—343 页。

② 国民政府教育部统计室:《二十三年度全国高等教育统计》,商务印书馆 1936 年版,第 6 页。

③ 《全国高教近数年新生科别统计》,《河南统计月报》1937 年第 1 期,第 111—112 页。

④ 罗家伦:《中国大学教育之危机》,《中央周报》1934 年 1 月 22 日,第 9 页。

⑤ 国际联盟教育考察团编:《国际联盟教育考察团报告书》,文海出版社 1986 年版,第 160 页。

上,蒋梦麟在促进实科发展方面成绩较大,甚至对文科稍显"怠慢",而对解决学校布局失衡问题贡献颇小。其实,学校(科)布局涉及范围广、影响因素众多,特别是与时局、政治、经济关系密切。比如,国民政府定都南京后,以中央大学为代表的该地区大学随之蓬勃发展;再如,帝国主义炮火经常轰炸大学,使得许多高校办学中断甚至停办;此外,当时大力发展实科的主因之一是国家建设需要大量工业、农业等专业人才。因此,有学者表示:"从中国高等教育发展的历史上看,高等教育发展的非均衡是地区(城市)经济发展的不平衡、政治中心地位的高低、地理位置的便利与否以及领导者对高等教育发展的重视程度等因素映射在高等教育领域的必然结果。"①同样的道理,设置于大学内的学科平衡问题也受到时局变化与国家需要等因素影响。由此看来,学校(科)布局是一个庞大的系统工程,需要不断在审时度势中追寻答案。

(四)"学""事"关系的协调

学术旨在探究真理,突破既定框架束缚,寻求创新;行政强调纪律,遵循规则。两者有着不同的逻辑,但共生于大学之中,其关系若是处理不佳,后果严重,蒋梦麟深有体会。

北洋政府时期,北京大学的运行有赖于"教授治校",学术力量主导学校事务,此举有其合理性,但亦有不妥之处。例如,学者治事会影响其治学,而且治事看似简单,实则不易,需要专人从事。国民政府时期,蒋梦麟主政北大实施学事与政事分离,强调大家做所擅长之工作,推行"校长治校、教授治学、职员治事、学生求学"。他改革行政机构,建立校、院、系的层级组织(以校、院为主导),学院主要负责学术,同时另组秘书处、课业处等部门司职于行政,教员与职员待遇均提高,此举提升了办学效能,但也有人指责他以行政力量干预学术发展。除学校运转外,蒋梦麟还有另一个初衷,即解决原来教师兼任行政事务而影响治学的问题。例如,他的学生郑天挺自从1933年起担任北大秘书长十余年,中间又多年兼任联大教务长,事无巨细的行政事务对其学术研究影响很大。面对琐事缠身,他曾感慨道:"栖栖惶惶,何补于国,何利于民,更何益于心身学问? 思之怅惘。"②友人罗常培提醒他:"君欲

---

① 宋伟、韩梦洁:《近代中国高等教育地域非均衡布局考察》,《史学月刊》2009 年第 4 期,第 80 页。

② 郑天挺:《郑天挺西南联大日记》(上),中华书局 2018 年版,第 85 页。

为事务专家乎？为明清史专家乎？"①然而，他的辞职未能如愿，甚为无奈："自就行政职务，读书甚少。此虽昔所料及而不意少至此也。家书友书亦久不作，谁之过欤？自讼无及矣。"②尽管他并未放弃研究，"忙里找闲"治学，写成《清史探微》等传世之作，但其艰难程度可想而知。

此等不易，蒋梦麟感触很深。作为学贯中西的现代知识分子，胡适、陈鹤琴与傅斯年等同时代的许多人著作等身，而他的成果并不多，这并非其水平不够，一个主因是行政太忙、精力有限。蒋梦麟在《过渡时代之思想与教育》的"引言"中指出："著者于民国八年，投入了北京大学里的学校行政的旋涡，起初尚兼教学而略从事作文。其后因受政治不良的影响、革命心理的冲动、频年学潮汹涌，又因学款积欠过巨，叠起教潮；行政事务逐渐加多，学问功夫逐渐减少。至民十一以后，简直成了单纯的学校行政者。积重难返，索性把笔搁起了。"③他曾谦逊地表示："有人说北京大学好比是梁山泊，我说那么我就是一个无用的宋江，一无所长，不过什么都知道一点。因为我知道一些近代文艺发展的历史，稍有空闲时，也读他们的作品，同时常听他们的谈论。古语所谓'家近通衢，不问而多知'。我在大学多年，虽对各种学问都知道一些，但总是博而不专，就是这个道理。"④其实，对于行政繁忙无暇治学，蒋梦麟感到非常无奈与自责，本想80岁后集中撰写著述，但因提早去世而无法实现。幸好他所学专业为教育，其主要工作之一在文教领域，众多主张及其实践能够整合成颇为系统的教育思想体系，特别是高等教育方面，留下了宝贵的精神财富。

类似经历也在竺可桢身上体现，作为气象学家与地理学家，他于全面抗战爆发前夕执掌浙江大学，后来学校西迁直到复员，身为校长的他非常繁忙，以至于无暇开展学术研究。1946年7月26日，他在读专业论文时有些读不懂了，感叹道："十年校长，其中多创作，余均不解所云。十年校长，已成落伍之气象家矣。"⑤此言道出了行政对学术影响之大。实际上，竺可桢非常谦逊，任校长期间，其发表了不少成果，只是相较于从前有些逊色。不过，他

① 郑天挺：《郑天挺西南联大日记》（上），中华书局2018年版，第232页。
② 郑天挺：《郑天挺西南联大日记》（上），中华书局2018年版，第253页。
③ 蒋梦麟：《过渡时代之思想与教育》，商务印书馆1933年版，第2页。
④ 蒋梦麟：《西潮与新潮》，人民出版社2011年版，第357页。
⑤ 竺可桢著，樊洪业主编：《竺可桢全集》（第10卷），上海科技教育出版社2006年版，第169页。

主持浙大为我们留下了"只问是非,不计利害"的精神与"求是"理念等影响深远的高等教育思想。

蒋梦麟主张学术至上,行政需为此提供服务。这并非说行政不重要,因为其是确保学校正常运转的关键之一。人无法样样精通,若要有番成绩,需做专长之事,蒋梦麟即以此为标准安排学术与行政人选。只是行政与学术毕竟逻辑有别,学术事务经常由校长、二级机构负责人等领导者决定,而诸如开会、教学与生活等许多日常事务也主要由行政安排,这样学术话语权难免显得不足。若行政事务多由教员承担,又会影响其治学。如此种种,再加上混乱时局、政府与帝国主义经常干预等不良外部环境影响,学术与行政的协调太过艰难。因此,校长角色至关重要,蒋梦麟以强势姿态、刚柔并进方法处之,坚持学术与行政相对独立,总体上成效明显,但也因存在专权倾向而被人批驳。

此外,大学教师身兼学术与行政双重角色的现象不少,尤以校长为代表。校长具有行政身份,需对全校事务负责,但治学必受影响,若偏重治学,疏于校务,会有学校失序乃至停顿的后果。对此似有解法,比如,校长专司管理,但剥夺其治学志趣与致其无法为学术做贡献,有所不妥;又如,校长由非学者或不以学术为志者充当,但无学术经验或对学术欠敬意者难以深刻理解与把握学术规律,由其带领大家实现研究高深学术的目标仍有不妥。思来想去,擅长研究且能纯熟兼顾学术与行政者是校长的合适人选,但此人极为难寻,即便是蒋梦麟、竺可桢等也未能完全做到兼顾,他们均走出了一条以行政为主、学术辅之的道路。

总之,对于高校而言,以学术为中心,学术与行政的关系因时代不同处理办法有别,取得成效的同时难免存在不少缺憾;就教师个体来讲,身兼双重身份尤其是作为校长,找到妥善的平衡方法尤难,应有超凡的信念与能力做支撑。可见,高校寻找到科学而有效的管理之道格外曲折,需要"上下而求索"。

五、结语:大学之道的探寻

现代大学发源于西方,历经数百年,而我国现代意义上的大学起步晚,至今不过百余年,近代大学走出了从无到有、从有到好的发展道路,成为我国大学现代化转型的一个关键时期。在战火纷飞、社会失序与经济不稳等艰难困苦环境中,缘何北京大学、清华大学、中央大学、武汉大学、浙江大学、南开大学、西南联大等众多近代大学能够成绩斐然?其如何完成了高等教育现代化转型的重要一步？仔细观之，这与仁人志士的推动密不可分，而蒋梦麟是其中的杰出代表之一。

蒋梦麟对高等教育的理解系统而深刻。"新中有旧，旧中有新"与"不中不西，亦中亦西"的文化统整观和个体本位与社会本位统一的教育价值观是思想基础，为其高等教育思想的形成指明了方向。"大度包容，思想自由"理念是关键，尽管社会环境恶劣，特别是政治状况不良，但在无法改变客观条件的前提下，他坚守大学的相对独立性，不遗余力地保护自由包容之风。真理与救国是理想，他在各种场合通过多种方式提醒师生追求真理，并且应学以致用报效国家。蔡元培、陶行知、蒋梦麟等近代众多大学人为求真知排万难的精神与热烈的家国情怀令人称道。学术是中心，研究高深学术是立校之本，他重视营造浓厚的科研氛围，想方设法筹集经费，改善办学条件，奉行人才至上，提高教师待遇，力保师生专心治学。质量是目标，现代大学起步之际的数量扩张达到相当规模后，质量提升刻不容缓，他主持全国学务出台严格标准，加强审查现有与新设高校，力行整顿，执掌北大从严管理，限制教师兼职与师生越轨言行，以此确保增进质量。管理是保障，依据时局与校情，他在主持全国学务时奉行"部长有为"，奠定了高校随后繁荣发展的基调；在北大时主张"校长有为"，实施学术与行政相对分离，各任其长，各司其职；在西南联大时提倡"常委无为"，以"金牌配角"身份辅助治校、成全联大。与此同时，这些引发的自由包容尺度、学府与政府关系、学校与学科布局、学术与行政关系等诸多难题有待进一步解决。林林总总，不限于此，蒋梦麟的高等教育思想不仅成就了北京大学与西南联大，也对其他人与其他高校的发展影响深远。

此外，近代中国国力衰落，长期被帝国主义列强侵占，其享有治外法权，加上西方科技、文明相对先进，国人似乎产生了"弱势的惯性"，在很多方面显得不自信。然而，许多人士坚守故土，推崇中华文明，呼吁取法西方时不可"忘本"，蒋梦麟即是典型代表人物。学贯中西的他不仅在中国以西学观之，而且在西方以中学观之，但无论是哪一角度，其将毕生所学用于复兴中国的立场未变。因此，他在面对大学"引进来"问题时甚为冷静，在基于国情前提下，其总体上较多借鉴了欧美大学的办学经验（以美国为主），但并未进行"全盘西化式"的改造，凡是采择西学时都会用中学来对应参照，而且力推整理保存国学（批判地传承，而非机械地固守传统）；同时，他注重大学的"走出去"发展，认为中学与西学在本源问题上相通，经过发展后各有优缺点。时至近代，西学相对先进，但中学依然有其价值，由此他支持师生在外宣传中国学问,他也利用留学、赴外考察与参加会议等机会对外介绍中国文化。蒋梦麟非常注重大学的国际交流与合作,也提倡大学与其他领域的互通,这样有助于消除不同民族与国家之间的隔阂。他认为其中的核心是文化沟通,因为"政治究竟只是过眼云烟,转瞬即成历史陈迹。恒久存在的根本问题是文化"①。不同文化在会通中将生成一种全新的样态:"现代科学,特别是发明和工业上的成就,将与中国的艺术宝藏和完美道德交织交融。一种新的文化正在形成,这种新文化对世界进步一定会提供重大的贡献。"②只是囿于时局,当时"走出去"无法像"引进来"那般成绩显著,但是蒋梦麟的"中国立场,国际视野"弥足珍贵。

面对纷乱复杂时局中近代大学的现代化转型问题,蒋梦麟的思考系而深刻,其注重理论应用于实践当中,特别是行动力突出。在追寻大学之道过程中,他既推崇个性解放,又强调群性纪律,但不管哪一方面,都力求掌握好尺度。随着社会环境、时局态势、教育状况与个体诉求等诸多方面的变迁,他不断协调"放"与"收"的关系,调节自由与规训之间的张力,以促成两者达到动态的平衡。他以"学术人"(为主)与"政治人"(为辅)等身份在理念、职能与管理等诸多关键方面给出了自己的答案。纵然社会变迁,时代流转,当代大学已大不相同,但蒋梦麟探索得出的大学本义与发展规律仍然值得细细品读,吸取这些经验与教训并结合当代中国情境更有助于我们探寻真正的大学之道。

---

①　蒋梦麟:《西潮与新潮》,人民出版社 2011 年版,第 277 页。
②　蒋梦麟:《西潮与新潮》,人民出版社 2011 年版,第 283 页。

参考文献举要

一、基本史料

（一）档案、专题、学校、工具书及综合性文献等

1. 《北京大学档案》（电子版）（1917—1937 年），北京大学档案馆藏。

2. 北京大学编:《国立北京大学二十周年纪念册》,出版社不详,1917年版。

3. 北大总务部日刊课、二十五周年纪念册编辑处编:《北京大学二十五周年纪念刊》,北大出版部印刷课 1923 年版。

4. 晨报社编辑处编:《晨报六周纪念增刊》,晨报社出版部 1924 年版。

5. 劳动大学编译馆编:《劳大概况》,劳大印刷工厂 1929 年版。

6. 国民政府教育部编:《改进全国教育方案:改进高等教育计划》,出版社不详,1930 年版。

7. 中华教育文化基金董事会编:《中华教育文化基金董事会第六次报告》,出版社不详,1931 年版。

8. 青岛大学编:《国立青岛大学一览（民国二十年度）》,出版社不详,1931 年版。

9. 北京大学文学院:《国立北京大学文学院课程一览》（民国二十一年至二十二年）,出版社不详,1933 年版。

10. 湖南大学编:《湖南大学一览（民国二十二年度）》,六合公司 1934年版。

11. 北京大学文学院编:《国立北京大学文学院课程一览》（民国二十三

年至二十四年),出版社不详,1935 年版。

12. 北京大学编:《民国二十四年度北京大学一览》,出版社不详,1935 年版。

13. 暨南大学秘书处编:《国立暨南大学一览》,国立暨南大学印刷组 1936 年版。

14. 安徽大学编:《安徽大学一览》,出版社不详,1936 年版。

15. 武汉大学编:《国立武汉大学一览》,武汉大学出版处 1936 年版。

16. 北平大学校长办公处:《国立北平大学一览民国二十五年度》,松雅齐南纸印刷文具店 1936 年版。

17. 国民政府教育部统计室编:《二十三年度全国高等教育统计》,商务印书馆 1936 年版。

18. 清华大学编:《国立清华大学一览》,清华大学出版事务所 1937 年版。

19. 中央大学编:《国立中央大学十周纪念册》,出版社不详,1937 年版。

20. 国民政府教育部编:《全国专科以上学校要览(上)》,正中书局 1942 年版。

21. 山西大学编:《国立山西大学》,出版社不详,1947 年版。

22. 北京大学五十周年筹备委员会:《国立北京大学历届同学录》,北京大学出版部 1948 年版。

23. 北京大学五十周年筹备委员会:《国立北京大学历届校友录》,北京大学出版部 1948 年版。

24. 黄萍荪编:《四十年来之北京》(第 1—2 辑合刊),大东图书公司 1949 年版。

25. 吴相湘、刘绍唐编:《民国史料丛刊》第 1 种《第一次中国教育年鉴》(第 2 册),传记文学出版社 1971 年版。

26. 黄季陆编:《革命文献》第 54 辑《抗战前教育政策与改革》,兴台印刷厂 1971 年版。

27. 多贺秋五郎编:《近代中国教育史资料民国编》(中),文海出版社 1976 年版。

28. 张允侯等:《五四时期的社团(二)》,生活·读书·新知三联书店 1979 年版。

29. 中国人民政治协商会议安徽省委员会文史资料研究委员会编:《安徽文史资料选辑》(第 2 辑),安徽人民出版社 1983 年版。

30．吴相湘：《民国百人传》（第 1 册），传记文学出版社 1982 年版。

31．中国人民政治协商会议全国委员会文史资料研究委员会编：《文化史料丛刊》（第 4 辑），文史资料出版社 1983 年版。

32．中国人民政治协商会议全国委员会文史资料研究委员会编：《文史资料选辑》（第 87 辑），文史资料出版社 1983 年版。

33．南开大学马列主义教研室中共党史教研组编：《华北事变资料选编》，河南人民出版社 1983 年版。

34．葛懋春等编：《无政府主义思想资料选》，北京大学出版社 1984 年版。

35．中国人民政治协商会议全国委员会文史资料研究委员会编：《文史资料选辑》（第 95 辑），文史资料出版社 1984 年版。

36．中国人民政治协商会议北京市委员会文史资料研究委员会编：《文史资料选编》（第 23 辑），北京出版社 1985 年版。

37．国际联盟教育考察团编：《国际联盟教育考察团报告书》，文海出版社 1986 年版。

38．沈云龙主编：《近代中国史料丛刊》第 11 辑《第二次中国教育年鉴》（上），文海出版社 1986 年版。

39．中国人民政治协商会议江苏省泰兴县文史资料研究委员会编：《泰兴文史资料》（第 4 辑），出版社不详，1987 年版。

40．中央教育科学研究所编：《中国现代教育大事记》，教育科学出版社 1988 年版。

41．湘湖师范编委会编：《生活教育之花盛开在湘湖师范》，四川教育出版社 1988 年版。

42．王文俊、梁吉生等编：《南开大学校史资料选》，南开大学出版社 1989 年版。

43．朱有瓛主编：《中国近代学制史料》（第 3 辑下），华东师范大学出版社 1992 年版。

44．李庆聪等编：《北京大学孑民图书室记实》，北京大学出版社 1992 年版。

45．中国红十字会总会编：《中国红十字会历史资料选编（1904—1949）》，南京大学出版社 1993 年版。

46．清华大学校史研究室编：《清华大学史料选编（1937—1946）》（第 3 卷），清华大学出版社 1994 年版。

47. 中国第二历史档案馆编:《中华民国史档案资料汇编》(第 5 辑第 1 编:政治〈四〉),江苏古籍出版社 1994 年版。

48. 中国第二历史档案馆编:《中华民国史档案资料汇编》(第 5 辑第 1 编:教育),江苏古籍出版社 1994 年版。

49. 云南文史资料文员会编:《云南文史资料选辑》(第 43 辑),云南人民出版社 1994 年版。

50. 谢荫明、陈静主编:《北京的社团》,知识出版社 1994 年版。

51. 彭勃、徐颂陶主编:《中华人事行政法律大典》,中国人事出版社 1995 年版。

52. 全国政协文史资料委员会编:《中华文史资料文库》(第 17 卷:文化教育编),中国文史出版社 1996 年版。

53. 浙江省政协文史资料委员会编:《浙江文史集粹》(第 5 辑·教育科技卷),浙江:浙江人民出版社 1996 年版。

54. 中国大百科全书出版社编辑部编:《中国大百科全书》(简明版),中国大百科全书出版社 1998 年版。

55. 北京大学、清华大学、南开大学、云南师范大学编:《国立西南联合大学史料》(第 1—6 册),云南教育出版社 1998 年版。

56. 魏宏运主编:《民国史纪事本末》(第 2 册),辽宁人民出版社 1999 年版。

57. 王学珍、郭建荣主编:《北京大学史料》(第 1—3 卷),北京大学出版社 2000 年版。

58. 北京大学、中国第一历史档案馆编:《京师大学堂档案选编》,北京大学出版社 2001 年版。

59. 中国人民政治协商会议全国委员会文史资料委员会编:《文史资料存稿选编·教育》,中国文史出版社 2002 年版。

60. 王学珍、张万仓编:《北京高等教育文献资料选编(1861—1948)》,首都师范大学出版社 2004 年版。

61. 陈元晖主编:《中国近代教育史资料汇编·戊戌时期教育》,上海教育出版社 2007 年版。

62. 郭建荣主编:《国立西南联合大学图史》,云南教育出版社 2007 年版。

63. 北京大学档案馆校史馆编著:《北京大学图史(1898—2008)》,北京大学出版社 2010 年版。

64. 中国人民政治协商会议云南省昆明市委员会编：《昆明文史资料集萃》（第 7 卷），云南科技出版社 2009 年版。

65. 咸宁市政协文史资料和学习委员会编：《咸宁文史资料》（第 9 辑·辛亥革命咸宁人物志），咸宁市机关管理局文印室 2010 年版。

66. 中国人民政治协商会议全国委员会文史和学习委员会编：《文史资料选辑》（合订本）（第 28 卷第 81 辑），中国文史出版社 2011 年版。

67. 顾良飞主编：《清华大学档案精品集》，清华大学出版社 2011 年版。

68. 李新总主编：《中华民国史大事记》，中华书局 2011 年版。

69. 顾明远主编：《中国教育大百科全书》（第 1 卷），上海教育出版社 2012 年版。

70. 贾逸君编：《民国名人传》，民主与建设出版社 2012 年版。

71. 陈益民编：《闲情雅趣》，天津人民出版社 2013 年版。

72. 刘绍唐主编：《民国人物小传》，上海三联书店 2014—2017 年版。

73. 曹子西主编：《北京历史人物传》，北京燕山出版社 2014 年版。

74. 周谷平、赵师红编：《走向一流的历史轨迹：中外著名大学校长治校理念与办学制度文献选编》，浙江大学出版社 2015 年版。

75. 夏征农、陈至立主编：《大辞海》，上海辞书出版社 2015 年版。

76. 顾明远总主编：《中国教育大系·历代教育名人志》，湖北教育出版社 2015 年版。

77. 唐晓峰、王帅编：《民国时期非基督教运动重要文献汇编》，社会科学文献出版社 2015 年版。

78. 朱修春主编：《桐城派学术档案》，武汉大学出版社 2016 年版。

79. 王应宪编校：《现代大学史学系概览（1912—1949 上）》，上海古籍出版社 2016 年版。

80. 张淑锵、蓝蕾主编：《浙大史料：选编一（1897—1949）》，浙江大学出版社 2017 年版。

（二）近现代主要报刊

1.《申报》（上海），1885—1949 年。

2.《大公报》（天津），1902—1949 年。

3.《时报》，1904—1939 年。

4.《东方杂志》，1904—1937 年。

5.《教育杂志》，1909—1948 年。

6.《时事新报》(上海),1911—1947年。

7.《中华教育界》,1912—1949年。

8.《留美学生季报》,1914—1928年。

9.《教育公报》,1914—1925年。

10.《益世报》(天津),1915—1949年。

11.《民国日报》,1916—1947年。

12.《北京大学日刊》,1917—1927年、1931—1932年。

13.《新潮》,1919—1922年。

14.《新教育》,1919—1925年。

15.《晨报》,1919—1926年创刊。

16.《京报》(北京),1920—1925年、1930—1937年。

17.《中央日报》,1928—1949年。

18.《北大日刊》,1929—1931年。

19.《教育部公报》,1929—1948年。

20.《华北日报》,1930—1937年。

21.《北京大学周刊》,1932—1936年。

22.《北平晨报》,1931—1937年。

(三)人物著述、书信、日记、回忆录、自传、自写年谱与文集等

1. 蒋梦麟:*A Study in Chinese Principles of Education*,商务印书馆1918年版。

2. 蒋梦麟著,教育杂志社编:《教育杂文》,商务印书馆1925年版。

3. 蒋梦麟:《过渡时代之思想与教育》,商务印书馆1933年版。

4. 蒋梦麟:《文化的交流与思想的演进》,世界书局1962年版。

5. 张忠绂:《迷惘集:作者自传》,香港田风印刷厂1968年版。

6. 毛子水:《师友记》(第2版),传记文学出版社1978年版。

7. 朱传誉编:《蒋梦麟传记资料》,天一出版社1979年版。

8. 中国社会科学院近代史研究所中华民国史研究室编:《胡适来往书信选》(上、中、下),中华书局1979—1980年版。

9. 李四光研究会筹备组地质学会地质力学专业委员会编:《李四光纪念文集》,地质出版社1981年版。

10. 北京师范大学中文系编:《文学论文集及鲁迅珍藏有关北师大史料》,北京师范大学出版社1981年版。

11. 罗家伦：《逝者如斯集》，传记文学出版社 1981 年版。

12. 杨钟健：《杨钟健回忆录》，地质出版社 1983 年版。

13. 薛绥之等编：《鲁迅生平史料汇编》（第 3 辑），天津人民出版社 1983 年版。

14. 马叙伦：《我在六十岁以前》，生活·读书·新知三联书店 1983 年版。

15. 中国革命博物馆编：《吴虞日记》，四川人民出版社 1984 年版。

16. 中山大学历史系孙中山研究室、广东省社会科学院历史研究所等编：《孙中山全集》（第 7 卷），中华书局 1985 年版。

17. 尚明轩、王学庄、陈崧编：《孙中山生平事业追忆录》，人民出版社 1986 年版。

18. 陶钝：《一个知识分子的自述》，山东人民出版社 1987 年版。

19. 陈子善编：《梁实秋文学回忆录》，岳麓书社 1989 年版。

20. 刘寅生等编：《何炳松纪念文集》，华东师范大学出版社 1990 年版。

21. 蒋梦麟：《谈学问》，致良出版社 1991 年版。

22. 康有为著，楼宇烈整理：《康南海自编年谱》（外二种），中华书局 1992 年版。

23. 周作人著，张明高、范桥编：《周作人散文》（第 3 集），中国广播电视出版社 1992 年版。

24. （美）费正清：《费正清自传》，天津人民出版社 1993 年版。

25. 张闻博、何宇主编：《西南联合大学叙永分校建校五十周年纪念集（1940—1990）》，四川省叙永县印刷厂 1993 年版。

26. 胡适著，耿云志主编：《胡适遗稿及秘藏书信》（第 31 册），黄山书社 1994 年版。

27. 周作人著，陈子善、张铁荣编：《周作人集外文》（上），海南国际新闻出版中心 1995 年版。

28. 萧南选编：《我的朋友胡适之》，四川文艺出版社 1995 年版。

29. 姚以恩、刘华庭编选：《新笔记大观》，上海书店出版社 1996 年版。

30. 中国蔡元培研究会编：《蔡元培全集》，浙江教育出版社 1997 年版。

31. 许广平著，海婴编：《许广平文集》（第 1 卷），江苏文艺出版社 1998 年版。

32. 鲁迅、景宋：《两地书全编》，浙江文艺出版社 1998 年版。

33. 陈平原、夏晓虹编：《北大旧事》，生活·读书·新知三联书店 1998

年版。

34. 王世儒、闻笛编:《我与北大——"老北大"话北大》,北京大学出版社1998年版。

35. 庄丽君主编:《世纪清华》,光明日报出版社1998年版。

36. 吴宓著,吴学昭整理:《吴宓日记》(第3册),生活·读书·新知三联书店1998年版。

37. 梁启超:《中国历史研究法》,上海古籍出版社1998年版。

38. 胡适著,耿云志、李国彤编:《胡适传记作品全编》(第3卷),东方出版中心1999年版。

39. 高平叔、王世儒编注:《蔡元培书信集》,浙江教育出版社2000年版。

40. 高增德、丁东编:《世纪学人自述》(第1卷),北京十月文艺出版社2000年版。

41. 南开大学历史系、北京大学历史系编:《郑天挺先生百年诞辰纪念文集》,中华书局2000年版。

42. 蒋梦麟著,明立志编:《蒋梦麟学术文化随笔》,中国青年出版社2001年版。

43. 中国人民政治协商会议邵阳市委员会学习文史委员会编:《匡互生先生诞辰一百一十周年纪念集》,邵阳市彩印厂2001年版。

44. 郑天挺:《及时学人谈丛》,中华书局2002年版。

45. 徐正榜、陈协强主编:《名人名师武汉大学演讲录》,武汉大学出版社2003年版。

46. 蒋梦麟:《孟邻文存》(第2版),正中书局股份有限公司2003年版。

47. 胡适著,季羡林主编:《胡适全集》,安徽教育出版社2003年版。

48. 北京大学图书馆编:《北京大学图书馆藏胡适未刊书信日记》,清华大学出版社2003年版。

49. 傅斯年著,欧阳哲生编:《傅斯年全集》(第7卷),湖南教育出版社2003年版。

50. 杜威:《民主主义与教育》,人民教育出版社2004年版。

51. 胡适著,曹伯言整理,《胡适日记全集》,联经出版事业股份有限公司2004年版。

52. 章太炎著,马勇编:《章太炎讲演集》,河北人民出版社2004年版。

53. 钱穆:《八十忆双亲·师友杂忆》,生活·读书·新知三联书店2005年版。

54. 梁文蔷:《梁实秋与程季淑:我的父亲母亲》,百花文艺出版社 2005 年版。

55. 胡颂平:《胡适之先生晚年谈话录》,新星出版社 2006 年版。

56. 竺可桢著,樊洪业主编:《竺可桢全集》(第 10 卷),上海科技教育出版社 2006 年版。

57. 罗尔纲:《师门五年记·胡适琐记》,生活·读书·新知三联书店 2006 年版。

58. 钱理群、严瑞芳编:《我的父辈与北京大学》,北京大学出版社 2006 年版。

59. 曹聚仁:《听涛室人物谭》,生活·读书·新知三联书店 2007 年版。

60. 范小梵:《风雨流亡路:一位知识女性的抗战经历》,山东画报出版社 2008 年版。

61. 冯友兰:《冯友兰文集》(第 1 卷),长春出版社 2008 年版。

62. 罗常培著,王均主编:《罗常培文集》(第 10 卷),山东教育出版社 2008 年版。

63. 蒋梦麟著,曲士培主编:《蒋梦麟教育论著选》,人民教育出版社 2009 年版。

64. 沈善炯述,熊卫民整理:《沈善炯自述》,湖南教育出版社 2009 年版。

65. 李书华:《李书华自述》,湖南教育出版社 2009 年版。

66. 陈平原、郑勇编:《追忆蔡元培》(增订本),生活·读书·新知三联书店 2009 年版。

67. 封越健、孙卫国编:《郑天挺先生学行录》,中华书局 2009 年版。

68. 许广平:《鲁迅回忆录》(手稿本),长江文艺出版社 2010 年版。

69. 蒋梦麟:《西潮与新潮》,人民出版社 2011 年版。

70. 汤一介、赵建永编:《汤用彤学记》,生活·读书·新知三联书店 2011 年版。

71. 李继华、常进军、李权兴编:《李大钊被捕牺牲安葬资料选编》,线装书局 2011 年版。

72. 袁良骏编:《丁玲研究资料》,知识产权出版社 2011 年版。

73. 沈宗瀚著,王瑞智编:《沈宗瀚自述》,黄山书社 2011 年版。

74. 张中行:《流年碎影》,北方文艺出版社 2012 年版。

75. 鲁迅著,傅光明主编:《论战中的鲁迅》,北京联合出版公司 2012 年版。

76. 张申府:《所忆·张申府回忆录》,中国文史出版社2012年版。

77. 顾颉刚:《顾颉刚自传》,北京大学出版社2012年版。

78. (美)爱特伽·斯诺著,胡仲持、冯宾符等译:《西行漫记》(上),生活·读书·新知三联书店2012年版。

79. 桑兵主编,谷小水编:《各方致孙中山函电汇编》(第6卷),社会科学文献出版社2012年版。

80. 张耀杰:《民国底色:政学两界人和事》,江苏文艺出版社2012年版。

81. 张伯苓著,文明国编:《张伯苓自述》,安徽文艺出版社2013年版。

82. 柳诒徵著,文明国编:《柳诒徵自述》,安徽文艺出版社2013年版。

83. 吴稚晖:《吴稚晖全集》(第2卷:哲理与文教),九州出版社2013年版。

84. 杨树达:《积微翁回忆录·积微居诗文抄》,上海古籍出版社2013年版。

85. 罗久芳编著:《文墨风华:罗家伦珍藏师友书简》,北方文艺出版社2014年版。

86. 傅斯年著,王汎森、潘光哲、吴政上主编:《傅斯年遗札》(第2卷),社会科学文献出版社2014年版。

87. 钱玄同著,杨天石主编:《钱玄同日记(整理本)》(上),北京大学出版社2014年版。

88. 邹韬奋著,韬奋基金会、上海韬奋纪念馆编:《韬奋全集》(增补本5),上海人民出版社2015年版。

89. 胡适:《胡适四十自述》,吉林大学出版社2015年版。

90. 梁漱溟:《忆往谈旧录》,上海人民出版社2016年版。

91. 陈独秀著,丁晓平编注:《陈独秀自述》,中共党史出版社2016年版。

92. 陶希圣:《潮流与点滴:陶希圣回忆录》,中国大百科全书出版社2016年版。

93. 陈岱孙著,刘昀编:《往事偶记》,商务印书馆2016年版。

94. 何兆武:《上学记》(增订版),人民文学出版社2016年版。

95. 张中行:《负暄絮语》,江苏凤凰文艺出版社2016年版。

96. 郑天挺:《清史探微》,商务印书馆2017年版。

97. 梅贻琦:《梅贻琦西南联大日记》,中华书局2018年版。

98. 郑天挺:《郑天挺西南联大日记》,中华书局2018年版。

99. 陈布雷:《陈布雷回忆录》,岳麓书社2018年版。

100. 朱自清：《朱自清日记》，石油工业出版社 2019 年版。

101. 许渊冲：《永远的西南联大》，江苏凤凰文艺出版社 2021 年版。

二、研究论著

（一）中文著作

1.（美）亨利·艾伯斯著，杨文士译：《现代管理原理》，商务印书馆 1980 年版。

2. 萧超然、沙健孙、周承恩、梁柱编：《北京大学校史 1898—1949》，上海教育出版社 1981 年版。

3. 清华大学校史编写组编：《清华大学校史稿》，中华书局 1981 年版。

4. 雷国鼎：《中国近代教育行政制度史》，教育文物出版社 1983 年版。

5. 胡颂平：《胡适之先生年谱长编初稿》，联经出版事业股份有限公司 1984 年出版。

6. 许汉三编：《黄炎培年谱》，文史资料出版社 1985 年版。

7. 四川大学校史编写组编：《四川大学史稿》，四川大学出版社 1985 年版。

8.（德）埃里希·弗罗姆著，陈学明译：《逃避自由》，工人出版社 1987 年版。

9.（德）米夏埃尔·兰德曼著，张乐天译：《哲学人类学》，上海译文出版社 1988 年版。

10. 耿云志编：《胡适年谱》，四川人民出版社 1989 年版。

11. 南开大学校史编写组编：《南开大学校史（1919—1949）》，南开大学出版社 1989 年版。

12. 陈能治：《战前十年中国的大学教育（1927—1937）》，商务印书馆 1990 年版。

13. 黄俊杰：《农复会与台湾经验(1949—1979)》，三民书局 1991 年版。

14. 费正清等编：《剑桥中华民国史》，中国社会科学出版社 1994 年版。

15. 西南联合大学北京校友会编：《国立西南联合大学校史——一九三七至一九四六年的北大、清华、南开》，北京大学出版社 1996 年版。

16. 王学珍等编：《北京大学纪事(1898—1997)》(上)，北京大学出版社 1998 年版。

17. 高平叔：《蔡元培年谱长编》，人民教育出版社 1999 年版。

18. 马胜云等编著：《李四光年谱》，地质出版社 1999 年版。

19. 周中明：《桐城派研究》，辽宁大学出版社 1999 年版。

20. 谢泳：《大学旧踪》，江西教育出版社 1999 年版。

21. （加）许美德（Ruth Hayhoe）著，许洁英主译：《中国大学 1895—1995：一个文化冲突的世纪》，教育科学出版社 2000 年版。

22. 金以林：《近代中国大学研究（1895—1949）》，中央文献出版社 2000 年版。

23. （美）克拉克·克尔著，王承绪译：《高等教育不能回避历史：21 世纪的问题》，浙江教育出版社 2001 年版。

24. （西班牙）奥尔特加·加塞特著，徐小洲、陈军译：《大学的使命》，浙江教育出版社 2001 年版。

25. 齐健、赵亚夫等：《历史教育价值论》，高等教育出版社 2003 年版。

26. 金林祥：《思想自由 兼容并包——北京大学校长蔡元培》，山东教育出版社 2004 年版。

27. 文池主编：《在北大听讲座》（第 11 辑），新世界出版社 2004 年版。

28. 罗荣渠：《现代化新论》，商务印书馆 2004 年版。

29. 萧超然：《北京大学与近现代中国》，中国社会科学出版社 2005 年版。

30. 周川、黄旭：《百年之功——中国近代大学校长的教育家精神》，福建教育出版社 2005 年版。

31. 许纪霖等：《中国现代化史》，学林出版社 2006 年版。

32. 张海鹏：《近代中国历史进程概说》，江苏人民出版社 2006 年版。

33. 智效民：《八位大学校长：蒋梦麟 胡适 梅贻琦 张伯苓 竺可桢 罗家伦 任鸿隽 胡先骕》，长江文艺出版社 2006 年版。

34. 田正平、商丽浩主编：《中国高等教育百年史论——制度变迁、财政运作与教师流动》，人民教育出版社 2006 年版。

35. （德）卡尔·雅斯贝尔斯著，邱立波译：《大学之理念》，上海人民出版社 2007 年版。

36. 贵州大学校史编委会编：《贵州大学校史丛书：贵州大学分册（1902—2005）》，贵州大学出版社 2007 年版。

37. 虞和平主编：《中国现代化历程》，江苏人民出版社 2007 年版。

38. 杨念群：《中层理论——东西方思想会通下的中国史研究》，江西教育出版社 2007 年版。

39. 东北大学史志编研室编：《东北大学校志》（第 1 卷），东北大学出版社 2008 年版。

40. 郝平：《北京大学创办史实考源》（修订版），北京大学出版社 2008 年版。

41. 左玉河：《中国近代学术体制之创建》，四川人民出版社 2008 年版。

42. 耿云志：《近代中国文化转型研究导论》，四川人民出版社 2008 年版。

43. 张彬等：《浙江教育发展史》，杭州出版社 2008 年版。

44. 广少奎：《重振与衰变——南京国民政府教育部研究》，山东教育出版社 2008 年版。

45. 梁吉生：《张伯苓年谱长编》（上、中、下），人民教育出版社 2008—2009 年版。

46. 马勇：《蒋梦麟传》，红旗出版社 2009 年版。

47. 孙善根：《走出象牙塔——蒋梦麟传》，杭州出版社 2009 年版。

48. 张雁：《西方大学理念在近代中国的传入与影响》，浙江大学出版社 2009 年版。

49. 王前：《中西文化比较概论》，中国人民大学出版社 2009 年版。

50. 沈福熙编：《现代西方文化史概论》，同济大学出版社 2009 年版。

51. 李瑜青：《人本思潮与中国文化》，东方出版社 2009 年版。

52. 许小青：《政局与学府：从东南大学到中央大学（1919—1937）》，中国社会科学出版社 2009 年版。

53. 程斯辉：《中国近代大学校长研究》，人民教育出版社 2010 年版。

54. 储朝晖：《中国大学精神的历史与省思》，山西教育出版社 2010 年版。

55. 贺国庆：《西方大学改革史略》，河北教育出版社 2011 年版。

56. 崔恒秀：《民国教育部与高校关系之研究（1912—1937）》，福建教育出版社 2011 年版。

57. （美）梅拉妮·基伦、（美）朱迪思·斯梅塔娜主编，杨韶刚等译：《道德发展手册》，教育科学出版社 2011 年版。

58. 张意忠：《民国大学校长风范》，北京师范大学出版社 2012 年版。

59. （美）易社强著，饶佳荣译：《战争与革命中的西南联大》，九州出版社 2012 年版。

60. 张耀杰：《民国底色：政学两界人和事》，江苏文艺出版社 2012 年版。

61. 朱斐主编：《东南大学史（1902—1949）》（第 1 卷），东南大学出版社

2012 年版。

62. (美)爱德华·W.萨义德著,单德兴译:《知识分子论》(第 2 版),生活·读书·新知三联书店 2013 年版。

63. 朱元曙、朱乐川编:《朱希祖先生年谱长编》,中华书局 2013 年版。

64. 肖卫兵:《中国近代国立大学校长角色分析》,福建教育出版社 2013 年版。

65. 杨荷泉:《近现代浙江名家教育思想与当代中国教育》,浙江工商大学出版社 2013 年版。

66. 黄书光等:《中国社会发展变迁的教育动力》,上海教育出版社 2014 年版。

67. 张旭等编:《林纾年谱长编(1852—1924)》,福建教育出版社 2014 年版。

68. 刘训华:《困厄的美丽:大转局中的近代学生生活(1901—1949)》,华中科技大学出版社 2014 年版。

69. 张亚群:《中国近代大学通识教育与创新人才培养》,福建教育出版社 2015 年版。

70. 陈平原:《抗战烽火中的中国大学》,北京大学出版社 2015 年版。

71. 赵峻岩:《民国时期大学区制度变迁研究》,南京大学出版社 2015 年版。

72. 申国昌主编:《胡适画传》,山东教育出版社 2015 年版。

73. 韩立云:《创立与传承:民国时期北京大学人才培养模式的形成》,南京大学出版社 2015 年版。

74. 岳南:《南渡北归》(增订本),湖南文艺出版社 2015 年版。

75. (美)魏定熙著,张蒙译:《权力源自地位:北京大学、知识分子与中国政治文化,1898—1929》,江苏人民出版社 2015 年版。

76. 易竹贤、陈国恩:《图本胡适传》,长春出版社 2015 年版。

77. 哈佛公开课研究会编:《哈佛商务课(经典案例升级版)》,中国铁道出版社 2016 年版。

78. 张守涛:《凡人鲁迅:那些年,鲁迅经历的笔墨官司》,江苏凤凰文艺出版社 2016 年版。

79. 陈永忠:《蒋梦麟与北京大学》,时报文化出版企业股份有限公司 2016 年版。

80. 李安安:《胡适和他的朋友们》,成都时代出版社 2016 年版。

81. 刘剑虹:《移植与再造:近代中国大学教师制度之演进》,中国社会科学出版社 2016 年版。

82. 仲玉英、陈桃兰、艾乐、夏雪源:《蒋梦麟画传》,四川教育出版社 2017 年版。

83. 陈鼓应:《老子注译及评介》,中华书局 2017 年版。

84. 应星:《新教育场域的兴起,1895—1926》,生活·读书·新知三联书店 2017 年版。

85. 孙林、黄日涵:《政治学核心概念与理论》,天津人民出版社 2017 年版。

86. 桑兵:《学术江湖:晚清民国的学人与学风》,广西师范大学出版社 2017 年版。

87. 张玥.《抗战时期国立大学校长治校方略研究》,南京大学出版社 2017 年版。

88. 陈玉玲:《国民政府初期对高等教育的整顿》,中国社会科学出版社 2018 年版。

89. 陈雪编著:《蒋梦麟评传》,中华工商联合出版社 2018 年版。

90. 池子华主编:《中国红十字运动通史(1904—2014)》(第 6 卷:中国红十字运动大事编年),合肥工业大学出版社 2018 年版。

91. 王建军:《民国高校教师生活研究》,湖南教育出版社 2018 年版。

92. 《教育史研究》编辑部编:《教育史研究》(第 2 册),人民教育出版社 2019 年版。

93. 杜成宪、邓明言:《教育史学》,人民教育出版社 2019 年版。

94. 周洪宇、刘来兵:《教育口述史研究引论》,华中科技大学出版社 2020 年版。

95. 阎登科:《民国前期教育部研究(1912—1928)》,中国社会科学出版社 2020 年版。

96. 周慧梅:《国民塑造与社会建设:1896—1949 年中国社会教育研究》,社会科学文献出版社 2021 年版。

97. 金国:《权力让渡与资源获取:变革时代的南开大学、政府与社会》,天津人民出版社 2021 年版。

98. 刘海峰编:《改革开放 40 年中国教育学科新发展·高等教育学卷》,高等教育出版社 2021 年版。

（二）英文著作

1. Morris Bishop, *A History of Cornell University*, Cornell University Press, 1962.

2. Leedham-Greene, *A Concise History of the University of Cambridge*, Cambridge University Press, 1996.

3. Christopher J. Lucas, *American Higher Education: A History*, Palgrave MacMillan, 2006.

4. Walter Rüegg, *A History of the University in Europe*, Volume IV, *Universities Since 1945*, CambridgeUniversity Press, 2011.

5. John C. Moore, *A Brief History of Universities*, Palarave Macmillan, 2018.

（三）中文期刊论文

1. 关国煊:《蒋梦麟先生年表》(上),《传记文学》1982 年第 6 期,第 63—70 页。

2. 关国煊:《蒋梦麟先生年表》(下),《传记文学》1982 年第 7 期,第 145—154 页。

3. 周天度:《关于陈独秀的一封信》,《近代史研究》1986 年第 3 期,第 313—314 页。

4. 杨翠华:《蒋梦麟与北京大学(1930—1937)》,《"中央研究院"近代史研究所集刊》1988 年第 17 期(下),第 261—305 页。

5. 罗志田:《林纾的认同危机与民初的新旧之争》,《历史研究》1995 年第 5 期,第 117—132 页。

6. 朱宗顺:《试析蒋梦麟的个性教育思想》,《湖北民族学院学报》(社会科学版)1996 年第 3 期,第 69—72 页。

7. 朱宗顺:《蒋梦麟的高等教育思想与实践》,《高等教育研究》1996 年第 4 期,第 91—96 页。

8. 季羡林:《巍巍上庠百年星辰——〈名人与北大〉序》,《北京大学学报》(哲学社会科学版)1997 年第 6 期,第 73—75 页。

9. 谢长法:《蒋梦麟的职业教育思想》,《教育与职业》2000 年第 8 期,第 45—46 页。

10. 董德福:《蒋梦麟与五四新文化运动》,《求是学刊》2002 年第 2 期,第 114—117 页。

11. 张金福：《论梅贻琦"教授治校"理念的文化意蕴》，《华东师范大学学报》（教育科学版）2002 年第 11 期，第 90—95 页。

12. 肖庆华：《论蒋梦麟的个人主义教育观》，《当代教育论坛》2003 年第 11 期，第 116—118 页。

13. 孙善根、余子道：《"不中不西，亦中亦西"——蒋梦麟中西文化观述评》，《安徽史学》2004 年第 3 期，第 49—51、73 页。

14. 关爱和：《二十世纪初文学变革中的新旧之争——以后期桐城派与"五四"新文学的冲突与交锋为例》，《文学评论》2004 年第 4 期，第 64—73 页。

15. 鲍家麟：《从西潮到新潮：蒋梦麟的文化教育观》，《徐州师范大学学报》2005 年第 1 期，第 9—15 页。

16. 庄森：《一份特别的履历书——陈独秀出任北大文科学长的前前后后》，《社会科学战线》2006 年第 1 期，第 134—141 页。

17. 朱宗顺：《蔡元培与蒋梦麟高等教育思想和实践之比较》，《高等教育研究》2006 年第 4 期，第 96—104 页。

18. 朱生玉：《蒋梦麟与我国近代高等教育体制》，《理工高教研究》2006 年第 6 期，第 13—15 页。

19. 赵国健：《蒋梦麟中西文化比较观论析》，《鲁东大学学报》（哲学社会科学版）2007 年第 1 期，第 12—14、27 页。

20. 付八军、冯晓玲：《评析蒋梦麟个人本位的教育价值观——蒋梦麟的高等教育价值观研究之一》，《浙江教育学院学报》2007 年第 2 期，第 14—17、29 页。

21. 熊春文：《过渡时代的思想与教育——蒋梦麟早期教育思想的社会学解读》，《北京大学教育评论》2007 年第 4 期，第 59—80、189—190 页。

22. 徐溧波：《校长治校——蒋梦麟高等教育管理思想的核心》，《宁波大学学报》（教育科学版）2007 年第 12 期，第 45—49 页。

23. 刘雪平：《蔡元培、蒋梦麟掌北大理念之共性及原因探讨》，《文教资料》2008 年第 6 期，第 158—160 页。

24. 付八军、冯晓玲：《评析蒋梦麟的教育救国观——蒋梦麟的高等教育价值观研究之二》，《浙江教育学院学报》2008 年第 2 期，第 41—45 页。

25. 蔡磊砢：《"萧规曹随"？——蔡元培与蒋梦麟治校理念之比较》，《北京大学教育评论》2008 年第 3 期，第 12—21、187—188 页。

26. 付八军、冯晓玲：《评析蒋梦麟的高等教育价值观——蒋梦麟的高等教育价值观研究之三》,《浙江教育学院学报》2009年第3期,第6—11页。

27. 汪楚雄:《陶行知与中国新教育运动》,《教育研究与实验》2009年第3期,第48—51页。

28. 赵映林:《蔡元培、蒋梦麟与北大》,《文史杂志》2009年第5期,第62—66页。

29. 张爱梅:《蒋梦麟平民主义教育思想及对成人教育的启示》,《成人教育》2009年第6期,第6—9页。

30. 彭干梓:《蒋梦麟个性主义教育思想与职业教育》,《职教论坛》2009年第7期,第62—64页。

31. 张晓唯:《"同途殊归"的两位大学校长——话说蒋梦麟和梅贻琦》,《书屋》2009年第8期,第48—51页。

32. 刘秀峰、刘秀芳:《民国新教育运动对当前新课程改革的启示》,《成都中医药大学学报》(教育科学版)2009年第2期,第63—65页。

33. 肖朗、项建英:《学术史视野中的近代中国大学教育学科》,《社会科学战线》2009年第9期,第200—207页。

34. 郭晨虹:《近代社会服务在北京大学兴起的动因分析》,《江苏高教》2010年第4期,第145—148页。

35. 熊斌:《蒋梦麟、余日章与华盛顿会议》,《重庆师范大学学报》(哲学社会科学版)2010年第5期,第66—71、90页。

36. 全国军:《梅贻琦与蒋梦麟教育思想之比较》,《安顺学院学报》2010年第10期,第90—92、96页。

37. 马建标:《多方的博弈:余日章、蒋梦麟与华盛顿会议》,《史林》2011年第6期,第128—138、187页。

38. 李涛:《论蒋梦麟的大学教育管理思想》,《当代教育论坛》2012年第9期,第104—110页。

39. 李松丽:《我国近代大学社会服务职能的演变、实践及形式》,《学术探索》2012年第6期,第122—124页。

40. 尚小明:《民元北大校长严复去职内幕》,《北京大学教育评论》2013年第2期,第108—131、190—191页。

41. 蒋宝麟:《"党国元老"、学界派系与校园政治——中央大学首任校长张乃燕辞职事件述论(1928—1930)》,《社会科学研究》2013年第3期,第165—175页。

42. 吴立爽:《蒋梦麟学生自治教育思想对高校学生自主管理的启示》,

《浙江师范大学学报》(社会科学版)2013 年第 4 期,第 121—124 页。

43. 常河:《科学之精神社会之自觉——不该被忽视的北大校长蒋梦麟》,《江淮文史》2013 年第 5 期,第 133—138 页。

44. 浙江大学档案馆:《大学区制下的浙大校长蒋梦麟》,《浙江大学学报》(人文社会科学版)2013 年第 5 期,第 149 页。

45. 田晶:《蒋梦麟高等教育思想新探》,《兰台世界》2013 年第 16 期,第 130—131 页。

46. 孙邦华:《中国教育现代化运动中的中国化与美国化、欧洲化之争——1932 年国联教育考察团报告书〈中国教育之改进〉的文化价值观及其反响》,《教育研究》2013 年第 7 期,第 116—127 页。

47. 张亚群:《西北联合大学的民族精神解读》,《西北大学学报》(哲学社会科学版)2014 年第 4 期,第 162—167 页。

48. 薛国瑞、商丽浩:《民国初期国立大学教师的薪酬与官俸》,《高等教育研究》2015 年第 3 期,第 84—90 页。

49. 娄岙菲:《再论杨荫榆与女师大风潮》,《教育学报》2015 年第 2 期,第 104—115 页。

50. 梁晨:《民国大学从业群体的阶层结构与流动研究——以清华大学为例的考察》,《中山大学学报》(社会科学版)2015 年第 3 期,第 74—84 页。

51. 任小燕:《"自治"抑或"他治"?——民国时期公立大学董事会制度性质的历史考察》,《南京师大学报》(社会科学版)2015 年第 5 期,第 87—94 页。

52. 虞和平:《辛亥革命对教育变革的影响——以民国前中期商人捐办大学为中心》,《史学月刊》2015 年第 6 期,第 66—76 页。

53. 刘海涛:《运行机制与边界:我国近代大学社会服务的理念、实践与反思》,《现代教育管理》2015 年第 6 期,第 41—45 页。

54. 宋雪:《事功背后的学问:蒋梦麟的学术思想与文化关注》,《云梦学刊》2015 年第 6 期,第 25—32 页。

55. 黄启兵:《民国时期北京大学的管理变革:从"教授治校"到"校长治校"》,《高等教育研究》2015 年第 10 期,第 87—95 页。

56. 李红惠、王运来:《民国时期国立大学学术休假制度的认同机理》,《复旦教育论坛》2016 年第 1 期,第 65—71 页。

57. 黄伟:《民国高等教育旁听生制度的历史考察》,《历史教学》(下半月)2016 年第 6 期,第 23—31 页。

58. 李艳莉:《民国时期大学教师"跑街式生活"研究》,《高教探索》2016年第7期,第90—95页。

59. 史晓宇:《西南联合大学内部治理中的"委员会治理模式"》,《高等教育研究》2017年第1期,第81—89页。

60. 刘润涛:《女师大风潮前夜的"某籍某系"》,《鲁迅研究月刊》2017年第1期,第77—88、51页。

61. 兰珍莉、李森:《民国时期大学教学质量监控的结构及功能》,《高教探索》2017年第4期,第97—100、112页。

62. 田正平、潘文鸯:《教育史研究中的"神话"现象——以蔡元培和国立西南联合大学为个案的考察》,《高等教育研究》2017年第4期,第76—82页。

63. 田正平、王恒:《民国时期北京大学学术休假制度考述——基于高等教育国际化的视角》,《教育研究》2017年第5期,第137—143页。

64. 湛中乐、康骁:《通过"校内法"保障学术自由——以1912—1937年的北京大学为研究对象》,《首都师范大学学报》(社会科学版)2018年第3期,第155—164页。

65. 梁晨:《从教育选拔到教育分层:民国大学院校的招生与门槛》,《近代史研究》2018年第6期,第24—42页。

66. 左玉河:《改革开放40年来的中国近代文化史研究》,《广东社会科学》2018年第6期,第117—124页。

67. 赵国伟:《民国时期国立大学校长选定研究——以罗家伦出任清华校长为中心》,《北京社会科学》2018年第7期,第49—57页。

68. 严海建:《蒋介石、党国元老与国立劳动大学的存废之争》,《史学月刊》2018年第11期,第61—71页。

69. 胡天银、封海清、吴春宣:《战时期中央大学和西南联大内迁决策的程序与机制》,《学术探索》2018年第11期,第105—112页。

70. 张睦楚:《西南联大师生历史记忆的别样书写——基于心态史视角的考察》,《教育史研究》2019年第1期,第109—121页。

71. 郑若玲、袁卫:《民国大学学业考试制度演变探析》,《现代大学教育》2019年第3期,第55—62页。

72. 娄岙菲:《权威重塑与派系博弈:章士钊与北京教育界》,《北京大学教育评论》2020年第2期,第154—171、191页。

73. 严海建:《抗战时期西南联大内部校际分合的界限与争论》,《高等教育研究》2020 年第 3 期，第 100—109 页。

74. 刘纯：《"大变局"下中国近代文化的"觉醒"》，《中国文化研究》2020 年第 3 期，第 75—83 页。

75. 梁严冰：《西北联大与西南联大比较研究》，《广东社会科学》2020 年第 3 期，第 123—133 页。

76. 熊贤君：《联合与独立并行：国立西南联合大学的办学体制》，《国家教育行政学院学报》2020 年第 5 期，第 9—17 页。

77. 邢欢：《从分科之学到科学之学——蔡元培学术观的转变与北京大学改革（1917—1923）》，《清华大学教育研究》2021 年第 1 期，第 139—148 页。

78. 张昭军：《中国近代文化史研究之检讨与反思》，《河北学刊》2021 年第 3 期，第 9—22 页。

79. 张斌贤、钱晓菲：《杜威与进步主义教育的关系：一桩悬而未决的"公案"》，《教育研究》2021 年第 6 期，第 70—81 页。

80. 李良立、陈廷柱：《民国时期北京大学院系设置调整及其治理变革——兼论蔡元培与蒋梦麟院系治理思想的异同》，《大学教育科学》2021 年第 5 期，第 110—118 页。

（四）英文期刊论文

1. Robert Fox, The history of Imperial College London, 1907—2007: Higher education and research in science, technology, and medicine, *ISIS*, 2008(2):440-441.

2. Hilary Perraton, A history of higher education exchange: China and America, *History of Education*, 2016 (6):859-861.

3. Rui Yang, Emulating or integrating? Modern transformations of Chinese higher education, *Journal of Asian Public Policy*, 2019 (3): 294-311.

4. Francisco Esteban, Standing at a hinge of history: What today's universities can learn from past philosophies of higher education, *Australian Educational Researcher*, 2016(5):629-641.

（五）学位论文

1. 王言法：《近代中国高等教育与社会的嬗变》，山东大学 2011 年博士学位论文。

2. 许衍琛:《近代中国大学社会服务研究》,南开大学 2014 年博士学位论文。

3. 葛孝亿:《社会流动的教育机制探究》,华东师范大学 2014 年博士学位论文。

4. 王瑜:《近代高等教育法研究》,西南政法大学 2015 年博士学位论文。

5. 赵会龙:《蒋梦麟高等教育思想研究》,山东师范大学 2015 年硕士学位论文。

6. 张珂:《民国公立大学与政府关系研究(1912—1937)》,西南大学 2016 年博士学位论文。

7. 乔浩风:《中国近代大学研究院所的发展及其职能研究(1902—1945)》,苏州大学 2016 年博士学位论文。

8. 汪建华:《民国时期大学通识教育课程变革研究》,西南大学 2017 年博士学位论文。

9. 魏珂:《归属与自主:近代大学生教育身体史研究(1895—1937)》,华中师范大学 2017 年博士学位论文。

10. 施要威:《民国时期大学知识分子的文化性格——以西南联大教授群体为中心的历史考察》,华中科技大学 2017 年博士学位论文。

11. 蔡三福:《蒋梦麟先生年谱初编》,东海大学 2018 年硕士学位论文。

12. 华丹:《蒋梦麟高等教育思想及现代意蕴》,哈尔滨师范大学 2018 年硕士学位论文。

13. 杨凯良:《民国著名大学校长高等教育思想研究》,浙江大学 2020 年博士学位论文。

14. 汪求俊:《国立西南联合大学办学研究》,台湾师范大学 2020 年博士学位论文。

15. 王美:《民国时期高等教育政策变迁研究(1912—1949)》,东北师范大学 2021 年博士学位论文。

附录:蒋梦麟年表①

1886 年　1 岁

1 月 20 日(旧历 1885 年 12 月 16 日),生于浙江余姚县兰风乡蒋村。据说在蒋梦麟出生前夕,其父蒋怀清梦到一只熊来家里,故将其取名梦熊,后改名梦麟,字兆贤、少贤,谱名德铭,号孟邻,笔名唯心。排行家中最小,上有三个哥哥(梦兰、梦桃、梦凤),一个姐姐。蒋父是上海多家钱庄股东,又在余姚置有田产,家境殷实,但其不是守财奴,而是热心公益、相当慷慨。

1891 年　6 岁

入家塾,接受传统文化教育,念《三字经》,习"四书五经",但讨厌死记硬背古书的旧式教育,自称家塾像"监狱",喜欢接触新鲜事物。

---

①　本年表依据多种材料编制而成,主要包括如下方面:一是近现代报刊与图书,主要从《全国报刊索引》《瀚堂近代报刊》《中国历史文献总库》与《CADAL 大学数字图书馆》等数据库获取。二是蒋梦麟著述与其他相关人士的文集、日记与回忆录等各种相关资料。三是北京大学、西南联合大学等相关高校资料与民国史相关资料。四是蒋梦麟已有年表(谱)类成果,主要有关国煊:《蒋梦麟先生年表》(上),《传记文学》1982 年第 6 期,第 63—70 页;关国煊:《蒋梦麟先生年表》(下),《传记文学》1982 年第 7 期,第 145—154 页;蔡三福:《蒋梦麟先生年谱初编》,东海大学 2018 年硕士学位论文;马勇:《蒋梦麟的教育思想与实践》,山西人民出版社 2019 年版,第 209—221 页("附录:蒋梦麟年表");等等。此处蒋梦麟年龄为虚岁。

1892 年　7 岁

蒋母经氏"有教养、姿容美丽",不幸病逝。后来蒋父续弦宋氏,"治家能手,待人也很和气",约四年有余也故去,蒋父未再娶。

1894 年　9 岁

8 月,中日甲午战争爆发。

1895 年　10 岁

4 月 17 日,《马关条约》签署,中日甲午战争结束。

不久,千余名举人联合上书光绪,提出变法主张,史称"公车上书"。

1897 年　12 岁

入绍兴中西学堂读书,离蒋村约四十里,先修英文,后加选日文,既学"我国旧学",又习"西洋学科",开始接受新式教育,同时准备应试科举。

1898 年　13 岁

6 月 11 日,光绪帝颁布"明定国是"诏书,维新变法正式开始。

9 月 21 日,慈溪发动政变,维新变法宣告失败。后来,蔡元培深感清廷前途无望、弃官回到家乡,出任绍兴中西学堂总理(即校长),学堂新学气息更为浓厚。

是年,仍在绍兴中西学堂读书,与蔡元培相识,并结下一生友谊。尽管仅就读该学堂两年,但纠正了许多原有观念,如地球是圆的不是平的、"闪电是阴电和阳电的撞击结果",不是雷公的举动,其知识结构与思想认知得以重塑。

是年,长兄梦兰去世。

1899 年　14 岁

因蒋村不太平,随家人迁居上海,绍兴中西学堂学习中断,起初在一天主教学校读英文,后因教师口音重而离校,由其二哥先去一位美国太太那里学英文,然后回来教蒋梦麟。

1900 年　15 岁

2 月，蔡元培辞去绍兴中西学堂总理。

义和团运动发展迅猛，八国联军借机攻占北京。由于担心越演越烈的义和团之乱蔓延至上海，蒋父带领全家连夜返回蒋村。又因乡下盗匪活动猖獗，蒋家搬到余姚县城居住。入县城某校补习英文、算术，并另聘家庭教师学中文。

1901 年　16 岁

9 月 7 日，清廷战败，《辛丑条约》签署。

是年，至杭州一教会学校学英文，因该校以传教为目标，不重视教学，学生反抗与教师冲突引发学潮，随后全体学生离校，由学生会自行筹办一所学校，请章太炎取名为"改进学社"，由于财力与人力不足等原因，维持不到半年便停办。

1902 年　17 岁

考入浙江高等学堂（其前身为求是书院），因原名蒋梦熊被列入闹事学生名单，故改名为蒋梦麟，此后一直使用此名。该学堂对他影响很大，其自称："这个学堂既然办在省城，同时又由政府负担经费，它自然而然地成为全省文化运动的中心。它的课程和中西学堂很相似，不过功课比较深，科目比较多，先生教得比较好，全凭记忆的工作比较少。它已初具现代学校的规模。我自从进了绍兴的中西学堂以后，一直在黑暗中摸索。看到东边有一点闪烁的亮光，我就摸到东边；东边亮光一闪而逝以后，我又连忙转身扑向西边。现在进了浙江高等学堂，眼前豁然开朗，对一切都可以看得比较真切了。"

1903 年　18 岁

回绍兴参加郡试，考中余姚县学附生，即秀才。不过，因向往新学，未入县学就读，仍回浙江高等学堂念书，据其所言："回到学校以后，马上又埋头读书，整天为代数、物理、动物学和历史等功课而忙碌，课余之暇，又如饥似渴地阅读革命书刊，并与同学讨论当时的政治问题。郡试的那段日子和浙江高等学堂的生活恍若隔世。"寒假期间，奉父命回家接受亲朋好友道贺，其二哥已早几年考中秀才，正在京师大学堂（北京大学前身）读书。

1904 年　19 岁

上半年仍在浙江高等学堂就读。暑假后,认清了"无论立宪或者革命,西化的潮流已经无法抗拒",并认为应直接学习西方,遂考入上海南洋公学(上海交通大学前身),以便为将来留学做准备,在校两年。

1905 年　20 岁

9 月 2 日,清政府宣布废除科举。蒋梦麟回忆称:"年轻一代迷恋过去的大门从此关闭……代替科举的是抄袭自日本的一套新教育制度。日本的教育制度是模仿西方的。追本溯源,中国的新教育制度仍旧来自西方。中国现在总算不折不扣地踏上西化的途程了。"

1907 年　22 岁

6 月底,与友人乘轮船赴日本参观,从长崎上岸,经过马关到神户,赴东京,在上野公园参观展览会,后参观日本战迹博览馆,感慨至深:"在一个展览战利品的战迹博物馆里。看到中日战争中俘获的中国军旗、军服和武器.简直使我惭愧得无地自容。夜间整个公园被几万盏电灯照耀得如同白昼,兴高采烈的日本人提着灯笼在公园中游行,高呼万岁。两年前,他们陶醉于对俄的胜利,至今犹狂喜不已。我孤零零地站在一个假山顶上望着游行的队伍,触景生情,不禁泫然涕下。"逗留月余后回上海。

1908 年　23 岁

夏,参加浙江省官费留美考试,未被录取。蒋父筹集了四千两银子供其自费留学。启程前,剪去辫子。

9 月 23 日,启程前往美国。据《申报》(9 月 24 日)题为《浙江欧美留学生第一批赴美》新闻报道:"昨日(此为阴历八月二十八日,笔者注),西伯利亚船放洋,浙江欧美留学生赴美者共十人,内私费一人,蒋梦麟,官费九人张善扬、沈慕曾、蔡光勤、徐名材、胡衡青、章祖纯、韦以黻、严鹤龄、葛燮生。由浙江旅沪学会职员姚慕连等,送至吴淞三夹水上船。"

10 月 19 日,抵达美国旧金山。据《申报》(10 月 20 日)题为《游学生抵美电音》新闻报道:"浙江旅沪学会于二十五日(此为阴历九月二十五日,笔者注)接到派赴美国留学官费生蔡光勤等及私费生蒋梦麟君来电,知同伴十人已安抵旧金山,业由学会备函,转知各该生家族矣。"

是年,因加州大学秋季班已开学,遂聘请老师与自学结合,补习英文。

出国前,与原配夫人孙玉书育有一子蒋仁宇,一女不幸夭折。

1909 年　24 岁

2 月,以上海南洋公学学分申请加州大学,入农学院,选习植物学、动物学、生理卫生、英文、德文、体育,其中体育每周 6 小时,余者均为 3 小时。秋,转到社会科学学院,学习教育,选修逻辑学、伦理学、心理学、英国史、政治学、哲学史以及英国文学等课程,并踊跃参加许多学者和政治家出席的公开演讲会。

是年,经加州大学同学刘成禺介绍,为革命党人主办的《大同日报》撰稿(刘为主笔),并与孙中山结识。孙中山对其赞赏有加:"少贤(梦麟字)他日当为中国教育泰斗,非知之艰行之为艰,少贤有焉! 然对于革命议论,风发泉涌,笔利如刀,又宣传家之大手笔也。文字革命时期,不能少此人。"

1910 年　25 岁

7—8 月,在《时报》连载发表《美国前总统罗斯福氏游非欧两洲演说辞》。

8 月,在《时报》连载发表《亚东教育之中国观》。

1911 年　26 岁

10 月 8 日,在《大同日报》编辑部从孙中山处得知国内准备发动武装起义。

10 月 10 日,武昌起义消息传至旧金山,与孙中山、刘成禺、唐琼昌等人至江南楼晚饭庆祝。革命成功后,刘成禺回国,《大同日报》社论由他独自负责。

是年,发表《美国华侨小史》。

1912 年　27 岁

1 月 1 日,中华民国成立。

5 月 1 日,此前蔡元培致函,请其翻译所著《教育意见书》,应允复函并介绍自己所学与对民初教育改革之想法。

6 月,毕业于加州大学,获得学士学位,放弃《大同日报》编辑部工作。随后赴纽约,入哥伦比亚大学研究院,追随杜威研究教育。

1913 年　28 岁

1 月,在《留美学生年报》发表《加利福尼亚大学》,介绍该校。

1914 年　29 岁

9 月,在《留美学生季报》发表《教育真谛》。

1915 年　30 岁

3 月,在《留美学生季报》发表《建设新国家之教育观念》《与吾国学者某公论学书》。

4 月,黄炎培等人赴美考察实业,6 月在华盛顿访美国教育部部长,被邀参加 8 月 16 日在加利福尼亚举行的万国教育联合会,因其 7 月回国,请蒋梦麟代为参加并注意职业教育和体育。与黄炎培相识,为回国后进入教育界铺平了道路。

9 月 15 日,《青年杂志》在上海问世,陈独秀任主编,标志着新文化运动开启。

1916 年　31 岁

6 月 6 日,袁世凯去世,次日黎元洪继任总统。

8—9 月,黄炎培、张元济与郭秉文商讨,上海商务印书馆计划聘请蒋梦麟。

9 月 1 日,《青年杂志》自第 2 卷第 1 号起改名为《新青年》。

12 月 26 日,蔡元培被任命为北京大学校长。

1917 年　32 岁

1 月 4 日,蔡元培就任北京大学校长,到校视事。

6 月,获哥伦比亚大学哲学博士学位,毕业论文题目为《中国教育原理之研究》("A study in Chinese principles of education")。离美回国,结束九年留学生活。

8—9 月,抵达上海,然后到久别的故乡余姚省亲,再经杭州返回上海。同期,经黄炎培介绍,任上海商务印书馆编辑,并兼任江苏省教育会理事。

9 月 22 日,接受环球中国学生会邀请讲职业教育。

9 月 28 日,江苏省教育会请其谈"中西文明之比较"。

10 月,在《教育与职业》发表《教育与职业》《美国圣路易之兰根职工学校》。

10 月,出席全国教育会联合会大会,并演说中西文化问题。所译《美国总统威尔逊参战演说》由上海商务印书馆出版。

12月16日，出席江苏教育会欢迎江苏省教育厅厅长符九铭会议，演说美国教育行政。

12月，当选环球中国学生会会员。在《教育与职业》发表《职业界之人才问题为教育界所当注意者》《职业教育之原理》。

1918年 33岁

1月，在《教育与职业》发表《配司泰洛齐生辰凯善西泰奈工业教育之演说》，在《教育杂志》发表《历史教授革新之研究》《高等学术为教育之基础》。

2月，在《教育杂志》发表《过渡时代之思想与教育之关系》。

3月17日，出席吴稚晖在环球中国学生会的讲演活动。

3月26日，出席欢迎美国公使会议，演讲"学问之精神"。

4月，参加中国童子军会上海支部第六届常会，当选该会董事。在《教育与职业》发表《美国国币补助职业教育之历史》《读英国裴特来氏〈战后之教育〉有感》，在《教育杂志》发表《个人之价值与教育之关系》。

5月9日，出席江苏省县级视学研习会活动，讲演教育目的与儿童心理。

5月，出任美国红十字会赞成员第三队队长，在《教育杂志》发表《欧战后世界之思想与教育》。

6月，陪同黄炎培赴东北三省调查教育状况。离任上海商务印书馆编辑，出任中华职业教育社总书记。在《教育杂志》发表《进化社会的人格教育》。

7月，翻译英国学者《战后之教育》，在《教育杂志》连载至12月。

8月，自东北返回上海。

10月2日，受青年会德育演讲会邀请讲"满洲之风俗人情及现时状况"。

10月，在《教育杂志》发表《世界大战后吾国教育之注重点》。

11月11日，参加欧战协济会会长驻沪美总领事宴请中美商人活动，讨论募款方法。

11月20日，出席环球中国学生会宴请全国教育联合会代表活动。

11月，译作《美国总统威尔逊参战演说》由上海商务印书馆出版。

12月，与几位朋友商议，由江苏省教育会主办，联合北京大学、南京高等师范学校、暨南学校、中华职业教育社等共同发起成立中华新教育社，出任该社主任。

是年，博士学位论文 *A Study in Chinese Principles of Education*（英文

版)由上海商务印书馆印行。

1919年　34岁

1月,在《教育杂志》发表《和平与教育》。

2月,在北京大学和江苏省教育会赞助下,与黄炎培、陶行知等人在上海创办《新教育》月刊,旨在"养成健全个人,创造进化的社会",任主编,发表《教育究竟做什么》。在《教育杂志》发表《个性主义与个人主义》,在《菲律宾华侨教育丛刊》发表《华侨教育之要点》。

3月10日,已受聘为教育部教育调查会会员。

3月,在《新教育》发表《今后世界教育之趋势》《英国教育之大宪章》。

4月15日,致信胡适,其中含有邀请杜威来华演讲事宜。

4月30日,杜威抵达上海,与胡适、陶行知前往码头迎接。

4月,在《新教育》发表《杜威之伦理学》。

5月初,与胡适晋谒孙中山,孙中山告以《建国方略》大要。

5月4日,五四运动爆发。

5月6日,陪同杜威到杭州演讲,并游玩数日。

5月8日,蔡元培请辞北京大学校长。

5月9日,在上海出席全国学生联合会成立大会,已得知并关注五四学生运动。

5月20日,与黄炎培致信胡适、蔡元培等,讨论北京大学及学生运动等问题。

6月5日,上海开始罢市。

6月6日,上海商、学、工、报界在总商会开会,报告工部局干涉罢市事,与虞洽卿等人被推定为代表者到英、美领事馆交涉,任上海商学工报联合会临时干事。

6月12日,上海商学工报联合会临时干事开会,以英、法领事证实北洋政府已免去曹汝霖、章宗祥、陆宗舆职务,议决次日开市。

6月16日,出席全国学生联合会成立大会并发表演说。

6月,在《新教育》发表《改变人生的态度》。

7月9日,蔡元培复电教育总长傅增湘,表示放弃辞职。

7月21日,接受蔡元培委托办理北京大学事务,抵达北京。

7月23日,《北京大学日刊》登载《蔡元培启事》,说明胃病未痊,一时不能到校,请蒋梦麟代办校务。同日,到北京大学召开学生大会,发表演说,

"(一)代表蔡先生个人，而非代表北京大学校长。(二)予仅为蔡先生之监印者"，同时列举蔡先生的伟大精神，勉励学生专心求学。

7月24日，代表蔡元培出席北京大学评议会，并报告蔡校长对下学年招考新生、补行毕业试验等应办事项的意见。

7月25日，被教育部指令代表蔡元培主持北京大学校务。

7月，与傅斯年相识，傅刚毕业于北京大学本科国文门，后来其成为蒋治事重要帮手。

暑假，自北京往天津、南京、上海、杭州等地市考察教育，历时1个月。

8月14日，在上海《时事新报》发表《北京大学近状》(致张东荪的信)。

9月20日，由于蔡元培回北京大学复职，移交职权后受聘为教授兼总务长。

9月，在《新教育》发表《新文化的怒潮》《托尔斯泰人生观》。

10月25日，与胡适、马寅初等16名教授当选北京大学评议会评议员。

10月，在《新教育》发表《学生自治》《学潮后青年心理的态度及利导方法》，在上海《时事新报》发表《新旧与调和》。

11月，在《新教育》发表《什么是教育的出产品？》，在上海《时事新报》发表《学生自杀论》，在《晨报》发表《这是菌的生长呢还是笋的生长？》。自北京大学学生林德扬自杀，社会上对此问题有所讨论，为了回应外界评价，在《晨报副刊》发表《北大学生林德扬的自杀》。

12月8日，担任北京大学总务长兼文牍、会计部主任。

12月，在《新教育》发表《社会运动的教育》。

12月，与众人商定《北京大学新组织》，学校内部管理建有四大机构，即"(一)评议会，司立法；(二)行政会议，司行政；(三)教务会议，司学术；(四)总务处，司事务"，评议会为最高决策机构，其与行政会议是北大首倡。这套以教授治校为主的管理体系，不仅体现了蔡元培的治校理念，也包含了蒋梦麟重视效能的治校理念。

1920 年　35 岁

1月1日，在江苏省教育会讲"教育思想的根本改革"。

1月14日，北京大学英文系一年级学生胡哲谋等人发起戏剧研究会，与蔡元培等教授共同指导协助。

1月，在上海《时事新报》发表《何谓新思想》。

3月30日，浙江第一师范学校挽留校长经亨颐运动告一段落，政府宣布经氏去职，继任人选交由学生自治会公开选举，由官方予以委任。

3月31日,被浙江第一师范学校学生推为继任校长。

3月,与胡适、陶孟和、马叙伦等共26人当选北京大学教职员会委员。

4月,至浙江第一师范学校演讲,并推荐姜琦(伯韩)为继任校长。

5月4日,与胡适联名在《新教育》发表《我们对于学生的希望》,系统阐述了对学生运动的态度。

6月22日,与郑寿仁、李辛白、李大钊与沈士远等人被北京大学评议会选派加入教职员委员会,讨论6月21日职员提案,商定教职员统称职员,定名曰职员待遇章程。

8月,与胡适、蔡元培、李大钊等7人发表《争自由的宣言》(刊载于上海《时事新报》《晨报》《民国日报》《东方杂志》等报刊),表达他们对军阀乱局的批评及改进建议。

9月11日,出席北京大学开学式并演说。

9月16日,与蔡元培、李大钊等30位教授发布启事:鉴于今年北方旱灾重大,灾区有五六个省,灾民千万,无衣无食,特发起北京大学赈灾会,号召本校全体师生捐款。

10月10日,出席北京大学地质研究会成立仪式,并发表演说:组织地质研究会很好,研究地质既要求应用,又需研究学理,学校应当设法增加书籍、仪器、实验等经费。

10月11日,因哲学系废除年级,不另发指导书,作为哲学系教授会主任在《北京大学日刊》上提请该系同学注意:"(一)第一外国语六单位,第二外国语八单位,皆为必修科。(二)哲学系课程四年中必须修满至少十二课。(三)其余单位可由他系中任选。四年中全部必须修满八十单位。"

10月14日,与陶孟和、顾孟余等16位教授当选北京大学评议会成员。

10月16日,发布启事:北京大学体育会归学生会办理,因此体育会自然取消,同时将体育会会费账目公布。

10月18日,蔡元培因出国办事,再次代理北大校务。

10月20日,在北京大学23周年纪念日演讲词刊载在《北京大学日刊》。

11月25日,在北京大学总务委员会第18次会议,议决内容涉及学生津贴、考试成绩计算、口试成绩认定、校役夜班继续办理等事项。

12月17日,在北京大学成立23周年纪念会致词,提出北大师生今后努力的三个方向:"当输入西洋的文化""当整理国学""当注重自然科学"。

12月23日,主持北京大学总务委员会第20次会议,其他出席委员:沈士远、郑寿仁、李辛白、陈世璋、李大钊。议决事项:废除班长后,每班选干事

10人,循环轮任,下学期起实行;平民教育演讲团推行平民教育,旨在提高国民常识,应予辅助,可由学校代为租房一间,供其使用;下学期各班上课仍点名,学生撕毁座位号或不按号就座,校长布告警戒。

1921 年　36 岁

3月28日,被北洋政府教育部聘为东南大学校董。

3月30日,为解决教育经费拖欠问题,领衔北京国立八校校长上书北洋政府,"恳请迅予维持,俾免教育停顿",索薪运动越演越烈。

4月15日,领衔北京国立八校校长请辞,原因是各校要求北洋政府逐年增加教育经费,月拨20万元不能再减,政府坚持1919年预算原案不变,双方主张金额相差甚远。

5月25日,领衔北京国立八校校长呈请尽快批准辞职,理由是此前教育部无人负责,校长请辞迄今尚未办理。22日,北京大学全体教职员均已去职,校内事务向来由职员分任,现仅凭校长一人实难管理。

5月27日,领衔北京国立八校校长以私人名义致函教育部秘书,请其转达总理迅予批准辞职,并速发4月经费及积欠款项。

6月3日,北京各高校校长与其他师生随同教育部次长赴新华门请见总统、总理,行至辕门,卫兵用枪柄、刺刀殴打,师生受重伤者十余人。"卫兵目无国法,为此摧残士子,至此后校务行政,实在无法维持,更无力负此重大责任,请即日批准辞职,并迅予派员接替,不胜迫切待命之至。"

6月4日,领衔北京国立八校校长呈国务院辞职书:因教育经费问题久悬未决,无法应付,呈请辞职,未蒙允准。

6月17日,由于教育部指令各校尽快恢复原状,但无意解决"六三事件",北京国立八校校长深为不满,已正式复呈教育部,不允复职。

7月24日,北洋政府派王芝祥正式慰问教育界,允诺解决教育经费问题。北京国立八校校长到场,各方代表发言,希望政府勿再有摧残教育、侮辱教育界人格之事发生。会后,与王芝祥、王兆荣、谭熙鸿三人,驱车赴东交民巷法国医院,亲访马叙伦、沈士远。

7月28日,领衔北京国立八校校长等通电全国:北京国立八校,已于28日恢复原状,校务照常进行,提前于9月1日开课,并随即招考新生。

8月19日,出任北京国立八校太平洋会议研究会副会长。北京南池子欧美同学会开成立大会,当选副会长,蔡元培为会长。

9月上旬,受上海总商会等团体推举,为太平洋会议事,至广州晋谒孙中山,征询南方政府的意见。

9月10日,出席北京大学开学典礼并演讲。

9月20日,北京大学举行欢迎蔡元培回国返校大会。

9月,东南大学校长由郭秉文出任。

10月12日,经过全国商会联合会与全国教育联合会联席会议商讨,与余日章被选为代表,赴美参加太平洋会议(又称华盛顿会议)。两人任务为:监督政府代表工作;从事宣传工作,以影响美国舆论。

11月12日,太平洋会议在美国开幕,次年2月6日闭幕。与余日章赴美参会,其间积极维护国家利益,与其他数人力阻北洋政府妥协,建议山东问题"拒绝直接交涉,提出大会公决",如被拒绝,便宣告脱会。

12月14日,领衔北京国立八校校长向北洋政府催拨经费。

12月28日,领衔北京国立八校校长辞职,原因是14日呈文请于25日前将所欠八校两个半月经费全数拨发。"现已逾期,未奉明令,无米之炊,巧妇难为,校长等才能薄弱,屡次失信,实无颜以尸位,惟有合词呈请辞职,以让贤能。"

12月,新教育共进社、《新教育》杂志社、实际教育调查社等众多机关合并改组为"中华教育改进社",召开成立大会。

1922年　37岁

1月26日,由北京大学评议会第4次常会决议,当选第二任总务长,在国外参加太平洋会议未回校前,由沈士远代理。

2月,太平洋会议结束后,取道欧洲返国,在英国时遇到傅斯年,又到剑桥居住数星期,与哲学家罗素、经济学家凯恩斯、政治家拉斯基以及徐志摩等人讨论中国文化问题。在法国时,应里昂中法大学校长吴稚晖之邀,向学生发表演说。东归时打算先到广州拜访孙中山,抵港时得知6月16日陈炯明叛变,孙先生避居舰上,无法晋谒,遂由港返沪。

7月1日,赴济南参加中华教育改进社首次年会,其间与胡适同拟"日本赔款"及"英国赔款"用途的计划。

7月5日,应中华教育改进社邀请,演讲"欧美大学之精神"。

9月11日,由于数月来政府严重拖欠教育经费,北京国立八校校长数次辞职未被批准,蔡元培发表声明:自9月11日起,与北京大学脱离关系,学校事务请总务长蒋梦麟酌情办理,待政府派定继任校长,即由蒋克期交代。

9月,与蔡元培、李石曾、胡适与李大钊等14人为被捕的陈独秀募集诉讼费。

11 月 15 日,与蔡元培、胡适等人出席北京大学史学会成立大会,讨论章程并选出委员 16 人。

12 月 2 日,在北京《晨报副刊》发表《晨报四周纪念日之感想》,收录到《过渡时代之思想与教育》一书时标题改为《学风与提高学术》。

12 月 17 日,在北京大学第 25 周年纪念会演说之《北京大学第二十五年成立纪念日的感言》刊载在《北京大学日刊》。

12 月 23 日,在北京大学第 25 周年纪念会演说之《总务长蒋梦麟先生的演说》刊载在《北京大学日刊》。

12 月 30 日,浙江省议会召开议事会,与蒋元培等 10 人当选筹办杭州大学的董事。

1923 年 38 岁

1 月 1 日,与黄炎培等被全国商会联合会推举为裁兵劝告员。

1 月 17 日,与蔡元培、胡适、邵飘萍在东华饭店吃午饭,讨论北洋政府非法逮捕财政总长罗文干,而教育总长彭允彝投靠官僚,肆意干涉司法,蹂躏人权,蔡元培提交辞呈。

1 月 18 日,蔡元培不再到校办公,北京大学发起“驱彭挽蔡”活动。

1 月 21 日,北京大学教职员临时代表会议发表宣言,与另外 4 人作为代表向总统请愿:“(一)速批蔡校长辞呈,切实挽留;(二)罢免彭允彝;(三)批示教职员挽蔡驱彭呈文。”

1 月 23 日,与北京大学教职员临时委员会另外两人拜谒总统黎元洪,陈述留蔡元培罢免彭允彝意见。黎答,蔡辞呈已批慰留;对罢彭问题,其未破坏司法,“教育界人却借法律问题干涉行政”,并污蔑“学界被人利用了”,“学生不应恃众而有越法之举”。同日,《蔡元培之不合作主义》在《晨报》发表。

1 月,出任国立北京八校校长联合会主席。

2 月,北京各界“驱彭留蔡”运动越演越烈,并反对彭允彝移用留学经费。

3 月 27 日,作为核心成员制定的《杭州大学意旨书》《杭州大学章程》发表在《北京大学日刊》。

4 月 27 日,北京大学教职员呈国务总理转呈总统:再次恳请罢斥教育总长彭允彝,并派专员请蔡元培回校任事。若不罢彭,蔡决不回校。“闻各校校长均视蔡校长为去留,则蔡校长还校与否,实系京师教育之重”,“梦麟等为国家教育前途计,再竭诚申请”。

4月,在《新教育》发表《关于美国退还庚子赔款余数的用途》。北京国立八校继续向教育部索薪。

5月4日,被彭允彝向法庭指控为学生运动幕后主谋,起因是北京学生举行五四运动纪念活动,再起驱彭运动,并结队捣毁彭宅。

5月7日,彭允彝签发北洋政府教育部训令:"蒋梦麟等盘踞学校,有乱是非,假索薪之名,义逞破坏之私心,暴戾恣睢,目无法纪;彼辈主张查办彭某,实为蔑视国会,污蔑议员。"

7月16日,因蔡元培赴欧考察,北京大学评议会特别会议议决,自8月4日起,请蒋梦麟代理校长职务。通过蔡元培提议:"蒋教授所任之总务长将满期,照章不能再连任,但现值危急之秋,骤易生乎必多窒碍,拟请修改校章,将总务长只准连任一次之条文删去。"这次蔡元培辞职后,未再返回掌校,直到1926年4月,蒋梦麟代为主持北大校务。

8月27日,参加北京国立八校及教职员联合会、中小学教员联合会等联席会议,商讨教育经费等问题。

9月4日,彭允彝辞任教育总长。

9月10日,出席北京大学开学仪式并讲话。

10月10日,出席在北京大学第三院大礼堂举行的双十节纪念活动,参加师生数千人,演说指出:"吾人今日当养成富贵不能淫、威武不能屈、贫贱不能移之品性。"

11月24日,领衔北京国立八校校长呈请北洋政府指定俄国庚子赔款扩充教育基金以立教育基础。

12月17日,写成《北大之精神》,提出"大度包容,思想自由"理念,既宣扬蔡元培"大度包容,思想自由"理念,又加强"整饬纪律,发展群治",以补充北京大学原有传统的不足。

12月26日,代理校长职务由北京大学评议会致函教育部请予备案。

12月27日,教育部指令:北京大学校长蔡元培在欧洲考察未回校以前,由蒋梦麟代理校长。

1924年　39岁

1月,拜访前参议院议长王家襄,希望尽早选出教育总长,解决教育经费短缺问题。

2月2日,主持北京大学第3次总务会议,到会委员李辛白、李大钊等,讨论订购印刷机合同及改组日刊等事宜。

3月15日，主持北京大学第6次总务会与组织委员会联席会议，到会委员沈士远、李辛白、郑寿仁、陈世璋、李大钊等，讨论通过讲义课、售书课、杂务课、出版部等部门人事安排。

4月27日，出席北京大学春季运动会，强调体育运动的重要性。

5月21日，美国通过交还中国退还庚子赔款余额的议案，将款项交给基金会独立掌管，专门用于发展中国文化教育事业。

5月31日，出席北京大学学生军举行检阅典礼，其他参观者有师大校长范源廉、法大校长江庸、北大教授胡适，其余来宾及同学两千余人。

6月6日，据《京报》载，向银行借得四成五的北京国立八校经费，原因是财政部只发给五成五。

6月7日，主持在北京大学设宴招待中俄外交名流活动。

8月7日，令北京大学文牍科准备公函致北洋政府教育部，请取消通缉李大钊。

9月13日，出任中华教育文化基金董事会董事。

10月1日，据《晨报》载，主持北京大学评议会，议决发售及印刷讲义两项："（一）本校教员付印之讲义，非经本教员许可，不得发售；（二）在中国有著作权之出版物，非经享有著作权者之同意，不得翻印。"

11月20日，当选北京大学教育学系教授会主任。

12月1日，出席在北京大学举行的欢迎张学良、孙科等人仪式并演讲。

12月，参加欢迎孙中山到北京活动，到天津拜谒孙中山及其夫人并报告北京政情，"不日返京"，后来到车站迎接健康状况不佳的孙中山来京。在《晨报》六周年增刊发表《知识阶级的责任问题》。

1925年　40岁

1月12日，由于北京国立八校经费被拖欠甚久，教职员工资难以发放，适逢春节将至，债主纷纷上门讨还，教职员代表前往拜谒财政总长未得见。

1月13日，主持宴请财政总长，但其未到。

2月2日，北洋政府教育部为改进教育行政组建教育行政讨论会，被选为副会长，会长为范源廉。

3月12日，得知孙中山进入弥留之际，前往看望，其已不能言语，当天孙中山病逝于北京。

3月19日，参加悼念孙中山先生活动。

4月28日，出任中法教育基金委员会中国代表团代表。

5月30日，五卅惨案爆发。

6月4日，与李石曾等4人代表北京大学，"持函晋谒段祺瑞，请即日明令军队赴沪租界，救护租界内中国人民生命，并要求召回英日公使"。

6月8日，北京大学师生结队到段祺瑞府邸请愿，与其余5人作为代表进府谒段，"余众在外肃候"，"要求立即派军队赴沪租界，并请英日政府召回公使"。段祺瑞应允"明日提交阁议，绝对尊视诸君意见"。

7月，与胡适等众人参与组织北京沪案救济会相关活动。

8月18日，未在校期间，北京大学评议会开会审议由李石曾等人提出的脱离教育部提案，结果为7：6，赞成脱部者略多，并反对教育总长章士钊。此后数天，胡适领衔众人反对北京大学脱离教育部，主张远离政潮、安心治学。

8月31日，主持北京大学评议会复议脱离教育部一案，以代校长身份无奈决定执行。胡适、颜任光等声明呼吁停止推行。

9月，教育总长章士钊向内阁提议不再给北京大学划拨经费，而是分切给北京其他高校，并通报银行"不向北大通融"，同时建议解散北大（开会时有人反对）。脱部事件使得北大处境艰难，直到12月31日章士钊辞任教育总长后有所缓解。

11月10日，胡适致信请辞北京大学教授，其理由是医治痔漏之病、写书比教书影响学生多且深等，并言明与脱部事件无关。

12月17日，在《北大学生会周刊》发表《愿听青年觉悟声》，文章说："吾国现在政治和社会上的思想，复杂和混乱极了，辟出一条新路来，向那光明的方向走，都靠着一班青年们的奋斗和努力。……周刊是本校全体学生们思想的回响，我愿从这一周刊里听你们的觉悟声。"

1926年　41岁

1月1日，主持召开北京大学教职员联席会议，并报告："本校截至今日止，账簿上存款只有二角五分八厘"，"学校经费无着，一切俱难维持，请大家筹议应付办法"。

1月27日，因办学经费紧缺，在家中与李石曾、顾孟余等设宴招待各银行代表，获得数十万借款。

2月，与蔡元培、李石曾等11人当选国立编译馆董事会董事。

3月18日，北京发生"三一八"惨案，为躲避军阀迫害，许多教授纷纷离京。

3 月 19 日，以主席身份主持北京国立各校教职员代表紧急会议，议决各校各推出 1 名代表，拟于 20 日向北洋政府接洽惨案事宜。

4 月 12 日，当选北京大学教务长。

4 月 26 日，因抨击政府暴行被列入通缉名单，得知后连夜赶到东交民巷，在六国饭店避世而居达 3 个月，"离平后，蛰居沪滨又半年"。

5 月 5 日，当选为中华职业教育社第四届候补议事员。

7 月 9 日，国民革命军北伐誓师阅兵典礼在广州举行。

7 月底，到上海，后来访友人介绍北京状况及教育情形。

10 月 4 日，领衔北京国立各校校长，由于经费困难无法开学，向教育总长呈请辞职。

10 月 16 日，由杭州到绍兴，被邀请在当地第五中学演讲，逗留几天后到余姚省亲。

10 月 19 日，被夏超委任为浙江省教育厅厅长。

1927 年　42 岁

3 月 1 日，出任浙江临时政治会议委员兼秘书长。

3 月 27 日，参加有蒋介石、吴稚晖、李石曾、蔡元培、张静江等人出席的会议。

4 月 12 日，"四一二"事变爆发，国共分裂。

4 月 17 日，由国民党中央执行委员会政治会议第 74 次会议议决，出任浙江省政务委员会委员兼浙江省教育厅厅长。

4 月 18 日，南京国民政府成立。

4 月 25 日，出任国民党中央执行委员会政治会议浙江分会委员，兼任该会秘书长。

5 月 25 日，与蔡元培、李石曾、张静江等 9 人出任浙江大学研究院筹备委员。

6 月 7 日，蔡元培提请变更教育行政制度，推行大学区制，国民党中央执行委员会政治会议第 102 次会议议决通过。

6 月 8 日，以浙江省教育厅厅长身份提出"收回外人所办教育事业办法案"，经浙江省政府会商通过。

6 月 13 日，蔡元培向国民党中央执行委员会政治会议第 105 次会议提请设立大学院。

6 月 16 日，与蔡元培商讨大学区推行办法。

6月17日，蔡元培被任命为大学院院长。

6月22日，致信胡适，商谈浙江大学研究院筹建事宜，并请其留意推荐人才。

6月27日，国民党中央执行委员会政治会议第109次会议议决《大学院组织法》，同意浙江设立第三中山大学区，被任命为第三中山大学校长。

7月6日，与蔡元培、李石曾、胡适等多人商讨第三中山大学区筹备事宜。

7月25日，国民党中央执行委员会政治会议议决浙江省政务委员会改组为浙江省政府，被任命为省政府委员。在任期内，多次出席省政府相关会议。

7月25日，正式就职第三中山大学校长。

7月28日，主持浙江省中等以上专门学校校长会议。

8月1日，浙江教育厅裁撤，该省教育事务划归第三中山大学区管辖。

8月21日，参加浙江省代理主席招待省城杭州各界知名人士活动。

9月9日，在第三中山大学区视事。

10月1日，中华民国大学院成立，院长蔡元培就职。

10月10日，参加浙江省政府委员就职仪式与首次临时会议。

11月6日，出席大学委员会首次会议，议决大学委员会条例、大学委员会议事细则、政治教育委员会组织条例、学校训育委员会组织条例等数案。

11月24日，指令第三中山大学区从1928年2月起小学禁止学习使用"古语"的教科书。

12月24日，出席大学委员会第3次会议，"修正通过试行大学区制省份特别市教育局暂行条例；原则通过注意各学区学校卫生案；决定将大学院及中央研究院译名正式公布"。

1928年　43岁

1月28日，通告第三中山大学秘书长刘大白召集行政处全体职员谈话，"讨论教育进行之方针及本大学各学院等扩充进行计划"。

2月1日，向浙江省政府委员会第73次会议提议"浙省管理市县教育款产委员会简章案"，经审议通过。

2月6日，大学院照准第三中山大学改为国立浙江大学，出任校长。

3月16日，协助蔡元培创办的国立艺术院正式上课。

3月28日，领取浙江大学17名学生赴日本考察所需经费，拟于4月7日带队启程。

4 月 2 日，由于浙江劳农学院与浙江省立数所中学师范部学生申请免除膳费，提请浙江省政府委员会审议，获得通过。

5 月 7 日，出席浙江省政府委员会第 112 次会议。

5 月 14 日，向大学院呈报《浙江大学区今后教育改进计划》。

5 月，出席大学院组织的第一次全国教育会议。

6 月 11 日，致函大学院，汇报浙江大学将于本月 25 日举行三民主义考试事宜。

6 月 15 日，出席大学院宴请大学委员会委员活动。

7 月 30 日，出任中华教育文化基金董事会董事。

8 月 16 日，出席大学委员会会议，蔡元培为主席，讨论通过李石曾所提设立北平大学区事宜，其间蔡、李争论激烈。不久，北平众多高校合组为北平大学，其中北京大学改为北平大学之北大学院。

8 月 17 日，蔡元培向国民党中央执行委员会政治会议及国民政府请辞中央政治会议委员、国民政府委员、大学院院长及兼代司法部部长等职务，原因主要包括涉政事务复杂、派系纷争与意在专心治学等。后来，国民政府数次挽留但未果，蔡元培另组中央研究院并任院长。

9 月 19 日，在国民党中央执行委员会政治会议第 155 次会议上，被坚决辞职的蔡元培推荐为大学院院长人选。

10 月 1 日，倡议并盛邀陶行知等人筹建湘湖师范学校开学。

10 月 3 日，国民党中央执行委员会政治会议第 157 次会议批准蔡元培辞去所兼各职，特任命蒋梦麟为大学院院长。

11 月 1 日，国民政府下令改大学院为教育部，前大学院一切事宜，均由教育部办理。被任命为教育部部长，仍兼浙江大学校长，主持浙江大学区。在任期内，主持出台众多教育政策，并推行全国教育整改运动，为国民政府教育发展奠定了坚实基础。

11 月 7 日，国民党中央执行委员会政治会议第 162 次会议审议，被加推为该会委员。在任期内，多次出席该会会议。

11 月 20 日，被国民政府任命为中意庚款委员会委员。

11 月 26 日，在中央大学演讲，内容包括教育普及、多派留学生、选聘教授与解决毕业生就业等问题。

12 月 6 日，与蔡元培告诫反对北平大学区的北大学生安心求学。

12 月 26 日，出席教育部召集的中小学课程标准起草委员会会议并讲话。

1929 年　44 岁

1 月 4 日,出任中华教育文化基金董事会副董事长,董事长为蔡元培。

1 月 9 日,出席行政院第十次会议,并提出:"查修正大学区组织条例第一条,校长应出席于各改大学区内之省委会,惟出席时职权未经规定,请公决。"经审议后确定:"既为出席,对于讨论一切政务,自有表决权。"

1 月 24 日,受聘为国民政府首都建设委员会委员。

1 月 30 日,出任浙江省考试县长典试委员。

2 月 1 日,中华图书馆协会年会闭幕,国民政府教育部设宴款待,出席并致辞,谈到图书馆使命:"一则保存文化,一则传播文化。"

3 月 1 日,与蔡元培、王世杰、朱经农、杨杏佛等人发起的学术讲演会成立。

3 月 5 日,由于西北科学调查团瑞典人赫定、亨姆与中国人徐炳昶来到南京,中国科学社在安乐酒店设宴欢迎,以社员身份出席。

3 月 30 日,为视察浙江大学,请假 5 日获得行政院批准。

4 月 14 日,乘车到镇江蚕种制造场,与场长葛敬中商量"文化教育基金及推广蚕桑教育事"。

5 月 7 日,出席行政院第 23 次会议,"呈送大学条例、专科学校条例、学位条例各草案,请核转立法院,从速审定",核准报送立法院。

6 月 18 日,对外表示浙江大学区立即取消,中央大学区延长半年,北平大学区与李石曾会商后再定取消日期。

7 月 26 日,国民政府颁布《大学组织法》《专科学校组织法》。

7 月,在《国立中央大学教育行政周刊》发表《现在学校中的几个重要问题》。

8 月 6 日,北平大学之北大学院改为国立北京大学。

8 月 14 日,教育部颁布《大学规程》。

8 月 18 日,北京大学学生会来电,恳请蒋梦麟马上明令蔡元培尽快掌校。

8 月 19 日,教育部颁布《专科学校规程》。

8 月 23 日,北京大学全体教职员来电:恳请蒋梦麟早日任命蔡元培为北大校长。同时北大教职员致电蔡元培:"北大幸得恢复,校长一席非先生莫属,务乞北返主持以慰众望。"

8 月 29 日,教育部颁布《私立学校规程》。

9 月 16 日，国民政府任命蔡元培为北京大学校长，未到校前由陈大齐代理校务。

10 月 1 日，因中国公学校长胡适发表人权、尊重宪法等言论，行政院训令教育部严办。

10 月 4 日，教育部将行政院训令转函给中国公学。是月，胡适致信蒋梦麟，甚为气愤。

10 月 14 日，主持召开教育方案编制委员会会议，规划国民政府教育发展。

11 月 9 日，参加训练部组织的华侨教育会议，并表示教育部将积极落实会议成果。

12 月 3 日，从杭州返回看到胡适信件后复函称：大事化小，小事化无，"我虽受责备，也当欣然接受"。

12 月 18 日，以主席身份出席国际联欢社宴请活动，含英、美领事等 40 余人。

1930 年　45 岁

1 月 22 日，据《申报》报道：获得哥伦比亚大学授予名誉奖章（奖励学术或社会服务等方面有特殊贡献毕业生），此为首次发给外籍毕业生。

2 月 25 日，出席国民政府首都建设委员会会议。

3 月 27 日，在法国领事馆会晤法国教育部考察中国高等教育特派专员马古烈。

3 月，编制完成全部教育方案，准备提交第二次全国教育会议讨论。出任全国运动会竞赛委员。

4 月 15—23 日，领衔组织的第二次全国教育会议召开，议决通过《改进全国教育方案》，为国民政府教育发展指明了方向。

4 月 24 日，主持全国教育行政人员谈话会，畅谈教育发展规划与部署教育工作。

6 月 6 日，国民政府教育部指令劳动大学停止招生，遭到劳大反对。

6 月 10 日，解释劳动大学停止招生不是停办，整改是"组织的问题并非人的问题"。

7 月 2 日，出席中华教育文化基金董事会第 6 次会议。

7 月 12 日，请辞兼任的浙江大学校长获准，邵裴子继任。

9 月 6 日，出席教育部所办注意符号传习会闭幕仪式，强调统一国语的重要性。

9月19日,国民政府免去易培基劳动大学校长,批准北京大学校长蔡元培辞职,陈大齐为代理校长。

10月4日,陈大齐、李蒸、段懋棠、徐炳昶等国立各大学负责人联合来电,以欠费将及半年、催索毫无结果为由,请准辞职。

10月21日,中央大学校长张乃燕呈请辞职。

11月25日,朱家骅被任命为中央大学校长。

11月27日,因劳动大学停办及中央大学易长事件与吴稚晖、李石曾等国民党元老意见相左,被迫请辞教育部部长。

12月4日,请辞教育部部长获准,被任命为北京大学校长。

12月23日,到北京大学视事,全校开大会欢迎,演说"不歌高调要切实办学"。

1931年　46岁

1月9日,中华教育文化基金董事会第5次常会议决:此后5年,每年拨款20万元补助北京大学延聘学者、设立研究讲座及专任教授、添置设备等。

2月26日,据《申报》报道:华美协进会中国委员会成立后,被推选为该会委员。

3月12日,出席孙中山纪念活动并发表演说。

3月21日,应邀到北平师范大学讲《研究教育几个要点》。

3月22日,北京大学演说会定于次日决赛,担任大会主席。

3月26日,主持北京大学评议会,议决北大遵照《大学组织法》《大学规程》等法令进行整改。

4月2日,出席中华职业教育社董事会常务会议。

5月4日,北京大学放假1天,召开五四运动纪念会,与胡适等人出席并演讲。

5月13日,对外表示:因北京大学推进各学院发展,拟暑假后,每院聘请专任教授若干人,月薪600元至1000元不等。

5月30日,检阅北京大学学生军。

6月17日,当选北平市甄别试验委员会委员长。

6月25日,北平图书馆举办建成仪式,代表教育部致颂词。

6月,受国民政府教育部委派调解清华大学风潮。

7月3日,在北平市约法宣传周上谈约法问题。

7月14日，出任中华教育改进社董事长。

7月20日，签发北京大学布告二则，通知新生报到日期及寄宿办法。

7月，为切实使用合作研究特款，经北京大学与中华教育文化基金会商定，与胡适、任鸿隽、翁文灏、傅斯年、唐孟和、孙洪芬等出任顾问委员。

8月，《模范高级英文选》由上海大东书局出版，沈彬、沈同洽、汪毓周、胡达人编纂，蒋梦麟校订。

9月14日，北京大学举行纪念周，到会师生1000余人，以校长身份报告聘请教授经过，以兼任文学院院长身份介绍该院新计划。

9月18日，"九一八"事变爆发。

9月21日，北平市政府召集本市军警、宪法机关及各大学联席会议，与于学忠等21人出席，议决禁止学生罢课、游行等。

9月22日，出任北京大学教职员对日委员会执行委员会常务委员，北京大学学生会抗日运动委员会邀演讲。

9月23日，出席平津学术团体对日联合会首次会议，发表宣言寄往各国大学学会、学院及国际万国智识阶级协会。

10月21日，出席在上海举行的第四届太平洋学会大会。

11月3日，与徐炳昶抵南京接洽经费。此后为经费事长期奔忙。

11月27日，对外表示："此次南下赴京，见到蔡先生，详谈整顿北平大学之计划，蔡先生最为关心北大，对于余之计划表示完全赞成，并嘱努力做去。"

12月1日，接教育部电令：务必阻止北京大学学生到南京请愿，经劝阻，部分学生中止南下，但仍有许多学生前往，以图扩大抗日宣传。

12月6日，在南京请愿的数名北京大学学生被捕，北大留校全体同学议决：请校长及教职员营救被捕学生。致电教育部请辞北大校长。

12月7日，派人赴南京料理北京大学学生请愿事件，教育部复电不允辞校长。上午十时半，召集在校学生谈话，"希望本爱校之心，不使学校行政停顿"。

12月8—9日，接教育部慰留北京大学校长电文。

12月17日，出席北京大学33周年纪念会并演讲，请学生安心求学，并指出："中国变迁之大，北大亦随之转变，其间情形甚为复杂，实不啻一中国之缩影"，北大使命为"一方面固应唤起民众，努力奋斗，同时则仍当从事建设，努力于科学之进步"。

12月19日，致电教育部辞职，即日离校，校长职务交由校务会议执行。

随后,教育部与北大等相关人士挽留。

是年初,在北京大学纪念周上,提出"校长治校、教授治学、职员治事、学生求学"的方针。北京大学改评议会为校务会议,全校为分文、理、法三学院,对学校进行全面改革,奠定了北大"中兴"的基础。

1932 年　47 岁

1月8日,由于北京大学与中华教育文化基金会合作设立特款,为避嫌辞去中华教育文化基金会董事。

1月21日,受聘为国难会议委员。

1月28日,"一·二八"事变爆发。

2月9日,致电北京大学校务会议,因事变战乱影响交通受阻,未能返回北平,同期在上海拜访国民政府财政部部长商讨解决教育经费。

2月,胡适出任北京大学文学院院长。

3月13日,因蒋父生病,回家探望,电请国民政府教育部请假两周。

4月7日,在洛阳出席国难会议。

4月18日,由于此前朱家骅请辞教育部部长而被举荐为继任者,加上胡适不愿执掌北京大学,遂对外表明只想专心治学,但不能不管北大,不去就职教育部部长。

4月27日,向平津国立院校教育经费独立运动学生联合会代表解释调查各国退还庚款事情经过。

5月,数次往返于南京、北平等地,设法解决平津教育经费问题。

6月8日,到北平协和医院治疗盲肠炎。

6月16日,《国立北京大学组织大纲》公布,7月1日执行,标志着"校长治校"理念在北大正式确立。

6月18日,与已故北京大学教授高仁山遗孀陶曾谷在北平德国饭店结婚,宣称:"从爱情的义务中奋斗出来的一条生路。"证婚人胡适致词:"极佩其勇敢……可代表一个时代变迁的象征。"后来,据其子女回忆:父亲采取离婚不离家方式,前妻在余姚侍奉蒋父、照顾子女,蒋与陶未再生育后代,全面抗战期间,蒋、陶及双方子女共同生活,关系融洽。

7月11日,出席国立专科以上学校校长会议。

7月15日,作为委员长主持青岛大学整理委员会会议,议决青岛大学改为国立山东大学与其他多项校务。

7月,出任平津高等教育经费保管委员会委员。

8月7日，出席北平政务委员会谈话会。

9月23日，在北京大学师生聚会上，报告经费状况：本年度为帮助成绩优良贫苦学生求学，由中华教育文化基金会款项中每年提出4500元作为助学金，在研究院设奖学金，每年5400元，亦由中华教育文化基金会款项拨付。

9月28日，致电教育部辞职：北京大学部分学生借口缓缴学费，聚众滋扰，整饬有心，训导寡效，电请辞职，静候交代。

9月29日，教育部部长朱家骅复电："对首事学生从严惩处，毋稍姑息。"

10月3日，被北京大学师生慰留，风潮已平息，即日复课。

10月15日，复职到校，召开校务会议议决被开除闹事学生，不准恢复学籍。

10月31日，到看守所探望被捕的陈独秀。

11月1日，出任北京大学校务会议当然会员。

12月15日，《国立北京大学学则》公布。

12月，营救保释被捕的北京大学教授许德珩。

是年，北京大学设研究院，分文史、自然科学、社会科学三部，兼任院长。

1933年 48岁

1月12日，鉴于东北、华北局势紧张，拜访张学良，张表示"对各校治安负全责"。

1月20日，参加张学良招待北平各界人士活动。

1月23日，据《申报》报道，由于北京大学教授马哲民在狱重病，联合数人呈请保释就医。

1月30日，出任中国民权保障同盟北平分会执行委员。

2月10日，主持北京大学校务会议，讨论捐助前方抗战将士问题。

2月16日，出任东北热河后援协会理事。

2月24日，主持北京大学校务会议，议决创办国民伤兵医院，讨论教职员捐款办法。

2月27日，与胡适等人应邀参加张学良召集的会议，张介绍前方战事与后方支援问题。

3月23日，与夫人陶曾谷组织建立的国民伤兵医院投入使用。

3月，在《独立评论》发表《国联中国教育考察团报告书中几个基本原则的讨论》。

4月19日,与胡适、丁文江、于学忠等人应邀参加何应钦召集的会议,商讨华北紧张局势,被推选为代表拜访英国驻华公使蓝普森,询问可否安排中日停战谈判事宜。

4月20日,以私人名义接洽蓝普森商谈停战协调工作。

4月22日,由于国民政府外交部部长罗文干反对北平当局请英国出面协调中日停战谈判,遂停止与蓝普森接触。

4月23日,李大钊灵柩葬于北平香山万安公墓。此前领衔发起为李大钊募款安葬。

4月25日,对外表示因时局紧张,迁运图书仪器赴上海迫不得已,系奉国民政府教育部令。

5月4日,受聘行政院驻北平政务整理委员会委员。

5月7日,到北平协和医院治疗盲肠炎。

5月31日,《塘沽协定》签署。

6月13日,受聘华北战区救济委员会委员。

6月17日,出席北平政务整理委员会成立仪式与首次会议。

8月10日,对外介绍南下办理校务三点:补聘教授、图书回运、提前开学。

9月1日,因华北时局告一段落,北京大学开学在即,派人赴上海运回数百箱图书、仪器。

9月19日,出席北京大学行政会议,讨论建筑、图书馆与书库事宜。

10月19日,主持北平高等文官考试典试监试委员就职仪式。

11月28日,致电教育部,报告北京大学浴室坍塌事件(致学生一死、二重伤),自请处分。

11月30日,教育部复电:妥为抚恤遇难学生,关心医治两名伤员,"至请予处分一节,应即由校方查明主管事务人员,予以惩处"。

12月6日,因浴室坍塌致学生死伤事件,寻求专职秘书长,郑天挺就职。

12月9日,提出与北平市政府商改北京大学附近路名案:改"景山东街"为"许景澄路",改"北河沿"为"大学路",改"汉花园沙滩"为"五四路"。校务会议议决通过。

12月27日,接见北京大学学生会代表,接洽事共有10余项。

12月29日,主持召开北京大学校务会议(2次),讨论学生会所提19项请求,其中7项或正在办理,或限于经费无法进行,余者或已经被校务会议否决,或无道理。议决由校长布告学生:"请求取消期考、取消点名均为贪懒畏难之提议;要求教授去留需得同学同意,实属蔑视师道;要求学生代表参加校务会议,更为法令所不许。"

12月,《过渡时代之思想与教育》由上海商务印书馆出版。

1934 年　49 岁

1月5日,出席华北战区救济委员会会议。

1月23日,对外表示:北京大学建造图书馆拟于明春动工,费用需30万元。

2月6日,接见北京大学学生会代表,驳回所提8项要求(为去年19项要求之一部分)。

2月19日,因中央研究院地质调查所主任翁文灏在杭州遇车祸,致电浙江省民政厅厅长询问其伤情,并嘱托代为问候。

3月3日,领衔北平各大学致电中英庚款董事会,希望本年留英考试在北平或天津设立考区。

3月18日,出席北平市新生活运动促进会成立大会。

4月4日,出任故宫博物院理事会常务理事。

4月,出任中国文化建设协会名誉理事。与胡适整改北京大学国文系,削减课程,解聘林损与许之衡、免去马裕藻系主任,引发风潮,至5月基本平缓。

5月24日,应邀在铁道部组织的铁路沿线出产货品展览会上演讲。

5月28日,与张忠绂、范希天出任北京大学演说竞赛决赛评判员,参赛者5人,听讲者100余人。

6月10日,兼任北京大学法学院院长,原因是该院院长周炳琳就任河北省教育厅厅长。

6月14日,主持召开北京大学校务会议,议决研究院组织规程及研究院助学金规程。

6月16日,北京大学研究院改组,分文科、法科、理科三个研究所,各学院院长兼任各所主任,校长兼任研究院院长。

6月28日,主持北京大学校务会议,议决资助助教留学规则、设立教授休假研究制度。

7月10日,接北京大学留日学生汇报在东京成立北大留日同学会之信函。

7月23日,出任华北农业合作会委员。

8月22日,出席中国科学社第19届年会。

8月25日,作为委员出席国防设计委员会会议,提议修正中小学教育制度。

9月25日,接见北平市各大学生职业运动大同盟代表,理解失业学生心情,表示北京大学已成立"调查介绍组","凡成绩不佳者,概不介绍"。

10月15日,主持宴请美国银行界代表与华语学校教师活动,中华教育文化基金会任鸿隽、胡适等人作陪,席间就中华教育文化基金交换意见。

10月24日,主持召开北京大学本年首次校务会议,审议内容包括教授休假研究规程草案、已故刘半农教授与李怀亮教授及白涤洲助教抚恤办法、学生助学金规则等。

11月3日,出任中华图书馆协会募集基金委员会委员。

11月19日,应邀在北平市立师范学校演讲中国义务教育问题。

11月,在北京大学演讲农业生产与普及教育问题。

12月7—8日,出席故宫博物院会议,商讨"点验留沪古物及建设古物保管库等事宜"。

12月10日,周炳琳卸任河北省教育厅厅长后返回北京大学复任法学院院长。

12月18—21日,与沪江大学校长刘湛恩出席在菲律宾马尼拉召开的东亚高等教育会议。

1935年　50岁

1月9日,回国向国民政府教育部报告在菲律宾参加东亚高等教育会议情况。

1月12日,据《益世报》(北京)报道,中华教育文化基金会与北京大学组织研究特款顾问委员会,当选该会委员长。

1月18日,出任中国文化建设协会教育事业委员会常务委员。

2月6日,教育部训令:各大学研究院减少假期、缩短学年,限一个月内,呈报备案。召集课业长、教育学系主任详商办法,决定由系主任征求教授意见。

2月28日,主持北京大学校务会议,商讨教育部专科以上学生出外实习及参观旅行原则、地质系教授孙云铸休假、教授黄节等人抚恤办法等。

3月,应邀在北平市立案私中联合会全体会议上演说中学教育问题。

3月,在《独立评论》发表《菲岛之行》。

4月3日,应邀参加平津国立院校教职员联合会招待教育部视察专员宴请活动。

4月13日,中国哲学会首届年会在北京大学召开,致欢迎词,发表对哲学的认识。

5月6日,陪同美国驻华大使及秘书游览无锡。

5月下旬,主持北京大学校务会议,讨论教授休假、毕业生考试等事宜。

6月19—20日,出席中央研究院评议会预备会议与首次正式会议。

7月,北京大学地质馆竣工。

8月8日,巡视北京大学新生入学考试现场。

8月27日,亲临现场接收竣工的北京大学新图书馆。

9月7日,与胡适、王星拱、丁燮林、赵畸、罗家伦等6人,以次年1月是蔡元培七十寿辰为由,发起赠送蔡一所房子活动。

9月17日,被委派为故宫博物院文物点收监盘委员。出席北京大学考试委员会会议,讨论事项:"(一)旁听生考试问题,决定10人免试。(二)蒙藏生资格审查问题。(三)清寒学生助学金问题。本届招考新生正取生351人,其中与清华同时录取雷同者约50人。"

9月20日,北京大学新图书馆正式开放,与北大各学院院长及师生、各界来宾800余人出席开幕仪式。

10月2日,主持北京大学行政会议,讨论教职员捐薪赈灾案,议决"照中央颁布之捐薪助赈办法办理"。

10月5日,召集北京大学新生300余人开茶话会,说明施教方针。

11月24日,针对日本夺取我国华北统治权的要求,与清华大学校长梅贻琦、北平大学校长徐诵明等20余人联名代表北平教育界发表反对宣言:"我们坚决的反对一切脱离中央和组织特殊政治机构的阴谋的举动,我们要求政府用全国力量,维持国家的领土及行政的完整。"

11月26日,与北平各大学校长、教授10余人拜访冀察绥靖主任宋哲元,强烈反对华北自治。

11月29日,因反日行为,被日军带到东交民巷兵营"约谈",其临危不惧,同日返家。

11月,北京大学新宿舍建成投入使用。

12月2日,与胡适、梅贻琦等北平文化教育界数十人致电政府,申述华北各界民众"毫无脱离中央,另图自治之意",甚盼政府"消除乱源,用全力维持国家领土及行政之完整"。

12月9日,"一二·九"运动爆发。此后,陆续有学生被捕,北大设法营救。

12月13日,与清华大学校长梅贻琦等北平各大学校长联合发表《告学生书》,希望学生尽快复课。

12月15日,教育部部长王世杰致电北平各高校校长,请会同教师劝导学生复课。

12月20日,与清华大学校长梅贻琦等北平各大学校长再次联合发表《告同学书》,"认清救国目标,勿虚度光阴"。

12月25日,教育部奉蒋介石令:"全国各地学校校长及学术代表赴京谒蒋会晤,聆蒋训示政府施政方针,各大学派代表三人,由校长率领入京。"

12月26日,教育部致电北京大学等6所大学校长:"顷奉行政院长令,于1月15日在南京召见全国各校长及学生代表会议,示以政府施政方针。"

12月27日,与北平各大学校长开会,决定遵令派代表,并敦促学生尽早复课。

1936年　51岁

1月1日,蔡元培致函谈赠屋事:"谨拜领诸君子的厚赐",但不接受所赠房屋,"誓以余年,益尽力于对国家对文化的义务,并勉励子孙,永永铭感,且勉为公尔忘私的人物,以报答诸君子的厚意"。

1月,由于清华大学教授吴有训当选德国科勒大学自然科学研究院会员,应邀出席德国驻华大使举办的宴请庆祝活动。出任北平市房租评价委员会委员。

2月20日,召集北京大学全体学生开会,针对18日将赴南京学生代表书物砸毁并驱逐出校事说,政府召集学生谈话,学校令学生会选举但被拒绝,因此指定人选赴会,他们是"帮助校方,校方决予保护;并表示不追究同学此次错误",请大家专心求学,"谈话时语意恳挚,泣不成声","全场为之动容"。

2月27日,出席北京大学教职员俱乐部宴会,并商讨非常时期教育问题。

3月15日,出席南开大学董事会会议。

4月1日,主持北京大学校务会议,决议四事:"停止本校本届学生会一切活动";因参加学联活动、破坏秩序,"开除学生巫省三、吴沛苍、韩天石、叶纪霖学籍";"补助中国数学会200元";"改自然科学季刊为理科报告"。

5月18日,代表国民政府教育部出席竺可桢就职浙江大学校长仪式并训词。

5月20日，出席中国工程师学会、中国化学工业会、中国自动机工程学会、中国电机工程师学会、中国化学工程学会五学术团体联合年会。

5月29日，与蔡元培等参观伦敦中国艺术展品南京展览会。

6月25日，出席北平大学毕业生典礼，并指出："不要忘了应当在社会里，求学问，为国家民族奋斗。"

6月27日，出任国民经济建设运动委员会总会委员。

7月20日，因北京大学经费紧张，召集各学院院长、课业长、秘书长与各系主任等开会，商定缩减预算。

7月，出任中国博物馆协会执行委员。

8月17日，中国科学社、中国化学会、中国物理学会、中国数学会、中国地理学会、中国植物学会、中国动物学会七学术团体举行联合年会，出席并被公推致开会辞，表明研究科学重要性与方法，"希望对国家社会以及文化上有相当之贡献"。

9月4日，出席章太炎（6月14日逝世）悼念活动。

9月，出任国立北平图书馆委员会委员长。

10月17日，率领北京大学各学院院长、其他教师与学生数百人游览景山，增进感情。

11月14日，出席北京大学体育大检阅活动，强调体育普及化，既可强身健体，又能报效国家。

11月中旬，因绥远事变爆发，前线告急，发起北京大学师生援助活动。

12月12日，邀请北平协和医院内科主任一起到上海看望住院的蔡元培，不久蔡转危为安。同日，西安事变爆发。

12月17日，出席北京大学38周年纪念会，希望学生"思维科学化""行为组织化"，"借养成健全人格"。同日，此前因西安事变北大校长与北平教育界人士联合致电张学良，张复电表示保证蒋介石安全。

12月25日，西安事变结束。

1937年　52岁

1月5日，应北平国际妇女联合会邀请，在北平私立育英中学演讲，题目为《中国近代教育现在之趋势》。

1月9日，与北京大学各学院院长等数人前往祝贺地质系外籍教授葛利普67岁寿辰。

2月8日，据《西北文化日报》报道：中国国际图书馆已在日内瓦创办，将在北平设立分馆,已聘蒋梦麟为理事。

2月27日,宴请哈佛大学法学院院长庞德博士夫妇。

春,北京大学举行第一届体育普及运动会。

3月8日,主持北京大学行政会议,讨论本年经费预算与招考新生等事宜。

3月9日,赴南京向国民政府教育部报告校情,离校期间暂请胡适代理校务。

4月17日,暂时兼任北京大学法学院院长,原因是该院院长周炳琳将出任教育部次长,又有消息称其本年照例休假1年。

5月4日,北京大学同学会致电慰劳蒋梦麟多年掌校"倍极辛劳"。

5月17日,与胡适、任鸿隽、梅贻琦等数人到车站迎接孟禄到北平考察讲演。

5月19日,主持北京大学校务会议,议决通过本年休假及出国研究教授、助教名单,商定课业处改为教务处。

6月23日,因北京大学毕业生考试已结束,与教务长、课业长等数人开会欢送即将毕业学生。

6月27日,离开北平前往参加蒋介石召集的庐山谈话会。

7月7日,卢沟桥事变爆发。

7月16日,出席由蒋介石召集的庐山谈话会。

7月23—24日,与梅贻琦、张伯苓、徐诵明等数人访教育部部长王世杰,讨论战时教育方针及办法等问题。

7月29日,与来访美国驻华大使馆参事介绍北平学校情况。

8月1日,与蔡元培、胡适、梅贻琦、罗家伦、竺可桢、王星拱等致电国联智识合作委员会,报告日军侵略暴行,请公开谴责,并转达各国政府采取有效制裁办法。

8月13日,"八一三"事变爆发,日军对上海发动了大规模进攻,淞沪会战打响。

8月28日,教育部决定,北京大学、清华大学与南开大学迁往长沙组成临时大学,指定张伯苓、梅贻琦、蒋梦麟为长沙临时大学筹备委员会常务委员,杨振声为秘书主任。

9月13日,经过长沙临时大学筹备委员会首次会议讨论,"蒋梦麟负责总务,梅贻琦负责教务,张伯苓负责建筑设备",同时商定与中央研究院分用房舍及新生归并院系、课程厘定等问题。

9月，开始出席长沙临时大学和后来西南联合大学常务委员会等相关会议，其中亲自参加联大常委会会议 200 余次。

10月 26 日，长沙临时大学举行 1937—1938 年度第一学期开学典礼，次月 1 日正式上课。

11月 17 日，长沙临时大学筹备委员会工作报告问世，详述临大筹备与当时学校情况。

11月 24 日，日军飞机轰炸长沙，长沙局势紧急。

12月 4 日，出席湖南省主席张治中宴请教育界人士活动。

12月 13 日，南京失守，长沙临时大学迁校问题被提上议事日程。

12月 24 日，被推选代表长沙临时大学与政府接洽解决迁校所需交通工具等问题。

1938 年　53 岁

1月 9 日，曾与国民政府教育部部长陈立夫谈迁校昆明，陈无法决定，当日拜谒蒋介石得其同意。

1月 24 日，经长沙临时大学第 45 次常委会会议议决，出任昆明办事处主任。

2月 15 日，飞抵昆明，主持长沙临时大学迁滇筹备事宜。不久，长沙临大师生开启迁滇之旅。

3月 10 日，因昆明无法全部解决长沙临时大学校舍及办公等问题，前往蒙自考察校址。

3月 15 日，与张伯苓、周炳琳、吴有训、郑天挺等数人商定：长沙临时大学文法学院设蒙自，理工学院设昆明。不久，指派郑天挺主要负责蒙自分校具体筹建工作。

4月 2 日，教育部指令长沙临时大学更名为国立西南联合大学。

4月 27 日，致电教育部办事处吴俊升：西南联合大学开办在即，请尽快划拨当年 3、4 月经费。

4月 28 日，西南联合大学最后一批步行团成员抵昆，校中首脑等众人列队迎接，献上鲜花。后来身在国外的驻美大使胡适赞叹："临大决迁昆明，当时有最悲壮的一件事引起我很感动和注意：师生徒步，历六十八天之久，经整整一千余里之旅程。后来把照片放大，散布全美，这段光荣的历史，不但联大值得纪念，在世界教育史上也值得纪念。"

5月 7 日，与梅贻琦为滇军第 60 军在鲁南、台儿庄战场屡败日军致函云南省政府主席龙云表示祝贺。

5月10日，主持西南联合大学常务委员会第64次会议，议决英文校名为"The National South-West Associated University"。

6月8日，教育部发放西南联合大学铜质关防，长沙临时大学筹备委员会木质关防缴销，新关防7月1日正式启用。

6月13日，与梅贻琦、张伯苓致函云南省教育厅厅长龚自知，为西南联合大学借校舍。

7月12日，与梅贻琦、罗家伦、竺可桢、梅贻琦等全国各大学校长联名致电全世界，"呼吁制止日机滥炸中国和平居民"，阻止供给日本军火。

7月15日，与梅贻琦、张伯苓、云南省教育厅厅长龚自知、云南大学校长熊庆来等人组成云南省中等学校在职各科教员暑期讲习讨论会，龚自知任主任委员。

8月，主持西南联合大学取消蒙自分校相关工作。

9月，与梅贻琦、张伯苓接昆明招生委员会函，请保留一年级学额100名，并转函教育部统一招生委员会。

10月4日，与梅贻琦、张伯苓等争取中华教育文化基金董事会10万元设备补助费。

10月，因西南联合大学文学院院长胡适（北京大学）出任驻美大使，由清华大学冯友兰继任，接到众多北大人致信或拜访问询相关情况。

11月，向北京大学同仁解释西南联合大学文学院院长人选及其他校政问题。

12月17日，出席北京大学40周年纪念会并致辞。

1939年　54岁

1月14日，与吴达铨、李书华、梅贻琦、张奚若、陈岱孙、潘光旦、郑天挺等20余人开会讨论汪精卫叛逃事件。

2月22日，中美文化协会成立，当选该会理事。

3月1日，国民政府教育部组织的第三次全国教育会议举行开幕式，当选副议长。

3月2日，出席第三次全国教育会议正式会议，并多次主持随后数日现场会议。

3月13日，中央研究院评议会召开第三次会议，代表教育部致辞。

春，西南联合大学新校舍落成。

4月8日，西南联合大学将组建行政效率改进委员会，告知郑天挺被任命为主席，郑坚辞不就。

5月31日，与傅斯年、郑天挺、汤用彤、杨振声、罗常培、姚从吾、叶公超等人商谈北京大学文科研究所恢复事宜。

6月，北京大学文科研究所恢复，傅斯年为所长，郑天挺为副所长。

7月16日，出席北京大学毕业生欢送会并演说。

7月23日，召集茶话会，因政府规定，商谈西南联合大学设置国民党党部事宜。

8月24日，与梅贻琦约请西南联合大学三校相关负责人谈加入国民党事宜。

9月18日，与梅贻琦主持西南联合大学国耻纪念日朝会活动。

9月26日，出任西南联合大学与云南省教育厅合办之云南中等学校在职教员进修班委员会委员。

9月，第二次世界大战爆发。同期，昆明常被空袭，金融市场混乱，物价上涨。原本西南联合大学办学艰难，师生生活困苦，此后雪上加霜，蒋梦麟四处设法筹集经费。

10月4日，西南联合大学在新校舍举行开学仪式，出席并讲话。

10月9日，出席北京大学文科研究所始业教育仪式并演说。

11月10日，由于物价飞涨，办学与师生生活难以为继，西南联合大学领衔6所高校致电蒋介石、行政院院长孔祥熙、教育部部长陈立夫与云南省政府主席龙云，请设法速予救济。

12月17日，出席北京大学41周年纪念会并致辞。同日，与梅贻琦等人致信在国外的胡适，祝贺其生日。

1940年　55岁

1月9日，与西南联合大学教师共同加入反侵略运动大会，成为会员。

2月1日，组织招待北京大学同仁茶会活动。

1—2月，数次与郑天挺沟通出任西南联合大学总务长事宜，后来郑应允。

3月5日，蔡元培病逝于香港。

3月10日，主持北京大学公祭蔡元培活动。

3月24日，各界举行蔡元培追悼会，献挽联"大德垂后世，中国一完人"。在《扫荡报》发表《蔡先生不朽》，在《中央日报》发表《试为蔡先生写一篇简照》,以示哀悼。

4月5日,应邀出席留守香港北大同学会宴请,并介绍西南联合大学情况。

4月15日,出席中华教育文化基金会年会。

4月,出任国民政府教育部学术审议委员会委员。

5月4日,在西南联合大学国民月会上发表讲话。

5月19日,北大学生会开欢送毕业同学会,出席并发表演说。

5月21日,出任教育部公立各院校统一招生委员会昆明区主任委员。

6月17日,与郑天挺谈国际局势。

7月,在《建国月刊》发表《中国教育的改造》。

8月13日,与梅贻琦接教育部密电,交代西南联合大学迁往四川相关事宜。

8月31日,与梅贻琦密电教育部,详述西南联合大学迁往四川经费、地点与搬迁办法。

9月1日,滇垣新闻界举行记者节、征募寒衣大会,出席并致辞。

9月18日,赴四川商洽迁校事宜。

9月,在《中国青年》发表《青年团的教育意义》。

10月13日,西南联合大学遭遇敌机大轰炸,组织师生躲避,师范学院损毁严重。后来,敌机来袭频仍。

11月13日,西南联合大学常务委员会议决成立四川叙永分校,一年级学生前往。

11月27日,出席西南联合大学叙永分校委员会会议。

12月17日,出席北京大学42周年纪念会并致辞。

12月26日,出席招待缅甸记者团宴请活动。

12月,在《训练月刊》发表《学校训育问题》。

1941年　56岁

1月2日,西南联合大学叙永分校新生注册,4日选课,6日上课。

2月19日,与汪一彪、郑天挺谈解决滇缅路桥被炸毁后出行方式、物价飞涨等问题。

3月3日,因北京大学经费不足,决定向清华大学、中美及中英庚款委员会借款。

3月,《书法探源》问世,油印二三十本。

3—4月，由于在避难所的几位北京大学教授与蒋家司机老徐发生争执，又与保护老徐的蒋太太陶曾谷发生冲突，身在重庆与郑天挺协调处理该事。

4月18日，出任中华教育文化基金会执行委员。

5月19日，此前因西南联合大学办学极为困难，与梅贻琦讨论学术研究事"三校分头推进"，后又商议北京大学经费独立预算，梅贻琦到重庆拜访陈立夫表示联大可效仿，陈不允："委员长有主张联合之表示，未必肯令分开（教育合办事业多未成功，西南联大为仅有之佳果）。而物质上（指预算）如分开则精神上自将趋于分散，久之必将分裂，反为可惜。"不久，教育部追加联大三成经费。

5月28日，主持西南联合大学常务委员会第178次会议，报告国民政府教育部令专科以上学校毕业试验改为总考制；本校被炸，教育部来电慰问。

6月19日，梅贻琦致函蒋梦麟，详述其考察叙永分校情况，是否取消应尽早决定。

7月2日，主持西南联合大学常务委员会第182次会议，报告梅贻琦信函内容。

8月12日，主持西南联合大学常务委员会第185次会议，报告蒋介石与陈立夫等人本学年续办叙永分校的意见，但存废与否由联大决定，学校于31日宣布分校结束，实际上到12月才办理完毕。

8月28日，率领中国访缅团飞赴仰光考察，9月8日归国。

10月18日，与梅贻琦宴请美国领事馆"谢、白领事、Well Bone副领事"及西南联合大学同仁20余人，席间谈论时事。

11月30日，据《申报》报道：中国滑翔总会滇分会定于12月4日成立，已聘定蒋梦麟、梅贻琦、龚自知、熊庆来等15人为理事。

12月7日，日军袭击珍珠港，次日美国对日宣战，太平洋战争爆发。

是年，在《世界学生》发表《蔡孑民先生的精神》。

1942年　57岁

1月1日，与梅贻琦等人主持西南联合大学教师新年茶话会活动。

2月22日，因北京大学经费敷不入出，与周炳琳、杨振声、郑天挺等数人开会，商讨设法紧缩，并继续向国民政府教育部请款。

3月5日，主持北京大学纪念蔡元培逝世2周年活动。

4月2日，告知友人受聘为滇缅局顾问，月薪1000元，可解其窘迫生活的燃眉之急。

4月16日,出席教育部学术审议委员会第3次会议,发言谈及高等教育政策。

4月21日,与竺可桢、罗家伦、叶企孙、吴有训等拜访张伯苓。

4月23日,为西南联合大学经费事,与张伯苓、梅贻琦致函陈立夫、余井塘与顾毓琇等人,请予补助。

5月1日,云南省教育厅为西南联合大学师范学院特设边疆师范专科事宜,致函联大三大常委。

5月,由于日军由缅甸北犯,云南边境局势危急,昆明屡遭侵袭,中国军队出兵但战果不佳,西南联合大学常委会及众人有迁校之考虑。

6月初,前往重庆与教育部等政府部门沟通西南联合大学迁校等办学事宜。

7月1日,在北京大学教授茶话会与西南联合大学常务委员会第222次会议上介绍赴重庆接洽情况。后来,联大并未迁校。

7月13日,在北京大学校务会议上发言,据《郑天挺西南联合大学日记》记载:"联大之联合不易,必有一二方面退让容忍始能不破裂。于是进而说明其个人之态度,所以对联大事只管外不管内之原因,及教育部数次使之为校长不就之理由。并言在教育史上联合大学确属成功,而成功原因由于北大之容忍退让,世人皆已知之,胜利为期不远,联合之局面亦不能久,惟有继续容忍。最后述及今后北大之使命、努力之方向,为词甚长甚动人,在场莫不满意。"

8月5日,与郑天挺谈行政说:"巨细必躬亲,每易勤细务,而忘大节,此危道也;不习西文,与西方思想隔膜,不习古先圣哲之书,昧于国情,此危道也;罕与青年接近,不知青年心理,此危道也。"

9月8日,听闻驻美大使胡适将要回国,致电胡请其返校,并详细分析各方面形势。后来,胡适直到1946年才回国。

10月13日,出席教育部部长陈立夫为欢迎来访的美国总统罗斯福代表威尔基举行的宴会,另有出席者张伯苓、朱家骅、顾孟余、罗家伦、任鸿隽等近百位文化教育界人士。

11月20日,与梅贻琦应邀参加经济部工矿调整处、邮政储金汇业局相关人士宴请。

11月24日,与郑天挺密谈辞去国民参政会秘书长与不参加太平洋学会会议之复杂原因。

12月10日,英国议会代表团来访(8日抵达),与梅贻琦招待并商讨时局,当天到机场送行。

12月17日,出席北京大学44周年纪念会并致辞。

12月30日,主持西南联合大学第245次常务委员会会议。

1943年　58岁

1月2日,致信尚在美国的胡适,阐述在西南联合大学"不管者所以管也"的苦衷,并列出战后北京大学发展计划。

2月,出任新一届中国红十字会会长。

3月16日,与梅贻琦宴请缪云台、杜聿明等人谈论时局,餐后与缪商讨地方局势甚久。

3月28日,经西南联合大学常务委员会第253次会议决议,与梅贻琦被派为中央训练团党政训练班第25期教育委员会委员。

5月19日,由于物价暴涨、欠薪严重,生活极为艰难,西南联合大学教授会、常务委员会开会商议继续请教育部等部门设法解决,有人提出绝食罢课,蒋梦麟电话表示不可,其与梅贻琦在重庆斡旋。

5月,在《中央训练团团刊》发表《中国何以科学不发达》。

6月9日,郑天挺致函蒋梦麟,内容主要为陆子安欲在云南企业局设顾问40席,为西南联合大学理工学院教授"膏火之供",兴文银行设法帮助联大文法学院。

7月8日,出席西南联合大学常务委员会第266次会议,梅贻琦报告中国红十字会会长蒋梦麟检送渝昆两区国立大学教授医药服务补助办法、渝昆两区医药服务委员会委员名单及补助费分配数额表。

7月22日,出席西南联合大学常务委员会第268次会议,梅贻琦报告:"教育部为经院会通过本大学基本生活补助费及按薪加成数比照重庆加百分之五十。"

8月19日,出席西南联合大学常务委员会第270次会议,梅贻琦报告:"教育部为本大学员工食粮核给办法已另案转饬,行政院秘书处签发提前划拨本大学米贴膳食贷金应向教育部洽办。"

9月2日,出席西南联合大学常务委员会第272次会议,梅贻琦报告:"教育部为本大学员生食米价格自八月份起增为一千三百元一市石,教职员工眷属不在任所之代金按公粮加价比例照一千八百一市石核发,学生副食费自八月份起,每名每月增为一百五十元。"

10月1日,致函梅贻琦说明将召开顾问委员会会议,商讨"美国联合援华补助金"相关工作安排。

10月9日,与李书华、梅贻琦致函西南联合大学,就"美国联合援华补助金"分配问题,议决推荐人选原则作为《特别研究补助金办法》之补充议案。附有《特别研究补助金办法》1份,以及顾问委员会议决案4条。最终,该事未成。

10月,被传将执掌国民政府教育部。

11月18日,与郑天挺谈:确有教育部部长更动之说,但并非自己。

12月23日,致信尚在美国的胡适,请其帮忙校正利用躲避警报等闲余时间陆续写成的《东土西潮》(*Tides from the West*),即后来正式命名为《西潮》的英文稿。

1944年　59岁

1月12日,出席西南联合大学常务委员会第285次会议,由于将与梅贻琦到重庆办事,经议决两人离校期间,常委会主席由杨石先暂代。

2月27日,与梅贻琦组织招待美国军官活动。

3月7日,与梅贻琦拜访来昆明的孔祥熙,商谈救济同仁生活办法。

3月12日,与梅贻琦应邀出席龙云宴请,借机与在场的孔祥熙、宋子文再谈救济问题。

4月18日,主持北京大学会议,商讨各系休假人数与赴美考察兼宣传人选。

5月3日,致信告知郑天挺的《发羌之地望与对音》等3篇系列文章被推为教育部学术奖三等奖。

5月16日,接孔祥熙致电,感谢盛情款待,所谈之事已分给主管洽办。

5—7月,以中国红十字会会长身份到贵阳、桂林、衡阳、镇远与云南等各地视察,以及在重庆办事,忙于红十字会相关工作占用相当长时间。

7月6日,据陶曾谷称:中国红十字会经费实难筹得,蒋梦麟无法早回昆明。

8月26日,与郑天挺谈此前到各地视察红十字会医院与兵役等问题。

9月8日,主持召开北京大学全体教授谈话会,商讨战后北大复员计划。

9月13日,出席西南联合大学教授会会议,报告以中国红十字会会长身份视察贵阳、桂林、衡阳与镇远情形。

11月6日,在西南联合大学国民月会上讲演。

11月27日,出席北京大学同学会欢送其出国大会。

12月6日，与吴文藻、杨云行、邵毓麟、张君劢、宁思承、钱端升被正式派为太平洋学会代表。

12月17日，与张伯苓、胡适、林语堂等21人发表《联合宣言》，要求盟国修改战略，立刻采取有效之军事行动，在中国战场打击敌人。同日，出席北京大学46周年纪念会并致辞："吾人应接西洋科学之源，而不应仅接其流。"

12月19日，启程乘飞机转印度去美国参加太平洋学会会议。

12月27日，与赖琏、陈东原被派为联合国教育会议代表。

12月，在《华声》发表《战后我们的教育往那里走》。

1945年　60岁

1月6日，以中国代表团团长身份在美国弗吉尼亚州出席太平洋学会第9次会议，至18日结束。

1月—6月中旬，主要在国外进行开会、演讲与拜访有关人士等活动。

4月24日，张伯苓致信蒋梦麟、梅贻琦，就国民政府教育部派遣国外进修教授事提出4名南开大学人选，即姜立夫、邱宗岳、冯柳猗、黄珏玉。

5月31日，宋子文出任行政院院长。

5月，当选国民党中央监察委员。

6月25日，出任行政院秘书长。

6月下旬至7月，北京大学同仁数次商讨北大校长人选问题。

8月6日，回到昆明召集北京大学教授开会，表示违反了自己制定的《大学组织法》（不得兼任职务），决定辞去北大校长一职。

8月15日，日本宣布投降。

8月18日，中国教育学术团体联合会举行第4届年会，与张伯苓、黄炎培等出任主席团成员。

9月4日，请辞北京大学校长获得国民政府批准，胡适被任命为北大校长，胡未到任前，由傅斯年代理。

9月20—26日，教育部组织的全国教育善后复员会议举行，出任指导委员。

10月10日，身在美国的胡适致电教育部部长朱家骅、蒋梦麟与傅斯年："民国二十年以后，北大复兴，孟邻兄之苦心伟绩，弟所深知。北大复员，仍不可无孟邻兄之领导。曾于上月托张仲述带信与北大同仁，恳切陈述此意。孟邻兄为政府征调，只是暂局，孟真兄肯扶病暂代，最可感幸。将来弟归国，若不得已，亦愿与孟真分劳，暂代一时，以待孟邻兄之归，此意至诚恳。"

10月19日,致函西南联合大学:"梦麟业已辞去国立北京大学校长职务,国立西南联合大学常委兼职自应一并解除。"

10月30日,教育部聘傅斯年为西南联合大学常务委员会委员。

11月25日,对外谈国民政府计划明年开始还都。

12月4日,出任行政院赔偿调查委员会主任委员。

是年,出任国际红十字会理事联合会副主席。

1946年　61岁

1月4日,中国红十字会改组隶属于行政院,出任会长。

2月7日,据《益世报》(天津)报道,太平洋学会会议近期闭幕,事务繁忙的蒋梦麟辞去该会中国分会主席,继任者为胡适。

2月,对外介绍复员期间中国红十字会发展情况。

3月21日,组织国民参政会参政员招待茶会。

4月下旬,与宋子文由重庆飞抵南京。

5月4日,西南联合大学师生举行结业典礼,梅贻琦代表常务委员会宣布联大结束。

5月5日,国民政府还都南京。

5月19日,出席复员期间中国红十字会首届理事会大会,演讲该会重要性、职能与工作方法等内容。

5月24日,在国民参政会会议上报告接收及处理敌伪物资工作情况。

6月19日,出任国民政府最高经济委员会委员。

7月12日,与朱家骅、王世杰等人到机场迎接胡适回国。

7月28日,拜访美国驻华大使司徒雷登。

8月7日,请辞行政院赔偿调查委员会主任委员。

8月24日,赴北京大学理学院、总办事处、嵩公府、图书馆等处巡视。

8月27日,出席北京大学为其举行的欢送会,席间胡适劝其早日辞去行政院秘书长,仍回北大任校长。

9月10日,据《益世报》(北京)报道:北京大学现有图书45万余册,其中中文书350151册,日文24288册,西文71499册,为表示前校长蒋梦麟对北大之功,已改称梦麟图书馆。

10月3日,出任行政院绥靖区政务委员会委员。

10月,在第五届中国红十字周招待新闻记者席上报告辞由《红十字月刊》刊发。

10 月 20 日，出席中央研究院第二届评议会第三次会议。

11 月 29 日，接见上海市第二届自费留学同学会，听取同学关于留学问题的呈报。

12 月 9 日，中国科学社、中华自然科学社合组为中国科学促进会，当选名誉会员。

12 月 21 日，接见上海民营报纸代表团请给予低利贷款，将呈文转相关部门办理。

12 月 26 日，国际文化合作协会举行成立大会，当选名誉理事。

1947 年　62 岁

1 月，郝耿生数次来访，接洽准备全国运动会事宜。

2 月 14 日，主持召开行政院绥靖区政务委员会例会，商讨该区工作部署，并决意设立蒙旗教育复员委员会。

2 月 9 日，中国留美同学会举行成立大会，当选理事。

2 月 19—20 日，行政院召集财政、经济、社会等有关部门开会，主持商讨民生日用必需品供应实施细则。

2 月 22 日，出任国民政府教育部学术审议会第三届委员。

3 月 1 日，宋子文卸任行政院院长，蒋梦麟辞去行政院秘书长。

3 月 14 日，主持中华教育文化基金董事会年会，当选董事长。

4 月 18 日，出任国民政府委员。

4 月 23 日，经国民政府批准，正式卸任行政院秘书长。

5 月 4 日，出席北京大学上海同学会年会，强调五四运动是"中国一大变革时期"。

5 月 28 日，出席中国红十字会理事会议，议决通过基金募集程序及办法。

6 月，在《红十字月刊》发表《本会筹募事业基金之意义》。

7 月 25 日，应邀参加驻华大使司徒雷登宴请活动。

8 月 25 日，作为团长率领中国代表团启程前往英国参加太平洋学会会议。

9 月 30 日，此前拜访过美国总统杜鲁门与国务卿介绍中国农村改造情况的晏阳初在致信美国国务院的备忘录中谈到中国农村建设的具体步骤，这是中国农村复兴联合委员会得以成立的前奏。

9 月，出任联合国教科文组织中国委员会执行委员。在《天文台》发表《世界稳定在那里？》(8 月 9 日写就)。

10月15日,返回上海,对记者讲述参加太平洋学会会议情形。

12月13日,主持召开中华教育文化基金董事会会议。

12月24日,出席行政院处理美国救济物资委员会与行政院委员会联席会议。

是年,《西潮》英文版由美国耶鲁大学出版社出版。

1948年 63岁

1—2月,往返南京与广东数次办理政务。

3月,应南京地方绅士之请,与朱经农等多人创办私立建设中学,培养实用人才,以助国家建设。

4月16日,陪同加拿大驻华大使夫妇与美国驻上海公使夫妇由南京飞抵杭州游览。

4月初,美国援华法案确定,含有设立"中国农村复兴联合委员会"条款。

6月29日,经广东省政府会商,被聘为该省青年就业训练班主委。

7月28日,故宫博物院召开第六届理事会会议,当选该会第七届理事。

7月29日,被聘为国民政府顾问。

8月4日,出任行政院善后事业保管委员会主任委员。

8月5日,中美在南京签署设立"中国农村复兴联合委员会"协定,以实行中国农村复兴计划。

8月11日,被任命为中国农村复兴联合委员会主任委员,另两位中国委员为晏阳初(总干事)、沈宗瀚。美国两位委员为穆懿尔(Dr. Raymond T. Moyer)、贝克(Dr. John Earl Baker)。

9月18日,主持中华教育文化基金董事会年会,当选董事长。

10月1日,中国农村复兴联合委员会(以下简称农复会)在南京正式成立。

10月9日,应邀出席中国土地改革协会理事会举行"兵农合一"座谈会,表示土地改革是复兴农村的要务之一,农复会对此非常重视。

10月,在《红十字月刊》发表《第七届中国红十字周献辞》。

10月8日,与胡适、朱家骅等15人负责筹备的中国亚洲关系协会成立,当选该会理事。

11月下旬至12月初,率领农复会队伍到四川、广东等地区考察农村情况。

12月4日,农复会迁往广州办公。

12月17日,出席北京大学50周年纪念会,谈及北大现状与未来。

1949 年　64 岁

1 月 16 日,率领农复会队伍到杭州考察农村情况。

2 月 20 日,率领农复会队伍到台湾视察农村状况。

2 月 21 日,在台北邀请农林、卫生等有关部门举行座谈会,听取农村现状汇报,并针对水稻原种繁殖、猪瘟血清疫苗生产、病虫害防治等农村卫生、教育与生活等问题发表看法。随后几天,到新竹等地考察。同期,与台湾省政府主席陈诚等人会面,商讨筹设农复会台北办事处。

2 月,农复会贷款 49 万美元划拨给四川地区支持农村建设。

3 月初,率领农复会队伍到柳州等地考察农村情况。

3 月 9 日,在前期赴福建龙岩等地调查后,对外表示:农复会已决定拨款补助龙岩等七县土地改革实施工作,开展"耕者有其田"试验工作。

3 月,在实地考察四川、广东、湖南等多地农田水利情况后,表示农复会制定贷款原则支持农田水利建设,希望各省主管机构予以配合。此后数月,农复会工作更为深入。

夏起,农复会致力于在短期内大规模促进人民福利与生产,主要表现在五方面:"1. 在四川、广西、贵州协助政府二五减租,以保护佃农利益。2. 协助政府加强并改组各省农会,使成为地方农民为谋自己福利的一个合作组织。3. 扩充灌溉设施,以利农民增加生产。4. 繁殖并推广稻、麦、甘薯及棉花等改良品种,以裕人民衣食之来源。5. 防治地方性的传染病如疟疾、霍乱病等,以促进农村人民健康,增加他们的劳动能力。"

7 月 25 日,主持农复会通过二五减租计划。

8 月,农复会由广州迁到台北办公。此后直到去世,主要忙于推进与改善台湾民生问题。

10 月 1 日,中华人民共和国成立。

10 月 9 日,飞抵台北。

12 月,发表《农复会工作基本思想之演进》。

是年,《西潮》丹麦文译本出版。

1950 年　65 岁

2 月 10 日,主持召开农复会会议,商讨改组等问题。

2 月 16 日,农复会改为土地、水利等 7 组,因去美国,农复会主任委员由穆懿尔代理。

8月初,返回台湾。

12月17日,与傅斯年出席北京大学52周年纪念会。据蒋梦麟回忆,傅斯年演说中有如下内容:"他说梦麟先生学问不如蔡孑民先生,办事却比蔡先生高明。他自己的学问比不上胡适之先生,但他办事却比胡先生高明",然后笑着批评蔡、胡,"这两位先生的办事,真不敢恭维"。蒋笑着对傅说:"孟真你这话对极了。所以他们两位是北大的功臣,我们两个人是不过是北大的功狗。"

12月20日,午前出席农复会会议,对讲话甚多的傅斯年说:"孟真你说得太多了,请你停止吧!"傅笑着不再说了。午后,傅参加会议时突发脑出血去世。

12月30日,发表《忆孟真》。

12月,因主持农复会工作繁重,辞去中国红十字会会长。发表《三七五减租面面观》。

1951年　66岁

1月,出席中国红十字会第一次理监事会会议,当选常务理事,直到去世。发表《一年来之农村复兴工作》。

4月,发表《从中国文化谈到中国农村问题》。

夏,与章元羲商定由其担任农复会水利组代理组长。

7月,发表《土地问题与人口》。

11月11日,在《新生报》发表《从日常生活经验谈民主自由》。

是年,发表《再论土地问题与人口》《报告农复会工作》等文章。

1952年　67岁

2月1日,在《丰年》发表《给农友们介绍中国农村复兴联合委员会》。

2月,在《自由中国》发表《历史的使命》,该文是在台湾大学经济学会的演讲词。

3月13日,在《新生报》发表《从日常生活经验谈三民主义》。

4月19日,在《新生报》发表《思想、政治、增产》。

5月15日,在《新生报》发表《运用政治的力量保森林、保子孙》。

6月15日,在《新生报》发表《文化多元论》。

7月25日,发表《为什么要限田?限田以后怎么办?》

8月15日,在《新生报》发表《"拜拜"是一个社会问题,要科学的研究》。

8月,在《土地改革》发表《台湾三七五减租成功的因素及限田政策实施的几个问题》。

9月14日,在《新生报》发表《从日常生活经验谈读经问题》。

9月28日,发表《愿受教于孔子者》。

11月15日,在《新生报》发表《中国文化所孕育出来的不朽论》。

1953年　68岁

1月4日,在《新生报》发表《本国文化与外来文化的接龙》。

1月13日,与胡适、沈宗瀚等人参观考察台北农业试验所及种子繁殖场。

1月,《耕者有其田条例》问世。蒋梦麟综合各方意见,力排众议,确立了其中关键的第28条:"耕地承领人以本条例承领之耕地,在地价未缴清前,不得移转。地价缴清以后,如有转移,其承领者人以能自耕或供工业用,或供建筑者用为限。违反前述规定者,其耕地所有权之移转无效。"被人称为"蒋梦麟条款"。

5月1日,在《三民主义半月刊》发表《评〈中国文化论集〉》。

5月13日,农复会拨款台湾省政府新台币1000万元,资助实施耕者有其田工作。

9月15日,在《三民主义半月刊》发表《国父〈实业计划〉英文本重版序》。

10月24日,在《新生报》发表《思想与科学》。

11月3日,在《新生报》发表《民族的接触与文化的交流》。

11月14日,在《新生报》发表《宗教与道德》。

11月17日,在《新生报》发表《法律与人权》。

12月,撰写《孟邻文存》引言,提到收录文章都是"为想解决现存问题而做"。

1954年　69岁

2月21日,到胡适家中拜访。

5月18日,在《新生报》发表《宇宙论》。

5月26日,在《新生报》发表《情志论》。

5月,在台北正中书局出版《孟邻文存》(收录数十篇文章)。

7月5日,在《新生报》发表《历史论》。

8月7日,在《新生报》发表《历史的征信与借鉴》。

是年,石门水库成立设计委员会,并开始筹建,农复会补助初步经费。

1955 年　70 岁

1 月 1 日,在《教育与文化》发表《谈天,人,地》。

2 月,在台北正中书局出版《谈学问》。

5 月 12 日,在《教育与文化》发表《四健会与农村建设》。

7 月 7 日,石门水库破土动工。

10 月,赴美参加中华教育文化基金董事会会议。

1956 年　71 岁

1 月 20 日,70 岁寿辰(周岁)生日,蒋介石亲临致贺。

2 月 8 日,农复会贷款 1000 万元协助台湾地区农民增产。

2 月 29 日,农复会复贷款 500 万元,选定台湾地区 12 个乡镇办理示范
农贷。

2 月,发表《追忆孙中山》,刊载于《国父九十诞辰纪念论文集》。

4 月,与农复会委员赴日本考察农业及乡村教育。

7 月 7 日,石门水库二期工程开始。

7 月,石门水库建设委员会成立,出任委员。

10 月,发表《阳明学说之渊源及其影响》。

1957 年　72 岁

1 月 4 日,指出农复会今后工作为增进农林渔牧各业生产,开发农业资
源与增加就业机会。

2 月 1 日,在《丰年》发表《为推行第二期农业建设四年计划敬告农友》。

7 月 16 日,在《丰年》发表《谈本省农业推广教育》。

9 月 28 日,参加孔子诞辰纪念日活动,讲演"孔子学说与中国文化"。

10 月 1 日,在《台湾教育》发表《孔子学说与中国文化》。

10 月 2 日,在《征信新闻》发表《谈谈台湾的人地问题》。

12 月 23 日,在《新生报》发表《基督教与中国文化》。

是年,出席中华农学会暨各专门农业学会联合年会,并演讲:"农业本是
一种应用科学,利用科学研究所得来解决农业上的实际问题。"撰写中文版
《西潮》序言。

1958 年　　73 岁

5月,夫人陶曾谷病逝,其临别之际对一位表亲说:"梦麟的身体很好。他太重感情了,我死后他一定承受不住,我不忍心他受长期的寂寞,所以,希望你能够帮他找一个合适的对象。"16 日,蒋夫人追思会举行,胡适等众人出席。

7 月 16 日,在《丰年》发表《丰年和农业推广教育》

8 月 5 日,兼任石门水库建设委员会主任委员。

8 月 31 日,在马尼拉公共服务部大礼堂参加麦格赛赛奖颁奖仪式。给蒋梦麟的颂词是:"服务是以谋致大众福利,而不是以取得个人报酬为尺度的。"

9 月 2 日,赴美国参加中华教育文化基金董事会年会。

1959 年　　74 岁

1 月 15 日,与胡适、梅贻琦等人聚会。

3 月 14 日,与赵元任等人去台中、台南出游。

4 月 13 日,在记者招待会上发表《让我们面对日益迫切的台湾人口问题》,提倡节育,主张在台湾农村推行家庭改进计划。

5 月,出席北京大学同学会活动,发表演讲。

6 月 17 日,此前曾给胡适写信讲"留学考试与留学政策",当天胡复函回应。

8 月 26 日,带病启程转日本再赴美国参加中华教育基金董事会会议,但在日期间病情加重,遂取消赴美行程留在当地休养。

11 月 17 日,返回台湾。

11 月 27 日,拜访胡适。

12 月 6 日,罗家伦撰写蒋梦麟回忆录《西潮》中文版序言,文中讲道:"这是一本充满了智慧的书。这里面所包含的经营智慧,不只是从学问的研究得来,更是从生活的体验中得来。……这本书最难达到的境界,就是著者讲这个极不平凡时代的事实,而以极平易近人的口吻写出来,这正像孟邻先生为人处世的态度。若不具备高度文化的修养,真是望尘莫及的。"

12 月 20 日,当选"中研院"评议员(人文组)。

12 月,《西潮》中文本由中华日报社出版。

1960 年　　75 岁

8 月 10 日,访张君劢,请给其所写《中国文艺复兴运动》提意见。次日,张复函给予建议。

9 月 10 日,发表《中西文化之演进与现代思想之形成》。

12 月 1 日,在《丰年》发表《本省举办农业普查的意义》。

12 月 16 日,抵达石门水库,参加水库通水礼,并设宴为来访的胡适提前庆祝 70 岁寿辰(次日为正式日期)。

1961 年　76 岁

1 月 16 日,参加《建设》杂志社举办的台湾人口问题第 74 次学术座谈会,谈"如何推行农村家庭改进计划"。

1 月,宣称将与徐贤乐结婚。徐是江苏无锡人,上海光华大学毕业,曾与杨杰结婚,因经济方面纠纷,数月后离婚,未再嫁,年过五旬。

2 月 1 日,在《丰年》发表《如何促进台湾农村走向富足康乐之道》。

5 月 4 日,在《中国文艺》发表《谈中国新文艺运动》。

6 月 18 日,生病住院的胡适以 50 年老友身份致信劝蒋梦麟不要与徐贤乐结婚,蒋甚为生气地说:"结婚是我个人的私事,我有我个人的自由,任何人不能管我。我知道外面有一个组织来反对我。这个组织是以北大为中心的。适之先生的信,一定要谈这件事,我不要看。"同期,数人规劝蒋慎重与徐结婚。

7 月 11 日,到医院探望胡适,并表示未与徐贤乐结婚,但不久此事又生变故。

7 月 18 日,与徐贤乐在台北举行婚礼。

7 月 26 日,到医院探望胡适并解释结婚事宜。

8 月 6 日,偕夫人徐贤乐到医院探望胡适。

11 月 15 日,在《新时代》发表《佛教哲学的中心思想——中观论》。

1962 年　77 岁

2 月 1 日,在《丰年》发表《创造新的生产途径》。

2 月 24 日,胡适病逝。

4 月,与章元义全家同游石门。

6 月 1 日,《传记文学》创刊,为该刊封面题字。

6 月,在台北世界书局出版《文化的交流与思想的演进》。

12 月 6 日,在参加活动时不慎跌断腿骨,紧急送医院治疗。

12 月 17 日,在《中国一周》发表《农村四健工作推行十周年及其效果》。

是年,在台北世界书局出版《书法探源》。

1963 年　78 岁

1 月 19 日,妻子徐贤乐托信回家做年饭,将户口迁出蒋家,并搬出行李,蒋梦麟出院后,徐不知踪迹。

1 月 23 日,经由律师致信徐贤乐,"决定分居"。

2 月 8 日,经由律师再致信徐贤乐,指责其在蒋梦麟住院期间,迁出户口、转移财产、领取蒋应得股息及利息等行为。此后,徐复函回应,但双方经数次沟通无果。

4 月 10 日,向法院提起离婚诉讼,并发表谈话:"(从结婚)到现在一年多,我失望了,我受到人生所不能忍的痛苦;家是我痛苦的深渊,我深深的后悔没有接受故友胡适之先生的忠告,才犯下错误。我愧对故友,也应该有向故友认错的勇气,更要拿出勇气来纠正错误。在经过亲友调处不谐之后,才毅然向法院起诉请求离婚,以求法律的保障。"

8 月 11 日,石门水库开始放水,受益地区达 1.5 万公顷。

8 月 16 日,台湾省政府接管石门水库管理委员会。

1964 年　79 岁

2 月,与徐贤乐协议离婚。

3 月 18 日,赴石门水库视察后到台北荣民医院就诊,体检正常。

4 月 2 日,至台北陆军总医院验血。

4 月 6 日,主持中华教育文化基金董事会年会,会后出席招待活动。

4 月 23 日,出席农复会委员会会议,身体不适提前退席。

4 月 24 日,经丁农医生检查,发现其腹部靠右有一硬块,无法确诊。

5 月 4 日,到台北荣民医院检查,发现接近肝部的硬块变大。

6 月 1 日,撰写石门水库纪念碑文。

6 月 10 日,入台北荣民医院住院,次日确诊为肝癌。

6 月 14 日,石门水库举行竣工典礼,因病重无法出席。

6 月 17 日,蒋介石夫妇来医院探望。

6 月 19 日,凌晨 12 时 28 分,因肝癌病逝于台北荣民医院。

6 月 23 日,葬于阳明山公墓,与前妻陶曾谷女士合葬。

是年,撰有《新潮》散稿,后由传记文学出版社整理出版。

后　记

　　从本科到博士再到工作，与大学相伴二十余载。多年来，社会变迁迅速，随着学习与生活场域的数次变化，大学的不同面向铺陈开来，许多相关问题在脑海中萦绕。由于所学专业为中国近代教育史，常常会回顾历史中的类似现象；同时，之前对于中国近代高等教育以及蔡元培、蒋梦麟等人教育思想均有涉猎，并且兴趣逐渐加深。正在此际，甬籍教育家研究中心推出宁波籍教育家研究丛书，随后幸运获准研究蒋梦麟高等教育思想。在这本小书付梓之际，感慨万千，尤其是要表达众多感谢。

　　从启动到书稿问世，甬籍教育家研究中心及"近现代甬籍教育家研究"项目组给予了莫大帮助，感谢中心主任刘剑虹研究员、副主任孙玉丽教授与郑东辉教授在各方面的鼎力支持，感谢中心秘书杨少华老师与各位研究人员的倾情相助。感谢宁波大学贺国庆教授、王存宽教授、吴黛舒教授、张宝歌教授、龚缨晏教授、孙善根教授与宁波市教育科学研究所沈海驯教授提出的针对性写作建议。感谢华东师范大学杜成宪教授、浙江大学肖朗教授审阅文稿并给予宝贵修改建议。感谢单位宁波大学多位领导与师友的热情帮助。同时，杭州师范大学仲玉英教授、陈桃兰副教授提供了相关成果与资料，北京大学档案馆相关老师帮忙查阅档案，我的研究生在收集资料过程中付出了辛劳，在此表示感谢。

　　多年来，从拜于门下读书到毕业后工作，浙江大学文科资深教授田正平先生一直关心我的成长及本研究的开展，感谢恩师的指导与帮助。辽宁师范大学杨晓教授始终支持我的发展及本研究的进行，感谢恩师的教导与关爱。

感谢 2022 年度宁波市社会科学学术著作出版资助项目的帮助。浙江大学出版社吴伟伟编辑与陈翩编辑为本书得以顺利印行付出很多,深表谢意。感谢家人一直以来的关心、陪伴与支持。

由于学识有限,这本小书不尽完善,恳请读者朋友指正。本成果的出版并非结束,而是相关研究的新开始。我将怀着一颗感恩之心,不忘初衷,继续努力前行!

于　潇

2022 年元旦